아직도 돈내고
영상 편집하니? 무료

다빈치 리졸브

오창근 저

도서출판 홍릉

아직도 돈내고 영상 편집하니? 무료 다빈치 리졸브

인쇄 : 2021년 10월 12일 초판 1쇄 인쇄
발행 : 2021년 10월 22일 초판 1쇄 발행

저자 : 오창근

발행인 : 송준
발행처 : 도서출판 홍릉

주 소 : 서울시 강북구 인수봉로 50길 10
전 화 : 02-999-2274~5 **팩 스** : 02-905-6729
e-mail : hongpub@hongpub.co.kr
홈페이지 : www.hongpub.co.kr

편집 진행 : 앤미디어(master@nmediabook.com) | **전산 편집** : 앤미디어 | **표지** : 앤미디어

ISBN : 979-11-5600-871-2(13000)

정가 29,000원

파본이나 잘못된 책은 교환하여 드립니다.

예제 파일 다운로드

이 책의 학습을 위한 예제 파일은 도서출판 홍릉 홈페이지(www.hongpub.co.kr)에서 내려받을 수 있습니다.

홈페이지에서 도서명 검색 후 보조자료를 다운로드하시기 바랍니다. (Chrome 웹브라우저 사용 권장)

무료 영상 편집의 정석 다빈치 리졸브

최근 미디어 환경이 급변하고 있습니다. 1인 크리에이터로 대표되는 유튜브 열풍은 대중 미디어에서 개인 미디어로 중심이 이동하며 매스미디어 중심의 영상 생태계를 근본적으로 재편성하는 계기가 되었습니다. 초등학생의 선호 직업도 1인 콘텐츠 크리에이터로 바뀌었습니다. 이와 같은 미디어 환경의 변화는 2020년부터 시작된 코로나19 팬데믹 상황과 맞물려 비대면 회의와 수업 등의 수요와 함께 개인 제작 영상 콘텐츠가 급증하는 상황으로 정착되었습니다. 이제 어린이부터 노령층까지 영상 콘텐츠를 잘 만드는 능력은 누구에게나 필요합니다. 자기만의 영상 콘텐츠를 만드는 능력이 곧 개인의 경쟁력으로 자리 잡았습니다.

좋은 영상 콘텐츠를 만드는 능력 중에서 큰 비중을 차지하는 부분이 바로 영상 편집입니다. 콘텐츠 기획부터 남다른 개성의 표현까지 모두 영상에 실려 전 세계의 사용자에게 전달됩니다. 재미있고 유익한 내용이더라도 영상 편집의 결과가 미숙하다면 외면받을 수도 있습니다. 이렇게 중요해진 영상 편집의 세계는 원래 전문가의 영역이었습니다. 영상의 역사를 통틀어 지금처럼 누구나 쉽게 영상을 촬영하고 편집하여 공개하는 현상이 나타난 적이 없습니다. 그러나 남들이 만든 영상을 보면서 쉽게 평가할 수 있지만, 막상 스스로 영상을 제대로 만들어보려고 마음먹으면 시작부터 어렵습니다.

유용한 영상 편집 프로그램의 확보와 함께 원활한 편집 능력은 초보자에게 큰 장벽이 될 수 있습니다. 스마트폰 무료 앱으로는 한계가 있습니다. 수준 높은 영상 콘텐츠를 만들기 위한 컴퓨터용 무료 영상 편집 프로그램도 드문 형편입니다. 블랙매직 디자인의 다빈치 리졸브(DaVinci Resolve)는 일반 사용자들이 무료로 편집 기능을 활용할 수 있는 최고의 제작 환경입니다. 다른 무료 앱처럼 시간 제한이나 워터마크 등이 없는 제대로 된 영상 편집 환경입니다. 다빈치 리졸브는 수십 년간 영화, 광고, 방송 등의 전문 영상 영역의 고급 기능을 제공하는 스튜디오용 프로그램으로 성장해왔습니다. 이런 전문가 수준의 영상 편집 프로그램을 무료로 사용할 수 있다니 말 그대로 '축복'입니다. 물론 스튜디오 버전과 비교해서 일부 효과 기능에 제한이 있지만, 4K UHD 해상도까지 웬만한 영상 프로젝트는 무료 버전에서도 충분히 편집할 수 있습니다.

본서는 체계적이고 쉬운 예시와 설명을 통해 편집 과정을 보여드리고, 하나씩 따라 학습할 수 있도록 준비했습니다. 다만 다빈치 리졸브의 엄청난 기능들을 한정된 지면에 다 소개해드리지 못해 아쉬울 뿐입니다. 지금 바로 신형 맥북이나 고성능 윈도우 컴퓨터만 준비하시면 됩니다. 영상 편집의 천국, 다빈치 리졸브의 세계에 들어오신 것을 환영합니다.

오창근

Preview _미리보기

이론편

영상 편집을 위해 알아두어야 할 기본 이론을 제시합니다. 이론을 학습하여 실무에서 응용이 가능하도록 익히세요.

영상의 개념과 용어 이해하기

영상편집을 처음 시작하기에 앞서 영상의 개념을 먼저 이해하면 도움이 됩니다. 영상의 개념을 언어적인 접근과 역사적인 흐름을 통해 파악하고, 다양한 영상 규격과 표준도 알아야 합니다. 해상도(Resolution), 초당 프레임 수(Frames per second), 비트 전송률(Bit rate), 코덱(Codec) 같은 용어를 먼저 이해하면 편집 과정에서 실수와 오해를 줄일 수 있습니다. 영상 기술 용어를 바탕으로 영상 촬영에 필요한 카메라 설정 방법도 살펴보겠습니다.

이론편

2 영상의 규격과 표준

영상은 규격과 표준에 따라 서로 다르게 보일 수 있습니다. 디지털 영상을 구성하는 규격은 화질과 유형을 결정하는 중요한 요소입니다. 해상도, 초당 프레임 수, 비트 전송률, 코덱 같은 용어와 원리를 이해하면 영상 촬영과 편집에 도움이 됩니다. 처음에는 어렵게 느껴져도 편집 작업을 지속하다 보면 차츰 익숙해질 수 있습니다.

영상에도 규격이 있나요?

영상에는 규격이 있습니다. 규격의 기준으로는 크기부터 품질까지 다양한 체계가 있습니다. 뤼미에르 형제의 영화 카메라의 발명부터 규격은 존재했습니다. 보통 다음 세 가지의 기준이 규격을 만드는 데에 꼭 필요합니다. 첫째, 영상 프레임의 크기입니다. 이것은 과거 필름의 크기를 의미했지만, 지금은 해상도와 같은 의미로 쓰이고 있습니다. 둘째, 프레임 레이트(Frame rate)입니다. 이것은 1초에 몇 장의 이미지가 지나가는지 수치를 정해 놓은 기준입니다. 단위는 초당 프레임 수(fps, Frames Per Second)입니다. 셋째, 비트 전송률(Bit rate)입니다. 이것은 디지털 영상이 초당 얼마만큼의 데이터로 흘러가는지 정해놓은 기준입니다. 이 세 가지의 기준이 영상의 화질을 좌우합니다. 동일한 기준에서 볼 때 해상도, 프레임 레이트, 비트 전송률 수치가 모두 높을수록 고화질의 영상이 됩니다. 이 외에도 오디오 규격과 압축 규격 등 영상을 좌우하는 기준과 규격은 다양합니다. 다양한 규격을 몇 가지로 통일하여 혼란을 줄이자는 취지에서 '표준'이라는 것이 제정되기도 합니다.

▲ NTSC 방송 규격의 29.97 fps 기준은 정확히 떨어지는 수치가 아니라 많은 불편을 초래했습니다.

오디오 코덱과 파일 포맷도 영상처럼 다양합니다. 일반적인 음악 감상에 사용하는 오디오 CD는 16비트(bit)에 44.1kHz 샘플 레이트(Sample rate)의 규격을 따릅니다. 다음 그림에서 비트와 샘플 레이트는 물결치는 오디오 파형(Waveform)을 그리는 모눈종이의 촘촘함에 비유할 수 있습니다. 그래프의 가로축을 샘플 레이트로 본다면 세로축은 비트 수로 볼 수 있습니다. 오디오 파형이 더 매끄러울수록 음향은 선명하고 깨끗하게 녹음되거나 재생될 수 있습니다. 고화질 UHD 영상 규격처럼 오디오도 고음질 규격이 있습니다. 일반적인 Full-HD 영상에는 16bit/48kHz 규격의 오디오를 사용합니다. 고음질 규격은 24bit/96kHz부터 24bit/192kHz까지 활용할 수 있습니다. 영상과 마찬가지로 고음질 규격일수록 데이터 전송률이 커지면서 저장이나 전송 용량을 많이 차지하게 됩니다. 동영상 파일에 포함되는 오디오 규격은 용도에 따라 정해져 있습니다. 클래식 음악 연주회처럼 특별히 고음질이 필요한 경우가 아니라면 기본 설정을 따르면 됩니다.

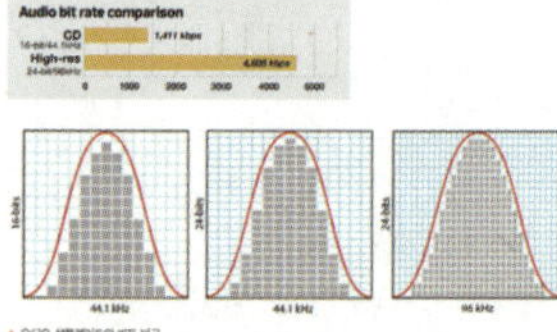

▲ 오디오 샘플레이트와 비트 비교

플랫폼 특성

영상 편집의 목적은 완성한 영상을 어떻게 활용할 것인가에 따라 달라집니다. 가까운 친구나 가족과 함께 볼 목적으로 촬영했다면 간단한 컷 편집 위주로 작업하고 가벼운 용량의 데이터로 출력하면 됩니다. 만약 다음에 다시 제대로 편집할 용도로 가편집 작업을 미리 한다면 출력 영상은 고품질이어야 합니다. 취업이나 홍보 목적으로 인터넷 사이트에 게시하는 경우 업로드 용량이 제한된 경우가 많습니다. 이때는 일반적인 코덱을 이용하여 용량을 적게 출력할 필요가 있습니다. 방송이나 포트폴리오 형태로 제공할 영상이라면 화질이 중요합니다. 압축률이 높아 뭉개지는 부분이 없는지 꼼꼼히 확인하고 충분히 높은 비트 전송률을 설정해야 합니다.

최근에는 영상 자료를 공유하는 플랫폼이 다양해졌습니다. 유튜브(YouTube)나 비메오(Vimeo) 등 영상 플랫폼에서는 자체적인 규격을 정해 놓고 이용자에게 가이드를 제시하고 있습니다. 다빈치 리졸브의 출력(Deliver) 페이지에는 이런 플랫폼의 기준 규격이 미리 설정되어 있어 파일로 출력하거나 계정으로 직접 업로드하기에 편리합니다. 전통적인 영화부터 유튜브까지 영상의 화면 비율은 가로로 긴 것이 규범이었습니다. 반면 인스타그램(Instagram)이나 틱톡(Tiktok)에서는 정사각형의 영상 규격이나 세로로 긴 형태의 영상을 사용하는 경우가 많습니다. 이렇게 휴대폰 사용자 중심의 플랫폼에서는 전통에서 벗어난 규격을 더 많이 볼 수 있으므로, 목적하는 플랫폼에 따라 촬영과 편집, 출력을 설정해야 합니다.

▲ 인스타그램의 영상규격은 정사각형과 세로로 긴 형태 등 색다릅니다.

기능편

영상 편집을 위한 기본 스킬을 위한 방법을 소개합니다. 작업 환경부터 다빈치 리졸브 기능까지 학습해 보세요.

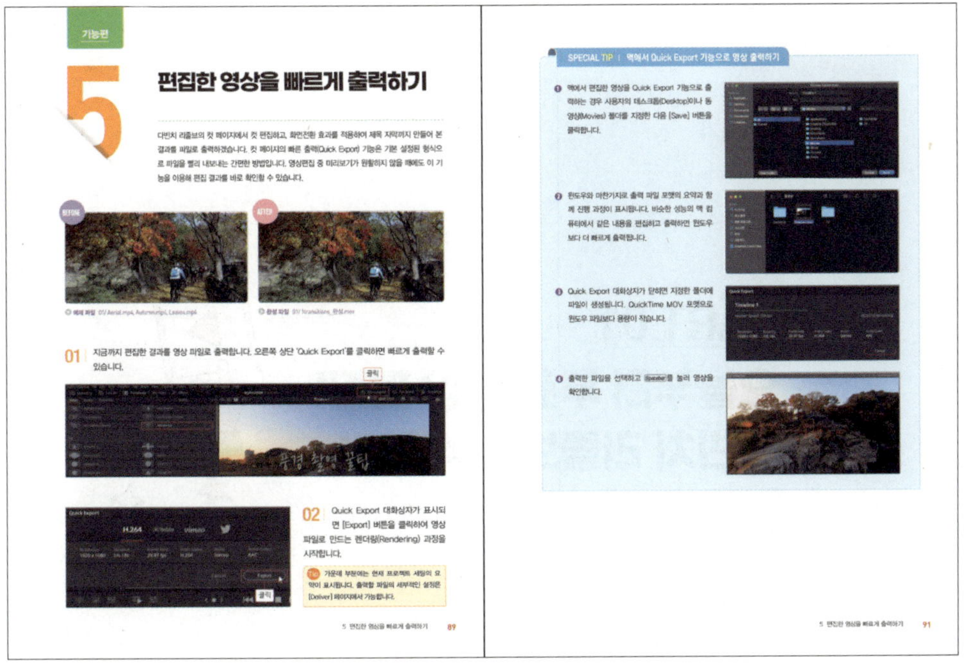

활용편

실무에서 사용 가능한 예제를 담았습니다. 사용자가 따라할 수 있도록 예제 구성이 되어 있으므로, 영상 편집에 활용해 보세요.

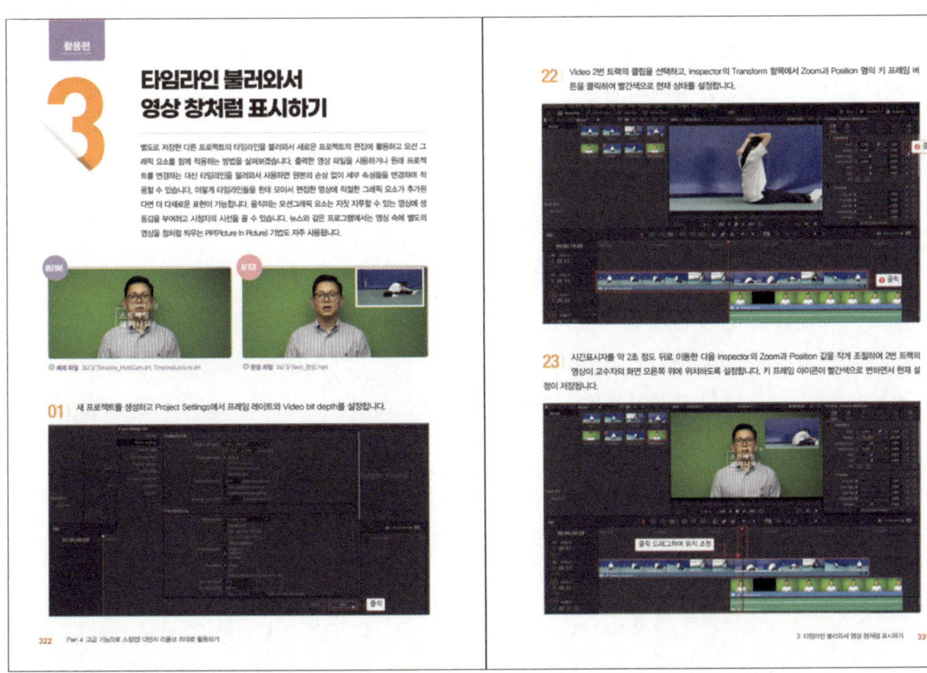

Contents _목차

PART 02
컷 편집 완벽 마스터! 영상 편집 기본기 익히기

PART 03
영상을 완성하는 도구! 자막 & 효과, 오디오 편집하기

PART 04
고급 기능으로 스킬업! 다빈치 리졸브 최대로 활용하기

예제 파일 다운로드

이 책의 학습을 위한 예제 파일은 도서출판 홍릉 홈페이지(www.hongpub.co.kr)에서 내려받을 수 있습니다. 홈페이지에서 도서명 검색 후 예제 파일을 다운로드하시기 바랍니다. (Chrome 웹브라우저 사용 권장)

PART 01

오늘부터 무료 영상 편집! 다빈치 리졸브 시작하기

영상 편집의 개념을 이해하고, 최고의 무료 영상 편집 환경 다빈치 리졸브를 내 컴퓨터에 설치합니다.
처음 경험하는 다빈치 리졸브의 영상 편집 과정을 컷(Cut) 페이지에서 쉽고 간단하게 따라 해봅니다.

영상의 개념과 용어 이해하기

영상 편집을 처음 시작하기에 앞서 영상의 개념을 먼저 이해하면 도움이 됩니다. 영상의 개념을 언어적인 접근과 역사적인 흐름을 통해 파악하고, 다양한 영상 규격과 표준도 알아야 합니다. 해상도(Resolution), 초당 프레임 수(Frames per second), 비트 전송률(Bit rate), 코덱(Codec) 같은 용어를 먼저 이해하면 편집 과정에서 실수와 오해를 줄일 수 있습니다. 영상 기술 용어를 바탕으로 영상 촬영에 필요한 카메라 설정 방법도 살펴보겠습니다.

영상의 개념 이해하기

'영상'이란 말은 한자어입니다. 비춘 형상이란 뜻의 영상은 동영상의 준말로 쓰이지만, 원래 고대 동굴벽화의 그림처럼 머릿속의 이미지를 구체적으로 표현한 데서 기원을 찾을 수 있습니다. 그림의 역사만큼 오래된 영상의 기원을 훑어보면 매직 렌턴과 영화의 발명에서 본격적인 영상의 출발을 발견할 수 있습니다. 영상 편집은 영화의 탄생과 함께 자연스럽게 발생한 기법이 아니라 선구자들이 노력해온 결과입니다.

영상의 개념

어느 영역에 처음 입문할 때 기본 개념과 역사를 간단하게 알고 시작하면 쉽게 접근할 수 있습니다. 우리가 흔하게 사용하는 '영상'이라는 말의 뜻과 의미를 먼저 살펴보겠습니다. 보통 '映像'이라고 쓰는데 촬영에는 비출 영(映) 대신 그림자 영(影)을 사용합니다. 그래서 영상(影像)이라고 쓰는 경우도 가끔 있습니다. 다음 그림에서 영상의 의미를 살펴보겠습니다.

비출 '영(映)'은 사물의 모습 자체를 의미하는 것이 아니라 그것이 빛에 의해 비친 상태를 뜻합니다. 그래서 비추는 뜻에서 파생되어 반사된 것, 굴절된 것, 덮어버리는 것 등을 의미하기도 합니다. 형상 '상(像)'은 말 그대로 형상과 형태, 눈에 보이는 모습이나 광경을 뜻합니다. 영어로는 이미지(Image)라고 할 수 있습니다. 이렇게 두 개의 한자로 만든 영상이라는 말은 '빛에 의해 비친 모습'으로 해석됩니다. 사전적인 의미대로라면 물에 비친 자연의 풍경도 해당하지만 인간이 발명한 영화처럼 빛으로 투사시킨 화면을 영상이라고 부르기 시작한 것이 본래의 뜻에 맞습니다.

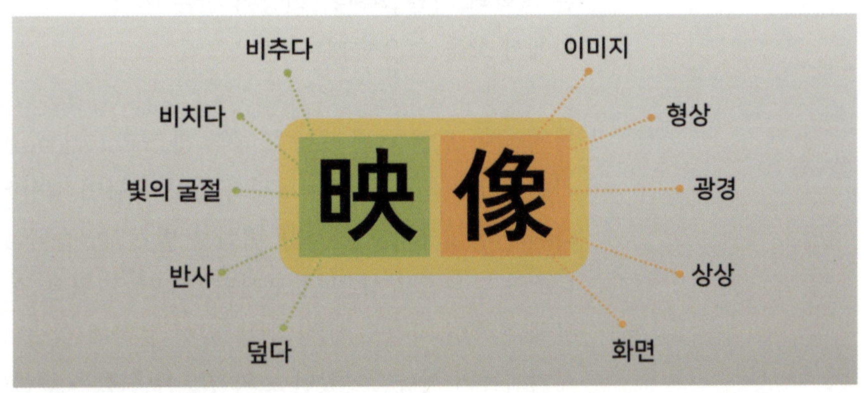

영상의 특성

지금은 영상이라는 말을 '동영상'의 의미로 쓰는 경우가 더 많습니다. 동영상은 여러 장의 이미지가 연속되어 움직인다는 뜻을 가지고 있습니다. 움직이는 이미지의 연속이라는 영상의 특성은 일반적인 사진이나 그림과 달리 화면에 몰입감과 생각의 흐름을 체험하게 만듭니다. 움직이는 것을 주시하는 행동은 인간을 비롯한 모든 동물의 공통적인 특성입니다. 연속된 화면은 연속적인 동작을 담을 수 있는데, 동작들이 누적되면서 특정한 행위를 보여주거나 이야기를 만들어내게 됩니다. 동작의 시간적인 선후 관계가 하나의 공간에 표현될 때 비로소 이야기의 흐름과 같은 것이 전달됩니다.

다음 사진을 보면 자전거를 타고 점프하는 사람의 동작이 하나의 사진에 표현되어 있습니다. 정지된 사진에 동작을 보여 주기 위해 고안한 방법입니다. 영상은 이것을 연속적으로 보여 줄 수 있으므로 일정 시간 동안 자연스럽게 제시할 수 있습니다.

영상 이미지의 시작

영상의 기원에는 두 갈래가 있습니다. 하나는 이미지의 기원이고 다른 하나는 영화의 기원입니다. 인간이 만든 이미지의 기원은 구석기 시대 동굴 벽화에서 찾을 수 있습니다.

기원전 만 오천 년경 프랑스 남부 라스코(Lascaux) 지역의 동굴 벽에 구석기인들이 처음으로 다음 그림과 같은 동물의 형상을 그렸습니다. 스페인 알타미라 동굴에서도 유사한 벽화가 발견되었습니다. 물론 빌렌도르프의 비너스와 같은 조각상은 더 오래되었지만, 그림은 조각보다 보존이 어렵기 때문에 온전한 유물로 남아 있는 것이 흔하지 않습니다. 라스코 동굴에는 구석기인들의 사냥감이었던 소와 말, 사슴 같은 동물이 여러 곳에 불규칙하게 그려져 있습니다. 각 동물의 특징이나 움직임까지 특징적으로 묘사했기 때문에 보는 사람도 당시의 초원에 들어간 것과 같은 임장감(臨場感)을 불러일으킵니다. 몰입할 수 있는 임장감과 현장감은 영상의 특징입니다.

이미지 스토리텔링

영화가 발명되기 전 오랫동안 이야기의 시각적 전달 방법, 즉 스토리텔링으로 활용한 것은 이미지의 나열 방식입니다. 한 장의 그림으로는 긴 이야기를 담을 수 없기 때문에 화가들은 여러 장의 그림을 하나의 공간에 구성하는 방법을 고안했습니다. 플랑드르의 아이크(Eyck) 형제가 1432년에 완성한 헨트(Ghent)의 제단화 〈신성한 양의 경배〉를 보면 12개의 칸으로 나뉜 구성적 특징을 발견할 수 있습니다. 아랫줄에서는 신이 보낸 신비로운 양을 경배하는 군중이 묘사되어 있고, 윗줄에는 수태고지를 받는 성모와 함께 양쪽에 아담과 이브가 그려졌습니다. 성경의 긴 이야기를 하나의 그림 안에 담을 수 없어서 이렇게 여러 칸의 그림으로 구성한 것입니다.

영상 장치의 기원

영상 의미 그대로 '빛으로 비춘 형상'은 18세기 유럽에 카메라 옵스큐라(Camera Obscura) 장치가 유행하면서 본격화됩니다. 카메라(Camera)는 원래 방을 의미하는 이탈리아어고, 옵스큐라(Obscura)는 밀폐된 공간을 뜻합니다. 카메라 옵스큐라는 밀폐된 방에 작은 구멍으로 빛이 들어가서 외부의 형상이 비치는 것을 의미합니다. 이것은 작은 상자에 거울과 렌즈를 부착하면 카메라의 원리를 갖추게 됩니다. 아직 필름 발명 이전이므로 카메라 옵스큐라는 눈앞에 보이는 풍경이나 대상을 그림으로 옮겨 그리기 위한 장치로 활용되었습니다. 영화 〈진주 귀고리를 한 소녀〉를 보면 카메라 옵스큐라를 사용하는 화가 페르메어(Johannes Vermeer)의 설명 장면이 나옵니다. 당돌한 하녀는 주인 화가에게 질문합니다. "이 장치가 그림을 어떻게 그리라고 가르쳐 주는 것이군요?" 당황한 화가는 얼버무립니다. "도움을 주는 것이지." 카메라 옵스큐라는 화가의 비밀스러운 장치에서 더 나아가 19세기에는 사진을 만드는 카메라로 발전하게 됩니다.

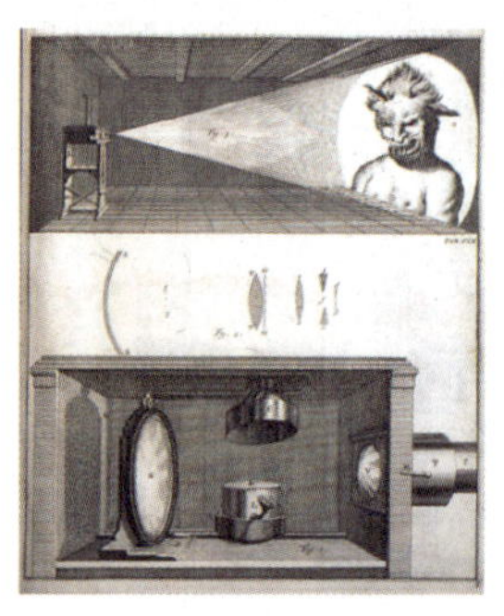

영상 공연의 시작

사진의 발명 이전에 영상의 공연이 시작되었습니다. 프랑스의 로베르송(Étienne-Gaspard Robert)은 18세기가 저물던 1797년 파리 시내의 공연장에서 램프에 비친 이미지가 거울을 통해 무대 위에 나타나게 하는 마법과 같은 영상 공연 〈Phantasmagoria〉를 선보였습니다. 당시 사람들의 공포심리를 이용하여 악마와 해골 같은 이미지가 눈앞에 떠오르도록 연출했습니다. 마치 실물과 같이 살아 움직이는 '영상'이라는 것을 처음 본 관객들은 비명을 지르며 극장 밖으로 뛰쳐나갔고, 이 기막힌 영상 공연은 당시 화제를 불러일으켰습니다. 이것이 영화와 극장의 기원입니다. 물론 사진과 필름이라는 중요한 영상 장치가 발명되기 직전이었으므로 본격적인 영상이라고 하기에는 무리가 있지만, '빛으로 비춘 이미지'라는 의미에서는 영상의 직접적인 시초로 볼 수 있습니다. 이렇게 영상의 시대가 서서히 준비되고 있었습니다.

영상 장치의 발명

로베르송의 영상 공연 이후 많은 발명가는 영상 투사 장치를 소형화하는 실험에 성공합니다. 특히 매직 랜턴(Magic Lantern)으로 불린 탁상용 투사 장치는 다양한 종류가 개발되었고, 필요에 따라 이미지 스트립을 바꾸어 끼우는 방식으로 영상 콘텐츠가 소비되기도 했습니다. 그중에서도 프락시노스코프(Praxinoscope)와 조에트로프(Zoetrope) 형식이 가장 잘 알려져 있습니다. 마치 동영상처럼 연속된 동작을 보여 준다는 장점 때문에 사진의 발명 이후에도 많은 인기를 끌었습니다.

영화의 발명

1895년 프랑스의 뤼미에르 형제(Auguste and Louis Lumiére)는 시네마토그래프(Cinématographe)라는 영화 시스템을 발명하고 그들이 촬영한 영상을 상영하기 시작했습니다. 공장의 노동자나 주변 인물들을 찍은 영상은 지금까지 남아 있는데, 어떠한 편집이나 효과도 없이 연속된 필름에 기록된 일련의 동작을 보여 주는 것입니다. 다음 포스터에서 보듯이 살아 움직이는 영화, 즉 활동 사진은 당시 관객들에게 새로운 볼거리를 선사했습니다.

영화의 탄생 이후 대중의 인기에 힘입어 영상의 산업화가 급격하게 진행되었습니다. 뤼미에르 형제가 시작한 시네마토그래프 사업은 조르주 멜리에스(Georges Méliés)와 같은 천재적인 감독을 통해 큰 전환점을 맞이하게 됩니다. 뤼미에르 형제의 카메라를 입수하지 못한 멜리에스는 우여곡절 끝에 촬영 장치를 마련하고, 파리 시내에 스타 필름(Star Films)이라는 프로덕션과 함께 대형 촬영장을 만들어서 수백 편의 SF 영화를 제작하고 발표했습니다. 특히 1902년 발표한 〈달까지의 여행(A Trip to the Moon)〉은 그의 대표작으로, 영상의 주요 특수 효과인 다중 노출, 타임랩스, 디졸브, 폭발 효과, 필름 채색 등 다양한 기법을 확립했습니다. 더 나아가 스토리보드 활용과 배우의 연기, 특수 분장 등 영화 산업 전반에 선구자적인 기초를 놓았습니다.

영상 편집의 발명

영상 편집도 발명의 결과일까? 의문이 들 것입니다. 뤼미에르 형제가 발명한 영화 즉, 시네마토그래프는 순수하게 촬영한 결과를 그대로 상영하는 방식이었습니다. 그에 비해서 영상의 편집은 서로 다른 장면이 만나 새로운 의미 체계를 생성하는 혁명적인 발명이었습니다. 최초의 영상 편집은 러시아의 에이젠슈테인(Sergei Eisenstein)이 고안한 몽타주(Montage) 이론과 편집에 근거를 두고 있습니다. 에이젠슈타인은 컷 편집뿐만 아니라 평행 편집, 교차 편집, 점프 컷 등 다양한 편집 기법을 통해 영화 화면에 다양한 시각을 부여했고, 편집에서 오는 극의 구성(Dramatrugy)에 따라 강한 몰입감을 형성할 수 있었습니다. 특히 그의 영화 〈전함 포템킨〉 중에서 오데사 계단 장면은 몽타주의 실제, 즉 영상 편집의 역사에 길이 남는 업적입니다.

영상의 규격과 표준

영상은 규격과 표준에 따라 서로 다르게 보일 수 있습니다. 디지털 영상을 구성하는 규격은 화질과 유형을 결정하는 중요한 요소입니다. 해상도, 초당 프레임 수, 비트 전송률, 코덱 같은 용어와 원리를 이해하면 영상 촬영과 편집에 도움이 됩니다. 처음에는 어렵게 느껴져도 편집 작업을 지속하다 보면 차츰 익숙해질 수 있습니다.

영상에도 규격이 있나요?

영상에는 규격이 있습니다. 규격의 기준으로는 크기부터 품질까지 다양한 체계가 있습니다. 뤼미에르 형제의 영화 카메라의 발명부터 규격은 존재했습니다. 보통 다음 세 가지의 기준이 규격을 만드는 데에 꼭 필요합니다. 첫째, 영상 프레임의 크기입니다. 이것은 과거 필름의 크기를 의미했지만, 지금은 해상도와 같은 의미로 쓰이고 있습니다. 둘째, 프레임 레이트(Frame rate)입니다. 이것은 1초에 몇 장의 이미지가 지나가는지 수치를 정해 놓은 기준입니다. 단위는 초당 프레임 수(fps, Frames Per Second)입니다. 셋째, 비트 전송률(Bit rate)입니다. 이것은 디지털 영상이 초당 얼마만큼의 데이터로 흘러가는지 정해놓은 기준입니다. 이 세 가지의 기준이 영상의 화질을 좌우합니다. 동일한 기준에서 볼 때 해상도, 프레임 레이트, 비트 전송률 수치가 모두 높을수록 고화질의 영상이 됩니다. 이 외에도 오디오 규격과 압축 규격 등 영상을 좌우하는 기준과 규격은 다양합니다. 다양한 규격을 몇 가지로 통일하여 혼란을 줄이자는 취지에서 '표준'이라는 것이 제정되기도 합니다.

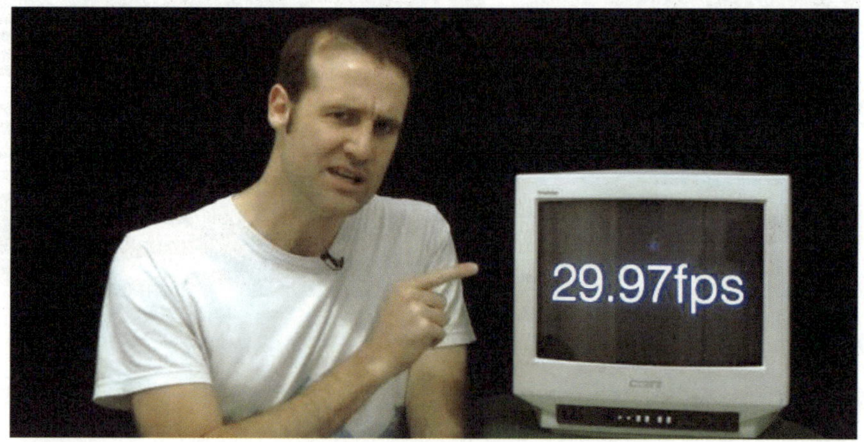

▲ NTSC 방송 규격의 29.97 fps 기준은 정확히 떨어지는 수치가 아니라 많은 불편을 초래했습니다.

방송 영상 규격

우리나라 방송 영상의 규격은 Full-HD의 경우 해상도 1080p에 29.97fps입니다. 1080p의 'p'는 프로그레시브 스캔(Progressive Scan) 방식을 뜻합니다. 과거 아날로그 방송 시절에 영상은 초당 60번의 필드(Fields)가 연속적으로 브라운관을 훑고 교차하는 인터레이스 스캔(Interlaced Scan) 방식이었습니다. 디지털 방송 이후로 한 장씩 온전한 이미지를 연속하여 보내는 프로그레시브 방식이 점차 규격으로 정착되었습니다. 그 과도기에는 1080i와 같은 인터레이스 방식의 디지털 영상 규격이 많이 사용되곤 했습니다. 우리나라의 방송 영상 규격은 미국의 아날로그 규격 NTSC와 디지털 규격인 ATSC를 따르고 있습니다.

전 세계적으로 보면 유라시아 대륙의 서쪽 끝 포르투갈부터 동쪽 끝 북한까지는 아날로그 방송 규격인 PAL과 디지털 규격인 DVB-T를 따르고 있습니다. PAL 방식의 초당 프레임 수가 25fps인데 비해서 우리나라는 29.97fps를 사용하는 이유도 과거 아날로그 NTSC 규격의 유산 때문입니다. 이것은 전기의 주파수와도 연결된 기준이었습니다. 220V/60Hz 규격의 전기 주파수가 초당 30프레임의 영상에 영향을 준 것입니다. 다음의 세계 지도는 과거 아날로그 방송 규격의 분포를 보여 주고 있는데, 현재 디지털 영상의 규격도 대체로 이것을 따르고 있습니다.

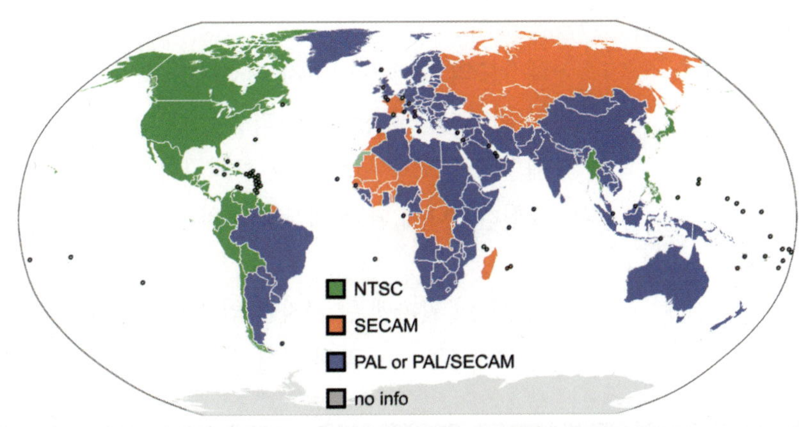

영상 해상도

해상도(Resolution)라는 말은 단위 면적당 몇 개의 점(Dots)으로 이미지를 표시하는지 알려주는 수치 기준입니다. 프레임의 물리적인 크기가 같을 때 이미지를 이루는 점, 즉 픽셀(Pixels)이 많을수록 섬세하고 세밀하게 보입니다. 고화질 영상 화면을 이루는 픽셀의 수량은 면적 기준 4배수로 증가하고 있습니다. 현재 가장 흔하게 사용되는 Full-HD 해상도의 경우 가로 1920 × 세로 1080 픽셀의 배열, 합계 약 2백만 개의 픽셀로 하나의 이미지를 구성합니다. 그에 비해서 최근 증가하고 있는 4K UHD 해상도는 이 면적의 4배로 3840 × 2160 픽셀 배열로 하나의 프레임 이미지를 만듭니다. 약 8백만 픽셀이 넘는 수치입니다. 영화의 4K 해상도는 4096 × 2160 픽셀 해상도로 UHD 방송 규격보다 가로로 조금 더 긴 형태입니다. 앞으로는 4K 영상의 4배에 해당하는 8K 4320p 영상 규격도 점차 늘어날 것으로 보입니다. 해상도가 높을수록 화질이 우수하다는 것은 당연하지만, 영상 편집의 경우에는 데이터 용량과 성능의 부담이 클 수밖에 없습니다.

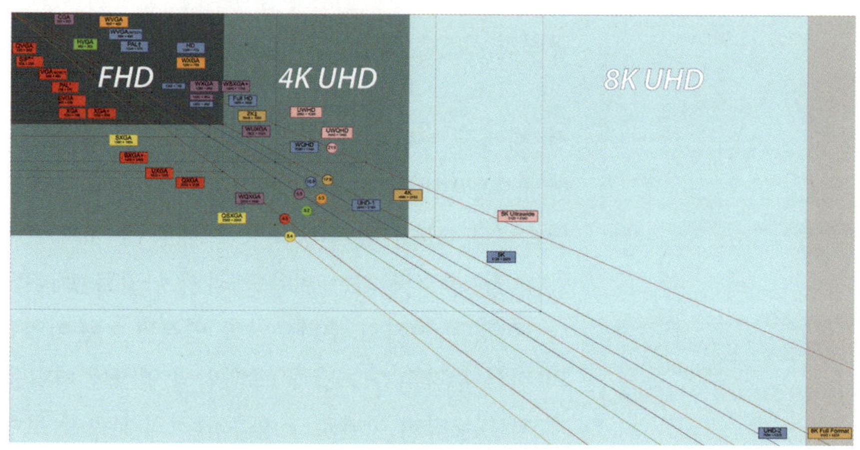

▲ Full HD부터 8K까지 영상 해상도 비교

해상도의 개념은 이미지 편집에서도 중요한 기준이 됩니다. 다음 알파벳 A의 이미지를 해상도, 즉 픽셀 수에 따라 달리 표현한 자료를 보면 이미지의 세밀한 정도가 서로 달라 보입니다. 동일한 면적에 어느 정도의 픽셀 수로 표현하느냐에 따라 해상도의 차이는 현격하게 드러납니다.

그림처럼 알파벳 한 글자를 입체적으로 선명하게 표현하는 데에는 보통 가로와 세로 모두 100픽셀 이상이 필요합니다. 합계 1만 픽셀이 되는 것입니다.

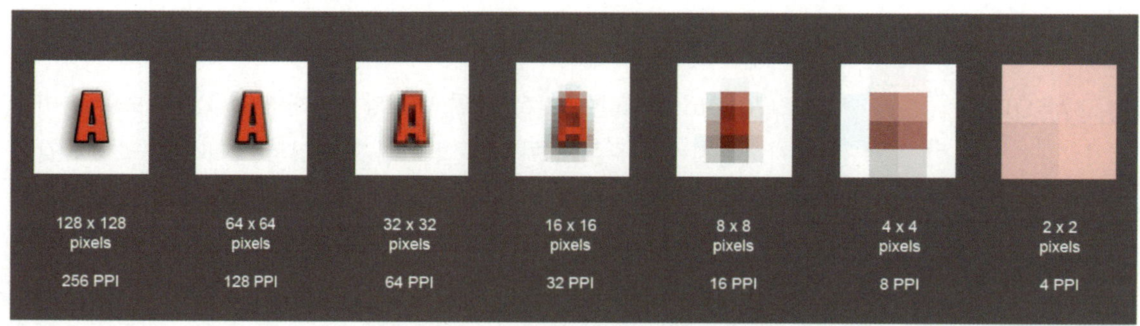

글자뿐만 아니라 도형이나 그림을 표현할 때에는 더 많은 픽셀이 요구됩니다. 간단하게 둥근 점 하나를 그리는 데에도 최소 30 × 30개의 픽셀이 필요합니다. 이 원리를 이해하면 화면이 클수록 더 높은 해상도가 필요하다는 점도 알 수 있습니다.

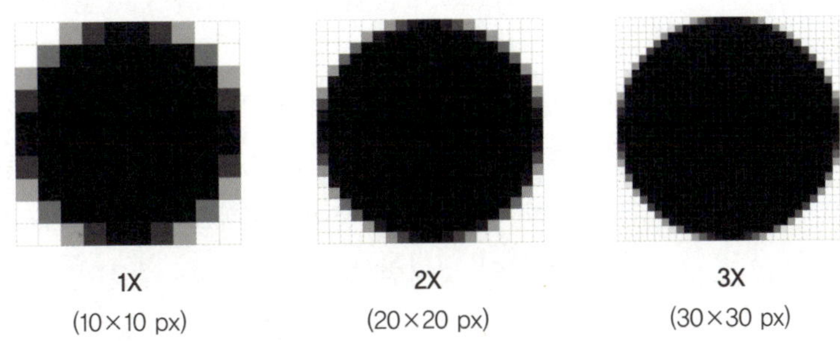

큰 TV 화면에 낮은 해상도의 영상이 나타나면 픽셀의 경계가 보이거나 또는 윤곽이 뭉개지면서 제대로 감상하기 어려워지는 현상이 발생합니다. 해상도는 다다익선(多多益善)라는 말도 있습니다. 다만 해상도가 높을수록 더 많은 픽셀이 필요하고, 결국 더 많은 데이터를 사용하게 됩니다. 시간당 더 많은 데이터를 사용한다는 말은 컴퓨터 자원을 훨씬 더 소비한다는 의미입니다. 따라서 Full-HD 해상도 영상 편집의 경우보다 UHD 영상 편집의 경우에 컴퓨터를 더 많이 혹사시키는 셈입니다. UHD 해상도는 음향과 색상 기준도 높기 때문에 Full-HD 대비 4배를 넘어서는 데이터 처리량을 요구합니다.

초당 프레임 수 (fps, Frames per Second)

앞에서 영상은 시간당 여러 장의 이미지가 연속되는 것으로 설명했습니다. 그래서 영상의 해상도 못지않게 초당 프레임 수도 중요합니다. 다음 그림에서 초당 프레임 수에 따른 이미지 연속의 차이를 비교해 볼 수 있습니다. 가로축이 1초라고 가정할 때 이미지가 1장 지나가면 초당 1프레임이 됩니다. 초당 30프레임은 1초에 30장의 이미지가 지나가는 것을 의미합니다.

▲ fps는 초당 몇장의 그림이 흘러가며 영상을 만드는지 정하는 단위입니다.

초당 프레임 수는 아무렇게나 정할 수 있는 것이 아닙니다. 영상 규격에 따라 영화는 초당 24프레임, 유라시아 PAL 규격에서는 초당 25프레임, 북미 NTSC 규격에서는 초당 29.97프레임으로 정해졌습니다. 이 기준은 영상 촬영부터, 편집, 출력, 공유에 이르기까지 일관되게 적용됩니다. 25fps를 29.97fps로 바꾼다고 영상 품질이 더 좋아지는 것은 아닙니다.

그런데 최근 모니터나 TV를 구매할 때 사양(Specification)을 보면 '120Hz'와 같은 광고 문구가 보입니다. 이것은 원본 소스가 30프레임이라고 할 때 프레임 사이를 4배로 보간(補間, Interpolation)하여 더 조밀한 프레임인 것처럼 보이게 만드는 기술이 적용되었다는 의미입니다. 물론 촬영할 때부터 초당 60프레임(또는 59.94fps)이나 120프레임으로 설정할 수 있습니다. 그러나 재생 기준은 보통 30프레임(또는 29.97fps)이기 때문에 초당 120프레임 촬영은 느린 영상 재생을 염두에 두는 경우가 많습니다. 만약 빠르게 움직이는 운동 동작을 촬영한다면 1080p 60fps 기준으로 설정하는 것이 좋습니다. 프레임 수가 많다는 것은 빠르게 움직이는 것을 더 선명하게 기록할 수 있다는 뜻이기도 합니다.

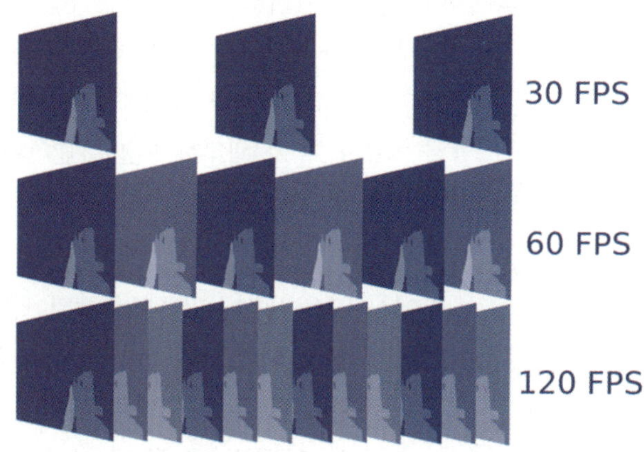

▲ 초당 프레임수가 많을수록 더 부드러운 동작을 표현할 수 있습니다.

비트 전송률 (Bit rate)

고화질의 영상 데이터를 보내고자 할 때는 초당 전송 데이터의 양이 더 커야 합니다. 초당 비트 전송률(Bits Per Second)은 디지털 영상 데이터를 1초에 얼마만큼 보내느냐는 기준입니다. 단위는 bps(Bits Per Second)로 사용합니다. 옛날 아날로그 시대에는 영상을 기록하는 테이프의 크기가 클수록 영상의 품질이 좋았습니다. 그러나 디지털 영상은 압축 코덱이 동일할 때 데이터의 양이 클수록 화질이 좋은 경우가 많습니다. 비트 전송률도 어느 정도 규격화되어 있습니다. 유튜브의 경우 1080p 해상도일 때 MP4 파일 기준 비트 전송률은 대략 3-6Mbps 정도입니다. 고화질을 위해서 비트 전송률을 어느 정도 높일 수는 있지만, 무한정 높였다가는 영상 재생이 불가능한 경우가 발생하기도 합니다. UHD 30프레임 영상의 경우 유튜브에서는 13~34Mbps 기준을 지키도록 요구하고 있습니다. 비트 전송률은 1초당 데이터량 개념이므로 다음 그림처럼 동일한 영상도 비트 전송률이 높을수록 더 세밀하고 선명하게 보입니다.

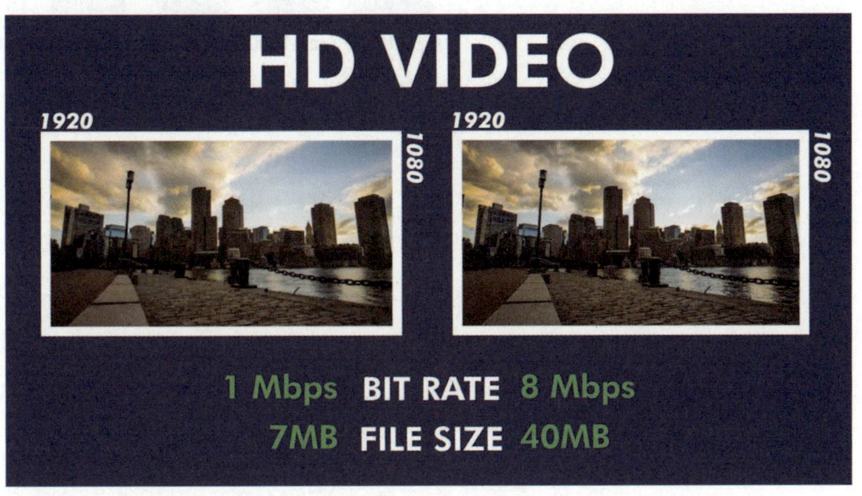

▲ 비트 전송률이 높을수록 고화질 전송이 가능하지만 용량이 커집니다.

일반 소비자용 동영상 데이터의 비트 전송률은 영상 감상에 최적화되어 있습니다. 그래서 데이터의 압축률이 높고 용량은 적은 방향으로 개선되고 있습니다. 반면 고화질 영상 편집 용도로 개발된 영화 카메라의 경우 비트 전송률은 매우 높은 편입니다. 일반 소비자용 카메라나 캠코더와는 달리 편집과 후반 작업을 목적으로 촬영하기 때문에 원본 데이터를 압축하지 않는 경우도 많습니다. 압축이 없거나 적은 영상 데이터는 1초당 엄청난 용량을 점유합니다.

다음 그래프를 보면 거의 모든 영화 카메라는 무압축 RAW 기준으로 125MB/s 이상의 데이터량을 가진 것을 확인할 수 있습니다. 단위가 Mbps가 아니라 MB/s임을 눈여겨볼 필요가 있습니다. 8bits = 1Byte 공식에 따르면 일반 Full-HD 유튜브 영상의 4Mbps에 비해서 영화 카메라의 원본(RAW) 영상 데이터는 초당 비트 전송률이 250배가량 더 높습니다.

▲ 시네마 카메라의 RAW 데이터 사용량 비교

이 정도면 초고속 저장 장치는 물론 워크스테이션 성능의 편집 장비가 필요합니다. 다빈치 리졸브를 개발한 블랙매직 디자인도 도표의 'URSA Mini Pro'뿐만 아니라 소형 'Pocket Cinema Camera' 시리즈를 출시하고 있습니다. 모두 무압축 RAW 포맷을 지원하는데 효율성을 위해 세부 설정에서는 압축 비율을 높일 수도 있습니다. 이와 같은 편집용 영상 데이터는 비트 전송률을 고정적(Constant)으로 사용합니다. 어느 부분을 편집하더라도 동일한 화질을 구현해야 되는 이유에서 효율성도 중요하지만 화질의 연속성도 필요하기 때문입니다. 반면 영상 재생용 데이터는 변화나 동작이 많은 부분에서 전송량이 많고 정적인 장면에서는 데이터가 적은 가변적인(Variable) 방식을 사용하기도 합니다. 어떠한 경우든 적은 비트 전송률에 고화질을 담는 것이 모든 영상 업계의 과제입니다.

압축 코덱

디지털 영상 데이터를 압축하는 것은 긴 역사를 가지고 있습니다. 디지털 영상 기술이 처음 시작될 때부터 압축 기술이 적용되었습니다. 낮은 해상도에 따른 픽셀의 수량으로 개별 이미지를 저장하고 전송할 때 압축이 필요하지는 않았습니다. 저장 장치의 용량이 증가하고 네트워크 속도가 빨라짐에 따라 이미지를 구현하는 해상도도 함께 증가했습니다. 컴퓨터 보급 초창기에는 이미지의 픽셀마다 정보를 기록하던 비트맵 방식이 흔했는데 기술의 발전에 따라 점차 압축 방식의 이미지 형식으로 변화했습니다. 현재까지 흔히 사용하는 JPEG, PNG 등의 이미지 포맷은 모두 압축을 전제하고 있습니다. 그런데 동영상은 이런 정지 이미지가 초당 24장부터 30장, 최근에는 60장까지 흘러가는 연속적인 데이터라는 것이 문제입니다. 완전한 무압축 영상은 그 용량이 상상을 초월하기 때문에 최근에는 영화 카메라도 고정 비율로 압축된 RAW 촬영을 지원합니다.

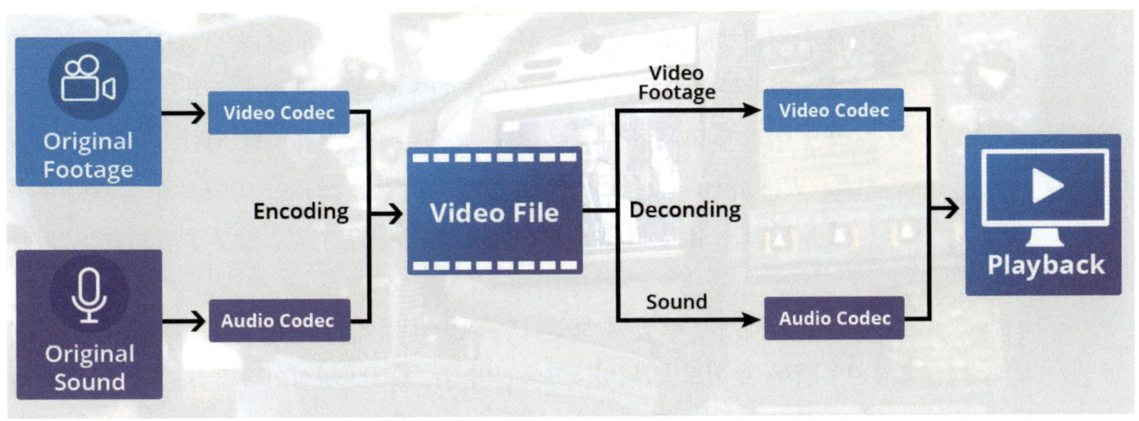

▲ 영상 데이터의 압축(Encoding)과 해석(Decoding) 과정

코덱(Codec)이라는 말은 암호화(Encode 또는 Coder)와 해석(Decode 또는 Decoder)의 합성어입니다. 즉, 영상 데이터를 일정한 원리에 따라 암호화된 코드로 저장했다가 필요할 때마다 풀어내서 눈에 보이는 이미지로 재현한다는 뜻입니다. 물론 영상뿐만 아니라 이미지, 오디오, 일반 데이터도 다양한 코덱에 따라 압축할 수 있습니다. 카메라나 휴대폰으로 촬영하며 영상 파일을 기록할 때부터 코덱이 작용합니다. 그 영상을 컴퓨터로 옮겨서 재생해 볼 때도 동일한 코덱이 필요합니다. 최근에는 H.264와 같은 고효율 코덱이 흔하게 쓰입니다. 영상을 촬영하고 재생하거나 전송, 공유하는 장치와 플랫폼이 늘어날수록 다양한 코덱이 등장하고 활용됩니다. 지난 30년간 주요 디지털 영상 코덱이 발전한 도표를 보면 'MPEG'라는 단어가 자주 눈에 들어옵니다. 'MPEG'는 국제적인 '영상 전문가 그룹(Moving Picture Expert Group)'의 약자입니다. 이 전문가 집단에서 토의하고 결정하는 내용에 따라 새로운 압축 코덱이 채택되기도 하고, 문제점이 개선되기도 합니다. 그래서 DVD의 MPEG-2나 동영상 파일의 MPEG-4와 같은 규격을 현재까지 널리 사용했던 것입니다.

필요에 따라 영상 관련 업체들도 저마다 최적화된 코덱을 개발하고 판매하기도 합니다. 다빈치 리졸브를 제공하는 블랙매직 디자인도 자체적으로 개발한 'BlackMagic RAW' 코덱을 자사 영화 카메라 등에 적용하고 있습니다.

이 코덱은 압축 효율과 화질이 우수해서 최근 주목을 받고 있습니다. 애플(Apple)은 오래전부터 영상 전문가들이 활용하는 맥(Mac) 컴퓨터를 개발해 왔기 때문에 'Apple ProRes'라는 고화질 영상 코덱을 만들어 영상 산업계에 널리 활용하도록 유도했습니다. 그 결과 이 코덱은 현재 업계 표준이라는 평가를 받으며 화질과 효율을 비교하는 기준처럼 쓰이고 있습니다. 이러한 성과에 고무된 애플은 최근 윈도우 PC 사용자를 위한 'ProRes RAW for Windows'도 발표했습니다. 이처럼 영상 코덱은 고화질과 고효율의 두 마리 토끼를 잡기 위해 서로 치열하게 경쟁하며 발전하고 있습니다.

코덱의 세계가 복잡해 보인다면 일반 사용자가 가장 흔히 사용하는 H.264만 알아 두어도 됩니다. 고화질의 4K UHD 영상이라면 'H.265/HEVC'라는 규격도 알아 두면 영상 설정에 도움이 됩니다. H.265/HEVC 압축 방식은 기존 H.264에서 발전하여 이미지의 세밀한 정도를 구분하여 복잡한 영역은 더 많은 데이터를 쓰고 밋밋한 부분은 적은 데이터를 사용하는 등 지능적인 효율성이 특징인 코덱입니다. 따라서 4K, 8K와 같은 고해상도 영상 데이터를 효율적으로 압축하여 비트 전송률을 낮출 수 있고, 기존 코덱에 비해서 저장 장치와 네트워크의 부담을 덜 수 있습니다.

▲ 4K 이상 고해상도 영상에 최적화된 HEVC 코덱은 영상화면의 중요도를 분석하여 차등 압축합니다.

파일 포맷

영상 압축 코덱이 데이터를 만들고 보내는 방식이라면 영상 파일의 포맷은 데이터를 담는 그릇에 비유할 수 있습니다. 그래서 용기(用器)를 뜻하는 컨테이너(Container)라고 부르기도 합니다. 압축된 영상 데이터는 가장 적합한 파일 포맷에 담아 저장하고 공유할 필요가 있습니다. 전통적으로 윈도우 운영 체제에서는 AVI 포맷을 주로 사용해 왔고, 애플 퀵타임

(QuickTime) 규격의 MOV 파일 포맷은 맥 컴퓨터 기반으로 많이 사용되었습니다. 고화질 영상을 담는 재생용 포맷으로는 MP4 파일도 자주 쓰입니다. 일반 소비자용 카메라는 동영상을 촬영할 때 이 세 가지의 포맷 중 하나 또는 두 가지를 제공합니다. 디지털 영상 초기에 많이 사용되던 RM 포맷이나 XVID 규격은 최근 활용도가 떨어져 사라지고 있습니다. 전문 영화 카메라의 RAW 규격은 자체 파일 포맷을 쓰는 경우도 있습니다. 다빈치 리졸브의 블랙매직 디자인은 자체 개발한 BlackMagic RAW 코덱을 *.braw 파일에 담아 사용합니다. 이렇게 특별한 코덱과 파일 포맷은 전용 코덱 프로그램과 드라이버를 설치해야 작동합니다.

오디오 규격과 특징

음성과 음향, 음악 등을 다루는 오디오는 대부분의 영상에 포함되어 있습니다. 영상에 대한 관심과 이해에 비교해서 오디오에 관한 이해는 항상 미흡한 것이 현실입니다. 심지어 전문가들이 만든 국내 영화를 보면 배우의 음성이 잘 안 들리는 경우가 많습니다. 주변 소음들과 효과음, 배경 음악 속에서 배우의 음성을 적절히 강조하거나 조율해야 하는데, 이 작업이 미흡하면 종종 대사의 전달력이 떨어지곤 합니다. 이렇게 다양한 오디오 구성 요소를 적절히 조정하는 작업을 '믹싱(Mixing)'이라고 합니다. 다빈치 리졸브는 페어라이트(Fairlight) 페이지에서 전문적인 오디오 편집 작업을 진행할 수 있습니다. 컴퓨터와 장비 성능이 뒷받침된다면 동시에 2천 개까지 오디오 트랙을 활용할 수 있으니 세계 최대 수준이라고 할 수 있습니다. 전문적인 오디오 편집을 위해서는 하드웨어 장비, 즉 콘솔을 사용합니다. 커다란 데스크 형태로 수많은 슬라이더와 노브가 달려 있는 고가의 장비입니다. 개인 용도로 갖추기는 힘들기 때문에 대신 오디오 편집 화면에서 소프트웨어 인터페이스 상태로 작업하면 됩니다.

오디오 코덱과 파일 포맷도 영상처럼 다양합니다. 일반적인 음악 감상에 사용하는 오디오 CD는 16비트(bit)에 44.1kHz 샘플 레이트(Sample rate)의 규격을 따릅니다. 다음 그림에서 비트와 샘플 레이트는 물결치는 오디오 파형(Waveform)을 그리는 모눈종이의 촘촘함에 비유할 수 있습니다. 그래프의 가로축을 샘플 레이트로 본다면 세로축은 비트 수로 볼 수 있습니다. 오디오 파형이 더 매끄러울수록 음향은 선명하고 깨끗하게 녹음되거나 재생될 수 있습니다. 고화질 UHD 영상 규격처럼 오디오도 고음질 규격이 있습니다. 일반적인 Full-HD 영상에는 16bit/48kHz 규격의 오디오를 사용합니다. 고음질 규격은 24bit/96kHz부터 24bit/192kHz까지 활용할 수 있습니다. 영상과 마찬가지로 고음질 규격일수록 데이터 전송률이 커지면서 저장이나 전송 용량을 많이 차지하게 됩니다. 동영상 파일에 포함되는 오디오 규격은 용도에 따라 정해져 있습니다. 클래식 음악 연주회처럼 특별히 고음질이 필요한 경우가 아니라면 기본 설정을 따르면 됩니다.

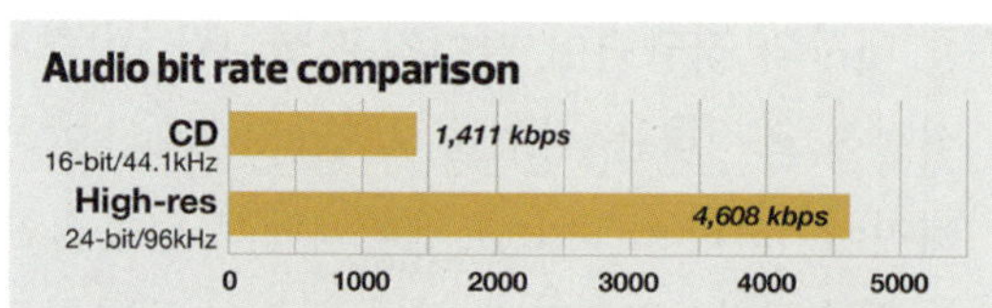

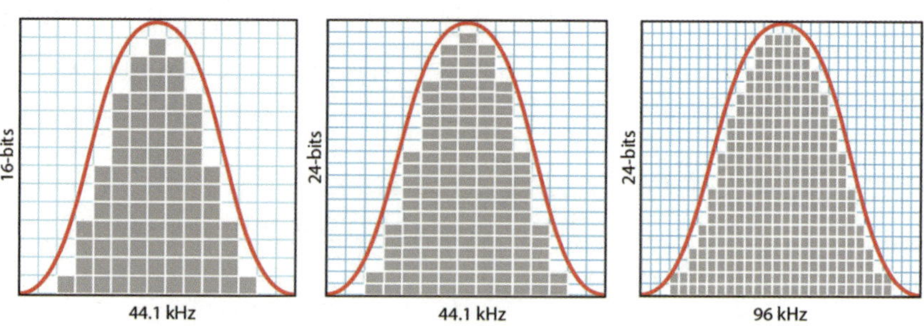

▲ 오디오 샘플레이트와 비트 비교

플랫폼 특성

영상 편집의 목적은 완성한 영상을 어떻게 활용할 것인가에 따라 달라집니다. 가까운 친구나 가족과 함께 볼 목적으로 촬영했다면 간단한 컷 편집 위주로 작업하고 가벼운 용량의 데이터로 출력하면 됩니다. 만약 다음에 다시 제대로 편집할 용도로 가편집 작업을 미리 한다면 출력 영상은 고품질이어야 합니다. 취업이나 홍보 목적으로 인터넷 사이트에 게시하는 경우 업로드 용량이 제한된 경우가 많습니다. 이때는 일반적인 코덱을 이용하여 용량을 적게 출력할 필요가 있습니다. 방송이나 포트폴리오 형태로 제공할 영상이라면 화질이 중요합니다. 압축률이 높아 뭉개지는 부분이 없는지 꼼꼼히 확인하고 충분히 높은 비트 전송률을 설정해야 합니다.

최근에는 영상 자료를 공유하는 플랫폼이 다양해졌습니다. 유튜브(YouTube)나 비메오(Vimeo) 등 영상 플랫폼에서는 자체적인 규격을 정해 놓고 이용자에게 가이드를 제시하고 있습니다. 다빈치 리졸브의 출력(Deliver) 페이지에는 이런 플랫폼의 기준 규격이 미리 설정되어 있어 파일로 출력하거나 계정으로 직접 업로드하기에 편리합니다. 전통적인 영화부터 유튜브까지 영상의 화면 비율은 가로로 긴 것이 규범이었습니다. 반면 인스타그램(Instagram)이나 틱톡(Tiktok)에서는 정사각형의 영상 규격이나 세로로 긴 형태의 영상을 사용하는 경우가 많습니다. 이렇게 휴대폰 사용자 중심의 플랫폼에서는 전통에서 벗어난 규격을 더 많이 볼 수 있으므로, 목적하는 플랫폼에 따라 촬영과 편집, 출력을 설정해야 합니다.

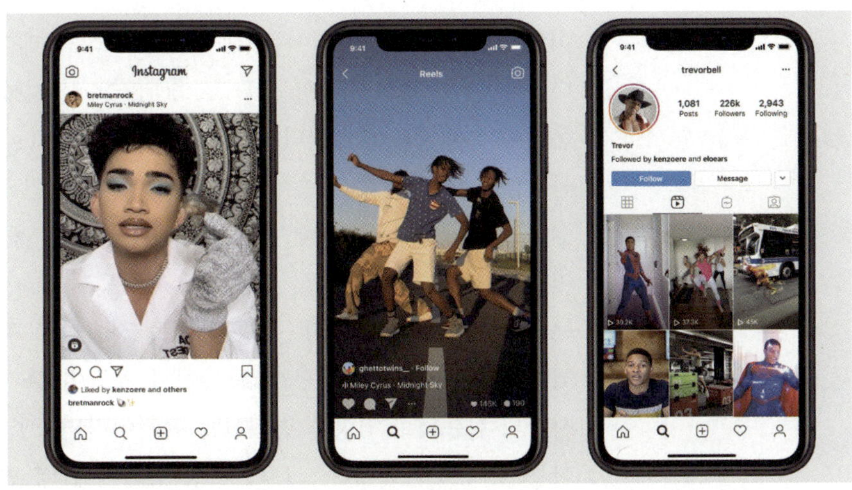

▲ 인스타그램의 영상규격은 정사각형과 세로로 긴 형태 등 색다릅니다.

영상 촬영 설정 알아두기

앞에서 살펴본 것처럼 영상의 규격과 표준은 다양합니다. 영상 편집을 시작하기에 앞서 영상 소스를 준비해야 합니다. 가장 간편하게는 휴대폰으로 영상을 촬영할 수 있습니다. 휴대폰의 기종에 따라 또는 운영 체제의 버전에 따라 카메라 설정이 다를 수 있습니다. 가장 무난한 기종도 최소한 Full-HD 해상도의 영상 촬영을 지원합니다. 스마트폰부터 시네마 카메라까지 기종별로 특징과 설정 사항을 알아보겠습니다.

아이폰 촬영

아이폰은 대부분 자동 촬영 설정으로 사용하는 경우가 많습니다. 일부러 설정 메뉴에 들어가서 카메라를 찾아 세부 설정을 바꾸지 않는 사람이 많습니다. 기본 상태로도 화질이 좋게 촬영되기 때문에 손댈 필요가 없다고 여기는 사용자가 많습니다. 카메라 설정에서 가장 상단에 있는 '포맷'에 들어가면 '고효율성'과 '높은 호환성' 중에 선택하는 메뉴가 있습니다. 기본적으로는 '고효율성'이 선택되어 있는데, 이것을 '높은 호환성'으로 설정하면 영상 편집에 더 편리합니다. '고효율성'은 앞에서 살펴본 것처럼 매우 높은 압축률을 적용하므로 정밀한 컷 편집이 곤란할 수도 있습니다. 대신 '높은 호환성'은 말 그대로 다양한 조건에서도 변환 없이 사용 가능합니다.

이어서 '비디오 녹화'에서는 해상도와 프레임 레이트를 설정할 수 있습니다. 일반적으로는 '1080p HD – 30fps'로 설정하면 됩니다. 만약 빠르게 움직이는 대상을 촬영한다면 '1080p HD – 60fps'로 설정하면 더 부드럽게 움직임을 기록할 수 있습니다. 고화질 촬영이 필요하다면 '4K – 30fps'로 설정해도 됩니다. 그러나 '4K – 60fps' 설정은 용량이 커지므로 일반 포맷이 아닌 고효율성 HEVC 코덱으로 기록됩니다. 이 경우 아래 설명에 나오는 것처럼 1분당 400MB 용량의 비트 전송률로 저장됩니다. 4K 60fps 규격의 영상은 일반 사무용 노트북에서 편집이 불가능할 수 있습니다. 낮은 사양의 컴퓨터로 영상을 편집하는 여건이라면 '1080p HD – 30fps'로 설정하는 것이 무난합니다. 그 외 설정 항목은 촬영 편의를 위한 것입니다. 필요에 따라 활용하면 됩니다.

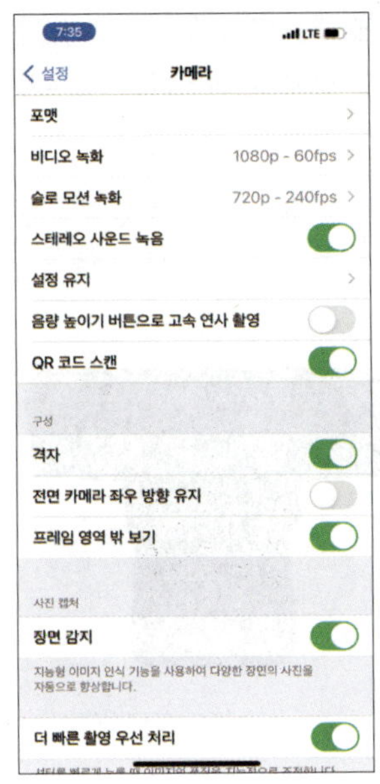

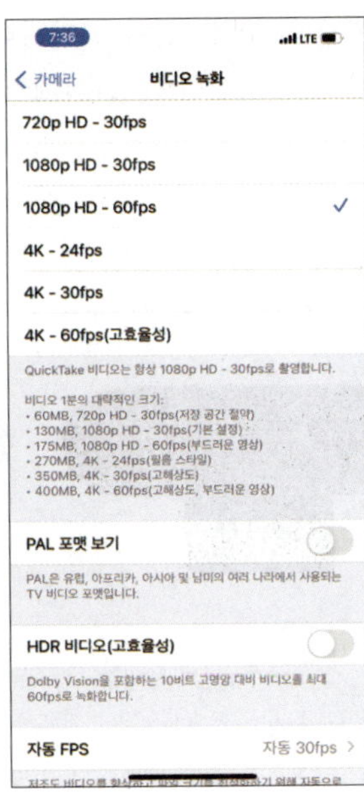

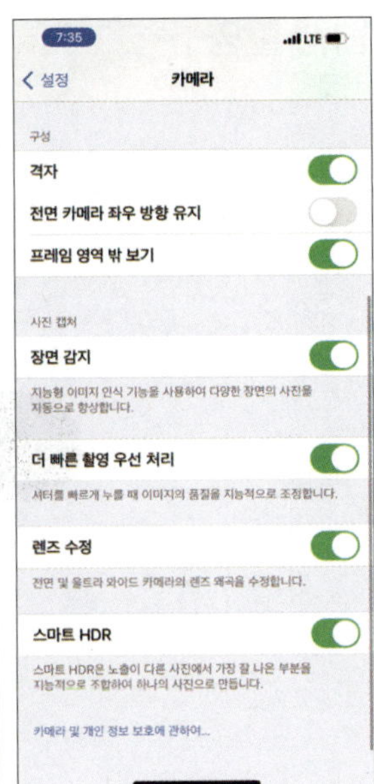

안드로이드 스마트폰 촬영

안드로이드 운영 체제의 스마트폰에서 영상 촬영을 위한 설정도 아이폰과 유사합니다. 기본 카메라 앱 상단의 설정 아이콘을 터치해 설정 메뉴에 들어갑니다. 카메라 설정 중에서 동영상 부분을 보면 후면 동영상 크기가 있습니다. 일부 기종은 프로 동영상 크기를 정하는 항목도 있습니다. 아이폰의 경우와 마찬가지로 가장 무난한 규격인 'FHD 1920 × 1080(30fps)'로 설정하면 됩니다. 필요에 따라 프레임 레이트를 '60fps'로 높이거나 해상도를 UHD로 높게 조정할 수도 있습니다. 고급 녹화 옵션에서는 아이폰처럼 고효율 동영상 즉, HEVC 코덱을 설정 또는 해제할 수 있습니다. 간편한 영상 편집을 위해서는 고효율 동영상을 해제해야 됩니다.

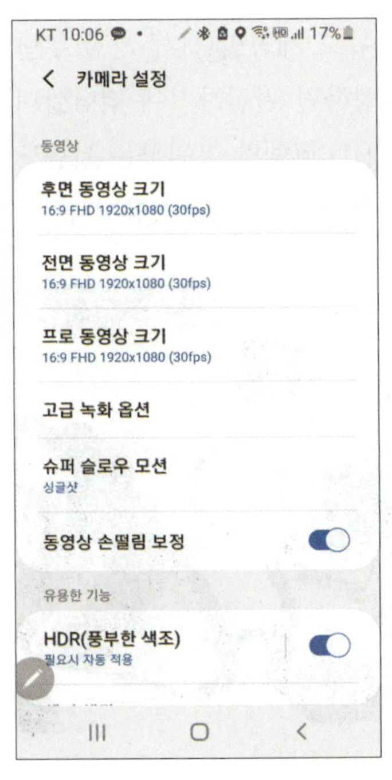

웹캠 촬영

웹캠은 주로 PC와 연결하여 화상 데이터를 네트워크상에 스트리밍 목적으로 개발된 카메라입니다. 과거에는 별도의 캡처 보드를 장착하고 단자로 연결하는 경우가 많았으나, USB의 보급 이후로 대부분 USB를 통해 자동으로 연결이 됩니다. 스트리밍이 주 용도이지만 요새는 화질이 좋고 마이크도 달려 있어서 웹캠으로 리뷰 콘텐츠나 ASMR, 먹방 등 다양한 용도로 사용되고 있습니다. 대표적인 웹캠 브랜드로는 로지텍과 조이트론이 있습니다.

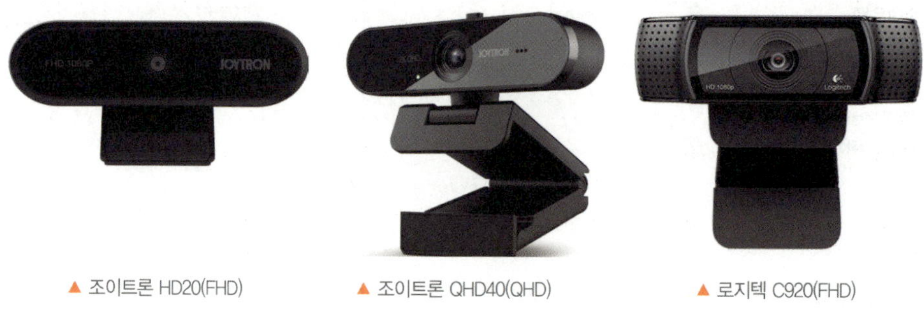

▲ 조이트론 HD20(FHD) ▲ 조이트론 QHD40(QHD) ▲ 로지텍 C920(FHD)

미러리스 카메라 촬영

미러리스 카메라나 DSLR 카메라는 휴대폰보다 더 전문적인 영상 촬영 기능을 제공합니다. 물론 구형 카메라는 신형 휴대폰보다 화질이 떨어지는 경우도 있습니다. 카메라 브랜드에 따라 동영상 촬영 설정이 서로 다른 경우가 많습니다. 최신 기종이라면 고화질 UHD 해상도 형상도 촬영 가능합니다. 미러리스 카메라의 촬영 설정도 앞의 휴대폰 촬영 설정과 유사합니다. 화질 또는 해상도를 1080p로 설정하고 프레임 레이트를 30fps로 설정하면 무난합니다. 고화질 촬영이 필요하면 4K UHD 30fps로 설정하면 됩니다. 일부 기종은 비트 레이트나 파일 포맷을 선택하는 메뉴도 제공합니다. 가장 무난한 것은 MP4 포맷으로 최대 비트 레이트를 설정하면 편집하기에 적당합니다. 오래된 카메라는 MOV 파일 포맷 또는 AVCHD 코덱만 지원하는 기종도 있지만, 이런 규격은 대부분의 영상 편집 프로그램에서 사용 가능합니다.

시네마 카메라 촬영

블랙매직 디자인의 시네마 카메라는 가격 대비 성능이 우수하여 많은 촬영 감독과 제작자들이 한 번씩 사용한 경험이 있습니다. 그중에서도 'Pocket Cinema Camera 4K(약칭 BMPCC 4K)'는 고급 미러리스 카메라 정도로 가격이 저렴하지만, 영화 수준의 고화질을 제공합니다. 특히 원본에 가까운 RAW 화질을 설정하여 촬영할 수 있기 때문에 영상 편집과 색 보정 작업 과정에서 더 풍부한 화면을 만들어 낼 수 있습니다. 저렴한 BMPCC 4K 모델도 상위 기종인 URSA Mini Pro 12K와 같은 카메라 운영 체제를 지원합니다. 다음 화면 사진처럼 촬영 메뉴 구성과 코덱이 똑같습니다. 4K 시네마 카메라에서 영상 해상도는 방송 규격의 'UHD 3840 × 2160' 설정도 있지만, 영화 규격인 '4K DCI 4096 × 2160' 설정도 가능합니다. 프레임 레이트는 영화 규격인 24fps부터 부드러운 60fps까지 다양하게 설정할 수 있습니다. 특히 영상의 컬러와 관련하여 흑백의 계조를 풍부하게 기록하는 로그 감마(Log Gamma)의 사전 설정 값인 룩업 테이블(LUT, Look-up Table)을 지원하기 때문에 색 보정 이후의 상황을 미리 확인하며 촬영할 수 있습니다. LUT는 영상의 색조(Color Tone)를 결정하는 색상(Hue), 채도(Saturation), 명도(Brightness)를 수학적으로 설정하는 공식과 같은 것입니다. LUT 설정에 따라 각 픽셀의 RGB 값이 바뀌면서 전혀 다른 색조 즉, 룩(Look)을 만들어 냅니다. 그 외에도 영상에 관한 세부적인 설정이 가능한 시네마 카메라는 일반 미러리스 카메라와 달리 영상 촬영의 목적으로 제작된 것입니다. 따라서 사진 촬영의 기능은 거의 지원되지 않습니다. 시네마 카메라는 영화뿐만 아니라 방송, 광고, 뮤직비디오 등 고화질 용도에 사용되고 있습니다.

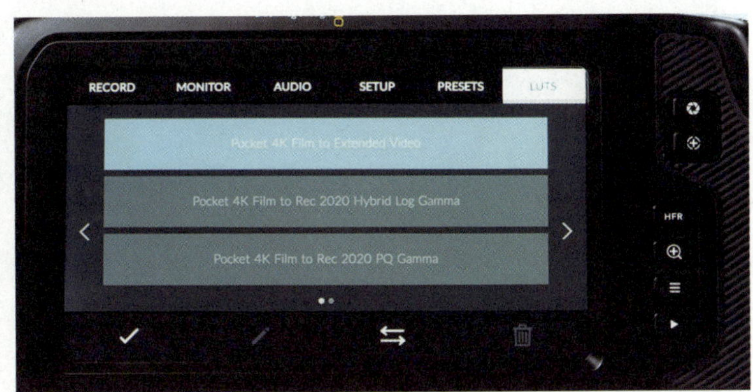

▲ 블랙매직 시네마 카메라의 OS 화면은 편리하고 직관적입니다.

다빈치 리졸브 내 컴퓨터에 설치하기

다빈치 리졸브는 전문가 수준의 영상 편집 프로그램입니다. 유료 스튜디오 버전과 달리 무료 버전은 누구나 이메일을 등록하면 컴퓨터에 내려받아서 설치하고 사용할 수 있습니다. 대부분의 영상 관련 프로그램이 맥OS에 더 최적화되었듯이 다빈치 리졸브도 비슷한 사양이라면 윈도우 PC보다는 맥북 등에서 더 원활히 구동됩니다. 영상 편집 과정은 컴퓨터의 모든 자원을 다 끌어다 사용합니다. 고성능 컴퓨터일수록 편집 작업이나 미리보기도 더 수월합니다. 부족한 컴퓨터 성능은 프로젝트 설정에서 미디어 캐시 설정 등을 낮추면 다소 보완이 가능합니다.

다빈치 리졸브 내려받기

다빈치 리졸브는 웹 사이트에서 개인정보를 등록하고 무료로 내려받을 수 있습니다. 윈도우, 맥OS, 리눅스 등 주요 컴퓨터 운영체제를 모두 지원합니다. 내려받기 안내 창에서 왼쪽 무료 버전을 선택하면 됩니다. 배려받은 설치 파일을 실행하고 안내에 따라 설치 과정을 진행합니다. 설치 후에 다빈치 리졸브의 새로운 버전이 출시되면 추가 등록 절차 없이 내려받을 수 있습니다.

다빈치 리졸브 다운로드하기

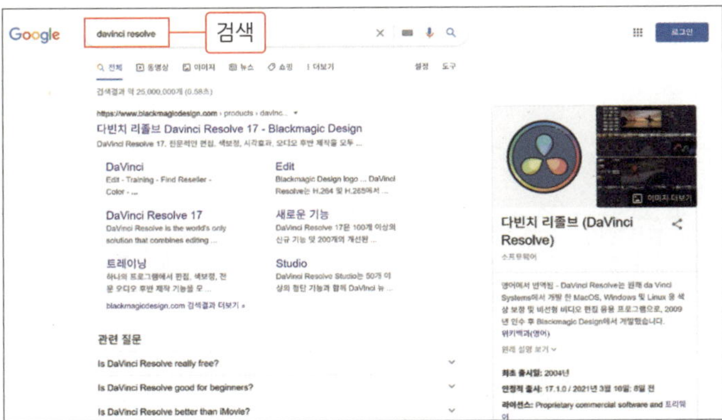

01 구글이나 네이버 검색창에 'Davinci Resolve' 또는 'Resolve 17'을 입력하여 검색합니다. 맨 위에 표시된 '다빈치 리졸브 Davinci Resolve 17 – Blackmagic Design'을 클릭합니다.

02 다빈치 리졸브 웹사이트에서 [지금 다운로드] 버튼을 클릭합니다.

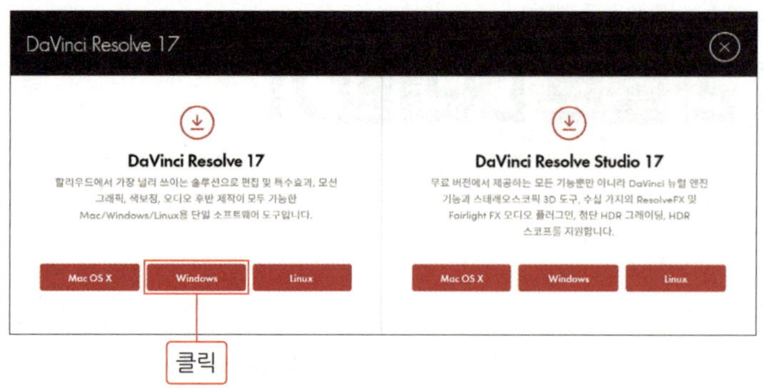

03 다운로드 팝업 창이 표시되면 왼쪽 'DaVinci Resolve 17'에서 자신의 컴퓨터 운영 체제를 선택하여 클릭합니다. 윈도우 사용자는 [Windows] 버튼을 클릭하고, 애플 맥 사용자는 [Mac OS X] 버튼을 클릭합니다.

> **Tip** 오른쪽 'DaVinci Resolve Studio 17'은 유료 버전입니다.

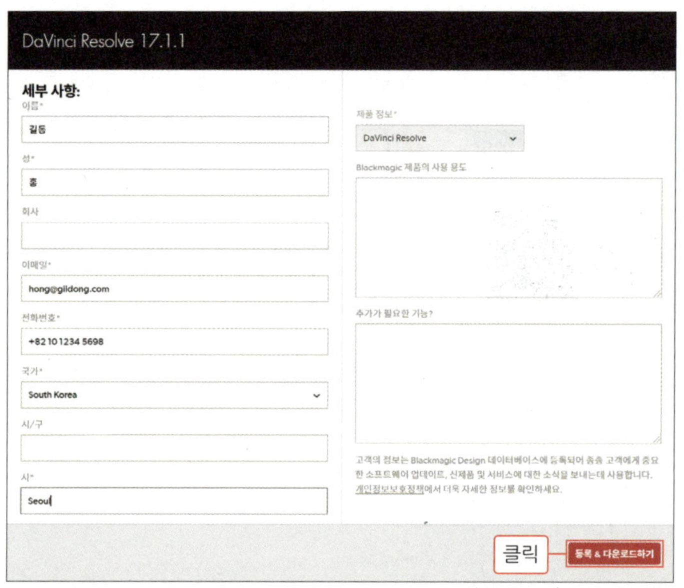

04 세부 사항을 입력한 다음 오른쪽 하단의 [등록 & 다운로드] 버튼을 클릭합니다.

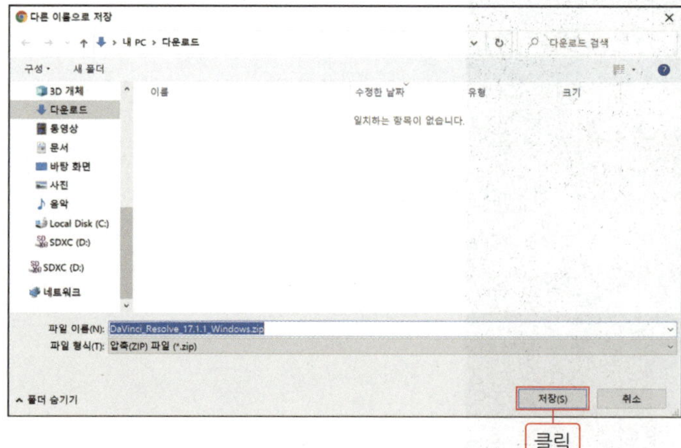

05 다른 이름으로 저장 대화상자가 표시되면 바탕 화면 또는 원하는 경로를 지정한 다음 [저장] 버튼을 클릭합니다.

> **Tip** 설치 파일 용량이 약 2.2GB 정도이므로 내려받는 데에 시간이 소요됩니다.

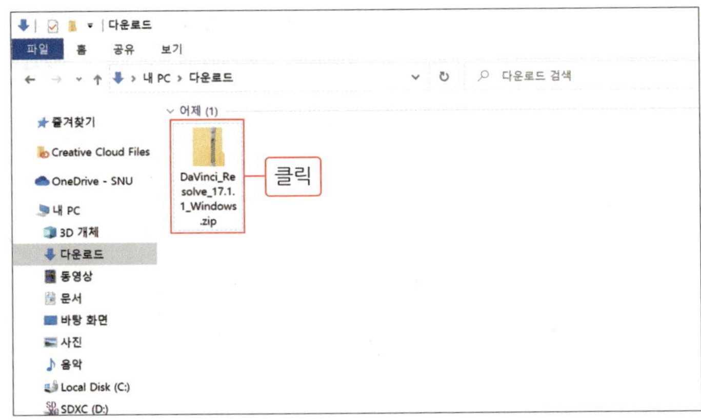

06 설치 파일은 ZIP 형식으로 압축되어 있습니다. 더블클릭하여 압축을 풀면 설치 파일이 표시됩니다.

Tip 압축 파일 해제 프로그램이 없는 경우 윈도우 탐색기 메뉴에서 압축 풀기를 실행하면 됩니다.

다빈치 리졸브 설치하기

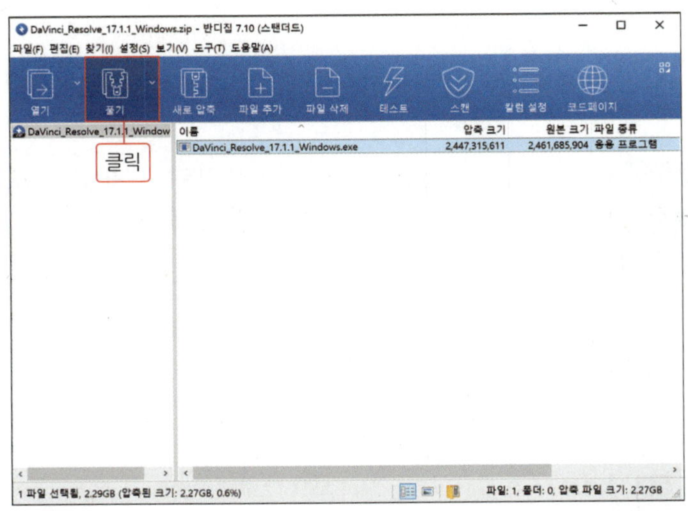

01 반디집 또는 알집과 같은 압축 프로그램을 사용하고 있다면 해당 프로그램이 실행되면서 압축된 설치 파일을 편리하게 풀 수 있습니다. 파일의 압축을 푸는 경로도 원본과 같은 바탕화면 또는 지정한 경로로 지정하면 찾기 쉽습니다. [풀기] 버튼을 클릭합니다.

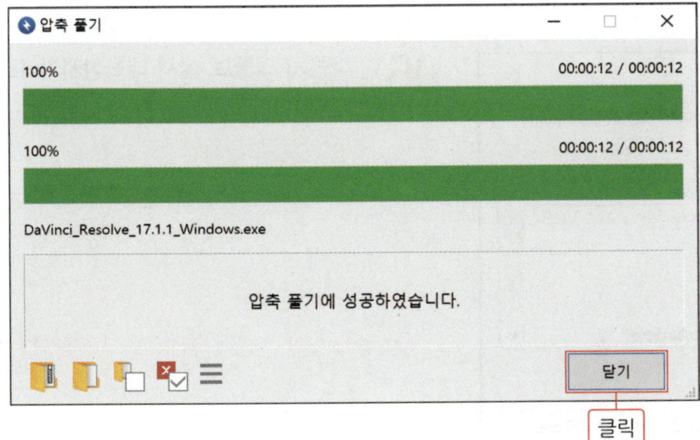

02 압축 풀기가 완료되면 [닫기] 버튼을 클릭하여 압축 프로그램을 종료합니다.

03 압축이 풀린 다빈치 리졸브 설치 파일을 더블클릭하여 설치 과정을 시작합니다.

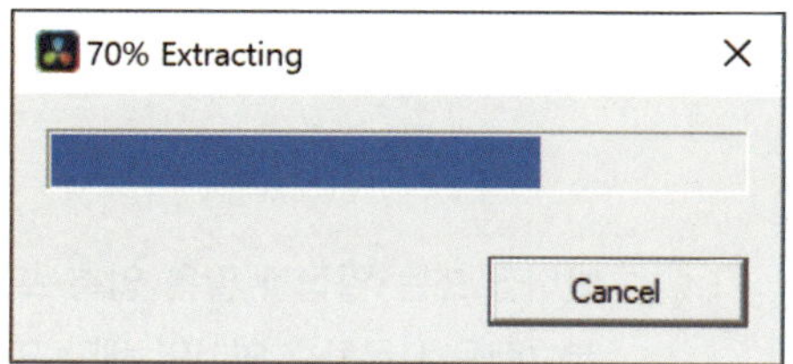

04 설치 파일의 압축 해제 과정이 진행됩니다.

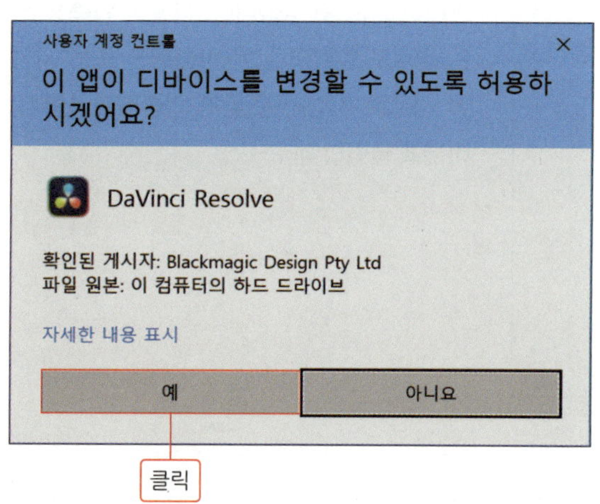

05 사용자 계정 컨트롤 대화상자가 표시되면 [예] 버튼을 클릭합니다.

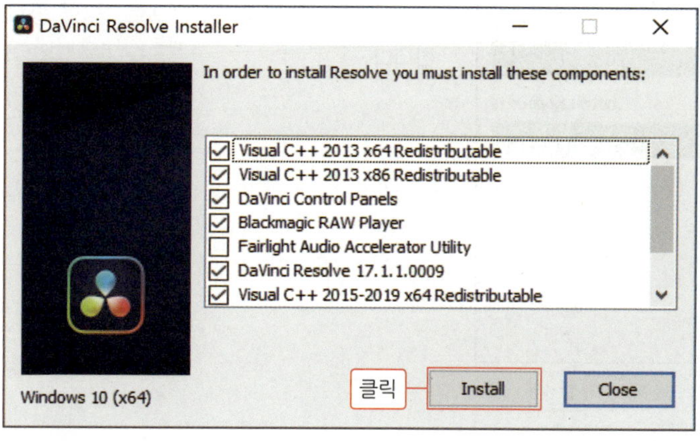

06 다빈치 리졸브 설치 대화상자가 표시되면 [Install] 버튼을 클릭합니다.

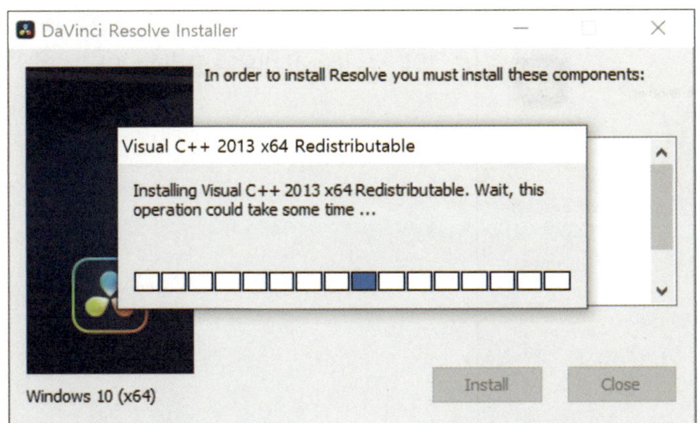

07 프로그램 설치에 필요한 Visual C++ 컴포넌트 등이 먼저 설치됩니다.

08 다빈치 리졸브 설치 마법사 대화상자에서 [Next] 버튼을 클릭합니다.

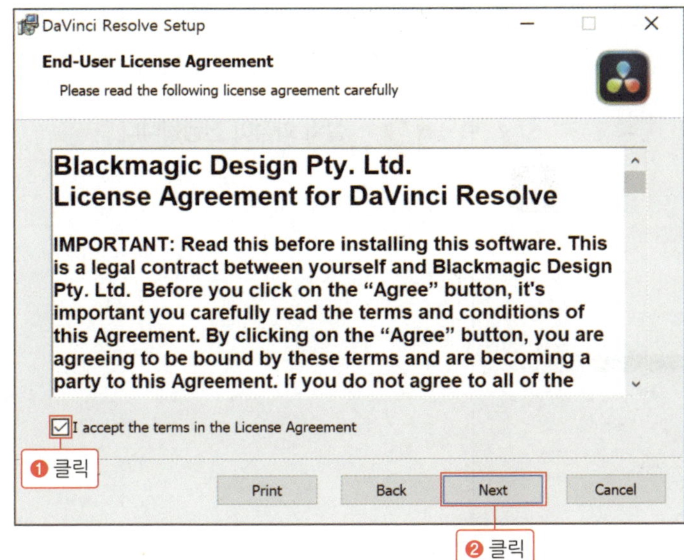

09 사용자 라이선스에 동의한다는 내용에 체크 표시한 다음 [Next] 버튼을 클릭합니다.

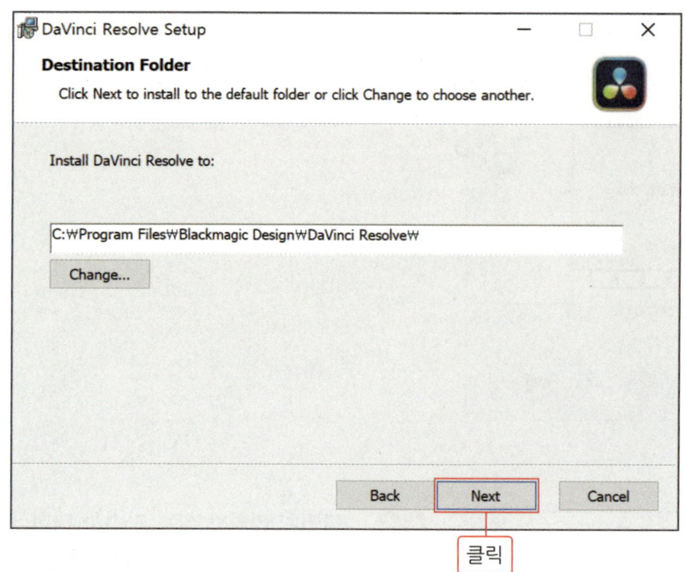

10 프로그램 설치 경로를 확인하고 [Next] 버튼을 클릭합니다.

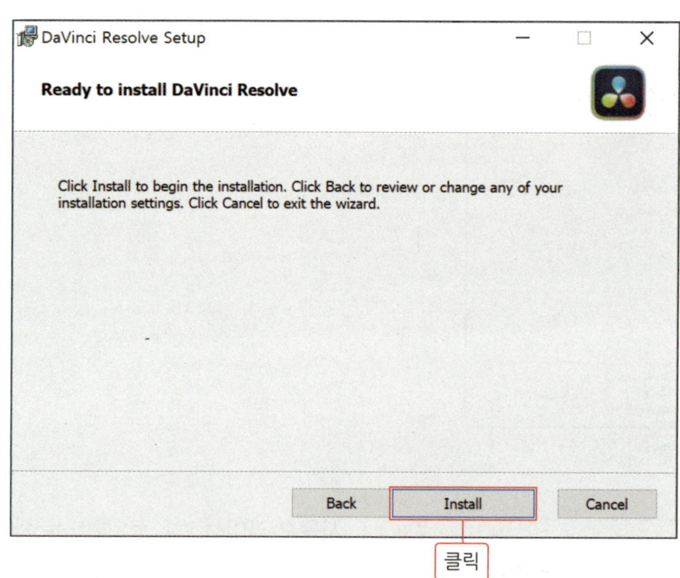

11 프로그램 설치가 준비되었다는 내용이 표시되면 [Install] 버튼을 클릭합니다.

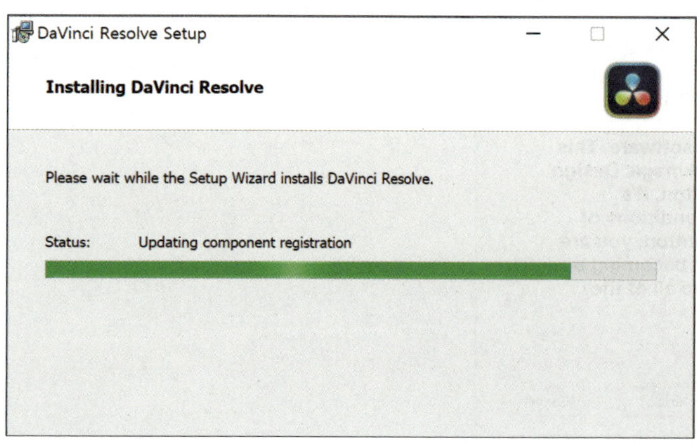

12 설치 과정이 진행됩니다.

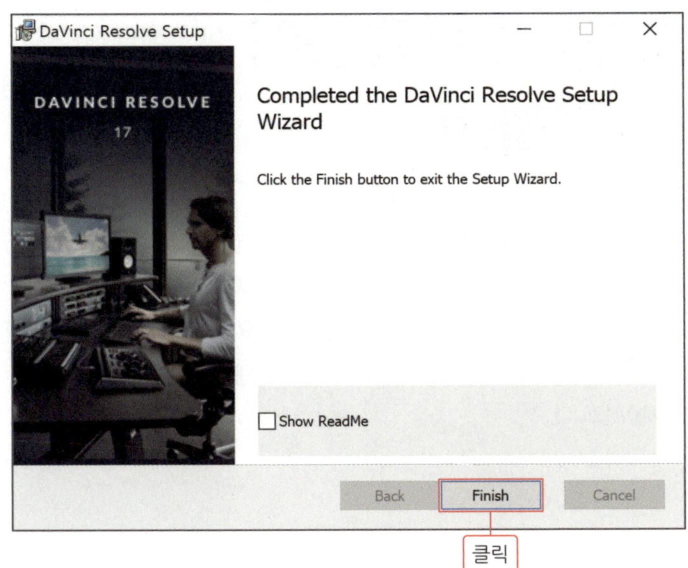

13 설치가 완료되면 [Finish] 버튼을 클릭합니다.

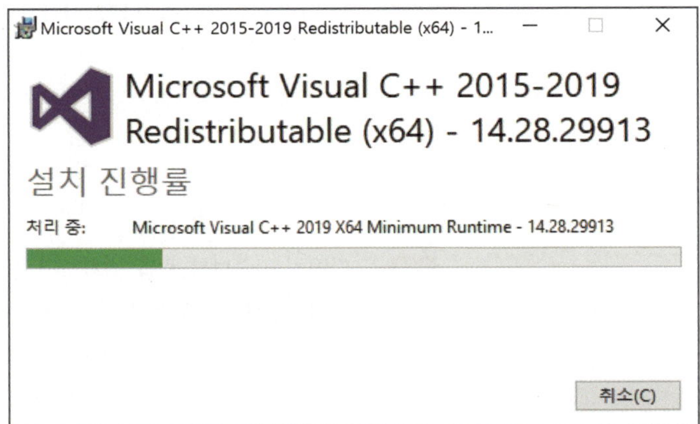

14 필요에 따라 Visual C++ 구성 요소가 더 설치될 수 있습니다.

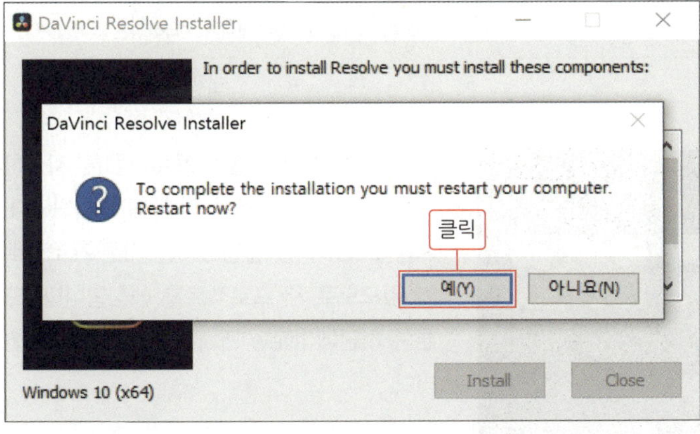

15 설치 과정이 모두 끝나면 컴퓨터를 다시 시작하라는 창이 표시됩니다. [예] 버튼을 클릭하면 컴퓨터가 다시 부팅됩니다. 설치를 마치면 다빈치 리졸브의 원활한 구동을 위해 반드시 컴퓨터를 다시 시작합니다.

다빈치 리졸브 실행하여 최적화 설정하기

컴퓨터에 설치한 다빈치 리졸브를 실행하면 간단한 성능 테스트를 거치게 됩니다. 사무용 컴퓨터나 노트북은 그 성능이 영상 편집에 충분하지 않습니다. 새 프로젝트를 시작할 때마다 프로젝트 설정 창에 진입해서 캐시 미디어 등의 수준을 낮추는 최적화 설정이 필요합니다. 고성능 PC이거나 맥OS라면 이런 최적화 과정이 반드시 필요하지 않지만, 프로그램 설정에서 그래픽 카드를 제대로 인식하는지 한번은 확인해야 됩니다.

01 'DaVinci Resolve'를 더블클릭하여 다빈치 리졸브를 실행합니다.

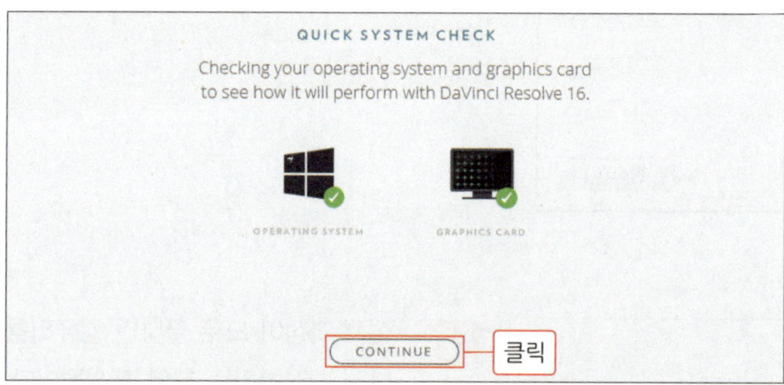

02 다빈치 리졸브를 처음 설치하면 컴퓨터 시스템의 적합성을 테스트하는 QUICK SYSTEM CHECK 창이 표시되는 경우가 있습니다. [CONTINUE] 버튼을 클릭하여 테스트를 시작하면 됩니다.

> **Tip** 운영 체제와 그래픽 카드 아이콘에 표시되는 초록색 v 표시는 영상 편집에 적합하다는 의미입니다.

03 다빈치 리졸브 프로그램을 시작하면 프로젝트 관리 창이 표시됩니다. 처음 프로그램을 실행했다면 기존 프로젝트가 없으므로 새 프로젝트를 생성합니다. 오른쪽 하단에 [New Project] 버튼을 클릭합니다.

04 Create New Project(새 프로젝트 생성) 대화상자에 프로젝트 이름을 입력하고 [Create] 버튼을 클릭합니다.

05 새 프로젝트가 생성된 다빈치 리졸브 작업 창이 표시됩니다. 다빈치 리졸브에서 영상 편집은 다음과 같은 프로그램 창에서 [Cut] 페이지 화면으로 시작합니다.

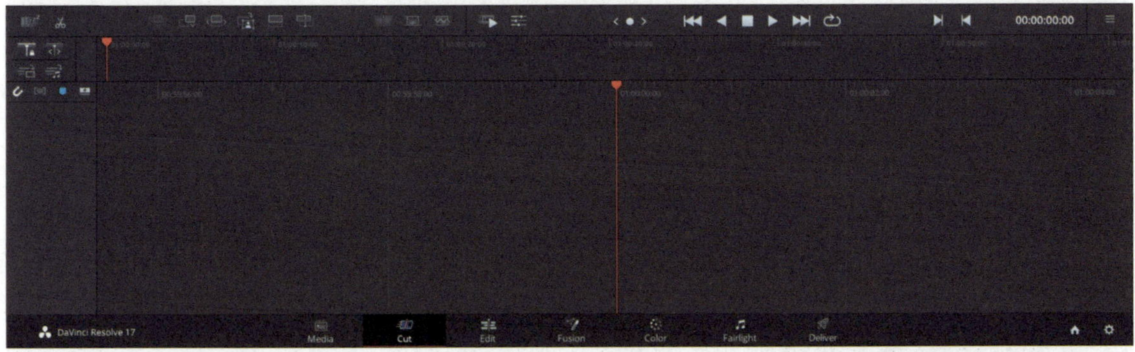

06 영상 편집 프로젝트의 설정을 위해 먼저 오른쪽 하단에 [Project Settings(프로젝트 세팅)] 버튼(⚙)을 클릭합니다.

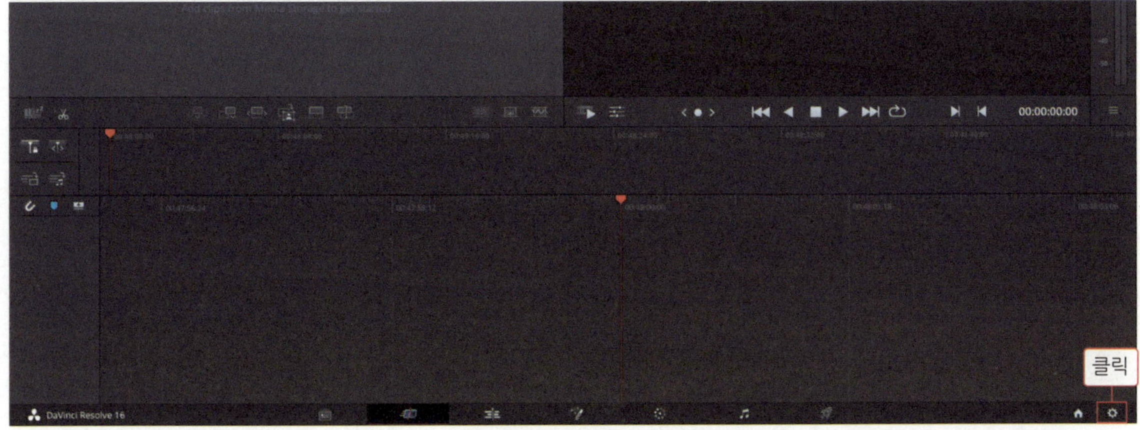

07 Project Settings(프로젝트 설정) 대화상자에서 'Master Settings'를 선택하여 최적화된 설정 값을 지정합니다. 영상 해상도와 프레임 레이트, 임시 파일의 압축률 등을 설정할 수 있습니다.

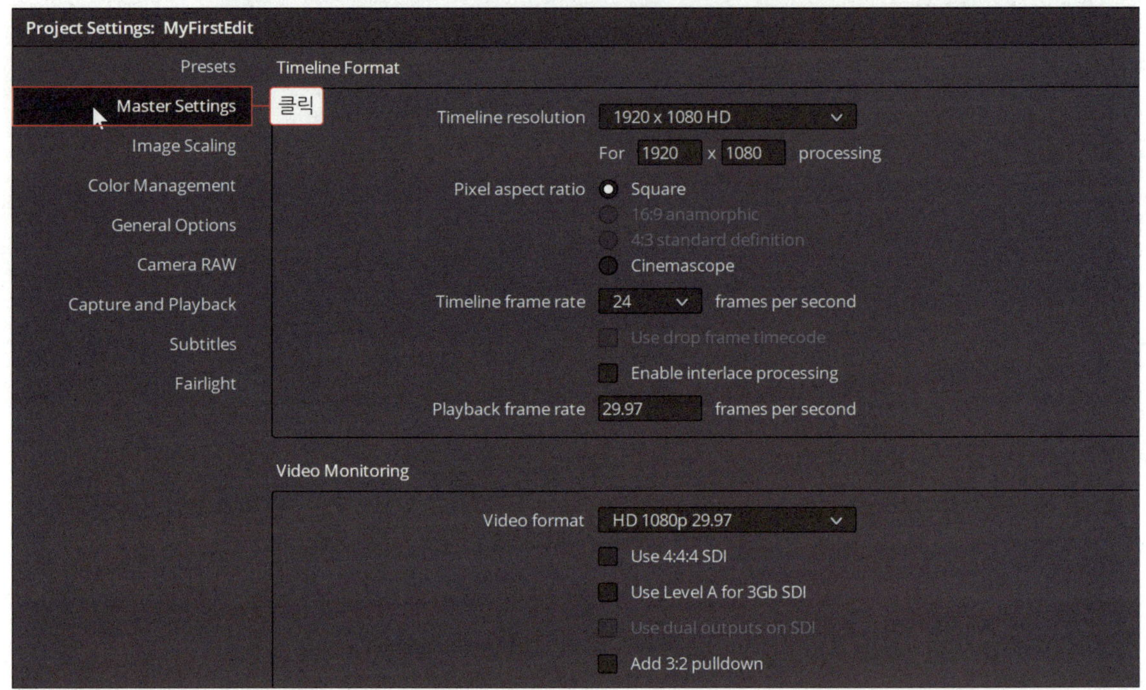

08 Timeline Format(타임라인 규격)에서 Timeline frame rate(프레임 레이트)를 '29.97'로 변경합니다. 이 설정 값은 나중에 바꿀 수 없으니 잊지 말고 변경해야 합니다.

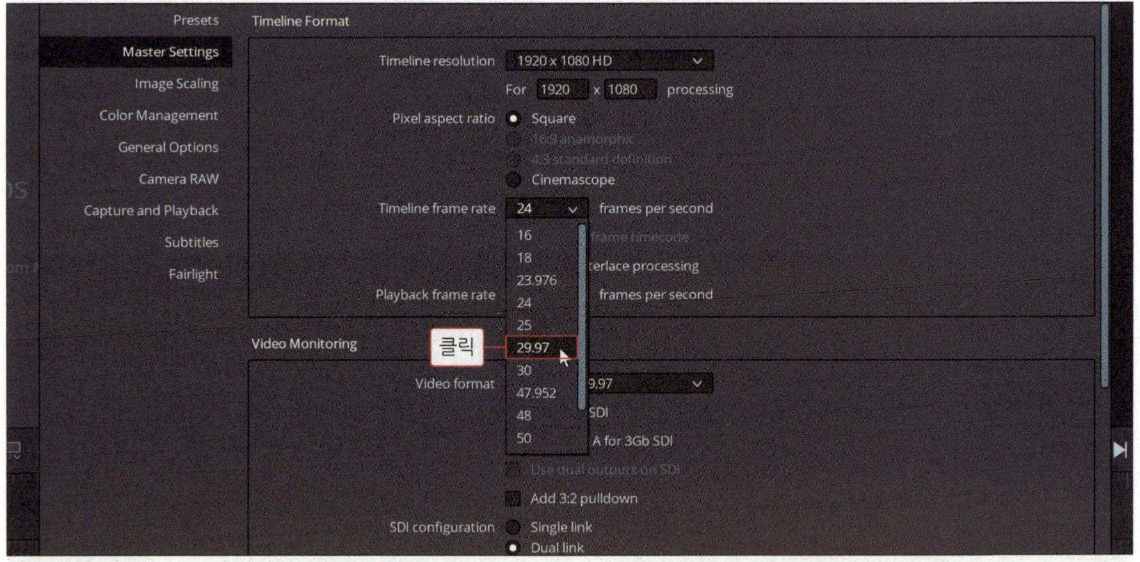

Tip 29.97fps는 우리나라의 방송 표준 즉, NTSC 규격 영상의 프레임 레이트 값입니다.

09 컴퓨터의 성능이 충분하지 못하다면 Proxy Media 및 Optimized Media and Render Cache(렌더 캐시) 등의 설정 값을 가장 낮은 수치로 변경해야 합니다.

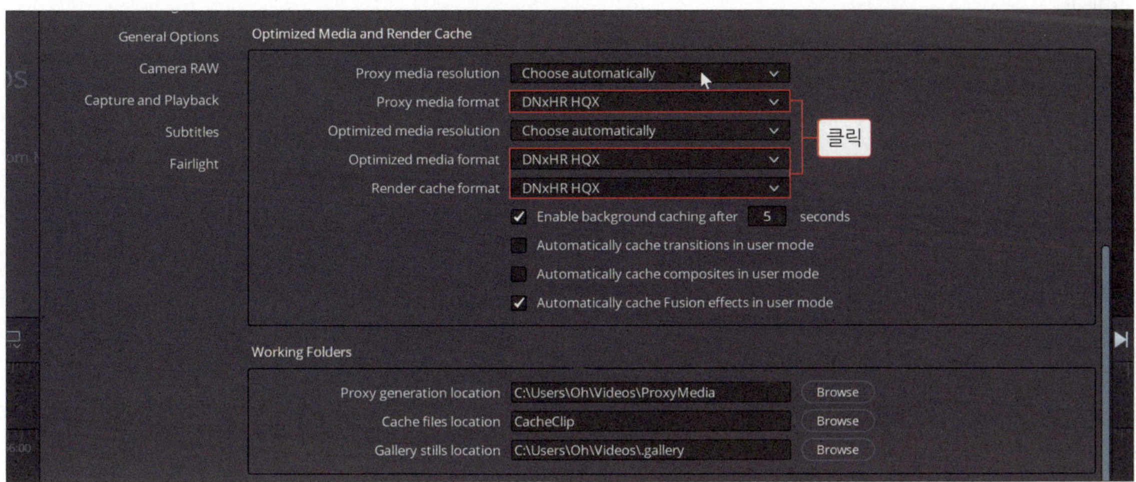

10 Proxy media format(프록시 미디어 포맷)을 저용량 규격인 'DNxHR LB'로 지정합니다. 만약 컴퓨터 성능이 우수하다면 설정을 낮추지 않고 'DNxHR HQX' 그대로 지정합니다.

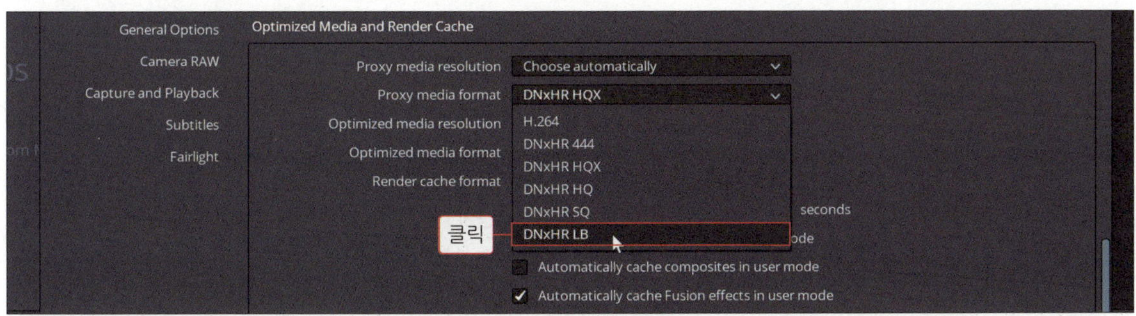

11 Proxy media resolution(프록시 미디어 해상도)과 Optimized media resolution(최적화 미디어 해상도)을 1/16 수준인 'One-Sixteenth'로 지정합니다. 숫자가 커질수록 컴퓨터 연산의 부담이 증가합니다.

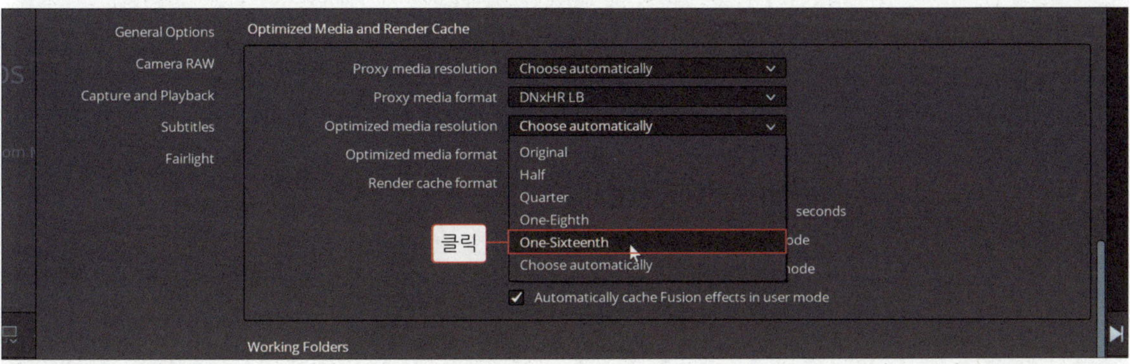

12 Optimized media format(최적화 미디어 포맷)과 Render cache format(렌더 캐시 포맷)을 저용량 규격인 'DNxHR LB'로 지정합니다. 만약 컴퓨터 성능이 우수하다면 이 설정을 낮추지 않고 'DNxHR HQX' 그대로 지정합니다.

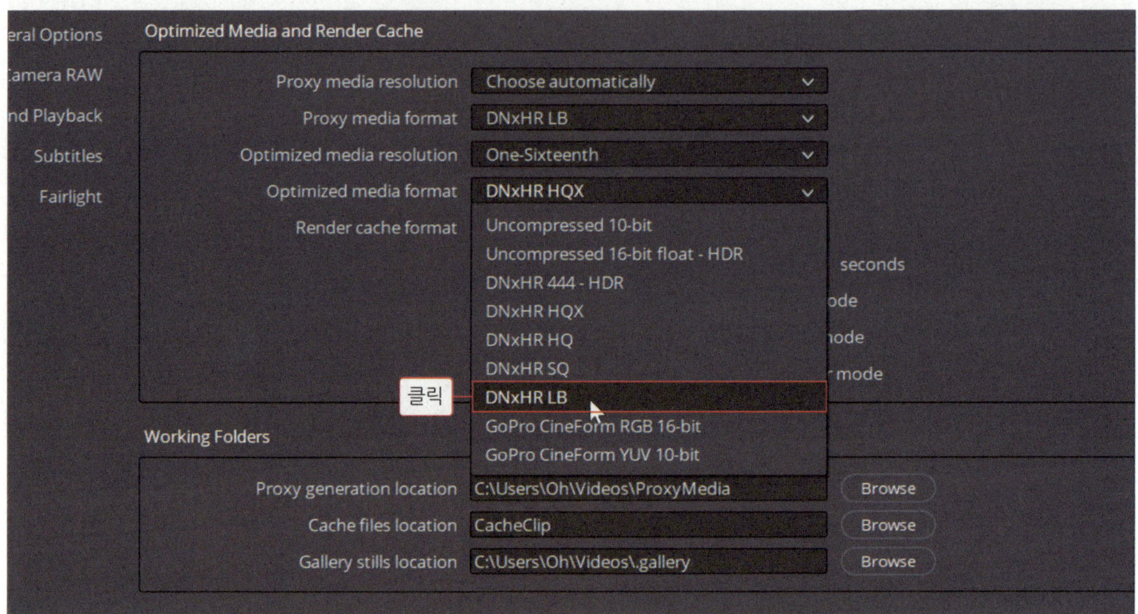

13 영상 포맷과 최적화 설정 변경을 마쳤으면 설정 값을 저장하기 위해 [Save] 버튼을 클릭합니다.

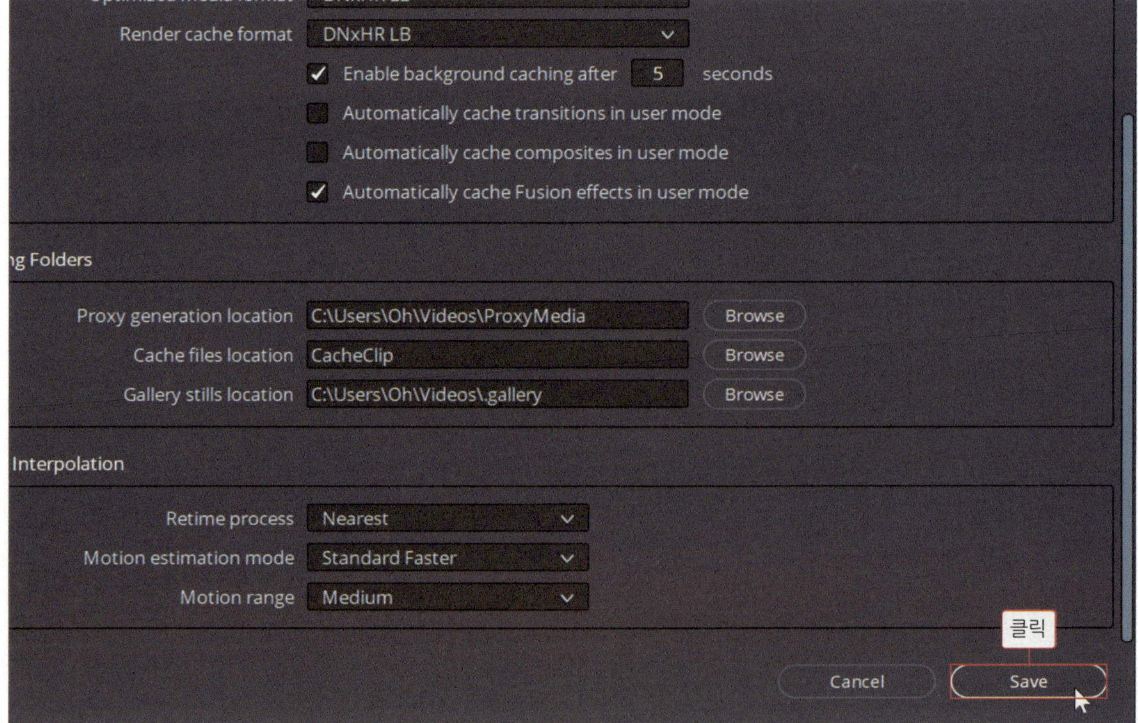

14 Project Settings(프로젝트 세팅) 대화상자가 사라지면 다시 [Cut] 페이지 화면이 표시됩니다.

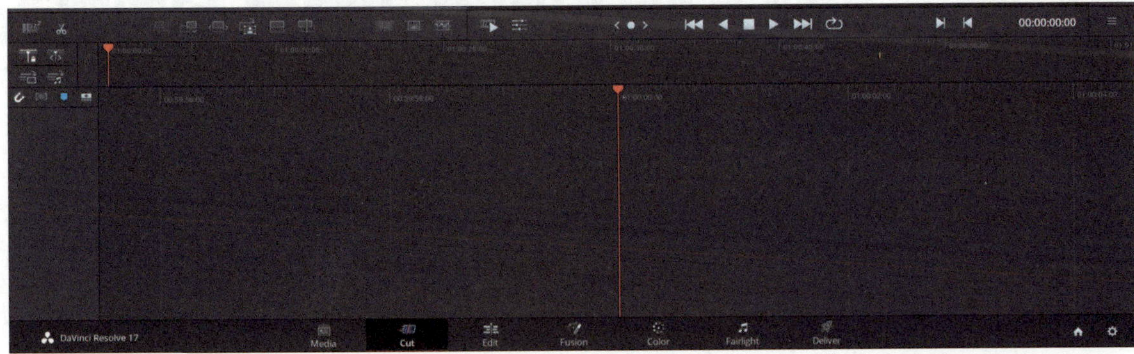

15 고성능 컴퓨터라면 컴퓨터 그래픽 칩셋이 제대로 인식되었는지 확인하기 위하여 메뉴에서 [DaVinci Resolve] – Preferences(설정)를 실행합니다.

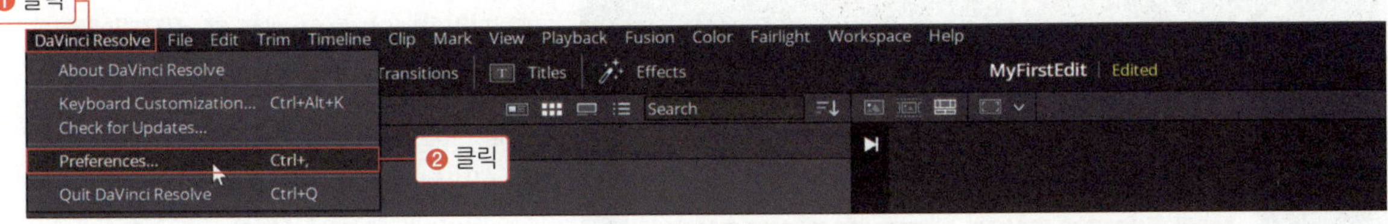

16 Preferences(설정) 대화상자에서 'Memory and GPU'를 선택하여 GPU Configuration(그래픽 칩 구성)이 내 컴퓨터에 설치된 그래픽 칩셋과 일치하는지 확인합니다. NVidia GeForce GTX 또는 RTX 계열의 GPU의 경우 GPU processing mode가 'CUDA'로 지정되어야 합니다. GPU selection도 고성능 그래픽 칩셋으로 선택되어야 합니다. 만약 AMD 계열 GPU일 경우에는 Open CL로 선택합니다. 확인을 마치면 [Save] 버튼을 클릭합니다.

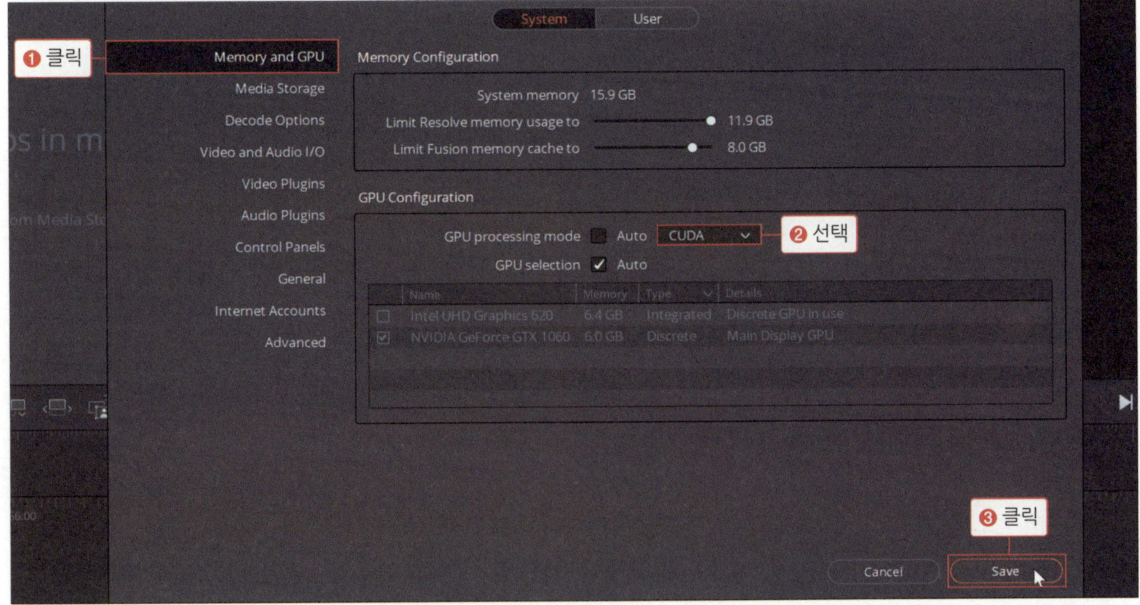

맥 OS에 다빈치 리졸브 설치하기

대부분의 전문가용 영상 편집 프로그램들은 모두 맥에 최적화되어 있습니다. 다빈치 리졸브도 맥 OS 환경에 맞게 개발되어왔고, 특히 신형 M1 실리콘 칩에 최적화된 기능도 신속하게 지원했습니다. 다빈치 리볼브 웹 사이트에서 설치 파일을 내려받은 후 안내에 따라 설치하는 과정도 따라하기 쉽습니다.

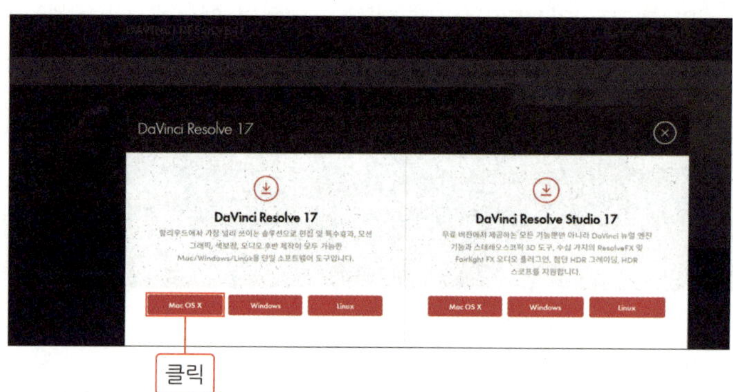

01 다빈치 리졸브는 윈도우, 맥, 리눅스 등 주요 컴퓨터 운영 체제를 모두 지원합니다. 특히 애플 맥 컴퓨터에 더욱 최적화되어 있기 때문에 가벼운 맥북에서도 복잡한 편집 작업이 가능합니다. 맥 사용자는 다빈치 리졸브 웹 사이트의 다운로드 페이지에서 [Mac OS X] 버튼을 클릭하여 맥용 설치 파일을 다운로드합니다.

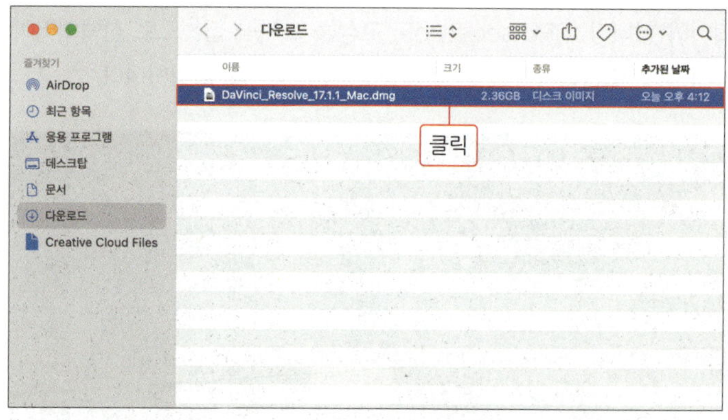

02 다운로드가 완료되면 다운로드 폴더에서 설치 파일을 더블클릭하여 실행합니다.

03 설치 파일을 검사하고 압축 해제 과정이 진행됩니다.

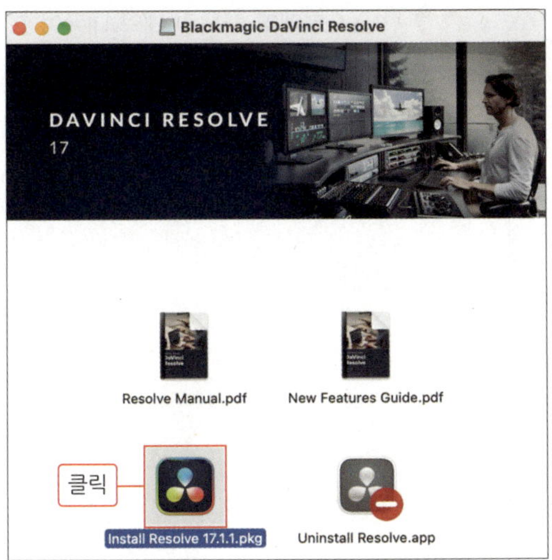

04 압축이 풀리고 마운트되면 여러 개의 파일이 표시됩니다. 'Install Resolve pkg'를 더블클릭하여 설치를 시작합니다.

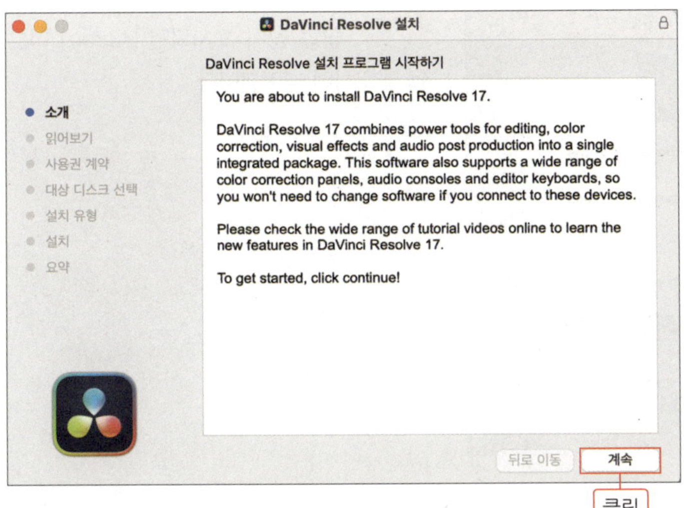

05 설치 프로그램이 시작되면 [계속] 버튼을 클릭하여 다음으로 넘어갑니다.

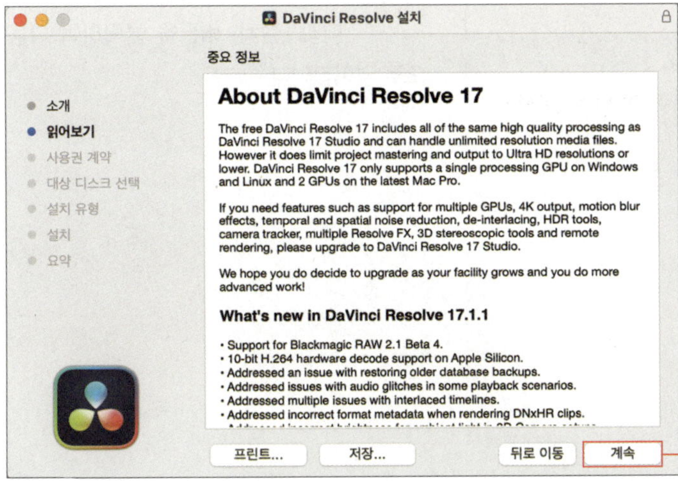

06 중요 정보 내용을 살펴보고 [계속] 버튼을 클릭하여 다음으로 넘어갑니다. 맥용 무료 버전에서는 최대 UHD 해상도까지 출력이 가능하고 2개의 GPU 연산을 지원한다는 내용이 표시됩니다.

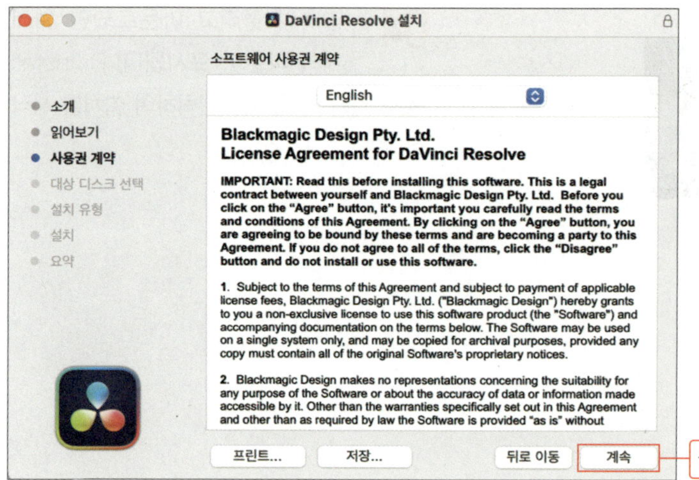

07 소프트웨어 사용권 계약 내용이 표시되면 [계속] 버튼을 클릭하여 다음으로 넘어갑니다.

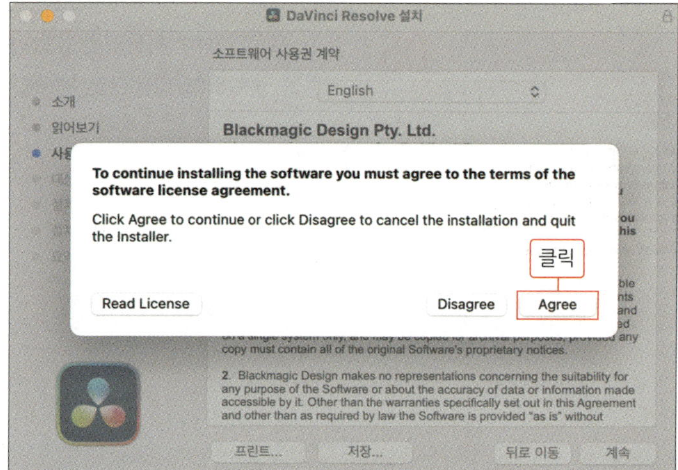

08 소프트웨어 라이선스 동의에 대한 팝업 창이 표시되면 [Agree] 버튼을 클릭하여 넘어갑니다.

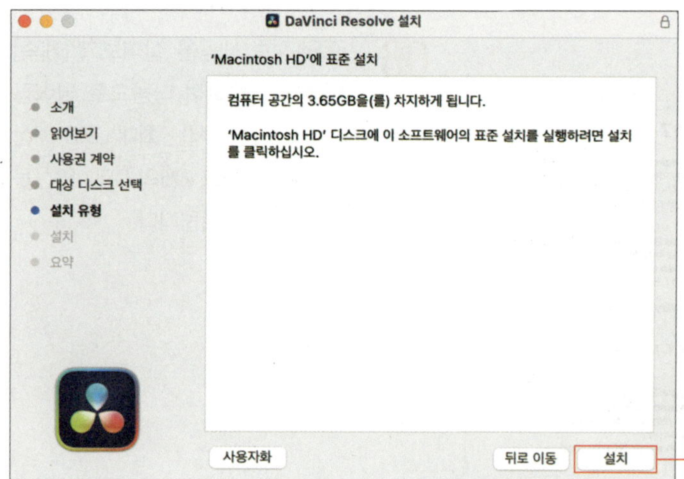

09 특별한 이유가 없으면 표준 설치에 따라 [설치] 버튼을 클릭하여 다음으로 넘어갑니다.

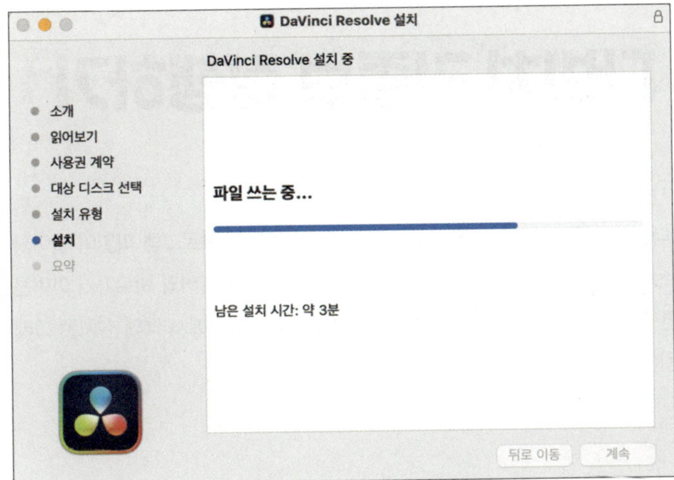

10 설치 과정이 진행되며 5분 이내에 설치가 완료됩니다.

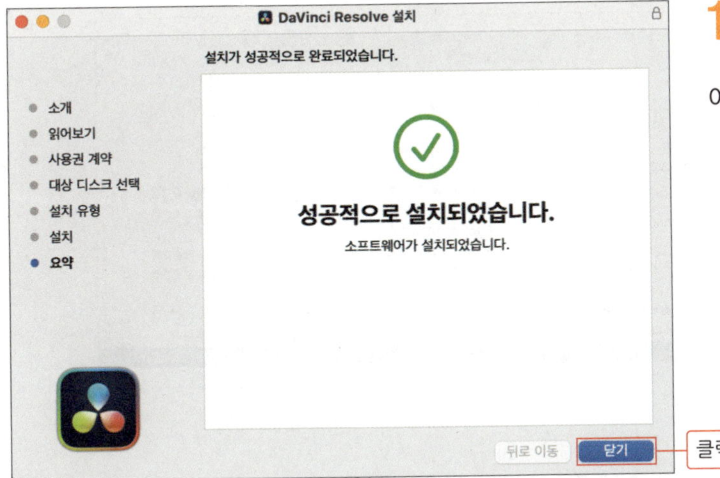

11 성공적으로 설치되었다는 메시지가 표시되면 [닫기] 버튼을 클릭하여 설치 프로그램을 종료합니다.

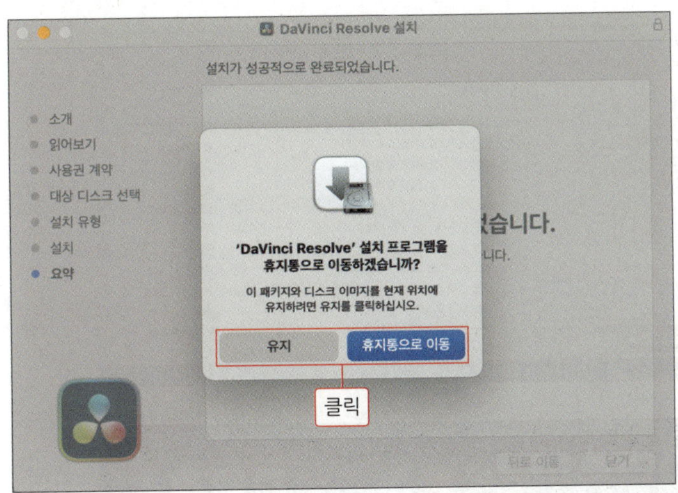

12 DaVinci Resolve 설치 프로그램 파일을 휴지통에 버릴 것을 묻는 대화상자가 표시됩니다. 필요하면 [유지] 버튼을 클릭하고, 더 이상 필요 없으면 [휴지통으로 이동] 버튼을 클릭합니다.

맥에서 다빈치 리졸브 실행하기

맥 컴퓨터에 설치한 다빈치 리졸브는 응용프로그램(Applications) 폴더에 프로그램 파일이 들어가 있습니다. DaVinci Resolve.app 실행 아이콘을 바탕화면의 독(Dock)으로 끌어와 바로가기 아이콘을 생성해서 사용하면 편리합니다. 프로그램 첫 실행 후 설정(Preferences)에서 맥에 설치된 그래픽 칩을 제대로 인식하는지 확인합니다.

01 설치가 완료되면 응용 프로그램 폴더에서 DaVinci Resolve.app을 찾을 수 있습니다.

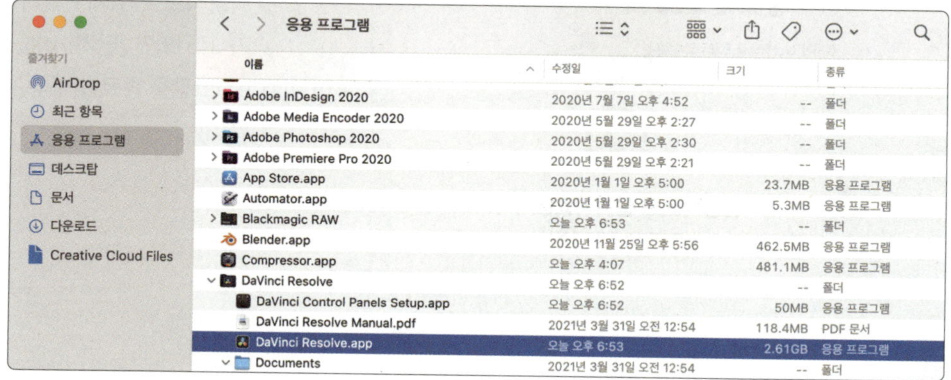

02 'DaVinci Resolve.app'을 데스크톱 화면 아래 독(Dock)으로 드래그하면 바로가기가 생성됩니다. 독에서 다빈치 리졸브 아이콘을 한 번만 클릭하면 실행됩니다.

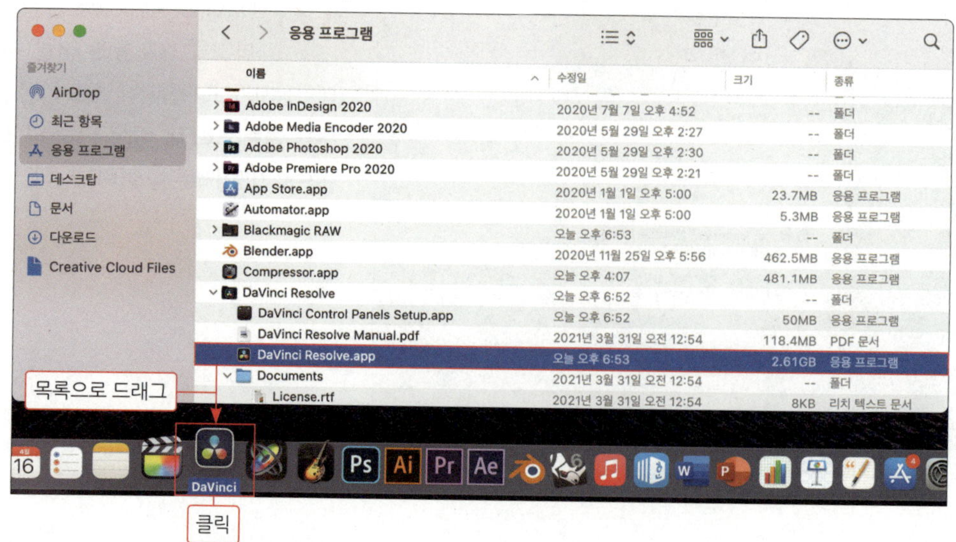

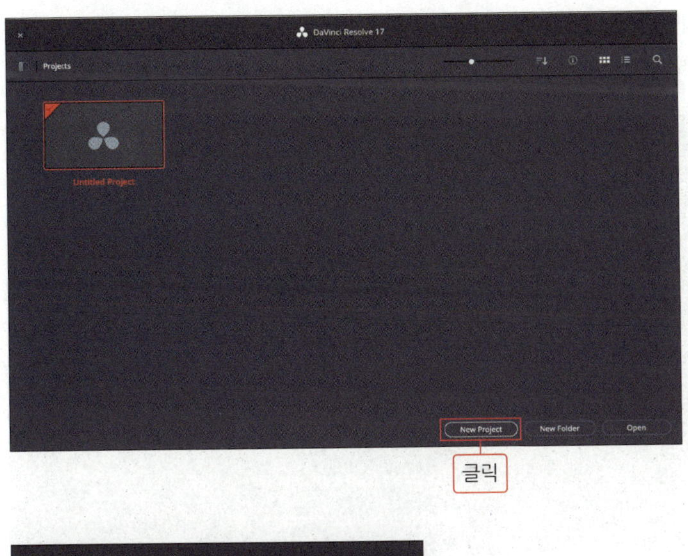

03 윈도우 버전과 똑같이 처음에는 프로젝트 창이 표시됩니다. [New Project] 버튼을 클릭하여 새 프로젝트를 시작합니다.

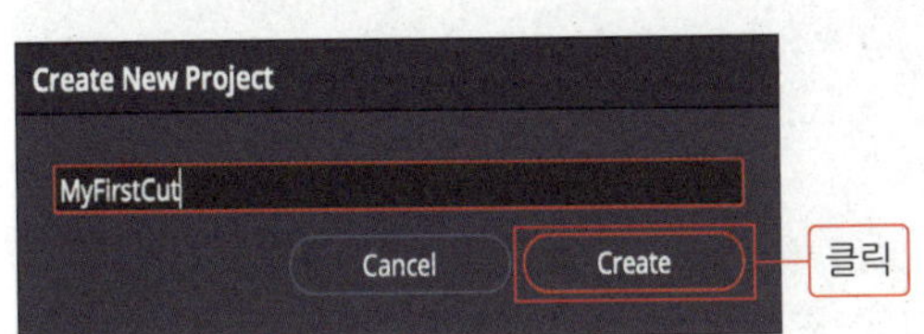

04 Create New Project(새 프로젝트 생성) 대화상자에 적절한 프로젝트 이름을 입력하고 [Create] 버튼을 클릭합니다.

05 다빈치 리졸브 작업 창이 표시됩니다. 윈도우 버전처럼 [Cut] 페이지 화면으로 시작합니다. 오른쪽 하단의 [Project Settings(프로젝트 설정)] 버튼(⚙)을 클릭합니다.

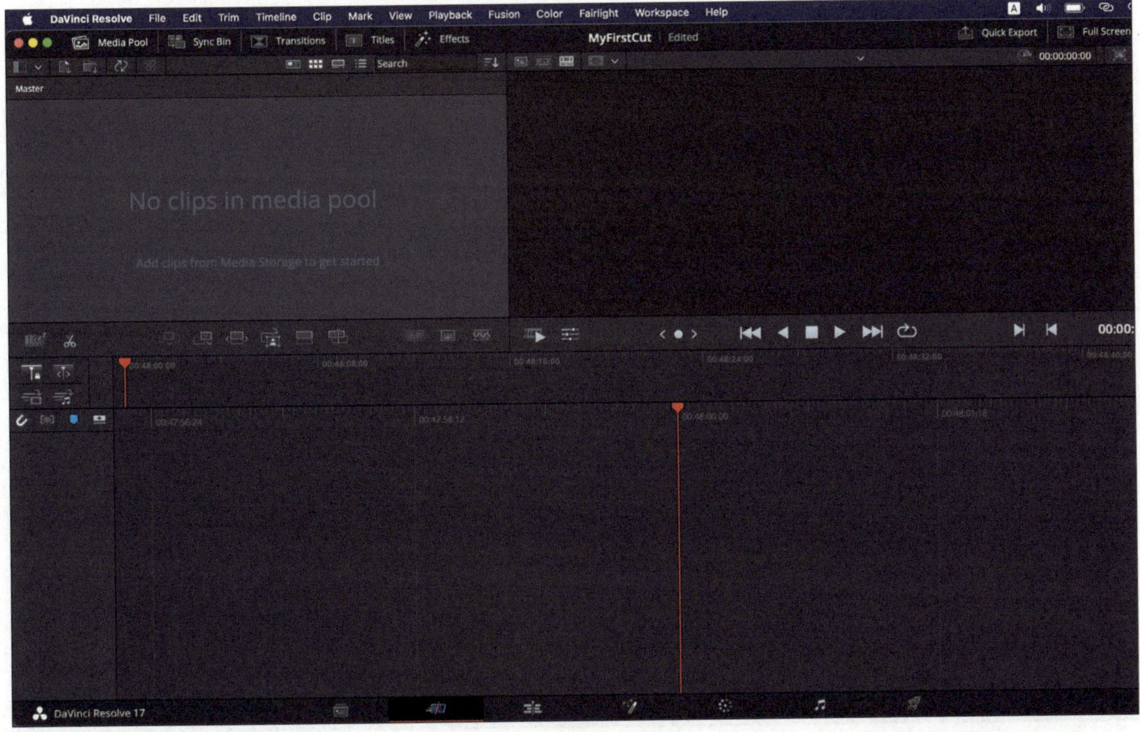

06 Project Settings 대화상자가 표시되면 'Master Settings'를 선택합니다. Timeline frame rate를 '29.97 frames per second'로 지정합니다. Video format 등은 타임라인에 맞춰서 자동으로 설정됩니다.

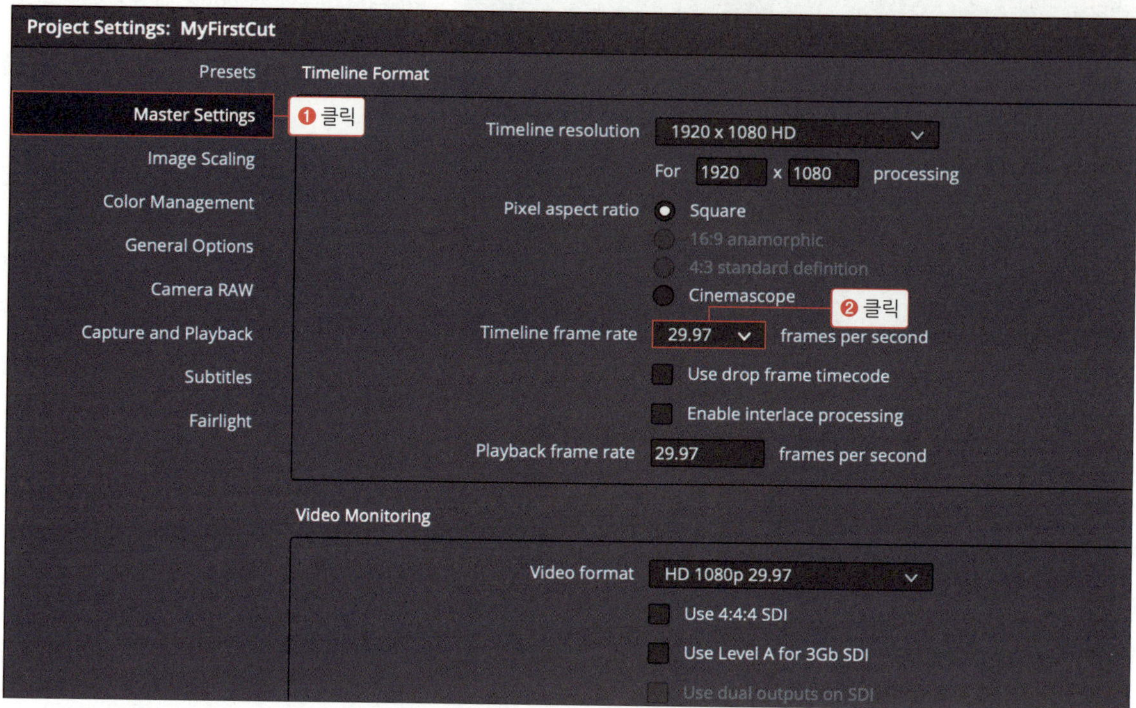

07 이후 최적화 설정은 그대로 둔 상태로 [Save] 버튼을 클릭하여 설정을 저장합니다.

Render cache format ProRes 422 HQ
Enable background caching after 5 seconds
Automatically cache transitions in user mode
Automatically cache composites in user mode
Automatically cache Fusion effects in user mode
g Folders
Proxy generation location /Users/oh/Movies/ProxyMedia Browse
Cache files location /Users/oh/Movies/CacheClip Browse
Gallery stills location /Users/oh/Movies/.gallery Browse
Interpolation
Retime process Nearest
Motion estimation mode Standard Faster
Motion range Medium
클릭
Cancel Save

08 메뉴에서 [DaVinci Resolve] – Preferences(설정)을 실행합니다.

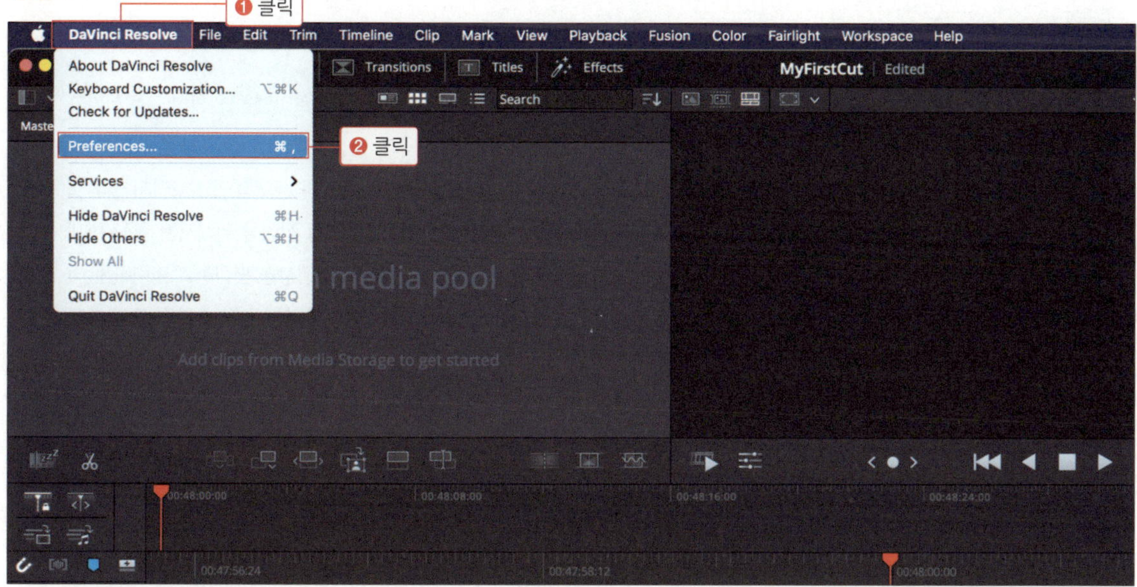

09 프로그램 설정 대화상자에서 'Memory and GPU'를 선택하여 현재 내 맥에 설치된 그래픽 칩이 제대로 인식되고 있는지 확인합니다. 윈도우와는 달리 맥에서는 Metal 엔진을 사용합니다. [Save] 버튼을 클릭하여 확인을 종료합니다.

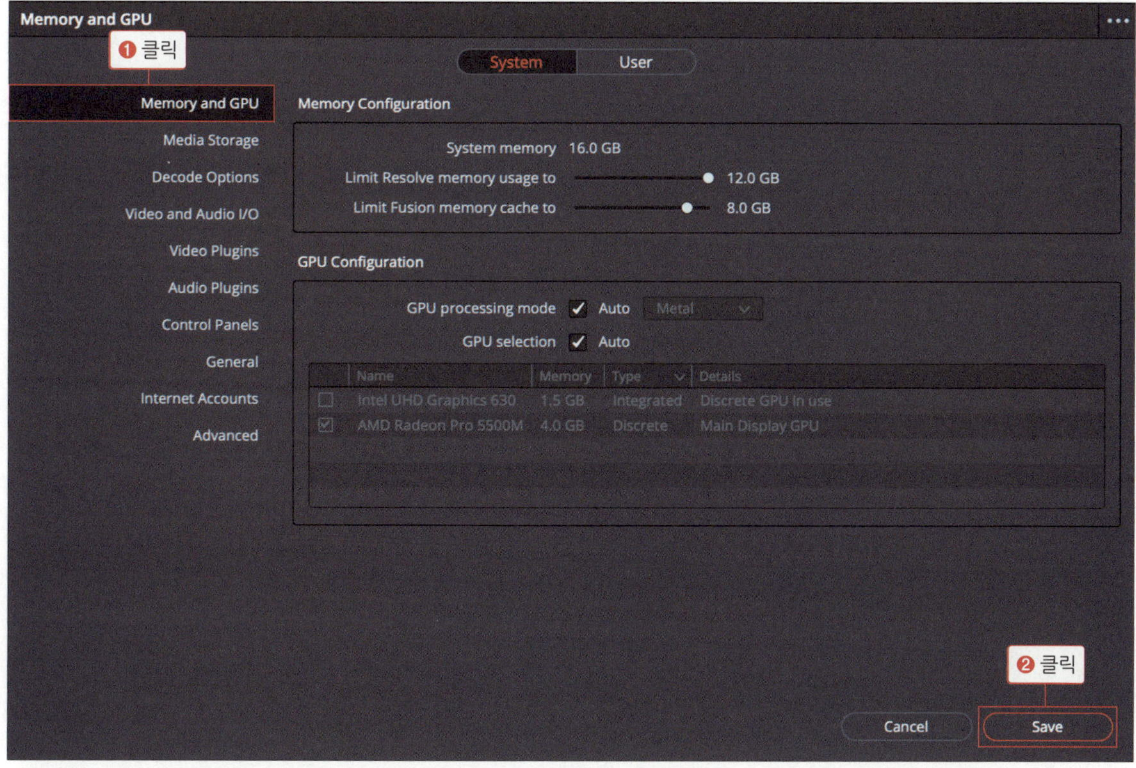

SPECIAL TIP : 영상 편집용 컴퓨터

❶ 영상 편집은 늘 컴퓨터 성능에 목마르다

다빈치 리졸브뿐만 아니라 어도비 프리미어 프로, 베가스 프로 등 영상 편집을 위한 프로그램을 원활히 구동시키고 스트레스 없는 편집 작업을 위해서는 성능이 매우 뛰어난 컴퓨터가 필요합니다. 영상 규격과 기술은 빠른 속도로 발전하고 있으므로 고성능 컴퓨터를 준비했다고 해도 몇 년이 지나면 편집 작업의 속도가 상대적으로 느려지거나 새로운 버전의 편집 프로그램이 요구하는 성능에 비해 뒤떨어지는 경우도 많습니다. 영상 작업을 위해서는 항상 현재의 컴퓨터 성능이 아쉽다고 말하는 작업자가 많습니다. 일반적으로 Full-HD 해상도의 영상을 편집하고 출력하는 데에는 가장 일반적인 컴퓨터 성능으로도 큰 스트레스 없이 작업이 가능합니다. 그러나 다양한 필터 효과와 모션 그래픽 기능을 적용하고 자막과 이미지도 많이 들어가면 더 고성능의 컴퓨터가 필요할 수 있습니다. 고성능일수록 편집 작업도 수월하고 결과 출력에 걸리는 시간도 짧습니다.

❷ 중요한 것은 그래픽 성능이다

영상 편집에 필요한 컴퓨터 성능은 중앙 연산 처리 장치(CPU)와 그래픽 연산 처리 장치(GPU)의 수준에 따라 달라집니다. 될 수 있으면 고성능의 CPU가 장착된 컴퓨터에 NVidia Geforce GTX, 또는 최신 RTX 그래픽 칩셋, 아니면 AMD의 고성능 GPU가 들어간 컴퓨터가 적합합니다. Intel이나 AMD의 내장 그래픽 칩셋도 매년 성능이 향상되고 있지만, 메인 메모리(RAM)를 공유하기 때문에 복잡한 편집 작업에서는 느린 결과를 보일 수 있습니다. 그래픽 칩은 단지 화면에 보이는 영상과 3D 이미지만을 구현하는 데 머물지 않습니다. 암호 화폐 채굴 작업에 활용될 정도로 이제는 GPU도 연산 처리 장치로 활용되고 있습니다. 그래서 고성능 그래픽 칩셋을 가속 장치로 이용하기 때문에 대부분의 영상 편집 프로그램은 추천 사양으로 요구하고 있습니다. 평균적인 게이밍 컴퓨터 또는 노트북이라면 그래픽 칩셋의 성능도 우수하기 때문에 영상 편집에 적합할 수 있습니다. 거기에다 메인 메모리가 넉넉하고 저장 공간이 풍부하면 영상 작업의 기본 사양을 갖추었다고 말할 수 있습니다.

❸ 윈도우 PC가 좋을까? 애플 Mac이 좋을까?

컴퓨터 운영 체제에 따라 영상 편집 프로그램도 달라지고 성능에도 차이가 발생합니다. 다행히 다빈치 리졸브는 윈도우, 맥OS, 리눅스 등 주요 운영 체제를 모두 지원합니다. 단순한 컷 편집부터 복잡한 Fusion 특수 효과까지 활용도가 다양하기 때문에 가장 적합한 컴퓨터 사양을 결정하기 어려울 수도 있습니다. 다빈치 리졸브의 개발사 블랙매직 디자인은 상대적으로 애플 맥 컴퓨터에 최적화된 버전을 우선 제공하고 있습니다. 2021년 다빈치 리졸브 17도 애플 자체 CPU인 M1 칩셋에 최적화된 버전을 먼저 개발하고 제공했습니다. 맥북 에어와 같은 낮은 사양의 컴퓨터에서도 비교적 복잡한 4K 영상 편집이 가능합니다. 여러 가지 테스트 결과를 놓고 보면 같은 성능의 윈도우 PC보다 애플 맥에서 편집 작업이 더 원활합니다. 편집용 영상 코덱도 애플이 개발한 ProRes를 지원하기 때문에 윈도우 PC의 경우처럼 시스템 설정을 낮추는 과정 없이도 쾌적한 편집이 가능합니다. 최적화와 안정성의 이유로 해외 영상 프로덕션이나 스튜디오에서 영상 편집에 사용하는 컴퓨터는 대부분 애플 맥 컴퓨터입니다. 물론 현재까지도 CAD와 같은 설계나 3D 모델링 작업 등에는 윈도우 PC가 더 유리한 편입니다. 만약 적은 비용으로 영상 편집 작업을 위한 컴퓨터를 준비한다면, 애플 M1 칩셋이 들어간 저가의 컴퓨터와 외부 저장 장치(SSD)의 조합을 추천합니다. 윈도우 PC의 경우라면 가격대 성능이 우수한 게이밍 컴퓨터를 준비합니다. CUDA가 지원되는 GeForce GTX 1660 이상의 성능이면 4K 영상 편집에도 무리가 없습니다.

다빈치 리졸브 영상 편집 쉽게 시작하기

다빈치 리졸브의 영상 편집 과정은 어렵지 않습니다. 직관적인 인터페이스와 클릭-드래그-드롭(Click, Drag & Drop)과 같은 마우스 편집 기능도 지원합니다. 처음 프로젝트를 생성하고 나타나는 편집화면은 컷(Cut) 페이지입니다. 다른 영상 편집 프로그램과의 차이점은 이중 타임라인 기능인데, 익숙해지면 더 빠르게 편집할 수 있습니다. 컷 페이지에서 컷 편집부터 자막 입력, 화면전환, 파일 출력 등 모든 절차를 간편하고 신속하게 진행할 수 있습니다.

다빈치 리졸브 살펴보기

다빈치 리졸브의 인터페이스는 다른 영상 편집 프로그램과 유사한 면도 있고 독자적인 구성 요소도 있습니다. 영상 편집의 다양한 환경을 페이지(Page)로 구분해서 화면 아래 단축 아이콘을 클릭하여 전환하도록 제공합니다. 다빈치 리졸브의 페이지별 인터페이스 구성을 간단히 살펴보겠습니다.

예제 파일 01/ Aerial.mp4, Autumn.mp4, Leaves.mp4

01 다빈치 리졸브를 처음 실행하면 표시되는 작업 화면은 [Cut] 페이지 화면으로 간단한 컷 편집을 위한 환경입니다. 다빈치 리졸브는 7개의 서로 다른 페이지 화면으로 구성되어 있습니다.

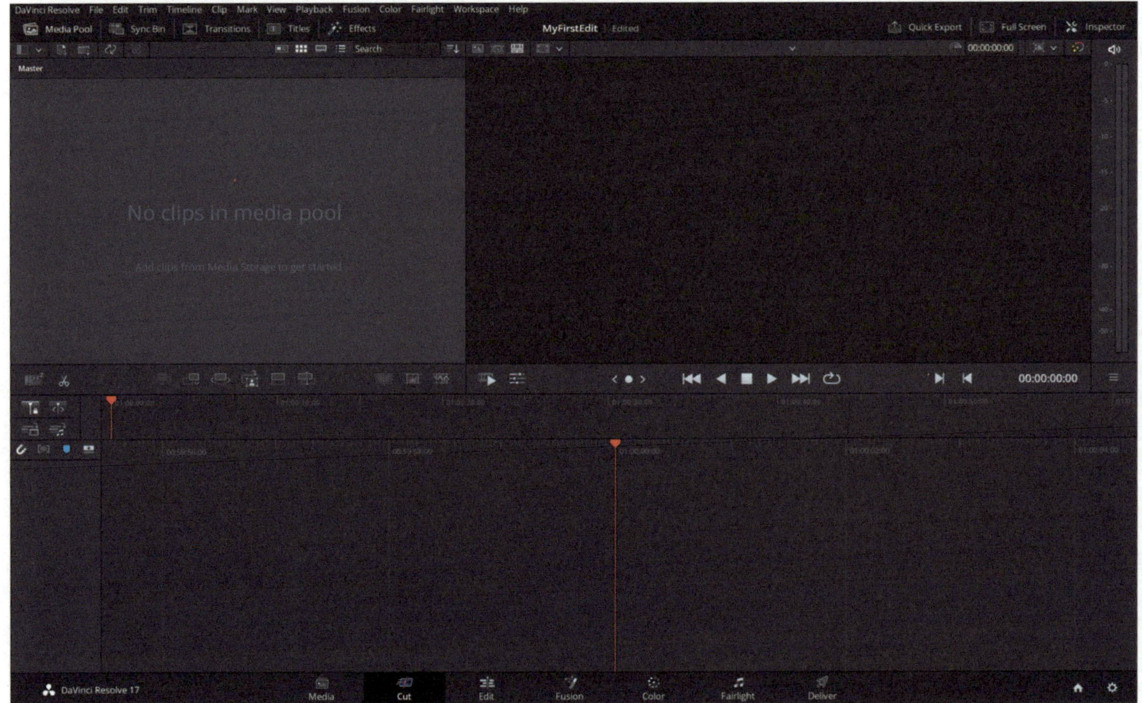

02 빈 화면에서는 각 페이지의 차이를 알기 힘들기 때문에 동영상 파일을 불러옵니다. Media Pool(미디어 풀) 영역에 마우스 오른쪽 버튼을 클릭한 다음 Import Media(미디어 가져오기)를 실행합니다.

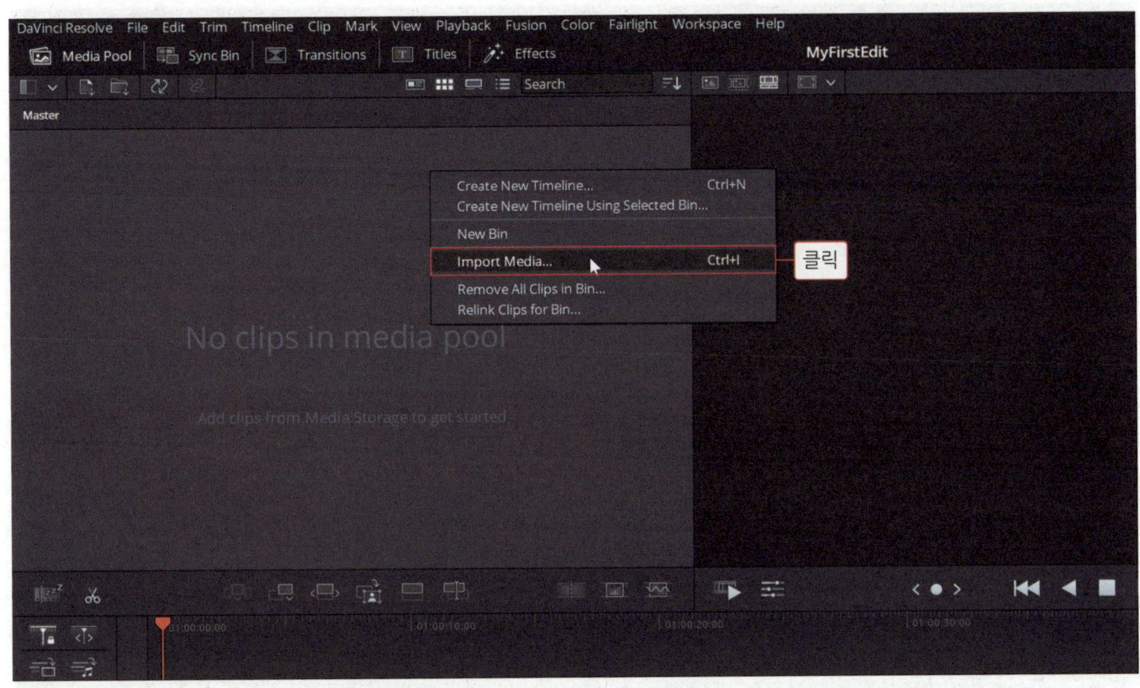

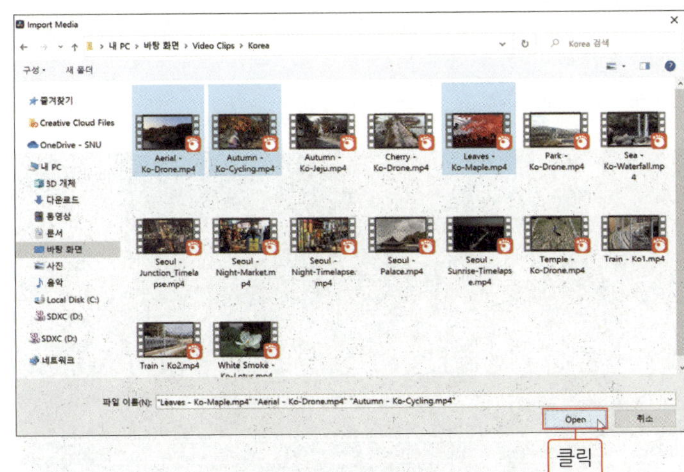

03 Import Media 대화상자가 표시되면 01 폴더에서 Aerial, Autumn, Leaves.mp4 파일을 선택하고 [Open] 버튼을 클릭합니다. Ctrl을 누르면 여러 개의 파일을 동시에 선택할 수 있습니다.

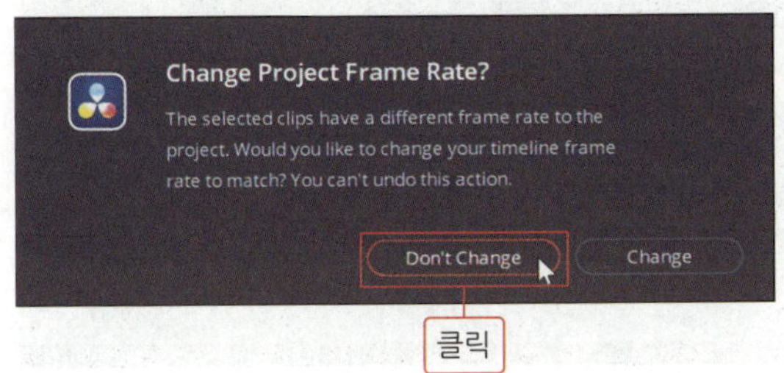

04 불러올 파일과 현재 프로젝트 세팅이 다르다는 경고 창이 표시되는 경우가 있습니다. [Don't Change] 버튼을 클릭합니다. [Change] 버튼을 클릭하면 현재의 프로젝트 설정이 불러오는 영상 파일의 규격에 맞춰 변경됩니다.

05 왼쪽 Media Pool에 불러온 영상의 섬네일이 표시됩니다. 마우스 커서를 섬네일에 올린 다음 아무 버튼도 누르지 않고 좌우로 움직이면 영상을 간단히 확인할 수 있습니다.

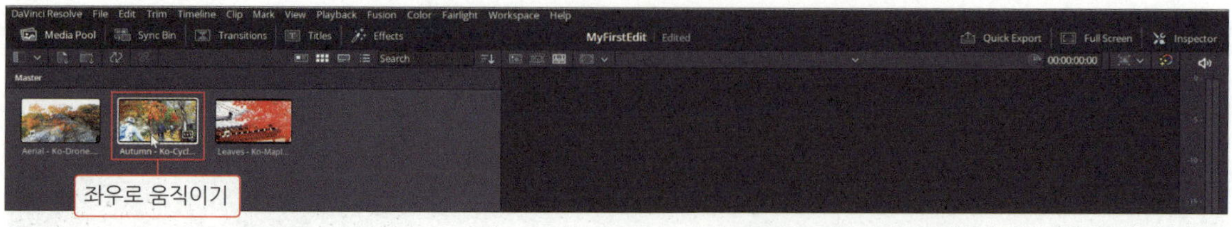

06 섬네일을 더블클릭하면 Viewer(뷰어)에 해당 영상이 표시됩니다. [Play(재생)] 버튼(▶)을 클릭하여 영상을 재생합니다.

07 Media Pool에서 Aerial 클립을 타임라인으로 드래그합니다.

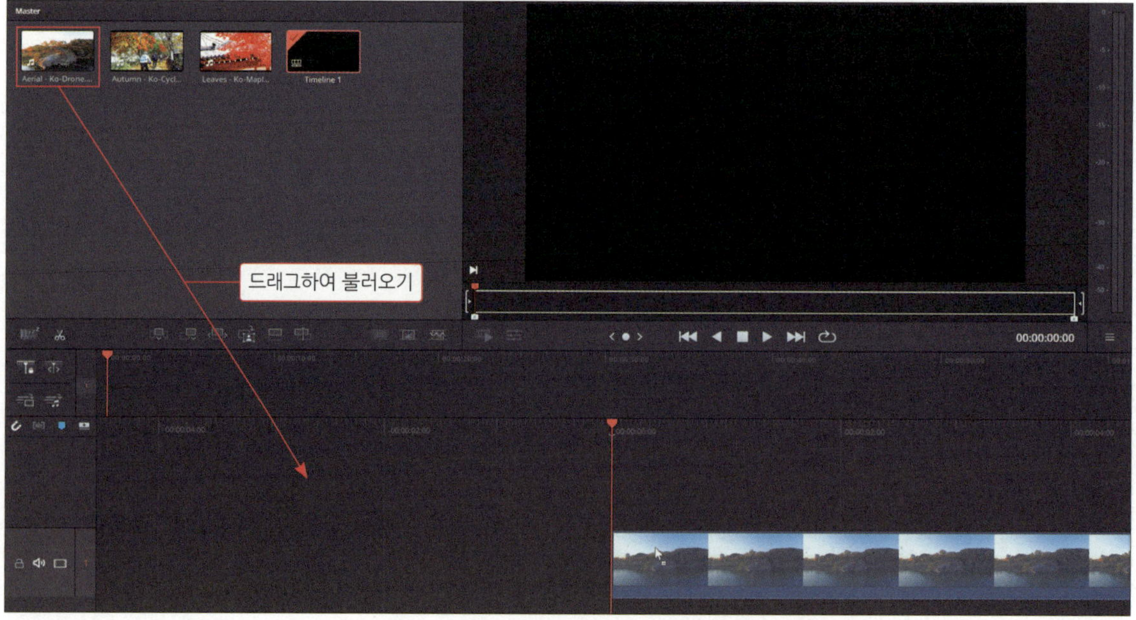

08 영상 클립을 타임라인에 배치하면 시간에 따른 이미지의 변화를 보여 주는 스트립 형식으로 길게 이어집니다. Media Pool에는 'Timeline1'이 자동 생성되었고, Viewer에는 영상의 가장 앞 장면이 표시됩니다.

09 [Play(재생)] 버튼(▶)을 클릭하거나 Spacebar를 누르면 영상 스트립이 왼쪽으로 흐르면서 현재 시간표시자가 위치한 시간의 영상이 Viewer에 표시됩니다.

10 하단 [Edit] 페이지( )를 클릭합니다. 위쪽에 Source Viewer과 Timeline Viewer이 위치해 있고 Timeline의 형태도 약간 다릅니다.

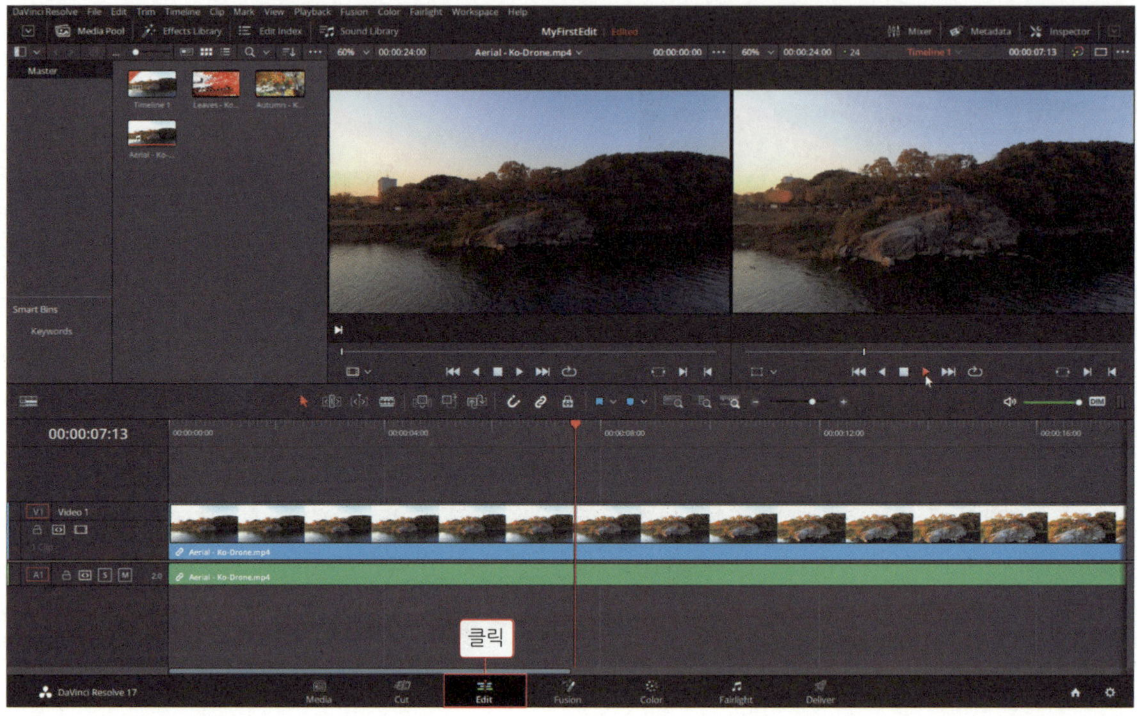

11 [Fusion] 페이지( )를 클릭합니다. 특수 효과 작업 화면으로, Timeline 패널 대신 Nodes 패널이 표시됩니다.

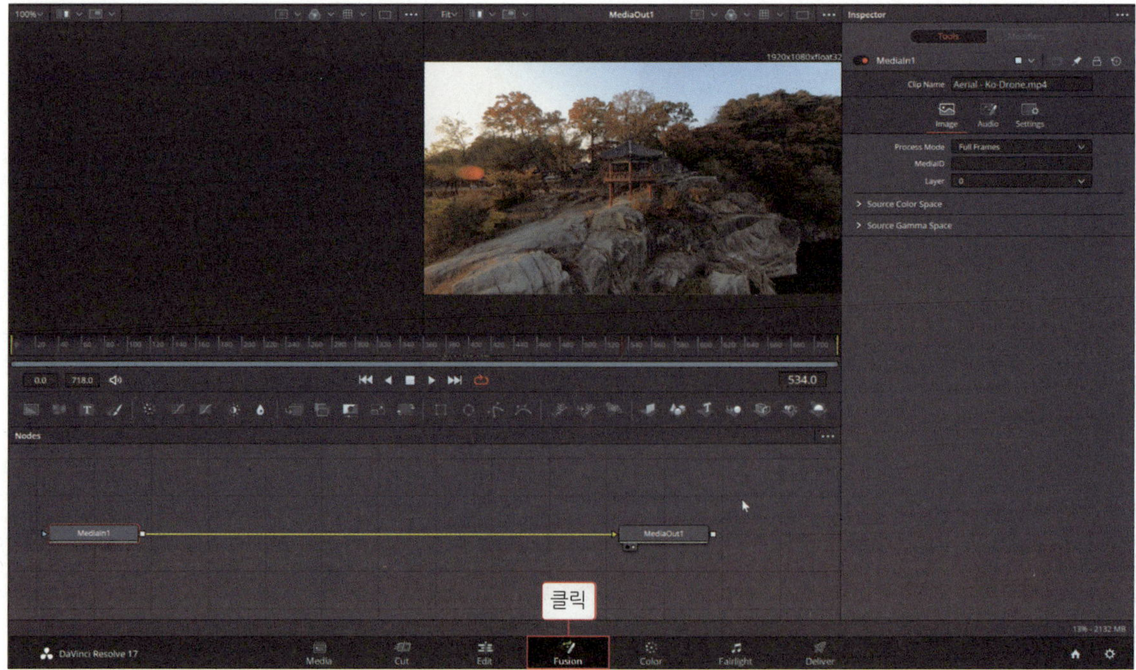

12 [Color] 페이지( )를 클릭합니다. 아래에는 컬러 커브 그래프와 타임라인이 표시되고 오른쪽에는 노드 에디터가 표시됩니다. 색 보정, 즉 Color Correction과 Color Grading은 다빈치 리졸브의 가장 강력한 기능입니다.

13 [Fairlight] 페이지( )를 클릭합니다. 음악과 음향 편집 작업을 진행할 수 있습니다.

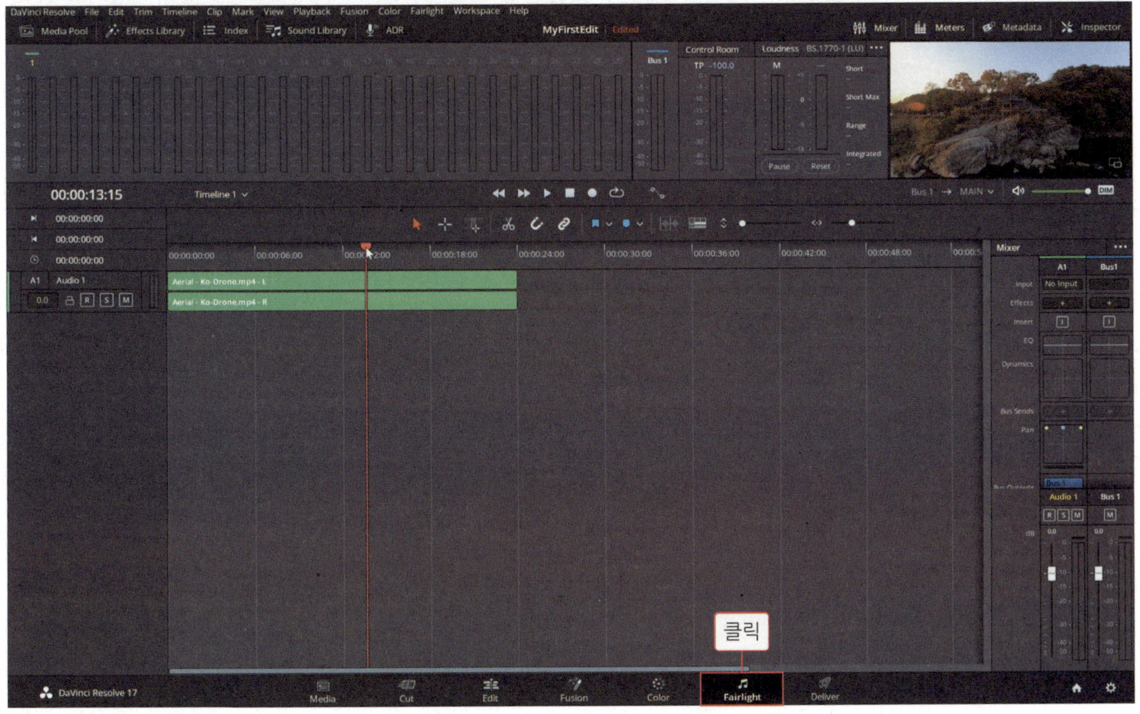

14 [Deliver] 페이지( )를 클릭합니다. 편집 결과를 최종 출력하기 위해 설정하고 렌더(Render)를 할 수 있습니다.

15 [Media] 페이지( )를 클릭합니다. 편집에 필요한 영상과 오디오 소스를 가져오고 관리할 수 있습니다.

16 다빈치 리졸브 환경을 간단히 둘러보았습니다. 다시 [Cut] 페이지( )를 클릭합니다. 단순한 컷 편집과 간단한 자막, 화면 전환 효과 적용 등은 [Cut] 페이지에서 쉽게 가능합니다.

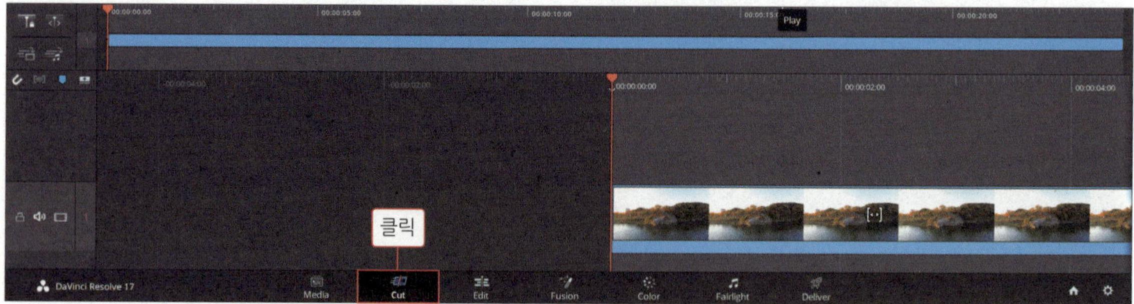

처음 컷 편집 시작해보기

여러 영상 클립을 자르고 순서대로 붙이는 과정을 컷 편집이라고 합니다. 다빈치 리졸브의 컷 페이지는 컷 편집에 최적화된 인터페이스를 제공합니다. 큰 뷰어에서 영상 소스를 자세히 확인하고 트리밍할 수 있으며, 이중 타임라인에서는 각 편집점을 빠르게 이동할 수 있습니다. 컷 페이지에서 편집의 전체 과정을 간단하게 시작해보겠습니다.

BEFORE

예제 파일 01/ Aerial.mp4, Autumn.mp4, Leaves.mp4

AFTER

완성 파일 01/ 1cut_완성.mov

01 [Cut] 페이지에서 불러온 영상 파일을 이용하여 간단한 컷 편집을 하겠습니다. Viewer 하단의 [Go To Next Edit] 버튼(⏭)을 클릭하여 영상의 맨 끝으로 이동합니다.

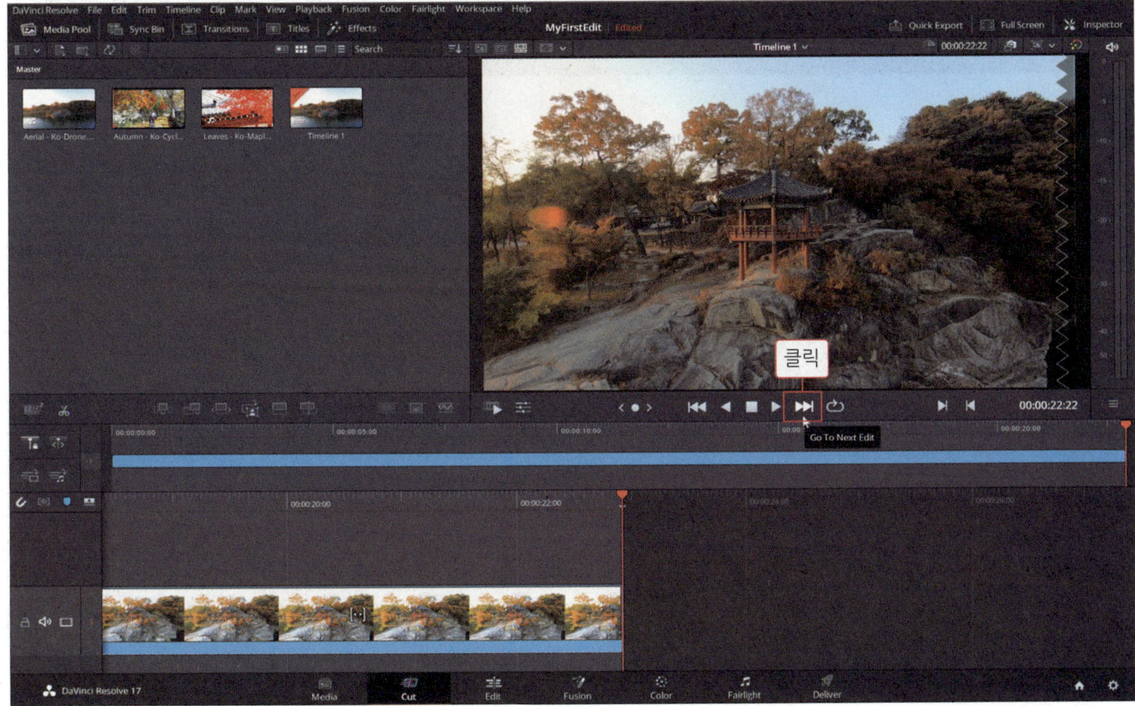

02 Timeline에서 빨간색 시간표시자 왼쪽에 마우스 커서를 가져가면 리플 에디트(Ripple Edit) 트리밍 도구로 변경됩니다. 이 상태에서는 영상 클립의 앞뒤를 원하는 대로 자를 수 있습니다. 보통 컷 편집에서는 영상 클립에서 필요한 부분만 남기고 잘라서 사용합니다. 이것을 트리밍(Trimming)이라고 합니다.

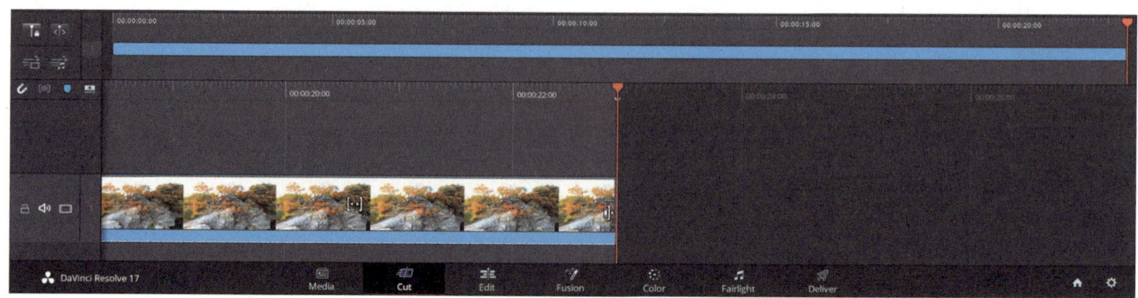

03 시간표시자의 왼쪽에서 마우스 커서가 리플 에디트 트리밍 도구로 바뀌면 왼쪽으로 약 1초 정도 드래그합니다. 클립의 위에 줄어드는 시간이 마이너스로 표시되고, Viewer에는 몇 프레임이 삭제되는지 숫자로 표시됩니다.

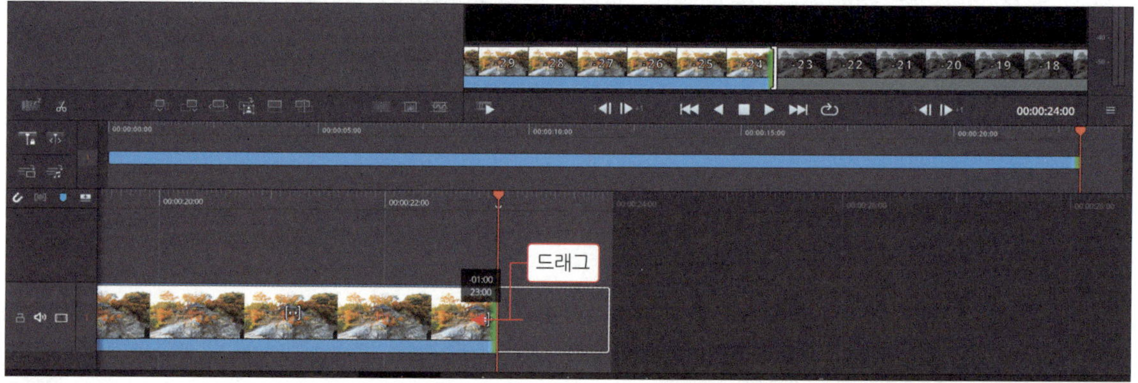

04 영상 클립의 뒤쪽 길이가 1초 줄었습니다. Viewer 하단에 타임코드 숫자로도 확인할 수 있습니다.

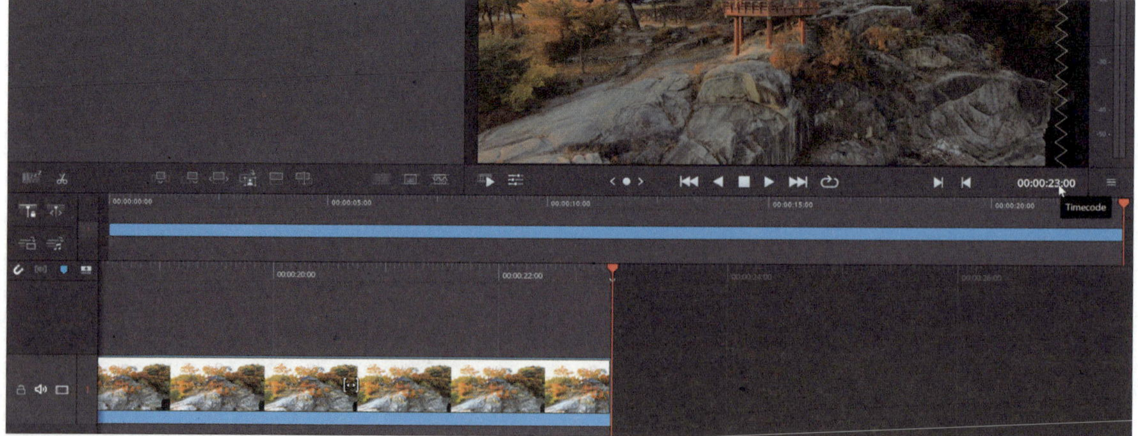

05 영상 클립의 앞뒤를 트리밍해야 나중에 편집점에 화면 전환(Transitions) 효과 등을 적용할 수 있습니다. Media Pool에서 다른 파일을 Timeline로 드래그하기 전에 미리 트리밍합니다. Autumn 클립을 더블클릭하여 Viewer에 표시합니다.

06 가로로 긴 사각형의 왼쪽 아래에 있는 네모 모양의 핸들을 오른쪽으로 약 1초 정도 드래그합니다. 클립의 앞부분이 잘리며 트리밍됩니다. 사각형 위에 잘리는 프레임들이 플러스 숫자와 함께 회색으로 표시됩니다. 뷰어에는 새로운 시작 장면과 원래의 시작 장면이 나란히 비교됩니다.

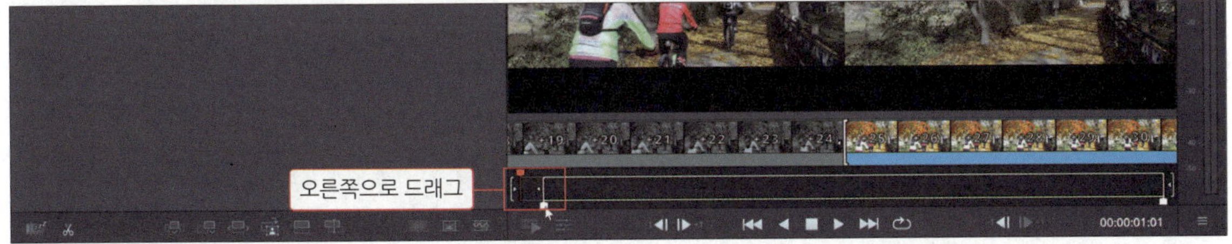

07 이번에는 오른쪽의 핸들을 왼쪽으로 드래그하여 영상 클립의 뒷부분을 약 1초 자릅니다. 마찬가지로 잘리는 부분이 회색으로 표시되며 마이너스 프레임 숫자도 함께 표시됩니다.

08 Viewer에서 트리밍한 클립을 Timeline의 시간표시자 오른쪽으로 드래그하여 이전 클립에 붙입니다.

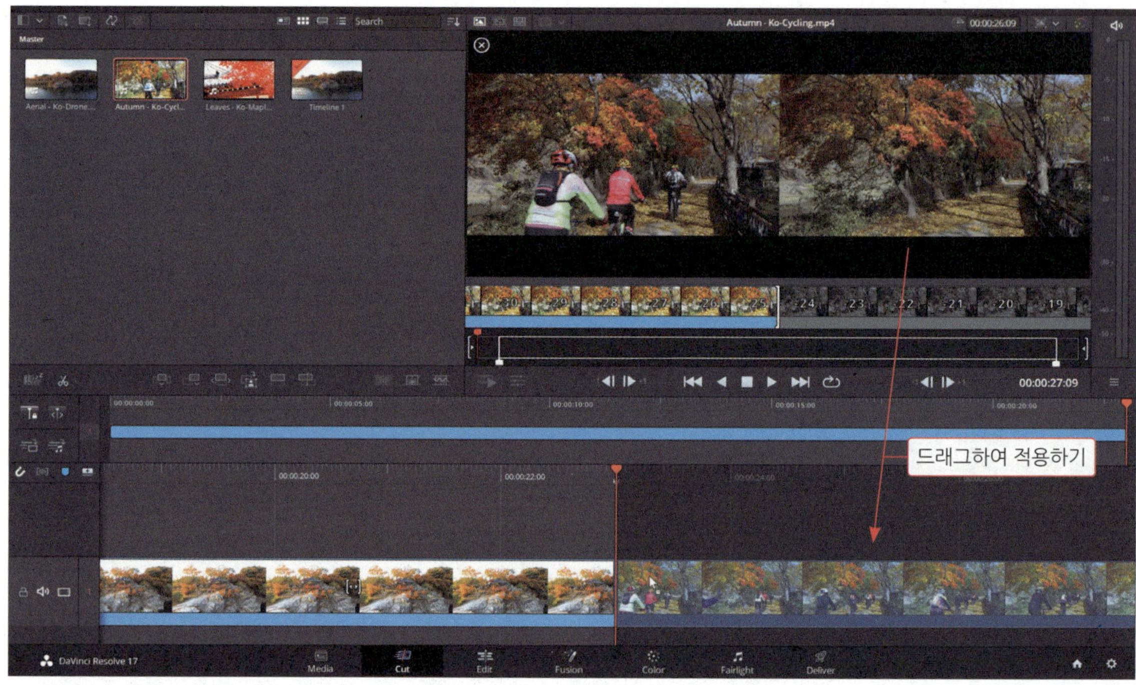

09 Viewer 하단의 [Go To Next Edit] 버튼(⏭)을 클릭하여 두 번째 클립의 끝부분으로 이동합니다.

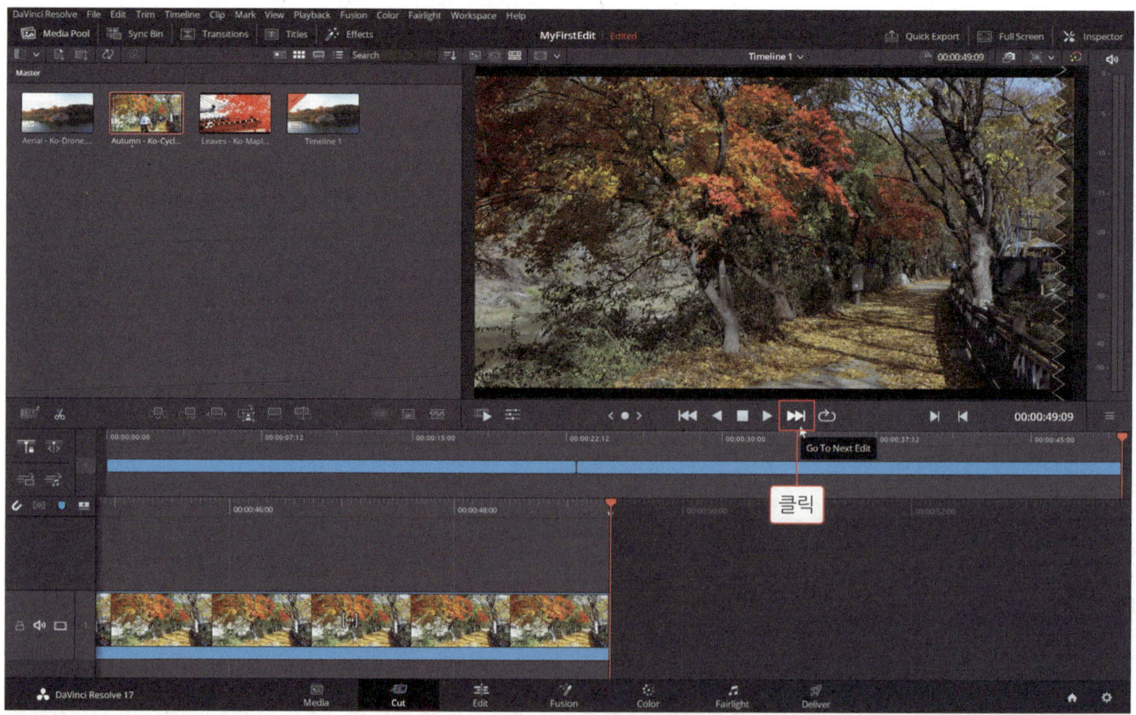

10 05번-09번 과정과 같은 방법으로 Leaves 클립을 트리밍하고 Timeline으로 드래그하여 맨 뒤에 배치합니다.

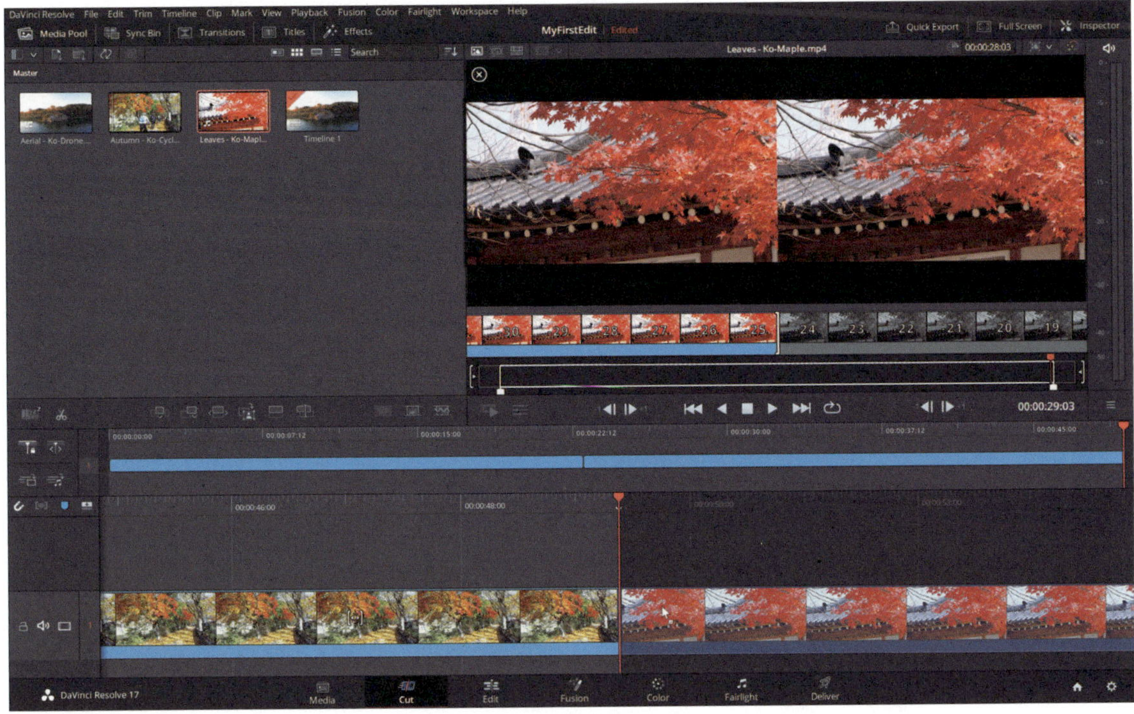

11 Viewer 아래 [Go To Previous Edit] 버튼(⏮)을 두세 번 클릭하여 타임라인의 맨 앞으로 이동합니다. [Play] 버튼(▶)을 클릭하여 컷 편집한 영상을 확인합니다.

클립을 연결하는 화면 전환 효과 적용하기

화면전환(Transitions)은 타임라인에 배치된 두 영상 클립 사이를 부드럽게 이어주는 효과입니다. 영상 클립과 클립이 그냥 컷으로 만나도 되지만, 컷의 충돌이 부담스럽거나 어색해 보일 때 화면전환 효과를 적용하면 한결 보기 편합니다. 다빈치 리졸브에서 제공하는 다양한 화면전환 효과를 쉽게 적용해 보겠습니다.

예제 파일 01/Aerial.mp4, Autumn.mp4, Leaves.mp4

완성 파일 01/1transitions_완성.mov

01 [Go To Previous Edit] 버튼(⏮)을 클릭하여 첫 번째 클립과 두 번째 클립이 만나는 편집점으로 이동합니다.

02 상단에 [Transitions] 탭을 클릭하여 화면 전환 효과를 표시합니다. 'Cross Dissolve' 위에 마우스 커서를 위치시키고 좌우로 움직여 봅니다. Viewer에서 화면 전환 효과를 미리 확인할 수 있습니다.

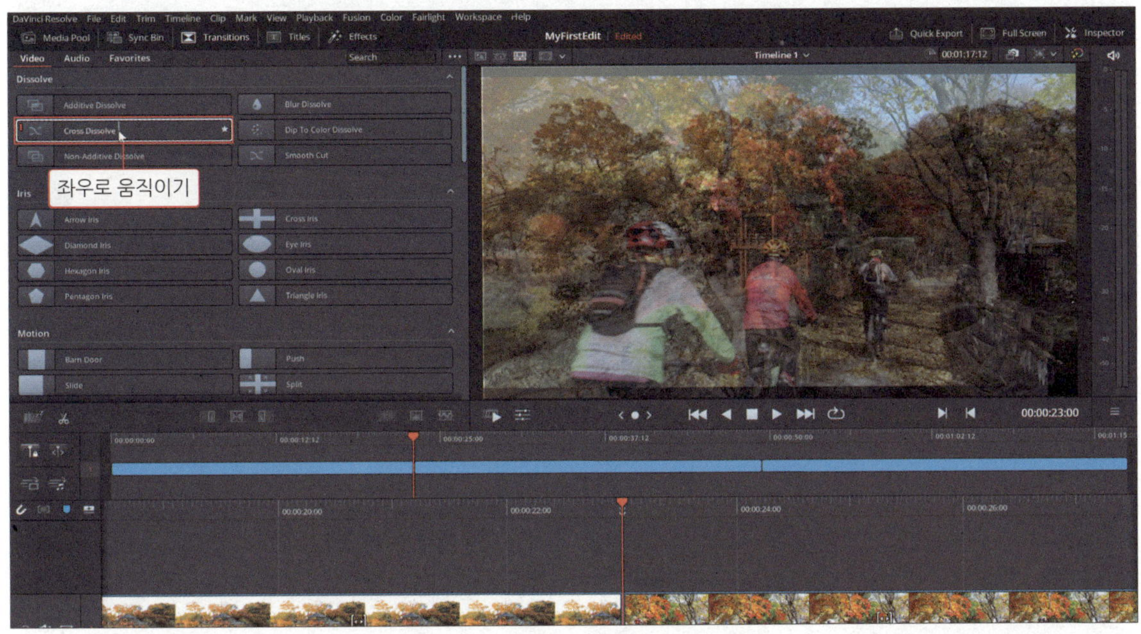

03 'Cross Dissolve' 효과를 두 클립 사이의 편집점으로 드래그합니다. 두 영상 클립이 서로 합성되어 넘어가는 효과가 적용됩니다.

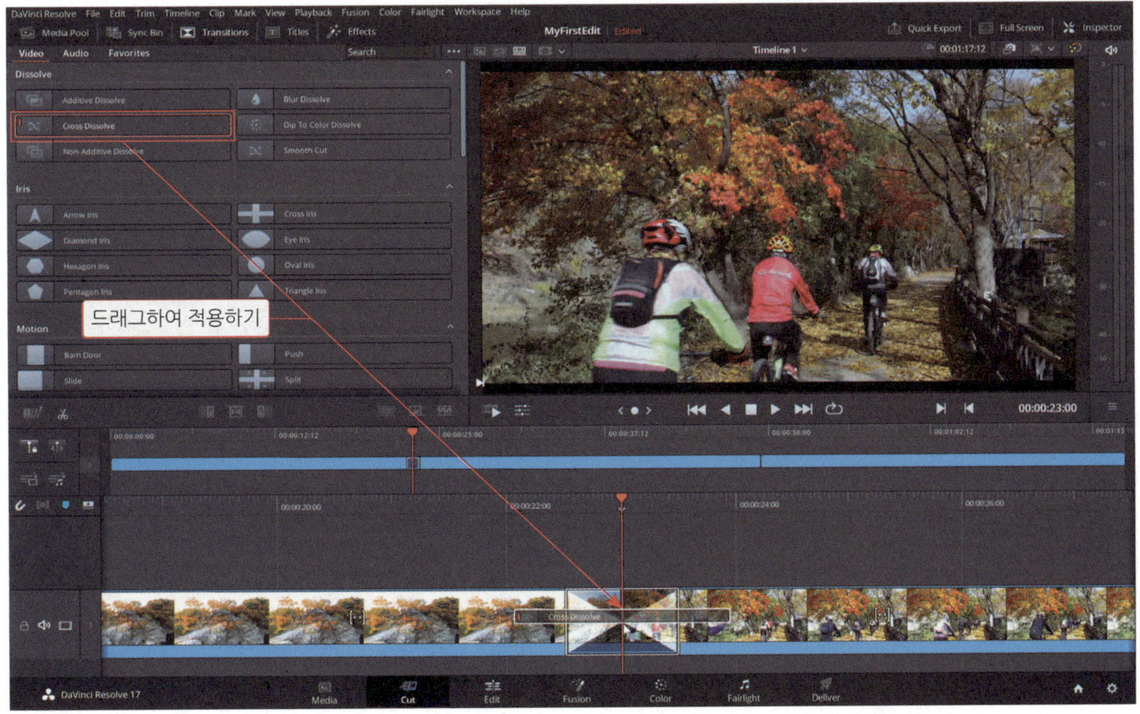

04 [Go To Next Edit] 버튼(⏭)을 클릭하여 다음 편집점으로 이동합니다.

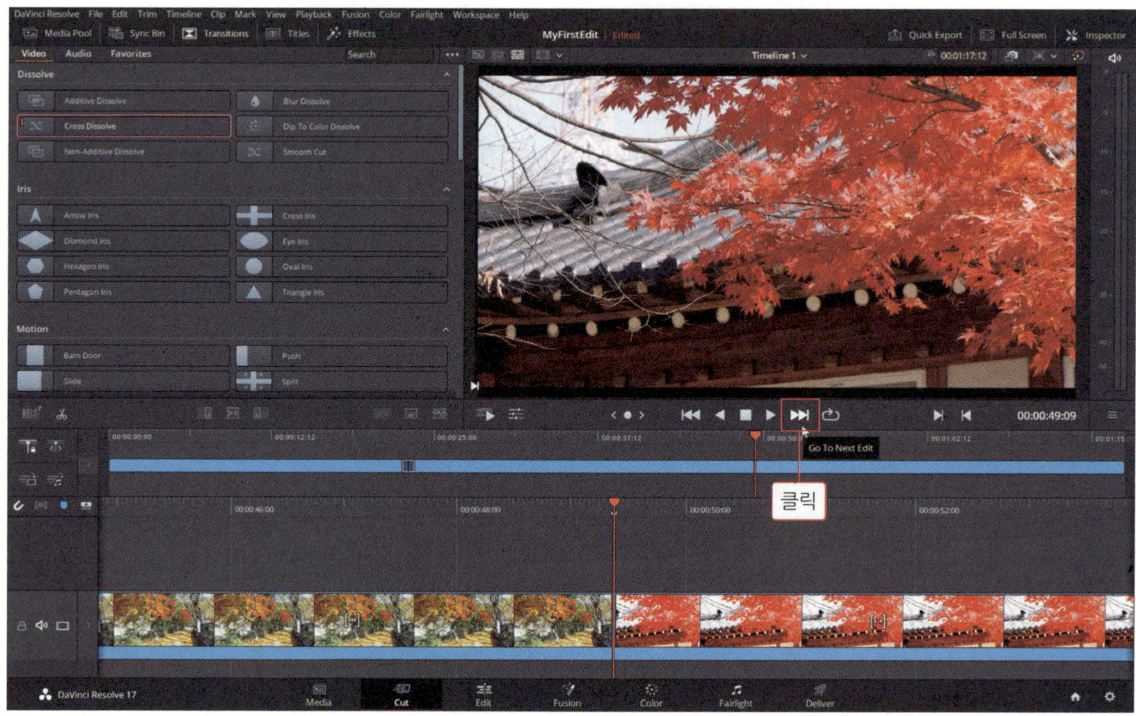

05 화면이 번지며 전환되는 'Blur Dissolve' 위에 마우스 커서를 좌우로 움직이며 효과를 미리 확인합니다.

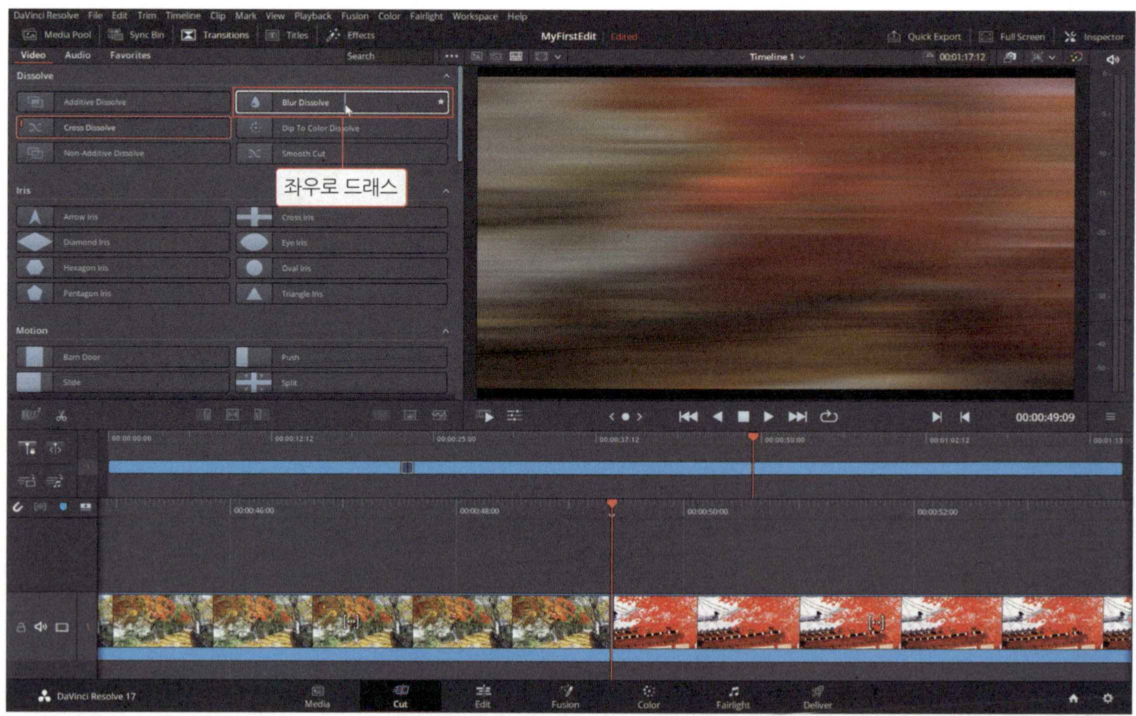

06 'Blur Dissolve' 효과를 Timeline의 두 번째 편집점으로 드래그합니다.

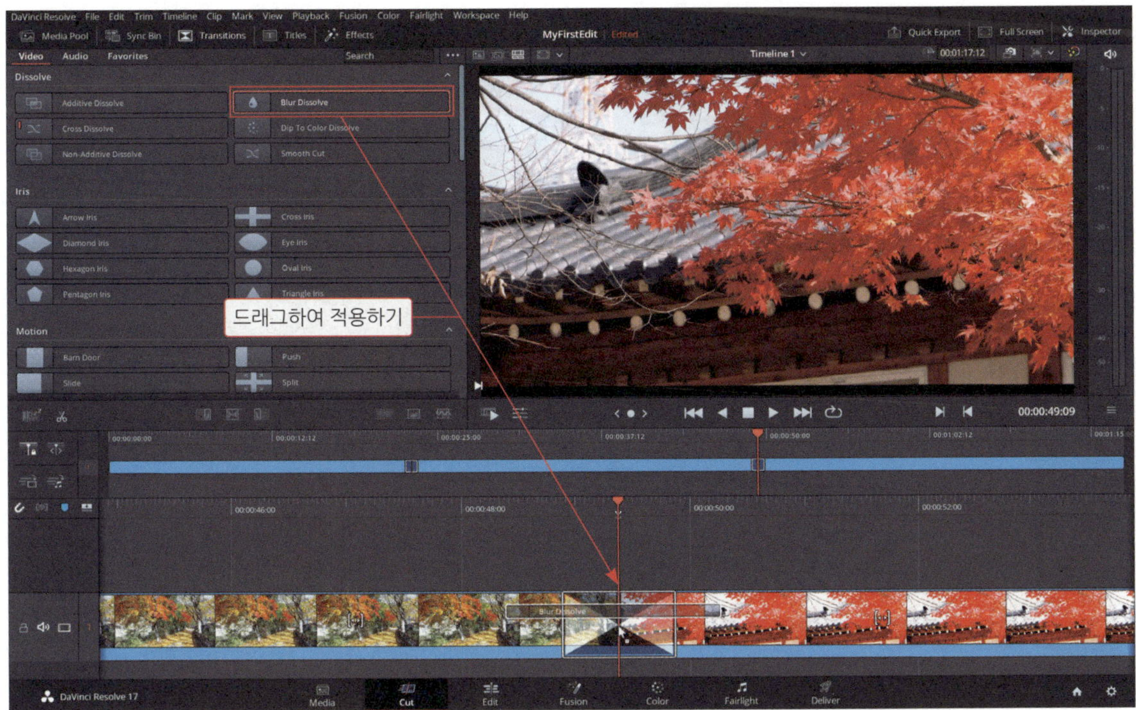

07 시간표시자를 오른쪽으로 드래그하여 클립의 앞쪽으로 이동하고 효과가 잘 적용되었는지 재생해봅니다.

Tip 시간표시자를 움직이는 방식이 조금 독특합니다. 자세히 보면 시간표시자가 아니라 타임라인이 시간표시자 밑을 이동하는 것처럼 느껴집니다.

08 두 클립 사이에서 블러 효과가 잘 적용되었습니다.

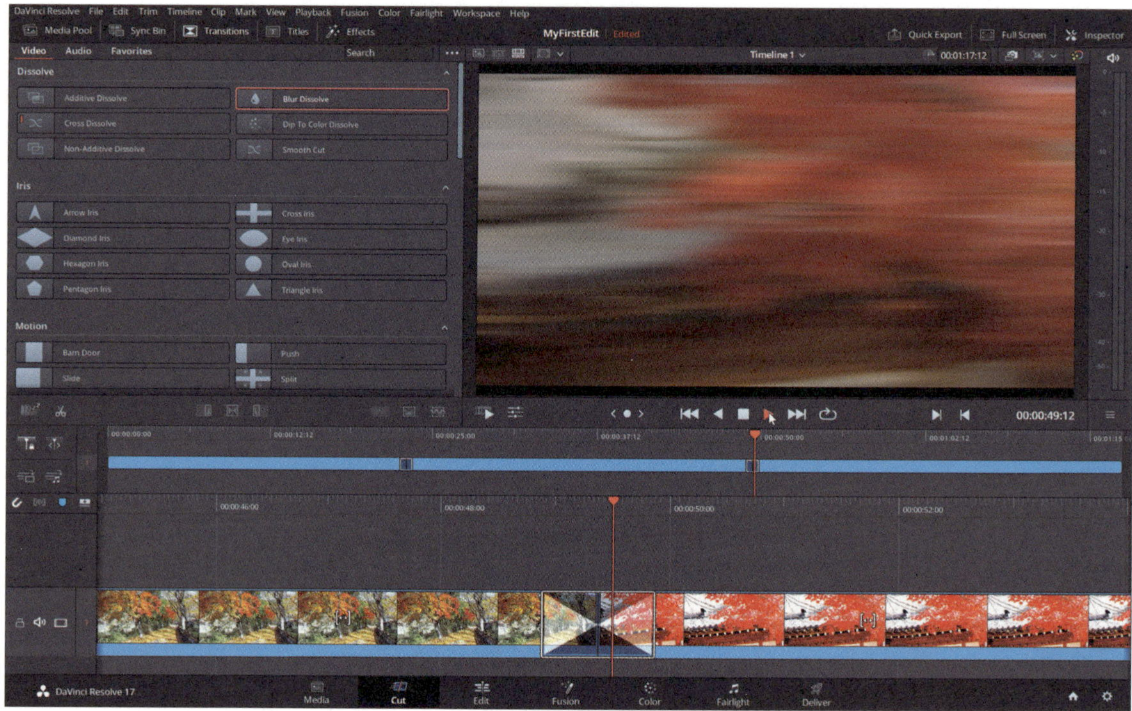

09 [Go To Next Edit] 버튼(⏭)을 클릭하여 클립의 끝부분으로 이동합니다.

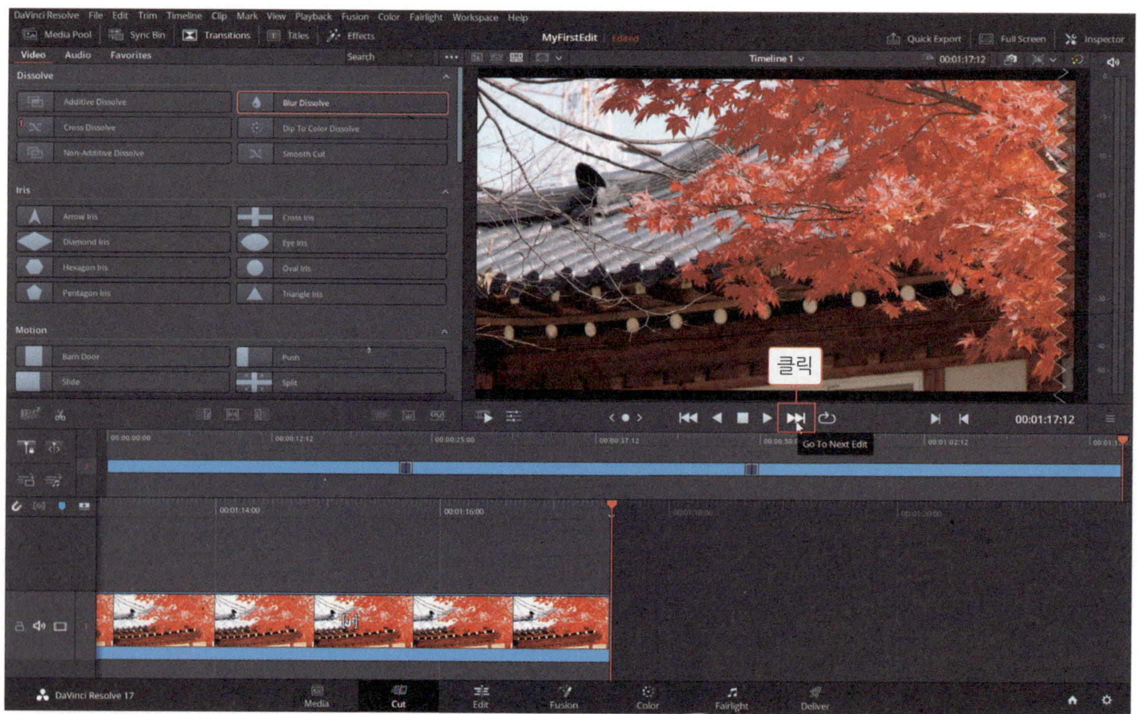

10 영상의 마지막 부분에는 점차 어두워지는 전환 효과인 'Dip To Color Dissolve'를 드래그하여 적용합니다.

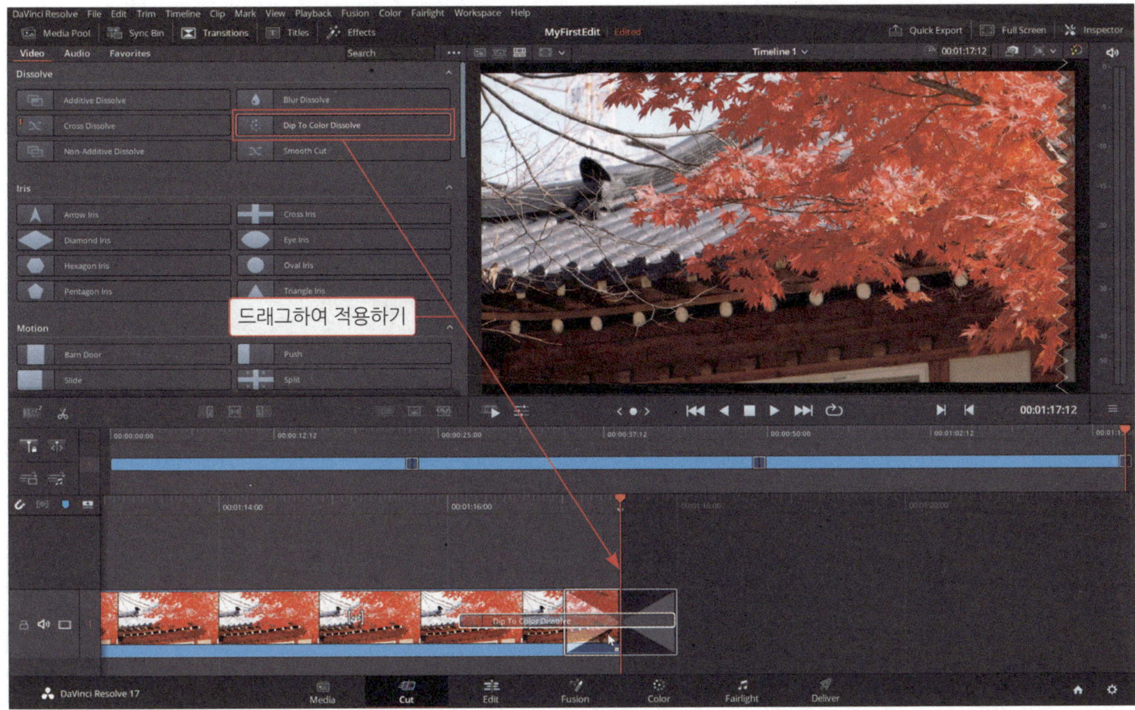

11 영상의 마지막 부분이 점차 어두워지며 끝납니다.

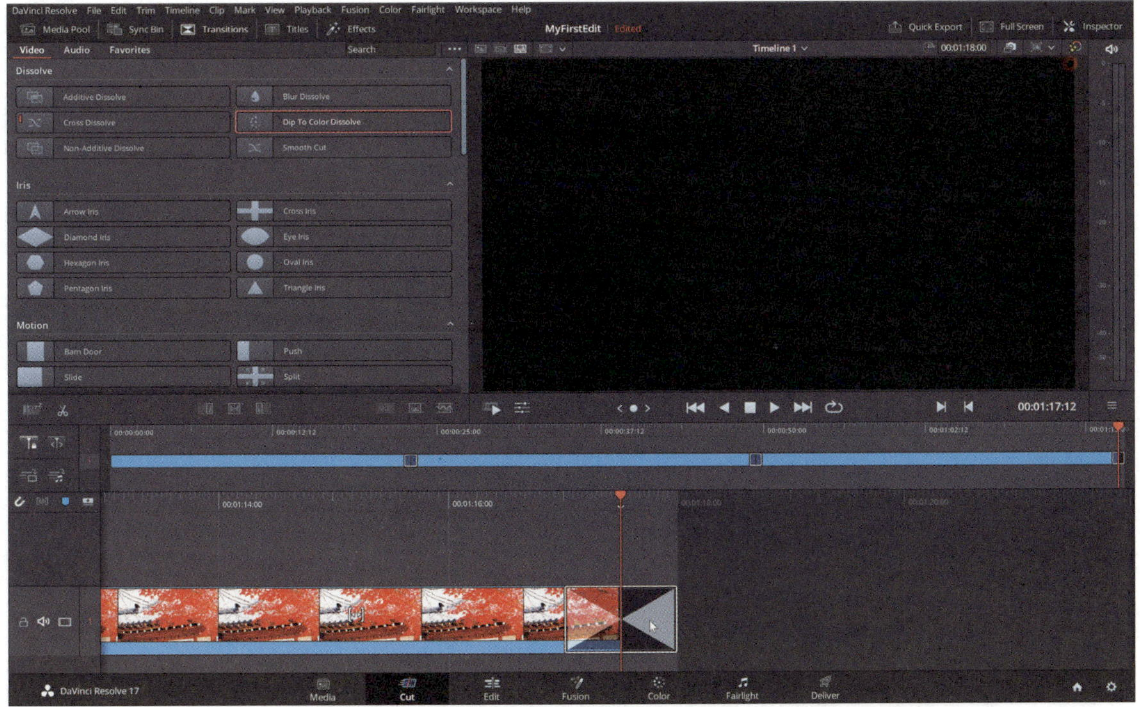

12 [Go To Previous Edit] 버튼(⏮)을 클릭하여 클립의 시작 부분으로 이동합니다.

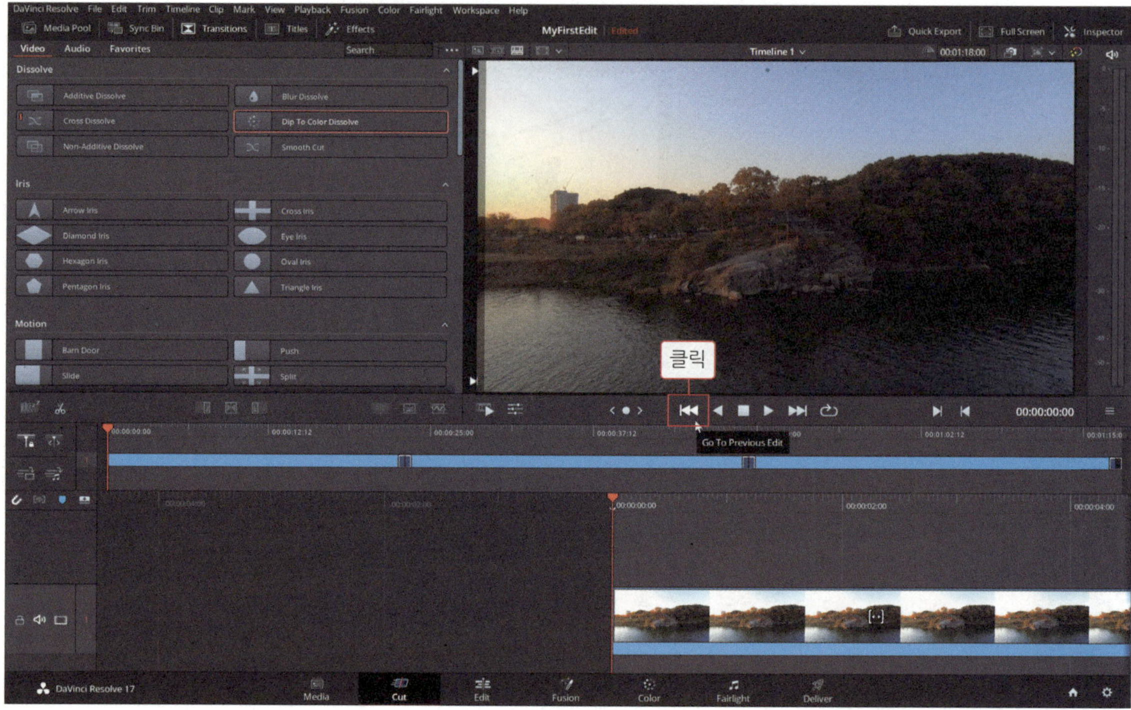

13 원이 커지면서 영상이 나타나는 'Oval Iris' 위에 마우스 커서를 움직이며 효과를 미리 확인합니다.

14 'Oval Iris' 효과를 영상 클립의 시작 부분으로 드래그하여 적용합니다.

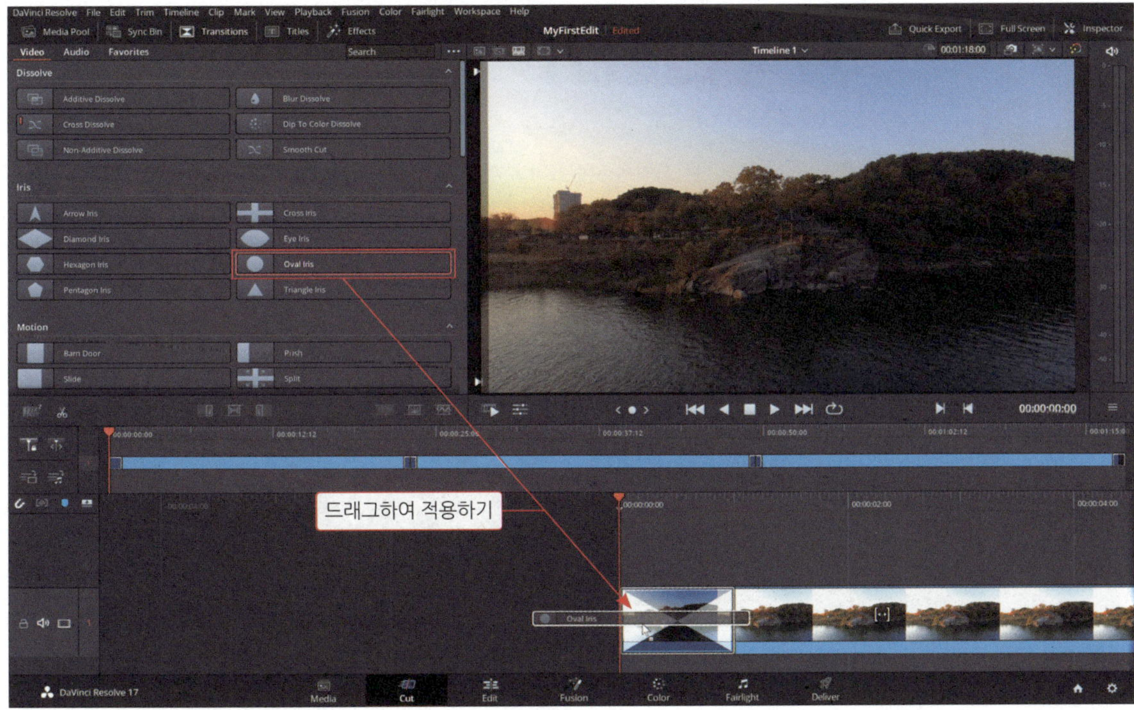

15 Viewer에서 [Play] 버튼(▶)을 클릭하여 컷 편집한 영상을 재생합니다. 전체적으로 영상 클립 사이에 여러 전환 효과들이 제대로 적용되었는지 확인합니다.

영상에 제목을 넣자! 자막 만들기

영상 위에 들어가는 자막은 콘텐츠의 주제나 메시지를 정확히 전달하는 기능을 담당합니다. 최근에는 자막이 영상 내용을 모두 전달하는 것처럼 보일 정도로 자주 사용되고 있습니다. 다빈치 리볼브의 컷 페이지에서 자막을 만들어서 컷 편집한 영상에 제목을 표시해 보겠습니다.

BEFORE

예제 파일 01/ Aerial.mp4, Autumn.mp4, Leaves.mp4

AFTER

완성 파일 01/ 1titles_완성.mov

01 영상의 시작 부분으로 이동합니다. 시간표시자가 화면 전환 효과의 끝부분에 위치하도록 드래그합니다. 상단에 [Titles] 탭을 클릭하여 자막 목록을 표시합니다.

02 Titles 목록 중에서 가장 기본 자막인 'Text' 위에 마우스 커서를 가져가 좌우로 움직여 봅니다. Viewer에서 자막의 모습을 미리 확인할 수 있습니다.

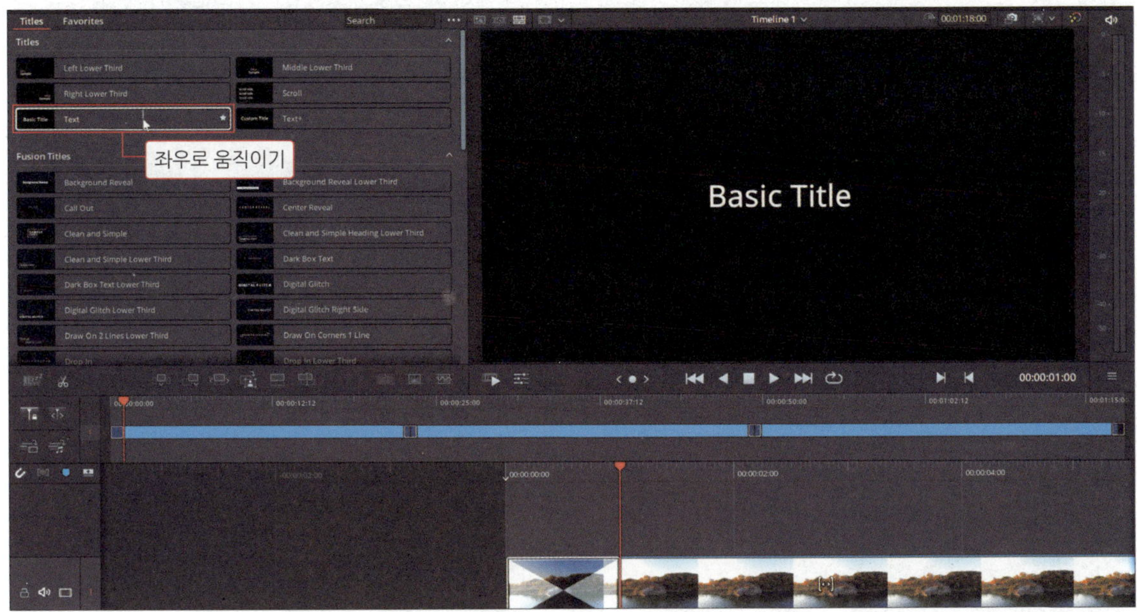

03 'Text' 자막을 Timeline의 클립 위 여백으로 드래그합니다. 2번 트랙이 생성되며 자막 클립이 영상 클립 위에 배치됩니다.

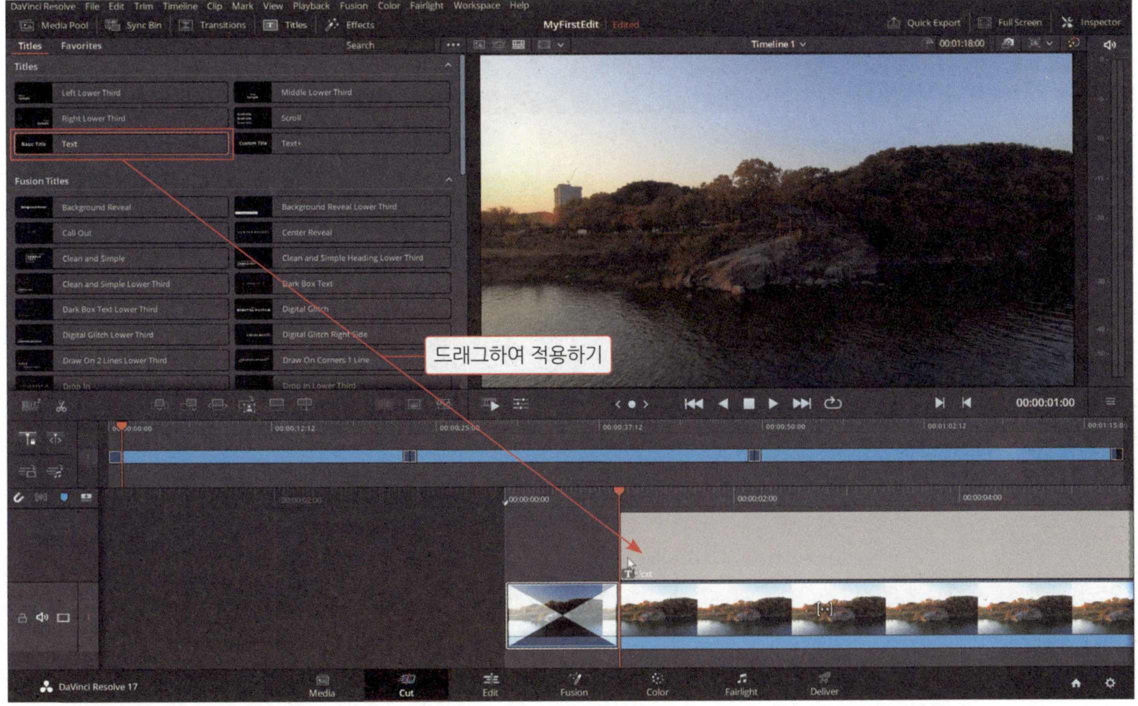

04 [Play] 버튼(▶)을 클릭하거나 트랙을 움직여서 영상에 자막이 어떻게 합성되는지 확인합니다. 자막을 제대로 만들기 위해 오른쪽 상단에 [Inspector(속성)] 탭을 클릭하여 세부적으로 설정합니다.

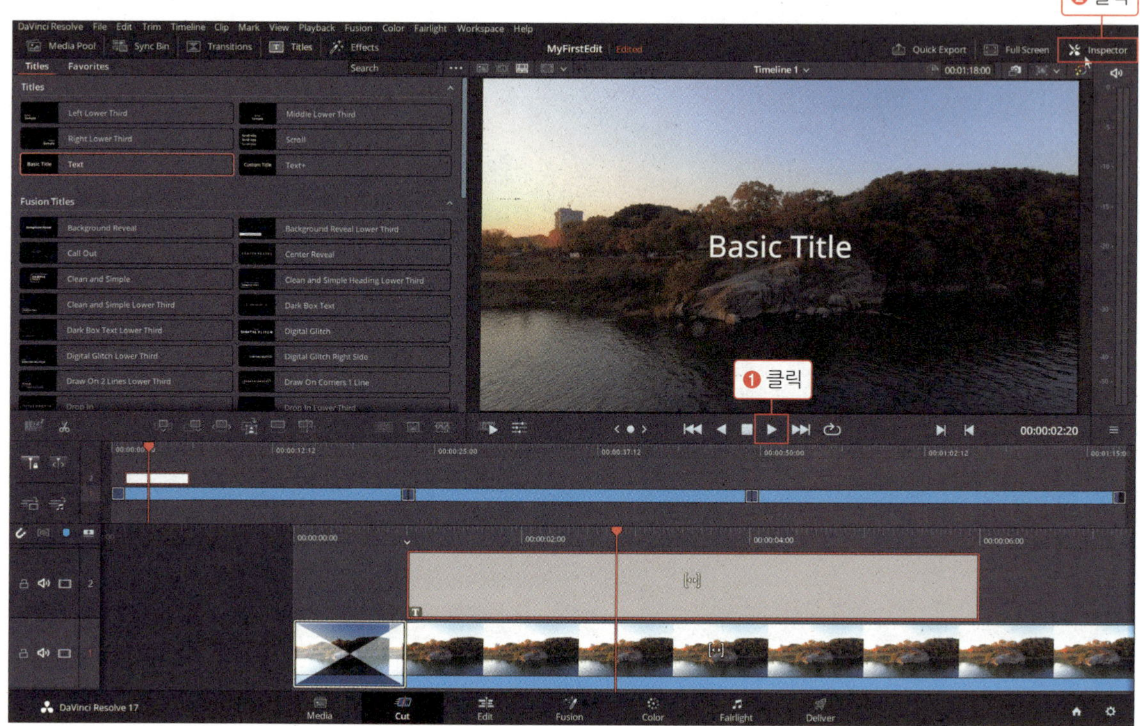

05 Inspector에서 'Video'를 클릭하면 자막을 설정할 수 있습니다.

06 Font Family(글꼴)를 한글 글꼴로 지정합니다. 예제에서는 '카페24빛나는별'로 지정했습니다.

07 Rich Text 영역에 '풍경 촬영 꿀팁'을 입력합니다.

Tip 한글을 입력한 다음 마지막에 [→]를 눌러야 입력한 자막이 다 표시됩니다.

08 Size(글꼴 크기)도 '200'으로 설정하여 제목에 맞게 크게 변경합니다. Stroke(테두리)의 Size(두께)를 '3'으로 설정하여 배경과 분리되어 잘 보이도록 설정합니다. 제목 글꼴은 Font Face를 두꺼운 'Bold'로 지정하는 것이 좋습니다.

09 시간표시자를 드래그하여 클립의 중간 부분으로 이동합니다. 'Text' 자막을 영상 클립의 위쪽으로 드래그합니다.

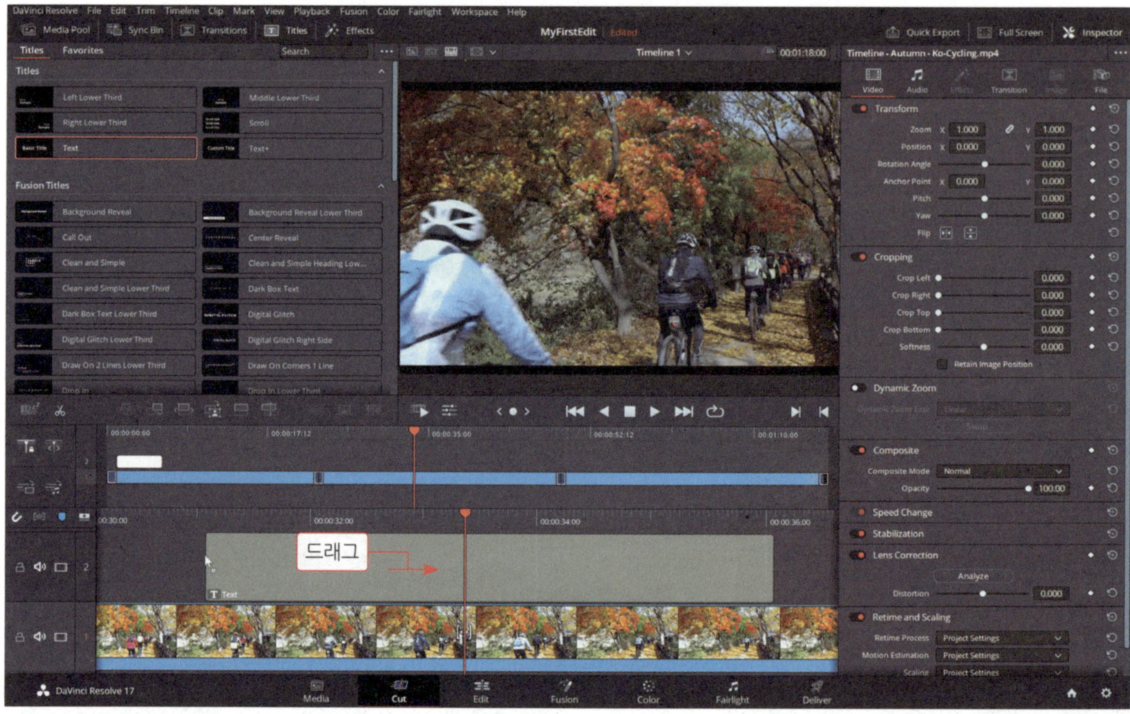

10 06번–08번 과정과 같은 방법으로 Inspector 패널에서 한글 글꼴과 크기를 지정하고 '카메라를 고정하고 움직이는 대상을 촬영합니다'를 입력한 다음 Stroke의 Size도 설정합니다.

11 자막을 화면의 아래쪽으로 배치합니다. Inspector의 [Video] 탭에서 Position(위치)의 Y 값을 '140'으로 설정하여 화면 아래로 이동합니다.

12 시간표시자를 드래그하여 클립의 뒷부분으로 이동합니다. 모션 효과가 적용된 Fusion Titles에서 서서히 나타나고 사라지는 'Fade On' 위에 마우스 커서를 좌우로 움직이며 자막을 미리 확인합니다.

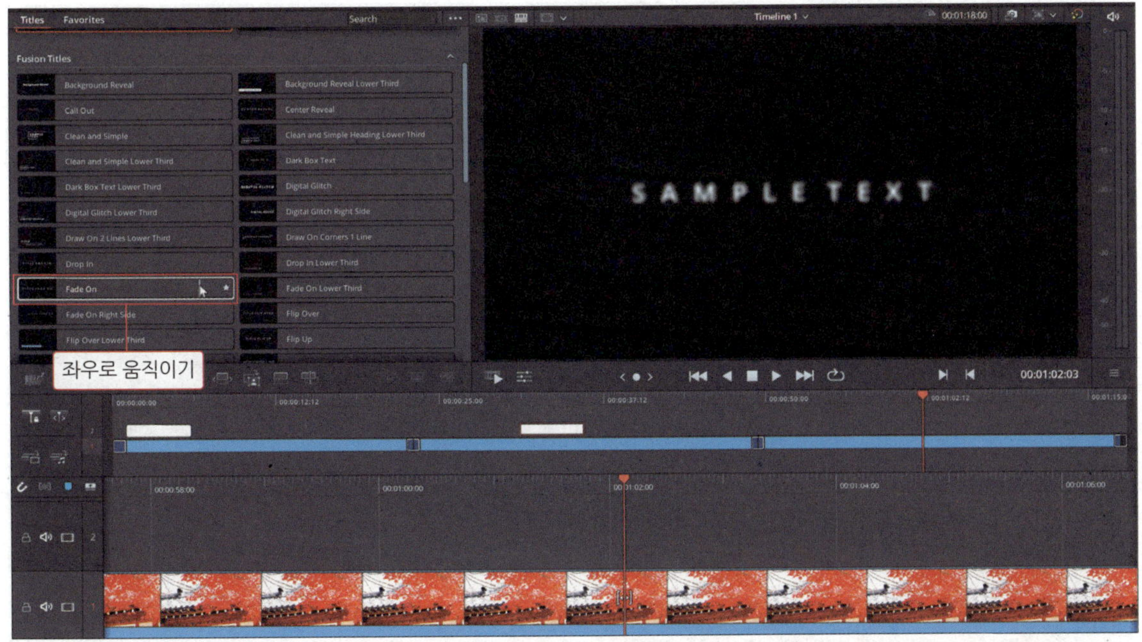

Tip 미리 자막을 확인할 때는 다시 'Inspector'를 클릭하여 탭을 닫으면 화면을 가리지 않아 보기 편합니다.

13 'Fade On' 자막을 영상 클립의 위쪽으로 드래그합니다.

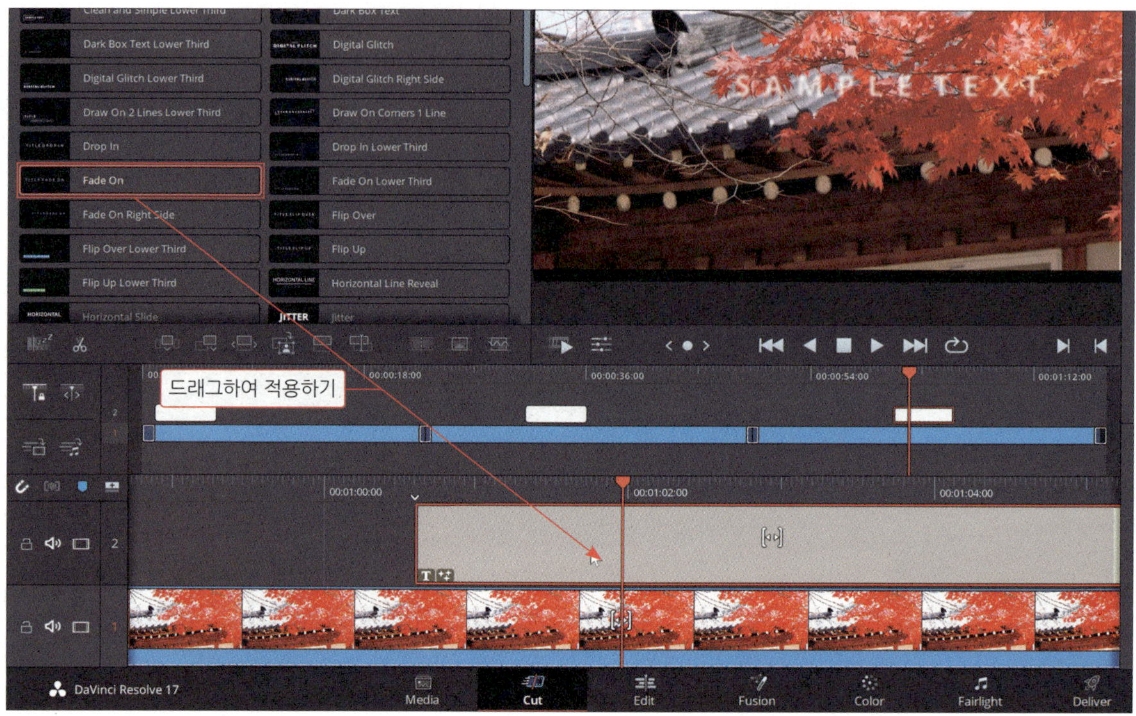

14 [Inspector] 탭을 다시 클릭하여 한글 글꼴과 크기를 지정하고 '전경과 배경의 중첩'을 입력합니다.

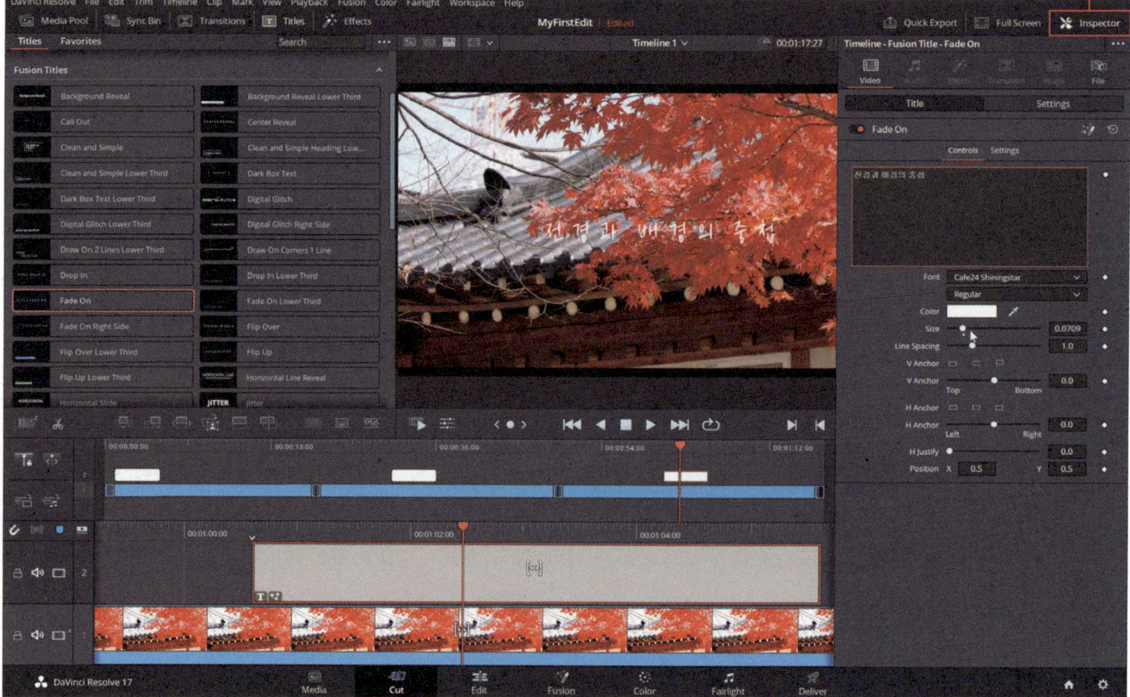

15 첫 번째 '풍경 촬영 꿀팁' 자막의 시작점으로 시간표시자를 이동합니다.

16 '풍경 촬영 꿀팁' 자막이 서서히 나타나고 사라져 보이도록 화면 전환 효과를 적용합니다. [Transitions] 탭을 클릭하여 목록 중에 'Smooth Cut' 효과를 자막의 시작 부분으로 드래그하여 적용합니다.

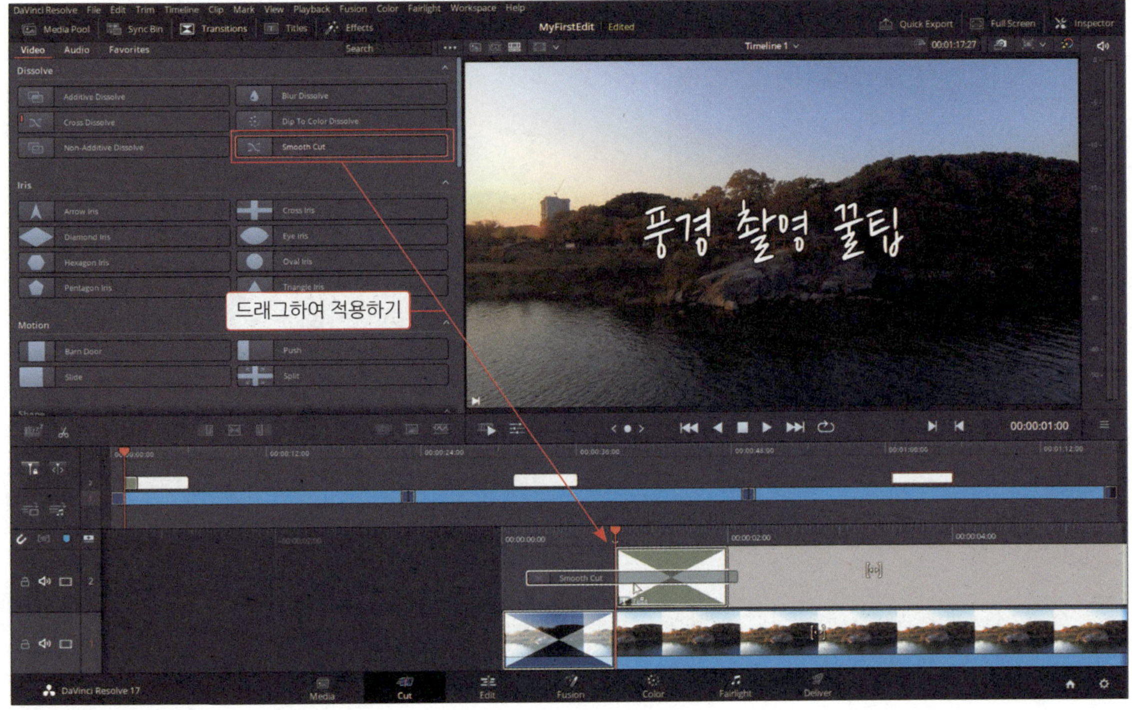

17 '풍경 촬영 꿀팁' 자막의 끝부분에도 'Smooth Cut' 효과를 드래그하여 적용합니다.

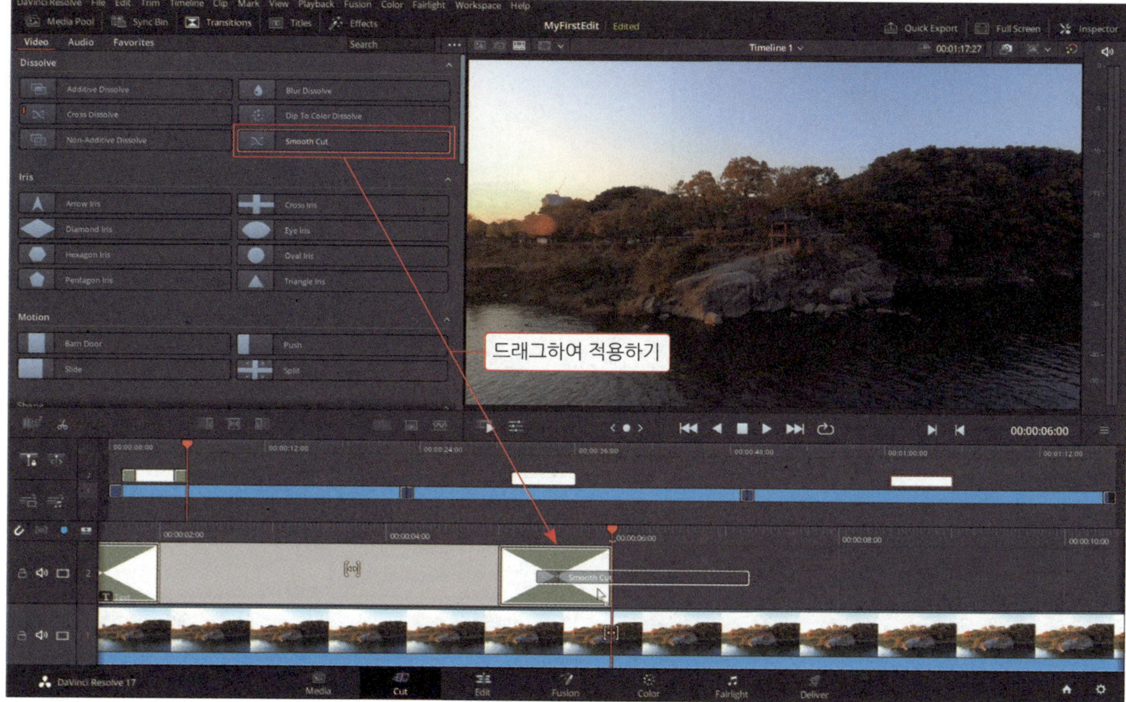

18 영상을 재생하면 자막과 적용한 전환 효과를 확인할 수 있습니다. 효과에 따라 실시간으로 재생이 제대로 안 될 수도 있는데, 이런 경우에는 시간표시자를 움직여 보면 효과가 제대로 적용된 것을 확인할 수 있습니다.

편집한 영상을 빠르게 출력하기

다빈치 리졸브의 컷 페이지에서 컷 편집하고, 화면전환 효과를 적용하여 제목 자막까지 만들어 본 결과를 파일로 출력하겠습니다. 컷 페이지의 빠른 출력(Quick Export) 기능은 기본 설정된 형식으로 파일을 빨리 내보내는 간편한 방법입니다. 영상 편집 중 미리보기가 원활하지 않을 때에도 이 기능을 이용해 편집 결과를 바로 확인할 수 있습니다.

예제 파일 01/ Aerial.mp4, Autumn.mp4, Leaves.mp4

완성 파일 01/ 1transitions_완성.mov

01 지금까지 편집한 결과를 영상 파일로 출력합니다. 오른쪽 상단 'Quick Export'를 클릭하면 빠르게 출력할 수 있습니다.

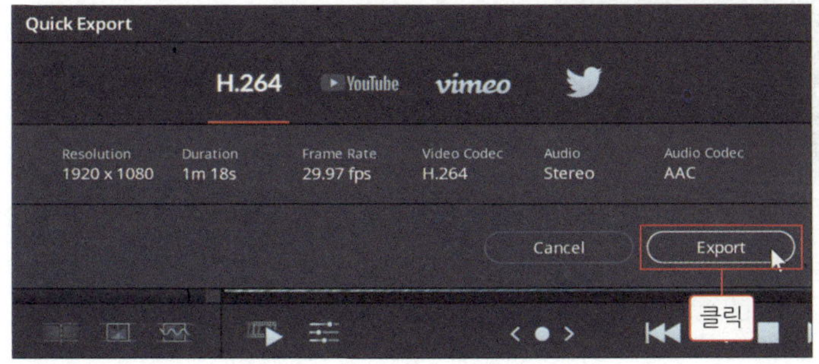

02 Quick Export 대화상자가 표시되면 [Export] 버튼을 클릭하여 영상 파일로 만드는 렌더링(Rendering) 과정을 시작합니다.

> **Tip** 가운데 부분에는 현재 프로젝트 세팅의 요약이 표시됩니다. 출력할 파일의 세부적인 설정은 [Deliver] 페이지에서 가능합니다.

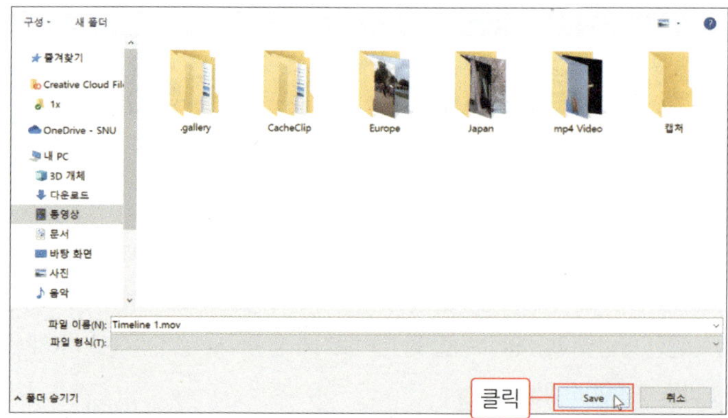

03 Choose Export Path(출력 경로 선택) 대화상자가 표시되면 출력할 파일의 이름을 입력하고 [Save] 버튼을 클릭하여 출력을 진행합니다. 기본적으로 컴퓨터 사용자의 동영상 폴더에 MOV 파일로 저장됩니다.

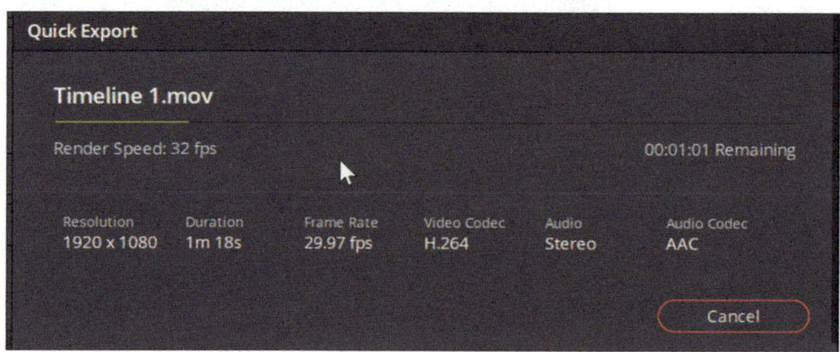

04 타임라인의 길이와 적용한 효과에 따라 출력 소요 시간이 달라집니다. 짧은 영상의 경우 몇 분 정도면 출력이 완료됩니다. 출력 진행 정도가 초록색 선으로 표시되며 오른쪽에는 남은 소요 시간이 표시됩니다.

05 출력 과정이 완료되면 대화상자가 닫히고 지정한 폴더에 완성된 파일이 표시됩니다. 애플 퀵타임(QuickTime) 파일 포맷의 고화질로 출력되었습니다. 파일을 더블클릭하여 영상을 확인합니다.

06 윈도우 '영화 및 사진' 앱이 실행되면서 출력한 영상이 재생됩니다. 애플 퀵타임 플레이어나 곰플레이어 등이 설치되어 있다면 해당 앱에서 동영상이 재생됩니다. 만약 컴퓨터 성능이 충분하지 못해서 다빈치 리졸브 편집 과정 중에 실시간 미리 보기가 어렵다면, Quick Export 기능을 활용하여 파일로 출력해서 확인하며 작업해도 좋습니다.

Tip 다빈치 리졸브의 [Cut] 페이지에서 간단하게 영상을 편집하고 효과를 적용해서 파일로 출력해 보았습니다. 다른 영상 편집 환경보다 더 쉽고 다양한 기능을 제공하고 있습니다. 복잡한 작업이 아니라면 [Cut] 페이지에서 충분히 편집과 출력을 진행할 수 있습니다. 기본 설정된 MOV 파일은 MP4 파일처럼 유튜브나 인스타그램 등의 온라인 플랫폼에 바로 업로드가 가능하므로 특별히 변환하지 않아도 됩니다.

SPECIAL TIP : 맥에서 Quick Export 기능으로 영상 출력하기

❶ 맥에서 편집한 영상을 Quick Export 기능으로 출력하는 경우 사용자의 데스크톱(Desktop)이나 동영상(Movies) 폴더를 지정한 다음 [Save] 버튼을 클릭합니다.

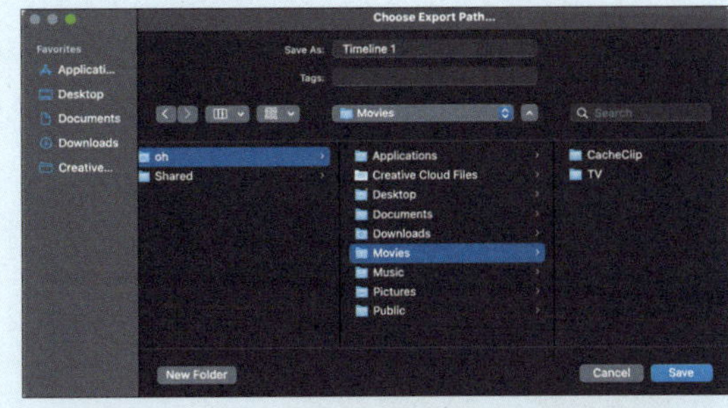

❷ 윈도우와 마찬가지로 출력 파일 포맷의 요약과 함께 진행 과정이 표시됩니다. 비슷한 성능의 맥 컴퓨터에서 같은 내용을 편집하고 출력하면 윈도우보다 더 빠르게 출력됩니다.

❸ Quick Export 대화상자가 닫히면 지정한 폴더에 파일이 생성됩니다. QuickTime MOV 포맷으로 윈도우 파일보다 용량이 작습니다.

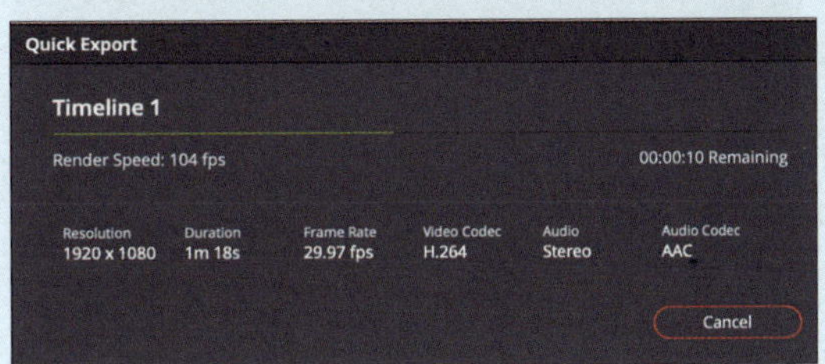

❹ 출력한 파일을 선택하고 Spacebar를 눌러 영상을 확인합니다.

PART 02

컷 편집 완벽 마스터!
영상 편집 기본기 익히기

영상 편집의 기본은 컷 편집입니다. 다빈치 리졸브가 제공하는 강력하고 체계적인 컷 편집 방법을 익히고, 미디어 관리 기능과 영상 클립의 시간 조절, 키 프레임 편집까지 마스터하면 막힘없는 편집 작업이 가능합니다.

미디어 클립 체계적으로 관리하기

다빈치 리졸브에서 편집할 때 사용하는 미디어 파일은 Cut 페이지의 Media Pool에서도 불러오고 준비할 수 있지만, Media 페이지에서 더 많은 기능을 제공합니다. Media 페이지에서는 영상, 오디오, 이미지 등의 파일을 불러오고 내용을 검토하며, 폴더에 해당하는 Bin(빈)에 정렬해두거나 각 클립에 필요한 내용을 메모할 수도 있습니다. 여기서는 다빈치 리졸브의 가장 첫 페이지인 Media 페이지에서 미디어 소스를 관리하는 방법을 간단히 살펴보겠습니다.

영상 클립을 불러오고 관리하기

다빈치 리졸브의 미디어(Media) 페이지에서는 편집에 사용할 소스 파일을 검색하고 가져오는 모든 기능을 활용할 수 있습니다. 영상 클립의 속성(Metadata)도 내용을 추가하거나 편집할 수 있는데, 복잡한 프로젝트에서 키워드를 검색할 때 유용합니다.

BEFORE

AFTER

예제 파일 02/ Fog.mp4 .mp4

01 다빈치 리졸브를 실행하고 프로젝트를 시작해서 Cut 페이지가 표시되면, 화면 아래 'Media 페이지' 아이콘 ()을 클릭하여 Media 페이지로 넘어갑니다. 현재 어떠한 파일이나 경로도 선택되지 않았으므로 작업 화면은 아래와 같이 거의 비어있는 상태로 보일 것입니다. 이전 프로젝트에서 넘어온 경우라면 Media Pool(미디어 풀) 영역에 기존 프로젝트에서 불러온 영상 클립들이 보입니다.

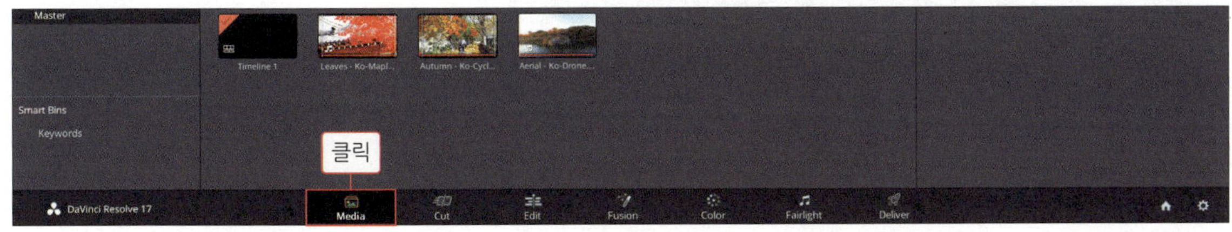

02 Media Pool의 영상 클립에서 하나를 선택하여 마우스 커서를 올려서 클릭하지 않고 좌우로 움직이면 위쪽 뷰어에 영상 내용이 나타납니다.

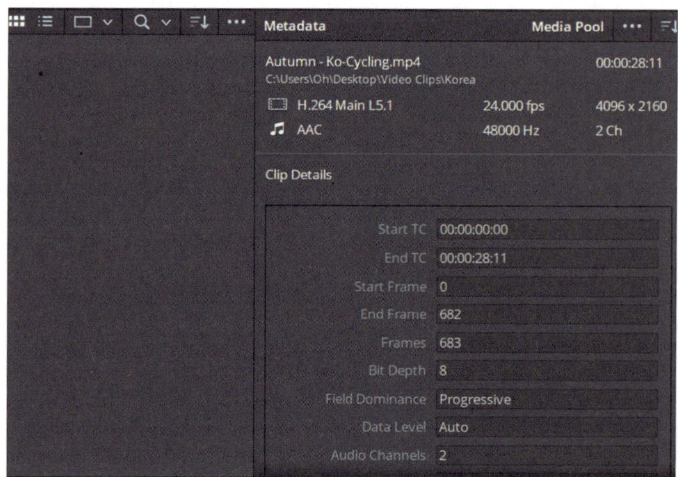

03 이번에는 영상 클립을 한번 클릭해 봅니다. 오른쪽 아래 해당 클립의 Clip Details(클립 속성)이 Metadata(메타데이터) 영역에 표시됩니다. 파일 이름과 경로, 길이, 압축 형식, 프레임 레이트 등 자세한 정보가 나열되어 클립의 특성을 파악할 수 있습니다.

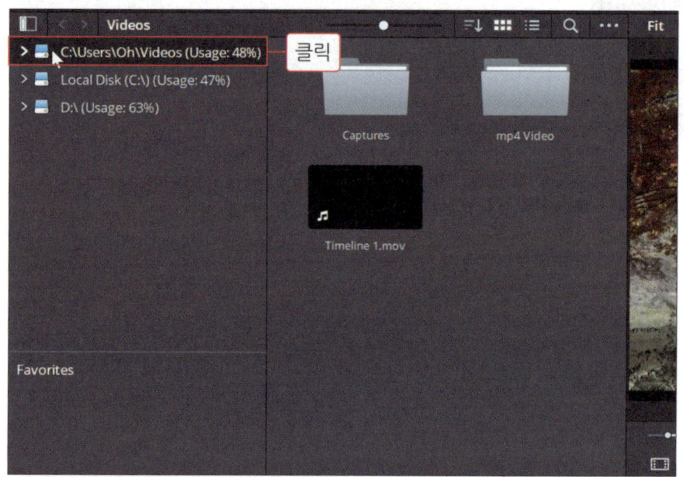

04 내 컴퓨터의 어느 경로에 필요한 미디어 자료가 있는지 확인할 때, 프로그램 밖으로 나갈 필요 없이 Media 페이지 왼쪽 위의 경로 중 하나를 클릭하여 찾아볼 수 있습니다. 왼쪽 드라이브 중 하나를 클릭하면 바로 옆 패널에 드라이브 내부 폴더와 파일이 표시됩니다. 이 부분은 라이브러리 영역으로 컴퓨터 드라이브의 폴더에 접근하는 것과 동일하게 작동합니다.

05 영상이 들어있는 폴더를 더블클릭하여 열면 나타나는 영상 클립의 위에 마우스 커서를 위치시키고 좌우로 움직여봅니다. 오른쪽 뷰어에 영상이 표시되고 가장 오른쪽의 오디오 미터 영역에는 소리의 크기도 실시간으로 표시됩니다.

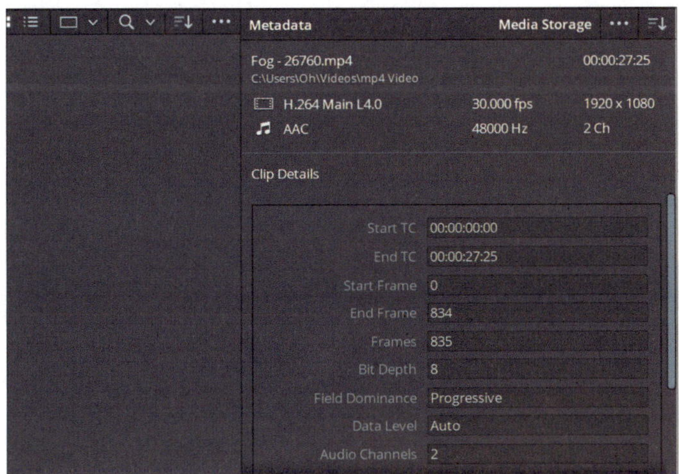

06 미디어 라이브러리의 영상 클립을 선택하여 클릭하면 섬네일 테두리가 빨간색으로 바뀌면서 오른쪽 아래 Metadata(메타데이터) 영역에 상세 정보가 표시됩니다.

07 가운데 뷰어의 재생 버튼(▶)을 클릭하거나 키보드의 Spacebar를 눌러 영상 내용을 살펴봅니다.

08 편집에 사용할 파일이라면 Media Pool 영역으로 드래그합니다. 해당 클립을 마우스로 클릭한 상태로 드래그하여 미디어 풀 영역의 빈 곳에 놓습니다.

09 프로젝트 편지에 사용된 클립은 섬네일 아래에 빨간 줄이 표시되고, 불러오기만 한 경우에는 표시가 없습니다. 새로 불러온 클립에 메타 정보를 추가하기 위해 클릭하여 선택합니다.

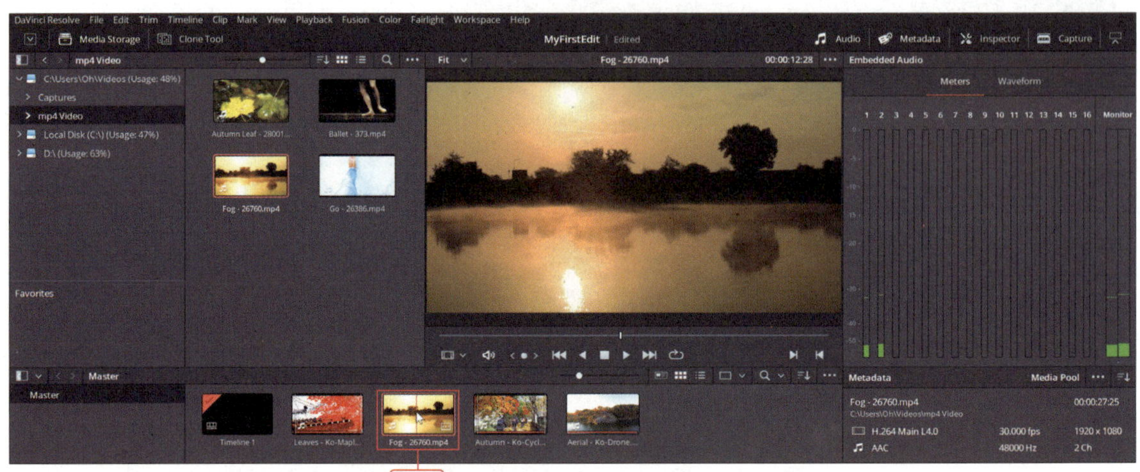

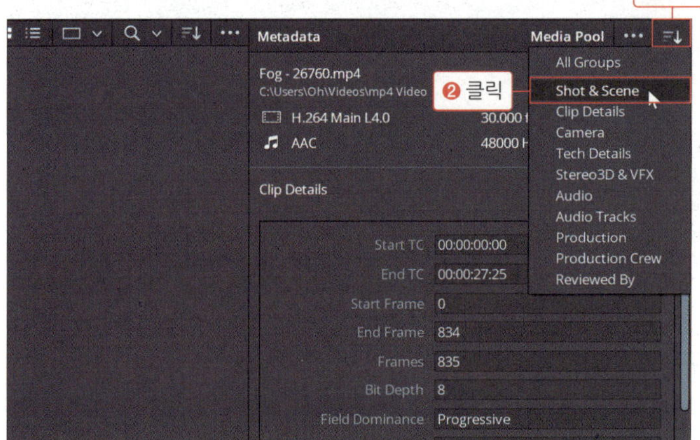

10 오른쪽 하단의 Metadata 옆의 화살표 버튼( )을 클릭하여 데이터 유형 목록을 열고 'Shot & Scene'을 클릭합니다.

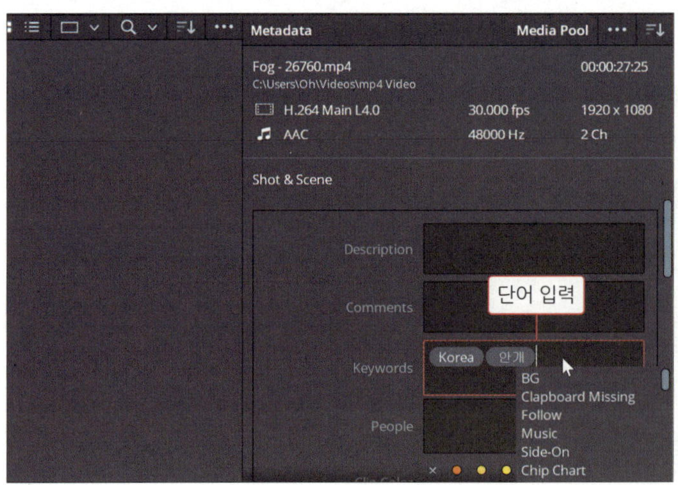

11 입력 칸의 중간 Keywords 영역에 영상 클립을 분류하는 특징적인 단어를 입력합니다. 입력 후 Enter를 누르면 키워드가 등록되며, 한글도 입력 가능합니다. 이것은 일종의 태그와 같습니다.

> **Tip** 드롭다운 목록에는 사전에 지정된 키워드들이 나열되는데 그중에서 키워드를 선택해도 됩니다. 키워드는 영상 클립이 많고 복잡할 경우 효과적으로 검색하고 분류할 수 있는 기준이 됩니다. 만약 편집 프로젝트가 간단하다면 별도로 입력하지 않아도 됩니다.

영상 클립의 보관함, Bin(빈) 만들고 관리하기

영상 편집 프로젝트에 사용할 소스 클립이 많아서 분류할 필요가 있을 때는 폴더에 해당하는 빈(Bin)을 만들어 정리할 수 있습니다. 가장 최상위 Master Bin 아래에 필요에 따라 Bin들을 생성해서 클립을 담고, 또 Bin 안에 다시 Bin을 만들어 계층을 형성할 수도 있습니다.

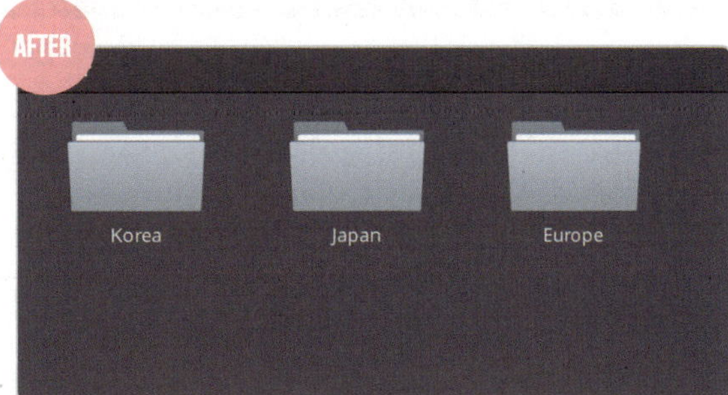

예제 파일 02/ Japan 폴더

01 Media Pool에 영상 클립을 모아 정리할 수 있는 폴더 또는 보관함 같은 'Bin(빈)'을 만들어 보겠습니다. Media 페이지의 Media Pool 영역에 마우스 오른쪽 버튼을 클릭하면 나타나는 메뉴 중에서 'New Bin'을 선택합니다.

02 새로운 회색 폴더 아이콘이 생성되면 이름을 입력합니다. Bin의 명칭은 영어로만 입력 가능합니다.

03 Media Pool의 클립 중에서 Bin 안에 넣을 것을 Ctrl(Mac OS에서는 ⌘)을 누르고 복수 선택하고, 새로 생성한 Bin으로 끌어다 넣습니다.

04 선택한 클립들이 새로 만든 Bin으로 들어갔습니다. 미디어 풀에는 새로 만든 Bin과 새로 불러온 클립만 남아 있습니다.

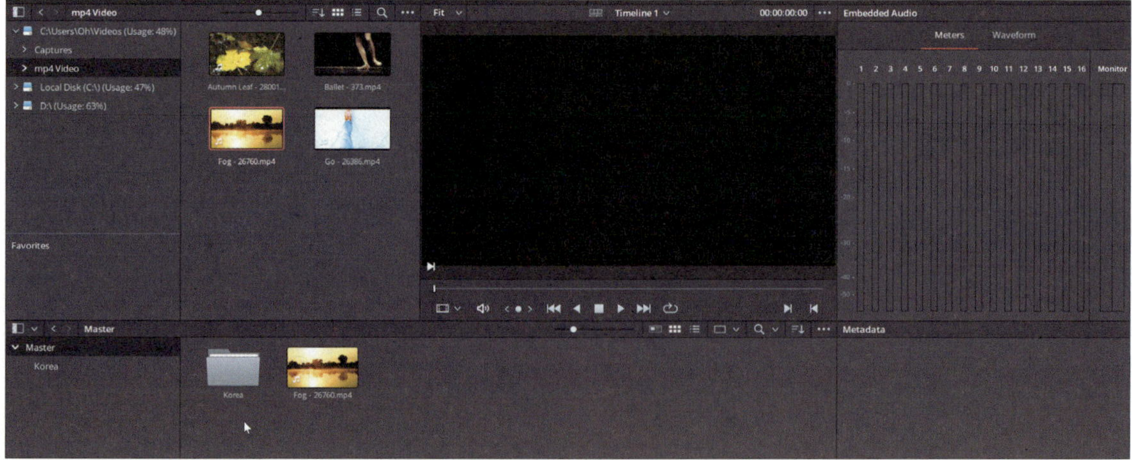

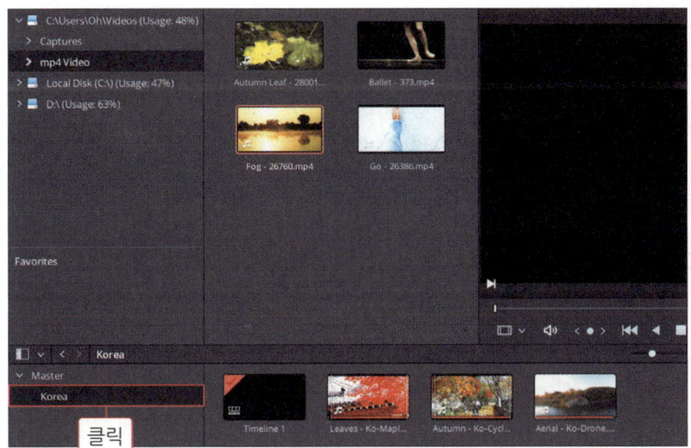

05 클립을 담은 Bin을 더블클릭하면 내부의 클립들이 나타납니다. 왼쪽에는 빈의 트리 구조가 표시됩니다. 가장 상위의 경로는 'Master'이고 그 밑에 새로 만든 Bin이 나열됩니다. 경로의 이름을 한 번씩 클릭할 때마다 해당 Bin이 열리고 닫힙니다.

06 Master 상태에서 위쪽 라이브러리의 폴더를 끌어와서 Bin을 생성해 보겠습니다. 라이브러리 경로에서 영상 클립이 들어있는 폴더에 마우스 오른쪽 버튼을 클릭하면 나타나는 메뉴 중에서 세 번째 'Add Folder and SubFolders into Media Pool(Create Bins)'를 선택합니다.

07 Media Pool 영역에 선택한 폴더의 이름과 같은 새로운 Bin이 생성되며 영상 클립들이 나열됩니다.

08 왼쪽 Master를 클릭하면 현재의 프로젝트에서 생성한 모든 Bin이 보입니다.

09 만약 라이브러리 경로에서 영상 파일이 들어있는 폴더를 그냥 Media Pool 영역으로 끌고 오면 폴더 안의 클립들이 Media Pool에 모두 나열됩니다.

10 Bin에 정렬하기를 원하면 위 01번처럼 새로운 Bin을 만들어서 클립들을 넣거나 단축키 Ctrl + Z를 눌러 상태를 되돌린 후 06번처럼 Bin을 생성하여 불러오기 과정을 다시 진행하면 됩니다.

11 나머지 클립은 나중에 필요에 따라 Bin을 선택하여 넣어도 됩니다. 만약 편집할 클립의 수가 적다면 이와 같은 Bin 기능을 사용하지 않아도 문제는 없습니다.

12 Media Pool에 불러온 클립을 편집에 사용하지 않는다면 삭제할 수 있습니다. 클립을 선택하고 간단히 키보드의 Delete를 누르면 Media Pool에서 제거됩니다.

Tip Media Pool에서 클립을 삭제하면 해당 Bin에서만 제거되는 것이고, 원래 경로의 영상 파일은 삭제되지 않으니 안심해도 됩니다.

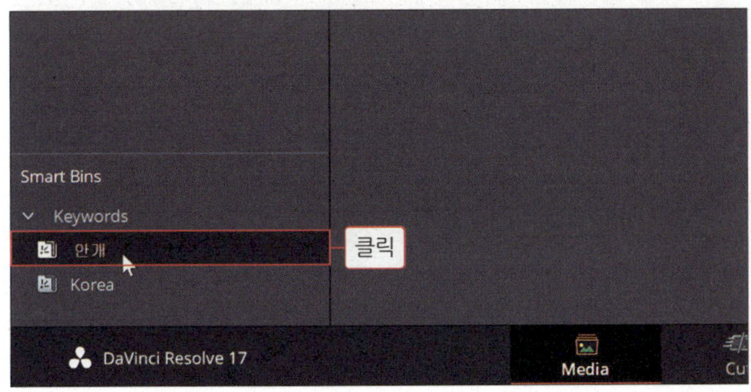

13 참고로 앞서 키워드를 입력했던 클립을 Media Pool에 표시하려면 왼쪽 아래 Smart Bins 영역 아래 입력된 키워드를 선택하면 됩니다.

14 Media 페이지에서 만들고 정리한 Bin 상태는 다른 페이지의 Media Pool에 그대로 반영됩니다. Cut 페이지로 돌아가 보면 왼쪽 위의 Media Pool에 Media 페이지에서 생성한 Bin들이 그대로 나타나 있는 것을 알 수 있습니다. 다른 페이지의 Media Pool에 Media 페이지 내용이 간략히 표시되는 것이고 Bin 생성 등의 기능은 동일합니다.

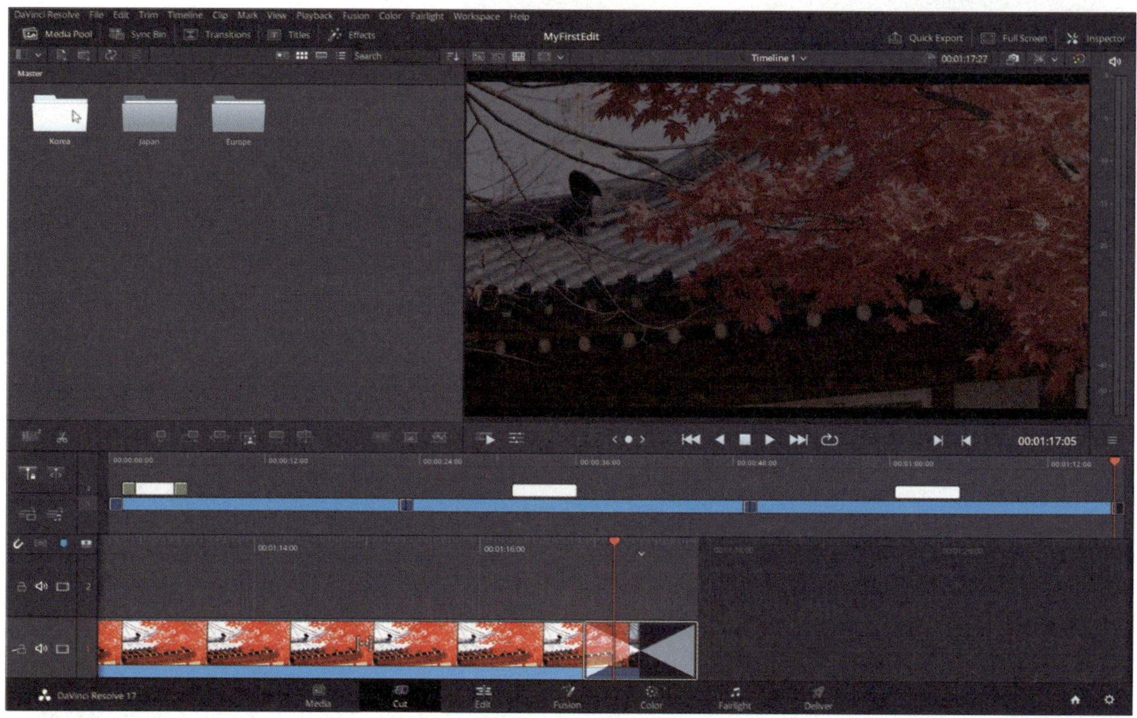

15 Cut 페이지의 Media Pool 영역에서도 폴더 모양의 Bin을 더블클릭하면 열리고, 왼쪽 위의 Master 글자를 클릭하면 상위로 올라가서 Bin들이 표시됩니다.

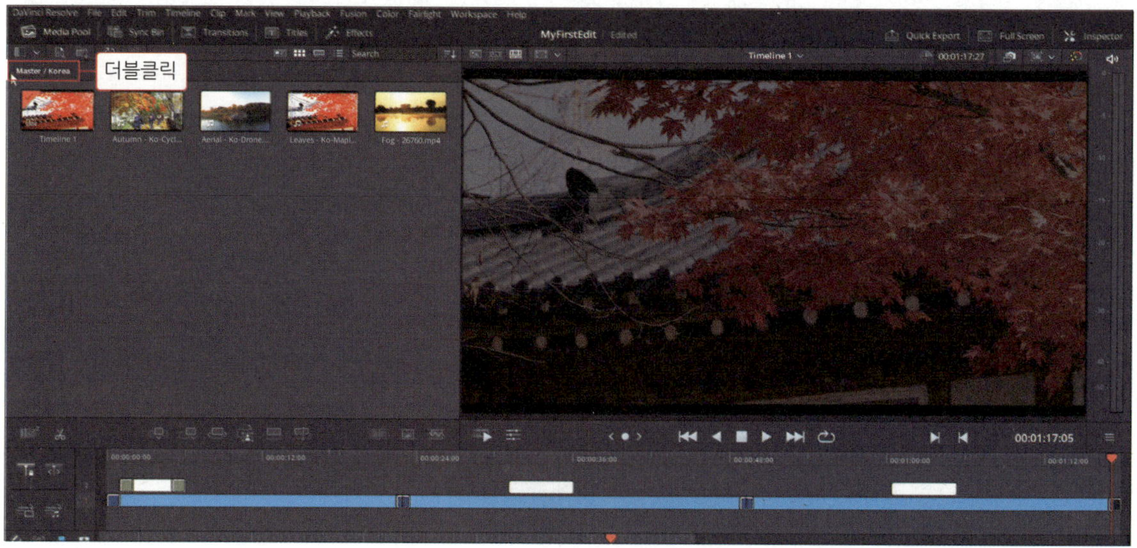

Cut 페이지의 편집 도구와 기능 마스터하기

다빈치 리졸브의 Cut 페이지의 기능은 상당히 유용합니다. 앞서 Cut 페이지에서 간단한 컷 편집, 화면 전환 효과의 적용, 자막 적용, 빠른 출력 과정을 살펴보았습니다. 그 외에도 Cut 페이지는 더 다양하고 강력한 편집 기능을 제공합니다. 다빈치 리졸브 16버전에 Cut 페이지가 처음 추가된 이후 17 버전부터 Cut 페이지는 영상 편집 대부분을 감당할 수 있는 환경이 되었습니다. 블랙매직 디자인은 많은 편집용 하드웨어 컨트롤러를 개발하여 판매하고 있는데, Cut 페이지에서 빠르게 편집하기 위해 사용할 수 있는 장비도 많습니다. 지금부터 빠른 편집 환경 Cut 페이지의 유용한 편집 도구를 살펴보겠습니다.

컷 편집 준비하기

컷 페이지의 편집 도구는 꼭 필요한 기능의 집합체입니다. 미디어 풀에서 영상 클립을 가져와 뷰어에서 탐색해보며 필요한 영역을 트리밍하고, 타임라인에 배치하는 가장 기본적인 컷 편집의 기능을 담당합니다. 컷 편집을 시작할 때 필요한 사항을 살펴보겠습니다.

BEFORE

◎ **예제 파일** 02/ 2/ 1.Palace.mp4, 2.Sunset.mp4

AFTER

◎ **완성 파일** 02/ 2/ 1Cut_완성.mov

Palace Palace

01 새 프로젝트를 만들어 이름을 지정하고, Cut(컷) 페이지가 열리면 [Project Settings(프로젝트 세팅)] 버튼(⚙)을 눌러서 새로 만든 프로젝트의 해상도와 프레임 레이트를 설정합니다.

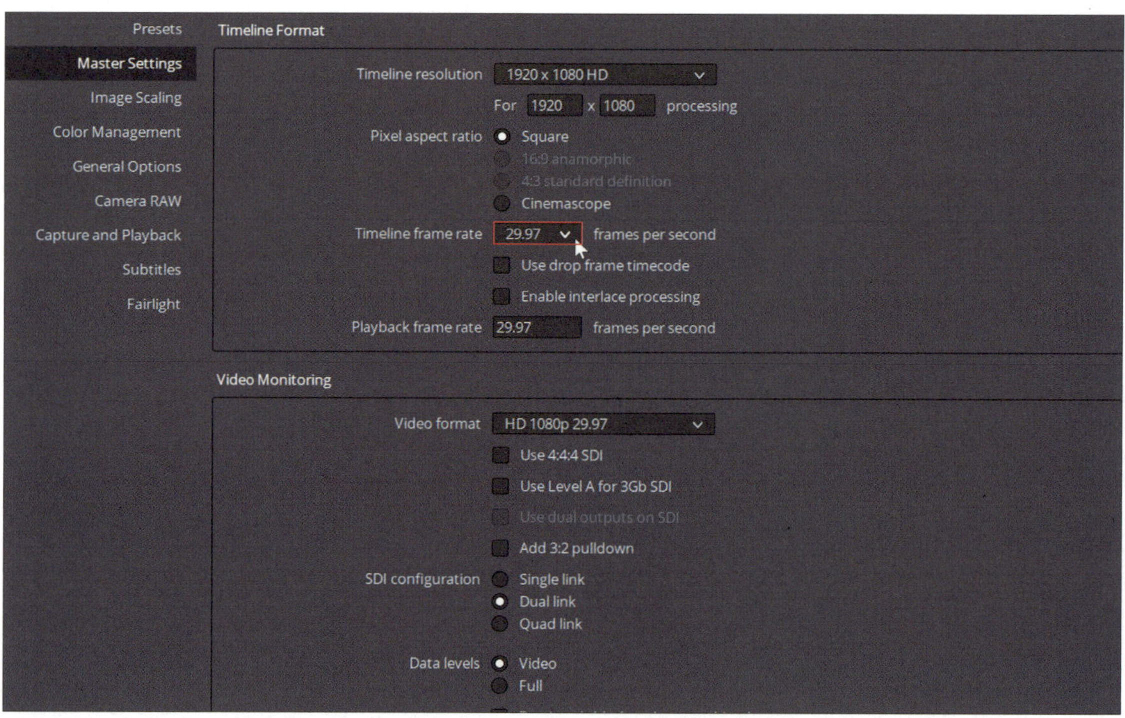

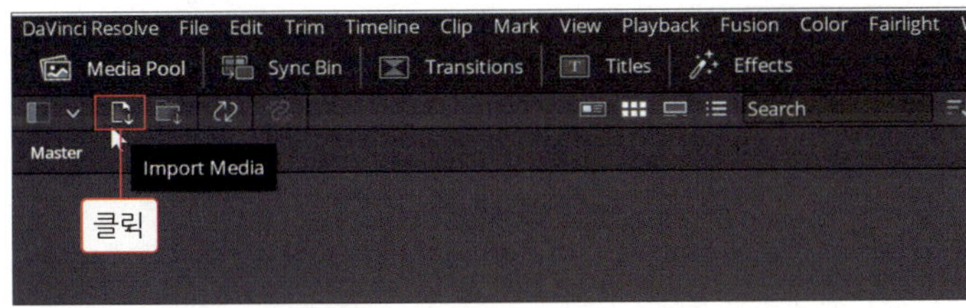

02 화면 왼쪽 상단의 Media Pool(미디어 풀)에 불러오기 버튼들이 나열되어 있습니다. 사각 종이 모양 의 [Import Media] 버튼(■)을 클릭하여 개별 미디어 파일을 불러올 수 있습니다.

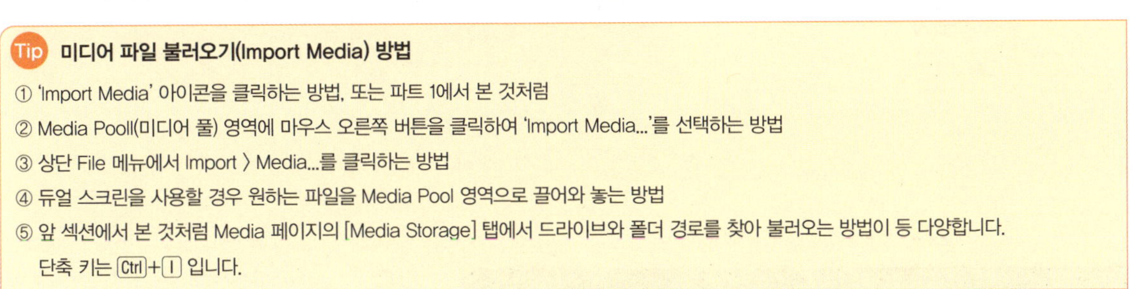

Tip 미디어 파일 불러오기(Import Media) 방법

① 'Import Media' 아이콘을 클릭하는 방법, 또는 파트 1에서 본 것처럼

② Media Pooll(미디어 풀) 영역에 마우스 오른쪽 버튼을 클릭하여 'Import Media...'를 선택하는 방법

③ 상단 File 메뉴에서 Import 〉 Media...를 클릭하는 방법

④ 듀얼 스크린을 사용할 경우 원하는 파일을 Media Pool 영역으로 끌어와 놓는 방법

⑤ 앞 섹션에서 본 것처럼 Media 페이지의 [Media Storage] 탭에서 드라이브와 폴더 경로를 찾아 불러오는 방법이 등 다양합니다.

단축 키는 Ctrl+I 입니다.

03 Import Media 경로 창이 표시되면 가져올 파일을 선택하고 [Open] 버튼을 클릭하면 해당 미디어 파일이 Media Pool로 불러오기 됩니다.

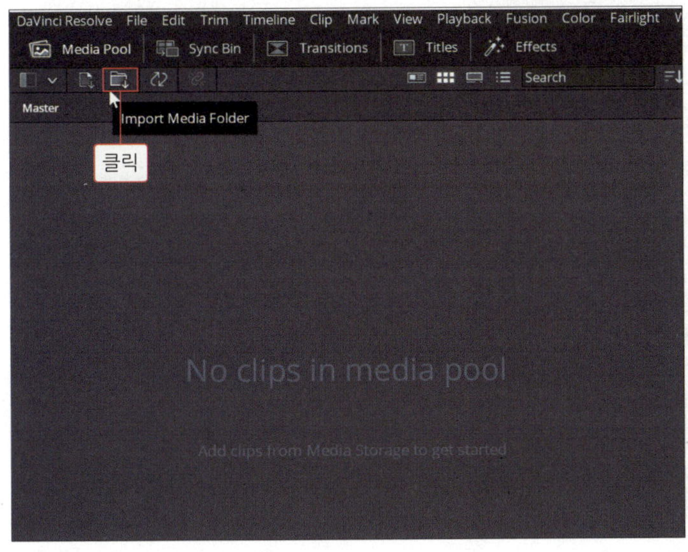

04 이번에는 미디어 파일을 모아둔 폴더를 통째로 불러오겠습니다. [Import Media Folder] 버튼(■)을 클릭합니다.

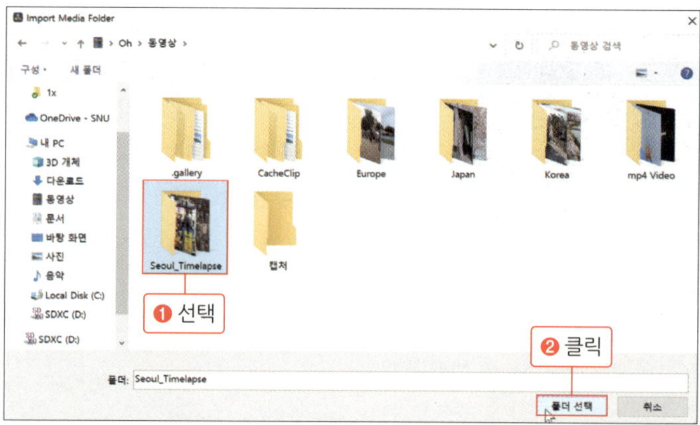

05 Import Media Folder(미디어 폴더 불러오기) 창이 뜨면 편집할 파일들을 모아둔 폴더의 경로를 찾고 [폴더 선택] 버튼을 클릭합니다.

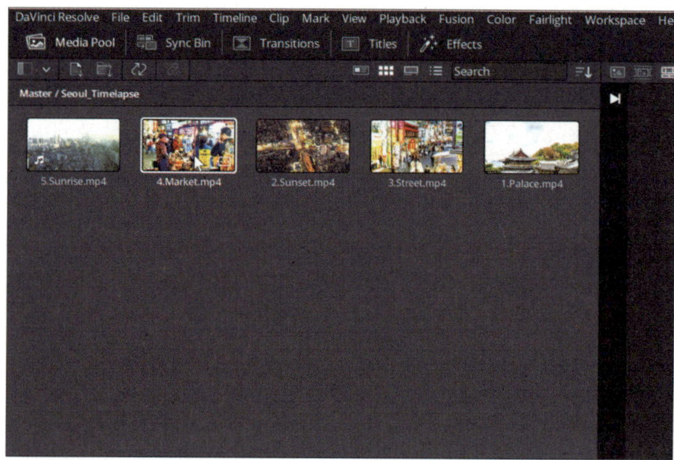

06 Media Pool에 불러온 미디어 폴더는 Bin(빈) 형식으로 가장 상위의 Master 아래에 위치합니다. 그림처럼 Master/Seoul_Timelapes의 '/' 표시는 Bin의 상하 관계를 의미합니다. 왼쪽 Bin List를 클릭하여 상위 Master로 올라가 보면 새로 불러온 폴더가 Bin으로 표시됩니다.

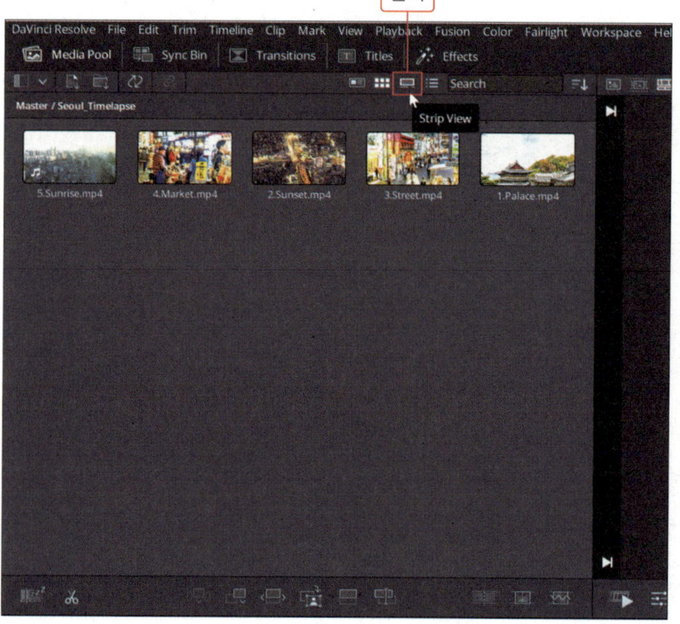

07 Media Pool의 미디어 클립을 표시하는 방법(View Mode)은 네 가지입니다. 기본 설정은 Thumbnail View(썸네일 보기)이고, 전체 스트립으로 표시하는 Strip View(스트립 보기), 파일명과 날짜 등 메타데이터로 표시하는 Metadata View(메타데이터 보기), 클립이 많을 경우 편리한 List View(목록 보기)에서 상황에 따라 버튼을 클릭하여 선택하면 됩니다.

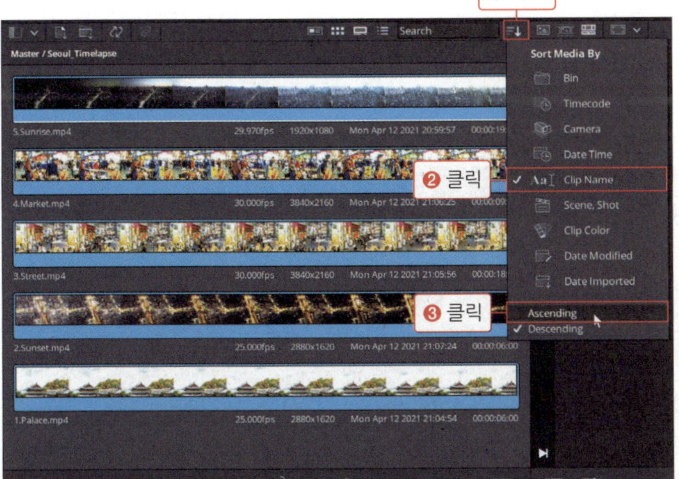

08 원하는 모드로 바꾸고 나서 자세히 보면 클립들의 정렬이 거꾸로 된 것을 발견할 수도 있습니다. 정렬 기준은 오른쪽의 [Sort(정렬)] 버튼( )을 눌러 방식과 순서를 정할 수 있습니다. Clip Name(클립 이름) 기준, Ascending(정순)을 선택하여 이름순으로 정렬해봅니다.

09 새로운 편집을 진행하기 위해 새로운 타임라인을 만들겠습니다. 타임라인을 만드는 방법은 두 가지가 있습니다. 우선 상단 File 메뉴에서 'New Timeline...'을 클릭하는 방법과 Media Pool 영역에서 마우스 오른쪽 버튼을 누르면 뜨는 메뉴에서 'Create New Timeline...'를 클릭하는 방법입니다. 단축키는 Ctrl + N입니다.

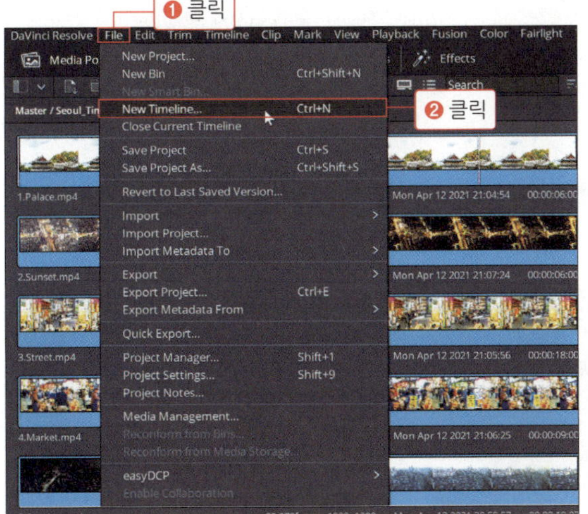

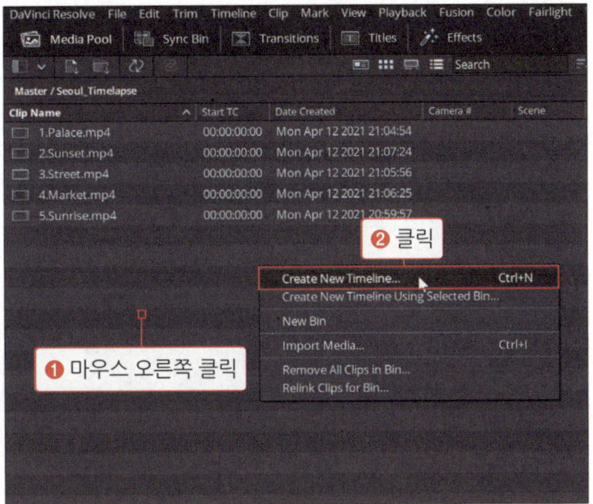

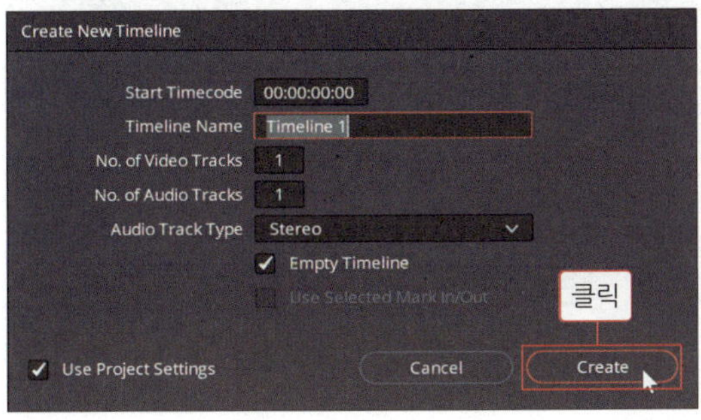

10 'Create New Timeline' 설정 창에서 타임라인의 이름과 필요한 Tracks(트랙) 수 등을 설정할 수 있습니다. 물론 아무것도 바꾸지 않고 [Create] 버튼을 클릭해도 됩니다.

11 Media Pool 영역에는 새로 만든 Timeline 1이 나타나고 클립들이 Bin으로 들어간 것처럼 보이는데, 타임라인을 만들면서 Bin의 경로가 상위 Master로 바뀌었기 때문입니다. 타임라인 영역에도 새로 만든 타임라인이 1번 숫자와 함께 왼쪽에 표시됩니다.

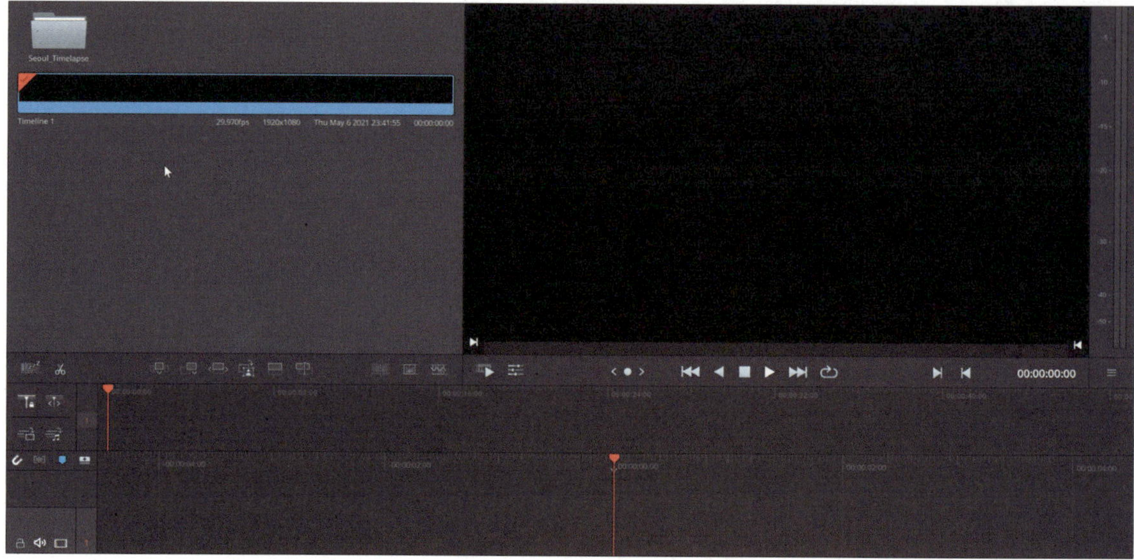

> **Tip** 앞서 간단한 편집 과정에서 본 것처럼 미디어 클립을 무작정 아래 타임라인 영역으로 드래그해도 자동으로 타임라인이 생성됩니다. 타임라인은 항상 Master Bin에 생성됩니다.

12 첫번째 클립을 더블클릭하여 뷰어에 표시하고, 뷰어 아래 트리밍 도구를 이용하여 사용할 부분을 자른 다음 Timeline 1로 끌어 와서 배치합니다.

13 앞의 방법과 마찬가지로 Media Pool에서 두 번째 클립을 클릭하여 뷰어에 표시하고, 클립의 앞과 뒤를 조금씩 트리밍한 후, 타임라인에 이미 배치된 클립의 뒤쪽에 붙여 배치합니다.

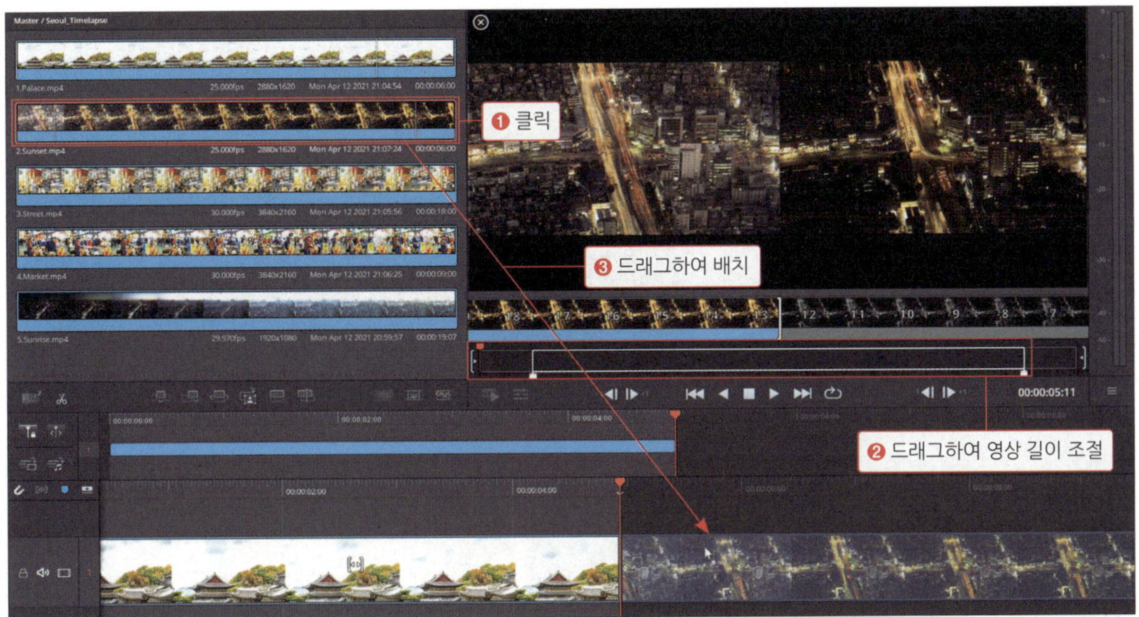

14 타임라인에 배치한 두 클립 사이에 Transitions(화면 전환) 효과를 빠르게 적용할 수 있습니다. Media Pool(미디어 풀)과 뷰어 사이에 기본 화면 전환 효과 버튼이 두 개 배치되어 있습니다. 가운데 [Dissolve(디졸브)] 버튼( )을 한번 클릭하여 적용합니다.

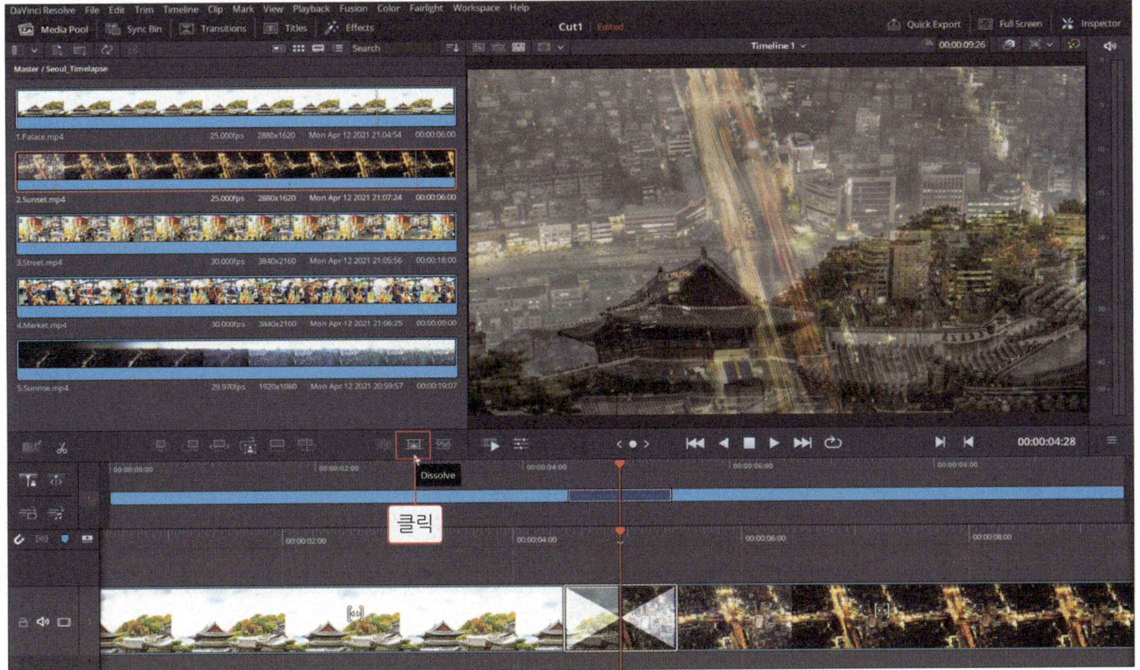

15 타임라인의 가장 앞으로 이동하여 마찬가지로 Dissolve 효과를 첫 번째 클립의 앞부분에 적용합니다. 검은색 화면에서 서서히 밝아지며 영상이 시작됩니다.

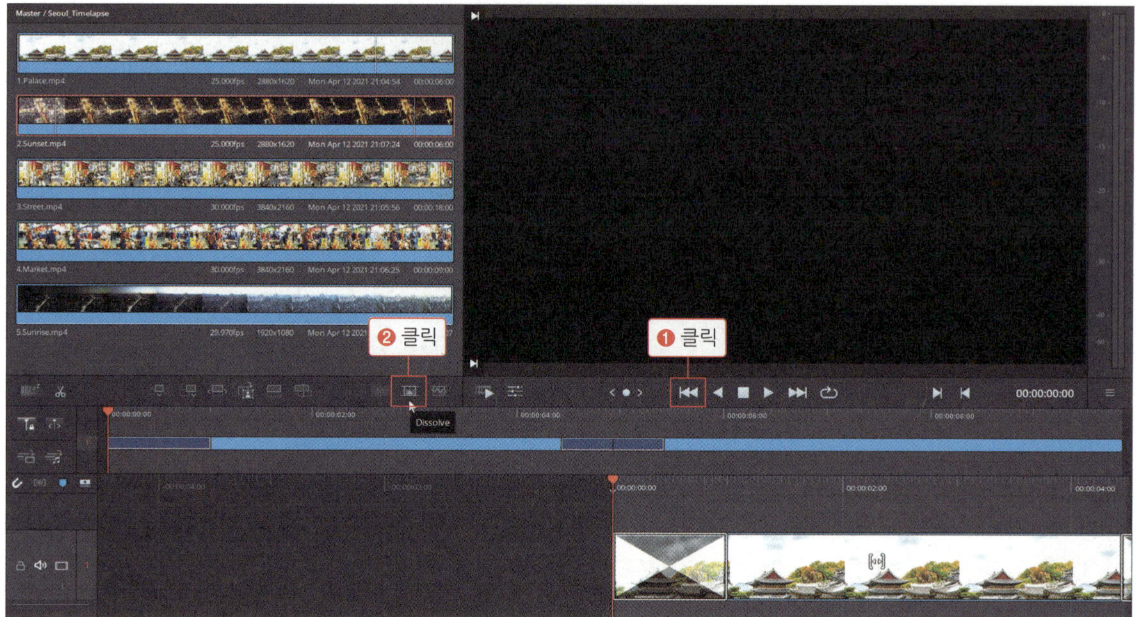

16 Dissolve(디졸브) 왼쪽 [Cut(컷)] 버튼()을 클릭하면 적용된 화면 전환 효과 대신 단순 컷 편집 상태로 돌아갑니다. Cut으로 되돌릴 효과를 타임라인에서 선택한 다음 [Cut(컷)] 버튼()을 클릭합니다. 아무것도 선택하지 않은 상태에서는 다음 화면 전환 효과가 Cut으로 바뀝니다.

컷 편집 방법 제대로 알아두기

컷 페이지의 타임라인은 두 가지로 표시됩니다. 상단에서는 전체 프로젝트의 클립 배치를 보여주고, 하단에서는 개별 클립의 내용을 보여주면서 자세한 편집이 가능합니다. 미디어 풀의 소스 클립을 타임라인에 어떻게 배치할지 편집 도구 사용법과 트리밍 방법을 자세히 알아보겠습니다.

예제 파일 02/ 2/ 3.Street.mp4, 4.Market.mp4, 5.Sunrise.mp4

완성 파일 02/ 2/ 2Cut_완성.mov

01 Cut 페이지에는 컷 편집을 위한 다양한 도구를 제공합니다. 일반적인 영상 편집 프로그램과 다르게 타임라인 두 개가 항상 표시된다는 점이 특징입니다. 위쪽 타임라인은 막대 형태로 전체를 보여주고, 아래쪽 타임라인은 스트립 형태로 현재 편집 위치를 표시합니다.

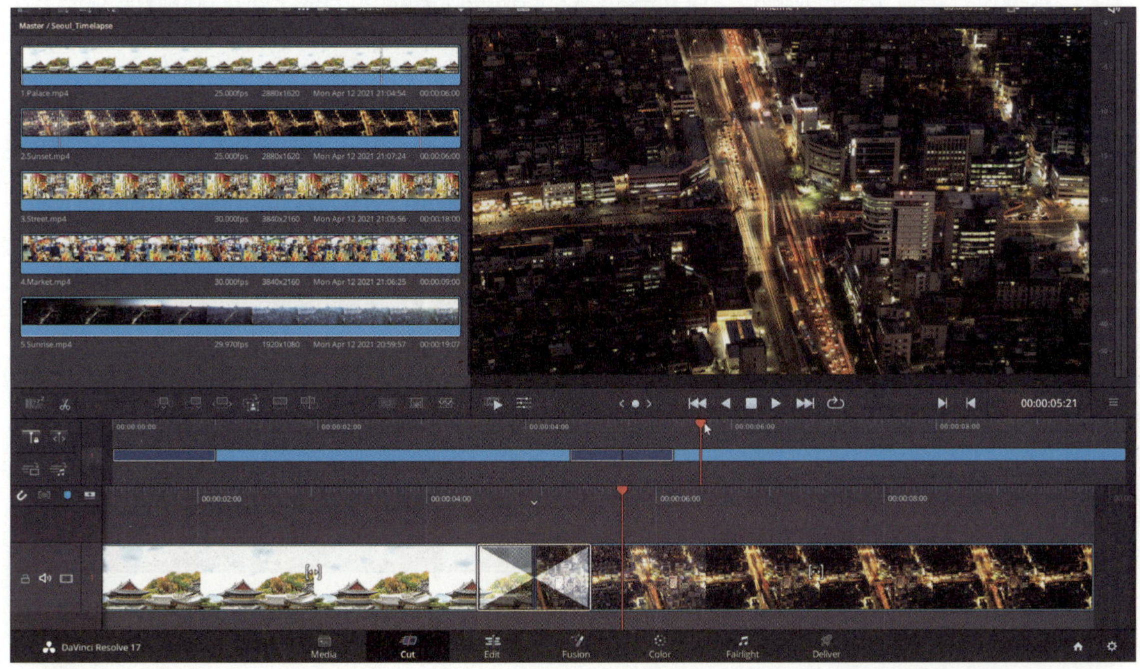

02 위쪽 타임라인의 빨간색 '시간표시자'를 클릭하여 좌우로 움직이면 시간표시자 자체가 움직이며 클립을 앞뒤를 오갈 수 있습니다. 반면 아래쪽 타임라인의 Playhead는 기본적으로 고정되어 있고 클립을 움직여서 영상을 뷰어에 표시하게 설정되어 있습니다.

Tip 이 방법이 생소할 수도 있지만, 영화 필름이나 영상 테이프를 재생하는 헤드 개념으로 유지되고 있습니다.

03 타임라인 왼쪽에 있는 Playhead 상태 버튼을 Lock Playhead( )에서 Free Playhead( )로 바꾸면 잠금이 풀리면서 위쪽 타임라인처럼 좌우로 움직일 수 있게 됩니다. 이렇게 바꾼 상태에서 Playhead(이하 '시간표시자'로 지칭)를 클릭하여 움직이면 위쪽과 같은 방식으로 움직입니다.

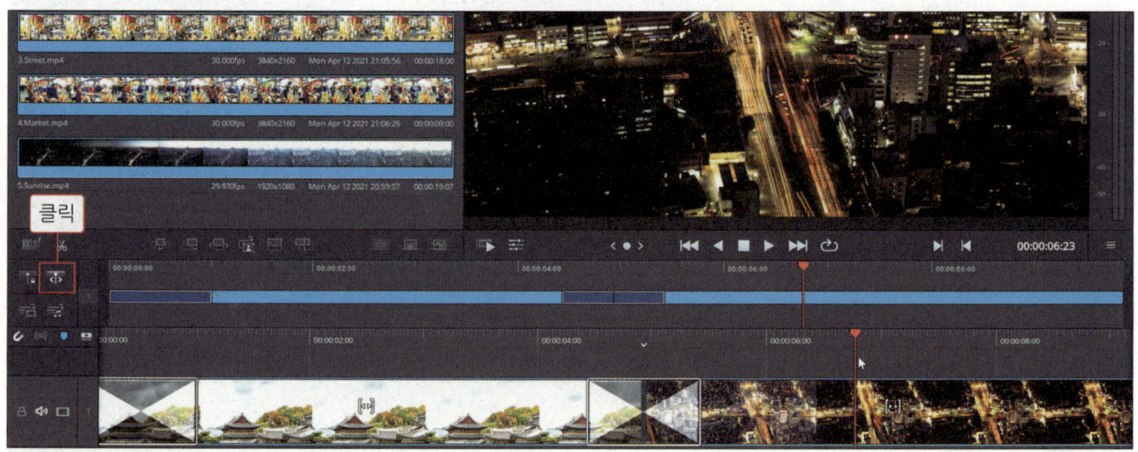

Tip 편집 상황에 따라 설정을 바꿔 사용하면 편리합니다.

04 타임라인의 시간표시자를 옮겨서 두 번째 클립 중간에 둡니다. 왼쪽 가위 모양의 [Split Clips(클립 나누기)] 버튼( )을 클릭하면 시간표시자 위치에서 클립이 반으로 나뉩니다.

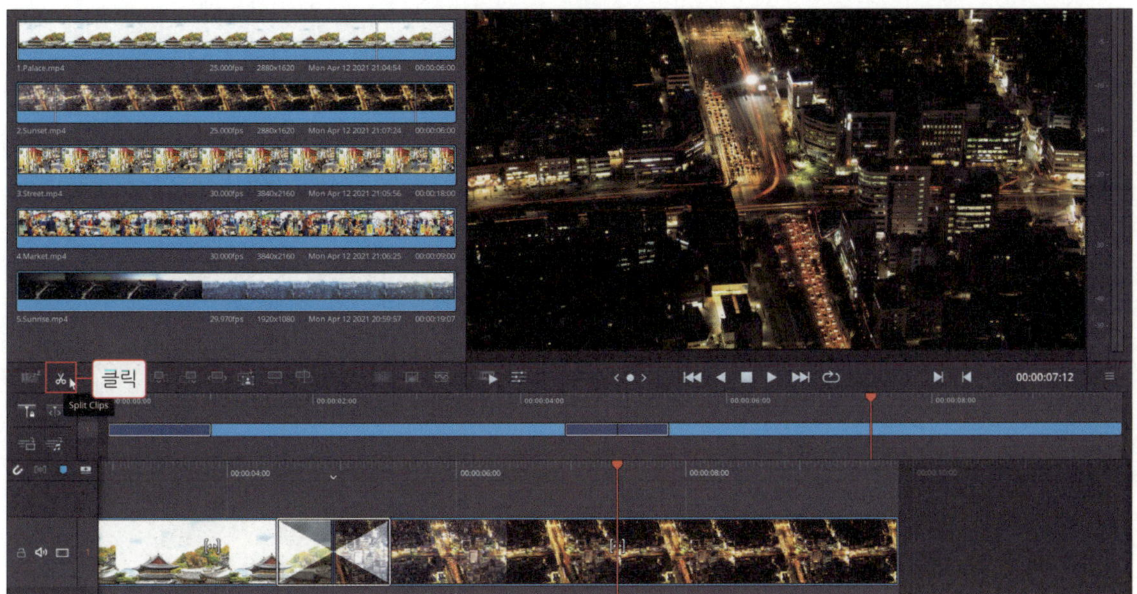

Tip [Split Clips] 버튼은 항상 시간표시자 위치에서 해당 클립을 잘라 나누는 기능을 담당합니다.

05 Media Pool에서 3번 클립을 더블클릭하여 뷰어에 표시하고 앞부분 일부만 남도록 트리밍합니다. Media Pool 하단의 편집 도구에서 왼쪽 [Smart Insert(자동 삽입)] 버튼( )을 클릭합니다.

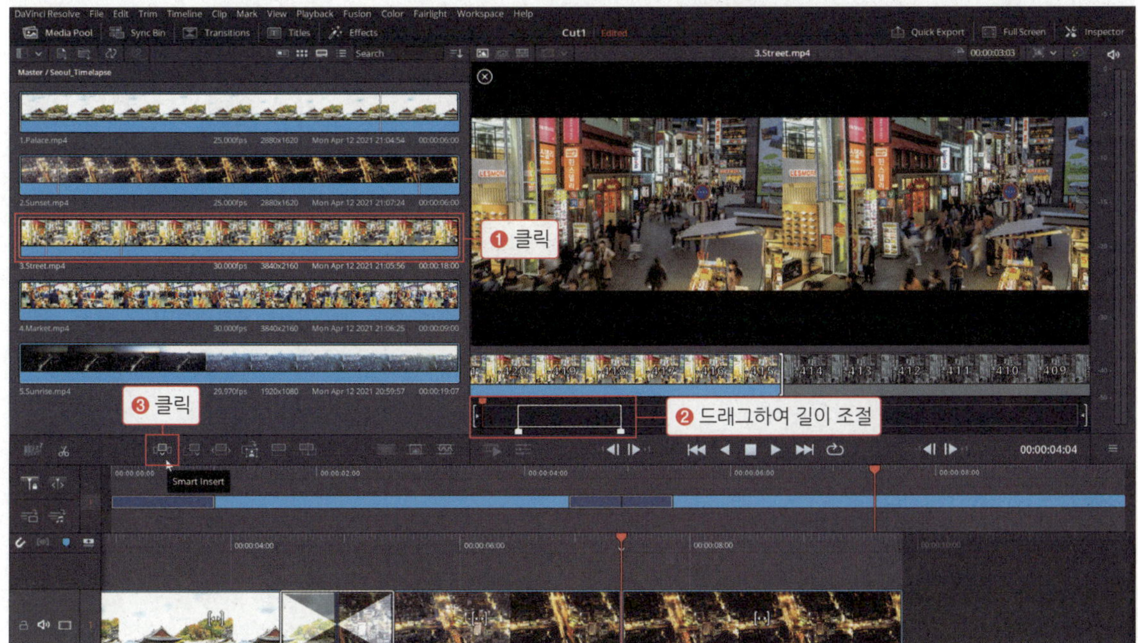

06 시간표시자 위치에 트리밍된 3번 클립이 삽입됩니다. Smart Insert( )는 타임라인의 클립 중간에 새로운 클립을 빠르게 삽입하는 도구이며, 타임라인의 클립 길이가 그만큼 늘어납니다.

07 타임라인에 새로 삽입된 클립의 양쪽 연결점에도 화면 전환 효과인 Dissolve(디졸브)( )를 넣습니다. 다시 Media Pool의 3번 클립을 더블클릭한 후 나머지 부분으로 트리밍합니다.

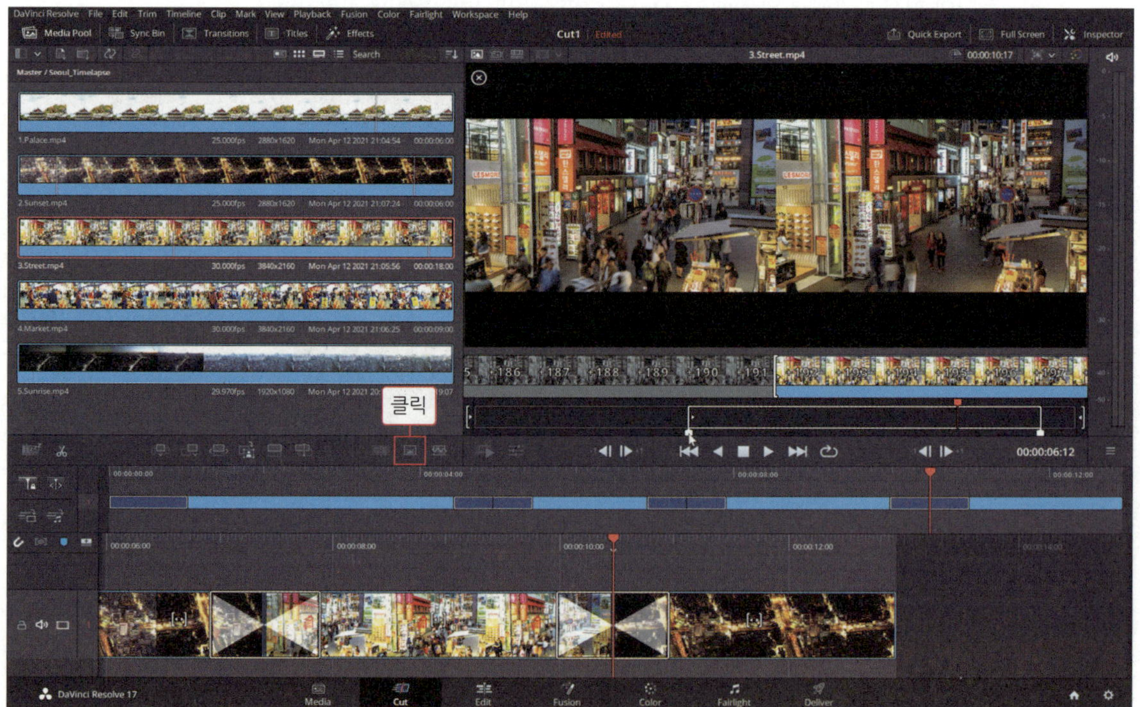

08 타임라인의 시간표시자를 가장 뒤쪽으로 이동하고, 편집 도구 중에서 [Append(뒤에 붙이기)] 버튼( )을 클릭합니다.

09 새로 트리밍한 3번 클립이 타임라인에 배치된 2번 클립의 가장 뒤에, 즉 마지막 편집점 뒤로 붙으며 배치됩니다. 시간표시자를 움직이거나 재생 버튼을 클릭하여 현재까지 편집한 내용을 살펴봅니다.

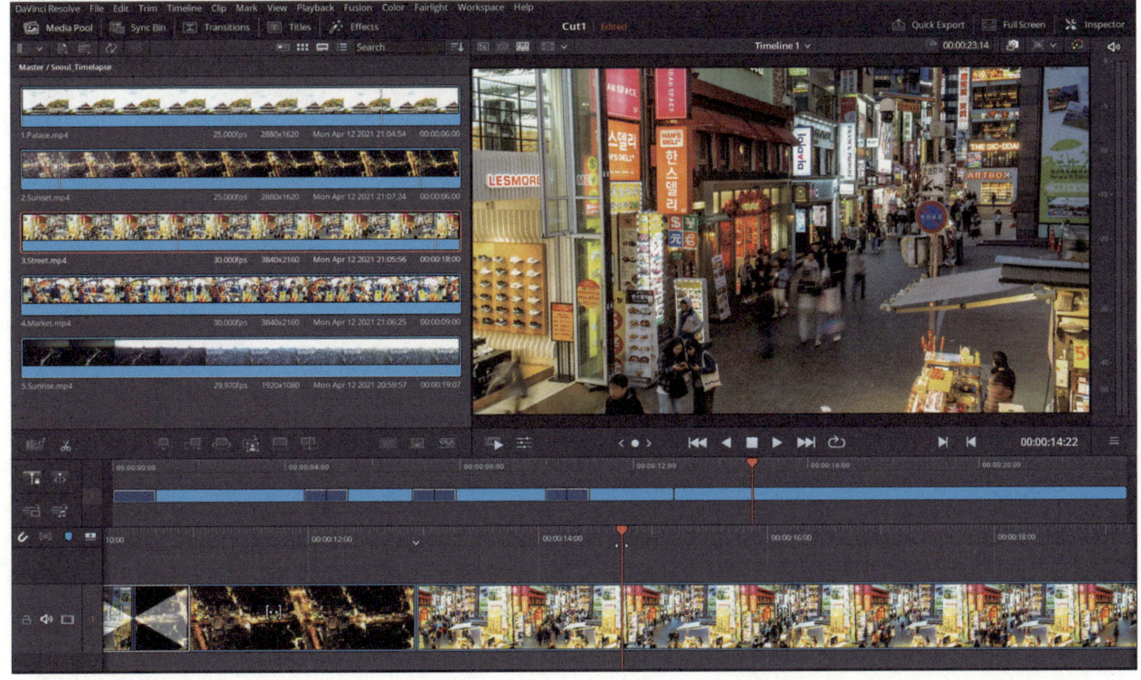

10 새로 타임라인에 배치된 3번 클립의 중간 부분으로 시간표시자를 옮기고, 왼쪽 [Split Clips] 버튼(✂)을 클릭하여 둘로 나눕니다.

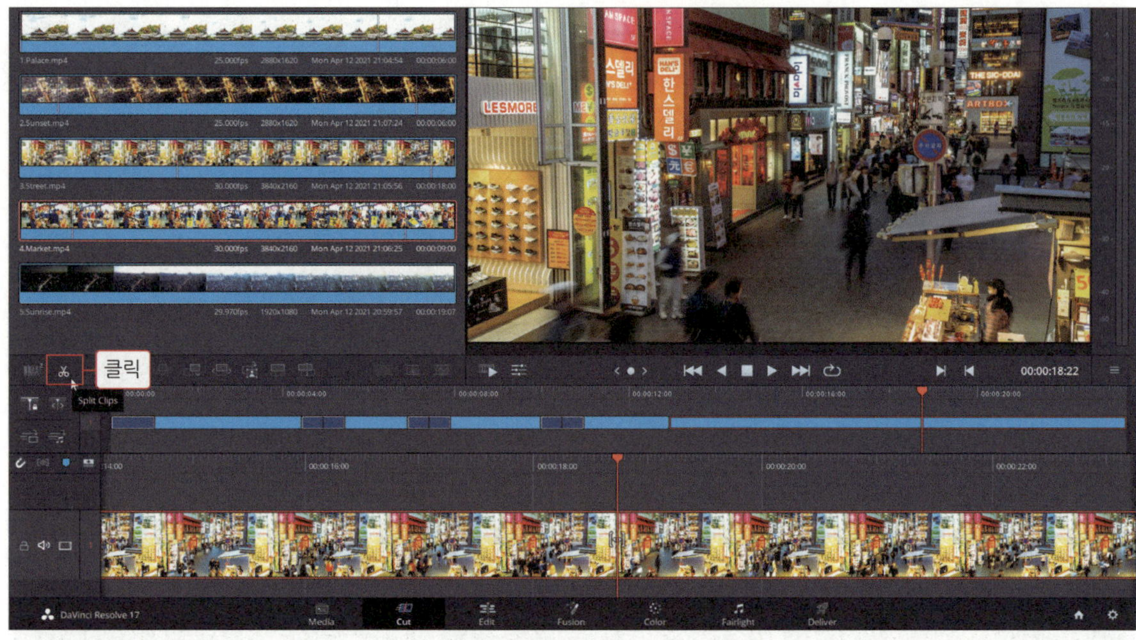

11 Media Pool에서 4번 클립을 더블클릭하여 뷰어에 표시하고 가운데 부분만 사용하도록 트리밍합니다. 왼쪽 편집 도구에서 [Ripple Overwrite] 버튼(▭)을 클릭합니다.

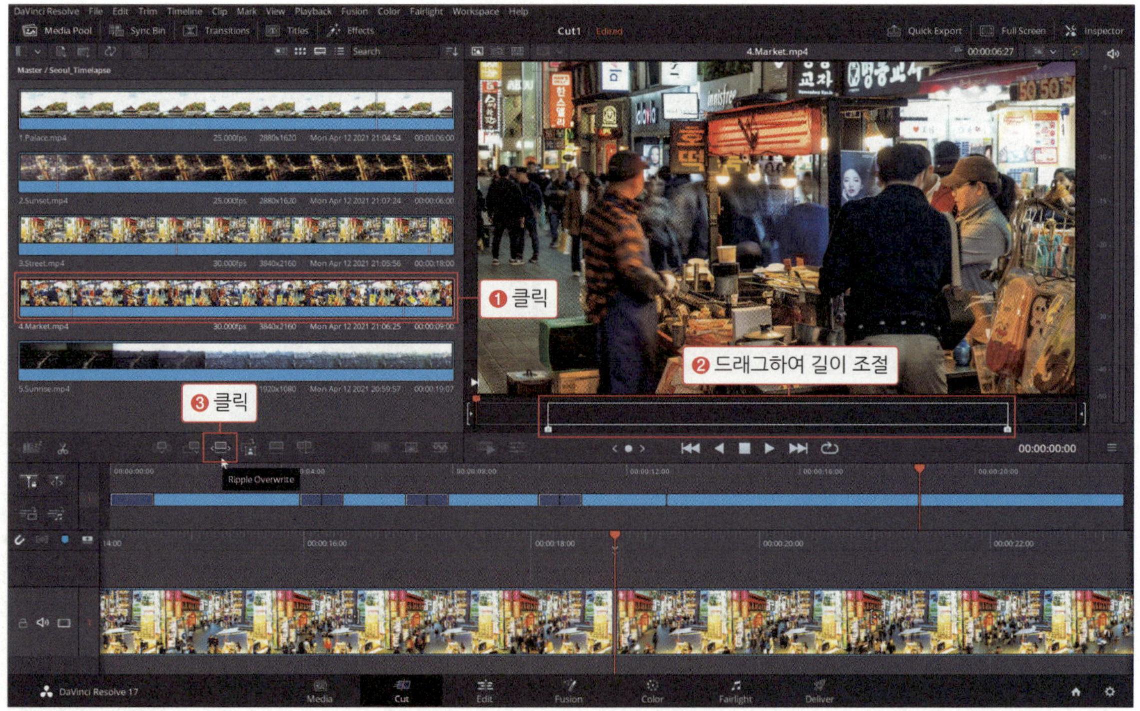

12 앞서 나뉜 3번 클립의 뒷부분이 사라지고 Ripple Overwrite를 적용한 4번 클립으로 대치되었습니다.

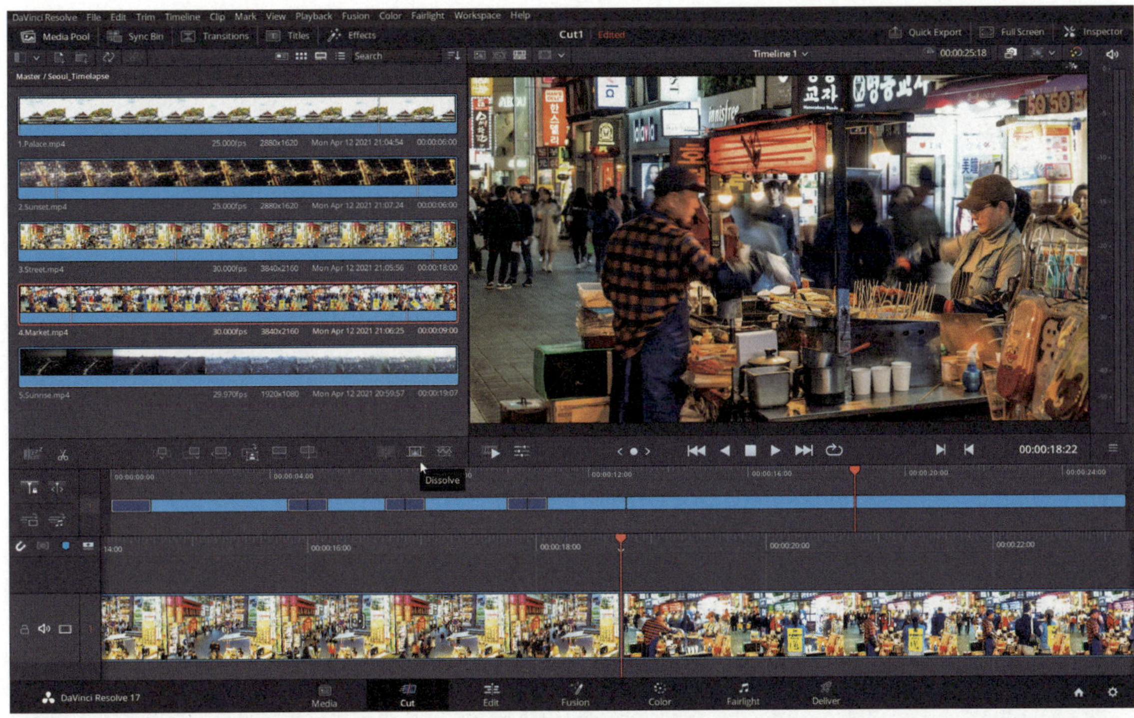

13 타임라인의 시간표시자를 4번 클립의 중간 뒤쪽으로 옮기고, 뷰어에서 5번 클립의 중간 부분만 사용하도록 트리밍합니다.

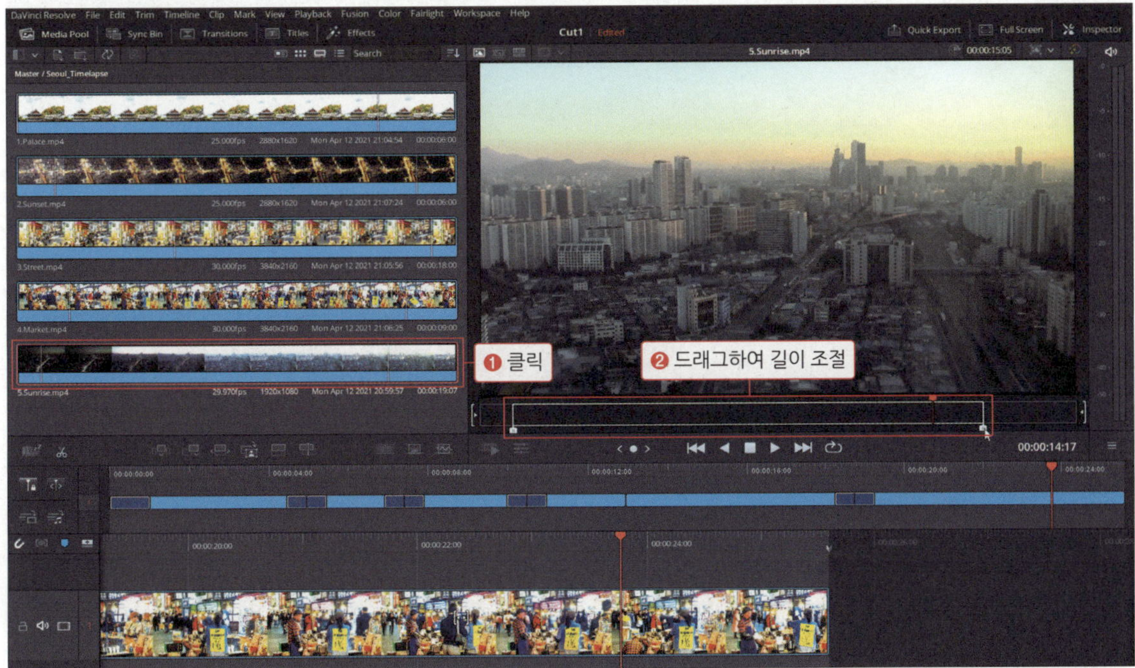

14 | 이번에는 편집 도구 중에서 [Place on Top] 버튼( )을 클릭합니다.

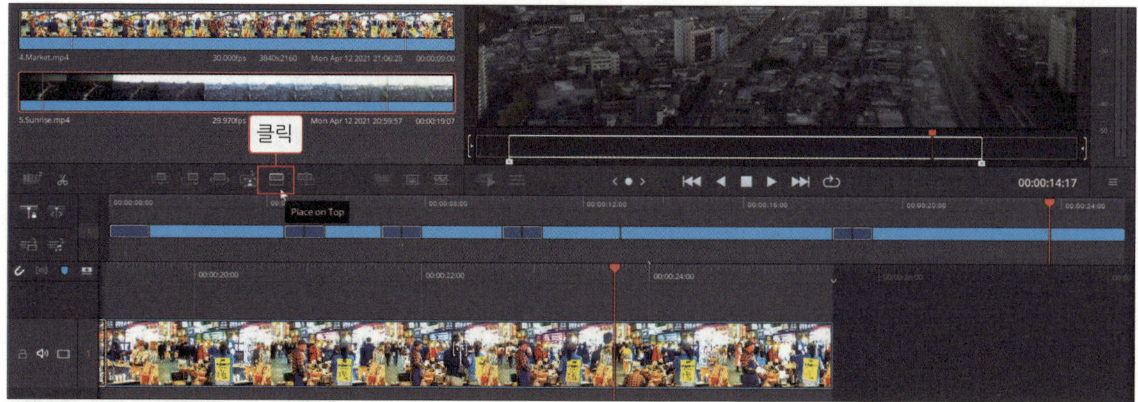

15 | 트리밍한 5번 클립이 타임라인의 시간표시자 위치부터 2번 트랙으로 배치됩니다.

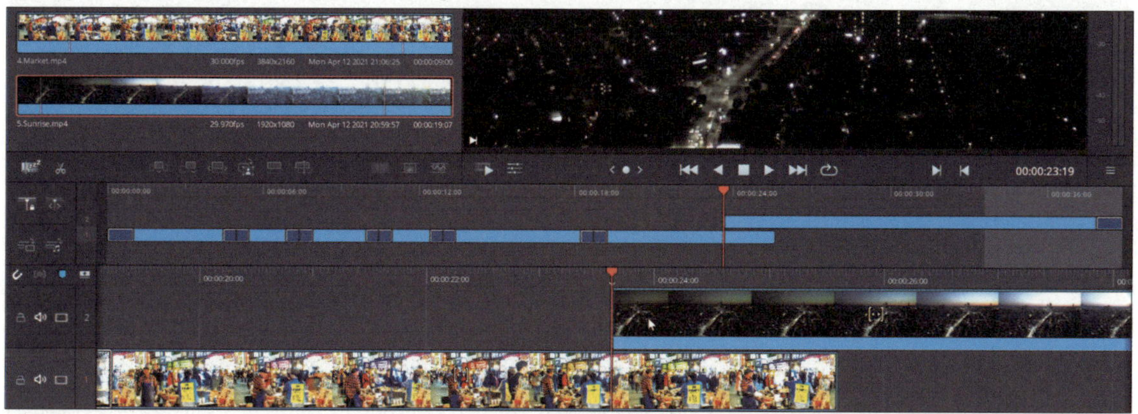

16 | 타임라인 2번 트랙에 배치된 5번 클립의 시작 부분에 마우스 커서를 위치시키면 화살표 모양이었던 커서가 Ripple Trim Cursor(리플 트림 커서) 모양으로 바뀝니다.

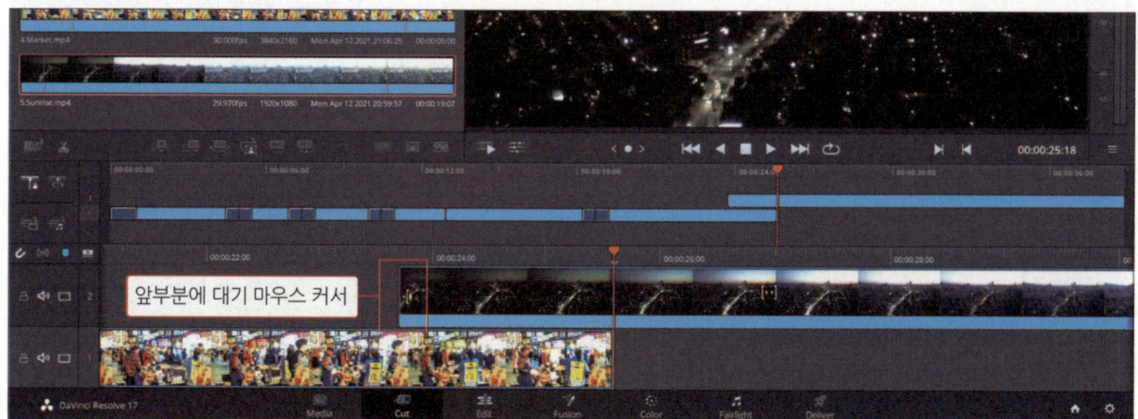

17 Ripple Trim 상태에서 마우스를 클릭하고 누른 채 오른쪽으로 조금 이동합니다. 타임라인에서 클립이 트리밍되는 정도를 커서 주변의 + 숫자와 함께 Viewer의 – 숫자로도 확인할 수 있습니다. 1초 정도만 1번 트랙과 겹치게 두고 마우스 버튼을 놓습니다.

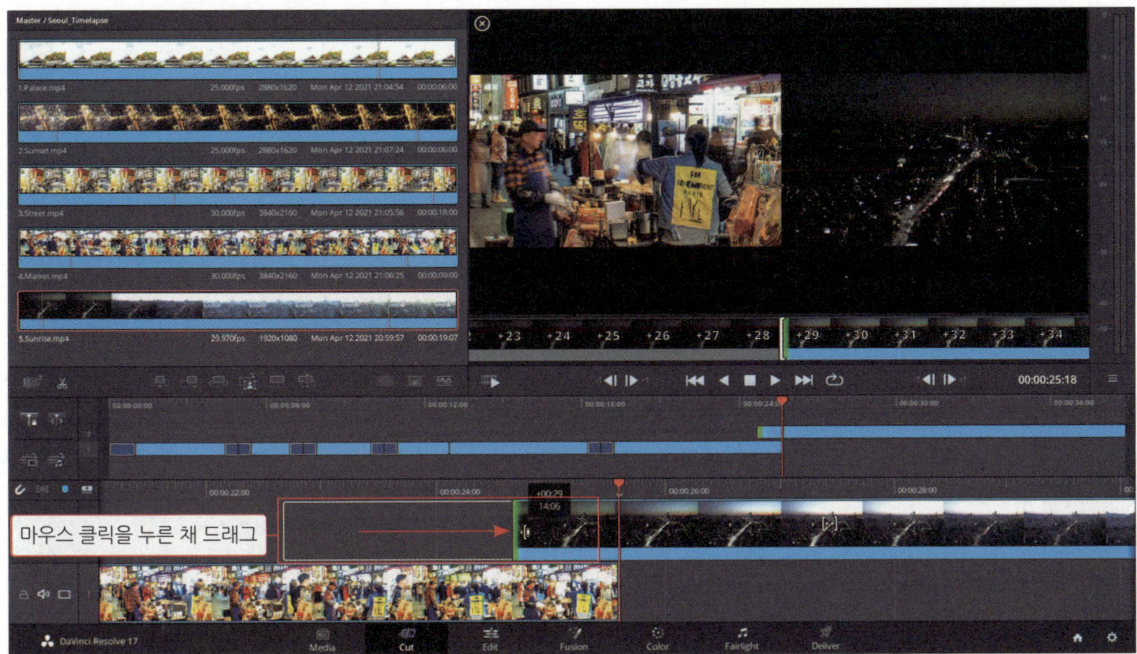

18 2번 트랙의 5번 클립이 선택된 상태에서 상단의 [Transitions(화면 전환)] 탭을 열어 'Non–Additive Dissolve' 효과를 선택하고 아래 적용 도구에서 [Apply to start of the clip] 버튼(■)을 클릭합니다.

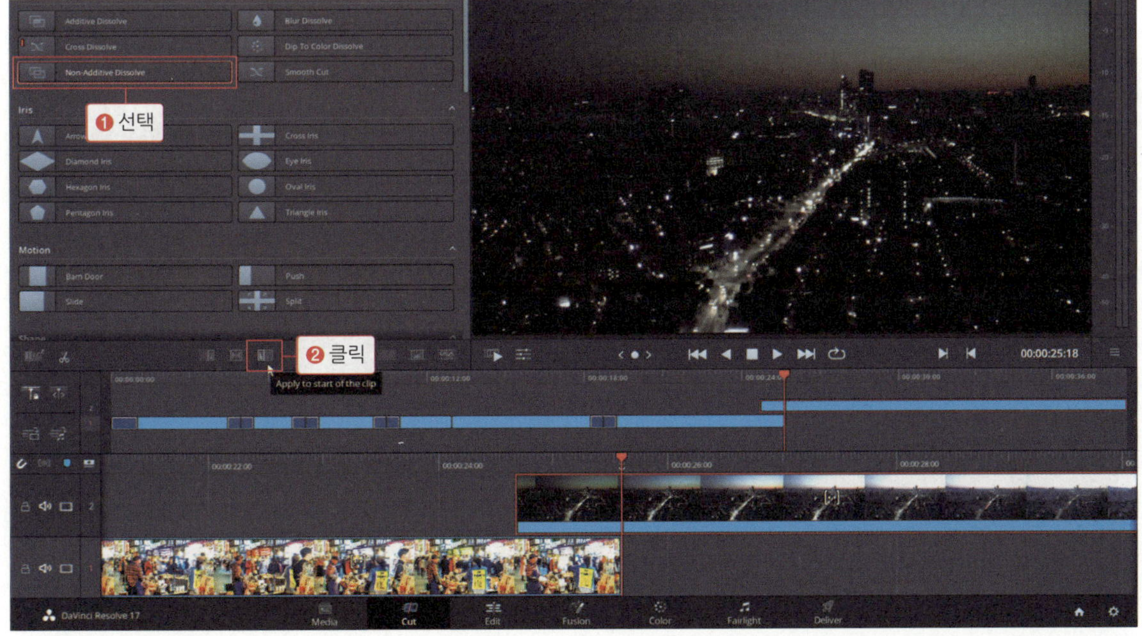

19 타임라인의 가장 끝으로 시간표시자를 이동해서 5번 클립의 끝부분에 두고, [Transitions] 탭의 아래 Fusion Transitions 중에서 Rotate(회전)를 선택하고 [Apply to end of the clip] 버튼( )을 클릭하여 회전하는 효과를 적용합니다.

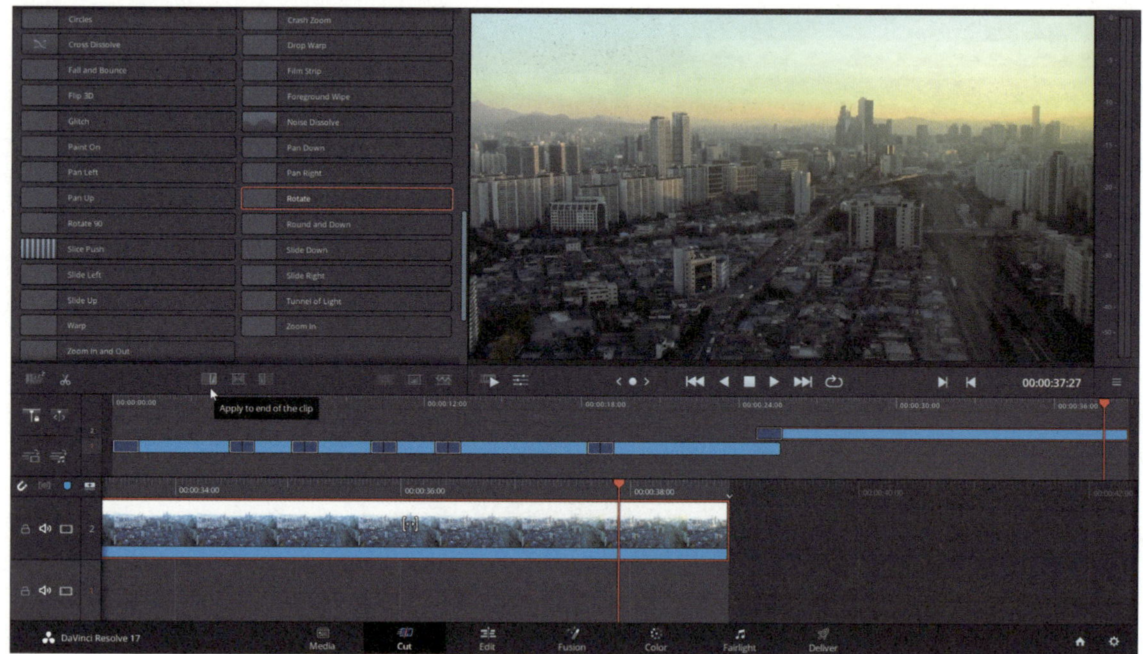

20 타임라인 중간 부분에서 화면 전환 효과가 빠진 2번과 3번 클립의 편집점에도 Fusion Transitions의 Zoom In 효과를 선택하고 [Apply to edit point] 버튼( )을 클릭하여 적용해서 편집을 마무리합니다.

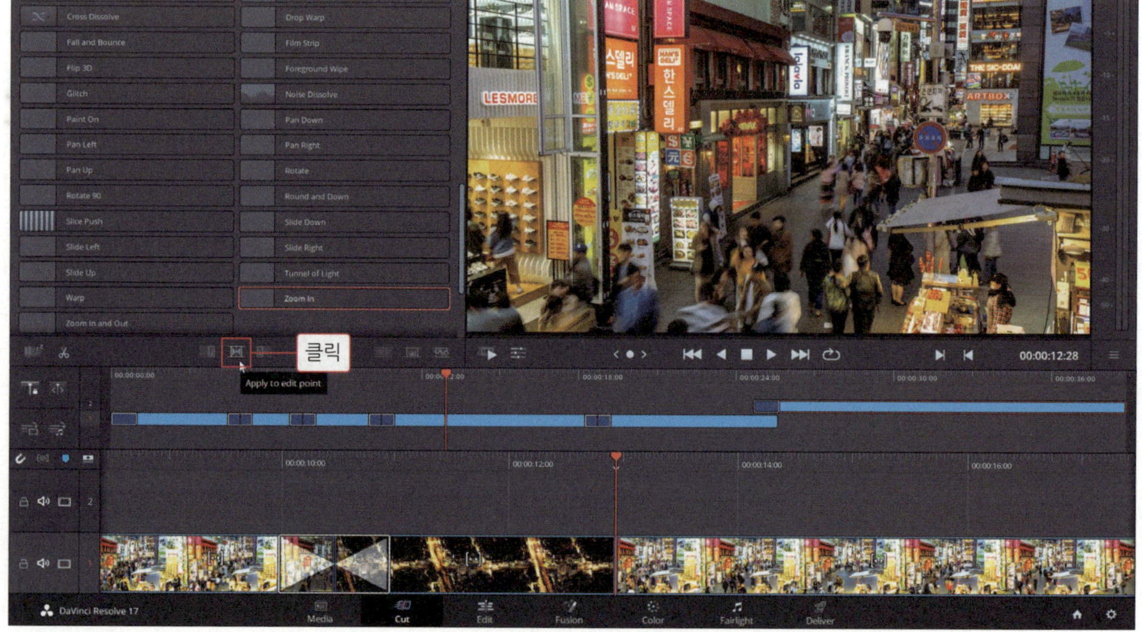

21 시간표시자를 타임라인의 가장 앞으로 이동하고, 뷰어 아래 [Fast Review] 버튼(▶)을 클릭하여 지금까지 편집한 내용을 미리보기 합니다.

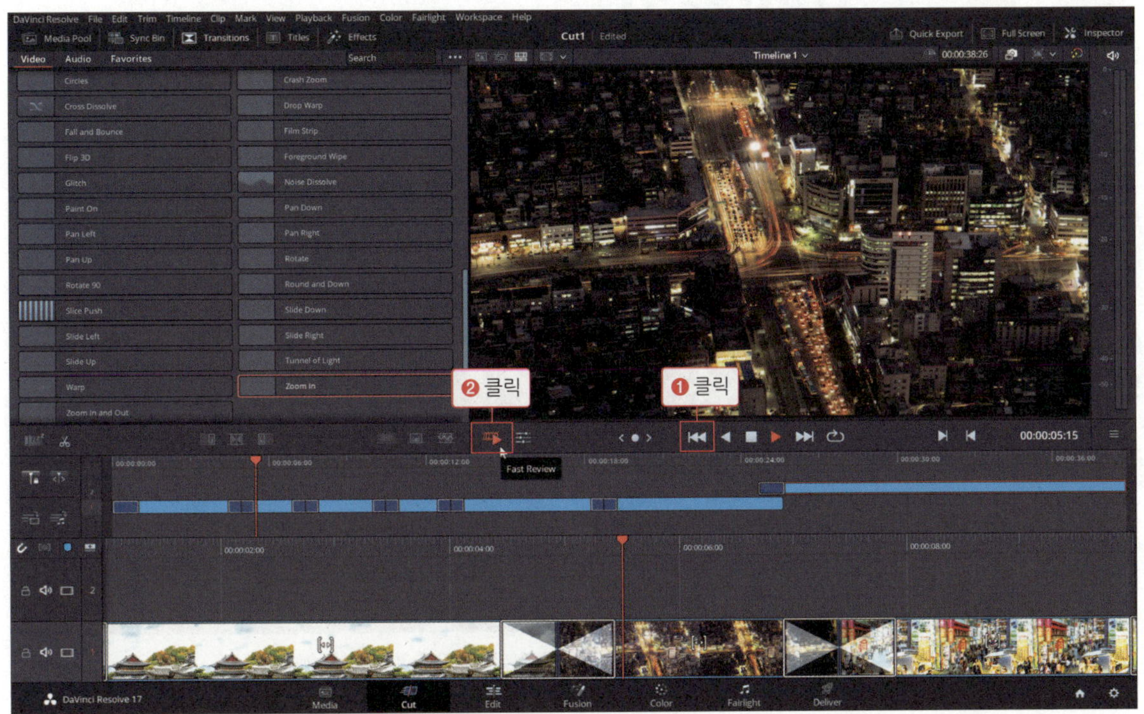

22 전체 편집에 문제가 없으면 오른쪽 상단 Quick Export를 클릭하여 편집 결과를 영상 파일로 출력합니다.

컷 페이지의 유용한 편집 기능 알아보기

컷 페이지는 유용하고 지능적인 기능도 많습니다. 소스 테이프(Source Tape) 기능으로 준비한 영상 클립들을 타임라인에 일괄 배치할 수도 있고, 지루한 클립(Boring Clips) 감지기능도 불필요한 부분을 잘라내는데 도움이 되며, 다이내믹 줌(Dynamic Zoom) 기능으로 고정된 화각에 변화를 줄 수도 있습니다.

예제 파일 02/ 2/ 1.Palace.mp4, 2.Sunset.mp4, 3.Street.mp4, 4.Market.mp4, 5.Sunrise.mp4

완성 파일 02/ 2/ 3Cut_완성.mov

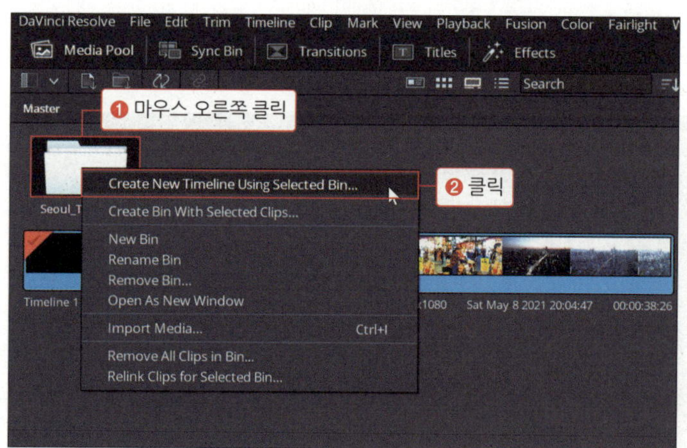

01 같은 소스 클립을 활용하여 여러 개의 타임라인을 만들어 서로 다르게 편집할 수 있습니다. 앞의 섹션에서 사용한 소스 파일을 그대로 사용하지만, 또다른 편집 방법을 살펴보겠습니다. 기존 Media Pool 영역의 폴더 모양 Bin에 마우스 오른쪽 버튼을 클릭하고, 메뉴에서 'Create New Timeline Using Selected Bin...'을 클릭합니다.

> **Tip** 현재 선택한 Bin을 사용하는 새 타임라인을 만든다는 뜻입니다.

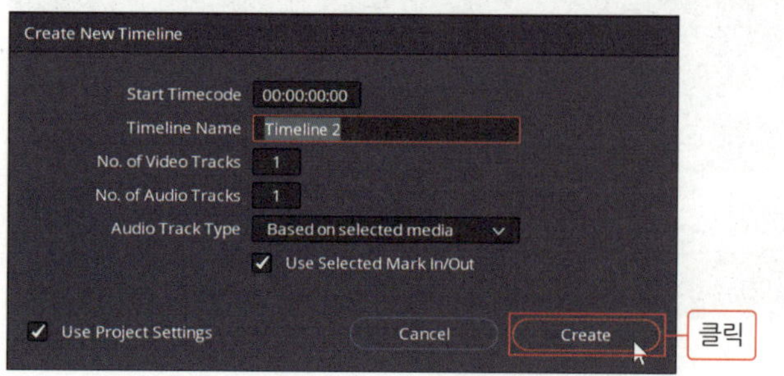

02 Create New Timeline 설정 창이 표시되면 적절한 이름을 입력하고 아래 [Create] 버튼을 클릭합니다. 설정을 바꾸지 않고 그대로 [Create] 버튼을 클릭해도 됩니다.

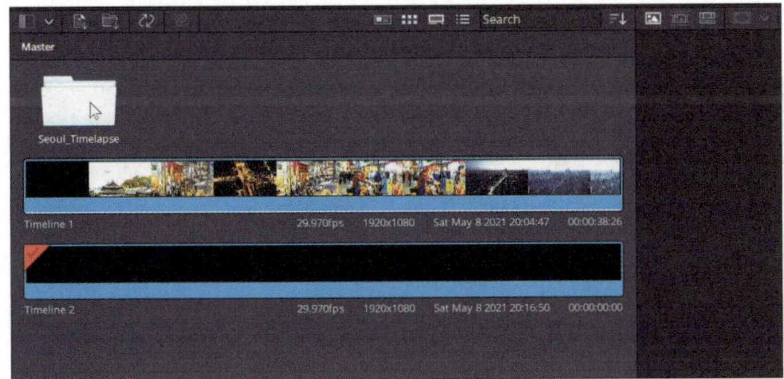

03 Media Pool에 새로 만든 Timeline 2가 검은 스트립 형태로 생성되었습니다. 위쪽 Bin을 더블클릭하여 소스 클립들을 표시합니다.

04 뷰어 상단 왼쪽에서는 뷰어의 모드를 설정할 수 있습니다. 기본 Timeline 모드( ) 대신 왼쪽의 [Source Clip] 버튼( )을 클릭하여 소스 뷰어 모드로 설정합니다. 그러면 각 클립을 한 번만 클릭해도 뷰어에 표시되어 내용을 검토하고 트리밍할 수 있습니다. 기존 Timeline 1에서 클립들을 트리밍했던 상태 그대로 표시되어 있습니다.

05 뷰어 모드 상단의 버튼에서 가운데 [Source Tape] 버튼( )을 클릭하면 현재 Media Pool의 Bin에 들어있는 소스 클립들이 순서대로 뷰어 아래 흰색 사각형 막대 형태처럼 표시됩니다. 만약 Bin 내부의 미디어 파일이 바뀌거나 추가되면 Source Tape에도 그대로 반영됩니다.

06 뷰어 아래 Fast Review 또는 [Play(재생)] 버튼을 클릭하여 Source Tape 상황을 미리보기 합니다.

Tip 타임라인에서 키보드의 스페이스 바를 누르면 재생/정지됩니다.

07 별다른 트리밍의 필요성이 없다면 현재 Source Tape 상태 그대로 타임라인으로 옮길 수 있습니다. 뷰어 화면을 마우스로 클릭한 상태에서 타임라인으로 드래그하여 놓으면 됩니다.

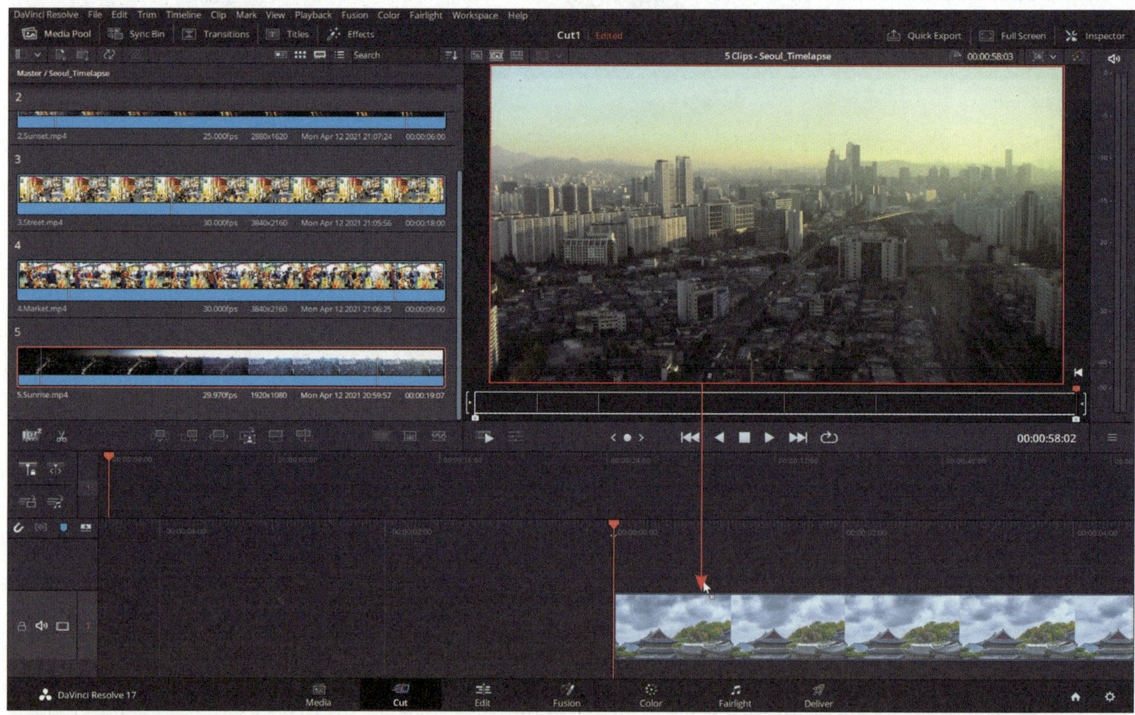

08 타임라인에서 편집 작업을 진행하려면 상단 뷰어 모드( )를 Timeline으로 변경합니다.

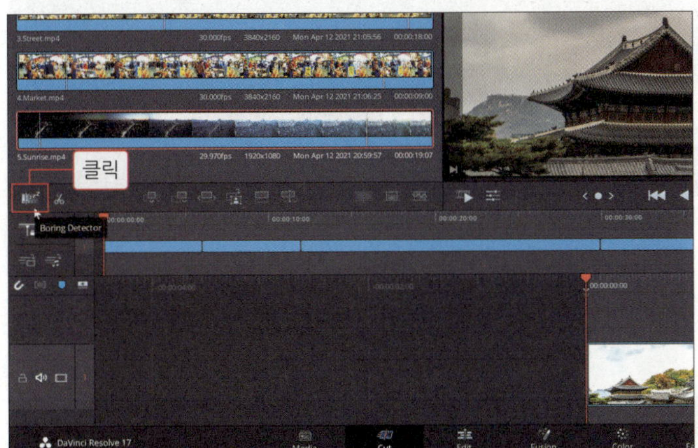

09 소스 클립 그대로 타임라인에 배치되었기 때문에 긴 시간을 차지하는 클립도 섞여 있습니다. 타임라인 왼쪽의 도구 중에서 [Boring Detector(지루함 찾기)] 버튼( )을 클릭하여 지루한 구간을 찾을 수 있습니다.

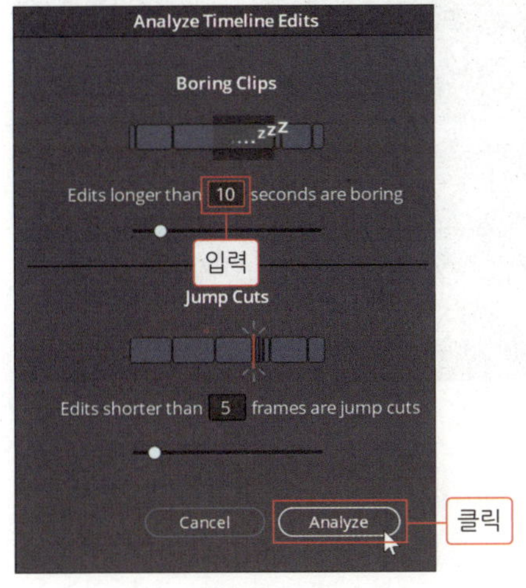

10 Analyze Timeline Edits(타임라인 편집 분석) 설정 창에서 Boring Clips(지루한 클립)의 시간 설정을 기본 45초에서 10초 정도로 변경하여 입력하고 아래 [Analyze] 버튼을 클릭합니다.

11 분석을 통해 지루한 구간이 회색으로 타임라인에 표시됩니다. 시간표시자를 움직여서 지루한 구간의 시작점으로 이동합니다.

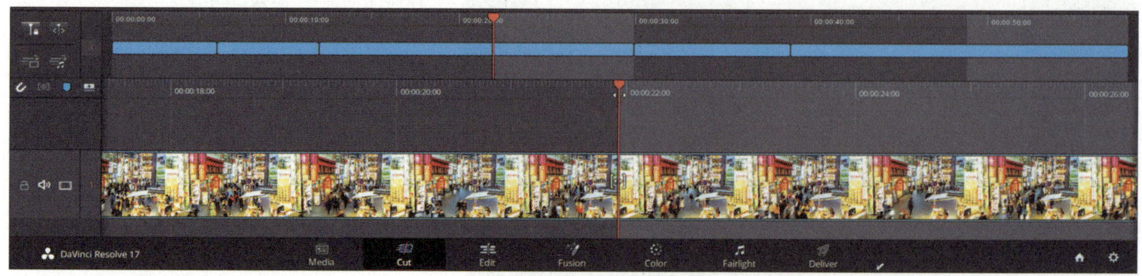

12 타임라인 위쪽 편집 도구 중에서 [Close Up] 버튼( )을 클릭합니다.

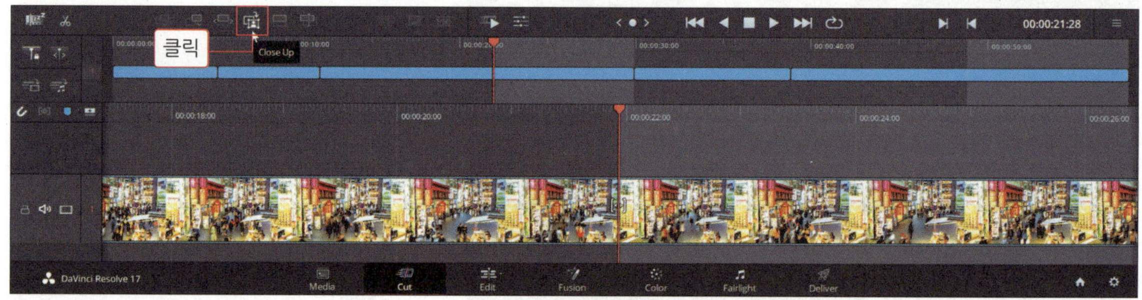

13 다빈치 리졸브의 뉴럴 엔진이 지루한 부분으로 감지한 클립에서 5초 정도를 잘라내서 확대하고 2번 트랙에 알아서 배치해줍니다.

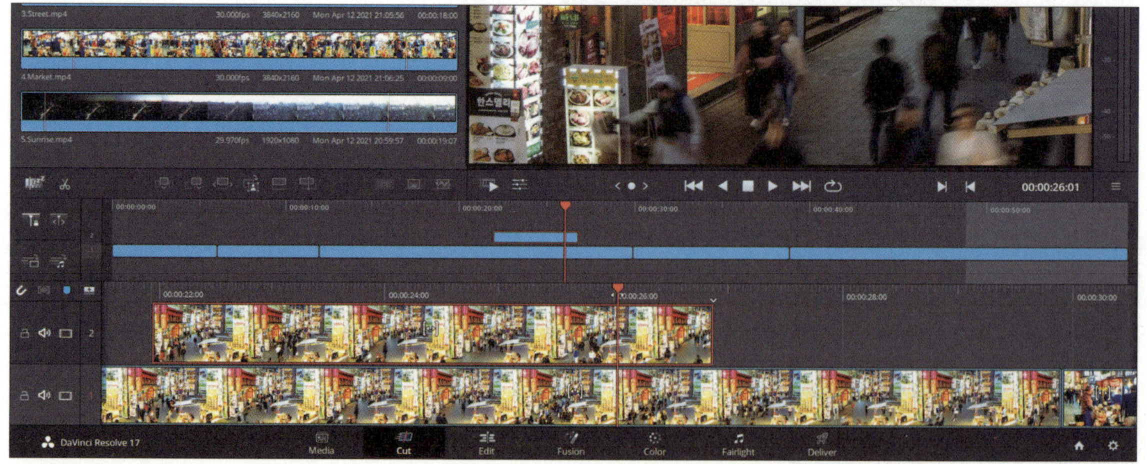

Tip Close Up(확대)을 적용할 때 만약 영상 화면 안에 사람이 보인다면 그 부분으로 확대됩니다. 기본 5초의 Colse Up 시간 설정을 늘리거나 줄이는 변경이 필요하면 DaVinci Resolve 메뉴의 Preferences 〉 User 〉 Editing 설정에서 Standard still duration을 5 seconds에서 원하는 시간으로 설정할 수 있습니다.

14 다음으로 감지된 지루한 클립을 선택하고 시간표시자를 해당 부분으로 이동합니다. 뷰어 아래 Toolbar(도구상자) 중에서 Tools를 클릭하여 도구상자를 엽니다.

15 뷰어 Toolbar(도구상자)에서 가운데 Speed(속도)( )를 선택하고 아래 Speed의 설정을 기본 1.0(1배속)에서 2.0(2배속)으로 조정합니다.

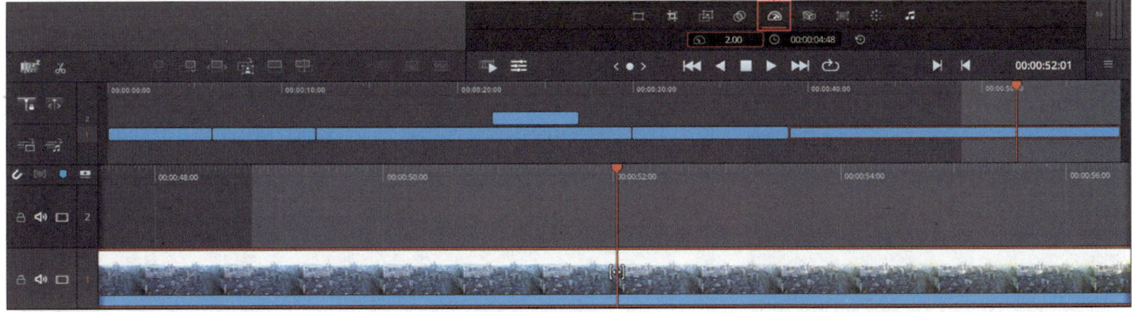

16 해당 클립의 지속 시간이 절반으로 줄어듭니다. Fast Review 또는 [Play(재생)] 버튼을 클릭해보면 마지막 클립이 2배속으로 빠르게 재생되는 것을 확인할 수 있습니다.

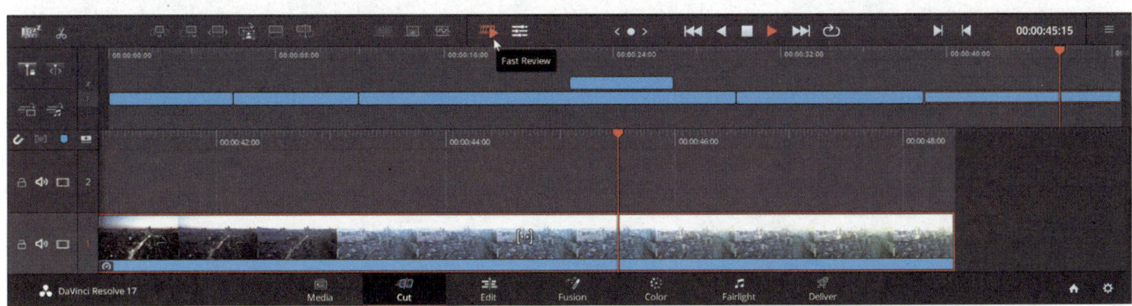

17 시간표시자를 다시 앞으로 옮겨서 Close Up이 적용된 부분을 찾아갑니다. 2번 트랙에 Close Up이 적용된 클립을 선택하고 뷰어 아래의 도구상자 중에서 [Transform(변형)] 버튼(◻)을 클릭합니다. 아래에 해당 클립이 가로, 세로 2.0, 즉 2배로 확대된 것을 확인할 수 있습니다.

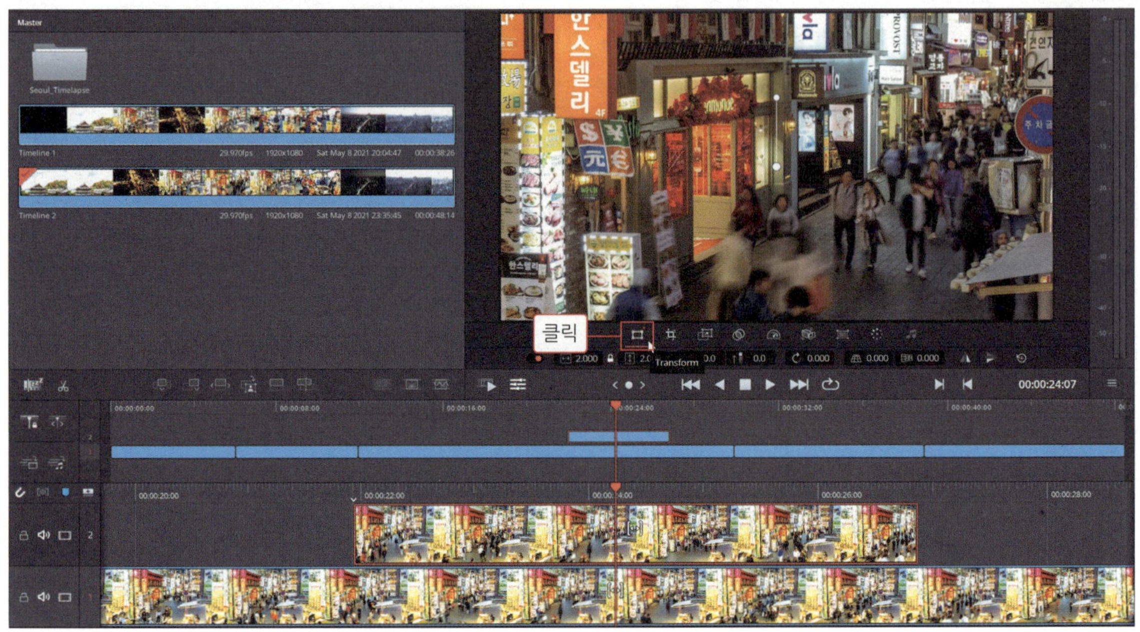

18 Position X 값을 기본 '0'에서 '－100' 정도로 변경해서 확대된 화면 속 풍경이 오른쪽으로 더 보이도록 설정합니다.

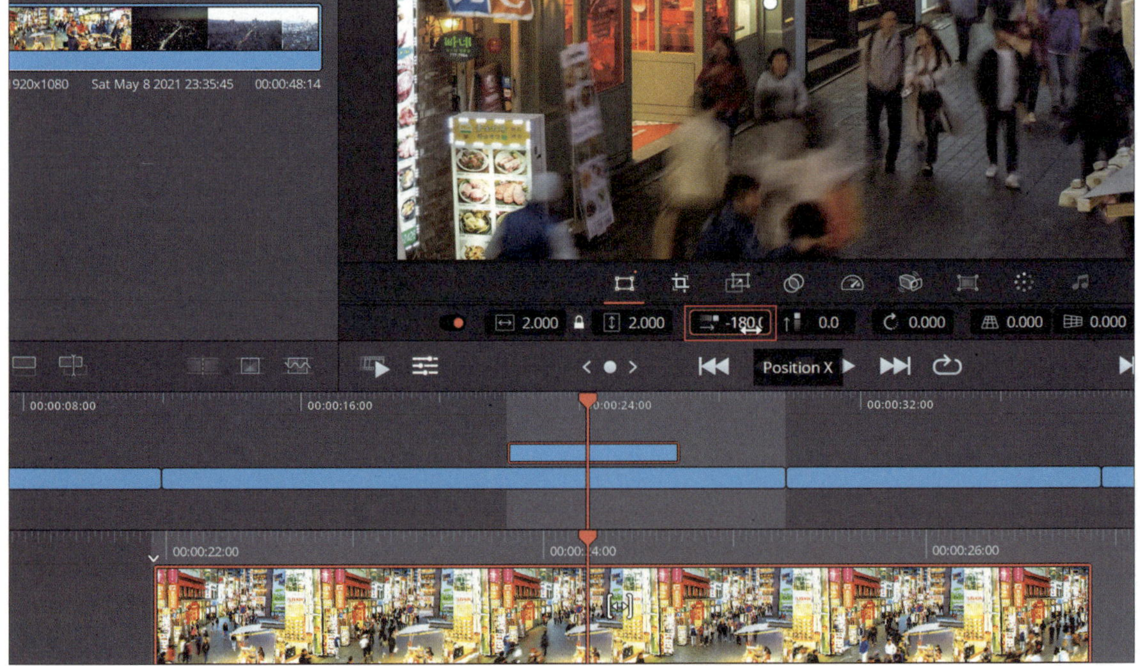

19 타임라인에 배치된 4번째 클립을 선택하고 시간표시자를 옮깁니다. 뷰어 아래 빠른 도구 중에서 [Dynamic Zoom] 버튼( )을 클릭합니다. 그러면 뷰어 화면에 빨간색 사각형과 녹색 사각형이 표시됩니다. 녹색이 Zoom 동작의 시작점이고 빨간색은 종착점의 화면 영역입니다.

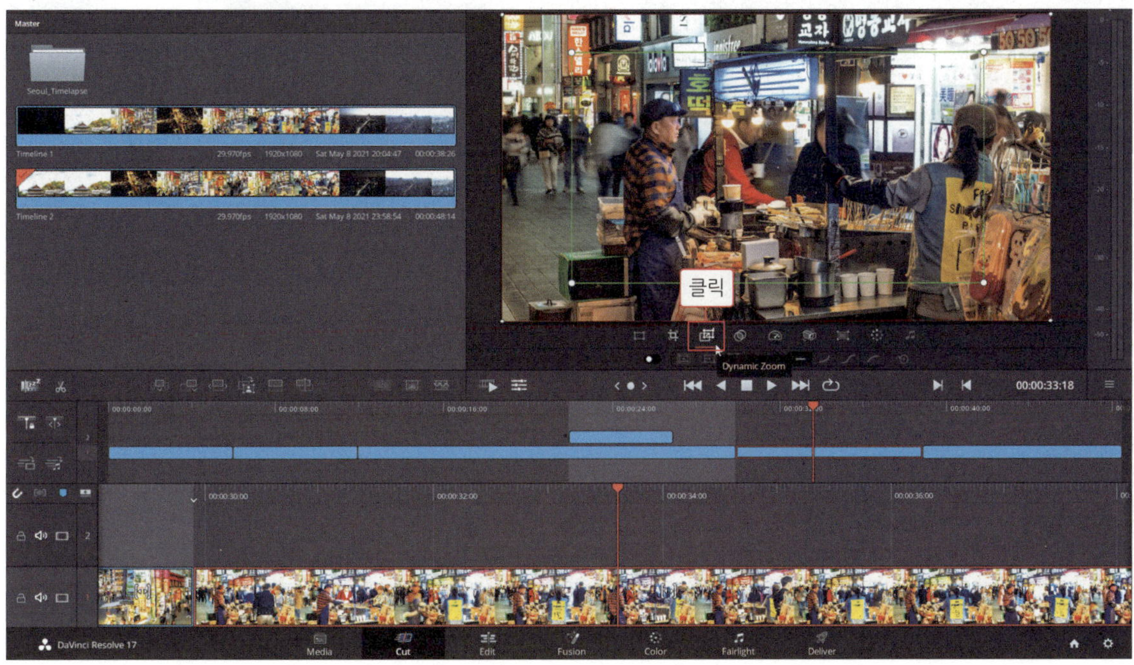

20 Dynamic Zoom의 아래 세부 설정 버튼에서 왼쪽 스위치를 클릭해서 켜고, 오른쪽 [Zoom Preset] 버튼( )을 클릭한 다음 오른쪽 그래프 라인들 중에서 세 번째 'Ease In and Out'을 클릭하여 설정합니다.

21 시간표시자를 해당 클립 앞쪽으로 옮긴 후 [Fast Review] 버튼(아이콘)을 클릭하여 적용된 Dynamic Zoom 효과를 확인합니다.

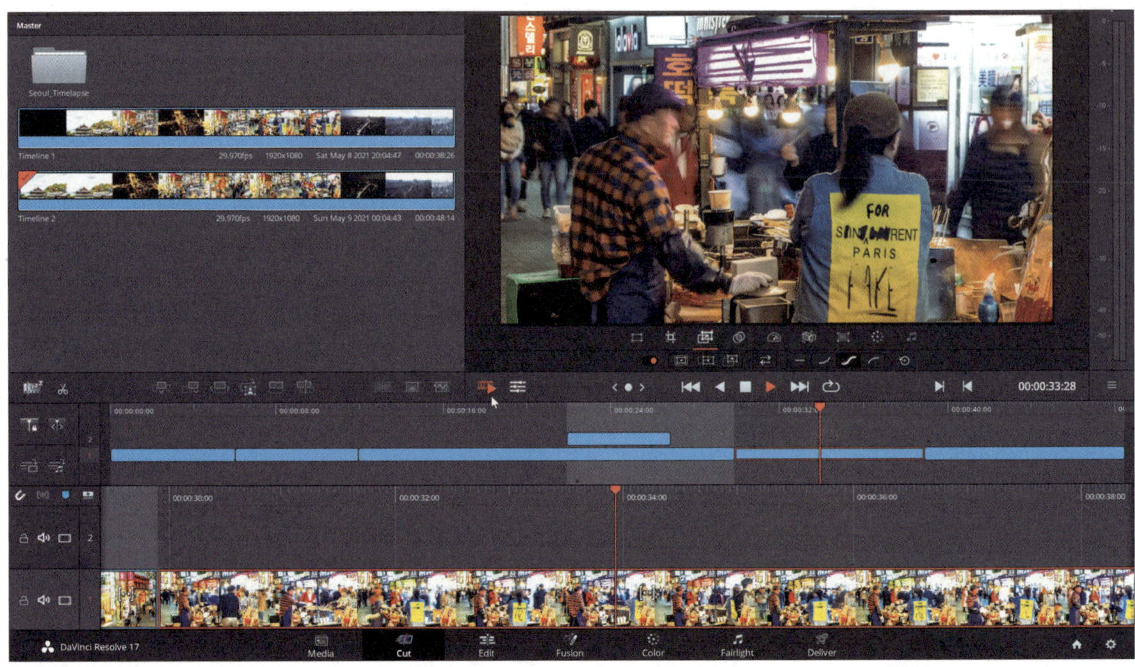

22 시간표시자를 타임라인의 가장 앞으로 이동하고 편집한 내용 전체를 [Fast Review 또는 Play] 버튼을 클릭해서 살펴보고, [Quick Export] 버튼을 눌러 영상 파일로 출력합니다.

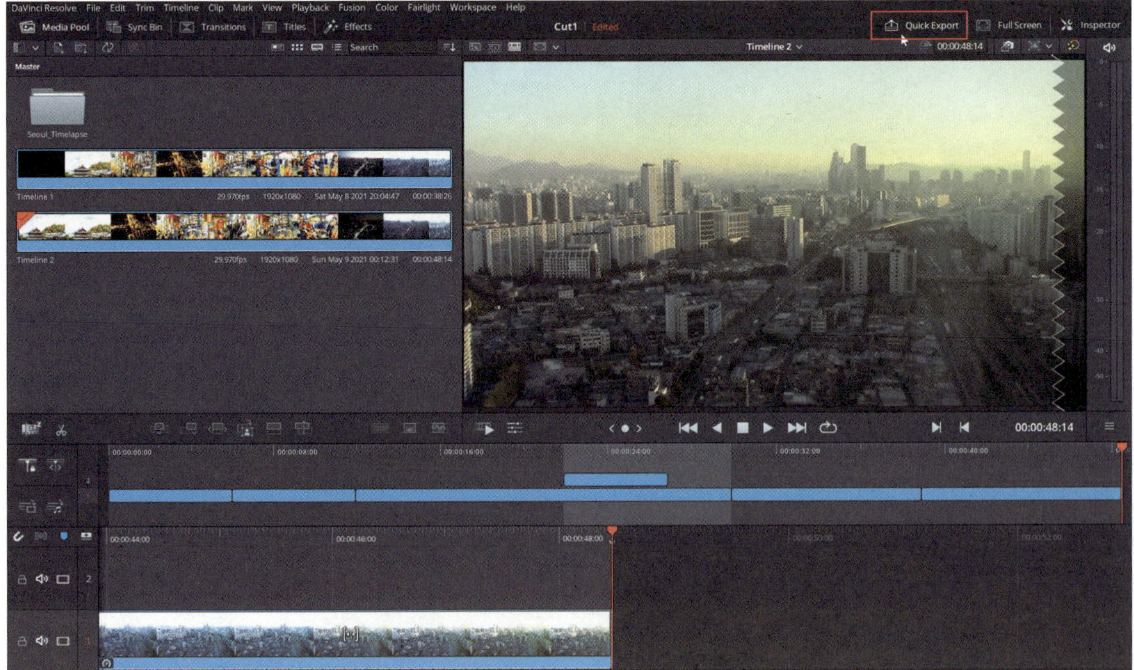

Edit 페이지의 편집 기능 마스터하기

Cut 페이지에서도 대부분의 편집 작업을 진행할 수 있지만, 더 세부적인 기능은 Edit 페이지에서 제공합니다. Edit 페이지는 다른 영상 편집 프로그램과 유사한 화면 인터페이스를 가지고 있습니다. 만약 Cut 페이지의 단일 모니터링 뷰어와 편리한 듀얼 타임라인 기능 같은 것이 오히려 생소하게 느껴진다면, 바로 Edit 페이지로 넘어가서 컷 편집부터 자막, 특수효과 등의 편집 작업을 익숙하게 진행할 수 있습니다. Edit 페이지는 2개의 뷰어와 함께 7개의 편집 기법 등 다양한 타임라인 편집 도구를 제공하고 있습니다. 타임라인에서 다양한 트리밍 도구를 비롯해 쌓기 기능, 커브 에디터 등도 사용 가능합니다. 각종 Titles(자막)이나 Effects(효과)의 세부 속성을 조절하고 시간에 따라 변화하는 Key Frames(키 프레임) 모션이나 애니메이션 작업도 수월하게 완료할 수 있습니다.

Edit 페이지에서 타임라인 편집 시작하기

에디트(Edit) 페이지의 인터페이스는 다른 영상 편집 프로그램과 유사합니다. 두 개의 뷰어와 타임라인을 제공하며, 타임라인 편집 기능은 트랙에 영상과 음향 클립을 배치하는 방식으로 진행됩니다. 클립을 배치하며 필요한 부분만 트리밍하는 방법을 스마트 트리밍(Smart Trimming) 도구와 타임라인 쌓기(Stack Timelines) 기법으로 알아보겠습니다.

BEFORE

AFTER

예제 파일 02/ 2/ 1.Palace.mp4, 2.Sunset.mp4, 3.Street.mp4, 4.Market.mp4, 5.Sunrise.mp4

완성 파일 02/ 2/ 2timeline_완성.mov

01 Source Tape 방법으로 배치한 타임라인 상태 그대로 맨 아래 'Edit 페이지' 아이콘( )을 클릭하여 Edit 페이지로 넘어갑니다. 페이지를 처음 전환하려면 몇 초 정도의 시간이 소요될 수 있습니다.

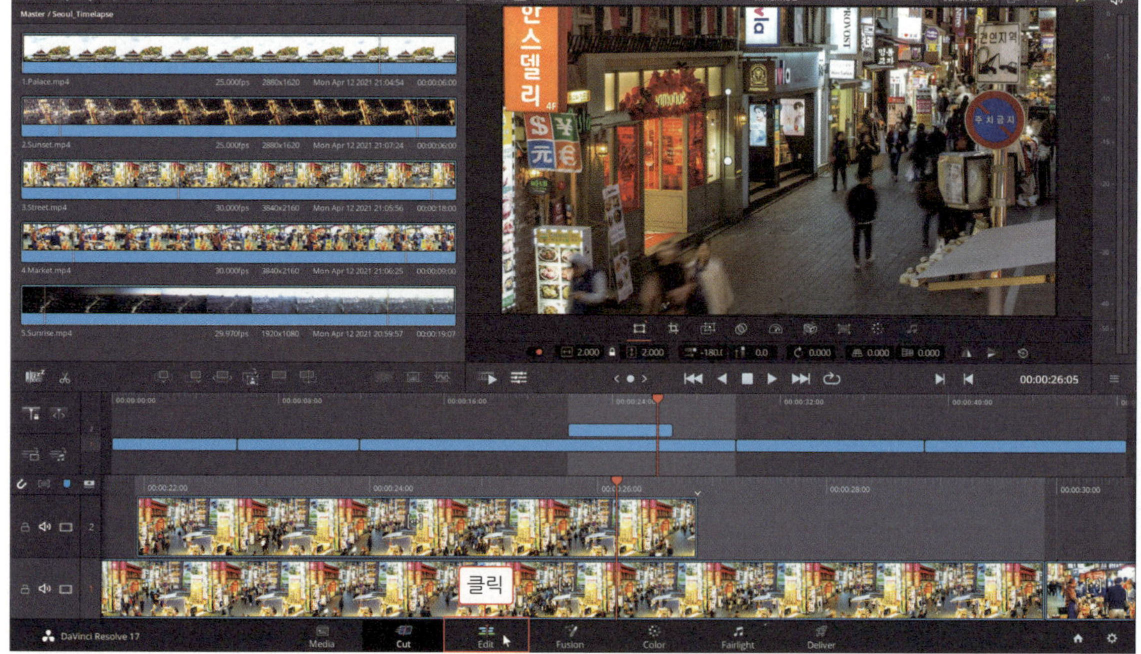

02 다빈치 리졸브의 Edit 페이지는 왼쪽 상단에 Media Pool(미디어 풀), 오른쪽에 2개의 뷰어(Viewer), 아래에 Timeline(타임라인)의 화면 구성을 보여줍니다.

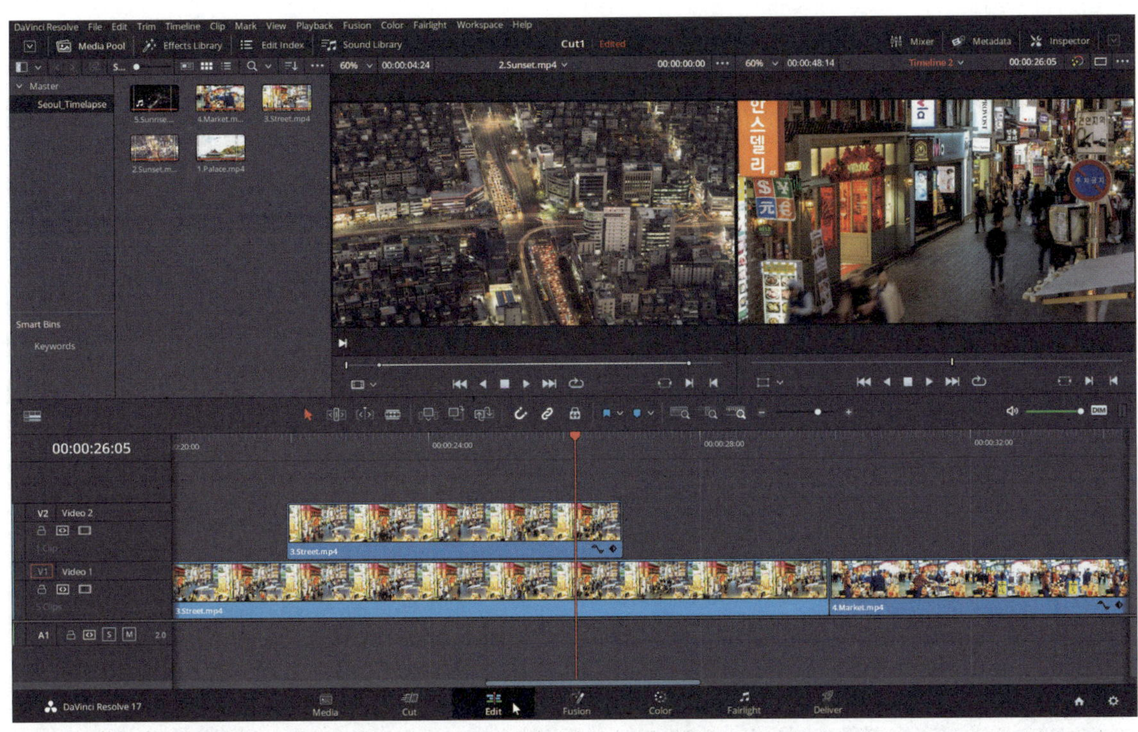

03 시간표시자를 앞으로 이동하여 첫 번째 편집점에 두고, 왼쪽 상단의 [Effects Library] 탭을 클릭하여 엽니다.

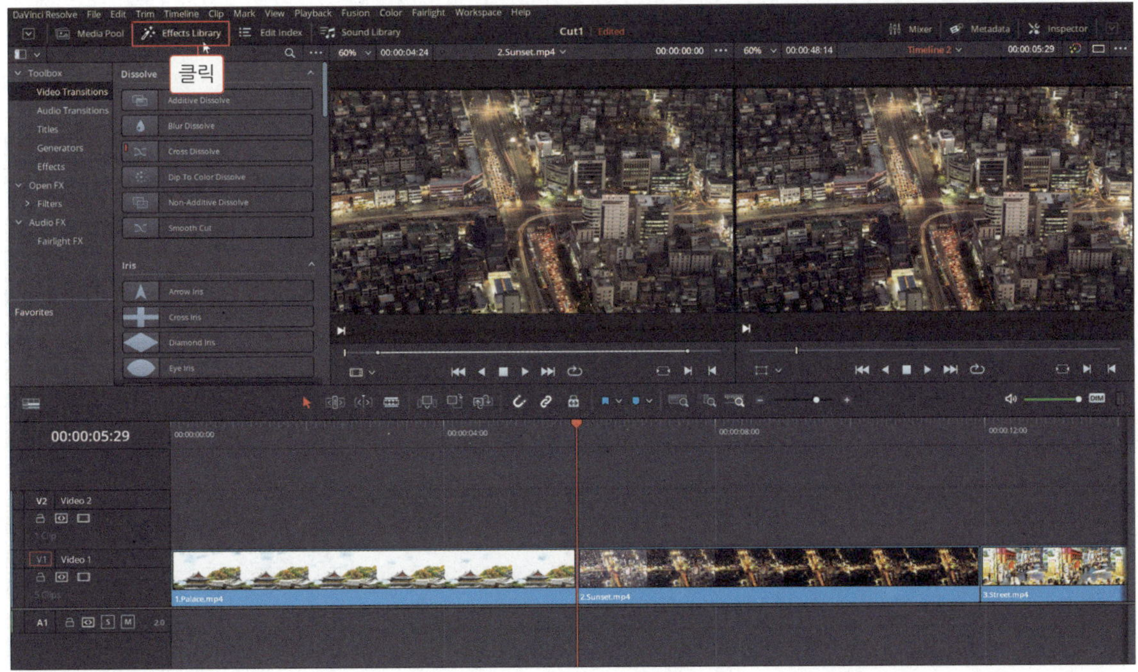

04 Video Transitions(화면 전환) 효과 중에서 기본 Cross Dissolve를 첫 번째 편집점에 적용하기 위해 타임라인으로 끌어오면 금지 표시(🚫)가 뜨면서 적용되지 않습니다. 두 클립 사이에 중첩된 부분, 즉 트리밍된 영역이 없기 때문입니다.

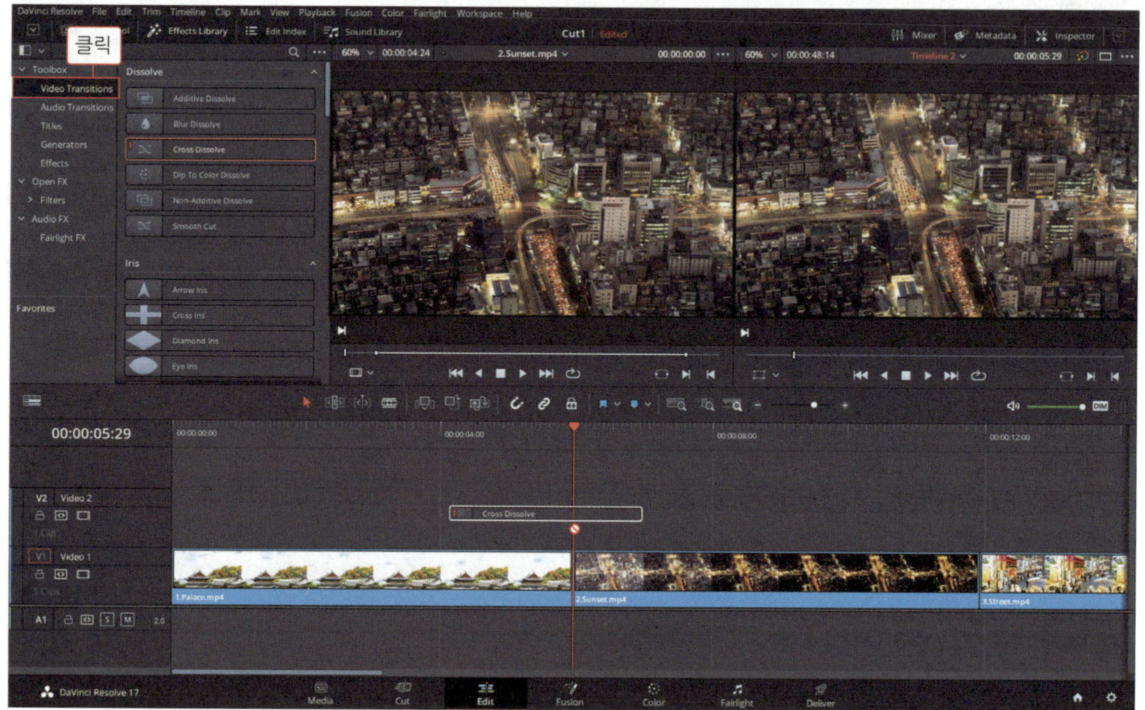

05 타임라인에서 Smart Trimming(스마트 트리밍) 방법을 이용하여 쉽고 빠르게 클립의 앞과 뒤를 트리밍해 보겠습니다. 트리밍을 위해 타임라인 위의 편집 모드를 기본 Selection Mode(선택 모드)에서 트리밍 상태로 변경하기 위해 [Trim Edit Mode(트림 편집 모드)] 버튼(◫)을 클릭합니다.

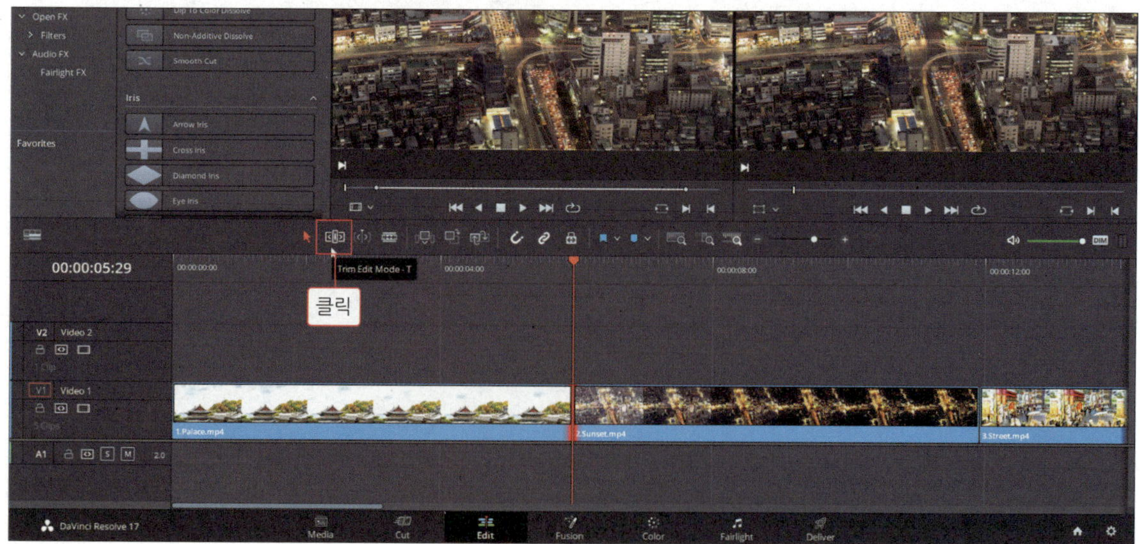

06 타임라인 첫 번째 클립의 끝에 마우스 커서를 가져가면 Ripple(리플) 도구로 커서 모양( )이 바뀝니다. 이때 마우스를 클릭하고 왼쪽으로 조금 이동하여 나타나는 시간 수치가 -01:00으로 바뀔 때 버튼을 놓습니다. 이 때 타임라인 위의 오른쪽 뷰어에는 앞의 클립이 어디까지 잘리는지 화면에 영상으로 미리보기 됩니다. 첫 번째 클립의 뒤가 1초 트리밍 되면서 다음 클립이 트리밍 위치까지 자동으로 끌려옵니다.

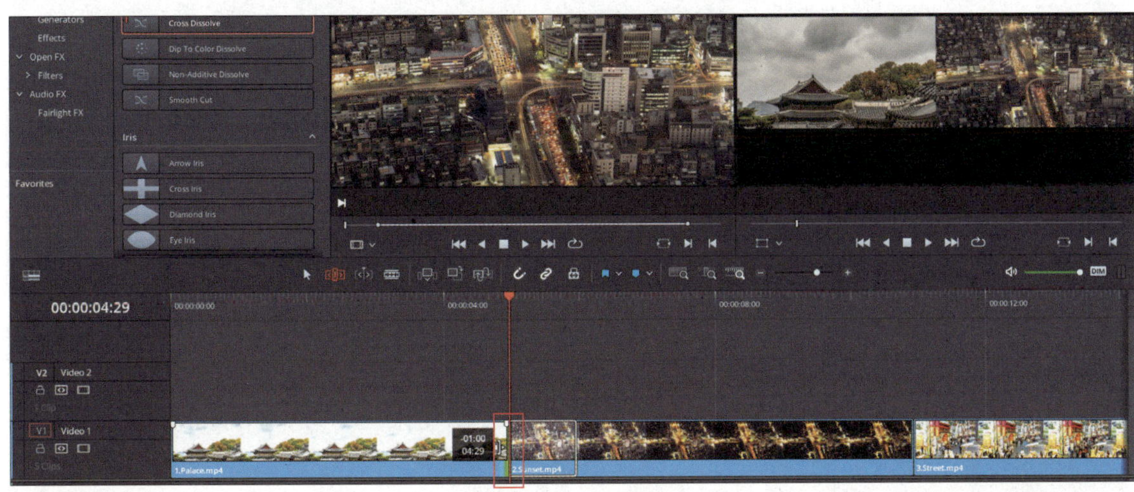

Tip 만약 타임라인 위의 편집 모드를 기본 Selection Mode(선택 모드)로 두고 클립의 앞 또는 뒤를 Ripple(리플) 트리밍하면 주변 클립이 끌려오지 않고 둘 사이가 빈 상태로 남게 됩니다.

07 같은 방식으로 2번 클립의 앞부분과 뒷부분도 15프레임 즉 0:15 단위만큼 Ripple Trimming(리플 트리밍)을 적용해 봅니다.

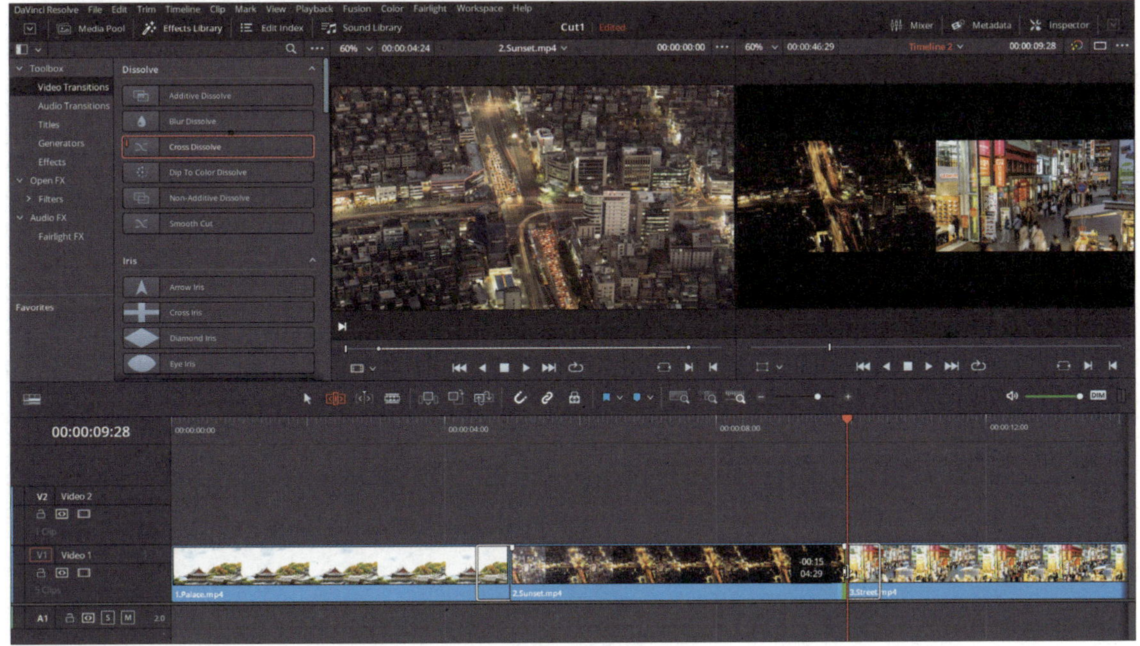

08 맨 아래 타임라인 슬라이더를 움직여서 3번, 4번 클립 위치로 이동하고 긴 클립 길이를 감안하여 앞, 뒤를 2초 분량씩 트리밍합니다.

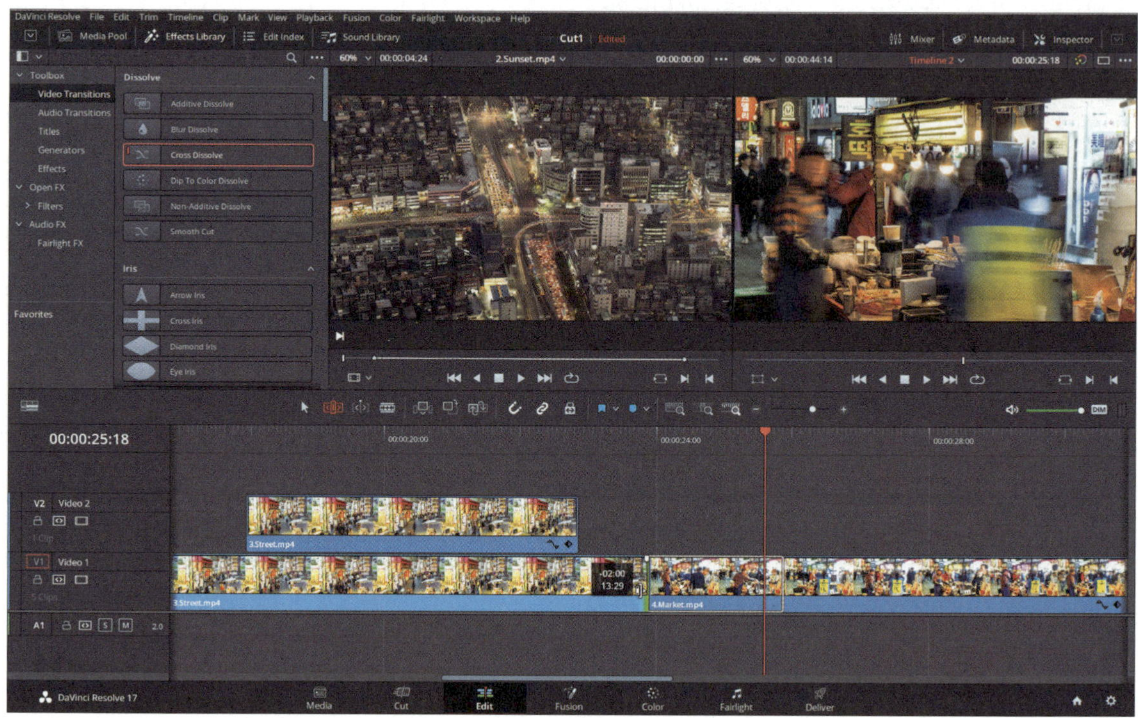

09 마지막 5번 클립의 끝부분도 2초 분량 트리밍합니다.

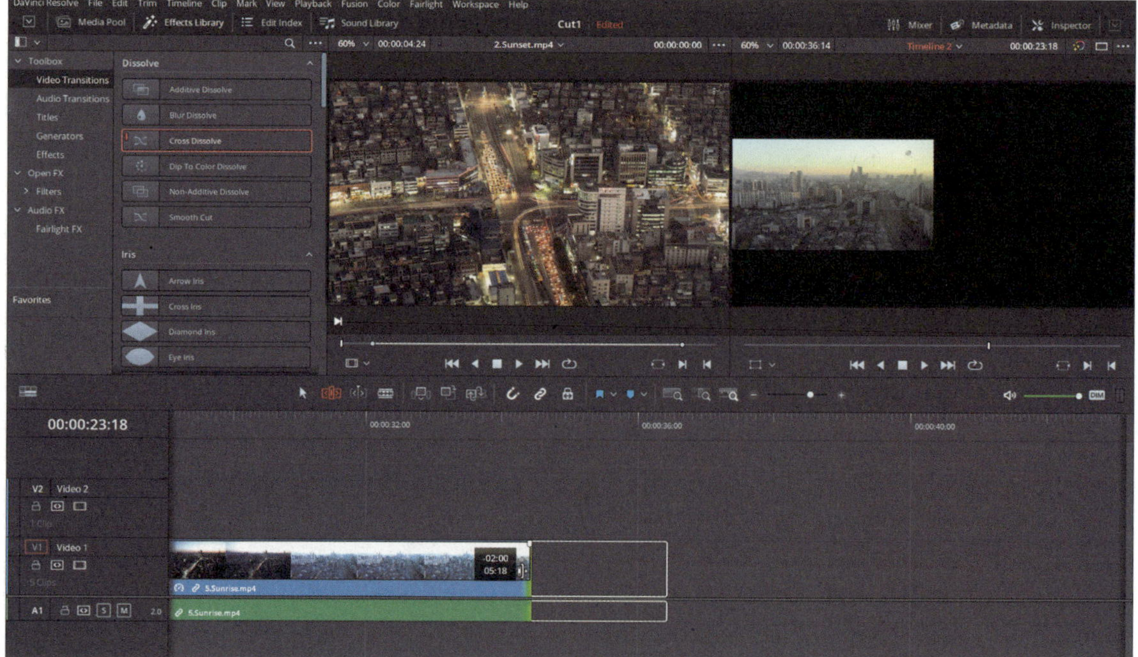

10 타임라인 4번과 5번 클립의 경계선에 마우스를 가져가면 커서가 Roll(롤) 도구(▣)로 바뀌어 표시됩니다. 이때 마우스를 클릭한 상태로 좌우로 움직이면 두 클립의 경계를 조정할 수 있는 Roll(롤) 트리밍이 가능합니다. 흰색 사각형의 범위 내에서 두 클립의 시작점과 끝점을 조정할 수 있습니다. 4번 클립 쪽으로 15프레임 이동하고 버튼을 놓습니다.

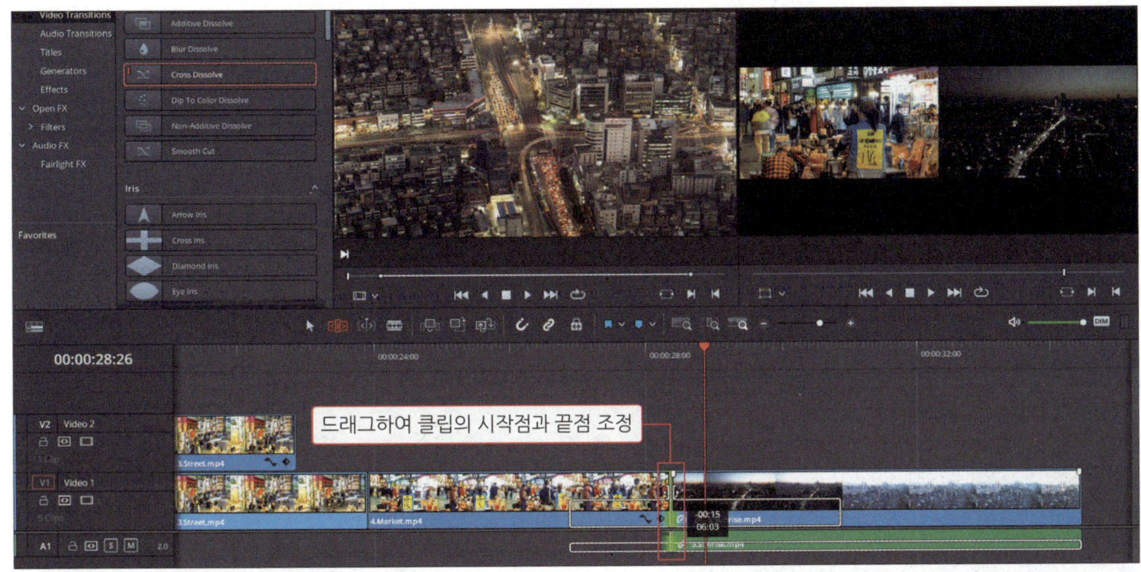

11 타임라인에서 4번 클립의 스트립 가운데에 마우스 커서를 올리면 Slip Trimming(슬립 트리밍)(▣) 상태로 바뀝니다. 마우스 버튼을 클릭한 채 좌우로 움직이면 지정된 길이에 맞춰 선택한 클립이 나타나는 시간 영역이 변경됩니다. 즉, 보여주는 시간의 분량은 그대로 두고 시작점과 끝점을 조정하는 것입니다.

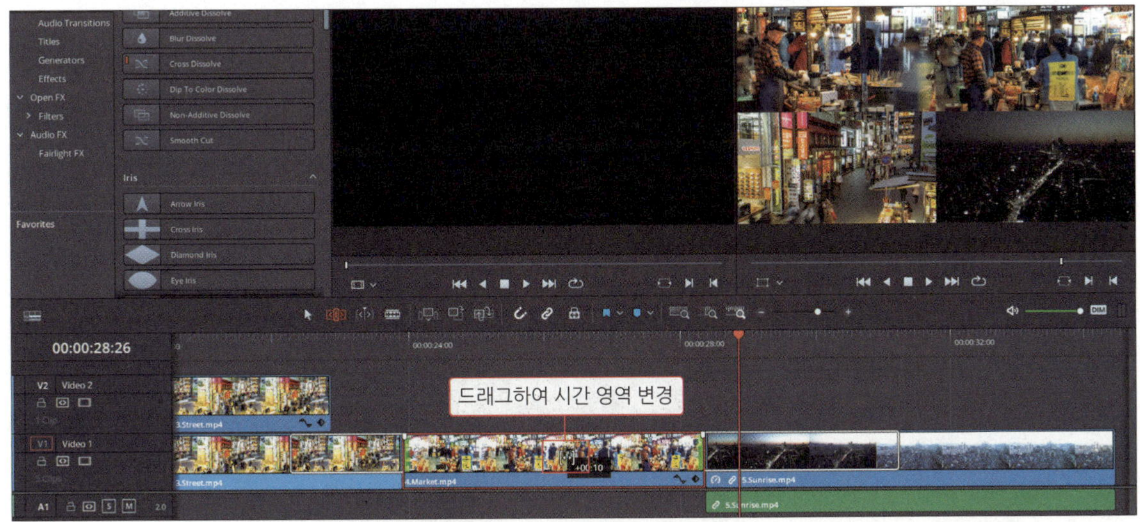

Tip 클립의 흰색 영역이 전체 클립의 길이이고, 빨간 영역이 편집되어 보이는 영역입니다. 이때 타임라인 위의 오른쪽 뷰어에는 4개의 영상이 표시되는데, 아래 좌우 영상은 해당 클립 전후 클립의 끝부분의 이미지입니다. 위쪽 2개의 영상 중 왼쪽이 클립의 바뀌는 시작점이고 오른쪽은 끝점입니다.

12 Slip(슬립) 트리밍과는 다르게 Slide(슬라이드) 트리밍 방법은 선택한 클립이 보이는 영역은 같지만 이웃한 클립 사이에서 어느 시간에 위치할지 밀어서 조정하는 것입니다. 선택한 클립의 가운데 조금 아래에 마우스 커서를 두면 Slide 트리밍(-[]-) 상태로 바뀝니다. 이때 마우스 버튼을 누른 채 좌우로 조금씩 움직이면 두 클립 사이에서 어느 시간대로 옮길지 위치를 바꿀 수 있게 됩니다.

SPECIAL TIP : 스마트 트리밍 방법

타임라인에서 네 가지의 스마트 트리밍 방법은 자주 이용하게 됩니다. Media 페이지나 Cut 페이지 또는 Media Pool에서 영상 클립을 미리 트리밍하여 사용할 수도 있지만, 급한 경우에는 Source Tape 그대로 모든 클립을 타임라인에 배치하고 서로의 관계를 살피면서 실시간으로 각 클립을 트리밍하며 편집할 수도 있습니다. 필요 없는 클립은 간단히 키보드의 Delete만 누르면 타임라인에서 삭제됩니다.

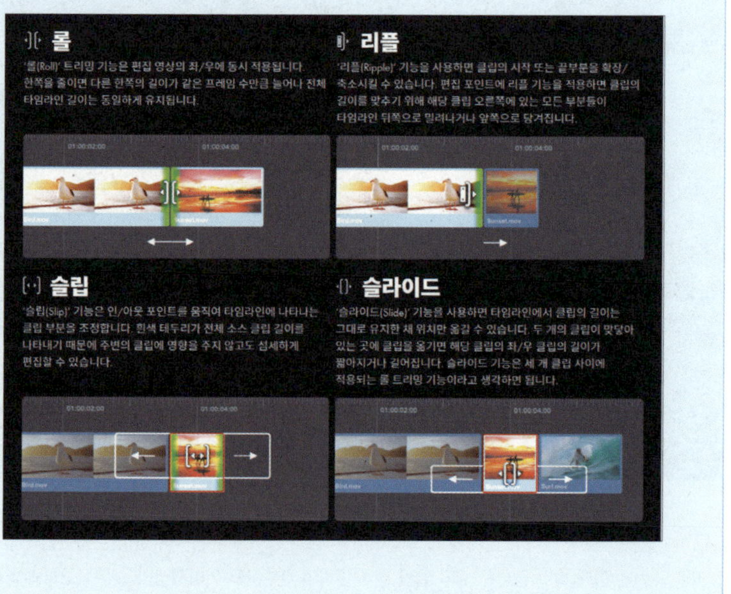

13 전체 클립의 배치를 보기 위해 타임라인의 보기 배율을 조정해 봅니다. 타임라인 위에는 보기 배율 버튼이 나열되어 있습니다. 확대/축소 슬라이더를 '-'와 '+' 방향 즉, 좌우로 움직여서 타임라인에 클립들이 표시되는 배율을 조절할 수 있습니다.

14 타임라인 확대 설정 3개의 버튼 중 왼쪽 Full Extent Zoom(전체 확장)은 현재 타임라인 영역에 전체 클립들을 딱 맞게 펼쳐 놓는 것입니다. 가운데 Detail Zoom(부분 확대)은 현재 시간표시자 위치를 찾아가 확대하여 보여줍니다. 마지막 Custom Zoom(사용자 확대)은 사용자가 설정한 확대 배율을 보여주는 설정 버튼입니다.

15 3번 클립 위에 별도로 확대하여 만들었던 2번 트랙의 클립을 선택하고 시간표시자를 클립 시작 부분에 둡니다.

16 남은 2번 트랙의 클립을 마우스로 클릭한 상태로 1번 트랙의 클립으로 끌고 옵니다. 이때 좌우로 움직이면 1번 트랙의 클립에 2번 트랙의 클립이 삽입되는 시간대가 바뀔 수 있습니다. 자연스러운 연결을 위해 같은 시간 위치 그대로 끌어 옵니다.

17 Timeline header(타임라인 헤더) 영역에 마우스 오른쪽 버튼을 클릭하면 트랙 추가/삭제 메뉴가 나타납니다. 현재 2번 트랙이 비었으므로 'Delete Empty Tracks'를 선택하여 트랙을 삭제합니다. 필요할 경우 'Add Track'을 선택하면 하나의 트랙을 추가할 수 있고, 'Add Tracks...'를 선택하면 비디오와 오디오 트랙을 여러 개 추가할 수 있습니다.

18 타임라인 왼쪽 위에 있는 [Timeline Options(타임라인 옵션)] 버튼(▭)을 클릭해서 위쪽 Timeline View Options(타임라인 보기 옵션) 중에서 왼쪽의 [Stacked Timelines(타임라인 쌓기)] 버튼(▭)을 선택합니다.

19 타임라인 위쪽이 탭 구조로 바뀝니다. [+] 버튼을 클릭하여 표시할 타임라인을 추가합니다.

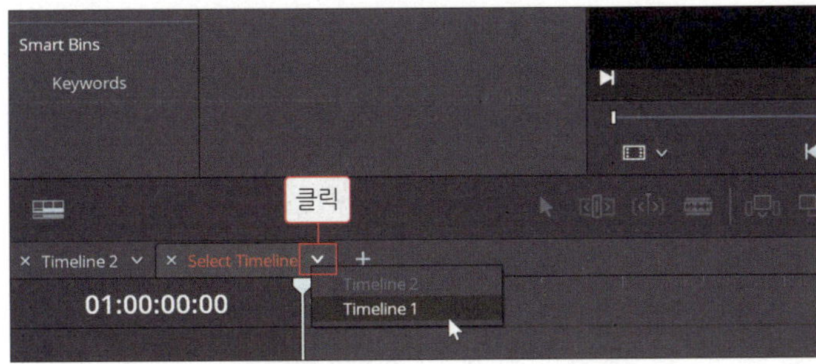

20 빨간색 Select Timeline 옆의 화살표를 클릭하면 나타나는 목록에서 기존 'Timeline 1'을 선택합니다.

21 Timeline 1이 타임라인 영역에 나타납니다. 여러 개의 타임라인을 동시에 편집하는 Stacked Timelines(타임라인 쌓기) 기능입니다. 하나의 프로젝트에 속한 여러 개의 타임라인을 불러와서 비교하거나, 영상 부분별로 타임라인을 나누어 작업할 수도 있고, 필요에 따라 클립과 효과들을 서로 복사하고 붙여넣을 수도 있습니다.

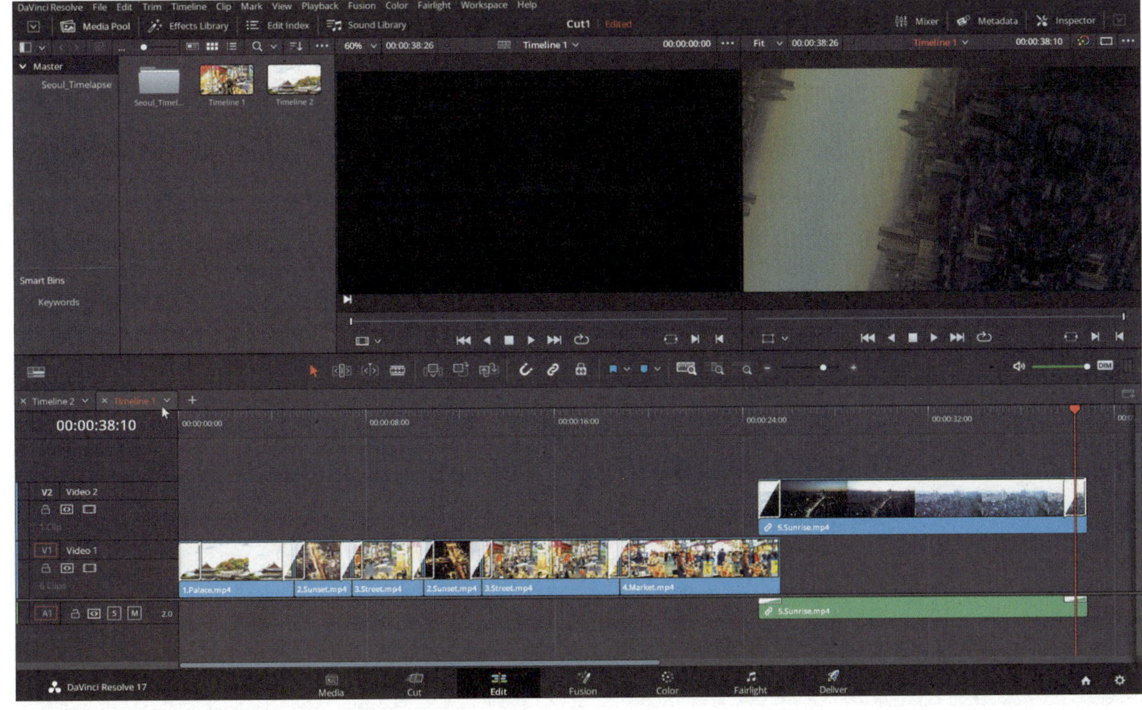

Edit 페이지의 편집 오버레이 활용하기

에디트 페이지의 타임라인 편집은 소스 클립을 트리밍하고 타임라인의 트랙에 어떤 방식으로 배치하는지에 따라 결과가 달라집니다. 편집 오버레이 기능이란 소스 뷰어의 클립을 타임라인 뷰어로 드래그할 때 나타나는 옵션을 선택하여 편집 방법을 결정하는 것입니다.

BEFORE

AFTER

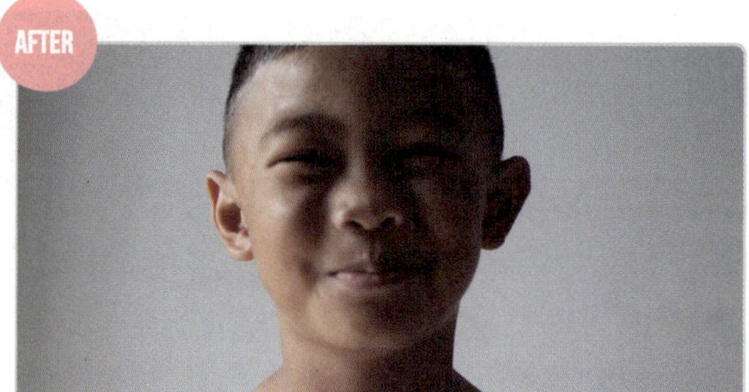

예제 파일 02/ 3/ 0.Walk.mp4, 1.Sanitation.mp4, 2.Stay.mp4, 3.Mask.mp4, 4.Over.mp4, 5.Group.mp4, 6.Crowd.mp4, 7.Syringe.mp4, 8.Smile.mp4, 9.Happy.mp4

완성 파일 02/ 3/ 2Edit_완성.mov

01 새 프로젝트를 시작하면 Cut 페이지의 Project Settings(프로젝트 설정)에서 'HD 1080p' 해상도에 '29.97 frames per second'로 설정하고 아래 [Save] 버튼을 클릭합니다.

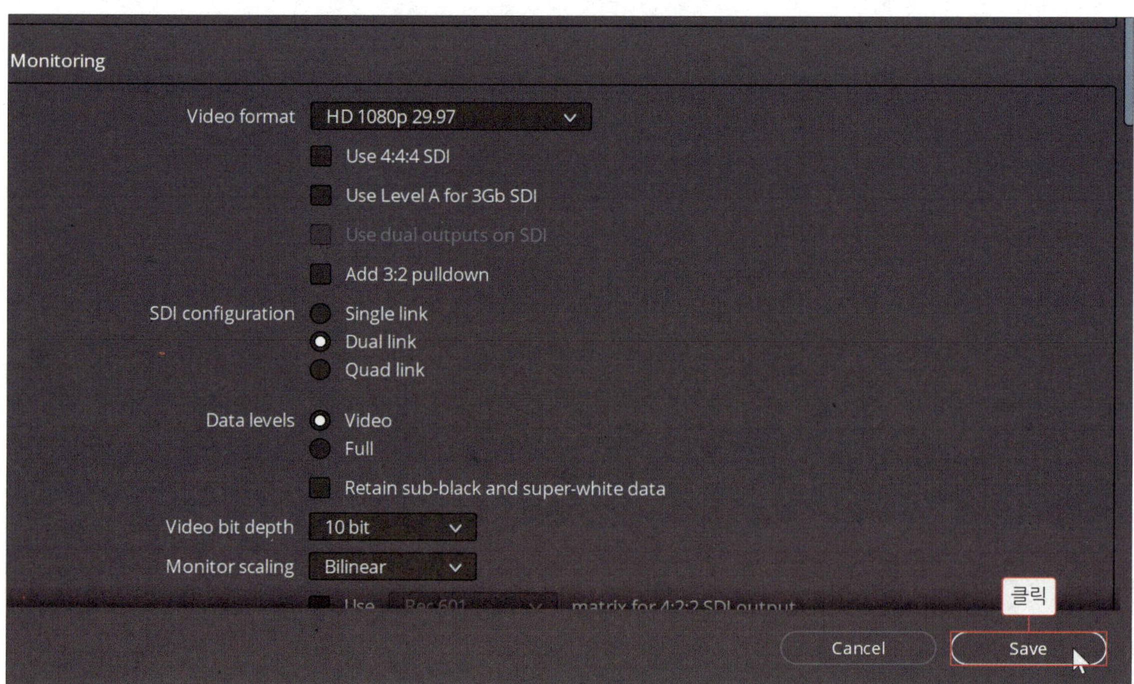

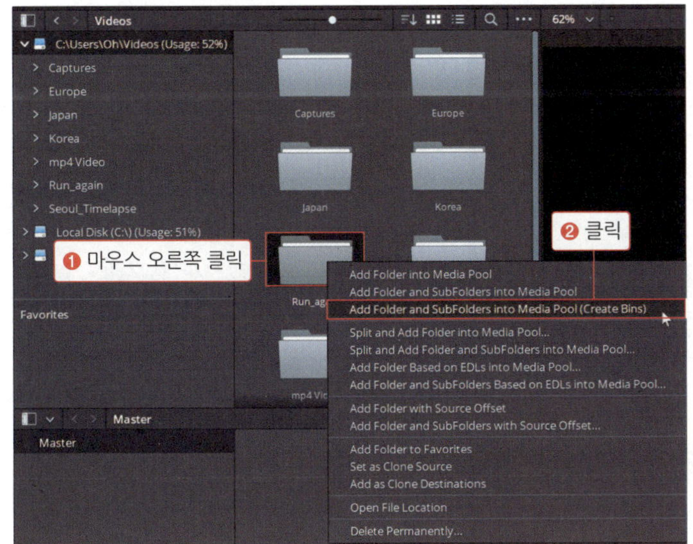

02 Media 페이지에서 내 컴퓨터 드라이브에서 편집에 사용할 예제 02 폴더 안의 3 폴더를 선택하고, 마우스 오른쪽 버튼을 클릭하여 'Add Folder and SubFolders into Media Pool(Create Bins)'를 선택합니다.

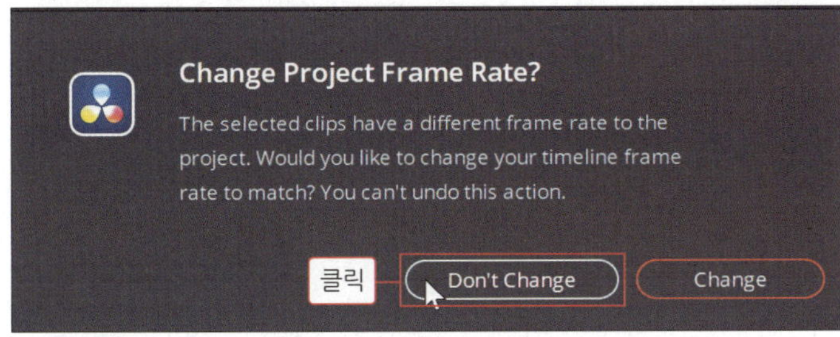

03 프로젝트 프레임 레이트를 가져오는 파일에 맞출지 묻는 경고창에서 [Don't Change] 버튼을 클릭하여 닫습니다.

04 Edit 페이지로 넘어가서 영상 클립을 트리밍하고 타임라인에 배치하는 편집 오버레이 기능을 살펴보겠습니다. Edit 페이지의 왼쪽 위 Media Pool 영역에 새로 가져온 Bin의 영상 클립들이 나열되어 있습니다. 0번 클립의 썸네일 위에 마우스 커서를 올리고 좌우로 움직여 영상 내용을 살펴봅니다. 왼쪽 Source Viewer(소스 뷰어)에 해당 클립의 영상 이미지가 나타납니다. 뷰어 위쪽에는 클립의 파일명이 빨간 글씨로 표기되고 현재 마우스 커서의 위치에 따른 영상의 시간대가 오른쪽에 흰 숫자로 표시됩니다.

05 클립의 트리밍은 Cut 페이지에서 진행하는 것이 더 편리하지만, Edit 페이지에서도 소스 뷰어 아래 버튼에서 오른쪽 'Mark In'과 'Mark Out'을 이용하여 시작점과 끝점을 지정하며 트리밍할 수 있습니다. Media Pool의 영상 섬네일을 더블클릭하여 소스 뷰어에서 재생해 보다가 앞부분 시작점에 멈추고 [Mark In] 버튼 또는 단축키 I를 누릅니다.

06 이어서 클립의 끝점 위치에서 [Mark Out] 버튼 또는 단축키 O를 누릅니다. 뷰어 화면 아래에 양쪽 둥근 점의 흰색 선으로 트리밍한 영역이 표시됩니다. 둥근 점을 클릭하여 누른 채 좌우로 움직이면 트리밍 지점을 조정할 수 있습니다.

07 트리밍한 소스 클립을 타임라인에 배치하는 방법은 세 가지가 있습니다. 소스 뷰어에서 트리밍한 클립을 마우스로 클릭한 상태로 타임라인에 드래그해서 편집을 시작할 수 있습니다. 처음일 경우 새로운 타임라인이 생성되고, 끌어온 클립이 가장 앞에 위치하게 됩니다. 이 방법을 이해했으면 단축키 Ctrl+Z를 눌러서 이전으로 되돌아갑니다.

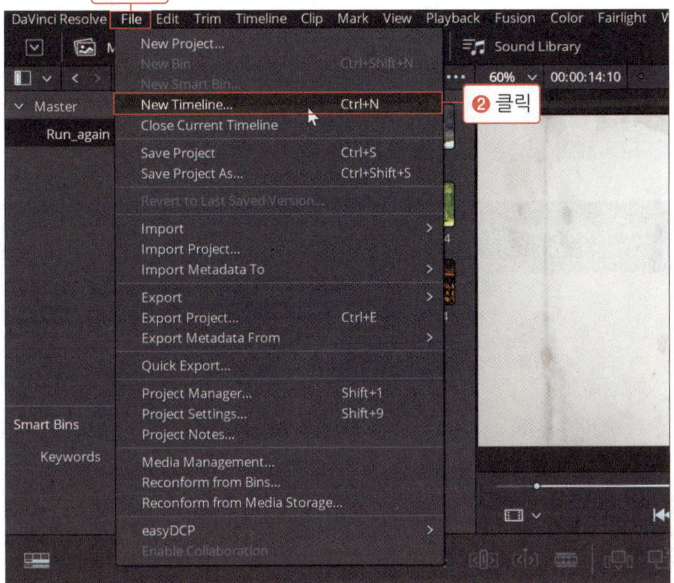

08 두 번째 방법은 새로운 타임라인을 먼저 만들고 시작하겠습니다. 상단 File 메뉴를 클릭하고 'New Timeline...(새 타임라인)' 항목을 클릭합니다.

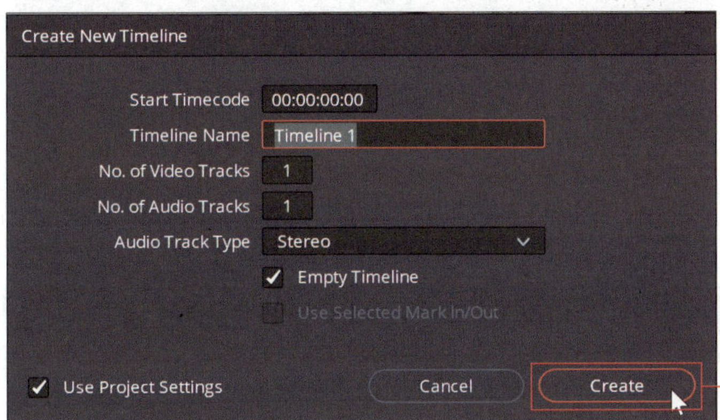

09 Create New Timline(새 타임라인 만들기) 설정 창이 뜨면 [Create] 버튼을 클릭합니다. 새 타임라인 만들기 설정 창은 앞서 Cut 페이지에서 본 것과 같습니다.

10 소스 뷰어에 해당 클립이 선택된 상태에서 뷰어 아래 편집 오버레이에서 [Overwrite Clip] 버튼(□)을 클릭합니다. 소스 뷰어에서 트리밍한 영상 클립이 미리 만든 타임라인 가장 앞에 배치됩니다. 이 편집 도구 버튼들은 앞서 Cut 페이지에서 본 편집 도구와 같은 종류입니다.

11 세 번째, '편집 오버레이' 기능은 왼쪽 소스 뷰어의 영상을 클릭한 상태로 오른쪽 타임라인 뷰어로 끌어오면 나타나는 7가지의 편집 방법입니다. 나열된 7가지 방법 중에서 기본적으로 'Overwrite(덮어쓰기)'가 흰색으로 나타납니다. 클립을 타임라인 뷰어에 끌어 놓으면 위의 방법과 마찬가지로 새로운 타임라인 생성되면서 가져온 영상 클립이 가장 앞에 위치하게 됩니다. 이 7가지 편집 오버레이 방법은 Media 페이지에서만 사용할 수 있습니다.

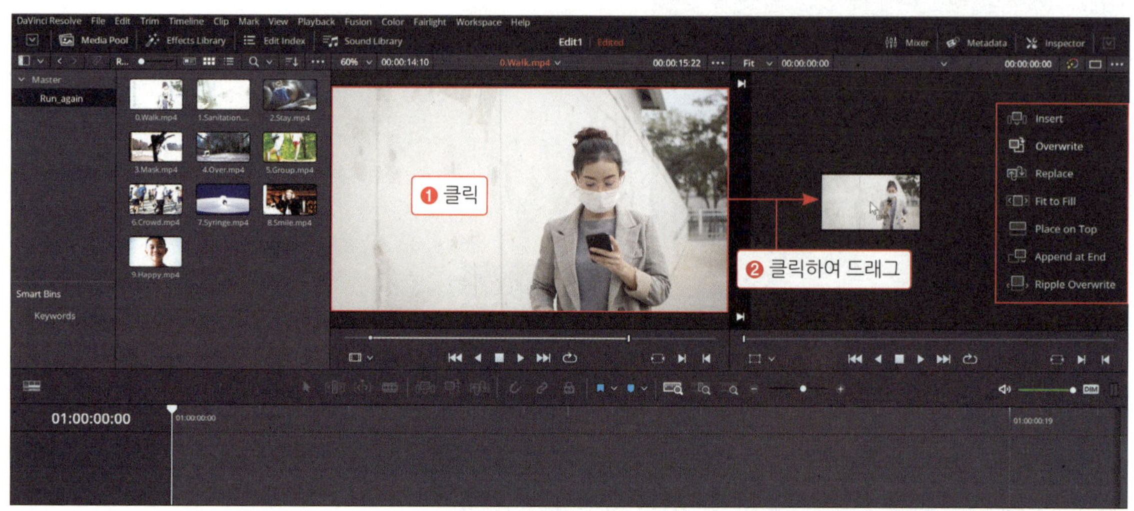

12 트리밍한 클립을 타임라인에 배치하는 위 두 가지 방식의 결과는 모두 동일합니다. 이렇게 타임라인의 가장 앞에 첫 번째 클립이 배치되었습니다. Edit 페이지에서 클립을 타임라인으로 배치할 때는 편의에 따라 이상 세 가지 방법 중에서 하나를 이용하면 됩니다.

SPECIAL TIP : 편집 오버레이 방법

7가지 편집 오버레이 방법은 다빈치 리졸브 홈페이지에도 자세히 설명되어 있습니다.

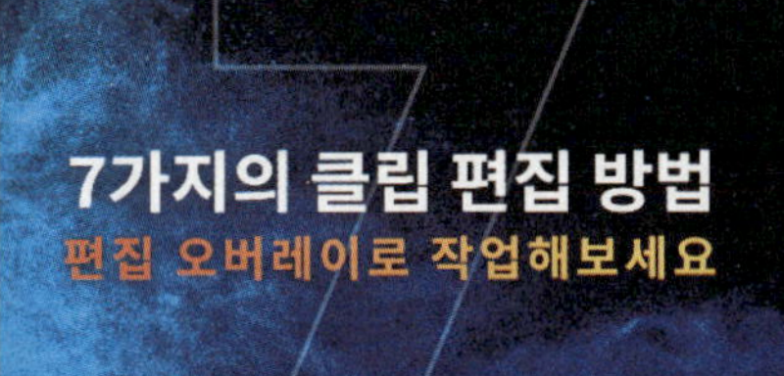

삽입

'삽입(Insert)' 기능을 사용하면 타임라인 내 플레이헤드가 있는 곳에 클립을 삽입할 수 있으며, 공간을 마련하기 위해 나머지 클립 부분들이 자동으로 밀려납니다. 플레이헤드가 클립 중간에 있는 경우, 클립이 분할되며 새로운 클립이 중간에 배치됩니다.

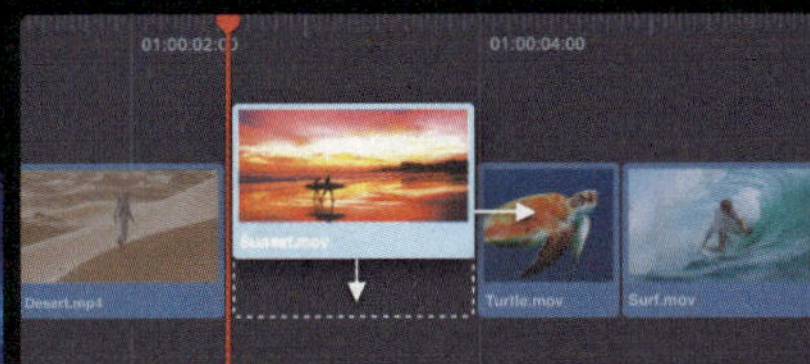

덮어쓰기

'덮어쓰기(Overwrite)' 편집 방식은 가장 널리 사용되는 편집 유형 중 하나입니다. 덮어쓰기 기능을 실행하면 새로운 클립이 플레이헤드가 있는 타임라인 위치로 배치되어 기존에 있던 클립을 덮어씁니다.

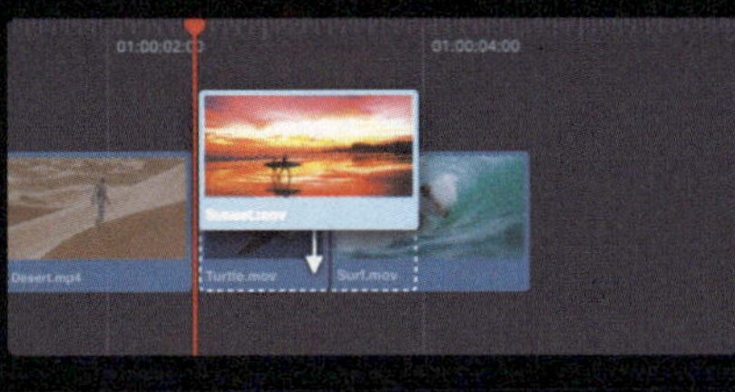

교체하기

'교체하기(Replace)' 기능은 타임라인에 있는 한 개의 클립을 같은 길이의 다른 클립으로 교체합니다. 타임라인에 편집 중인 클립의 아웃 포인트가 변경되어 교체되는 클립 길이와 동일하게 수정되기 때문에 완벽하게 들어맞습니다.

핏-투-필

'핏-투-필(Fit to Fill)' 기능은 표시해둔 클립 부분의 속도를 느리게 또는 빠르게 변경합니다. 변경 속도가 자동으로 계산되어 타임라인에서 선택한 공간에 딱 맞아떨어집니다.

최상위 트랙에 두기

'최상위 트랙에 두기(Place on Top)' 기능은 타임라인에 추가하려는 클립을 플레이헤드가 있는 다음 비디오 트랙 위로 이동시킵니다. '최상위 트랙에 두기' 기능은 타이틀/그래픽을 추가하거나 화면 속 화면 효과를 생성할 때 사용하기 좋습니다.

마지막 편집 합치기

'마지막 편집 합치기(Append at End)' 기능은 플레이헤드의 위치와 관계없이 소스 클립을 타임라인의 마지막 편집 클립 뒤에 놓습니다. 이 기능을 통해 미디어 풀에 있는 여러 클립을 타임라인 맨 끝으로 동시에 추가할 수도 있습니다.

리플 덮어쓰기

'리플 덮어쓰기(Ripple Overwrite)' 기능은 특정 길이의 숏을 길이가 다른 숏으로 대체합니다. 타임라인에 있는 클립을 길이가 긴 다른 클립으로 대체할 경우, 공간을 확보하기 위해 다른 모든 클립이 밀려나며, 길이가 짧은 클립으로 대체할 경우에는 기존 클립 부분이 끌려와 남는 공간을 채우게 됩니다.

13 2번 클립을 더블클릭하여 소스 뷰어에 띄우고 아래 [Mark In], [Mark Out] 버튼 또는 단축키 I, O를 눌러 클립을 트리밍합니다.

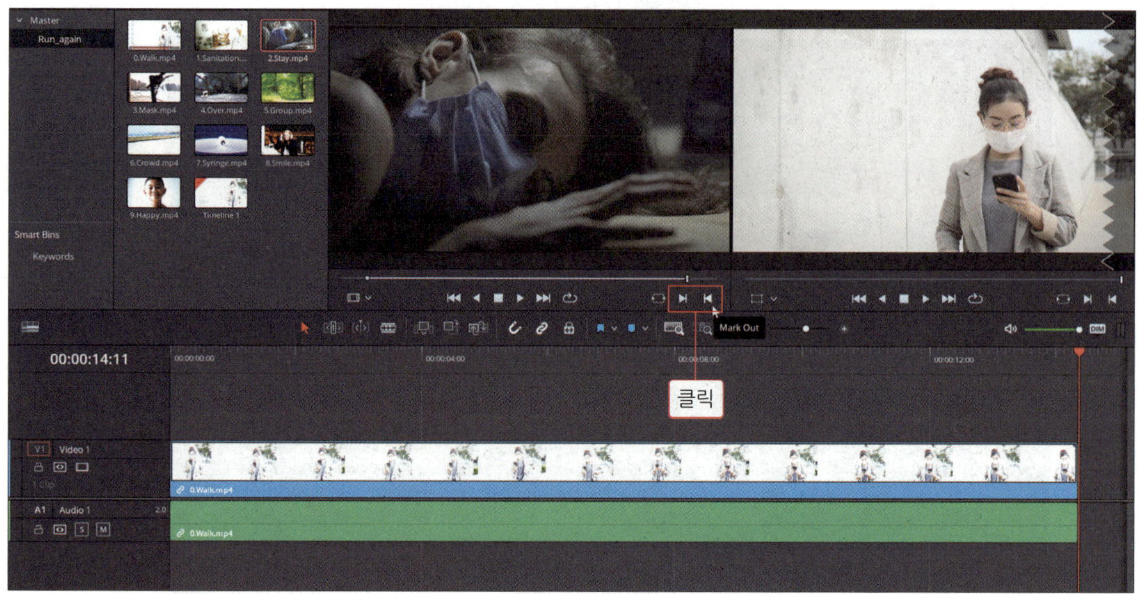

14 소스 뷰어에서 트리밍한 클립을 마우스로 클릭한 상태로 타임라인 뷰어로 끌고 가면 나타나는 7가지 오버레이 목록 중에서 이번에는 'Append at End(끝에 붙이기)' 글자에 클립을 놓고 마우스 버튼을 뗍니다. 시간표시자에 관계없이 먼저 배치된 클립의 끝에 새 클립이 배치됩니다.

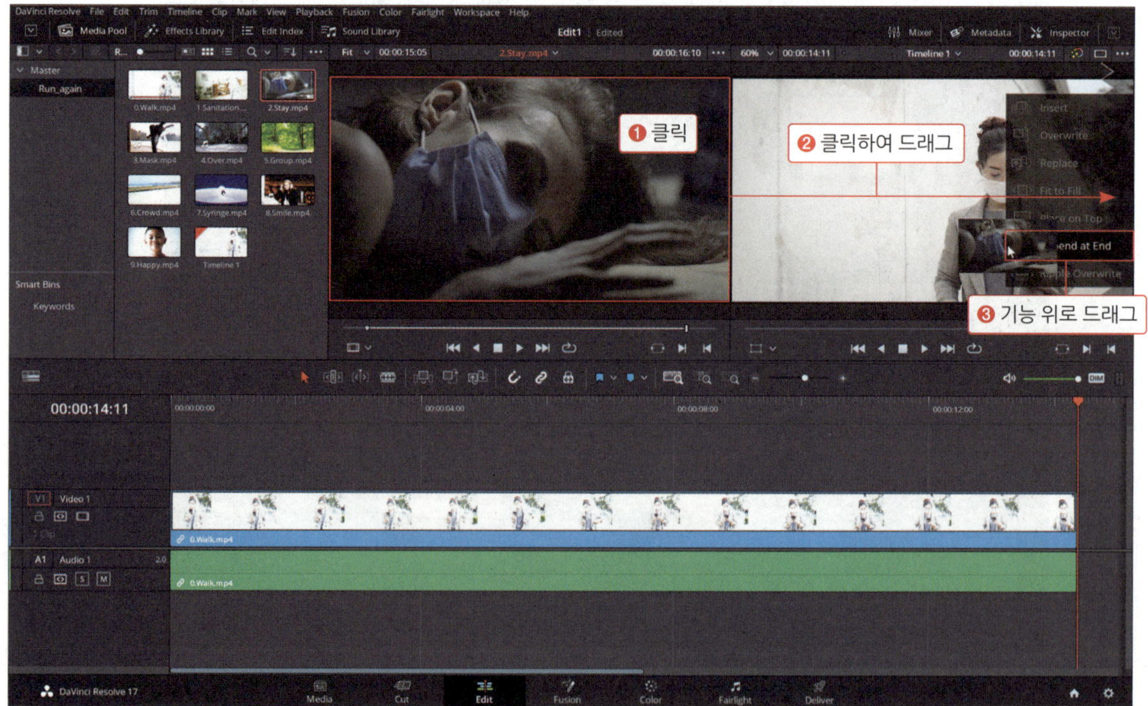

15 타임라인의 시간표시자를 두 클립 사이로 옮깁니다. 이번에는 1번 클립을 소스 뷰어에 표시하고 트리밍합니다.

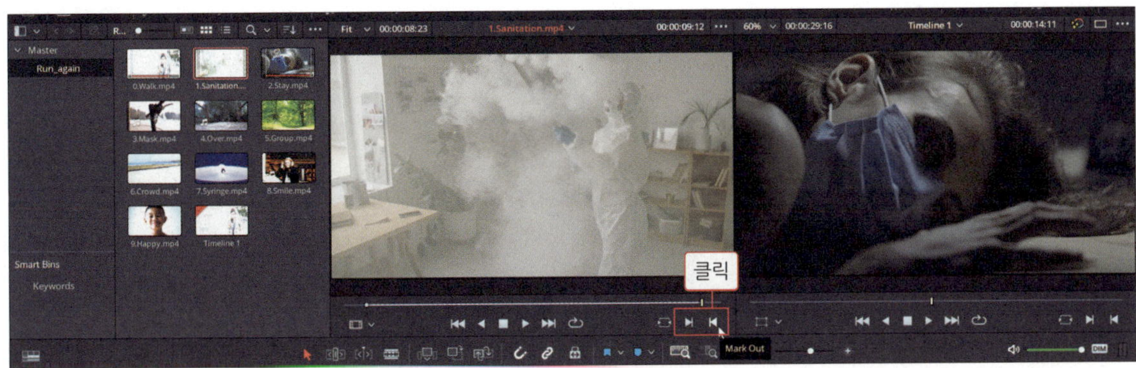

16 앞의 방법과 마찬가지로 클립을 타임라인 뷰어로 끌고 오면 나타나는 오버레이 목록 중에서 가장 위에 있는 'Insert(삽입)'에 클립을 드래그합니다.

17 타임라인의 0번과 2번 클립 사이에 1번 클립이 삽입되었습니다. 먼저 있던 2번 클립은 새로 들어온 1번 클립의 길이만큼 뒤로 밀려납니다.

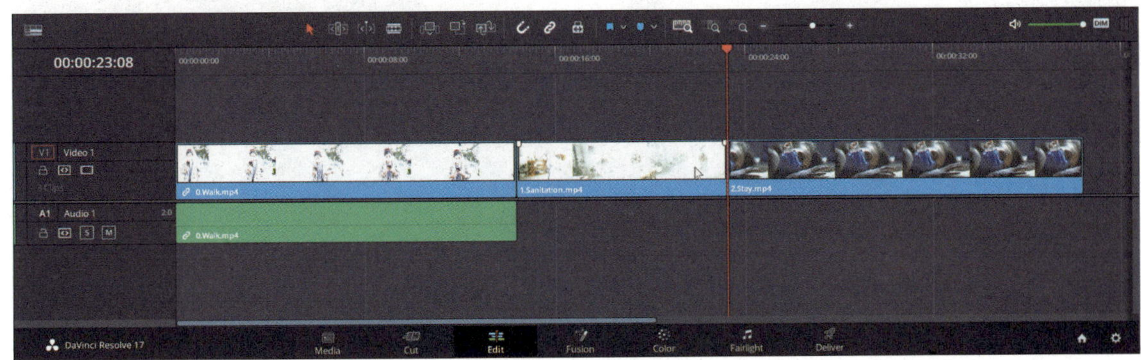

18 2번 클립의 길이 긴 편이라 절반 정도로 잘라내겠습니다. 타임라인 위 도구 중에서 [Blade Edit Mode(면도날 편집 모드)] 버튼(▣)을 클릭합니다.

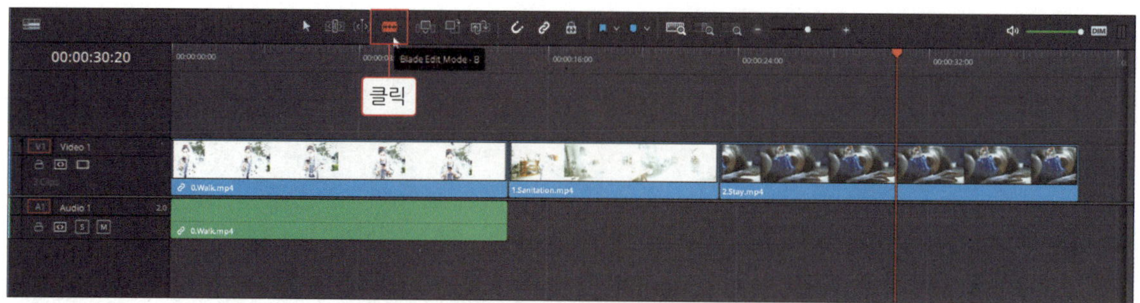

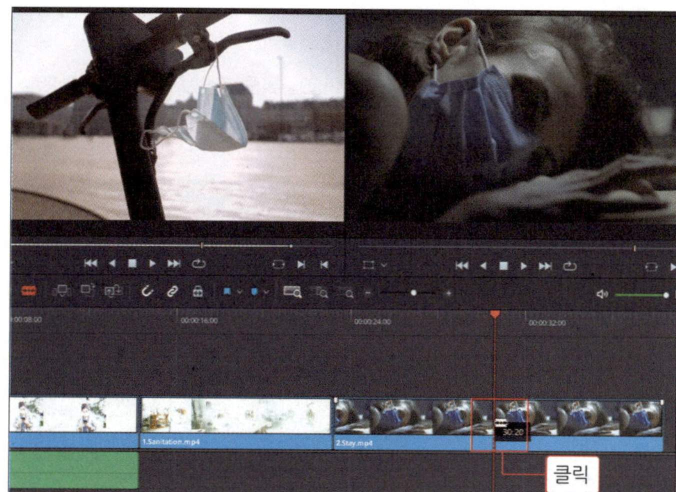

19 마우스 커서가 면도날로 바뀝니다. 2번 클립의 중간 부근에서 한번 클릭하여 둘로 나뉘도록 자릅니다.

20 방금 잘라서 둘로 나뉜 2번 클립의 뒷부분을 다른 클립으로 대체하겠습니다.

21 Media Pool에서 새로운 3번 클립을 더블클릭하여 소스 뷰어에 표시합니다. 소스 클립의 트리밍 시작점에 재생 헤드를 두고 소스 화면을 클릭한 상태로 타임라인 뷰어로 끌어와서 오버레이 목록 중 'Replace'에 드롭합니다.

22 2번 클립이 나뉜 뒤 클립이 3번 클립으로 교체되었습니다. 소스 뷰어 아래의 편집 도구에서 Replace(교체)(아이콘)와 동일한 기능입니다.

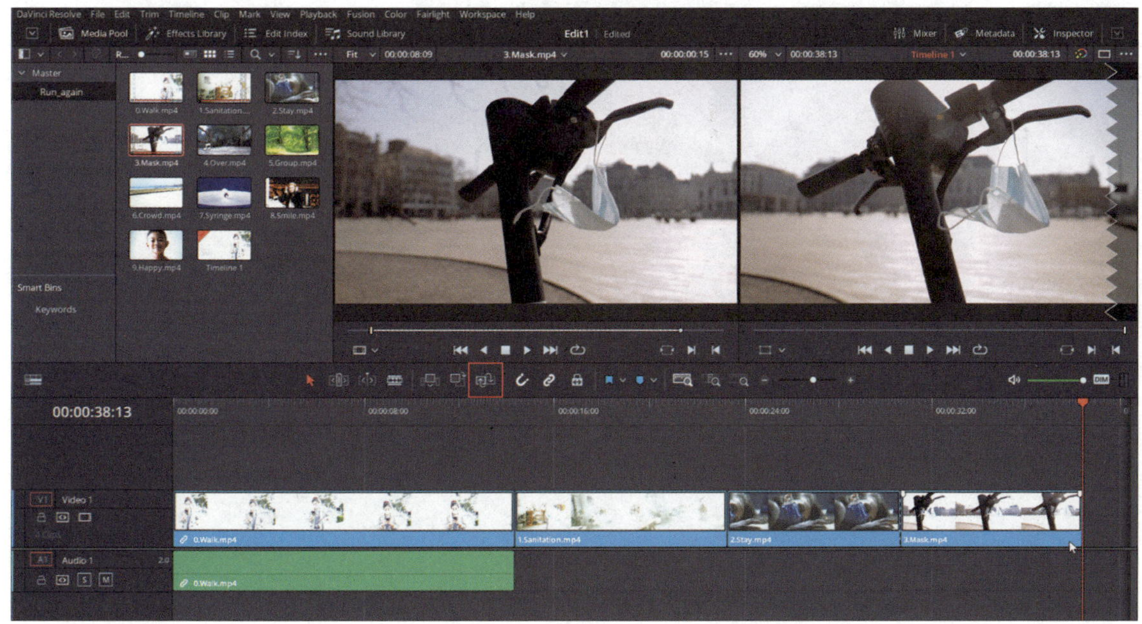

23 Media Pool에서 4번 클립을 선택하고 소스 뷰어에서 트리밍합니다.

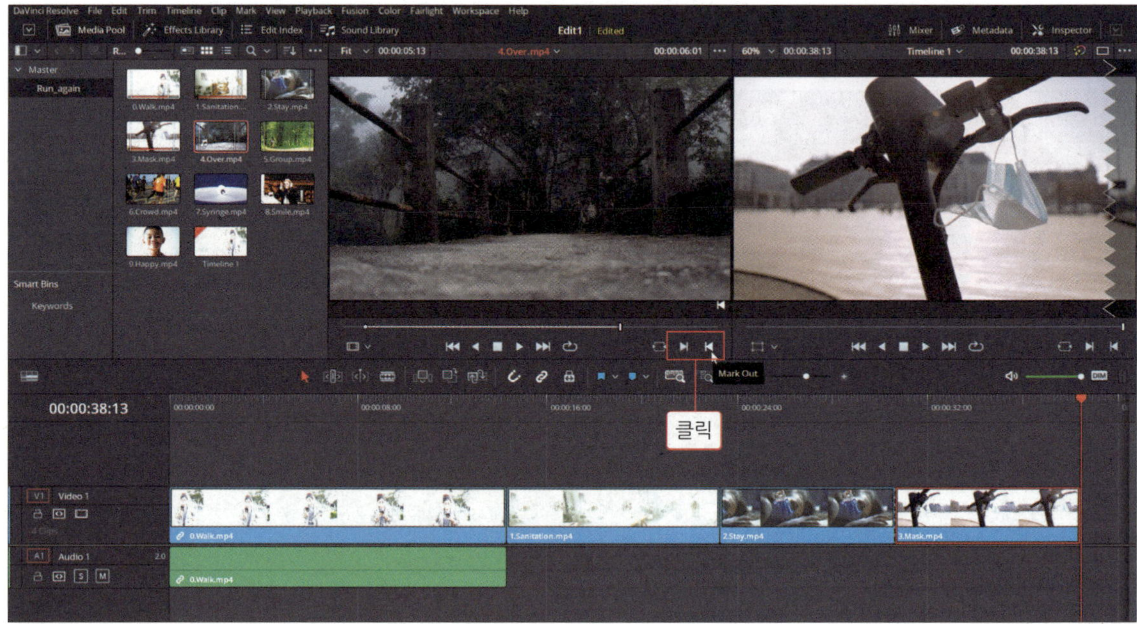

24 소스 뷰어에서 트리밍한 4번 클립을 클릭한 상태로 드래그하여 타임라인에 배열된 클립의 가장 뒤에 배치합니다. 이것이 가장 직관적이면서 일반적으로 많이 쓰는 클립 추가 방법입니다만 7가지 오버레이 방법은 더 다양한 편집 기법을 가능하게 합니다.

25 7가지 오버레이 방법 중 'Fit to Fill(맞춤 채우기)'은 타임라인의 시간표시자가 위치한 클립 시간 길이에 맞춰 새로운 클립의 시간을 늘리거나 줄여 같은 분량으로 배치하는 방법입니다. 이미 가져온 4번 클립을 한 번 더 배치하고 5번 클립을 길이에 맞춰 넣어보겠습니다. 소스 뷰어에서 트리밍한 5번 클립을 타임라인 뷰어로 드래그하여 'Fit to Fill'에 드롭합니다.

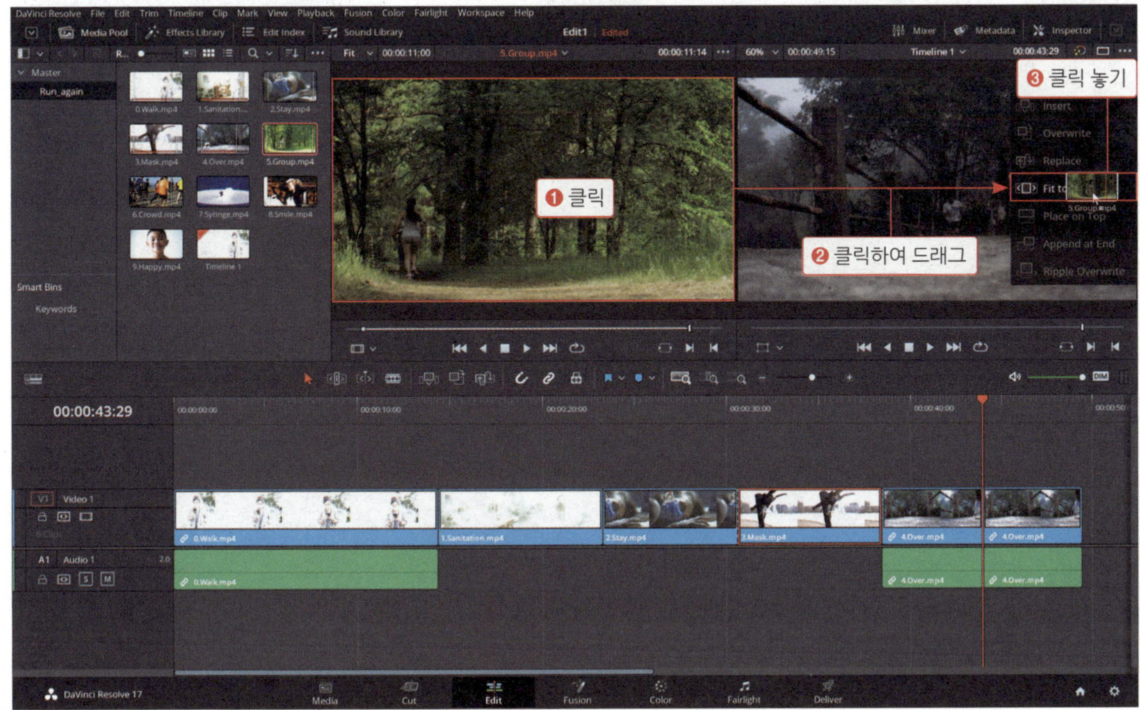

26 5번 클립이 기존 두 번째 4번 클립의 길이와 똑같이 배치되었습니다. 5번 클립 이름 왼쪽에 속도계 아이콘이 생겼는데, 이것은 클립의 속도가 바뀌었다는 뜻입니다. 4번 클립의 길이가 더 짧았으므로 5번 클립의 시간은 줄어들면서 더 빠르게 재생됩니다.

27 나머지 6번, 7번, 8번 클립도 적절히 트리밍하여 타임라인에 순서대로 배치합니다. 시간표시자는 8번 클립의 시작점에 둡니다.

28 마지막 9번 클립을 트리밍하고 타임라인 뷰어로 끌고 가서 오버레이 목록의 'Place on Top(최상위 트랙에 두기)'에 드롭합니다.

29 Edit 페이지의 타임라인에서도 Cut 페이지처럼 스마트 트리밍이 가능합니다. 타임라인 마지막 8번 클립의 끝부분에 마우스 커서를 가져가면 Ripple Trim Cursor(리플 트림 커서)로 바뀝니다. 이때 클릭하고 누른 채 왼쪽으로 옮기면 클립의 끝부분이 당겨지면서 트리밍됩니다. 이 스마트 트리밍 기능도 이미 Cut 페이지의 편집 기능에서 본 것과 동일합니다.

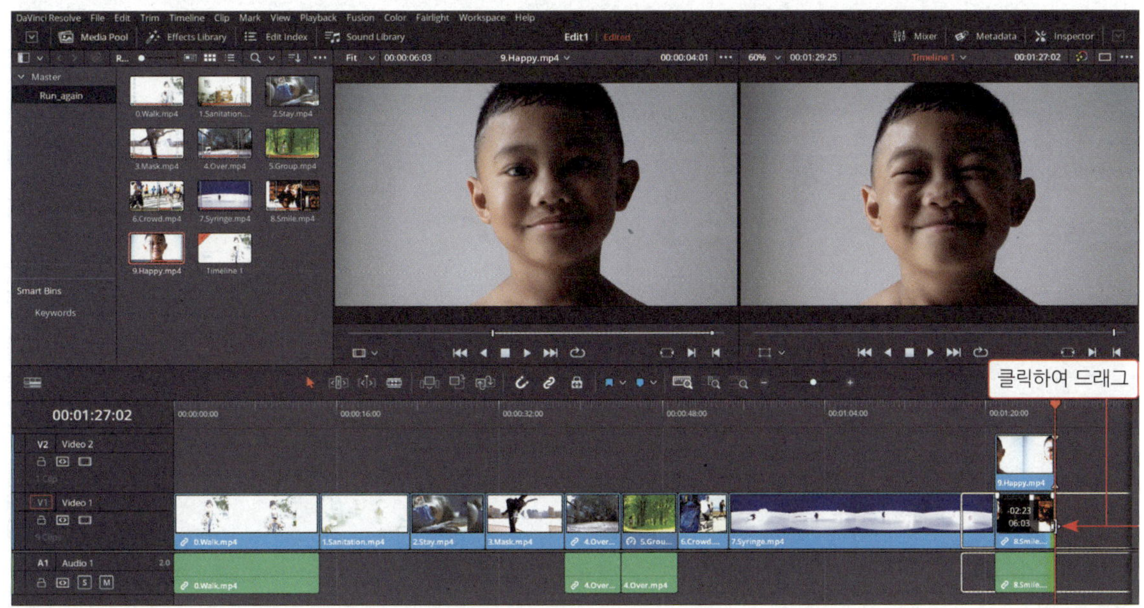

30 시간표시자를 가장 앞으로 옮기고 나서 타임라인에 배치한 전체 편집 내용을 [Play(재생)] 버튼 또는 키보드의 Spacebar를 눌러 확인해봅니다. 필요하다면 타임라인에서 스마트 트리밍을 더 진행합니다. 이와 같은 과정으로 Edit 페이지에서 소스 클립을 트리밍하고 타임라인에 배치하는 7가지 오버레이 방법과 타임라인 편집 도구를 살펴보았습니다.

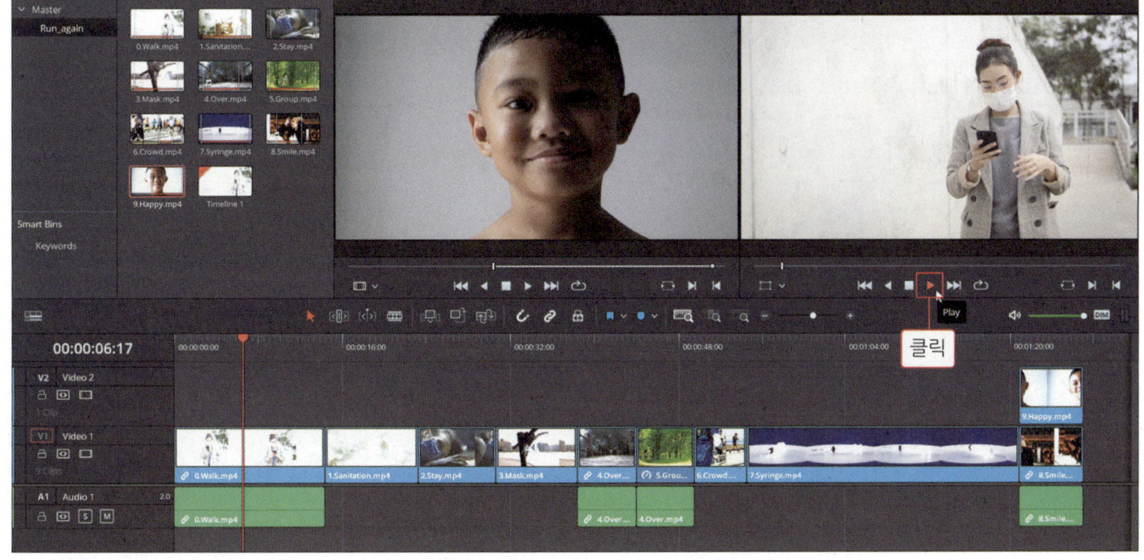

31 Edit 페이지에서는 바로 파일로 출력하는 버튼이 없습니다. Deliver 페이지에서 자세한 설정과 함께 출력할 수 있는데, 이 기능은 나중에 살펴보기로 하겠습니다. 이번에는 Cut 페이지로 넘어와서 간편하게 [Quick Export] 버튼을 클릭하여 영상 파일로 출력합니다.

SPECIAL TIP : 프로젝트 파일은 어디에 있나요?

기본적으로 다빈치 리졸브의 프로젝트는 C:\Users\사용자명\AppData\Roaming\Blackmagic Design\DaVinci Resolve\Support\Resolve Disk Database\Resolve Projects\Users\guest\Projects 경로에 폴더 형태로 프로젝트 데이터베이스 파일(*.db)이 나열되어 있습니다. File 메뉴에서 Export Project...를 선택하면 특정 경로에 선택한 프로젝트를 별도 저장할 수도 있습니다.

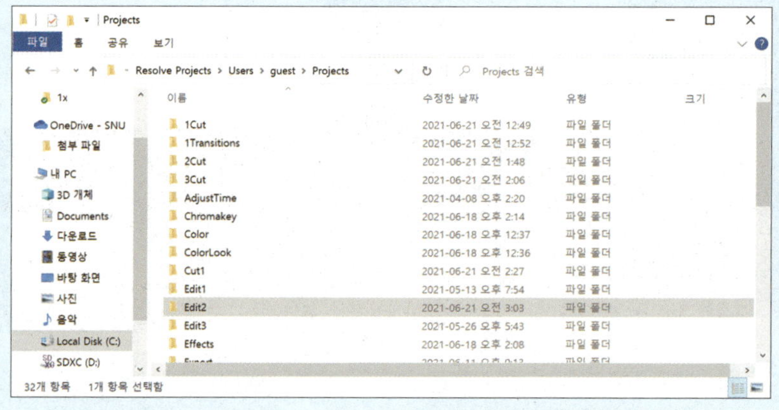

내 마음대로 드라마틱하게 시간 조절하기

영상 클립은 촬영할 당시의 시간 그대로 녹화된 결과물입니다. 보통의 속도로 촬영된 영상의 속도나 시간을 조정하면 더 빠르거나 느리게 움직이는 것처럼 보이게 됩니다. 느리게 움직이다가 갑자기 빨라진다거나 그 반대의 영상 스타일도 흔히 보입니다. 타임라인에 배치한 영상 클립의 시간과 속도 조절 방법을 살펴보겠습니다.

BEFORE

AFTER

예제 파일 02/3/0.Walk.mp4, 1.Sanitation.mp4, 2.Stay.mp4, 3.Mask.mp4, 4.Over.mp4, 5.Group.mp4, 6.Crowd.mp4, 7.Syringe.mp4, 8.Smile.mp4, 9.Happy.mp4

완성 파일 02/3/3Edit_완성.mov

01 타임라인에 배치된 영상 클립의 시간과 속도를 조절해 보겠습니다. 앞에서 편집한 프로젝트 타임라인의 가장 첫 번째 클립을 보면 느린 속도로 재생되는 것을 알 수 있습니다. 이 클립을 빠른 속도로 바꾸면 정상 속도로 보일 수 있을 것입니다.

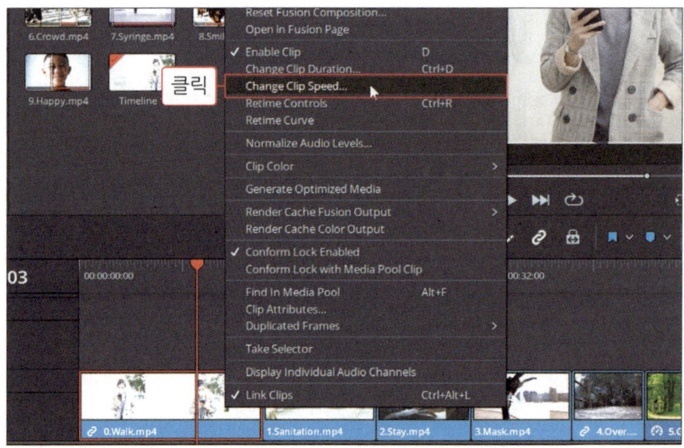

02 타임라인의 해당 클립에 마우스 오른쪽 버튼을 클릭하면 뜨는 메뉴에서 'Change Clip Speed...(클립 속도 바꾸기)'를 선택합니다.

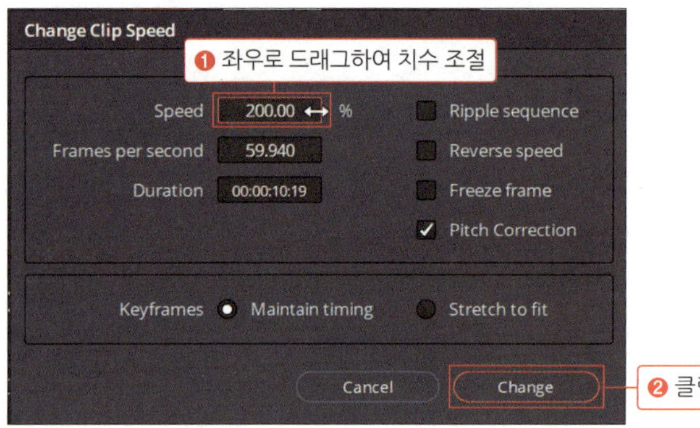

03 Change Clip Speed 설정 창이 표시되면, 100%였던 Speed 항목의 수치를 200%로 증가시킵니다. 2배속이란 뜻입니다. [Change] 버튼을 클릭하여 설정을 적용합니다.

04 시간표시자를 앞으로 옮기고 재생해 보면 자연스러운 정상 속도로 보입니다. 소스 뷰어에 원본 클립을 표시하고 양쪽을 서로 비교하면 속도의 차이를 알아챌 수 있습니다. 타임라인의 클립 이름 왼쪽에는 속도가 변경되었다는 속도계 표시가 나타나고, 줄어든 시간만큼 다음 클립과의 사이가 비게 됩니다.

05 0번 클립의 끝에 시간표시자를 두고 중앙 도구에서 파란색 [Markers(마커)] 버튼을 클릭합니다. 해당 지점에 마커가 찍히면서 타임라인 뷰어에 마커의 시간 위치가 표시됩니다.

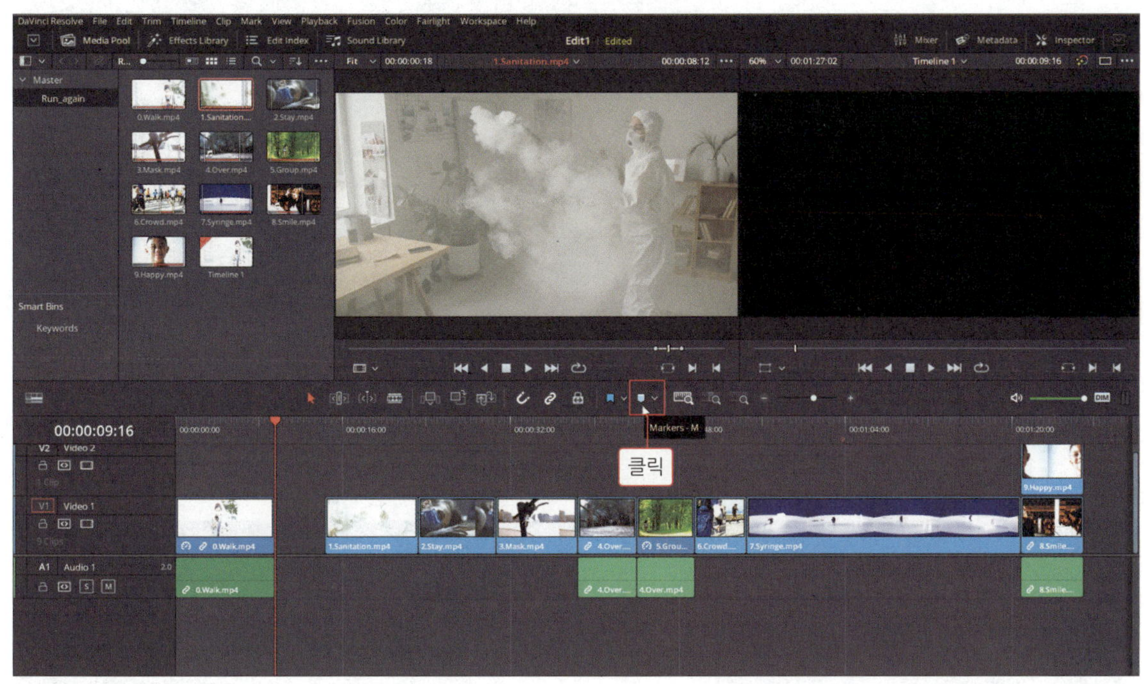

06 1번 클립의 뒤끝에 시간표시자를 두고 마찬가지로 [Markers] 버튼( )을 클릭하여 마킹합니다.

07 두 마커 사이의 시간 차이를 계산해 둡니다. 몇 초 정도인지만 알아두면 됩니다.

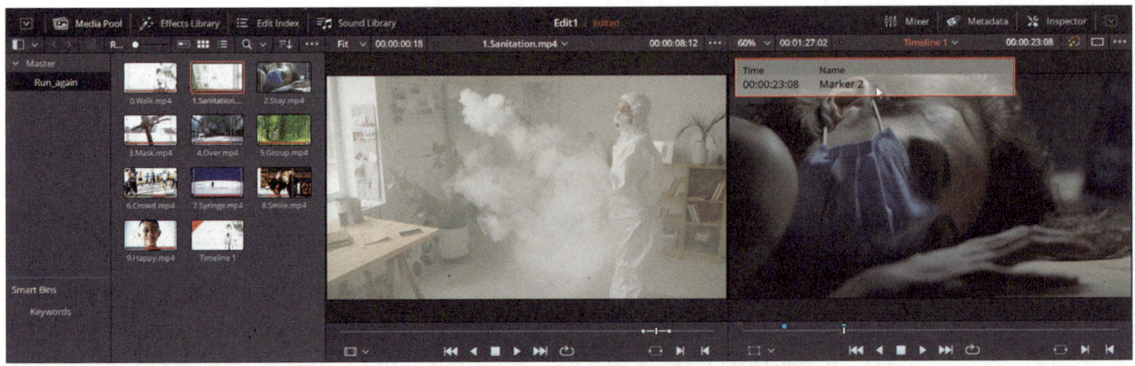

08 1번 클립을 선택하고 이번에는 상단 Clips 메뉴에서 'Change Clip Speed'를 클릭합니다. 마우스 오른쪽 버튼을 눌러 표시되는 메뉴에서 선택하는 것과 동일한 기능입니다.

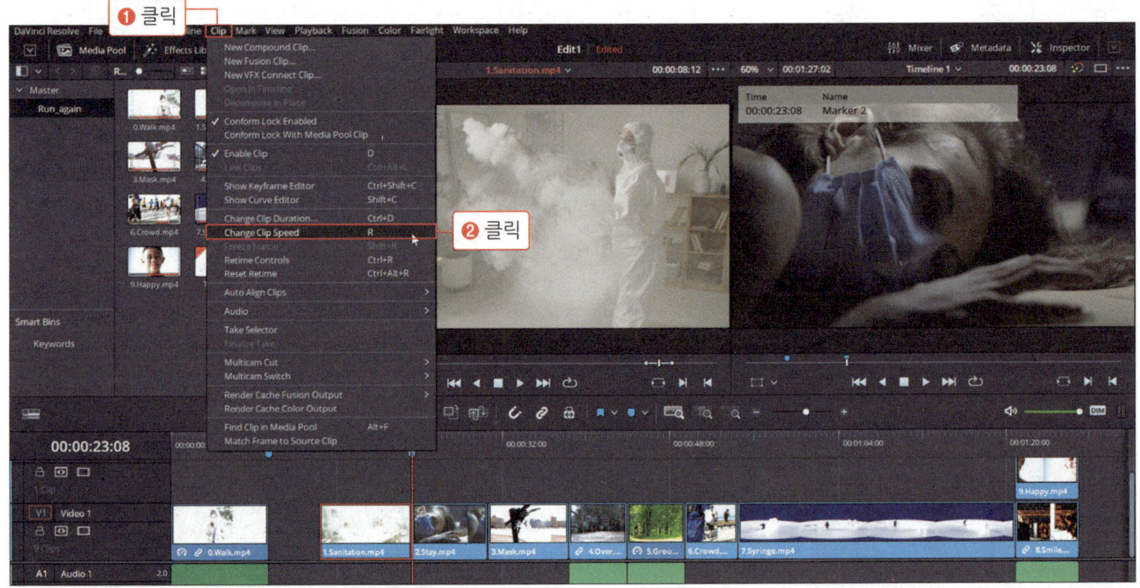

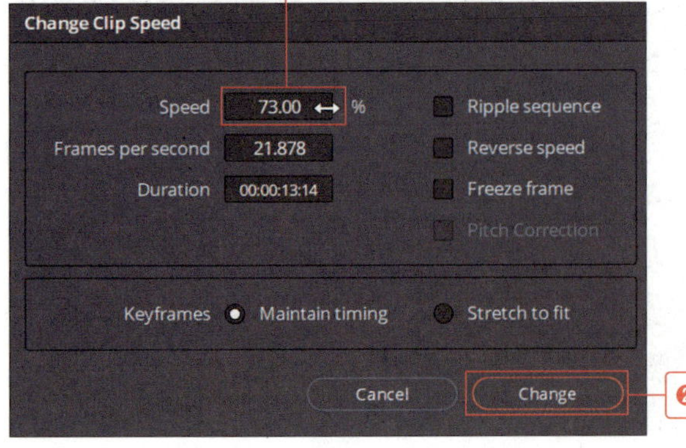

09 Change Clip Speed 설정 창에서 Speed 항목의 수치를 클릭한 상태로 좌우로 움직여서 아래 나타나는 Duration 시간을 앞에서 계산했던 시간 차이에 일치하게 조정합니다.

10 속도를 조절한 1번 클립의 이름 왼쪽에도 속도계 아이콘이 생깁니다. 클립의 시작점에 마우스 커서를 올리고 Ripple Trim 커서로 바뀌면 마우스를 클릭한 상태로 왼쪽으로 끌어서 클립의 길이를 늘립니다.

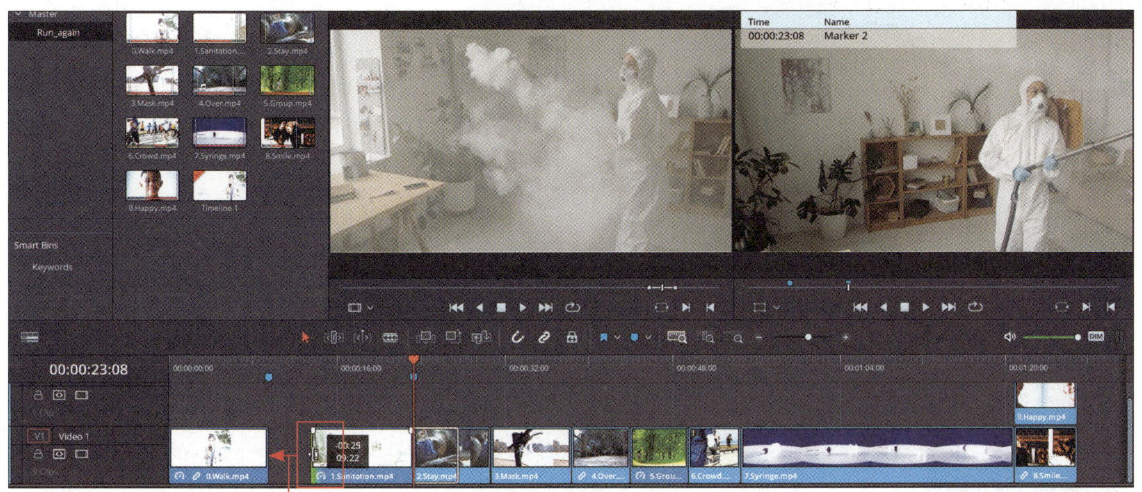

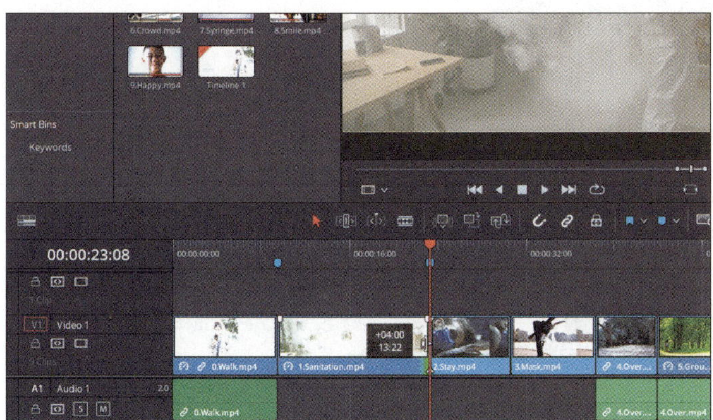

11 다시 1번 클립을 클릭한 상태로 왼쪽으로 끌어서 0번 클립 뒤에 붙이고, 클립의 끝에 마우스 커서를 위치하여 마찬가지로 Ripple Trim 상태에서 마우스를 클릭하며 오른쪽으로 끌어서 클립의 뒤쪽 길이를 늘입니다.

12 해당 클립을 재생해보면 원본에 비해 느리게 움직이는 것을 알 수 있습니다. 클립의 속도가 느려졌습니다.

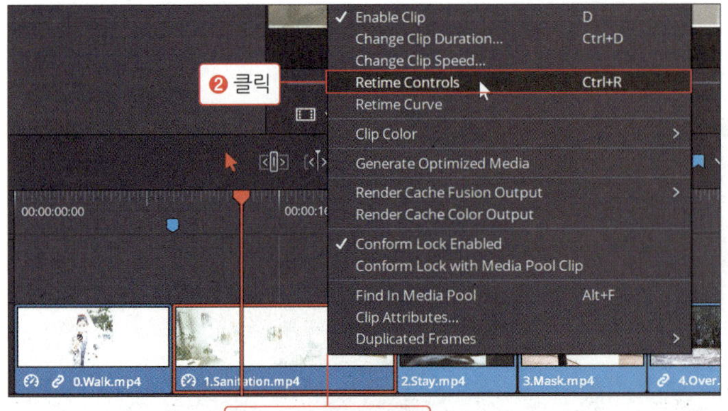

13 앞의 방법처럼 클립의 속도를 단일하게 바꿀 수 있지만, 클립 내부에도 구간별로 속도의 변화를 적용할 수도 있습니다. 1번 클립을 다시 선택하고 마우스 오른쪽 버튼을 클릭하면 나타나는 메뉴 중에서 'Retime Controls(시간 재조정)'을 선택합니다.

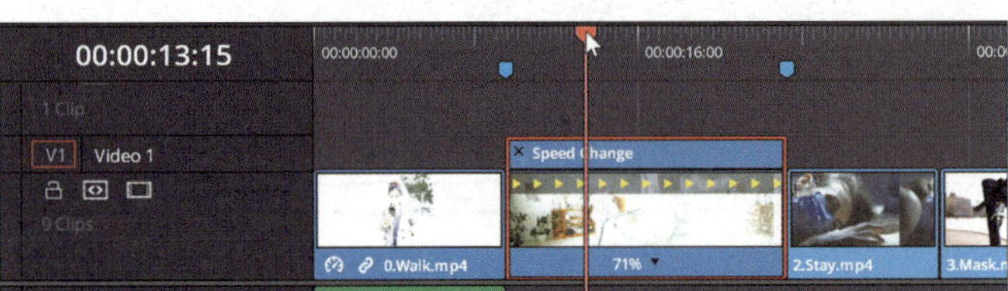

14 타임라인의 해당 클립 위쪽에 'Speed Change'라는 단어가 노란색 화살표들과 함께 생성됩니다. 클립 아래에는 변경된 속도의 퍼센트(%)가 수치로 표시됩니다.

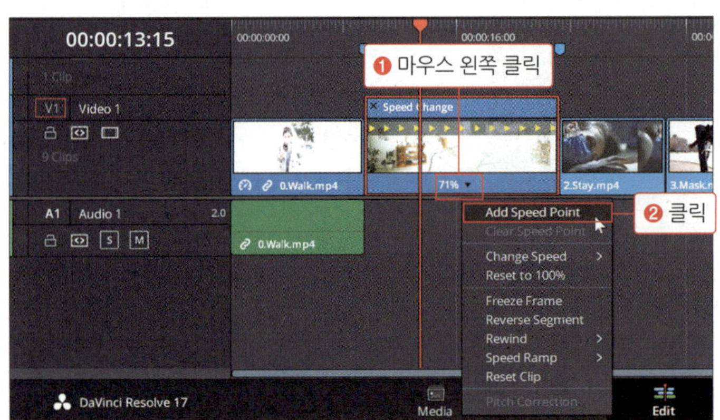

15 시간표시자를 해당 클립의 앞쪽 1/3 지점으로 옮깁니다. 클립 하단 퍼센트 수치 옆의 아래 화살표를 마우스 왼쪽 버튼으로 클릭하여 세부 메뉴를 열고, 첫 번째 'Add Speed Point(속도 지점 추가)'를 클릭합니다.

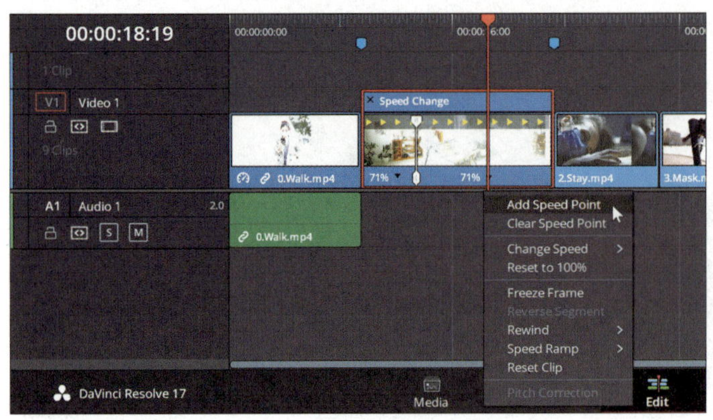

16 시간표시자를 클립의 2/3 지점으로 옮기고 같은 방법으로 Speed Point를 추가합니다.

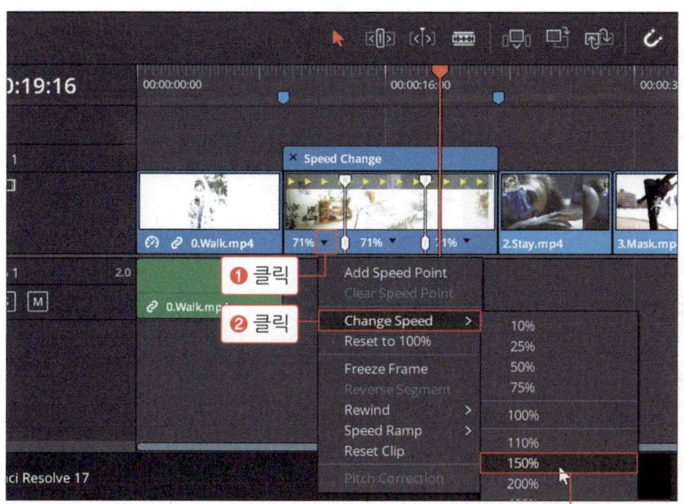

17 해당 클립의 첫 번째 구간 퍼센트 수치 옆 화살표를 클릭하고 Change Speed를 '150%'로 설정합니다.

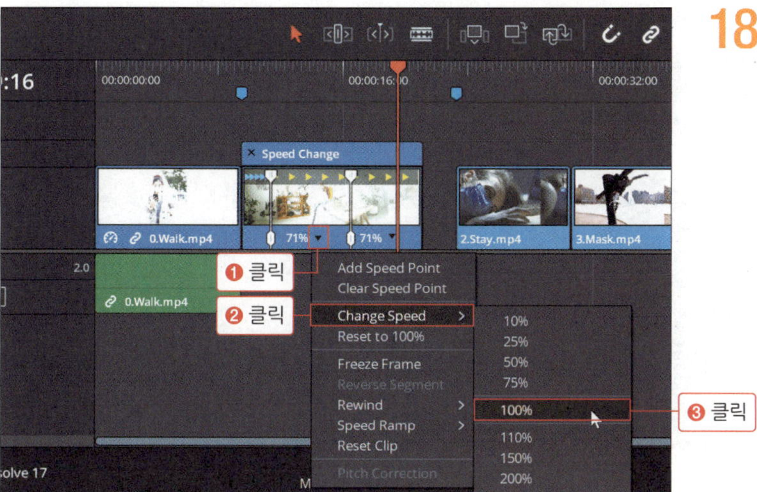

18 두번째 구간의 Change Speed 값을 '100%'로 설정합니다.

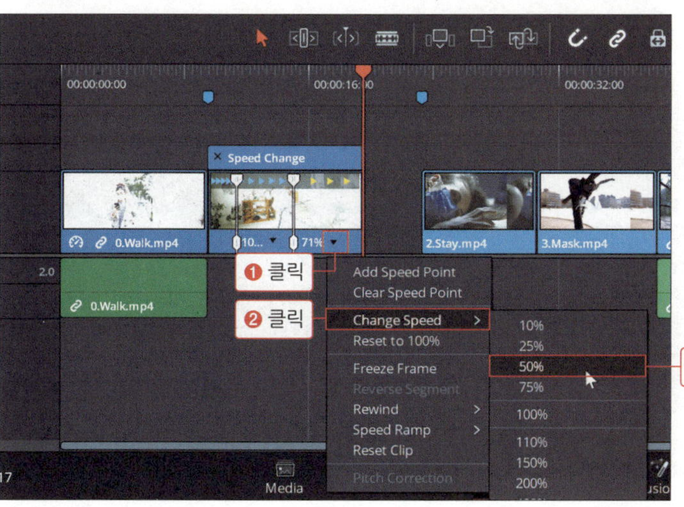

19 세번째 구간의 Change Speed 값은 '50%'로 설정합니다. 이렇게 하면 클립은 빠른 속도로 동작을 시작해서 점차 느려지는 모습을 보이게 됩니다.

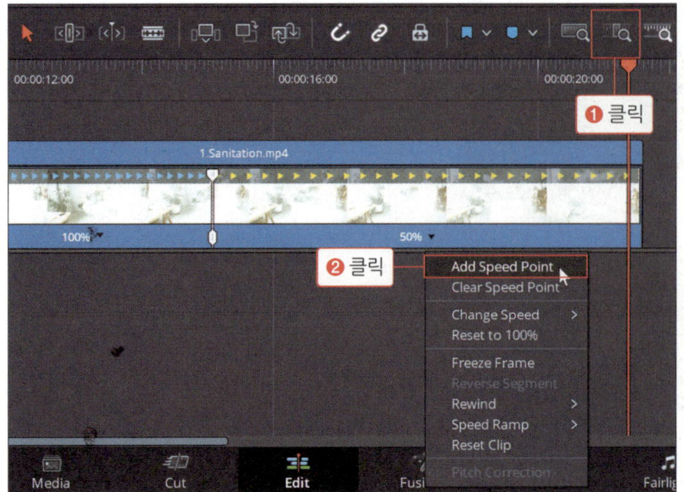

20 타임라인 상단의 [Detail Zoom] 버튼( )을 클릭하여 보기 배율을 확대하고 해당 클립의 거의 끝부분에서 Add Speed Point를 추가합니다.

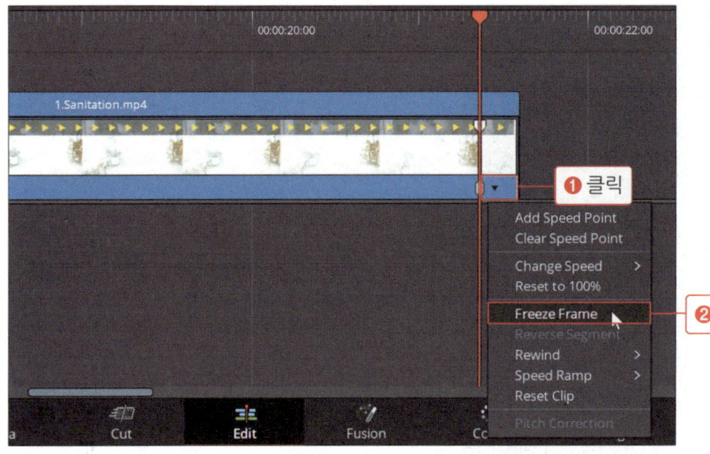

21 이번에는 퍼센트 수치 옆의 화살표를 누르면 나타나는 메뉴에서 'Freeze Frame(정지 프레임)'을 선택합니다. 마지막 구간에는 노란 화살표 대신 빨간색 점선이 나타납니다.

22 구간별로 속도를 조절한 클립과 다음 클립 사이에 마우스 커서를 올리고, Roll Trim 상태에서 두 클립이 서로 빈틈없이 맞붙도록 조정합니다.

23 시간표시자를 클립의 앞으로 옮기고 재생해 보면 구간에 따라 속도가 변하는 것을 확인할 수 있습니다.

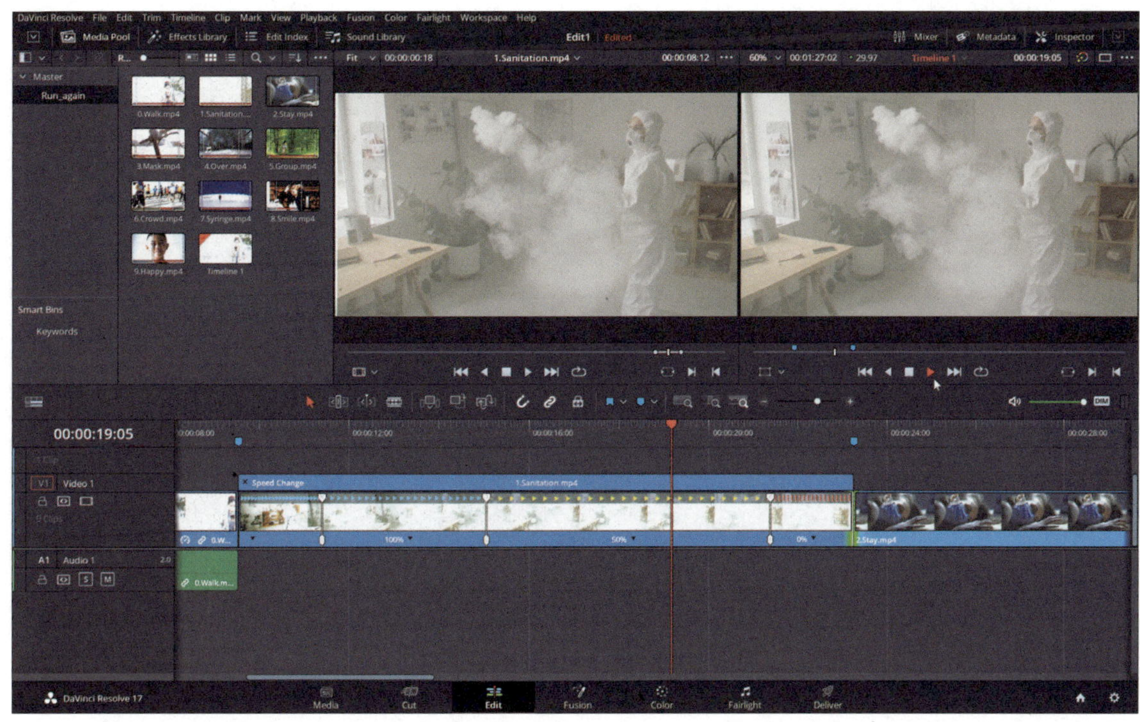

24 이번에는 커브 그래프로 클립의 속도를 가변적으로 변경하는 방법을 살펴보겠습니다. 타임라인의 7번 클립 위치로 시간표시자를 옮깁니다. 7번 클립에 마우스 오른쪽 버튼을 클릭하면 나타나는 메뉴 중에서 'Retime Curve(시간 조정 커브)'를 선택합니다.

25 해당 클립의 아래에 넓은 그래프 영역이 나타납니다. 이 그래프를 이용하여 구간을 만들고 속도를 조절할 수 있습니다.

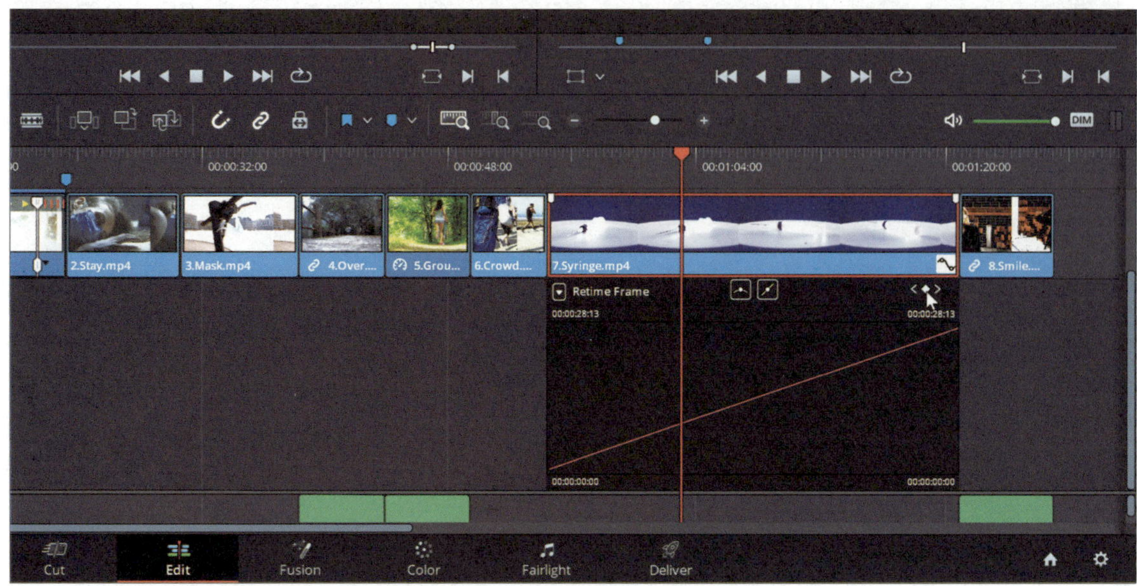

26 그래프의 중간에 2개의 구간 구분점을 만들겠습니다. 시간표시자를 클립의 1/3 지점에 두고 그래프 오른쪽 상단의 작은 마름모를 클릭하면 그래프 선 중간에 둥근 점이 생성됩니다. 이어서 2/3 지점과 3/3 지점에도 마름모를 클릭하여 구간 구분점을 만들어 봅니다.

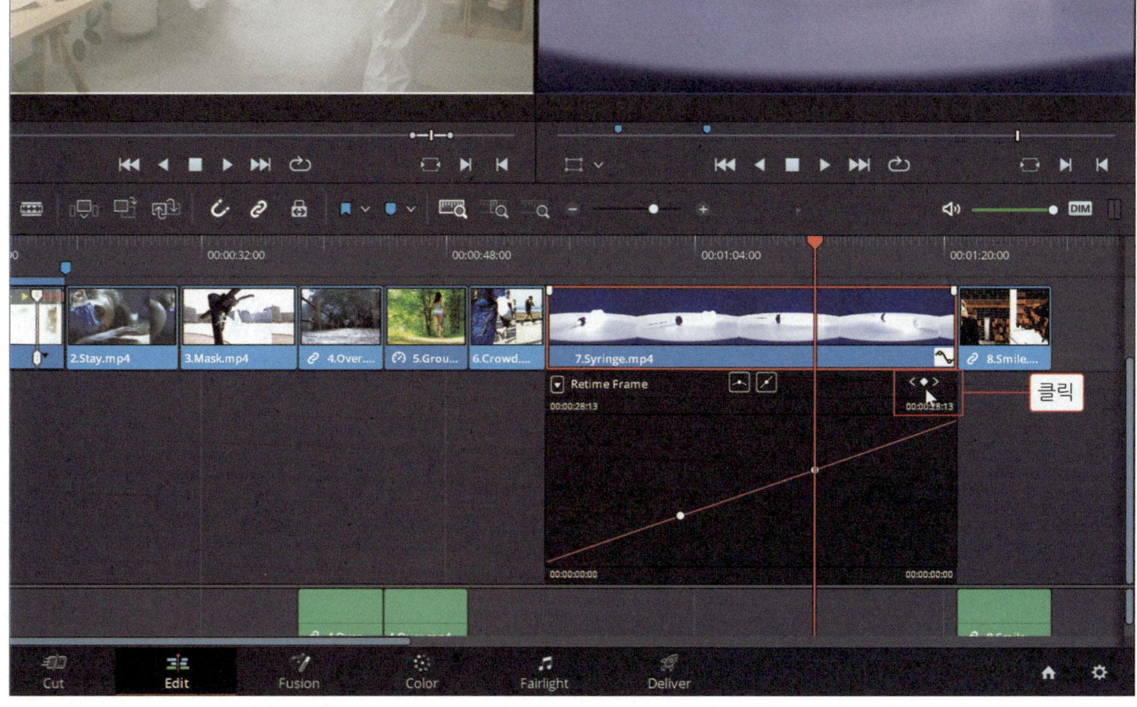

27 마우스 클릭으로 중간 2개의 구분점의 높이를 조절할 수 있습니다. 왼쪽 중간점은 높게 올리고, 오른쪽 중간점은 조금 낮춥니다. 이렇게 하면 경사가 급하게 올라가다가 완만해지고 다시 급하게 올라가는 그래프로 바뀝니다.

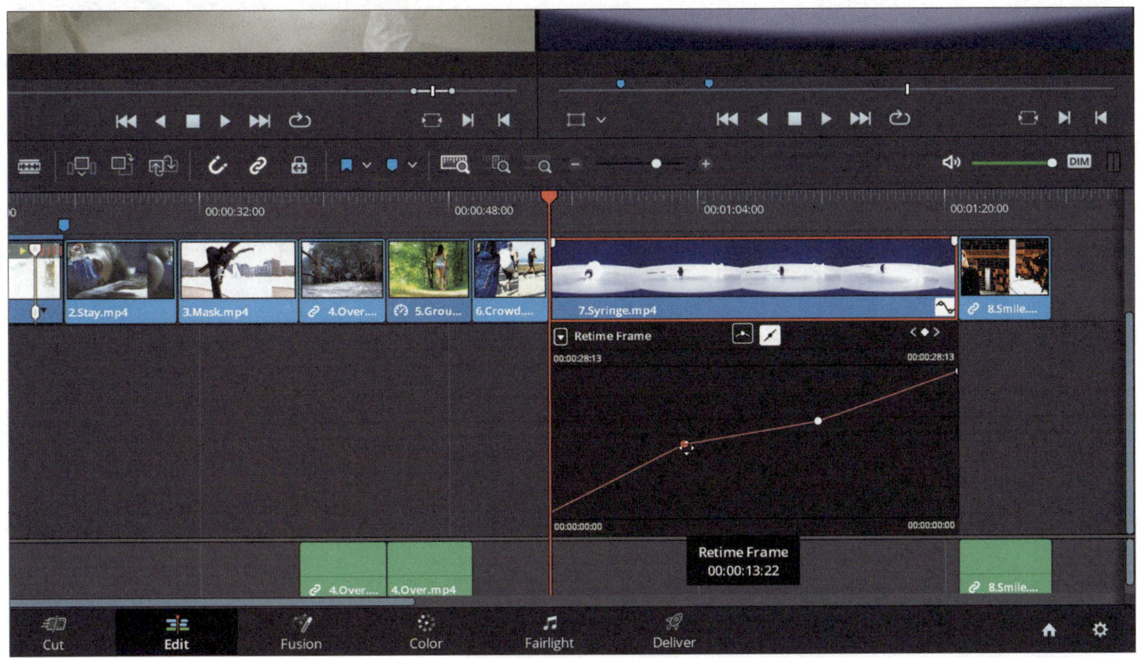

28 그래프 상단 중앙에는 각 구분점의 모양을 꺾은선 또는 둥근선으로 만들지 조정하는 아이콘이 있습니다. 구분점을 클릭하여 선택하고, 왼쪽 둥근선 아이콘을 클릭하면 커브를 조절할 수 있는 핸들이 나타납니다. 핸들을 클릭한 채 움직이면서 적절히 조절하여 그래프의 모양이 부드럽게 꺾이도록 만듭니다.

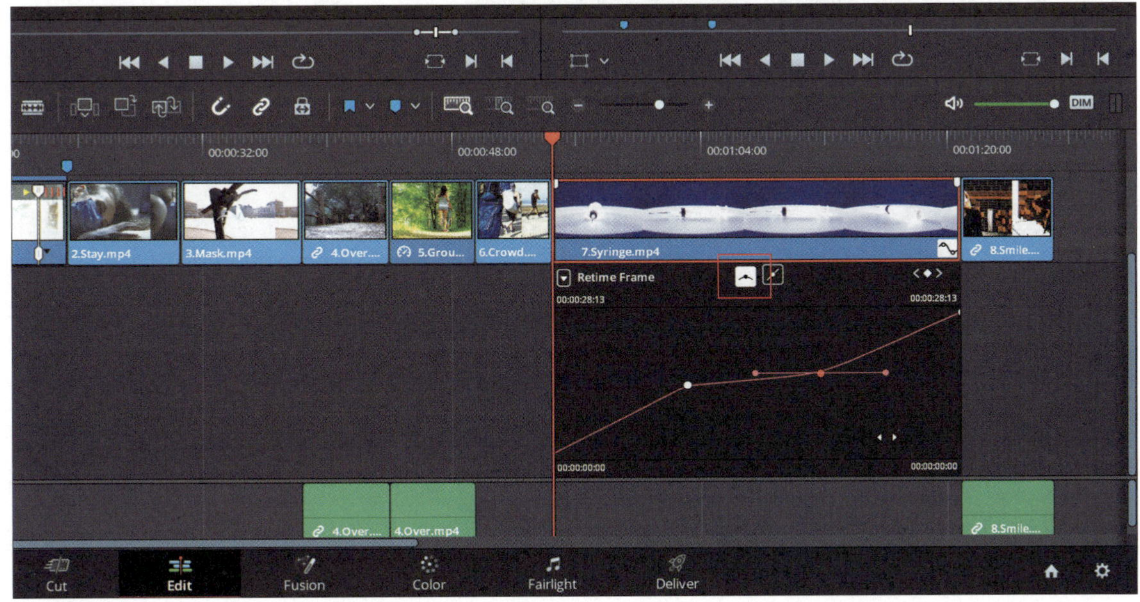

29 해당 클립 앞쪽으로 시간표시자를 옮기고 재생해 봅니다. 구간에 따라 속도가 부드럽게 변하는 것을 알 수 있습니다. 그러나 대체로 클립 자체의 속도가 느려서 다이내믹한 느낌이 덜합니다.

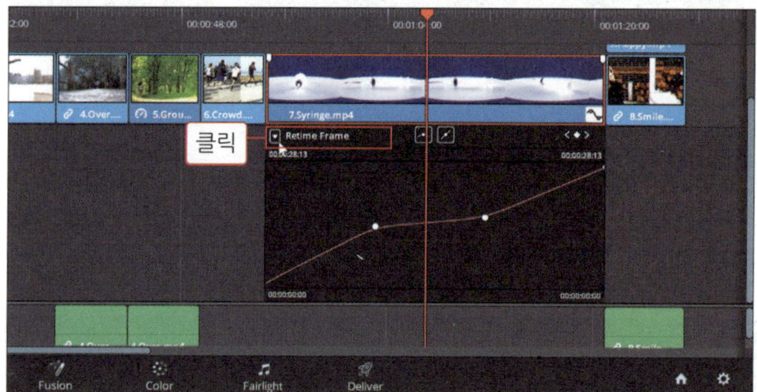

30 클립 구간별로 속도의 변화를 더 크게 설정해야 됩니다. 그래프 상단 왼쪽에 'Retime Frame' 글자의 왼쪽에 있는 아래 화살표를 클릭합니다.

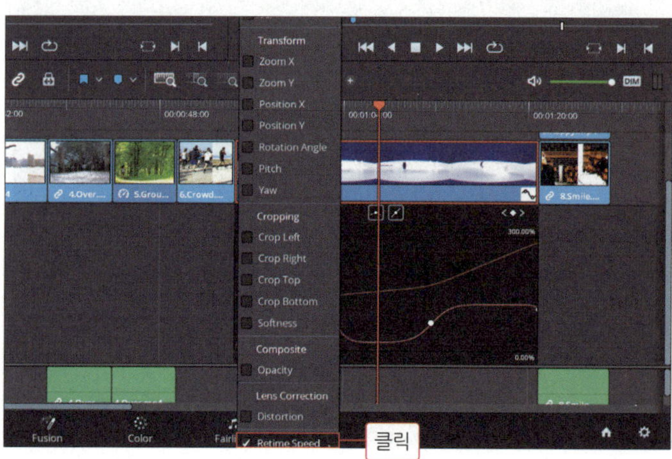

31 설정 메뉴에서 맨 아래에 있는 'Retime Speed'를 클릭하여 왼쪽에 'V' 표시가 나타나도록 합니다.

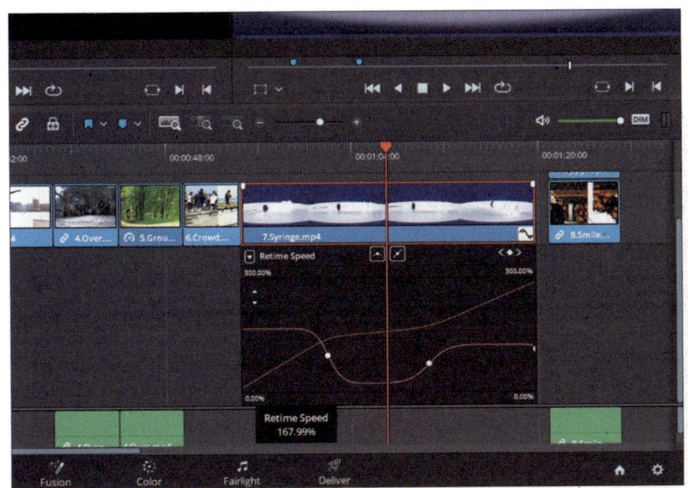

32 Retime Frame 그래프와 함께 Retime Speed 그래프가 오목한 모양으로 함께 겹쳐 나타납니다. 이 곡선 그래프는 구간에 따른 속도의 변화를 보여줍니다. 선의 높이가 낮으면 느린 속도이고, 높으면 빠른 속도를 의미합니다.

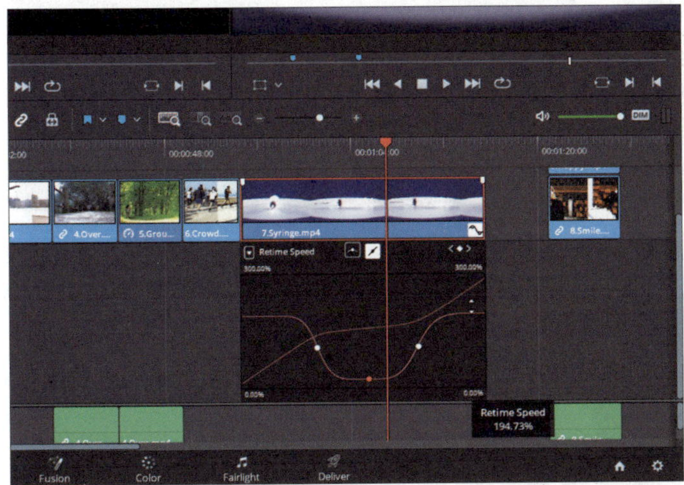

33 그래프 곡선의 왼쪽 부분에 마우스를 클릭하여 위로 드래그하면 그래프 선이 따라 올라가면서 곡선의 모양이 바뀝니다. 양쪽 끝부분을 위로 올려서 빠른 속도로 설정합니다.

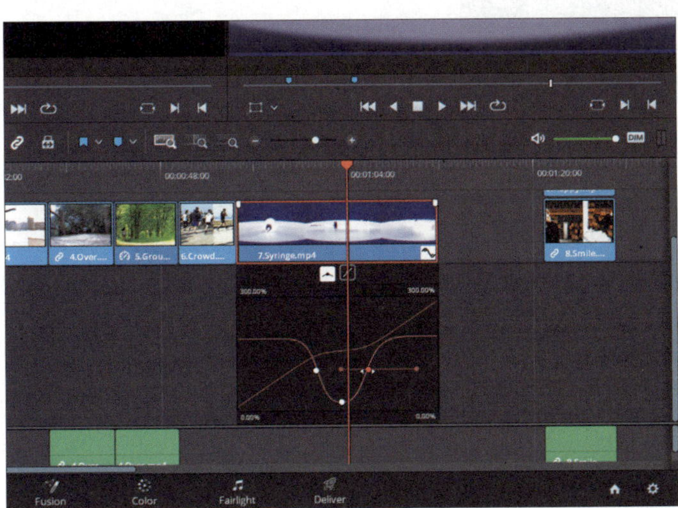

34 속도 구분점을 클릭한 상태로 마우스를 움직이면 폭이 좁아지거나 넓어지면서 속도의 구간의 폭이 바뀝니다. 속도 구분점을 클릭하고 움직이면서 넓은 U자 모양의 그래프를 좁은 'V'자 모양으로 변경해 봅니다. 그러면 클립의 길이가 점차 줄어들면서 마지막 클립과의 사이가 벌어집니다.

> **Tip** 클립의 길이가 줄어든다는 것은 해당 클립의 속도가 전체적으로 빨라진다는 의미입니다.

35 해당 클립의 속도 조절을 완료하면 그래프가 넓은 면적을 차지하므로 닫아야 합니다. 클립에 마우스 오른쪽 버튼을 클릭하고 다시 'Retime Curve'를 선택하면 그래프가 닫힙니다.

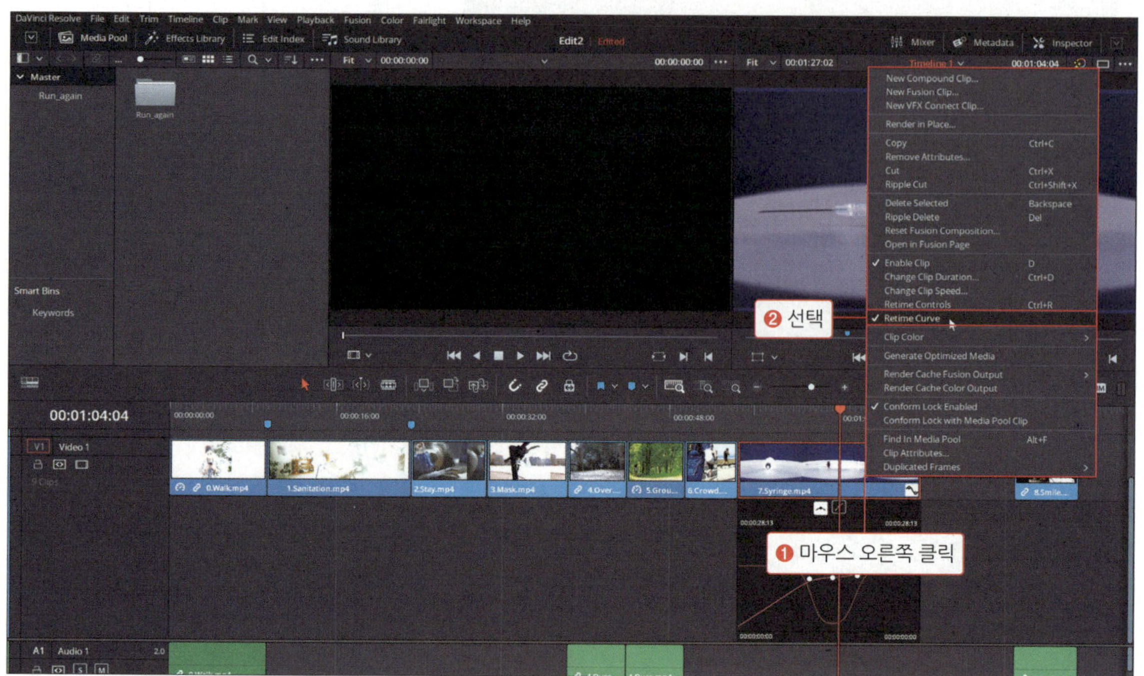

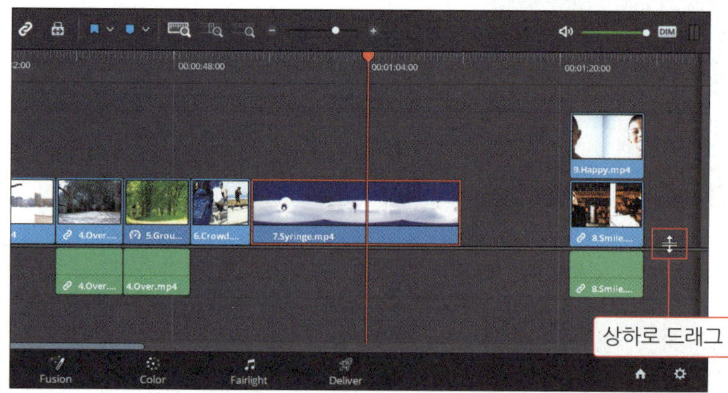

36 그래프가 닫히면 타임라인의 상하 구도가 조금 어긋나 보일 수 있습니다. 오디오와 비디오 영역의 구분선을 클릭하고 상하로 움직여서 클립들이 제대로 보이도록 조절합니다.

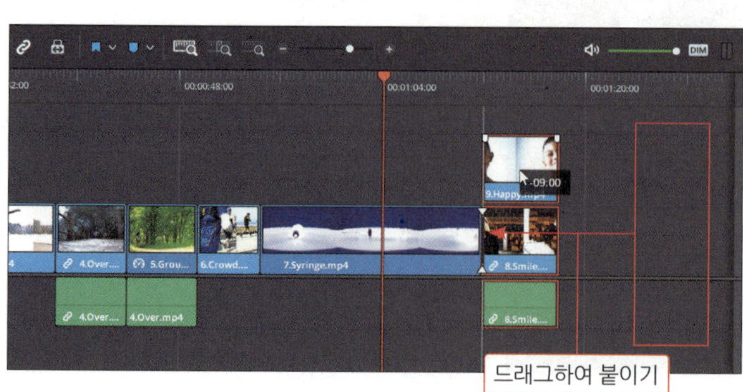

37 마지막 클립들을 전체 선택하여 왼쪽으로 끌어와서 줄어든 앞 클립의 뒤에 빈틈없이 붙입니다. 타임라인의 자석 기능으로 인해 편집점 근처에 가면 자동으로 달라붙습니다.

38 타임라인 전체를 재생해 보면서 클립들의 속도를 관찰하고, 필요에 따라 각 클립의 속도를 변경해 봅니다.

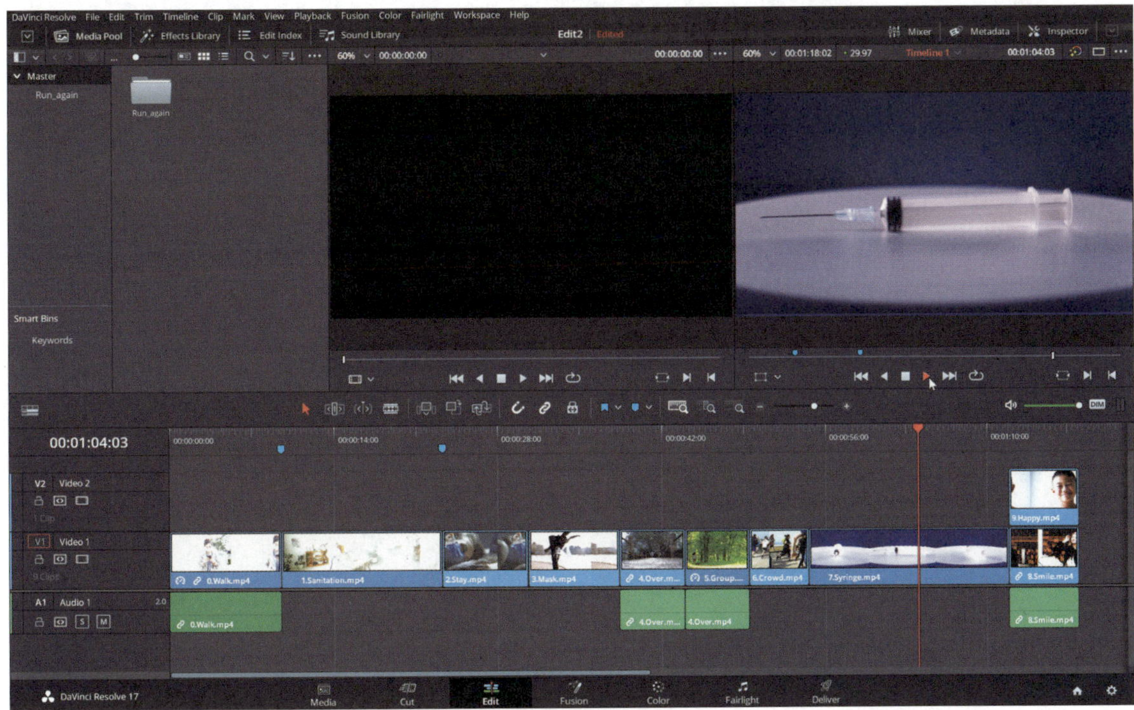

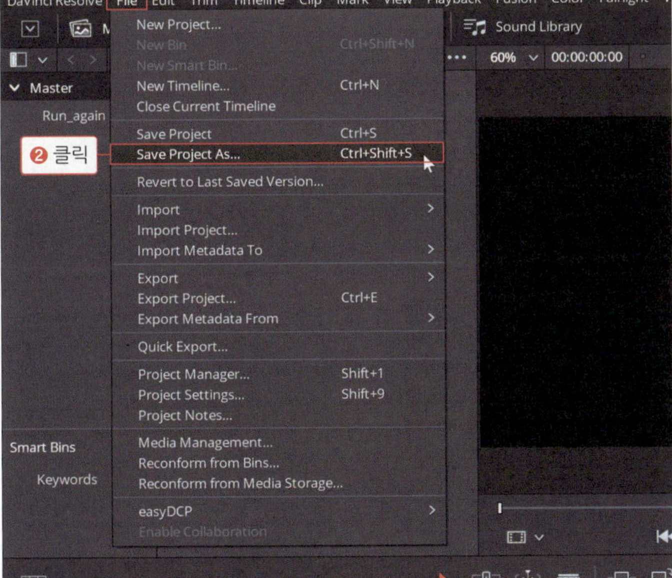

39 시간 조절을 완료하면 File 메뉴의 'Save Project As...'를 선택하여 현재 편집 내용을 새로운 이름으로 저장합니다.

변화의 기본, 키 프레임 편집하기

키 프레임(Key Frames)이란 영상의 움직임(motion)이나 효과의 정도 차이를 구현할 때 기준으로 삼는 프레임입니다. 키 프레임을 지정하는 것은 특정 프레임에 각 변화의 값을 저장한다는 의미입니다. 앞으로 나오는 대부분의 기능은 키 프레임 설정을 전제로 합니다. 시작점–기준점–끝점의 3단계 키 프레임 설정으로 변화를 적용해보겠습니다.

예제 파일 02/ 3/ 0.Walk.mp4, 1.Sanitation.mp4, 2.Stay.mp4, 3.Mask.mp4, 4.Over.mp4, 5.Group.mp4, 6.Crowd.mp4, 7.Syringe.mp4, 8.Smile.mp4, 9.Happy.mp4

완성 파일 02/ 3/ 4Edit_완성.mov

01 앞의 속도 조절 그래프에서 보았던 구분점은 일종의 Key Frames(키프레임)입니다. 키프레임은 변화를 만드는 구분점 또는 기준점 역할을 하는 프레임입니다. 앞에서 편집했던 프로젝트를 열고 시간표시자를 타임라인의 가장 첫 클립으로 이동합니다. 오른쪽 상단의 'Inspector(관리자)'를 클릭합니다.

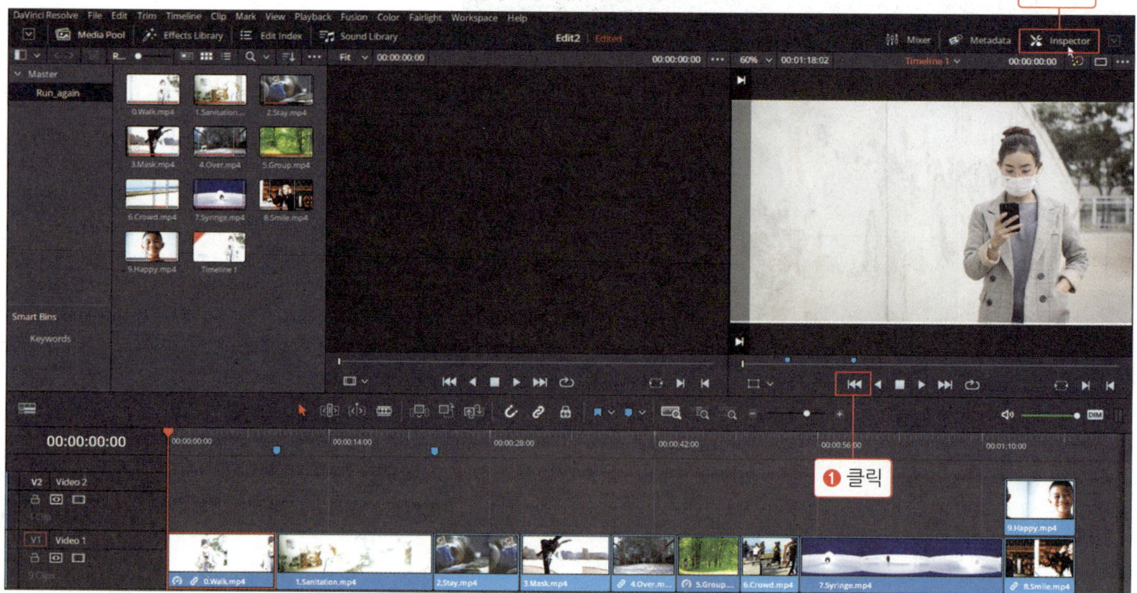

02 Inspector는 Video, Audio 등의 탭으로 기능이 구분됩니다. 해당 클립의 속성을 조절하고 Transform, Cropping, Opacity 등 다양한 설정을 변경할 수 있습니다.

03 스크롤바를 내려서 Composite(합성) 항목 하단의 Opacity(불투명도) 앞의 마름모 모양을 클릭합니다. 기본 100% 수치 상태로 마름모가 빨간색으로 바뀝니다. 미디어 클립에서 이 마름모의 위치를 키 프레임이라고 합니다. 이렇게 마름모를 클릭하는 행위는 '키 프레임 설정'의 시작입니다.

04 둥근 슬라이더를 클릭하고 왼쪽으로 움직이면 Opacity 값이 '0'에 가까워집니다. 불투명도 수치를 '0'으로 설정합니다. 그러면 뷰어의 영상이 점차 옅어지면서 검은색으로 바뀝니다. 타임라인 해당 트랙의 클립 아래에 어떤 영상이나 이미지도 없기 때문에 검게 보이는 것입니다.

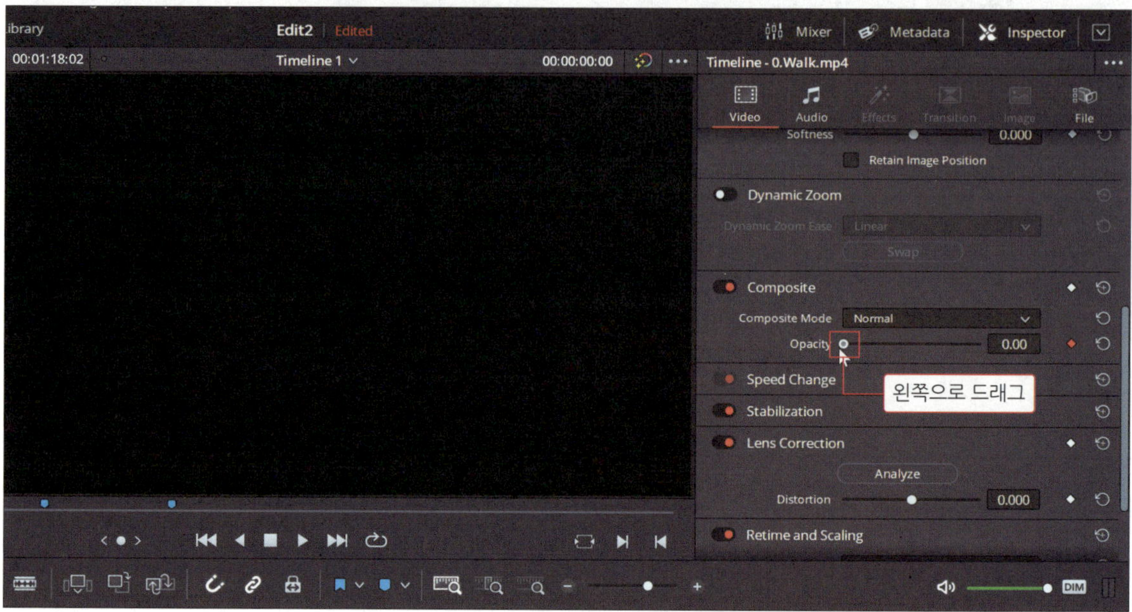

05 타임라인의 시간표시자를 클립 시작점에서 약 2초 뒤로 이동하고, Inspector의 Opacity 값을 '100'으로 설정합니다. 빨간 마름모로 표시되면서 뷰어에 영상이 제대로 나타납니다.

06 이번에는 가장 마지막 클립으로 시간표시자를 이동합니다. 이곳에는 두 개의 트랙에 영상 클립이 놓여 있습니다. 위쪽 2번 트랙의 클립을 선택하고 Inspector의 Opacity 옆 마름모를 클릭하여 키 프레임을 설정합니다.

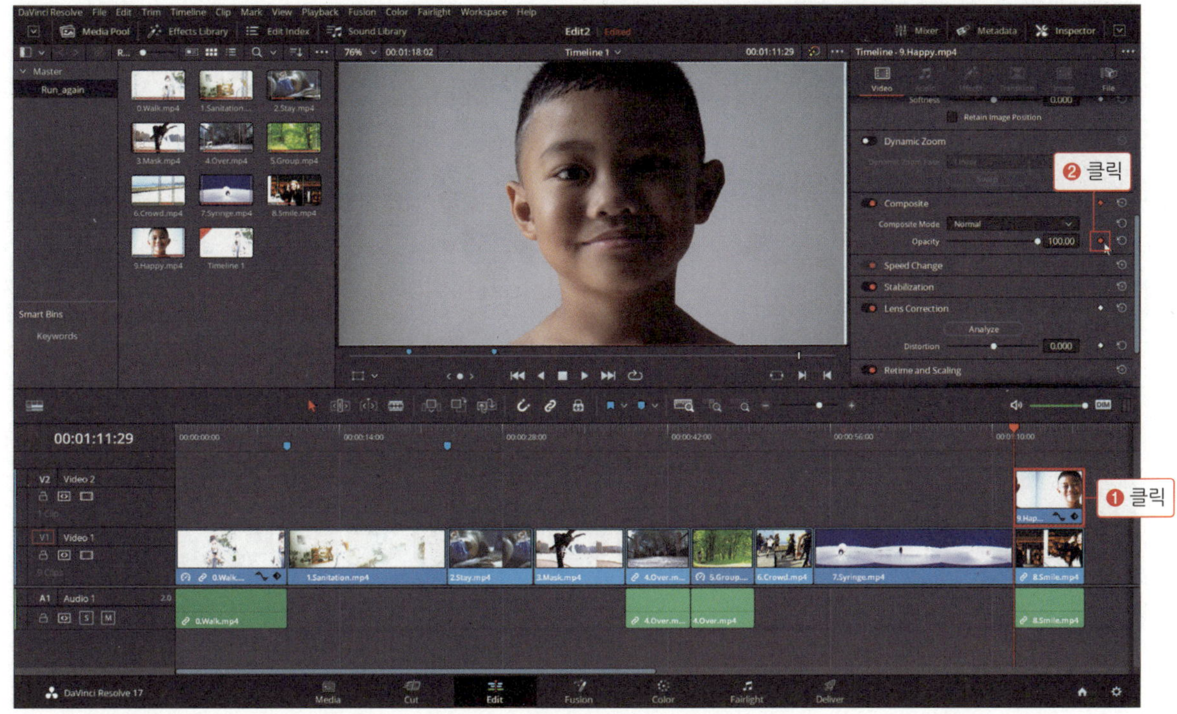

07 클립 시작점에서의 Opacity 값을 '0'으로 설정하면 2번 트랙의 클립은 투명해지고, 1번 트랙의 클립이 뷰어에 선명하게 나타납니다.

08 타임라인 위의 [Detail Zoom] 버튼을 클릭해서 보기 배율을 확대합니다. 시간표시자를 약 2초 뒤로 옮기고, Inspector의 Opacity 값을 '100'으로 설정합니다. 이 키 프레임에서는 2번 트랙의 클립이 선명하게 보입니다.

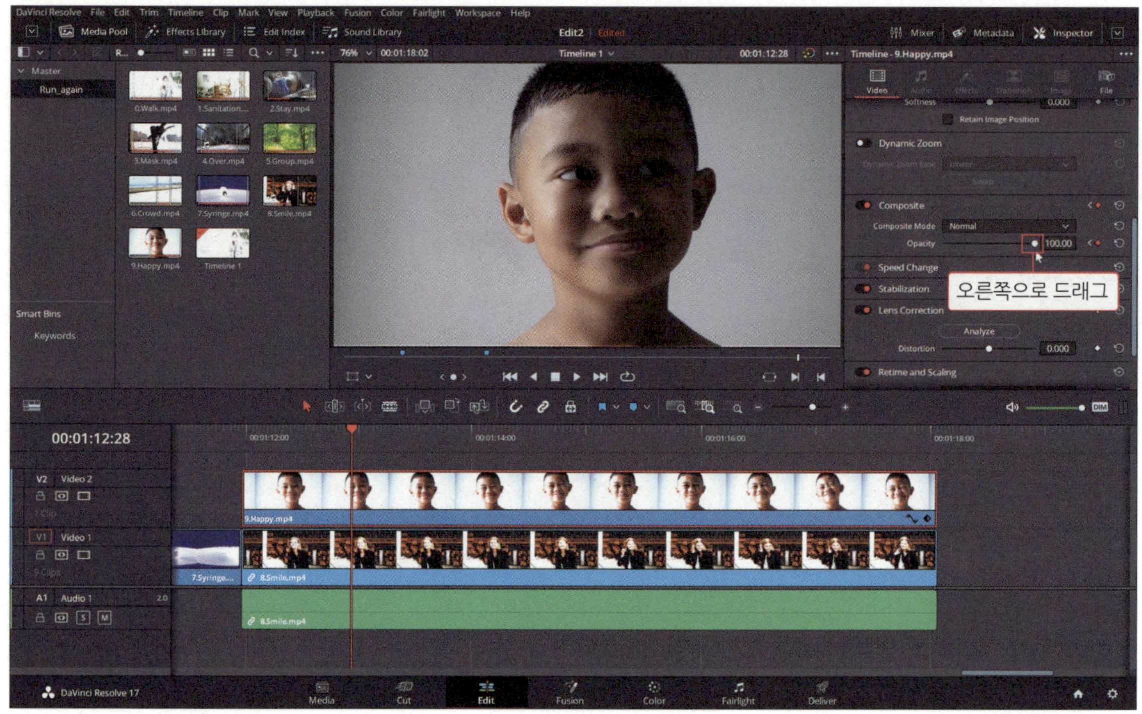

09 이와 같은 방법으로 약 2초 간격마다 2번 트랙 클립의 Opacity 값을 '0'과 '100'으로 번갈아 설정합니다.

10 마지막 부분에서는 1번 트랙의 클립이 잘 보이도록 Opacity 값을 '0'으로 지정하여 클립의 키 프레임 설정을 마칩니다.

11 마지막 클립의 시작점에 시간표시자를 두고 재생해보면 두 트랙의 영상이 서로 교차하며 나타나는 것을 확인할 수 있습니다. 그런데 두 어린이의 얼굴 크기가 달라서 조금 어색해 보입니다.

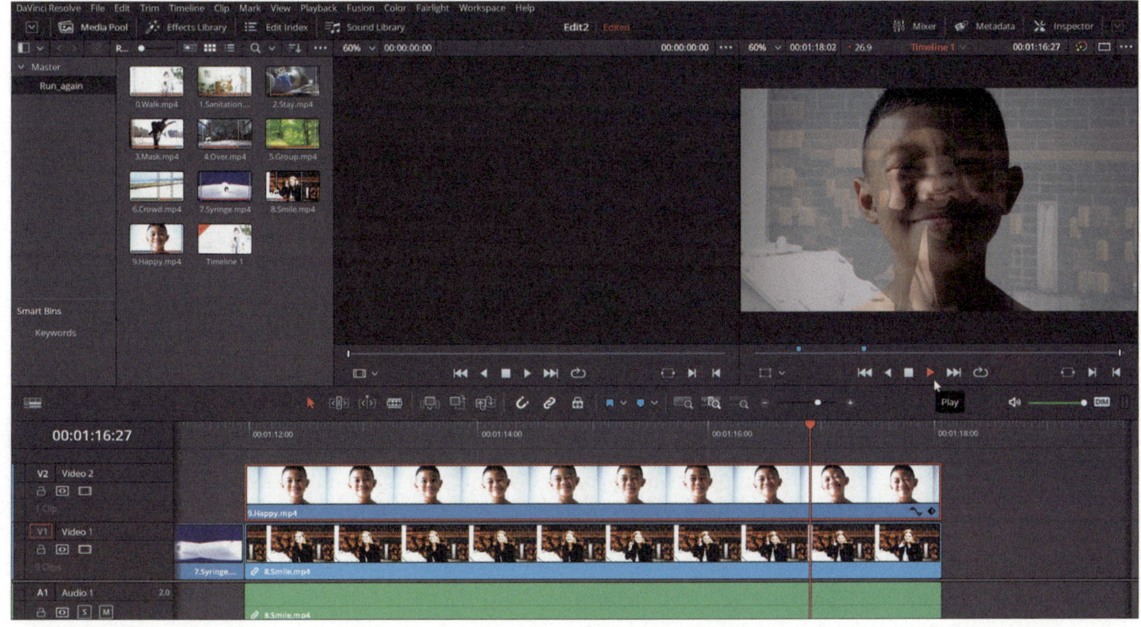

12 타임라인 1번 트랙의 마지막 클립을 선택하고, 시간표시자를 움직여서 두 클립이 서로 비슷한 비중으로 합성되어 나타나는 위치를 찾습니다. 오른쪽 Inspector의 Transform(변형) 항목의 설정값을 조정합니다.

13 Inspector의 Transform 항목 중에서 Zoom(확대) 값을 증가시켜 소녀 얼굴의 크기를 소년과 유사하게 변형합니다. 숫자를 마우스로 클릭해서 좌우로 움직이면 수치가 변합니다.

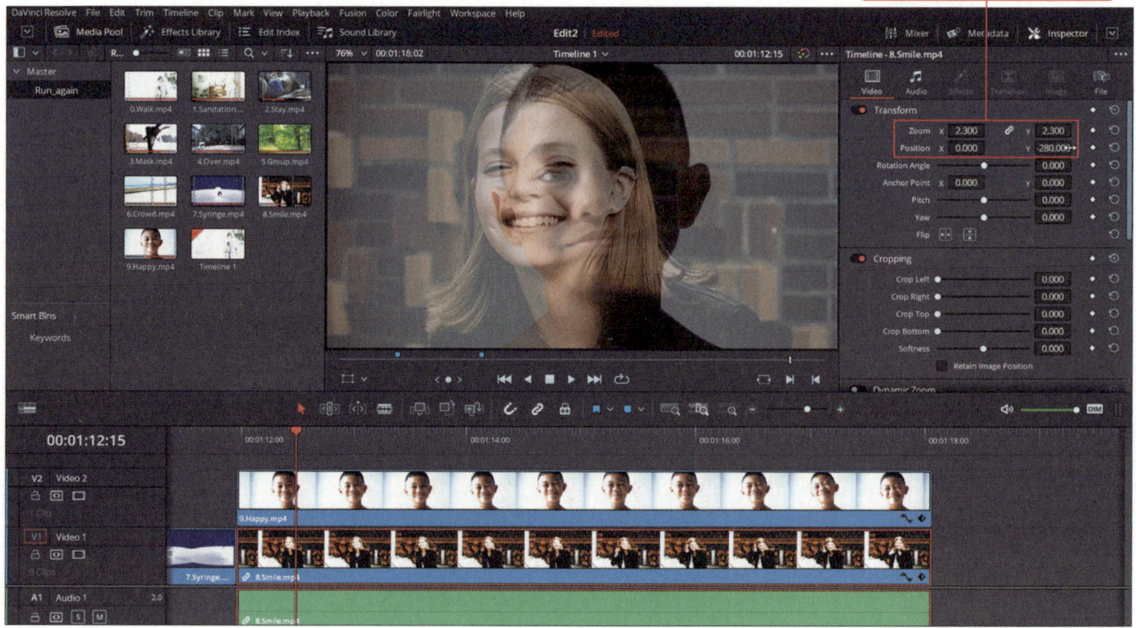

14 Transform의 Position(위치) 값을 X, Y 축으로 조절해서 두 명의 얼굴이 가운데 비슷한 크기로 겹치도록 설정합니다.

15 시간표시자를 앞으로 이동하여 클립 부분을 재생해 보면, 두 어린이의 얼굴 크기가 비슷하게 겹치는 것을 확인할 수 있습니다.

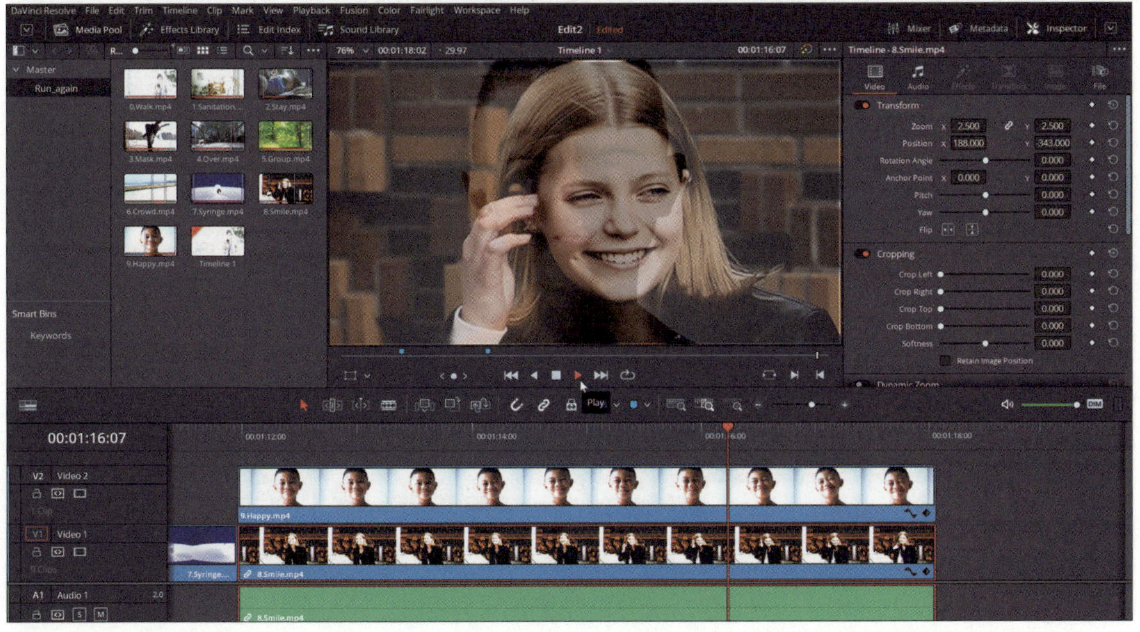

16 시간표시자를 앞으로 옮겨서 두 번째인 1번 클립의 시작점에 둡니다. Inspector의 Composite 하단의 Opacity 옆 마름모를 클릭하여 키 프레임을 설정을 시작합니다.

17 1번 클립의 시작점에서 Opacity 값을 '0'으로 지정하여 검은 화면으로 시작하도록 설정합니다.

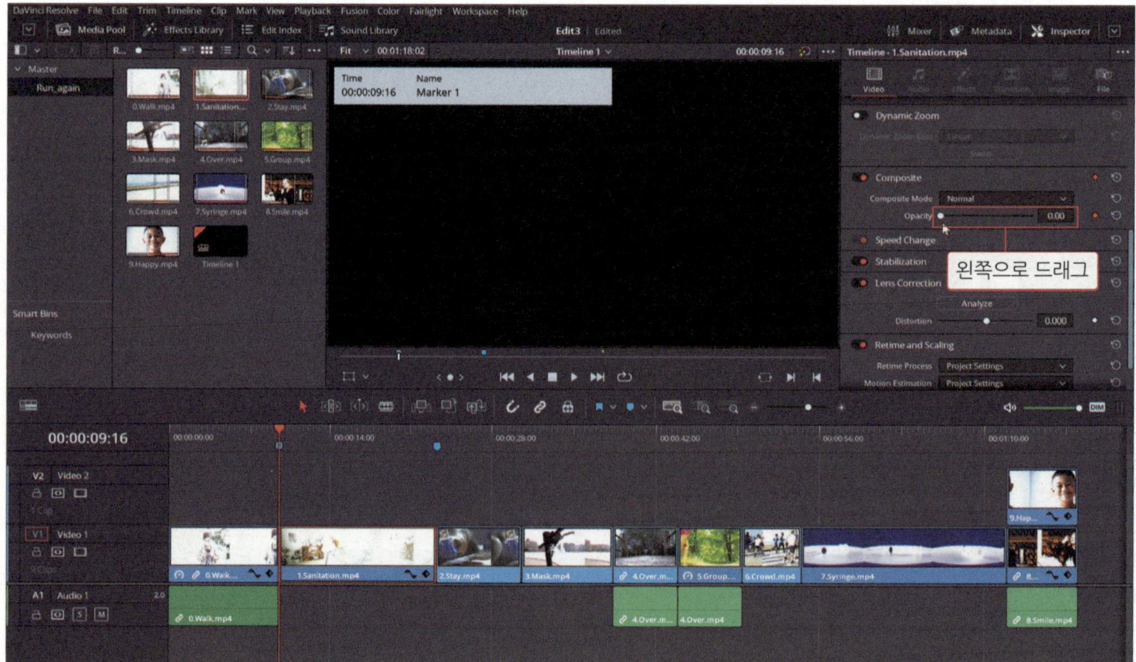

18 시간표시자를 약 2초 정도 뒤로 옮기고 Opacity 값을 '100'으로 올려 클립 영상이 뷰어에 제대로 보이도록 설정합니다.

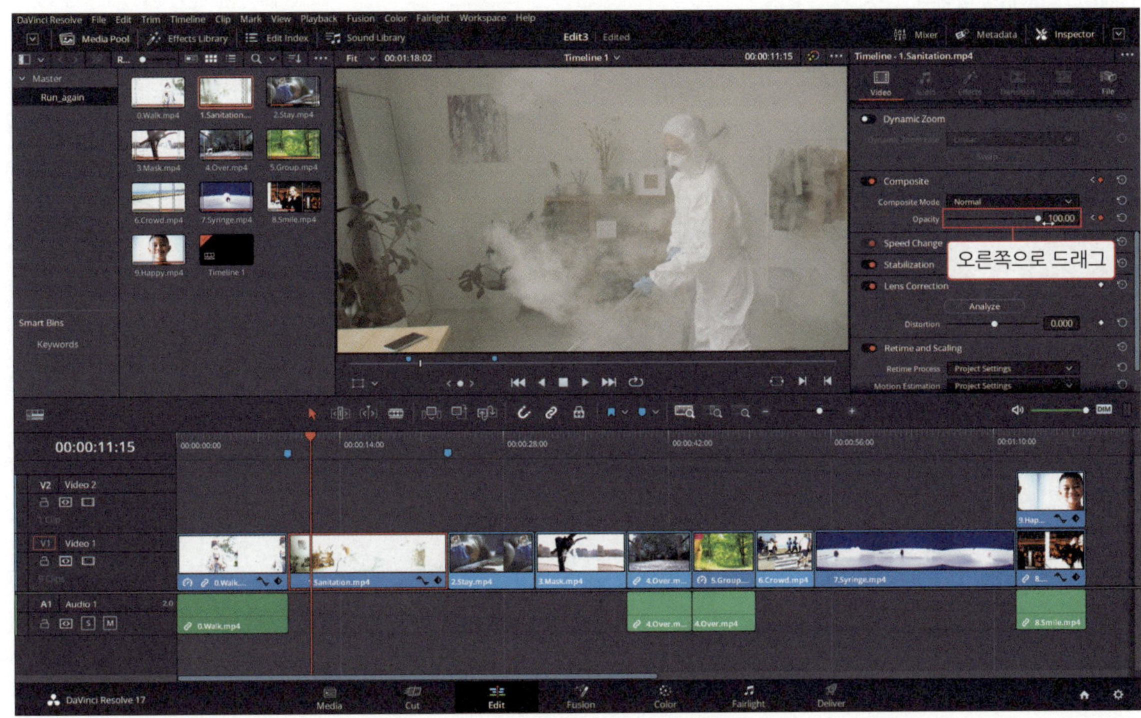

19 Inspector 위쪽의 Transform 항목에서 Zoom과 Position 옆의 마름모를 클릭하여 키 프레임 설정을 빨간색으로 활성화합니다.

20 시간표시자를 다시 2초 정도 뒤로 옮긴 다음 Transform 항목의 Zoom 값을 증가시키고, Position 값을 조절하여 인물이 화면의 중앙에 가깝도록 설정합니다. 다만 값이 지나쳐서 화면 가장자리가 검게 나오지 않는 범위에서 조절해야 됩니다.

21 시간표시자를 다시 조금 뒤로 옮기고 Zoom과 Position 수치를 조절하여 화면의 중앙에 가깝게 인물이 위치하도록 키 프레임 값을 설정합니다.

22 클립의 뒷부분으로 시간표시자를 옮기고 마찬가지로 Zoom과 Position 값을 인물의 위치 변화에 대응하여 설정합니다.

23 키 프레임을 설정한 클립을 재생해 보면 Opacity와 Zoom, Position 값의 변화를 타임라인 뷰어 화면으로 확인할 수 있습니다. 소스 뷰어에 원본을 함께 재생해 보면 차이가 느껴질 것입니다.

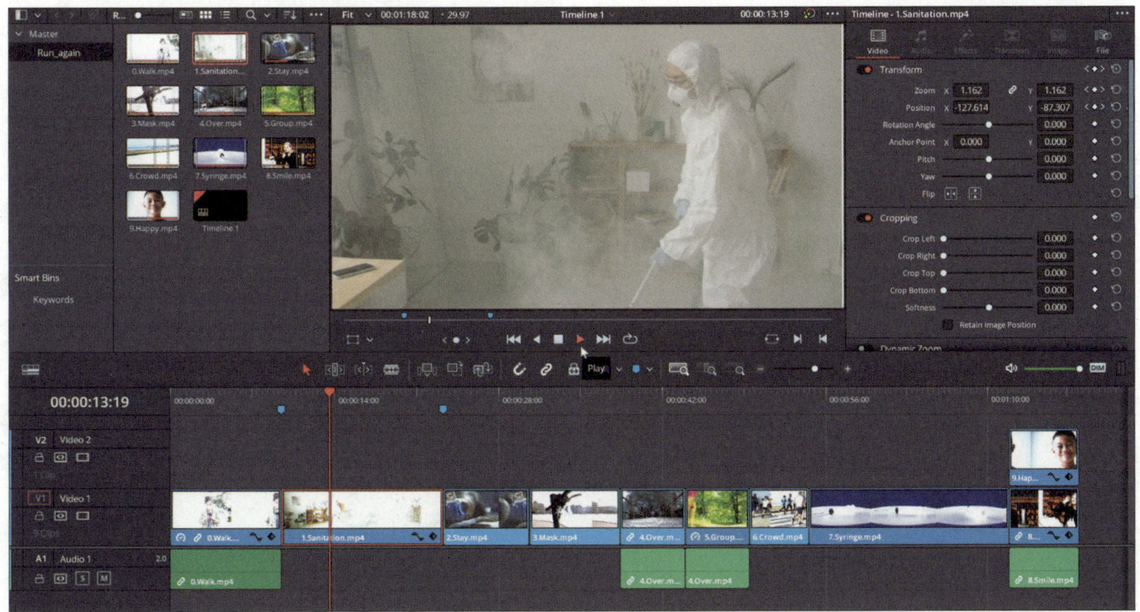

Tip 키 프레임 설정은 영상 클립의 형태, 불투명도뿐만 아니라 거의 모든 효과를 시간의 흐름에 따라 가변적으로 변화시킬 수 있는 중요한 방법입니다. 키 프레임 설정과 적용 방법을 이해하는 것은 영상 편집 작업에 필수적인 능력이 됩니다.

PART 03

영상을 완성하는 도구! 자막 & 효과, 오디오 편집하기

다빈치 리졸브는 다양한 효과와 필터, 세련된 자막 스타일, 전문적인 오디오 기능을 제공합니다. 이런 효과을 적용하면서 설정을 원하는대로 바꾸면 충분히 감각 있는 영상을 연출할 수 있습니다.

내 스타일대로 자막 만들기

자막(Titles)은 영상에 글자 또는 문자를 넣는 작업입니다. 말 그대로 글자가 있는 투명한 막을 영상 위에 얹어 놓는다고 이해하면 간단합니다. 원래 영상의 메시지를 전달하기 위한 보조 수단이었던 자막이 얼마 전부터는 영상을 압도하는 큰 역할을 담당하고 있습니다. 작은 스마트폰 화면으로 영상을 감상하는 비중이 늘면서 음성만으로 이해하기 어려운 대사나 설명을 자막으로 처리하는 경우가 많습니다. 그래서 자막을 효과적으로 만들고 적용하는 것이 중요해졌습니다. 이번 장에서는 자막에 여러 키 프레임과 효과를 추가하고 모션(Motion)이 있으면서도 개성이 뚜렷한 스타일을 만들어 보겠습니다. 다양한 애니메이션 효과를 가진 자막 형태를 만들고 시각적인 설정을 변경해보는 과정을 통해 자신만의 스타일을 찾아보기 바랍니다.

움직이는 모션 자막 만들기

앞서 Cut 페이지에서 간단하게 자막을 만들어 보았습니다. 중앙에 제목 형태의 자막과 하단에 설명 방식의 적용 기법도 살펴보았습니다. 이번에는 자막의 여러 속성을 더욱 다양하게 적용하고, 키 프레임 기능을 활용하여 애니메이션 효과를 보여주는 모션 자막을 만들어 보겠습니다. 키 프레임 설정에서는 기준점의 값을 먼저 지정하고, 이어서 시작점과 끝점의 값을 서로 다르게 설정해야 됩니다.

BEFORE

예제 파일 03/ 1/ 0.Walk.mp4, 1.Sanitation.mp4, 2.Stay.mp4, 3.Mask.mp4, 4.Over.mp4, 5.Group.mp4, 6.Crowd.mp4, 7.Syringe.mp4, 8.Smile.mp4, 9.Happy.mp4

AFTER

완성 파일 03/ 1/ 1motion_완성.mp4

01 기존 Edit 페이지에서 편집한 프로젝트를 열고 자막 작업을 시작하겠습니다. 화면의 모습과 시간표시자의 위치 등 이전에 편집한 마지막 상태 그대로 열리게 됩니다.

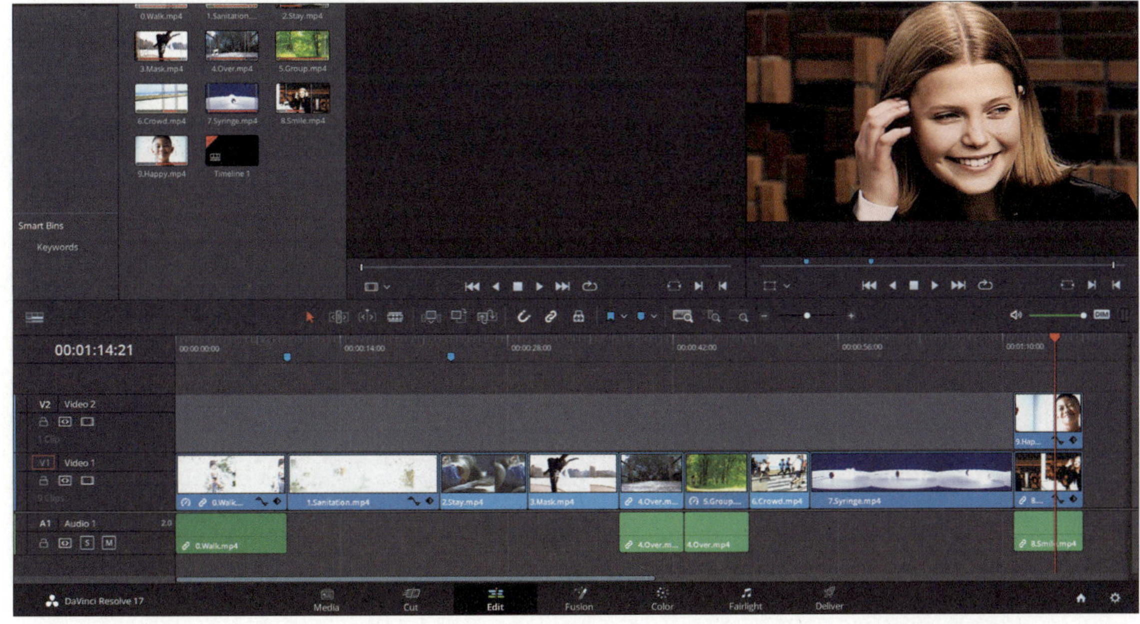

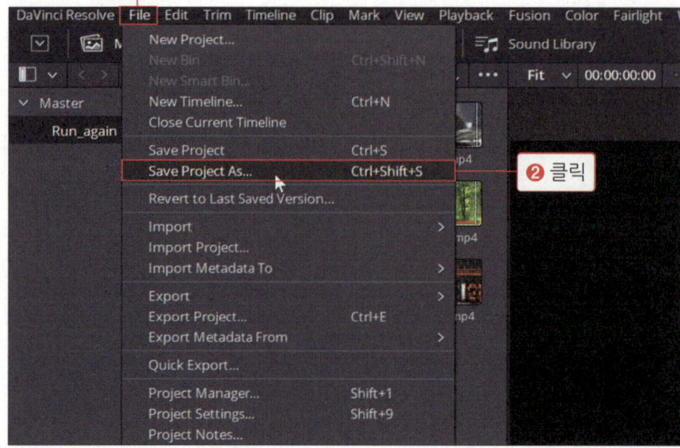

02 프로젝트 파일의 혼동을 방지하기 위해 다른 이름으로 프로젝트를 저장하겠습니다. 상단 File 메뉴의 'Save Project As...'를 클릭합니다.

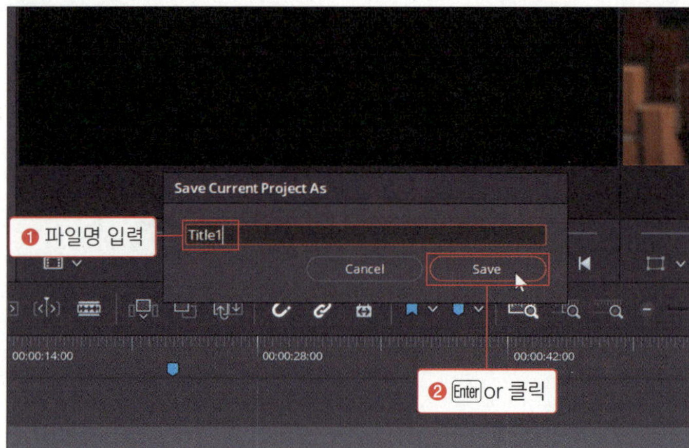

03 Save Current Project As 창에서 다른 이름을 입력하고 Enter를 누르든가 또는 아래 [Save] 버튼을 클릭합니다.

> **Tip** 하나의 편집 결과를 가지고 다양한 효과를 적용할 때는 이렇게 다른 이름으로 프로젝트를 저장해가며 작업하면 오류가 발생해도 이전 프로젝트로 되돌아갈 수 있습니다.

04 상단 중앙에 프로젝트 이름이 바뀐 것을 확인할 수 있습니다. 오른쪽 상단의 Timecode(타임코드) 부분을 클릭합니다. 빨간색으로 활성화된 Timecode 칸에 '00000200'을 입력하고 Enter를 누릅니다.

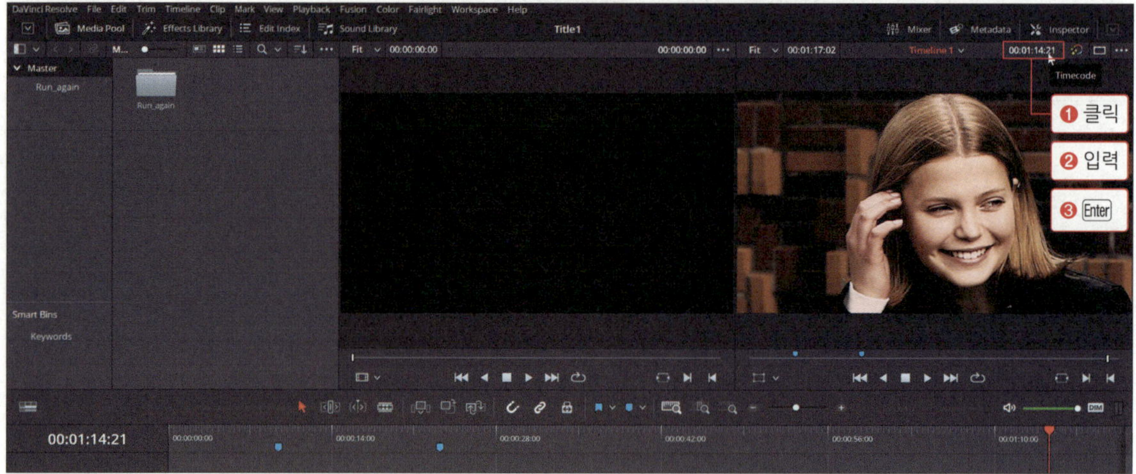

05 이 Timecode 숫자는 '00:00:02:00'로 정렬되면서 타임라인의 시작 2초 위치로 시간표시자가 이동하게 됩니다. 상단 왼쪽의 [Effects Library] 탭을 클릭해서 열고 'Titles' 항목을 클릭합니다.

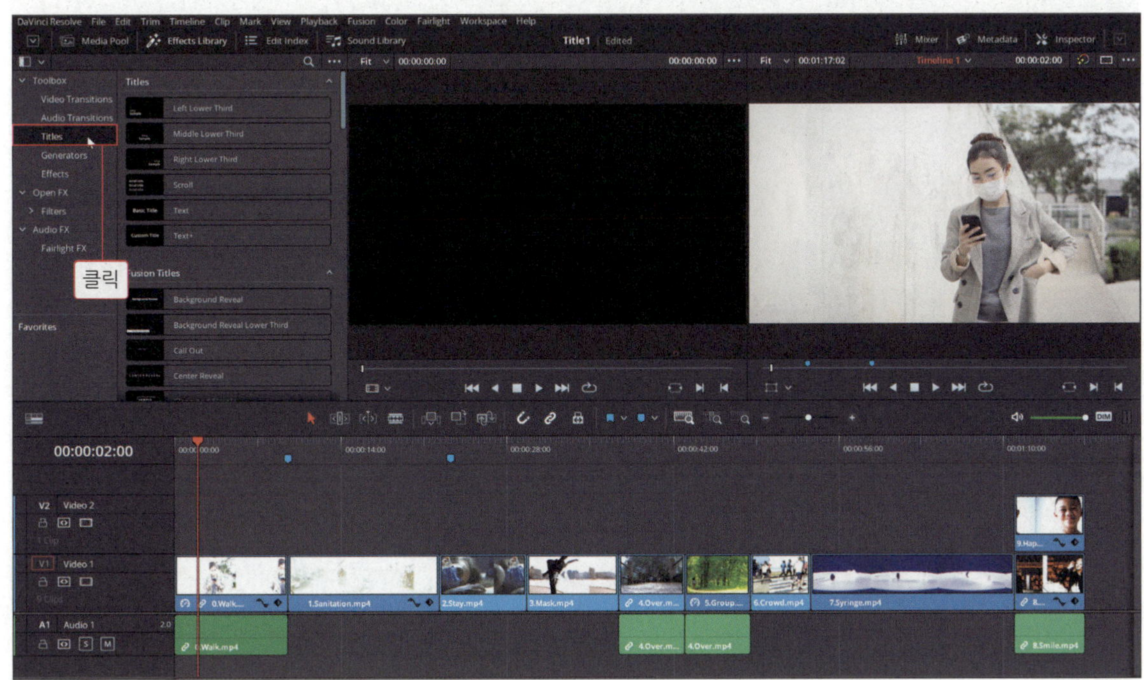

06 중간 Titles 항목을 클릭하면 오른쪽으로 다양한 자막 목록이 표시됩니다. 여기에서 'Text+' 자막을 클릭하여 타임라인 창의 첫 번째 클립 위쪽 Video 2 트랙으로 시간표시자에 맞춰 드래그합니다.

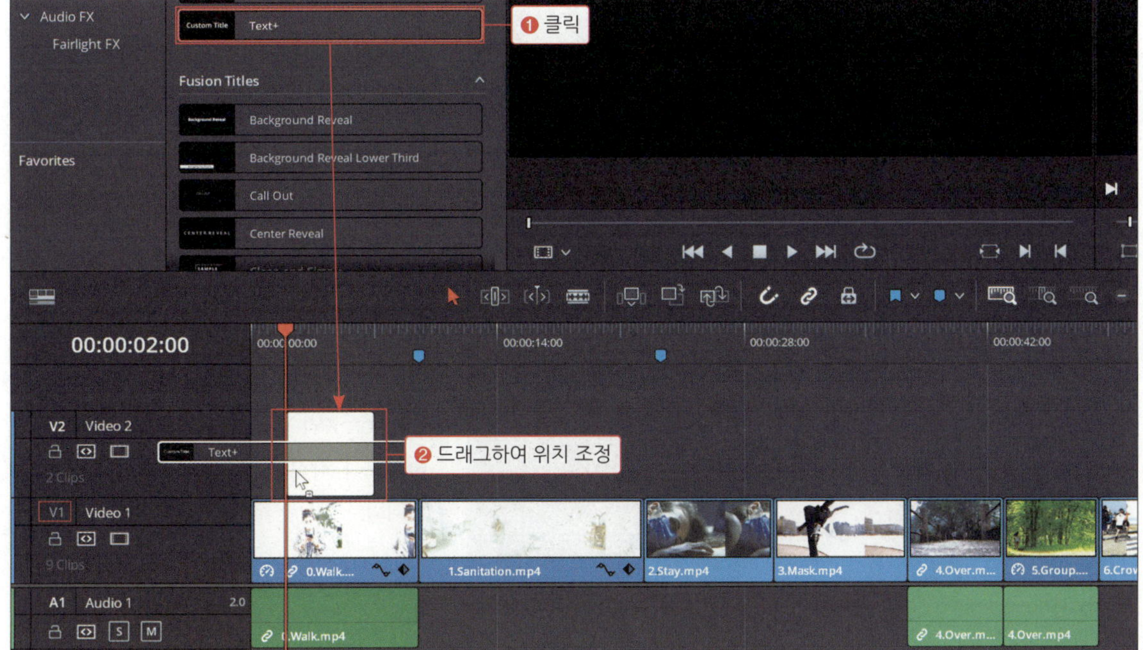

07 타임라인에 배치된 Text+ 자막을 선택하고, 오른쪽 상단의 [Inspector] 탭을 클릭하여 속성을 엽니다.

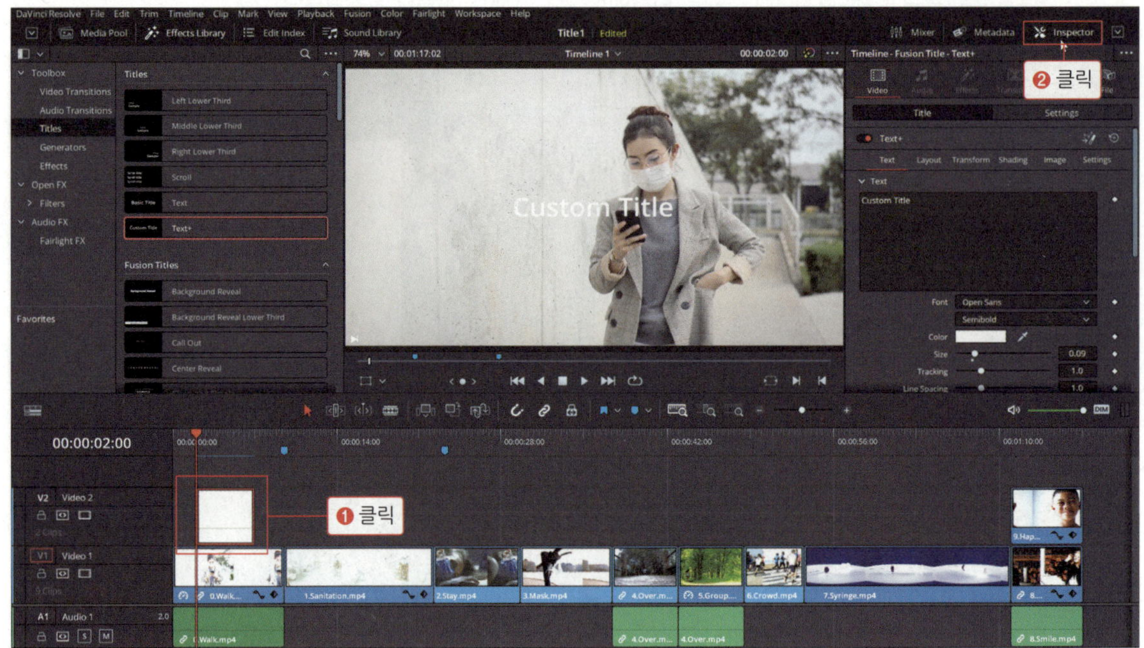

Tip Text+ 자막은 Edit 페이지뿐만 아니라 Fusion 페이지에서도 속성의 편집이 가능하며, 다양한 추가 효과를 심도 있게 적용할 수 있습니다.

08 [Title] 탭 아래에서 먼저 Font(글꼴)을 한글 글꼴로 지정한 다음 0번 클립에 어울리는 적당한 단어를 Text 필드에 입력하고, Size(크기)도 조절합니다.

Tip 한글 글꼴의 이름도 영문으로 표시됩니다. 미리 글꼴 이름과 모양을 확인해두면 편리합니다.

09 [Settings(설정)] 탭을 클릭하고 아래 항목 중에서 Transform(변형)의 Position X와 Y 값을 조절하여 글자가 화면 중앙보다 약간 위, 왼쪽에 위치하도록 배치합니다.

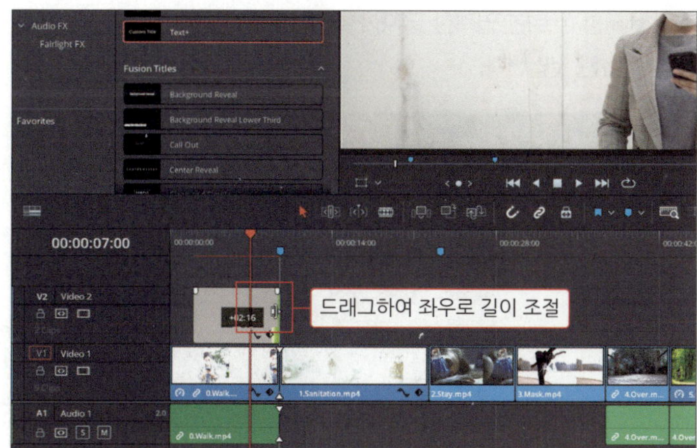

10 시간표시자를 자막 클립의 끝점, 즉 00:00:07:00 위치로 옮기고, 자막 클립의 오른쪽 끝에 마우스 커서를 위치시켜 Ripple Trim 상태로 커서가 바뀌면, 가장자리를 끌어 클립의 끝점을 아래 영상 클립과 똑같이 끝나도록 조정합니다.

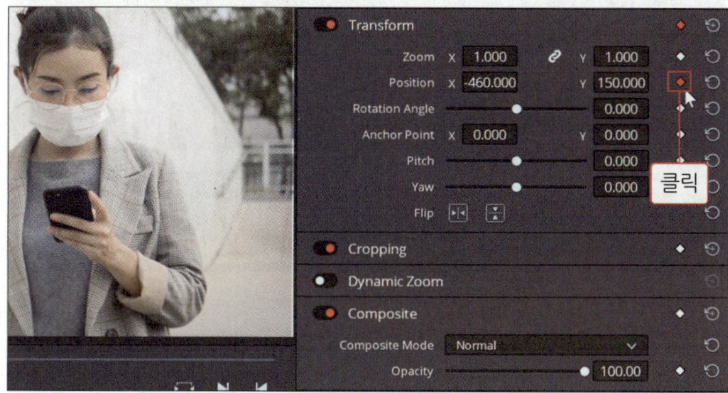

11 Inspector의 Position 오른쪽 키 프레임 버튼을 클릭하여 빨간색으로 활성화시킵니다. 현재 시간(00:00:07:00)에 자막 글자의 위칫값이 기준이 되는 키 프레임으로 지정됩니다.

12 시간표시자를 자막 클립의 맨 앞으로 옮기고, Position X 값을 마이너스 방향으로 증가시켜서 화면 왼쪽으로 빠져나가도록 설정합니다. 현재 시간(00:00:02:00)에 자막 글자는 화면 왼쪽 밖에 위치하게 됩니다. 이렇게 값을 바꾸면 자동으로 키 프레임이 추가됩니다.

13 뷰어의 재생 버튼을 클릭하거나 키보드 Spacebar를 누르면 입력한 글자가 화면 왼쪽 밖에서 안으로 이동하는 것을 확인할 수 있습니다. Motion(움직임)이 적용된 것입니다.

14 다시 Position 옆의 [〈] 버튼을 눌러서 이전 키 프레임 위치(00:00:07:00)로 시간표시자를 이동합니다.

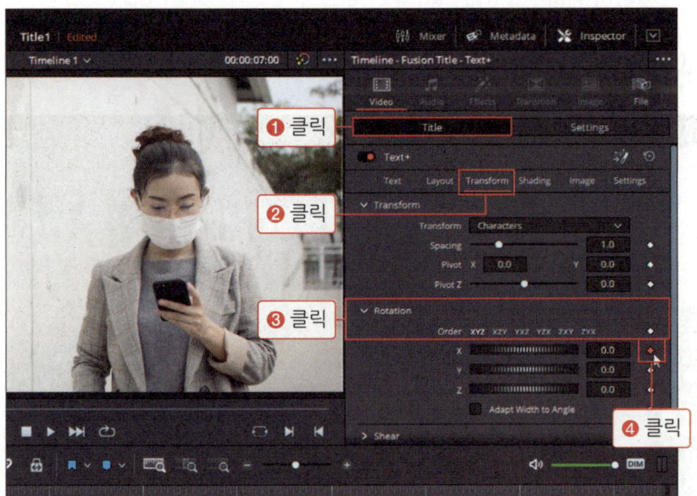

15 이번에는 [Title] 탭의 Transform을 열고, Rotation 항목의 첫 번째 Order XYZ의 X 설정 값 옆에 있는 키 프레임 버튼을 클릭하여 지정하고 빨간색으로 활성화시킵니다.

16 시간표시자를 15프레임 정도 뒤(00:00:07:15)로 옮기고, X 값을 '180'으로 입력합니다. 화면 글자가 뒤로 뒤집혀서 거꾸로 매달린 것처럼 보이게 됩니다.

17 다시 이전 키 프레임 위치(00:00:07:00)로 돌아와서, 이번에는 [Shading] 탭을 열고 아래 Color 흰색 옆에 키 프레임 버튼을 클릭하여 활성화시킵니다. 현재까지는 흰색의 글자라는 설정입니다.

18 다시 타임코드를 15프레임 뒤(00:00:07:15)로 이동하고, Color의 흰색 상자를 클릭하여 팔레트를 열어 봅니다. 여러 색상 중에서 검은색을 클릭하고 [OK] 버튼을 클릭합니다.

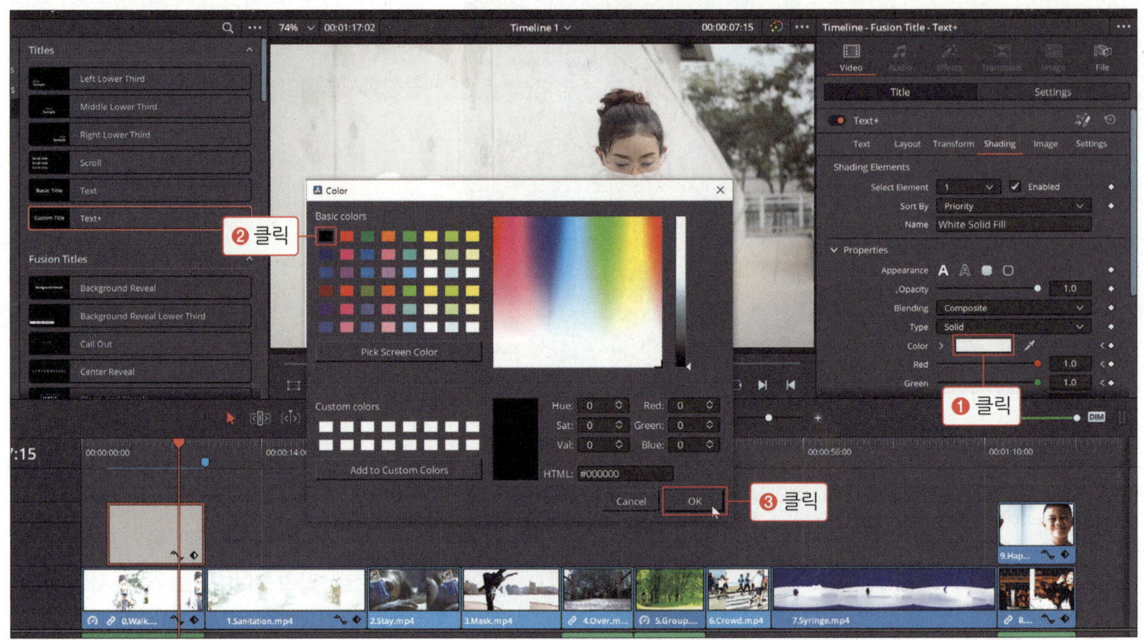

19 자막 클립의 앞으로 시간표시자를 이동하여 재생해보면, 흰색 글자가 화면 왼쪽에서 가운데로 이동해 오다가 멈춰서 뒤집히며 검은색으로 변화하는 결과를 확인할 수 있습니다. 그런데 흰색 글자의 앞부분은 배경과 자막의 색상이 비슷하여 잘 구분되지 않습니다.

20 그림자 효과를 추가하여 글자와 배경을 분리하겠습니다. 왼쪽 [Effects Labrary] 탭의 Open FX 항목을 클릭한 후, 목록에서 'Drop Shadow'를 클릭한 상태로 타임라인의 자막에 드래그해 놓습니다.

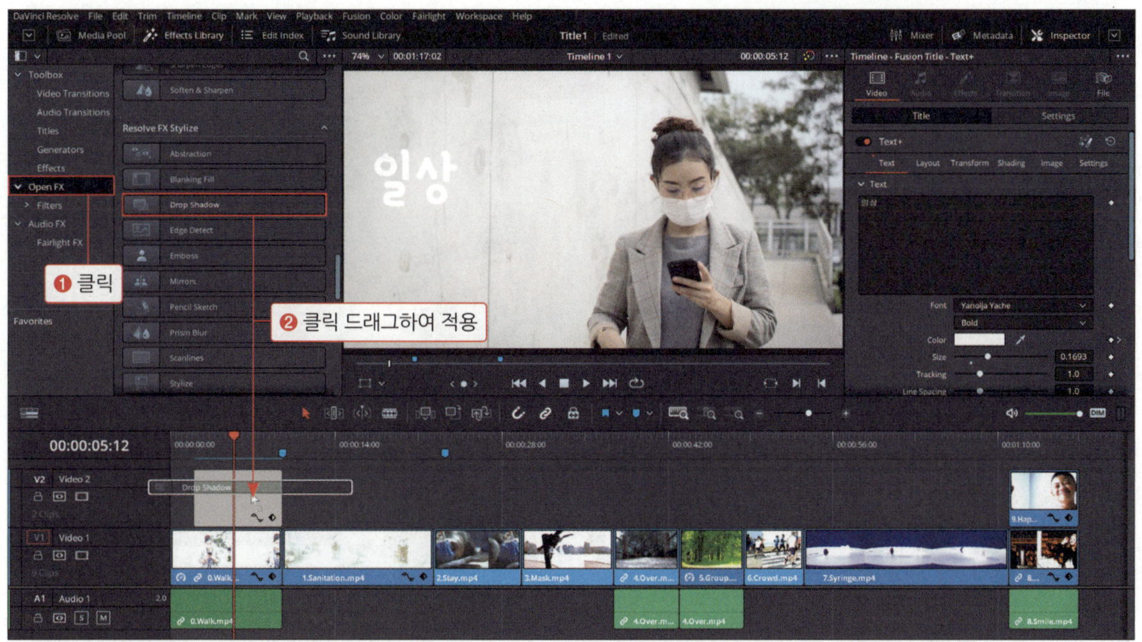

21 오른쪽 Inspector에 [Effects] 탭이 활성화됩니다. 클릭해서 보면 방금 자막 클립에 적용한 Drop Shadow의 세부 설정 항목들이 나타납니다. 여기에서 Drop Distance(그림자 거리) 값을 약간 줄여 글자와 그림자를 가깝게 설정합니다.

22 클립 앞으로 시간표시자를 옮겨 재생해보면 흰 글자와 배경이 그림자를 사이에 두고 시각적으로 구분되는 것을 확인할 수 있습니다.

Tip 자막 클립의 속성에서 키 프레임을 설정하여 시시각각 변화하는 움직임과 색상 변화 등을 적용하면 다양한 모션 자막을 만들 수 있습니다. 만약 타임라인에 배치된 자막을 삭제하려면 해당 자막 클립을 선택한 다음 키보드의 Backspace를 누르면 됩니다. 혹시라도 Delete를 누르면 자막 클립의 길이만큼 아래 영상 클립도 함께 삭제되므로 주의가 필요합니다. 이때 윈도우 단축키 Ctrl+Z(맥에서는 Command+Z)를 함께 눌러서 이전 상태로 되돌아간 다음 다시 Backspace를 눌러서 해당 자막만 삭제하면 됩니다.
이미 만든 자막을 다른 클립에도 적용하려면 원본 자막 클립을 선택한 후 단축키 Ctrl+C(맥에서는 Command+C)를 누르고, 시간 표시자를 추가할 자막 위치로 옮겨서 단축키 Ctrl+V(맥에서는 Command+V)를 누르면 복사된 그대로 자막이 추가됩니다. 이어서 Inspector의 Text 필드에서 문구를 해당 영상 클립에 맞게 변경하면 같은 스타일이지만 다른 문구의 자막을 사용할 수 있습니다.

시선을 끄는 개성적인 자막 스타일 만들기

Text+ 자막을 활용하여 주목성이 강한 자막 스타일을 만들어 보겠습니다. 테두리가 있는 글자를 만들고 키 프레임을 활용하여 점차 커지면서 등장하는 팝업 효과와 함께 테두리에 그러데이션을 적용하여 더 개성적으로 연출해 보겠습니다. Text+ 자막은 사용자의 의도대로 다양한 키 프레임 모션과 효과를 적용할 수 있고, 개성적인 자막 애니메이션을 구현할 수 있게 만드는 도구로 자주 사용됩니다.

예제 파일 03/ 1/ 0.Walk.mp4, 1.Sanitation.mp4, 2.Stay.mp4, 3.Mask.mp4, 4.Over.mp4, 5.Group.mp4, 6.Crowd.mp4, 7.Syringe.mp4, 8.Smile.mp4, 9.Happy.mp4

완성 파일 03/ 1/ 2title_완성.mp4

01 Effects Library의 Toolbox Titles에서 Text+ 자막을 두 번째 클립 위로 드래그하여 배치합니다.

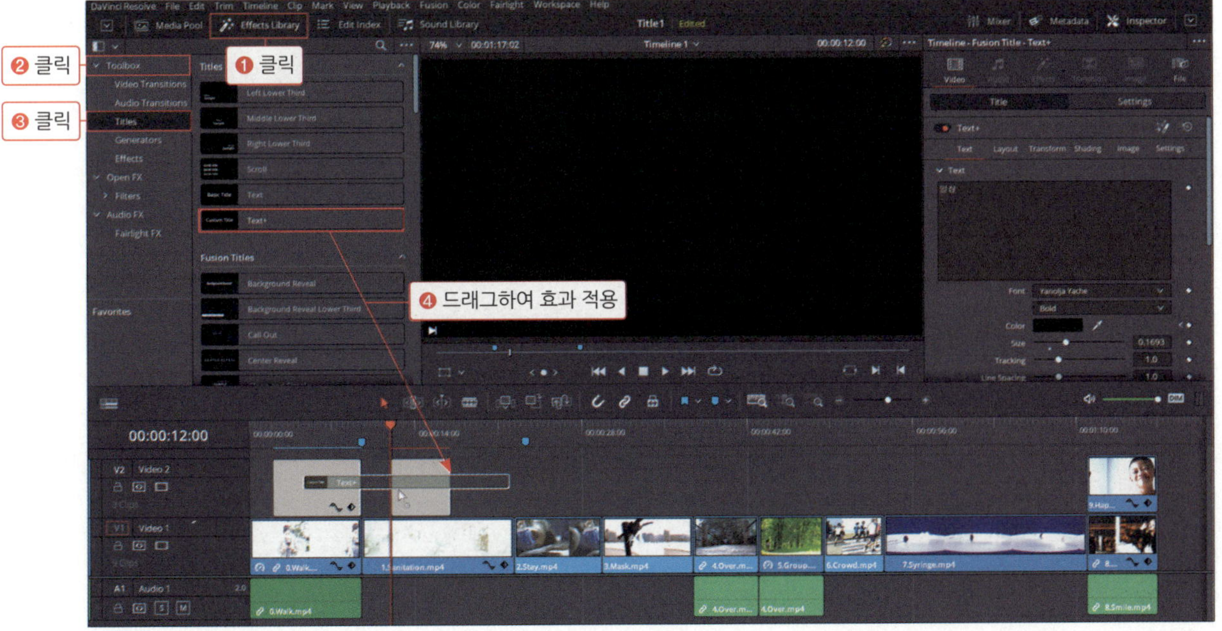

02 배치한 자막을 선택한 후 Inspector의 Text 필드에서 한글 글꼴을 선택하고, 자막 문구를 입력하며 Size(크기)를 조절하여 크게 확대시킵니다.

03 Color(색상) 영역을 클릭해서 Color 팔레트 창을 연 뒤, 눈에 잘 들어오는 밝은 색상을 선택하고 [OK] 버튼을 클릭합니다. 흰색 글자가 지정한 색으로 바뀝니다.

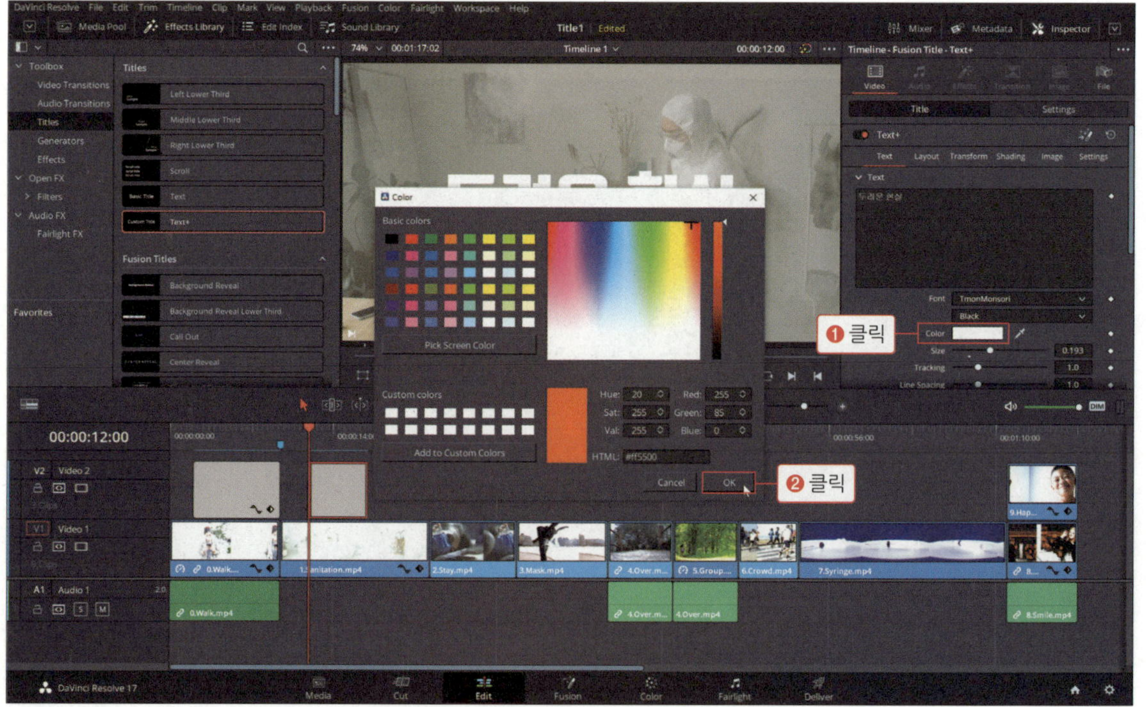

04 테두리를 추가하기 위해 [Shading] 탭을 열고, Shading Elements 하단의 Select Element 옆 목록에서 숫자 2를 선택한 다음 Enabled 칸을 클릭하여 'V' 표시와 함께 활성화합니다.

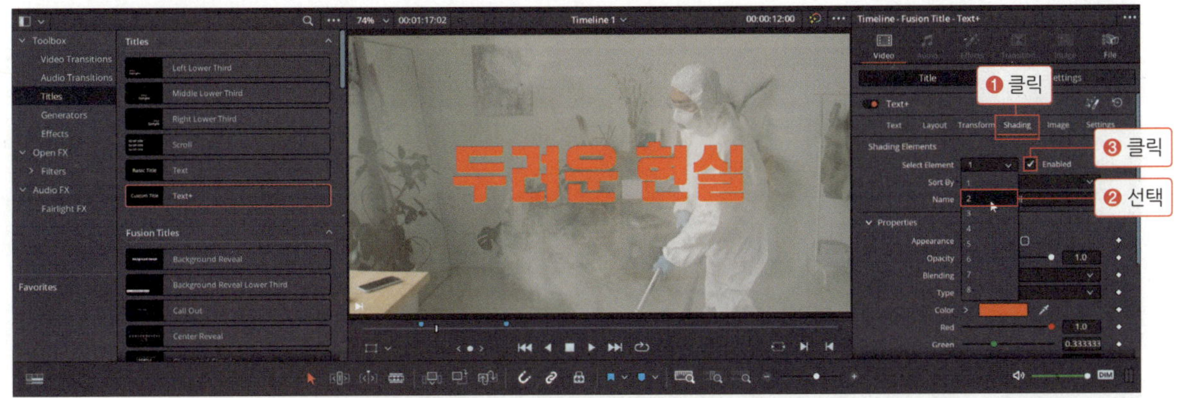

05 글자 주변으로 빨간 윤곽선이 추가되어 나타납니다. [Shading] 탭 아래 Type을 'Solid'에서 'Gradient'로 변경합니다. 기존 빨간 선을 그러데이션의 선으로 변경하는 것입니다.

06 Select Element가 2번으로 선택된 상태에서 Thickness(두께) 값을 약간 증가시켜 윤곽선의 그러데이션이 잘 보이도록 확대합니다.

07 시간표시자를 약간 더 오른쪽(00;00:19:20)으로 이동한 다음 자막 클립의 오른쪽 끝에 마우스 커서를 올려 Ripple Trim 상태로 바뀌면, 클립의 끝부분을 클릭하고 오른쪽으로 드래그하여 시간표시자에 일치하도록 클립의 지속 시간을 확장시킵니다.

08 시간표시자를 되돌려 자막 클립의 중간 위치(00:00:16:00)로 옮긴 다음 [Shading] 탭에서 Mapping Angle 옆의 키 프레임 버튼을 클릭하여 그러데이션 각도의 기준 값을 설정합니다.

09 시간표시자를 다시 뒤(00:00:19:00)로 옮긴 다음 Mapping Angle 값을 '360'으로 설정합니다. 이렇게 하면 3초 사이에 그러데이션 방향이 한 바퀴 회전하는 것처럼 보입니다.

10 Mapping Angle 옆 [〈] 버튼을 클릭하여 다시 기준 위치(00:00:16:00)로 이동한 다음 [Transform] 탭의 Size 항목을 열어서 X, Y 값 옆의 키 프레임 버튼을 눌러 현재 기준 값(1.0, 1.0)을 지정합니다.

11 시간표시자를 2초 정도 앞(00:00:14:00)으로 옮긴 다음 Size 값을 모두 '0.0'으로 줄입니다. 키 프레임이 자동으로 추가됩니다.

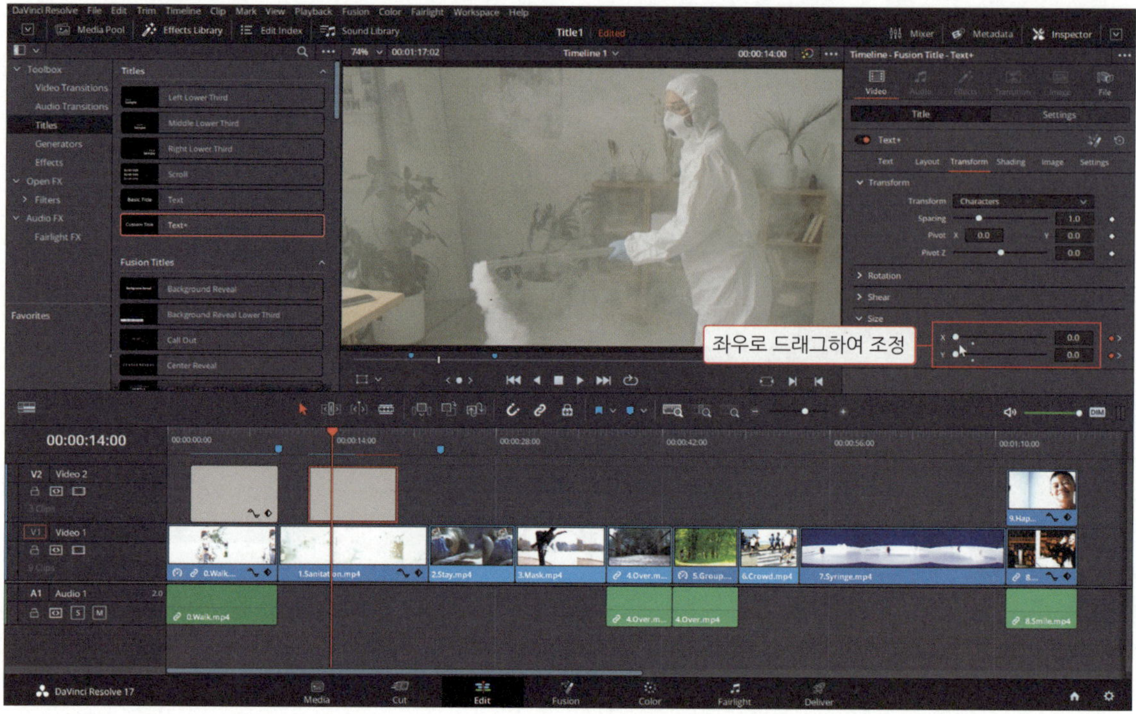

12 시간표시자를 약 1초 반 정도 뒤(00:00:15:15)로 옮긴 다음 Size 값을 모두 '1.2'로 증가시킵니다. 새로운 키 프레임이 추가됩니다. 이렇게 설정하여 서서히 커지다가 중간에 더 확대된 글자는 원래 크기(1.0, 1.0)로 돌아오면서 더 생동감 있는 효과를 보여주게 됩니다.

13 시간표시자를 자막 클립의 앞으로 옮겨 재생해보면 글자가 점점 커지면서 나타나고, 윤곽선 그러데이션의 방향이 한 바퀴 회전하면서 강조하는 인상을 주게 됩니다. 그런데 글자가 작게 시작하는 부분에서도 테두리의 굵기에는 변화가 없으므로 약간 어색합니다.

14 테두리의 굵기도 글자의 크기 변화에 맞게 키 프레임을 추가하여 더 자연스러워 보이도록 설정하겠습니다. Transform 항목 Size X 옆의 [〈] 버튼을 눌러 모션의 기준점(00:00:16:00)을 찾아갑니다.

15 [Shading] 탭의 Select Element를 2번으로 선택하고, 아래 Properties의 Thickness(두께) 값 옆의 마름모를 클릭하여 현재 키 프레임을 활성화합니다.

16 [Transform] 탭의 Size 항목 X 값 옆의 [〈] 버튼을 클릭하여 모션의 시작점(00:00:14:00)으로 이동합니다.

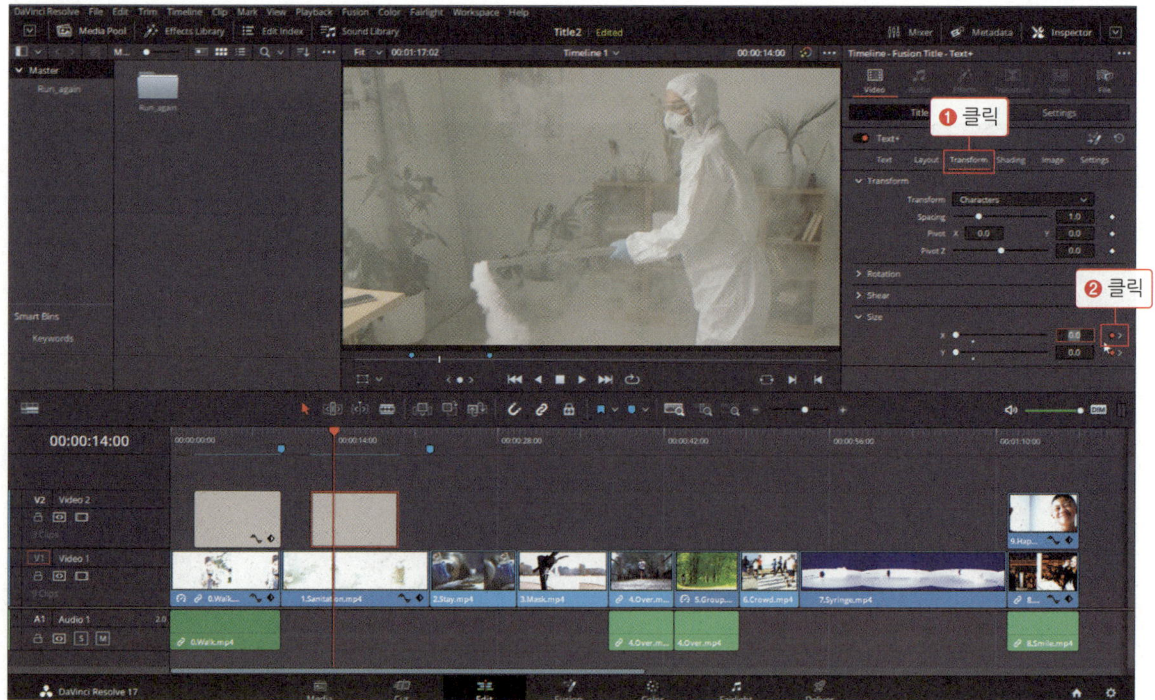

17 다시 [Shading] 탭의 Select Element가 2번인 상태에서 Properties의 Thickness(두께) 값을 '0.0'으로 낮춥니다. 새로운 키 프레임이 생성됩니다.

18 이처럼 윤곽선의 두께도 글자 크기의 키 프레임에 맞춰 변화시키면 더 자연스럽게 보입니다. 현재까지의 결과를 재생해보면 글자 크기와 윤곽선이 함께 연동되는 것을 확인할 수 있습니다. 그러나 글자가 처음 나타날 때 자간이 넓어 보이는 문제가 발견됩니다.

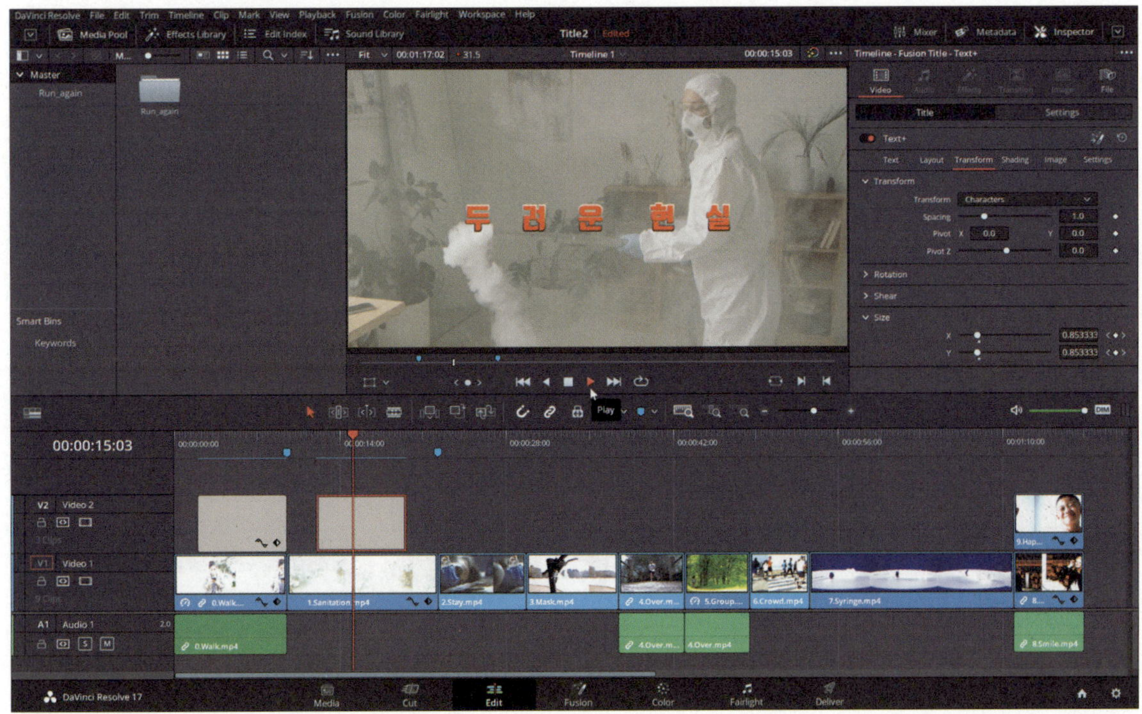

19 한 번 더 Transform 항목 Size X 옆의 [〈] 버튼을 눌러 모션의 기준점(00:00:16:00)을 찾아갑니다. 그 위쪽 Spacing 값 옆의 마름모를 클릭하여 현재 키 프레임을 설정합니다.

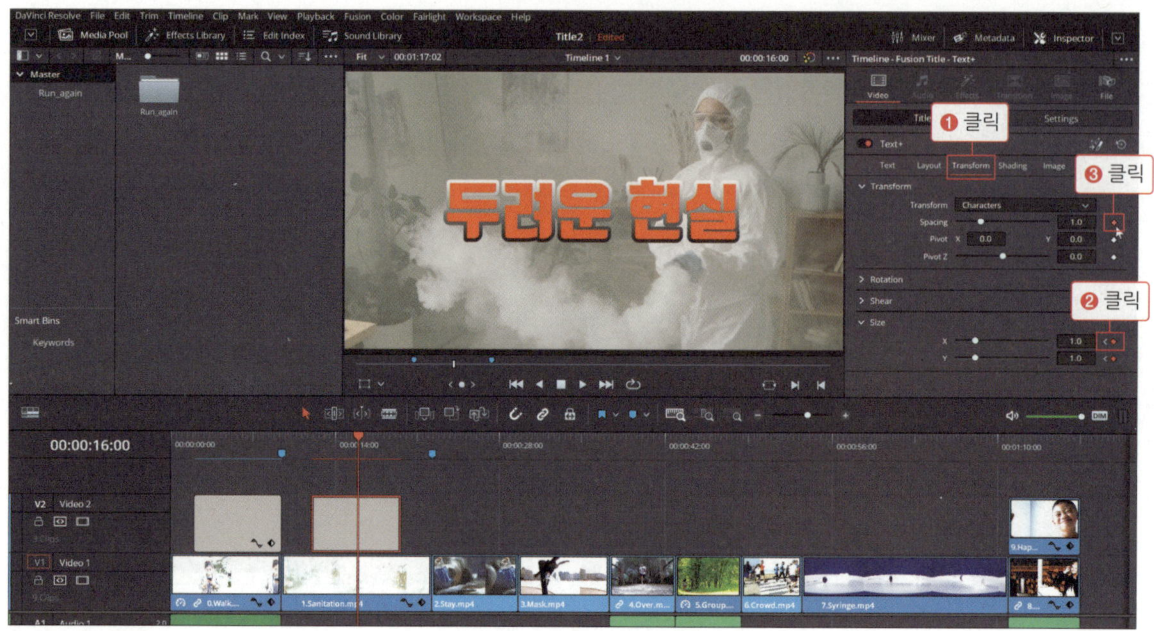

20 다시 [Transform] 탭의 Size 항목 X 값 옆의 [〈] 버튼을 클릭하여 모션의 시작점(00:00:14:00)으로 이동합니다. 위쪽 Spacing(간격) 값을 줄여서 약 '0.5' 정도로 변경합니다. 자동으로 키 프레임이 추가됩니다.

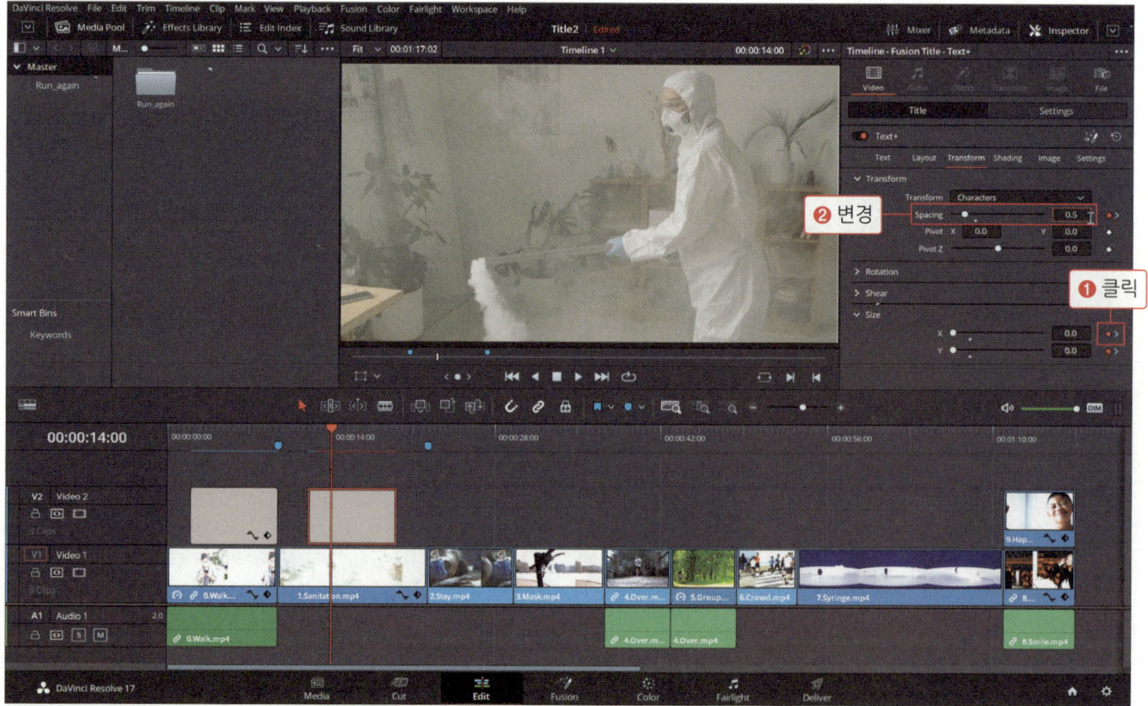

21 마지막으로 [Transform] 탭의 Size 항목 X 값 옆의 [>] 버튼을 클릭하여 크기의 최대 지점(00:00:15:15)으로 이동합니다. Spacing(간격) 값을 늘여서 약 '1.2' 정도로 변경합니다. 자동으로 키 프레임이 추가됩니다.

22 시간표시자를 자막 클립 앞으로 옮기고 재생해보면 모션과 효과가 자연스럽게 표현되는 것을 확인할 수 있습니다. 현재의 작업 상태를 별도로 저장하기 위해 [File] 메뉴의 Save Project As...를 클릭하거나 단축키 Ctrl + Shift + S를 동시에 눌러 새 이름으로 저장합니다.

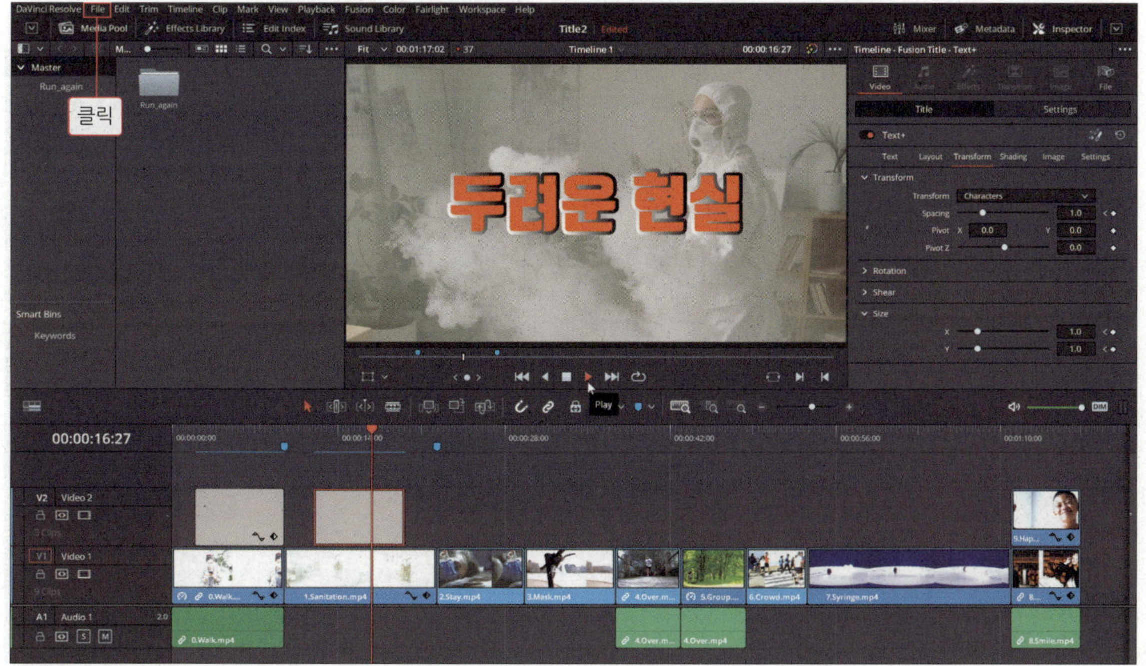

입체감 있는 예능 스타일의 자막 만들기

유튜브나 TV 예능 프로그램에는 수많은 자막이 등장합니다. 서로 다른 스타일의 다양한 자막은 영상의 메시지뿐만 아니라 출연자의 감정까지도 효과적으로 전달하는 도구가 됩니다. 기본적인 자막에 비해 크기, 색상, 테두리, 배경까지 모두 과장될 정도로 강한 효과를 보여주는 예능 프로그램 스타일의 자막을 만들어 보겠습니다. 앞에서 활용한 Text+의 Shading Elements의 구성 요소를 선택하고 설정을 바꾸는 작업이 여러 번 반복됩니다.

BEFORE

예제 파일 03/ 2/ 4.Market.mp4

AFTER

완성 파일 03/ 2/ 3enter_완성.mp4

01 예능 스타일의 자막은 화려해 보이는 만큼 많은 효과를 적용해야 됩니다. 새 프로젝트를 만들고, 영상 클립을 하나 불러와서 타임라인에 배치합니다. 이번 자막 작업도 Edit 페이지에서 진행합니다.

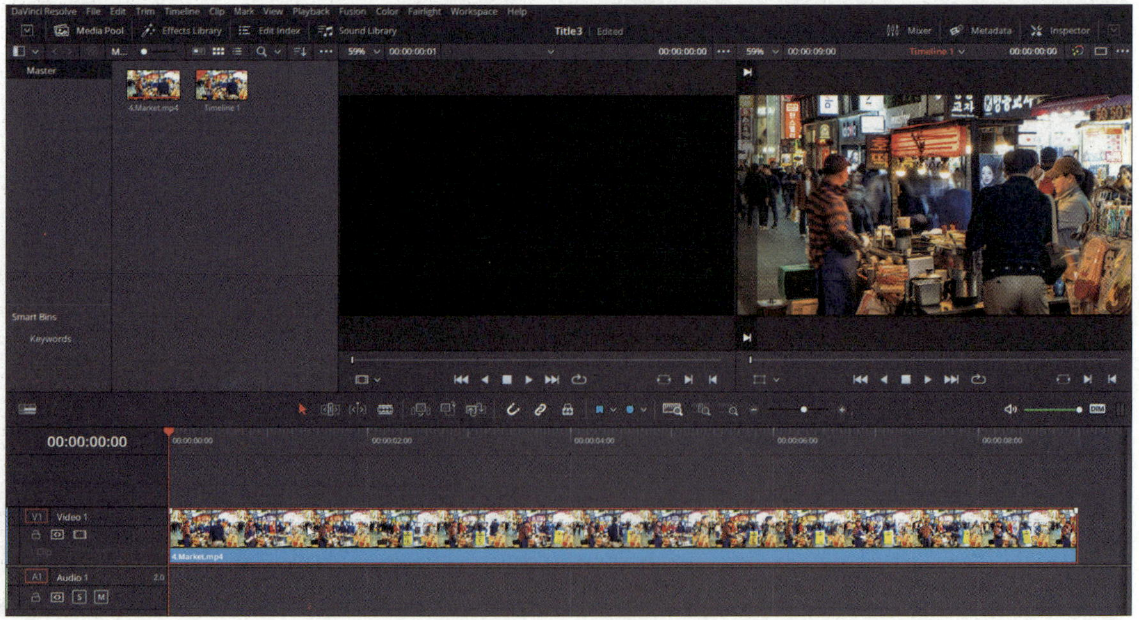

02 [Effects Library] 탭의 Titles 목록에서 Text+를 타임라인으로 끌어와 영상 클립의 위쪽 2번 트랙에 배치합니다.

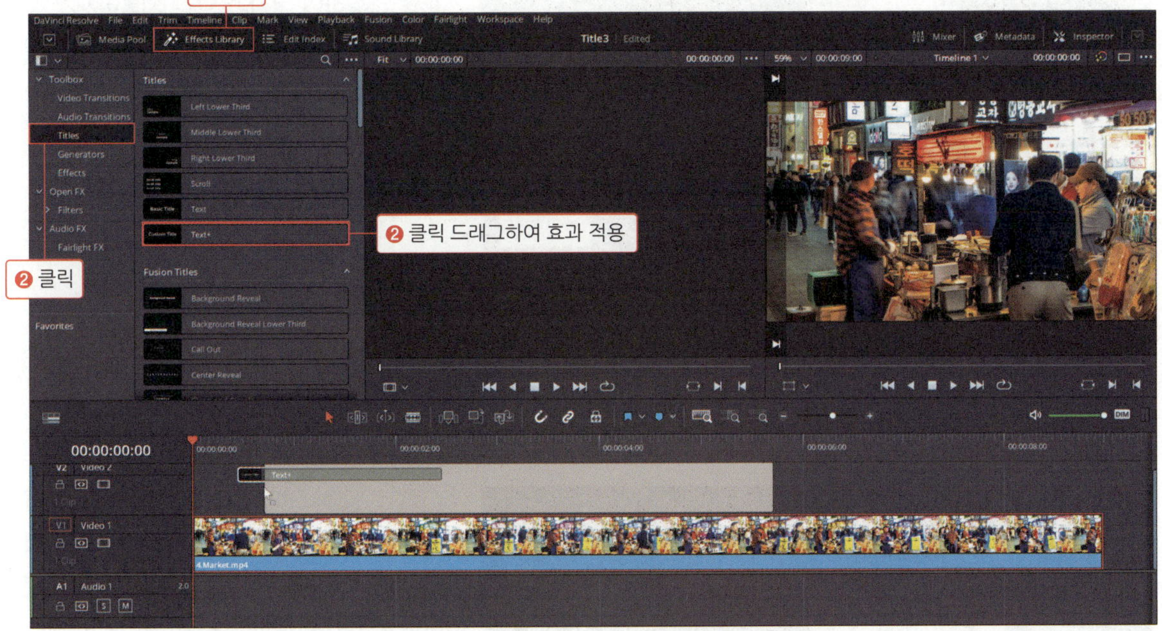

03 [Inspector] 탭을 열고, Text 필드에 적절한 제목을 입력하면서 Font(글꼴)도 한글 제목에 적합한 굵은 글꼴을 선택하고, Size(크기)도 화면에 가득차게 확대합니다.

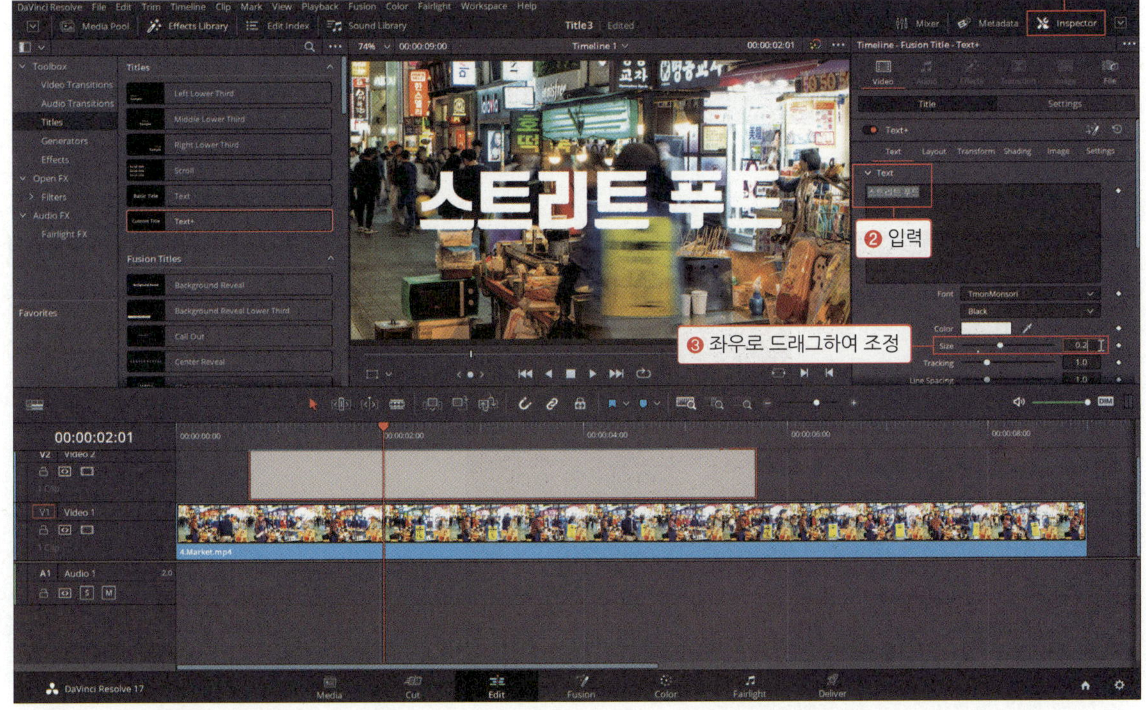

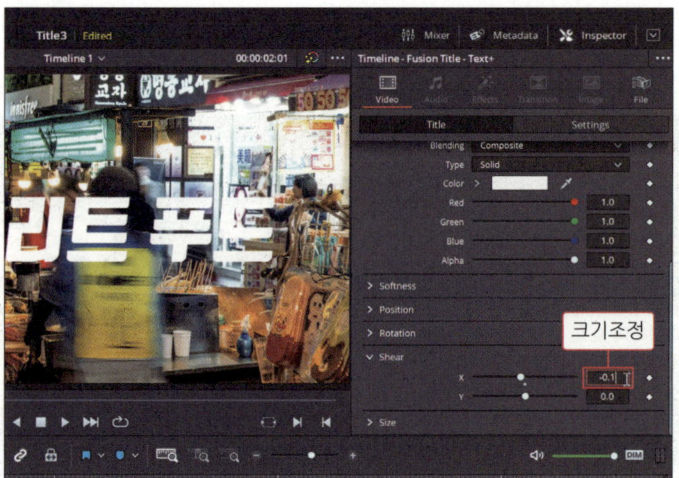

04 Transform의 아래로 내려와 Shear(기울기)의 X 값을 '-0.1' 정도로 조절하여 글자가 약간 기울어지게 설정합니다. 수치를 입력하거나 슬라이더를 왼쪽으로 약간 이동하면 됩니다.

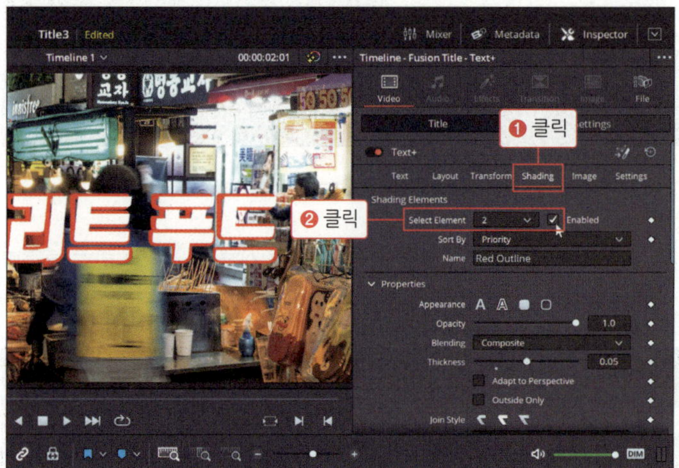

05 [Text+의 Shading] 탭을 열어 Shading Elements의 Select Element 숫자를 '2'로 변경하고, 오른쪽 Enabled 칸을 클릭하여 'v' 표시가 나타나도록 활성화합니다. 2번 Shading Element는 항상 Red Outline(빨간색 테두리)로 뜨는데, 다른 색상으로 변경해도 됩니다.

06 테두리 텍스트에도 Shear 항목의 X 값을 '-0.1'로 1번 Element와 동일하게 조절하여 서로 일치하게 설정합니다. Thickness(두께) 값도 증가시켜서 잘 보이도록 설정합니다.

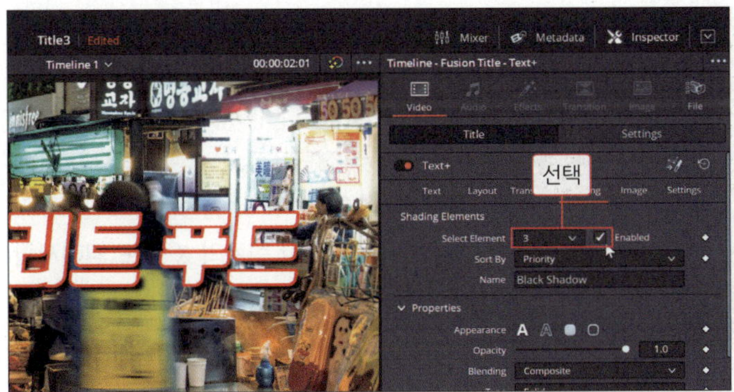

07 다시 Shading Elements의 Select Element를 '3'으로 선택하고, 옆의 Enabled 칸을 클릭하여 'v' 표시가 나타나도록 활성화합니다. 3번 Shading Element는 Black Shadow(검은색 그림자) 형태로 미리 설정되어 있습니다.

08 아래 색상 영역을 클릭하여 컬러 팔레트를 열고, 테두리와 같은 색을 선택한 다음 [OK] 버튼을 클릭합니다.

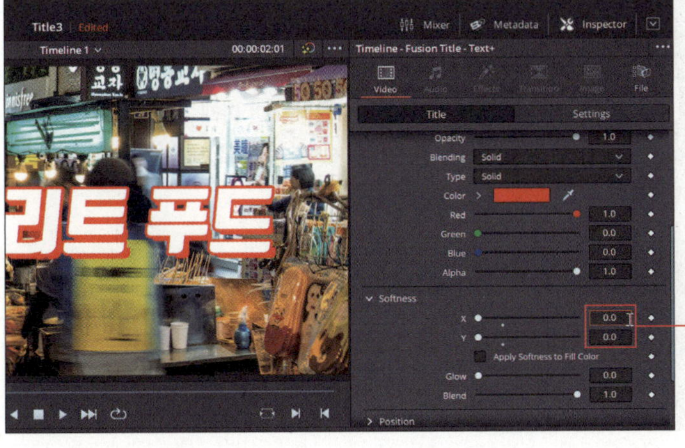

09 Softness(흐리기) 항목을 펼치고, X와 Y 값을 모두 '0.0'으로 변경합니다. 흐릿한 그림자 형태가 선명한 윤곽으로 바뀌게 됩니다.

10 Position(위치) 항목을 펼치고, Offset X 값을 '0.0'에서 '0.1' 정도로 약간 증가시킵니다. Offset Y 값은 '0.0'에서 '-0.1' 정도로 감소시켜 그림자가 오른쪽 아래에 위치하도록 설정합니다. 밑에 있는 Shear(기울기) 항목의 X 값도 앞에서처럼 '-0.1'로 설정합니다.

11 Select Element 숫자를 '5'번으로 선택하고, 오른쪽 Enabled를 활성화합니다.

12 5번 Element의 Properties 중에서 Appearance(외모)를 첫 번째 Solid 대신 두 번째 Outline의 A를 클릭하여 윤곽선 타입으로 변경하고, 아래 색상 영역을 클릭하여 그림자와 동일한 색상으로 설정합니다.

13 Shear 항목의 X 값도 이전 Element와 똑같이 '-0.1'로 설정하여 오른쪽으로 기울어지게 만듭니다.

14 다시 5번 Element의 Properties 중 Thickness(두께) 값을 최대치인 '1.0'로 증가시키고, 바로 아래 Adapt to Perspective와 Outside Only 항목의 칸에 클릭하여 'V' 표시합니다. 그 아래 Join Style은 가장 왼쪽의 꺾인 선 모양을 클릭하여 설정합니다.

15 Position 항목의 Offset X와 Y 값을 미세하게 조절하여 5번 Element가 2번 윤곽선에서 자연스럽게 꺾여 입체처럼 나와 보이도록 수치를 설정합니다.

16 다시 Select Element에서 3번을 선택하고, Propeties에서 Position 항목의 Offset 값을 미세하게 조절하여 그림자 윤곽이 5번 Element와 자연스럽게 연결되도록 설정합니다. 이때 뷰어의 배율을 '200%' 정도로 확대해보면 미세한 조정 작업에 편리합니다.

17 마지막으로 Select Element에서 1번을 선택하고, Properties의 Type 항목을 'Gradient'로 설정합니다. 가운데 흰색 글자가 회색 그러데이션으로 바뀝니다.

18 Shading Gradient의 명암 그래프의 왼쪽 검은색 아래 작은 삼각형을 클릭하고, 아래 색상 영역을 클릭하여 컬러 팔레트에서 밝은 색상을 선택합니다.

19 밝은 색상으로 바뀐 왼쪽 삼각형을 클릭한 상태에서 오른쪽으로 드래그하여 그러데이션의 폭을 조절합니다. 오른쪽 흰색 아래 삼각형은 왼쪽으로 끌어서 두 개의 폭을 좁힙니다.

20 그러데이션 색상 띠 왼쪽에 마우스 커서를 올리면 '+' 표시로 바뀌는데, 이때 클릭하면 해당 영역에 그러데이션 색상을 추가할 수 있습니다.

21 색상 영역을 클릭하여 컬러 팔레트를 열고 중간색을 선택합니다. 그러데이션에 중간색이 추가되면서 글자가 더 입체적으로 보이게 됩니다.

Tip 자막 스타일을 만든 후, 크기나 위치, 색상 등을 변화시키는 키 프레임 모션을 더 추가하면 생동감 있는 자막으로 완성될 수 있습니다.

퓨전 자막 사용하기

다빈치 리졸브 무료 버전에서는 6개의 기본 Titles(자막) 유형 외에 60개의 Fusion Titles(퓨전 자막) 프리셋도 사용할 수 있습니다. Fusion Titles는 복잡한 모션과 애니메이션 효과를 미리 적용하여 무료로 제공하는 자막 스타일 세트입니다. 제목이나 인트로 영상에 쓰일만한 자막 스타일도 있고, 정보 콘텐츠나 뉴스 화면처럼 전문적인 스타일로 준비된 것도 있습니다. 이러한 Fusion Titles를 적용하고 사용자의 의도대로 속성을 변경하여 활용하는 방법을 살펴보겠습니다.

예제 파일 03/ 1/ 2.Stay.mp4, 3.Mask.mp4

완성 파일 03/ 1/ 4fusion_완성.mp4

01 이전 프로젝트를 열고 타임라인의 시간표시자를 다음 클립 앞부분(00:00:24:00)에 위치하도록 이동합니다. 앞의 섹션에서 본 것처럼 타임코드에 시간을 직접 입력하면 정확하게 찾아갈 수 있습니다.

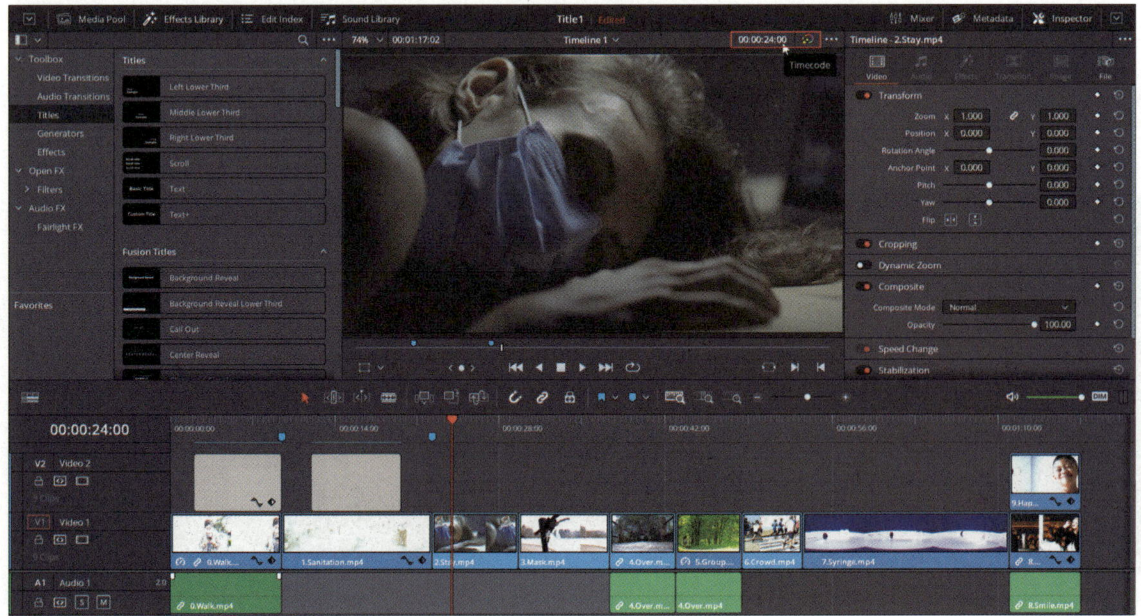

02 Effects Library의 Fusion Titles 항목 하단의 알파벳 순서로 나열된 자막 스타일의 이름 위로 마우스 커서를 올려서 좌우로 움직이면 미리보기가 뷰어에 표시됩니다.

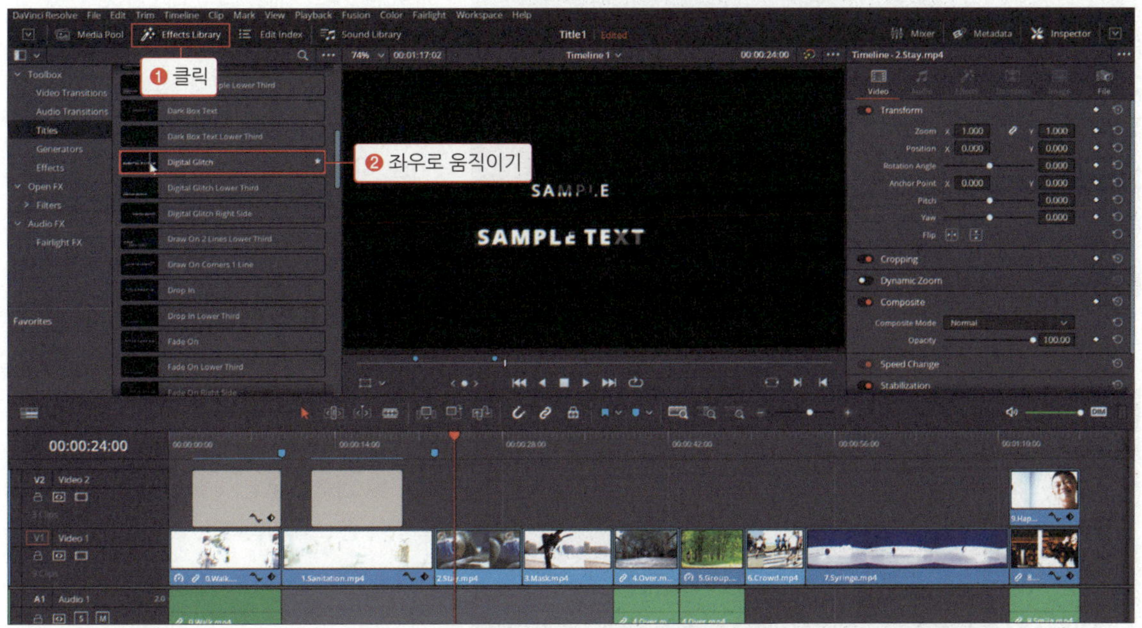

03 시간표시자를 세 번째 영상 클립의 앞부분(00:00:24:00)으로 이동하고, 자막 스타일 목록에서 Digital Glitch를 클릭한 다음 타임라인의 세 번째 영상 클립 위로 드래그하여 배치합니다.

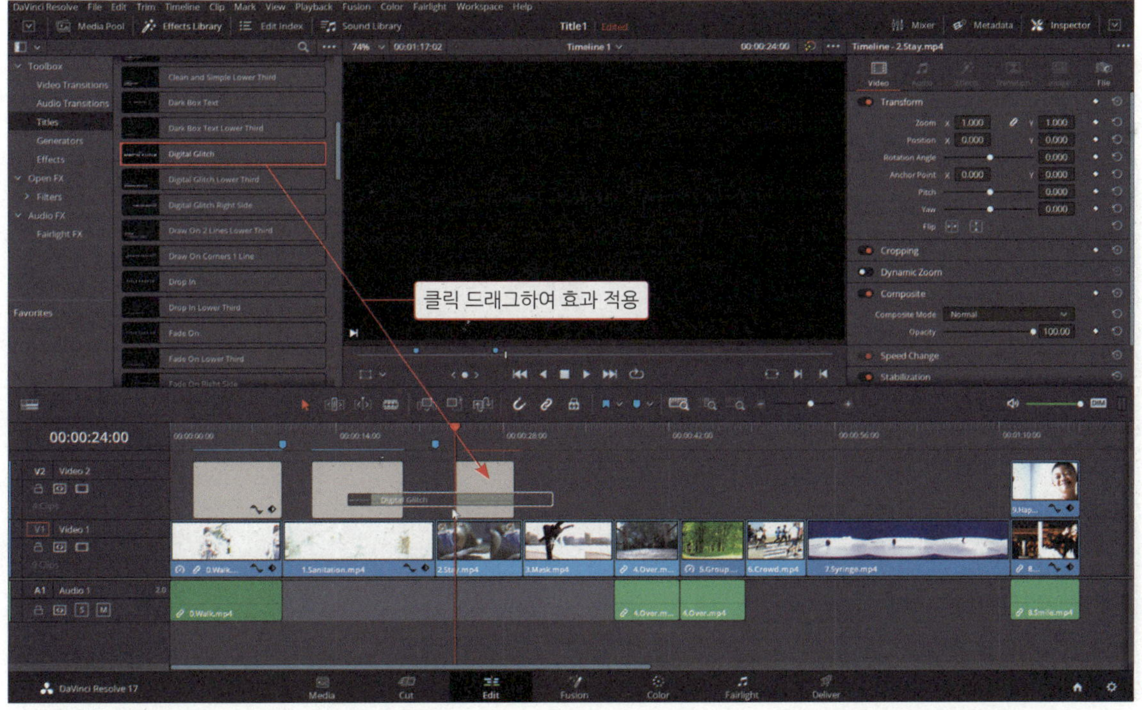

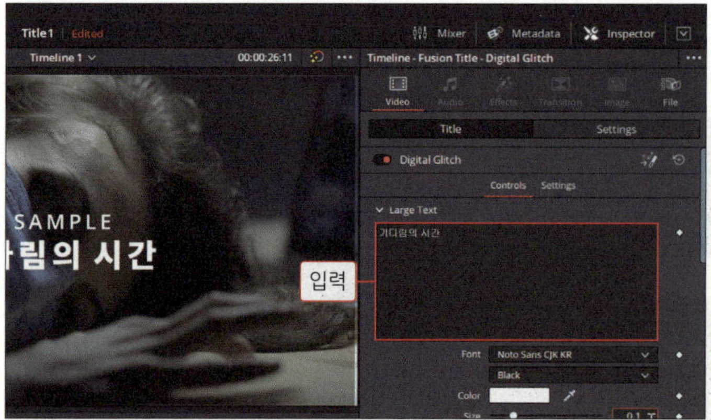

04 타임라인의 Digital Glitch 자막 클립이 선택된 상태에서 상단 [Inspector의 Title] 탭 아래 Large Text 필드에 자막의 아랫줄에 들어갈 문구를 입력합니다. 글리치 효과에 어울리는 고딕체 스타일의 한글 글꼴로 선택하고, 아래 Size(크기)도 미세하게 조절해 봅니다.

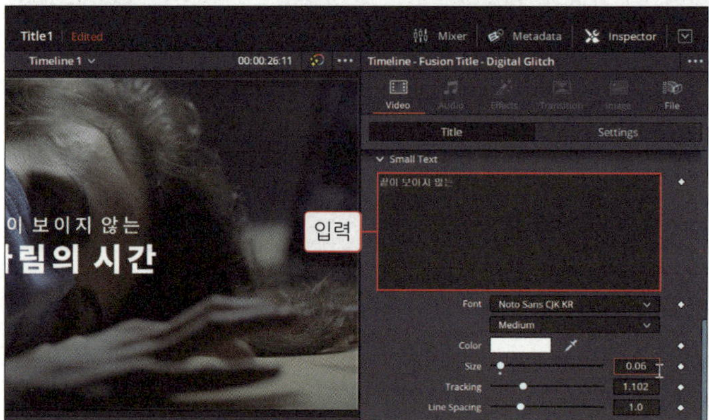

05 Inspector의 스크롤바를 내려서 Small Text 필드에 윗줄에 들어갈 문구를 입력합니다. 윗줄 글자가 작고 아래 글자가 큰 스타일입니다.

06 자막 클립 앞으로 시간표시자를 옮긴 다음 재생해보면 글자가 깨지면서 나타나는 Glitch(글리치) 효과와 함께 입력한 문구가 등장해서 움직이다가 사라지는 것을 확인할 수 있습니다.

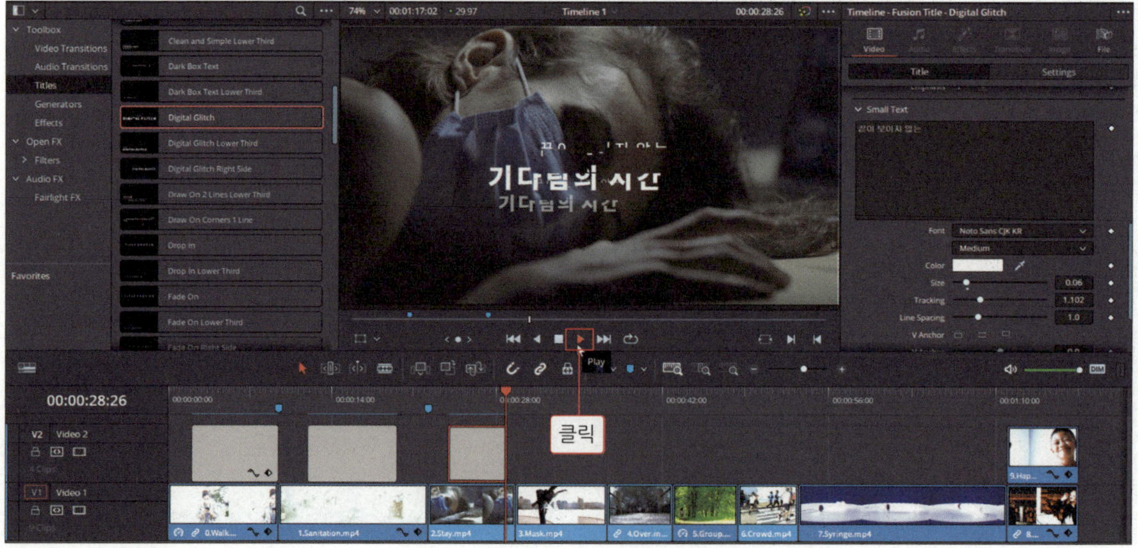

07 Glitch 자막의 Inspector를 살펴보면 사용자가 변경할 수 있는 항목이 앞에서 본 Text+보다 훨씬 적은 것을 알 수 있습니다. Fusion Titles의 세부 설정을 바꾸려면 Fusion 페이지로 이동해야 됩니다. Inspector의 [퓨전] 버튼( )을 클릭합니다.

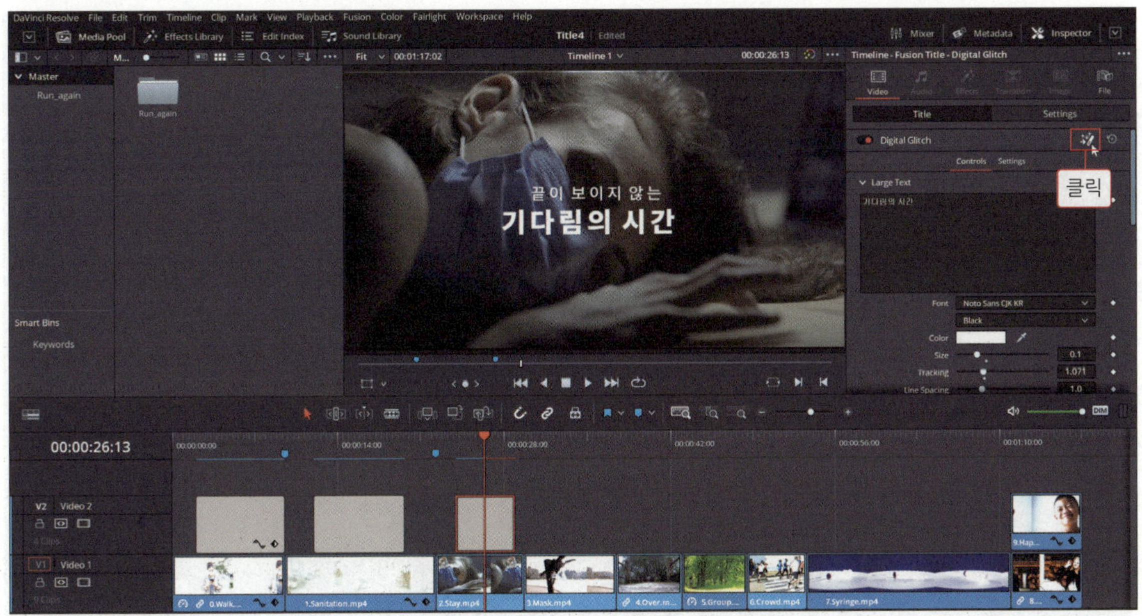

08 Fusion 페이지로 전환되면서 Digital Glitch 자막의 내용이 나타납니다.

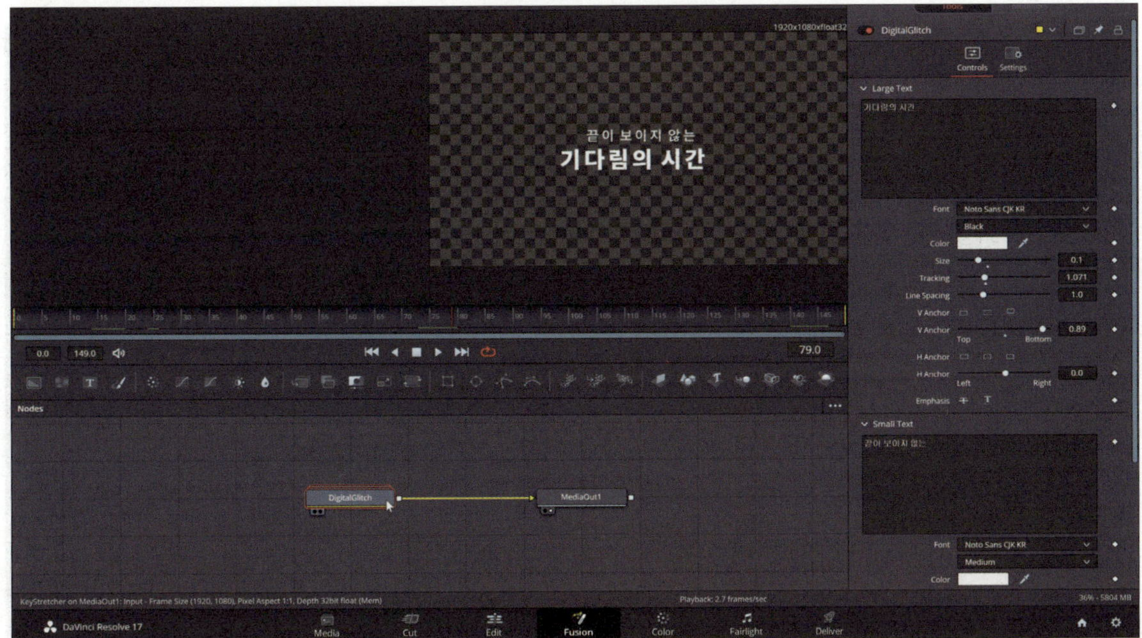

Tip Fusion 페이지에서의 편집 기능은 마지막 파트에서 자세히 다룹니다. 여기에서는 자막의 일부 속성만 변경하는 방법을 간단하게 살펴보겠습니다.

09 Nodes(노드) 편집 영역에서 'Digital Glitch'라고 쓰인 상자를 더블클릭해서 엽니다. Nodes 창이 펼쳐지면서 겹쳐있던 내용이 확장됩니다. 마우스 가운데 휠을 누른 상태로 움직이면 커서가 손 모양으로 바뀌면서 노드 편집 창을 이동하며 내용을 살펴볼 수 있습니다.

10 노드 편집 창이 보이는 영역이 좁다면 뷰어와의 경계에 마우스 커서를 올려서 겹친 화살표로 바뀌면 클릭하고 위로 올려서 필요한 영역의 높이와 너비를 조절할 수 있습니다.

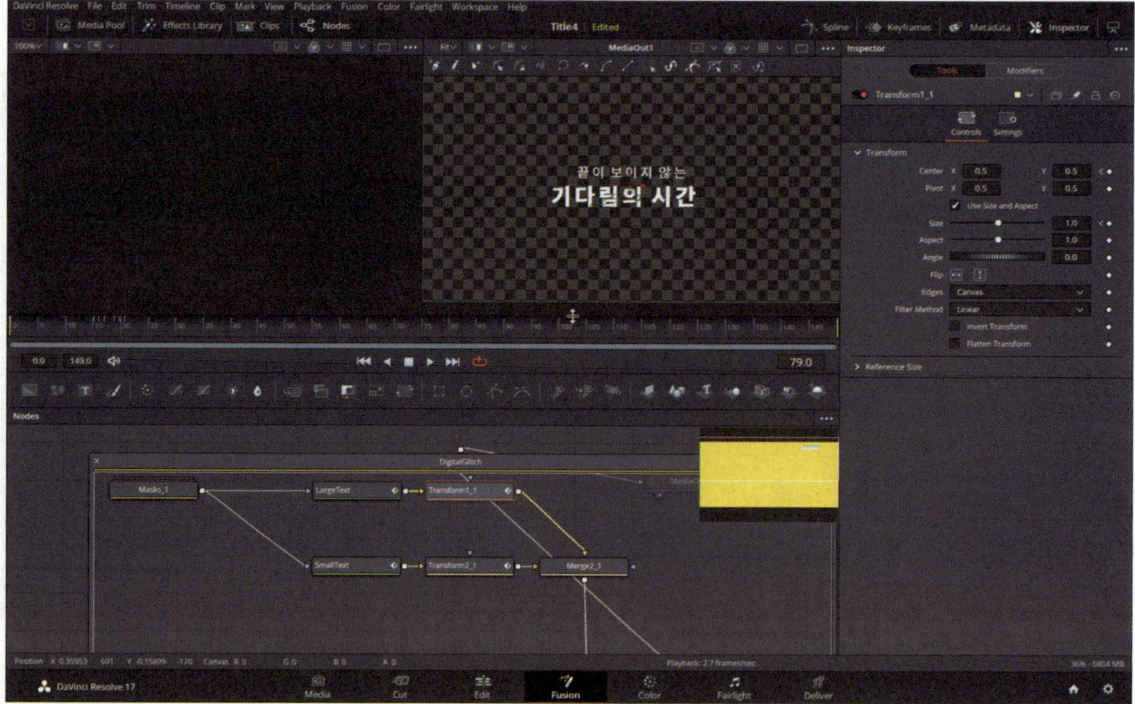

11 글자를 흐리게 만드는 Blur 효과를 중간에 추가하기 위해 아래 노드 편집 창 안의 'Prism Blur1_1' 노드를 더블클릭하여 Inspector에 속성이 나타나게 활성화합니다.

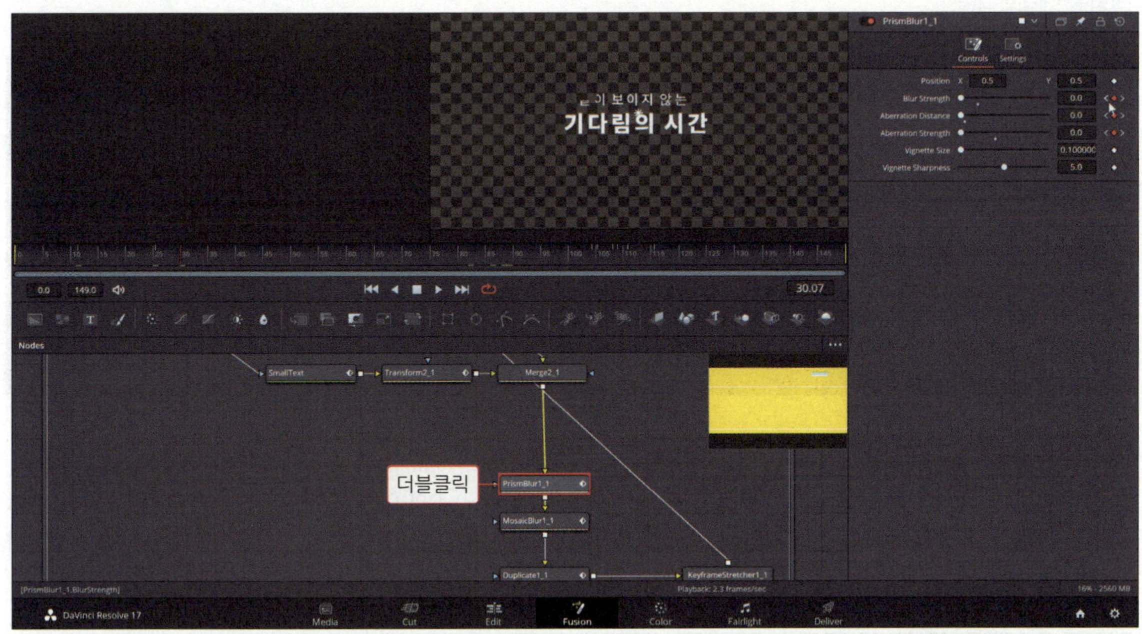

12 뷰어와 노드 편집 창 사이의 빨간색 프레임 눈금자를 클릭한 상태로 좌우로 움직여서 50번 프레임으로 이동합니다. 또는 오른쪽 프레임 번호 칸에 직접 '50'을 입력해도 됩니다.

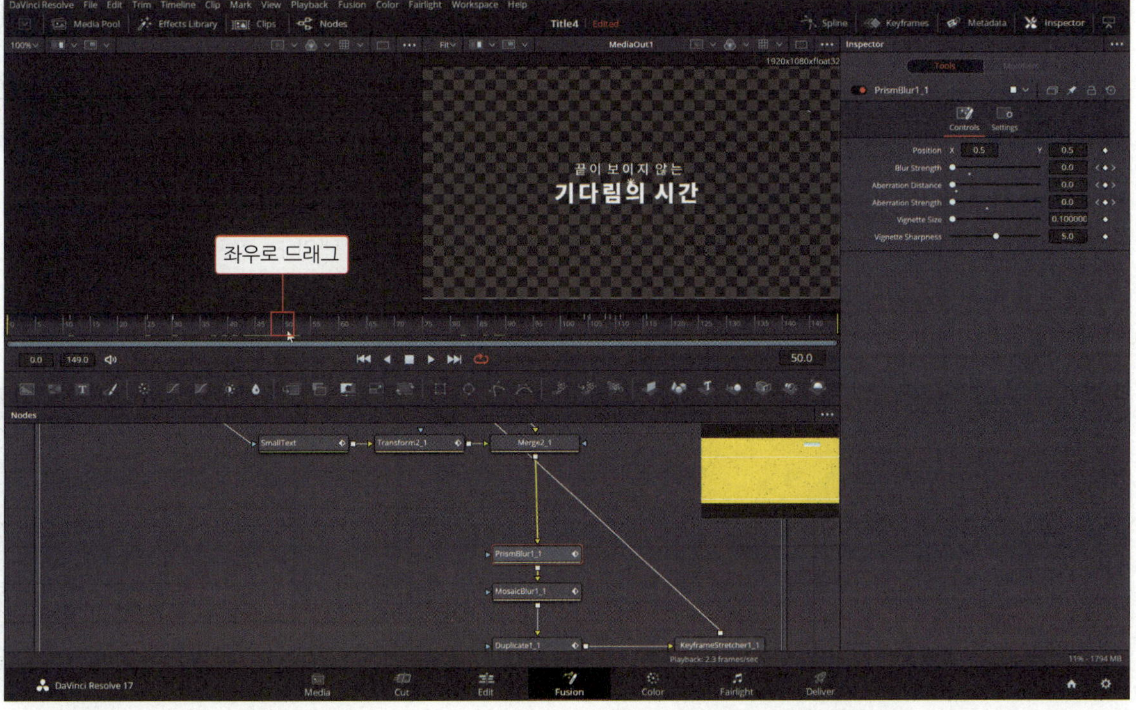

13 Inspector의 PrismBlur1_1 이름 하단의 [Controls] 탭의 Blur Strength(흐리기 강도), Aberration Distance(수차 거리), Aberration Strength(수차 강도) 항목 옆의 마름모를 클릭하여 현재 상태(0.0)의 키 프레임을 생성합니다.

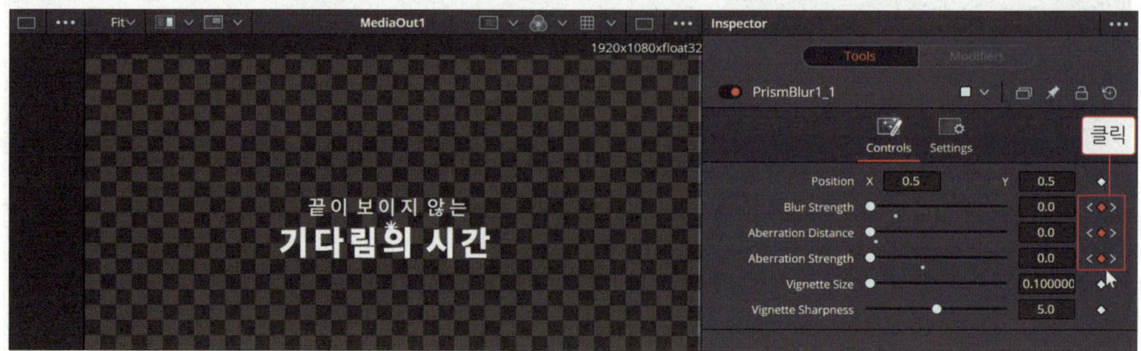

14 프레임 눈금자를 오른쪽으로 이동하여 60프레임에 놓고, [Controls] 탭의 Blur Strength(흐리기 강도), Aberration Distance(수차 거리), Aberration Strength(수차 강도) 항목 값의 슬라이더를 이용해 0.0에서 미세하게 증가시킵니다. 키 프레임이 자동으로 추가됩니다.

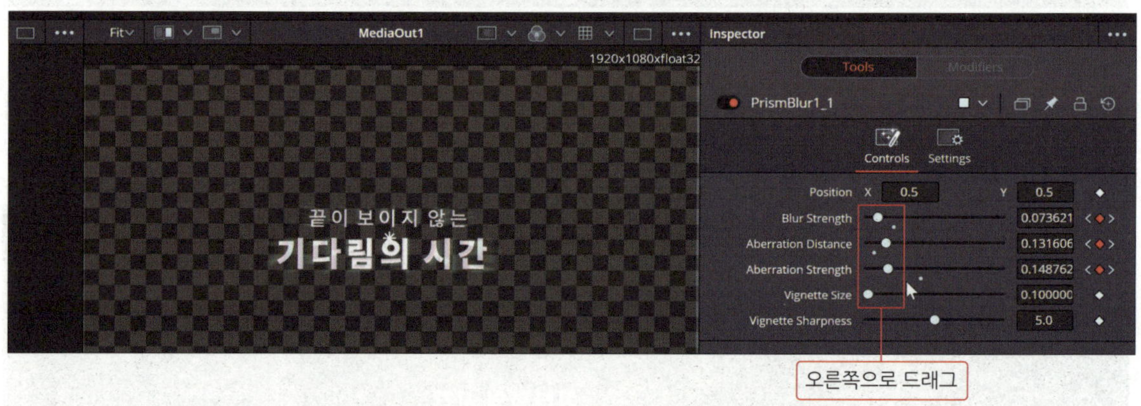

15 프레임 눈금자를 오른쪽으로 이동하여 80프레임에 놓고, [Controls] 탭의 Blur Strength(흐리기 강도), Aberration Distance(수차 거리), Aberration Strength(수차 강도) 항목 값을 모두 '0.0'으로 지정합니다. 'Edit 페이지' 아이콘을 눌러 되돌아갑니다.

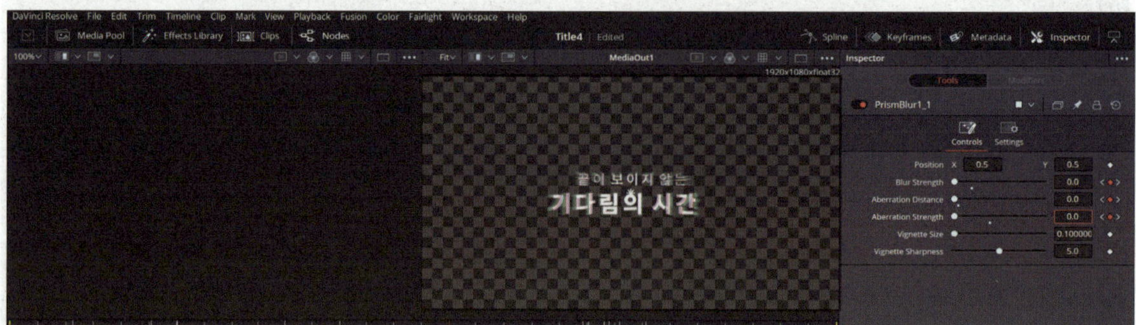

16 Edit 페이지에서 Digital Glitch 자막 클립의 앞으로 시간표시자를 옮기고 재생해보면 자막 중간에 프리즘 효과가 더 강하게 적용된 것을 확인할 수 있습니다.

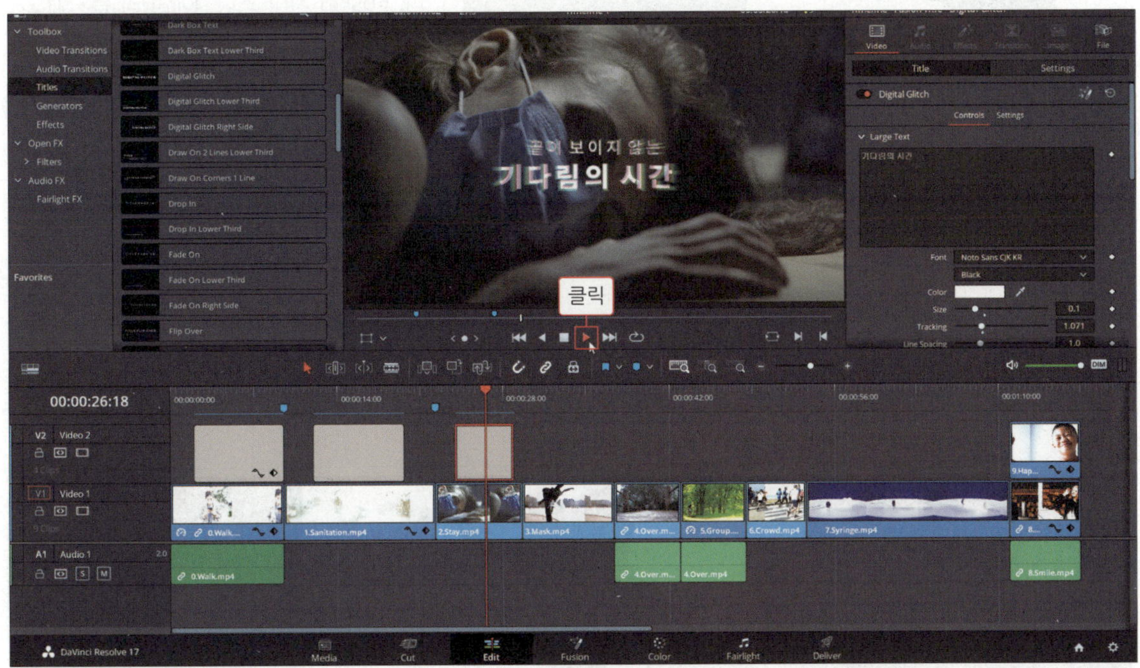

17 타임라인에서 다음 영상 클립의 위치로 시간표시자를 옮기고 Effects Library의 Titles에서 다른 자막 스타일을 선택하고 타임라인으로 끌어와서 해당 클립의 위 video 2번 트랙에 배치합니다. [Title] 탭의 Text 필드에서 한글 글꼴을 선택하고 문구를 입력합니다.

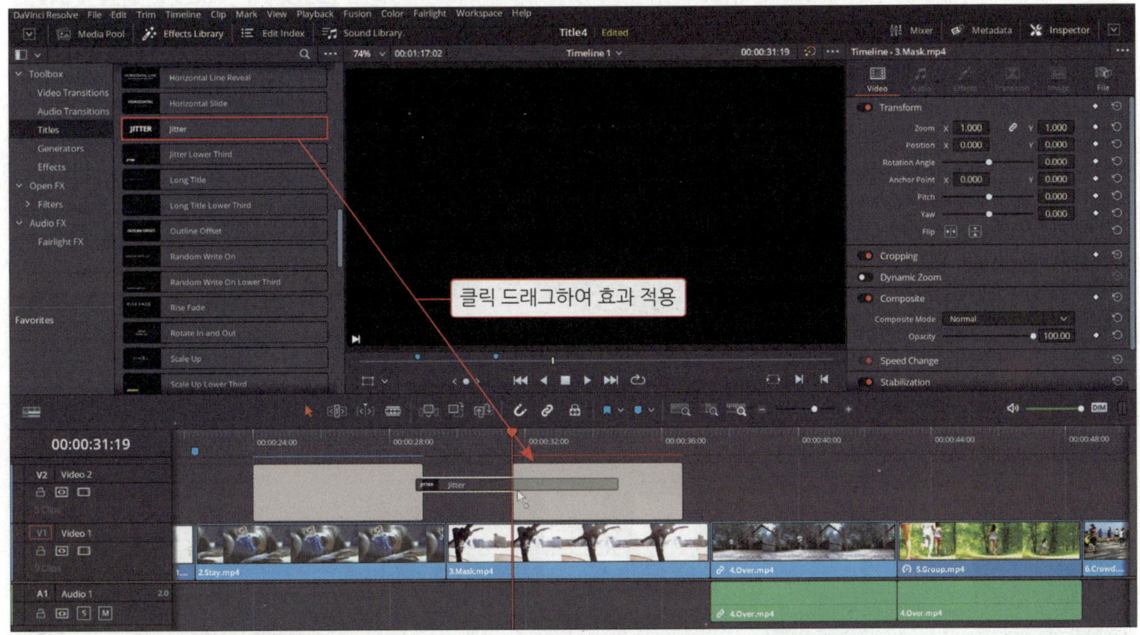

18 글자 크기와 색상을 변경하여 화면과 글자의 비율을 적절히 설정합니다. Fusion 자막 스타일에 따라 글자에 2개 이상의 색상을 지정하는 경우도 많습니다.

19 화면의 구도와 주제 위치에 따라 자막 글자의 위치를 조화롭게 조정합니다. 앞의 사례에서 적용해본 것처럼 자막 글자의 기준 키 프레임을 지정하고, 다양한 속성을 필요에 따라 추가 설정하면 독특한 스타일을 만들 수 있습니다.

20 Fusion Titles의 자막 스타일에 따라 조절할 수 있는 Inspector의 항목이 달라집니다. 세부 속성을 조절하여 같은 스타일도 서로 다르게 표현할 수 있습니다.

연속적인 서브 타이틀 만들기

서브 타이틀(Subtitle)은 화면의 아랫부분에 대사와 같이 긴 자막을 규칙적으로 만들어 넣는 것으로 '캡션(caption)'이라 부르기도 합니다. 앞에서 살펴본 다양한 자막 스타일은 영상의 제목이나 강조하는 장면에서 활용할 수 있습니다. 서브타이틀은 연속되는 긴 메시지를 전달하는 방식이라서 자막 스타일이 계속 변하기보다는 하나의 스타일로 통일성 있게 진행하는 것이 좋습니다. 다빈치 리졸브는 이와 같은 서브타이틀을 쉽게 만들어 적용할 수 있도록 프리셋을 기본으로 제공하고 있습니다.

BEFORE

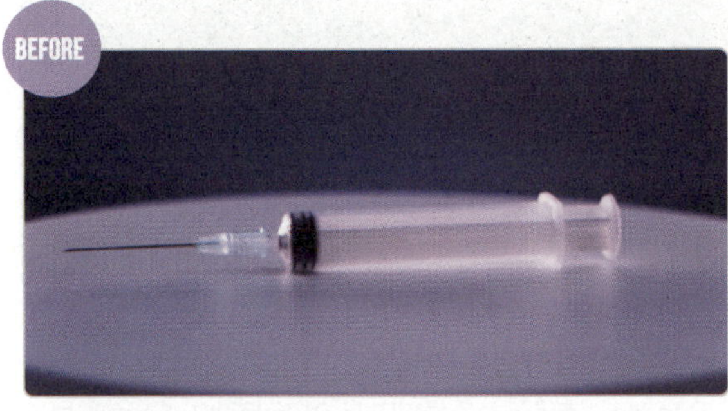

예제 파일 03/ 1/ 0.Walk.mp4, 1.Sanitation.mp4, 2.Stay.mp4, 3.Mask.mp4, 4.Over.mp4, 5.Group.mp4, 6.Crowd.mp4, 7.Syringe.mp4, 8.Smile.mp4, 9.Happy.mp4

AFTER

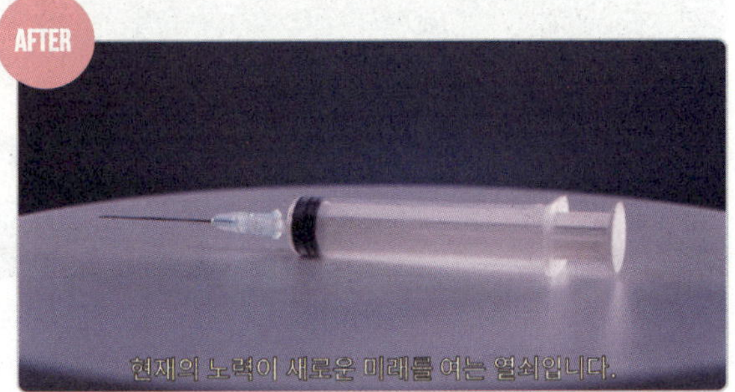

완성 파일 03/ 1/ 5sub_완성.mp4

01 Effects Library의 Titles 목록 아래에 별도의 Subtitles 그룹으로 Subtitle 자막이 위치하고 있습니다.

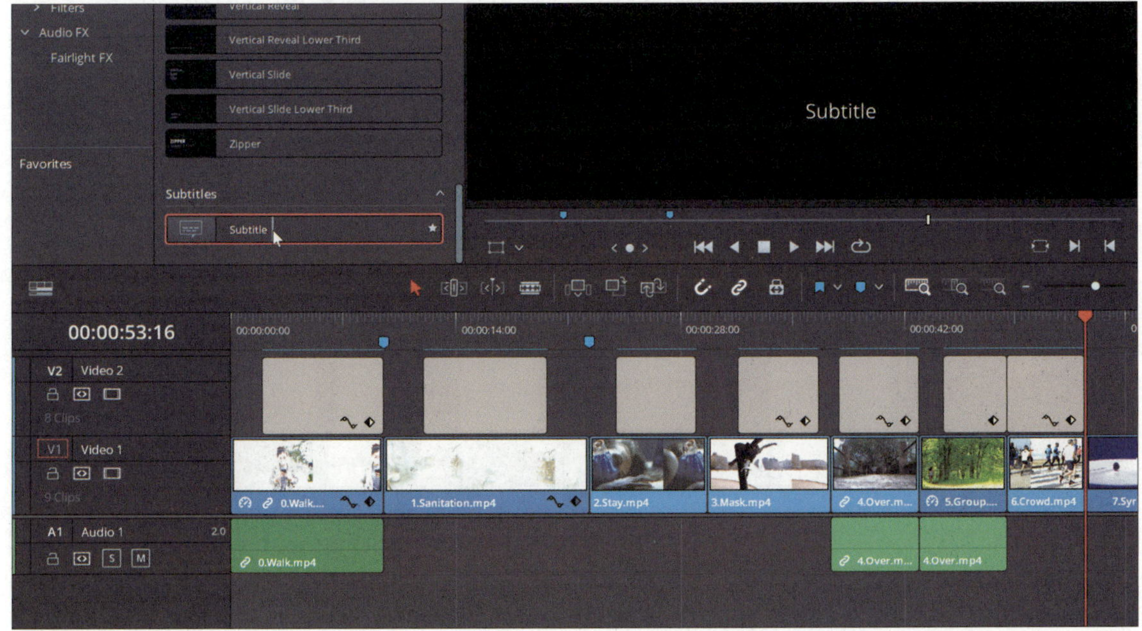

02 타임라인 창의 시간표시자를 긴 7번 영상 클립 앞에 두고, Subtitle 자막을 마우스로 클릭하여 끌어와 영상 클립 위에 배치합니다.

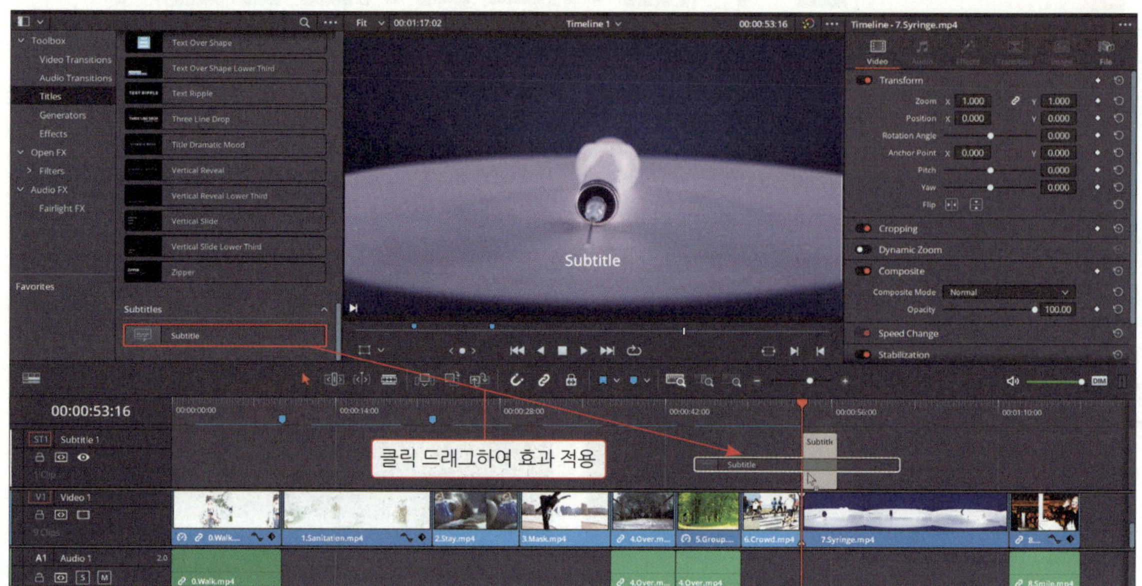

03 Subtitle은 타임라인에서 별도의 트랙을 점유합니다. Subtitle 1 트랙이 생성되면서 여러 트랙이 한눈에 보기 어렵게 겹쳐 보일 수 있습니다. 이때 각 트랙의 경계선을 마우스로 클릭한 상태에서 위아래로 움직이면 트랙 간격을 조절할 수 있습니다.

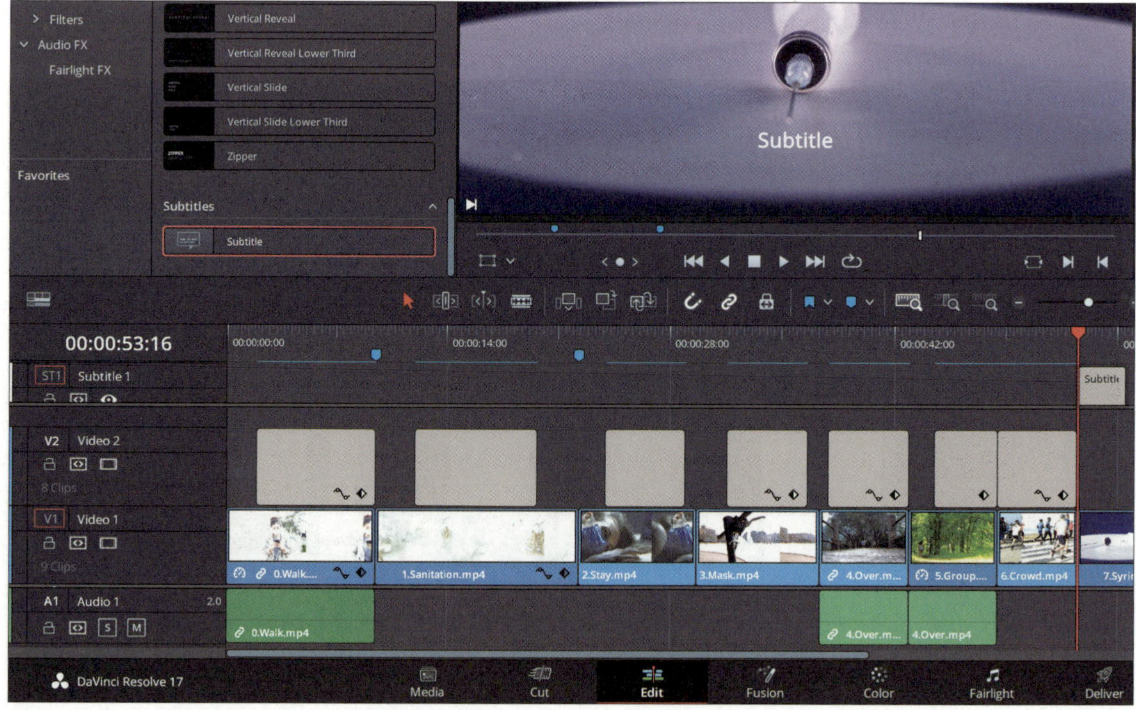

04 타임라인에 가져온 Subtitle 클립을 한번 클릭하면 Inspector 영역에 [Caption(캡션)] 탭의 속성이 나타납니다.

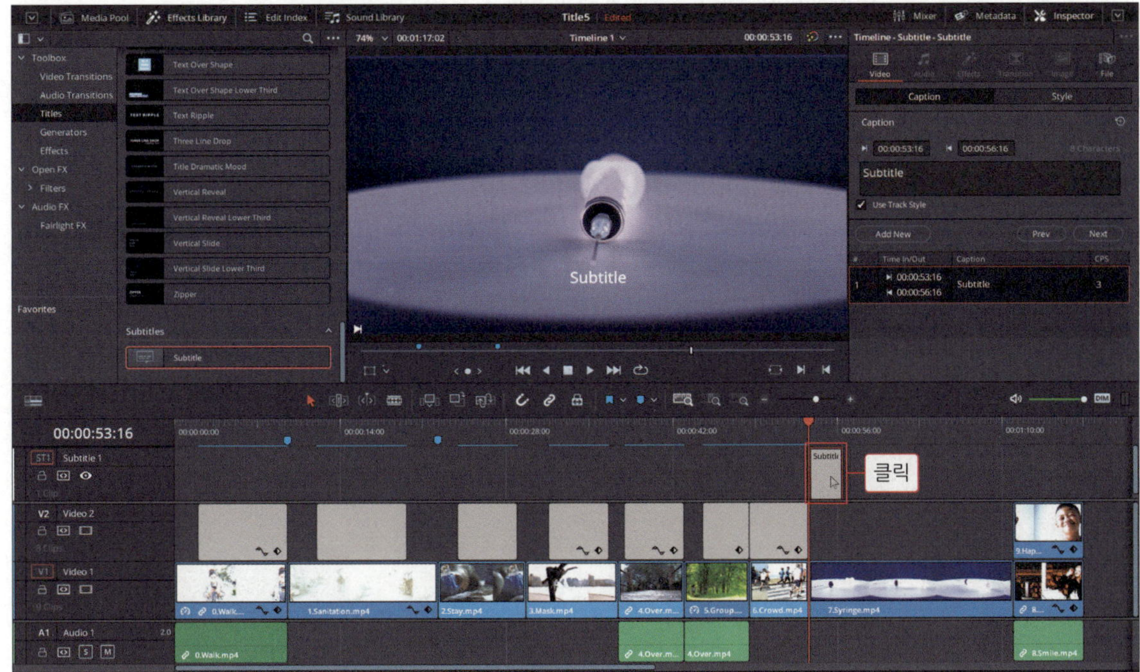

05 Caption의 입력 필드에 자막 문구를 입력합니다. 필드 위에 현재 입력한 내용이 몇 글자인지 '00 Characters'의 숫자로 표시되므로 분량을 배분하거나 길이를 판단할 수 있습니다.

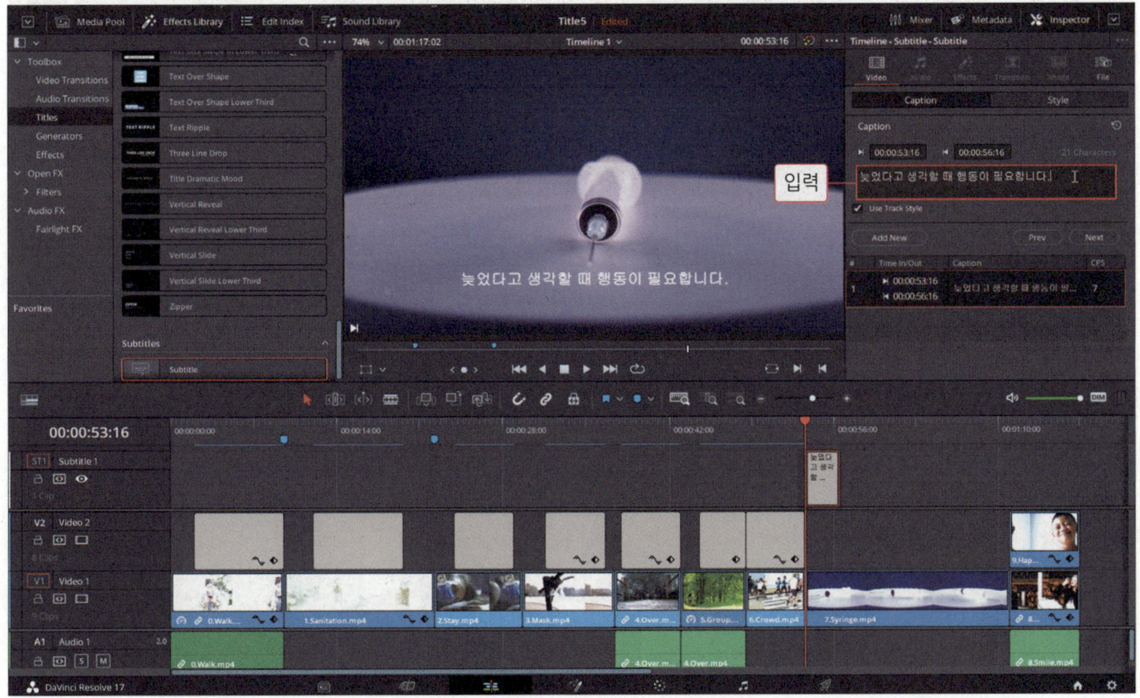

06 Inspector에서 [Style(스타일)] 탭을 클릭한 다음 Charactoer(문자)의 Font(글꼴), Color(색상), Size(크기) 등을 설정하고, 아래 Transform(변형)의 Position(위치) Y 값을 조절하여 자막의 위치를 정합니다.

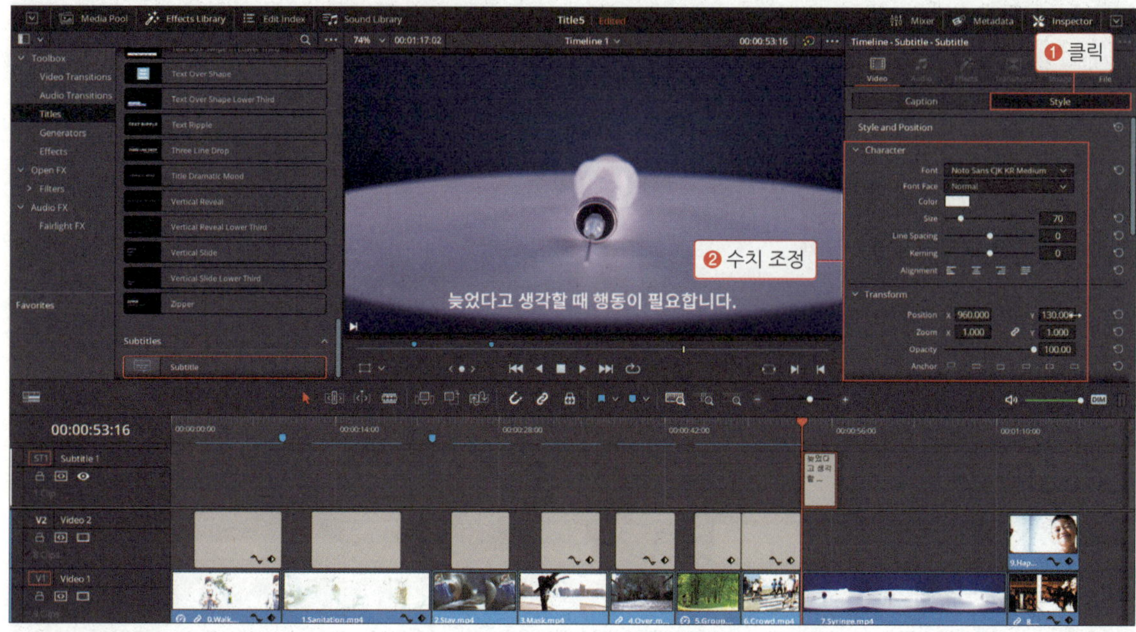

07 [Style] 탭의 속성을 아래로 내려보면 글자에 Stroke(테두리)를 설정할 수 있습니다. 가독성을 높이기 위해 Stroke 또는 Drop Shadow를 추가하는 것이 좋습니다.

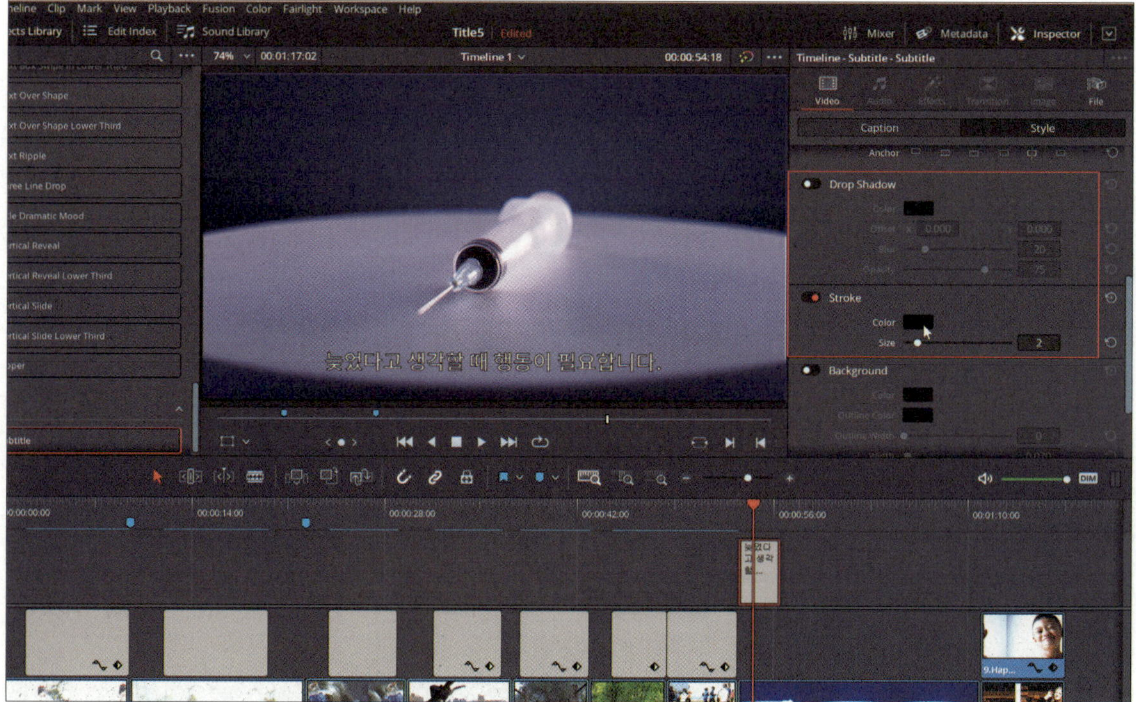

08 타임라인의 시간표시자를 첫 번째 Subtitle 뒤로 이동하고, Inspector의 [Caption] 탭에서 [Add New] 버튼을 클릭합니다.

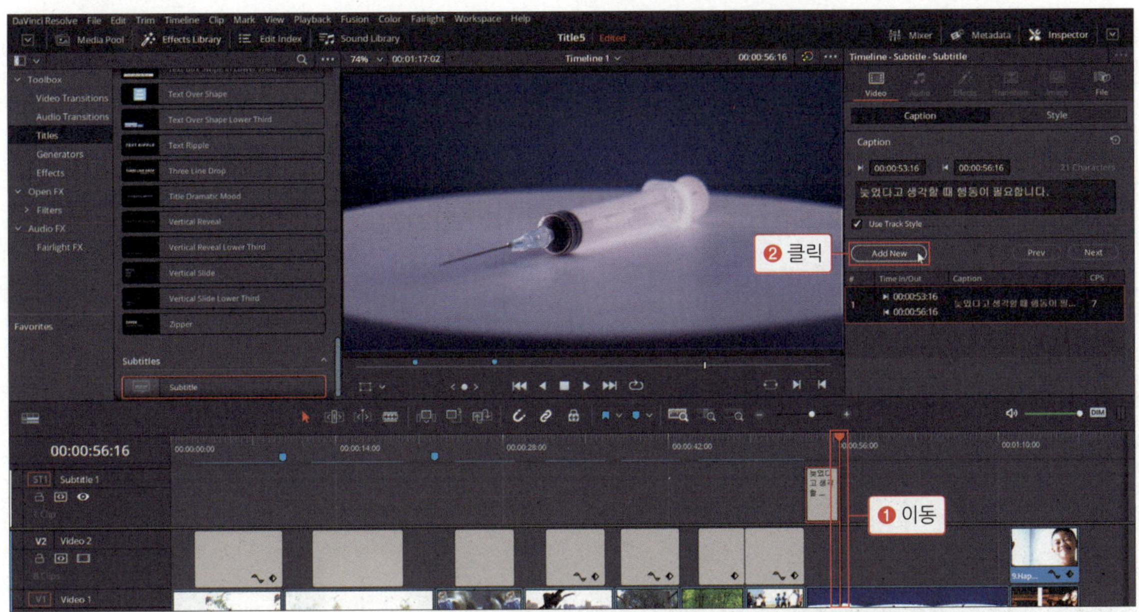

09 시간표시자의 위치에 새로운 Subtitle이 추가됩니다. 시간표시자를 새 Subtitle의 중간 부분으로 옮기고, [Caption] 탭의 입력 필드에 새로운 문구를 입력합니다. 앞에서 적용했던 스타일이 그대로 두 번째 Subtitle에도 적용되어 나타납니다.

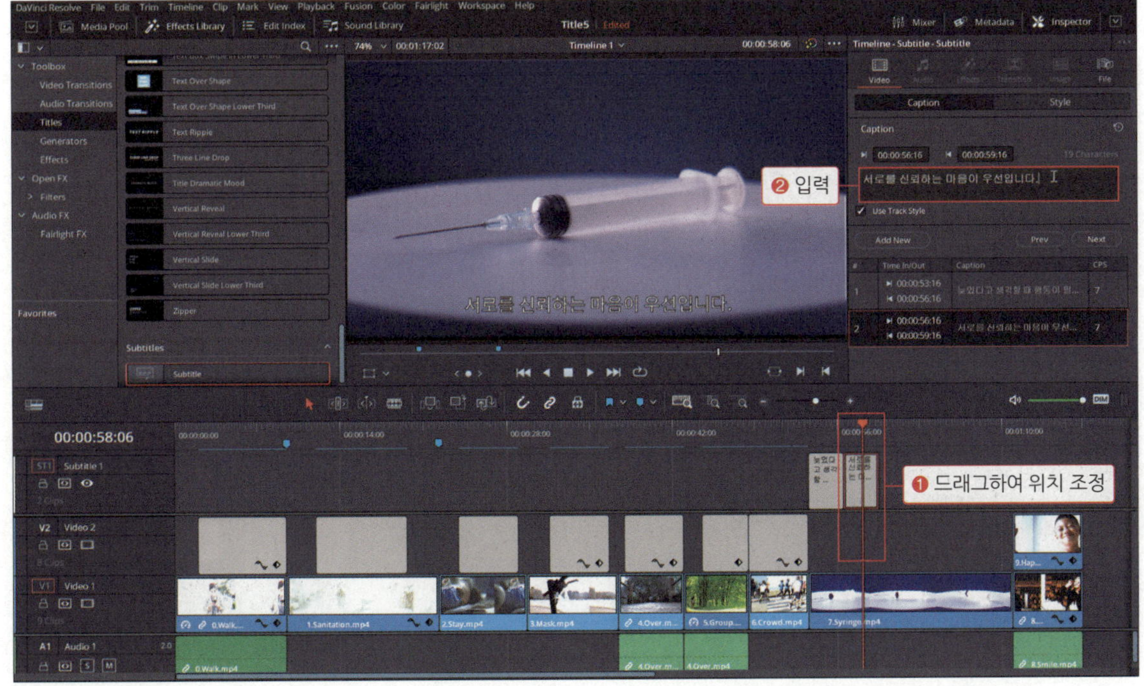

10 시간표시자를 두 번째 Subtitle 클립 뒤로 이동시키고 [Caption] 탭의 [Add New] 버튼을 클릭하여 세 번째 Subtitle을 생성합니다.

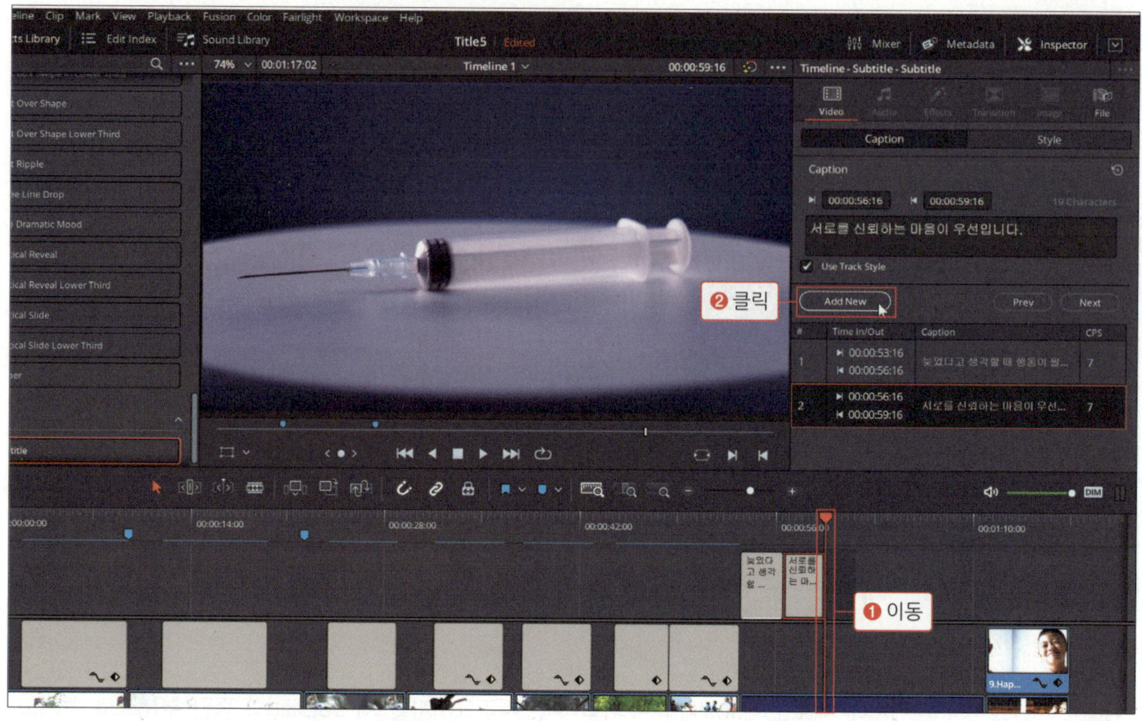

11 시간표시자를 세 번째 Subtitle 클립의 중간 위치로 옮기고, Caption의 입력 필드에 새로운 문구를 입력합니다. 위와 같은 방법으로 계속 Subtitle을 추가하고 원하는 문구를 입력할 수 있습니다.

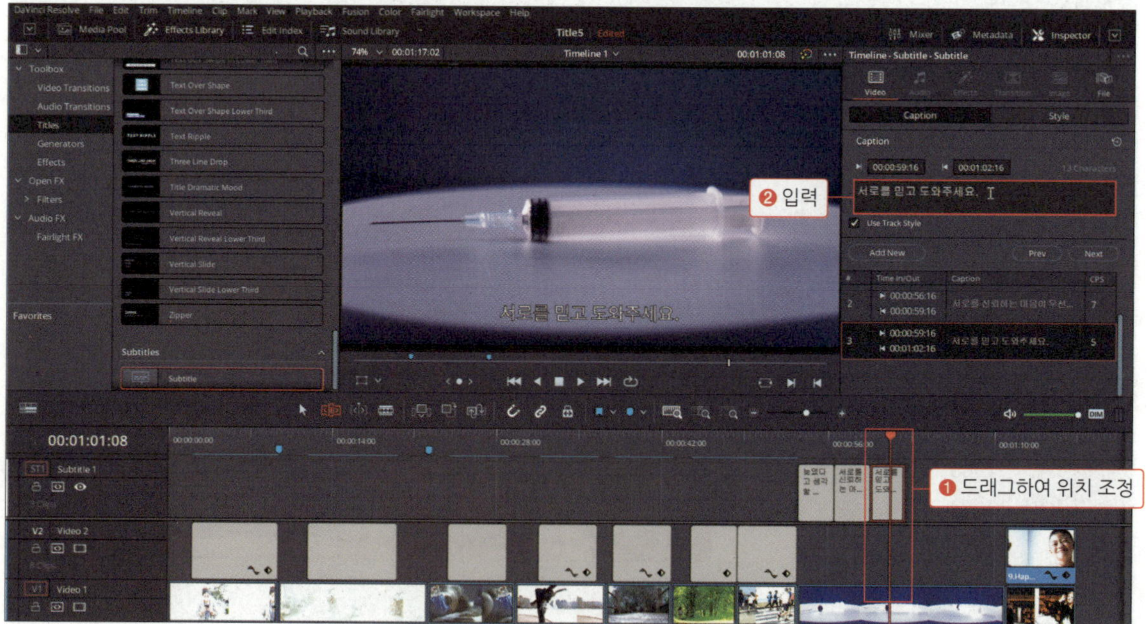

12 긴 영상 클립에 맞게 Subtitle을 추가하고 계속 문구를 입력합니다.

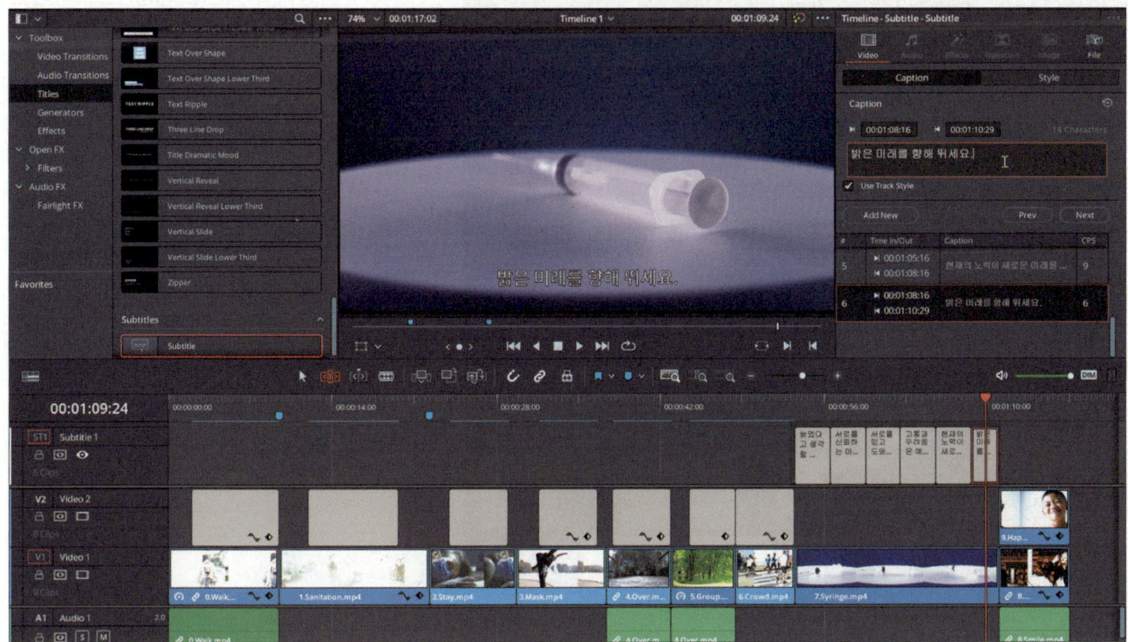

13 타임라인 마지막에 새로운 자막을 추가하겠습니다. 타임라인의 마지막 부분은 Video 1번과 2번 트랙에 영상 클립이 겹쳐 있습니다. 이 상태에서 새로운 Fusion 자막을 적용하려고 타임라인으로 끌고 오면 적용이 안되고, 기존 클립이 줄어들어 버리듯 보입니다. 이때 마우스 버튼을 놓지 않고 끌어온 자막을 다시 Titles 목록으로 가져다 놓으면 원상 복구됩니다.

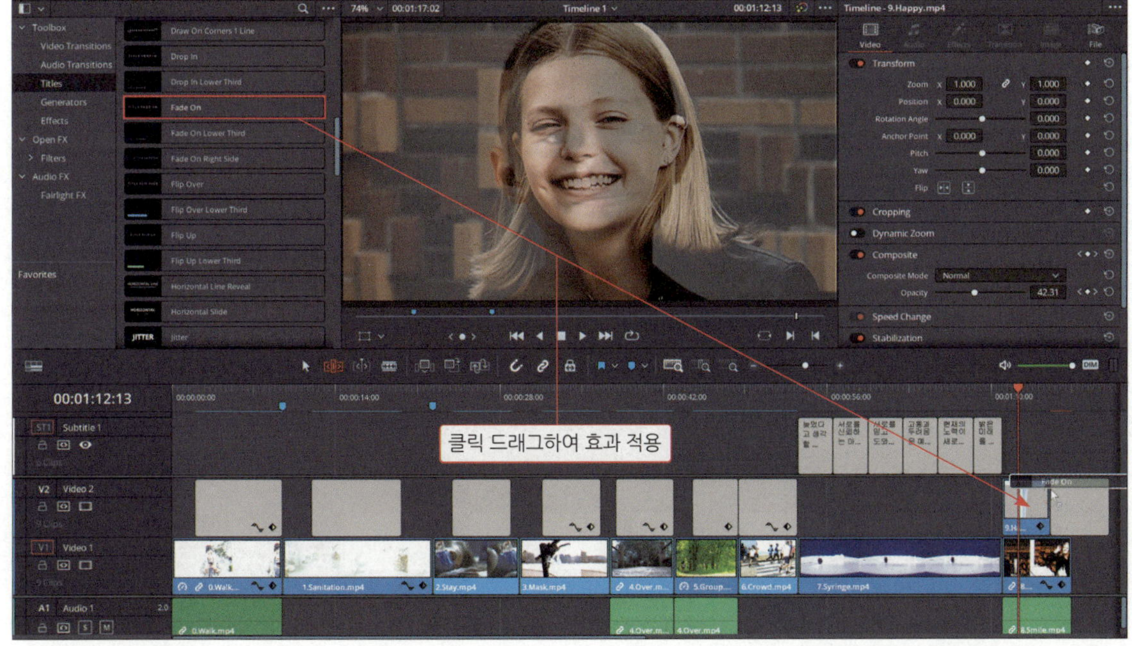

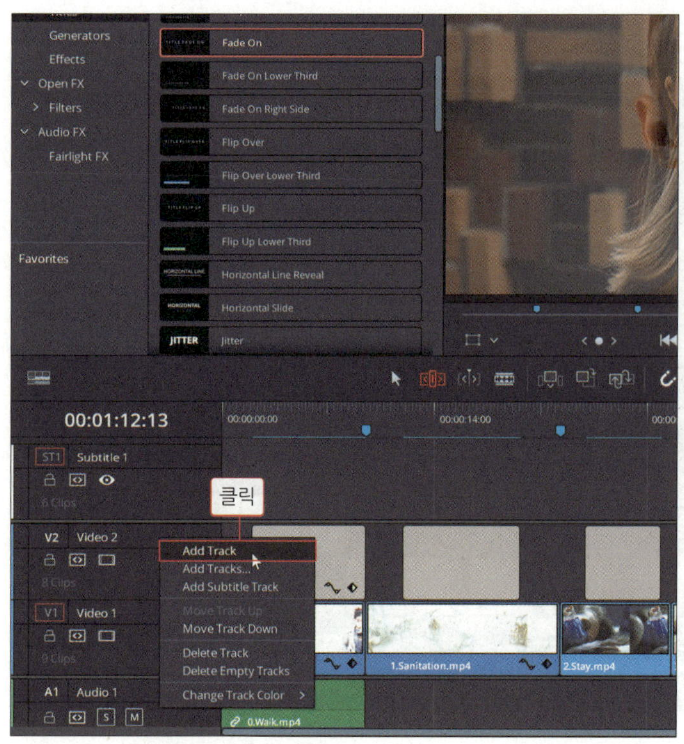

14 이와 같은 문제를 해결하기 위해 타임라인에 새로운 영상 트랙을 추가해야 됩니다. Timeline header의 Video 2 이름 옆에서 마우스 오른쪽 버튼을 누르고 'Add Track'을 선택합니다.

15 Video 3트랙이 생성되면 트랙 경계를 조절하여 3번 트랙이 잘 보이도록 설정한 다음 원하는 자막 스타일을 Titles 목록에서 끌어와 아래 영상 클립의 위치에 맞춰 Video 3 트랙에 배치합니다.

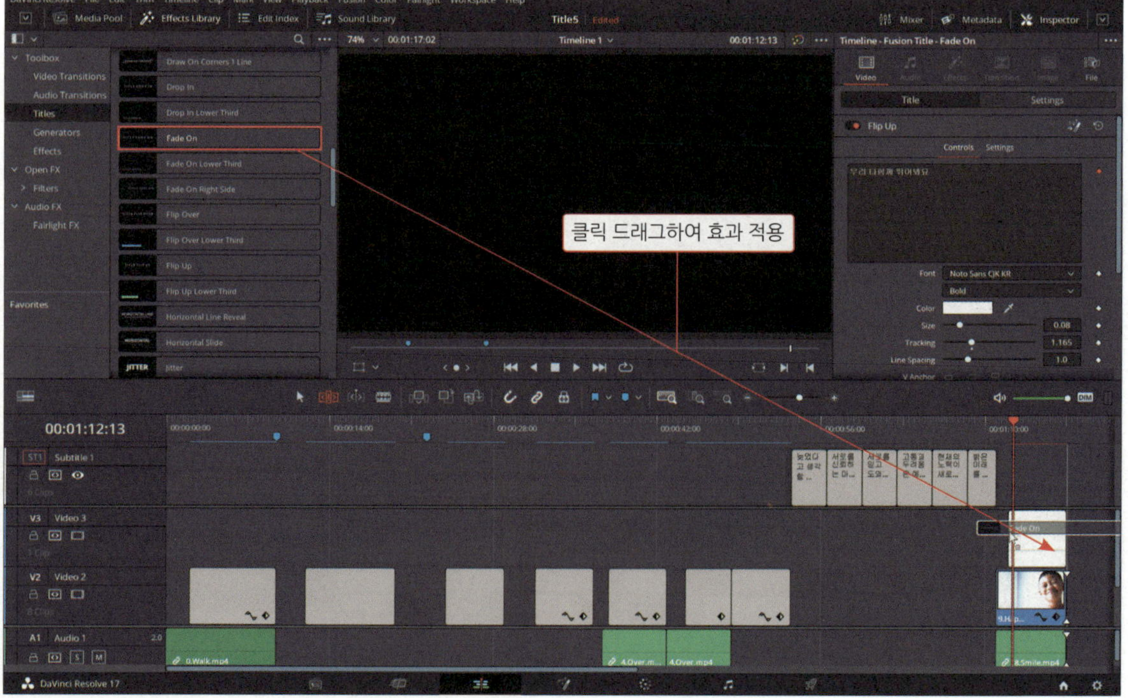

16 새로 가져온 자막의 Inspector의 입력 필드에 문구를 입력하고 색상과 크기 등의 속성을 적용합니다. 시간표시자를 타임라인의 가장 앞으로 옮기고 재생해보면서 다양하게 적용한 자막의 스타일과 특성을 검토합니다. 만약 컴퓨터 성능의 문제로 결과 재생이 원활하지 않으면 Deliver 페이지로 넘어가 영상 파일로 출력한 후 검토해보는 것도 좋습니다.

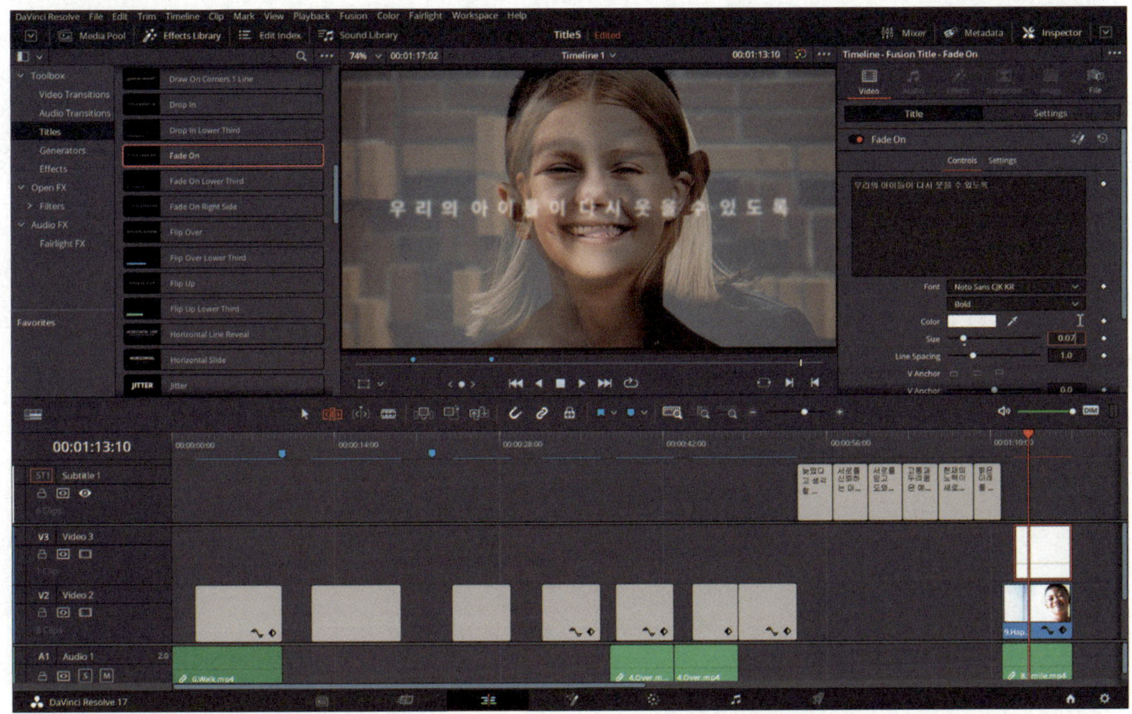

Tip 이번 장에서는 자막의 스타일을 다양하게 만들어 표현할 수 있는 방법을 다루었습니다. 그러나 실제 영상 작품이나 콘텐츠를 만들 때는 사용할 자막의 스타일의 수를 한정하는 것이 좋습니다. 지나치게 다양한 자막 스타일은 자칫 산만해 보일 수 있으므로 영상 작품의 완성도를 떨어뜨리는 요인이 되기도 합니다. 제목, 이슈 포인트 또는 파트 구분, 서브 타이틀, 마지막 크레딧 타이틀 정도로 자신만의 스타일을 구성하여 활용해도 충분합니다.

SPECIAL TIP : 영상에 Subtitle 포함해서 출력하기

Subtitle을 추가한 경우 파일로 출력할 때 Deliver 페이지에서 Subtitle을 영상에 Burn into(각인)하도록 설정해야 영상에 표출됩니다. [Render Settings] 탭 맨 아래에 Subtitle Settings 항목을 열고, Export Subtitle을 v 체크한 후, 아래 Format을 'Burn into video'로 설정한 후, [Add to Render Queue] 버튼을 누르면 Subtitle이 포함된 영상으로 출력됩니다.

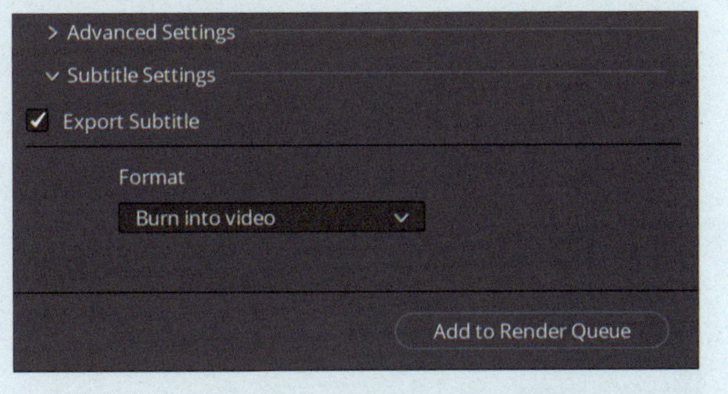

영상을 살리는 효과 적용하기

다빈치 리졸브 환경에서는 컷 편집한 영상 클립에 다양한 효과를 적용할 수 있습니다. Effects Library의 Toolbox에 들어있는 모든 항목을 다 '효과'라고 할 수 있습니다. 앞에서 살펴본 Titles 외에도 연속되는 클립 사이에 전환 효과를 적용하는 Transitions, 클립에 효과를 적용하는 Effects와 Filters, 컬러바와 같은 패턴을 화면에 생성하는 Generators 등이 있습니다. 이번 장에서는 Transitions(화면 전환)과 Effects(효과)를 원하는 대로 적용할 수 있는 방법을 설명하겠습니다. 아울러 화면 합성의 방법으로 많이 쓰이는 Chroma Key(크로마키) 합성 방법도 쉽게 적용할 수 있도록 실습해보겠습니다.

화면 전환 마음대로 설정하기

타임라인에서 컷 편집된 영상 클립 사이를 부드럽게 이어주는 효과를 Transitions(화면 전환)이라고 합니다. Dissolve(디졸브)처럼 자연스럽게 두 영상이 겹치면서 전환되는 효과도 있지만, Iris(조리개), Wipe, Shape처럼 특정 형태로 영상을 오려내듯이 전환되는 효과도 있습니다. Fusion Transitions는 복합적인 효과로 구성되어 있습니다. 이와 같은 화면 전환 효과를 영상 클립 사이에 적용하고, 그 지속 시간과 속성을 변경하는 방법을 살펴보겠습니다.

BEFORE

AFTER

예제 파일 03/ 1/ 0.Walk.mp4, 1.Sanitation.mp4, 2.Stay.mp4, 3.Mask.mp4, 4.Over.mp4, 5.Group.mp4, 6.Crowd.mp4, 7.Syringe.mp4, 8.Smile.mp4, 9.Happy.mp4

완성 파일 03/ 1/ Transitions_완성.mp4

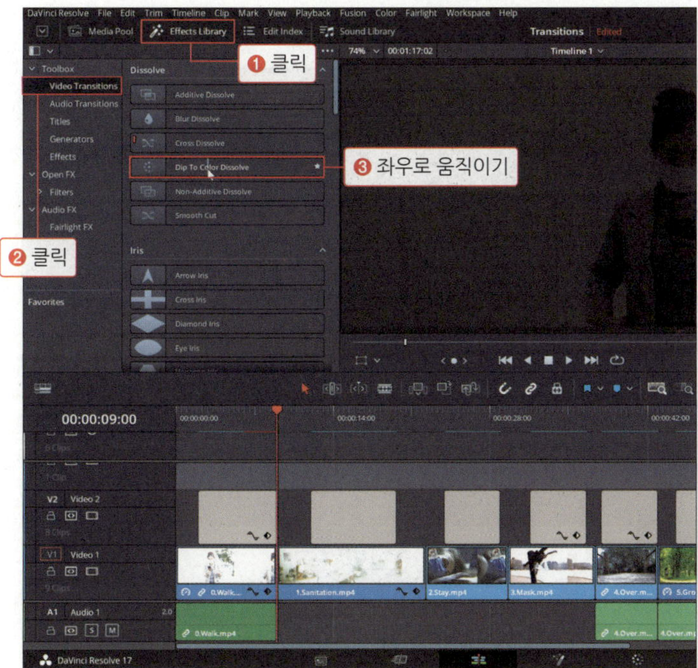

01 컷 편집과 자막 적용이 완료된 프로젝트를 열고 타임라인에 Transition을 적용할 위치로 시간표시자를 옮깁니다. 상단 Effects Library에서 Video Transitions를 클릭하여 화면 전환 효과 목록을 엽니다. 특정 Transition 이름 위에 마우스 커서를 두고 좌우로 움직이면 두 클립 사이에 적용될 전환 효과를 뷰어에서 미리 보기 할 수 있습니다.

> **Tip** 화면 전환을 적용하기 위해서는 타임라인의 클립과 클립 사이에 미리 트리밍된 영역이 필요합니다. 클립의 앞뒤를 짧게 트리밍했지만 원본에서는 두 클립 사이에 중첩되는 부분이 있어야 한다는 뜻입니다.

02 만약 연속된 클립 사이에 중첩되는 부분이 없다면 Transitions을 적용할 수 없으므로 타임라인에서 두 클립 사이의 경계선에 마우스 커서를 올리고, Roll Trim 커서로 바뀌면 클릭한 채 좌우로 드래그해서 두 클립 사이에 중첩될 부분을 균등하게 맞춥니다.

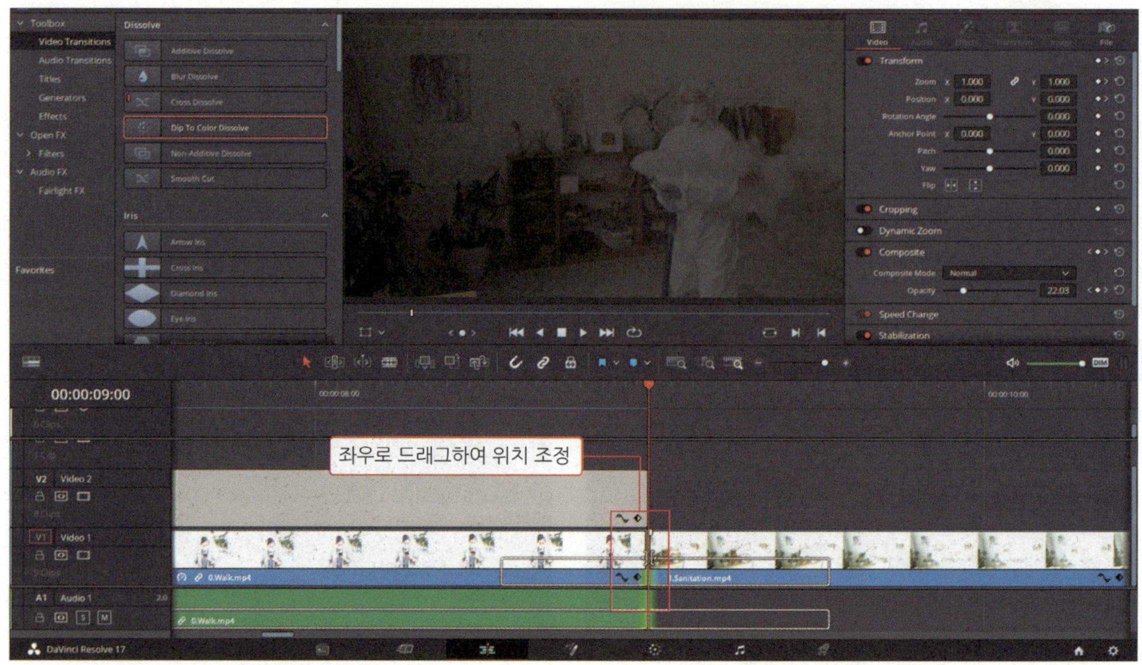

03 Transitions 목록 중에서 Dip to Color Dissolve를 클릭한 상태로 타임라인에 적용할 두 클립 사이로 드래그하여 배치합니다.

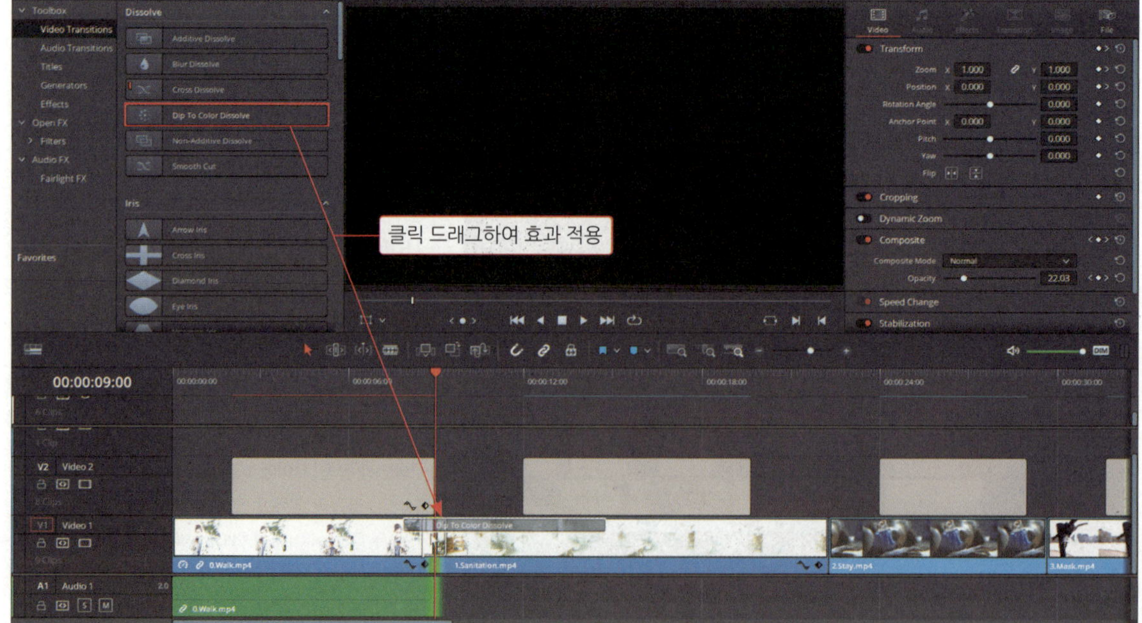

04 적용한 Transition이 두 클립 사이에 흰색 윤곽선으로 표시됩니다. 이 윤곽선을 클릭하면 빨간색으로 선택되면서 Inspector 영역에 해당 Transition의 세부 설정이 나타납니다.

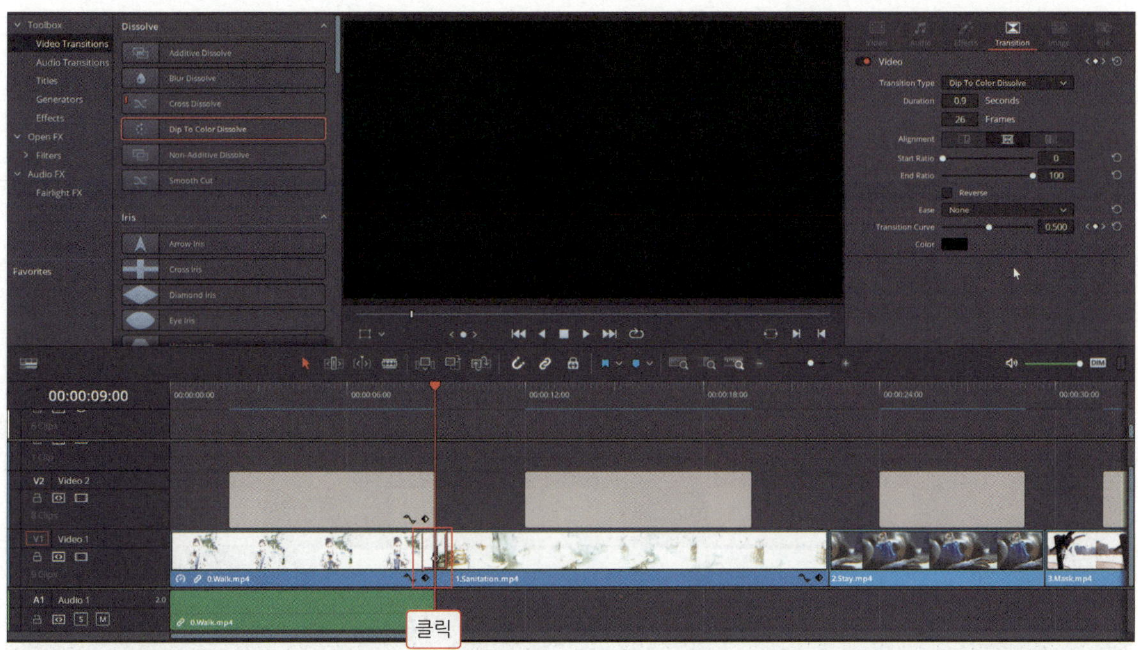

05 적용한 Dip to Color Dissolve 효과는 두 클립 사이에서 검은색으로 변하면서 전환되는 설정이 기본으로 적용되어 있습니다. 속성 중 Color 사각형을 클릭하여 팔레트 창에서 흰색으로 설정해 봅니다.

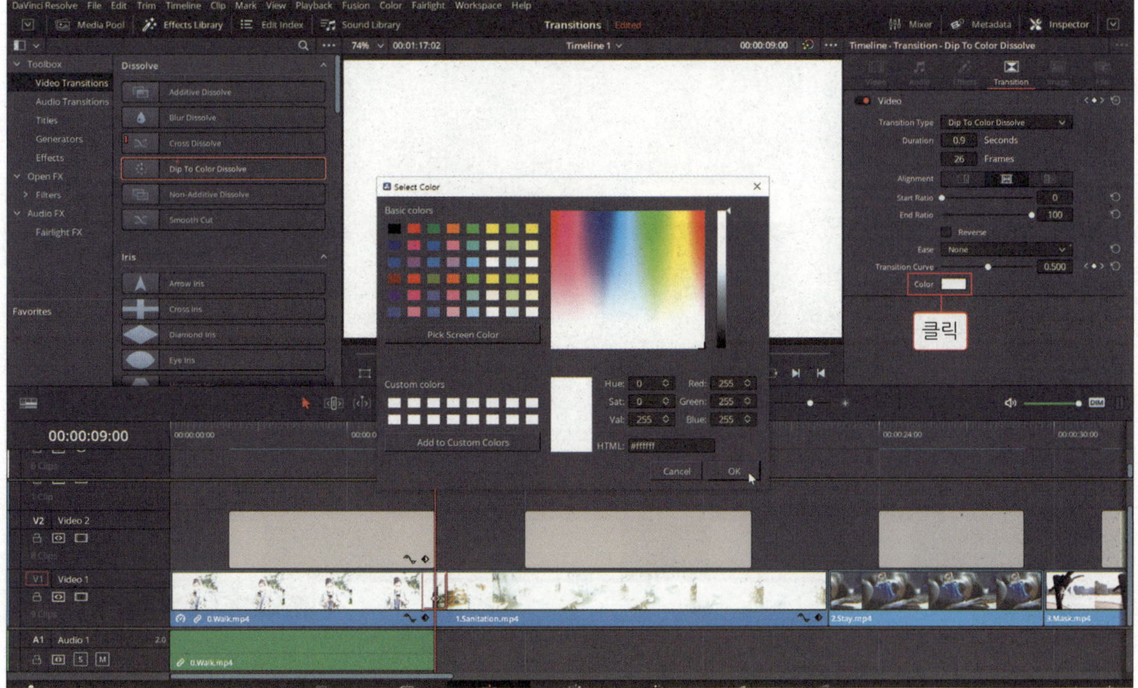

06 타임라인의 시간표시자를 Trasition 클립 앞으로 옮기고 재생해보면 앞의 영상 클립이 서서히 흰색으로 변하면서 다시 뒤의 영상 클립으로 전환되는 효과를 확인할 수 있습니다.

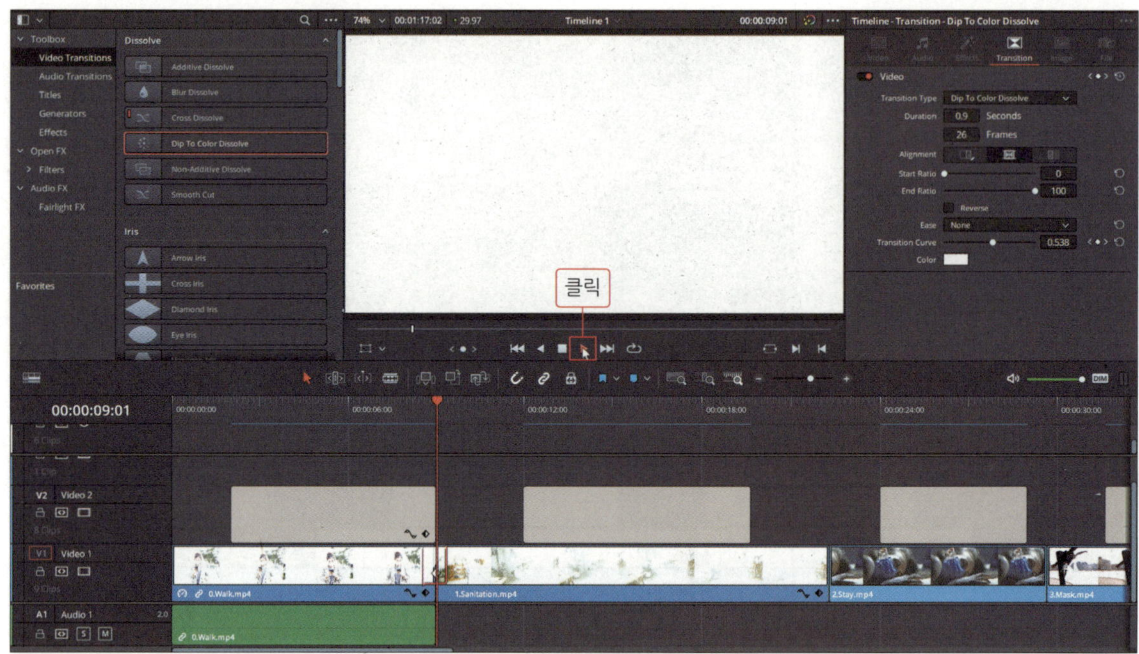

07 시간표시자를 다음 편집점으로 이동하고, 이번에는 Non-Additive Dissolve 위에 마우스 커서를 두고 좌우로 움직여 미리보기 합니다. 디졸브 효과이지만 어두운 톤 위주로 두 클립의 합성이 일어납니다.

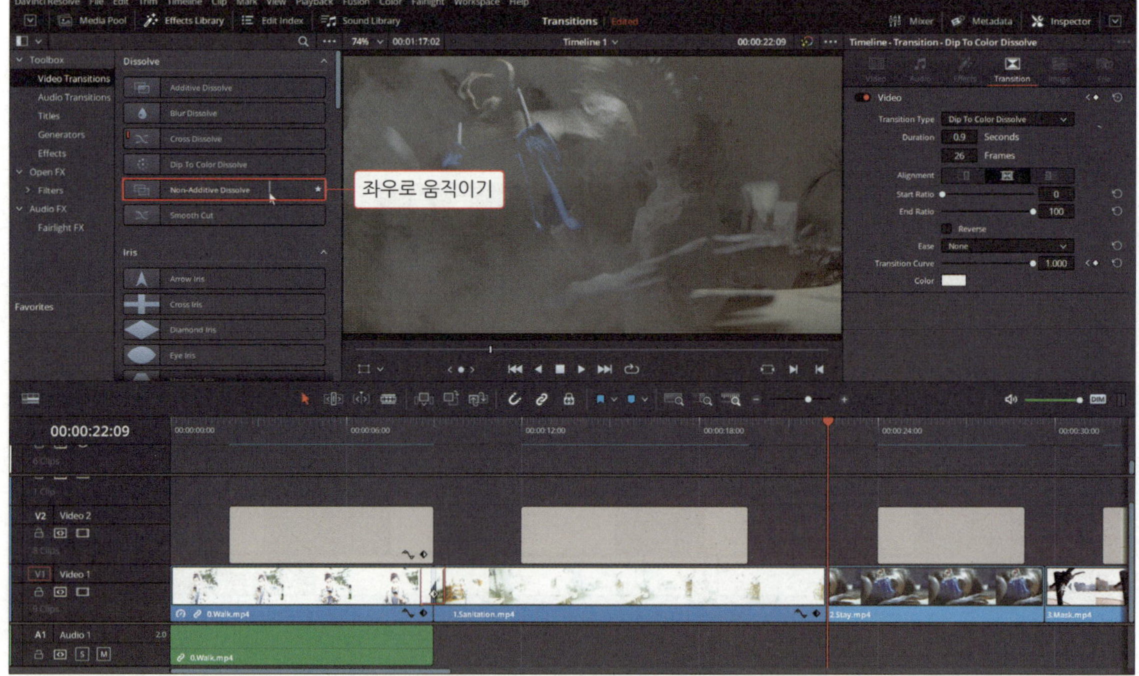

08 Non-Additive Dissolve 효과를 드래그하여 영상 클립 사이에 배치합니다. 효과를 선택한 후 Inspector를 보면 Alignment 항목이 있습니다. 각각의 버튼을 클릭하여 왼쪽-중간-오른쪽 정렬의 차이를 확인할 수 있습니다. 기본은 두 클립의 정 가운데 정렬입니다.

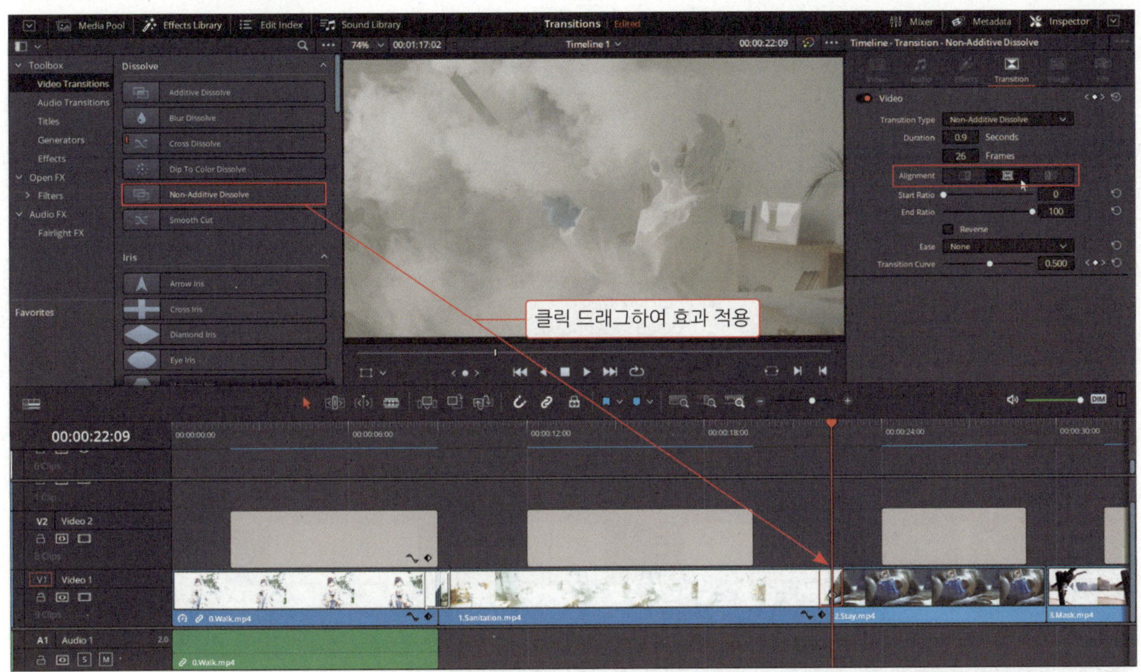

09 맨 위에 있는 Transition Type 항목은 이미 적용한 화면 전환 효과를 다른 종류로 바꿀 수 있는 바로가기 목록입니다. 목록에서 다른 전환 효과를 선택하면 즉시 적용됩니다.

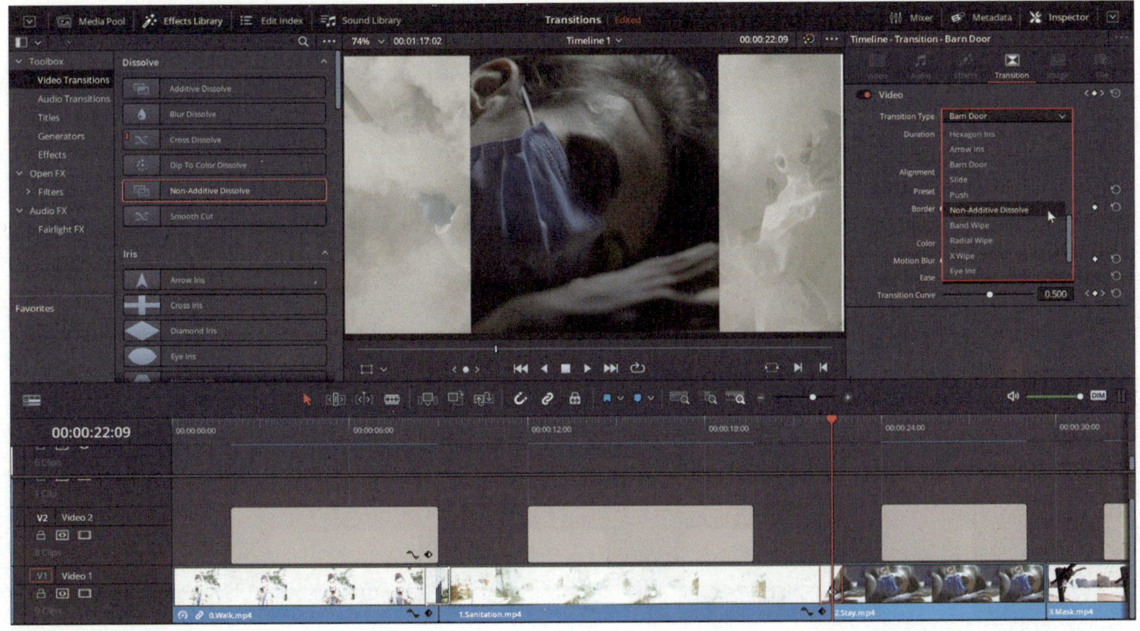

10 Video Transitions 목록 중간에는 Fusion Transitions 효과들이 배치되어 있습니다. Fusion Titles처럼 이 종류도 Fusion을 활용한 복합적인 전환 효과입니다. 그중에서 Pan Left 효과 위에 마우스 커서를 올려 좌우로 움직이면서 미리보기 합니다.

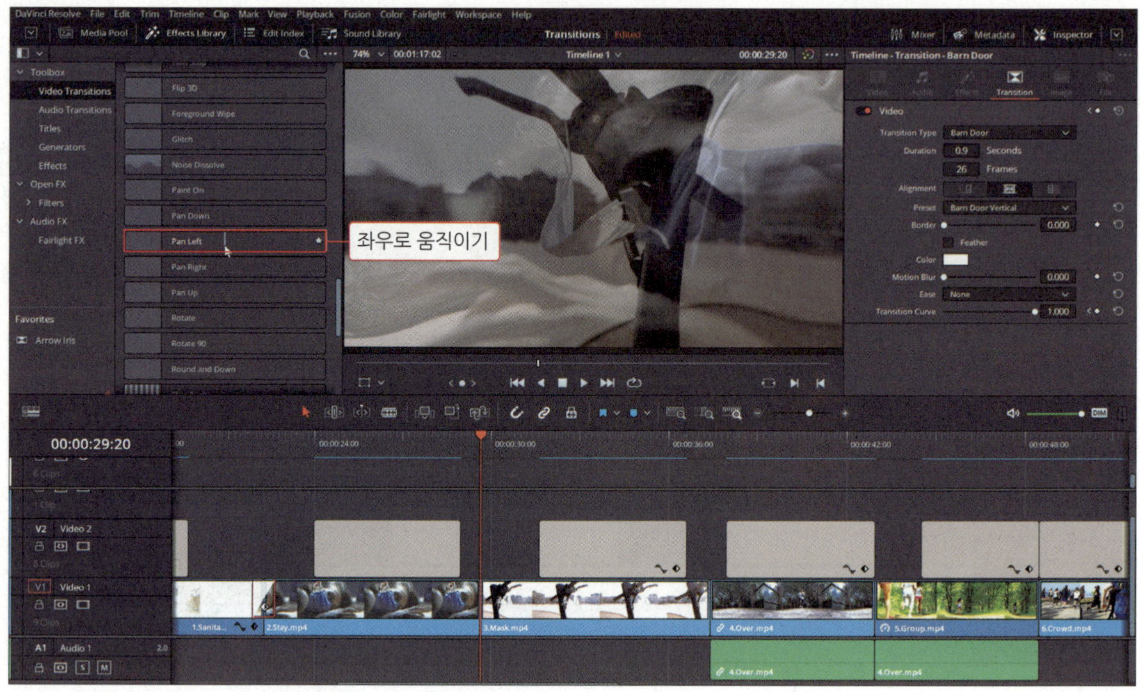

11 Pan Left 효과의 속성 항목에서 Motion Blur(동작 흐리기) 옆의 칸을 클릭하여 'V' 표시하면 두 클립 사이에 이동하는 움직임에 잔상 효과가 추가됩니다.

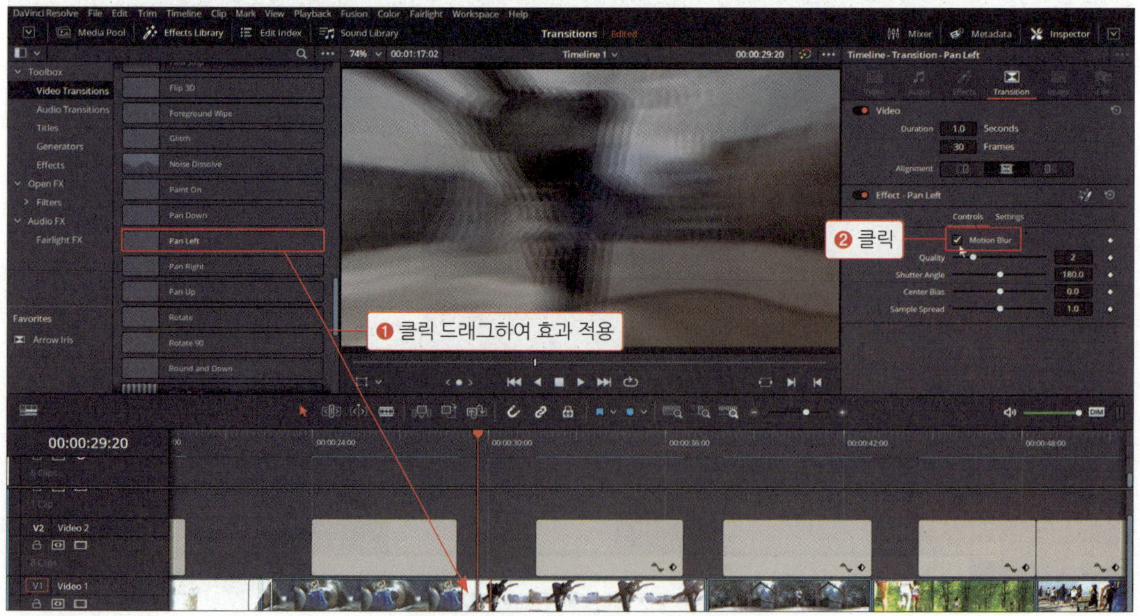

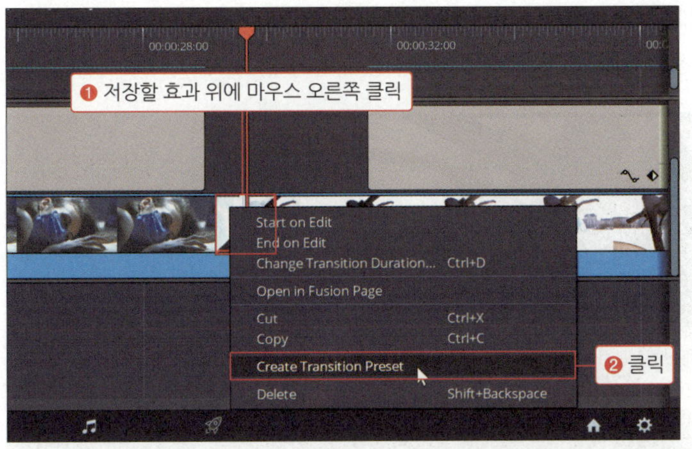

12 속성을 조절하고 키 프레임을 추가한 Transition은 Preset으로 저장해두었다가 다음에 다시 사용할 수 있습니다. 저장할 전환 효과 클립에 마우스 오른쪽 버튼을 클릭하고, 'Create Transiotion Preset'을 선택합니다.

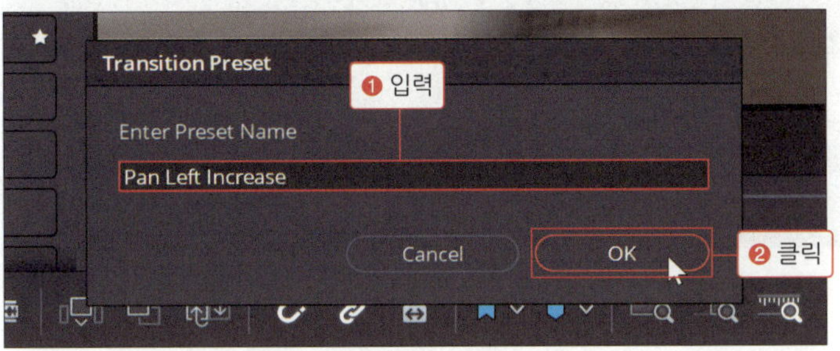

13 Transition Preset 창이 표시되면 이름을 입력합니다. 기본적으로는 원래 전환 효과 이름이 들어가 있으므로 뒤에 한 단어만 추가해도 기억하기에 편리합니다. 이름 입력 후 [OK] 버튼을 클릭합니다.

14 사용자가 추가한 Trasnsition Preset은 목록의 User(사용자) 그룹에 저장됩니다. 다음에는 이 전환 효과를 그대로 가져다 쓸 수 있습니다.

15 시간표시자를 다음 편집점으로 이동하고, Video Transitions 목록의 맨 아래에 있는 Resolve FX Transitions 그룹에 있는 Burn Away에 마우스 커서를 올려서 미리보기 합니다.

16 Burn Away 효과를 적용하고, Inspector를 보면 Effects – Burn Away 항목 아래에 다양한 설정 사항이 나타납니다. 불타는 효과를 설정하는 여러 항목 중 Progression의 Angle은 불타는 각도의 설정 값입니다. 수치를 바꿔서 불이 번지는 각도를 바꿔봅니다.

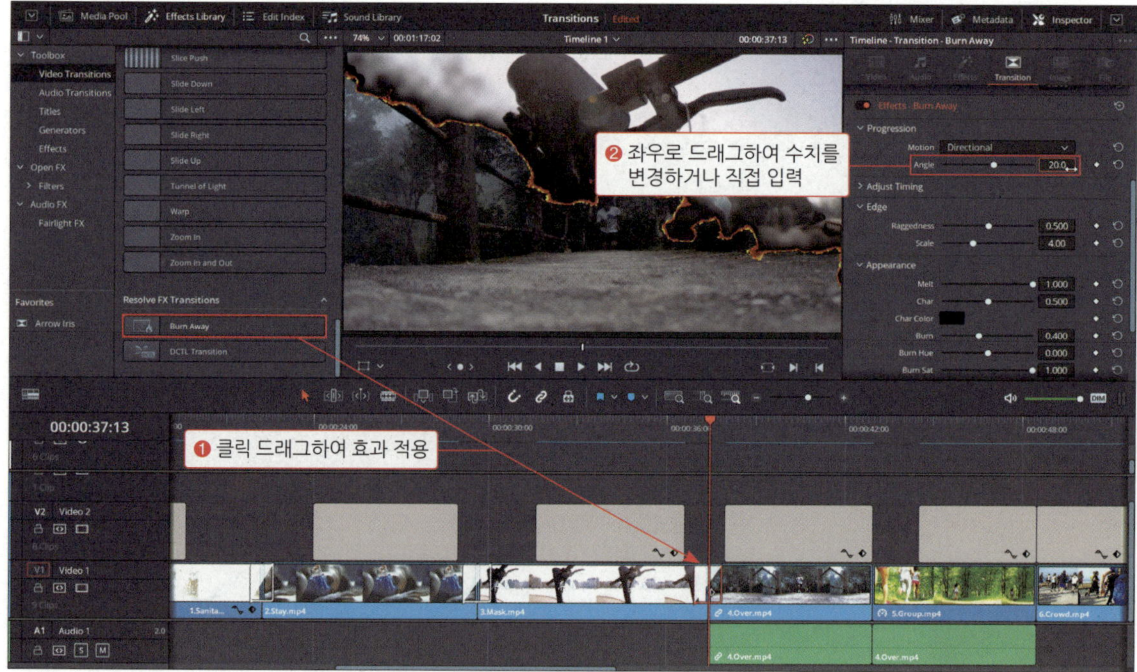

17 Appearance에서 Char Color는 그을음의 색상입니다. 색상 칸을 클릭하여 컬러 팔레트를 열고 검은색 대신 어두운 갈색으로 설정해 봅니다.

18 시간표시자를 다음 편집점으로 옮기고 다른 전환 효과를 하나씩 적용해 봅니다. 각 Transtion 효과는 Inspector의 설정 값 조절을 통해 마음대로 수정하여 적용할 수 있습니다. 같은 효과도 속성의 변경에 따라 다른 방식으로 보이게 됩니다.

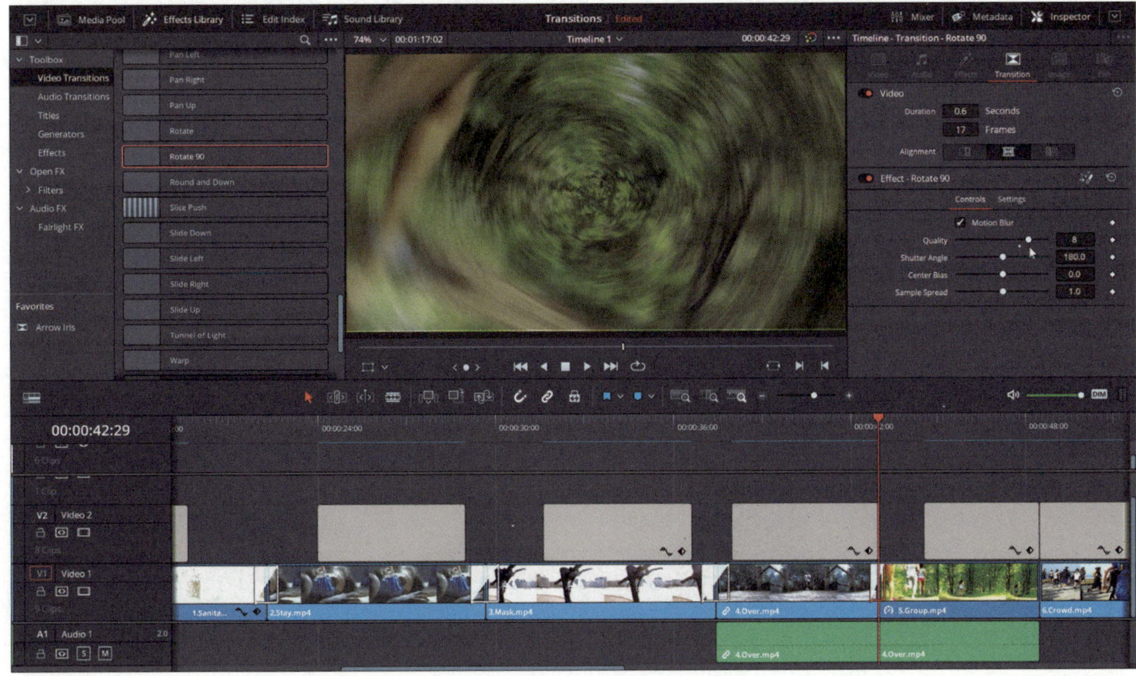

영상을 살리는 Effects(효과) 적용하기

다빈치 리졸브의 Effects(효과)와 Filters(필터)는 영상 클립에 독특한 분위기와 변형을 적용하는 기능입니다. 일반적인 영상 클립에도 효과를 적용하면 재미있고 신비한 느낌을 줄 수 있습니다. 다만 다빈치 리졸브 무료 버전에서 적용 가능한 효과는 제한적입니다. 무료로 사용할 수 있는 효과와 적용 불가능한 효과도 Effects Library에 함께 제공합니다. 그러나 무료 버전에서 사용 가능한 효과만 적용해도 꽤 독특한 영상 스타일을 연출할 수 있습니다.

예제 파일 03/ 1/ 0.Walk.mp4, 1.Sanitation.mp4, 2.Stay.mp4, 3.Mask.mp4, 4.Over.mp4, 5.Group.mp4, 6.Crowd.mp4, 7.Syringe.mp4, 8.Smile.mp4, 9.Happy.mp4

완성 파일 03/ 1/ Effects_완성.mp4

01 이전 프로젝트를 열고 Save Project As...(다른 이름으로 저장)합니다. 시간표시자를 타임라인의 첫 번째 클립 가운데로 이동합니다. Effects Liabrary의 Effects를 클릭하면 다양한 효과 목록이 펼쳐집니다. 그 중에서 Fusion Effects 목록의 첫 번째 Binoculars(쌍안경) 이름 위에 마우스 커서를 올리고 좌우로 움직이면 뷰어에 효과가 적용된 미리보기 화면이 나타납니다.

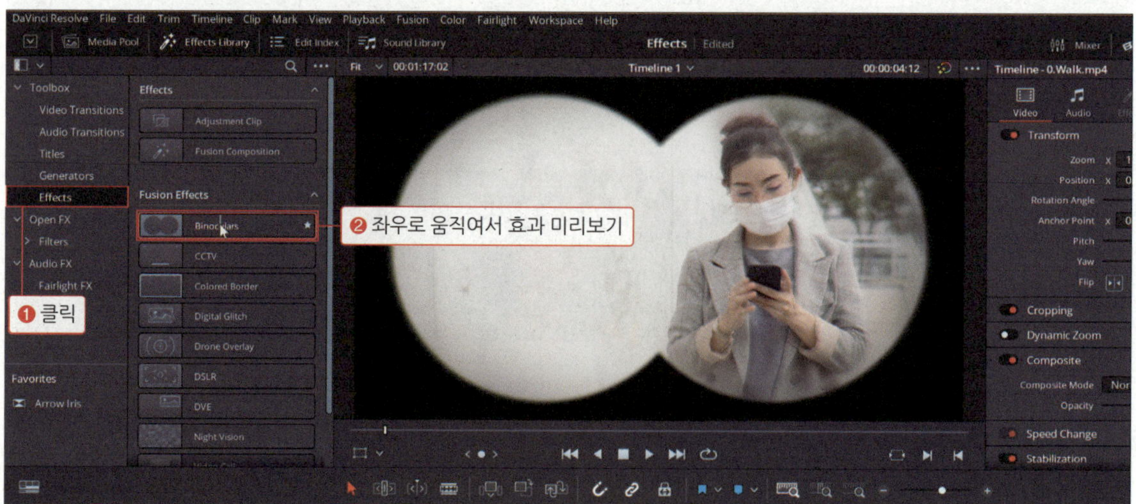

02 Fusion Effects 목록의 두 번째 CCTV에 마우스 커서를 올리면 안내창이 뜹니다. 이 효과는 유료 버전에서 사용 가능한데, 구매하겠느냐는 메시지입니다. 안내창 아래 [Not Yet]을 클릭해 창을 닫습니다. 이 효과는 무료 버전에서 사용할 수 없습니다.

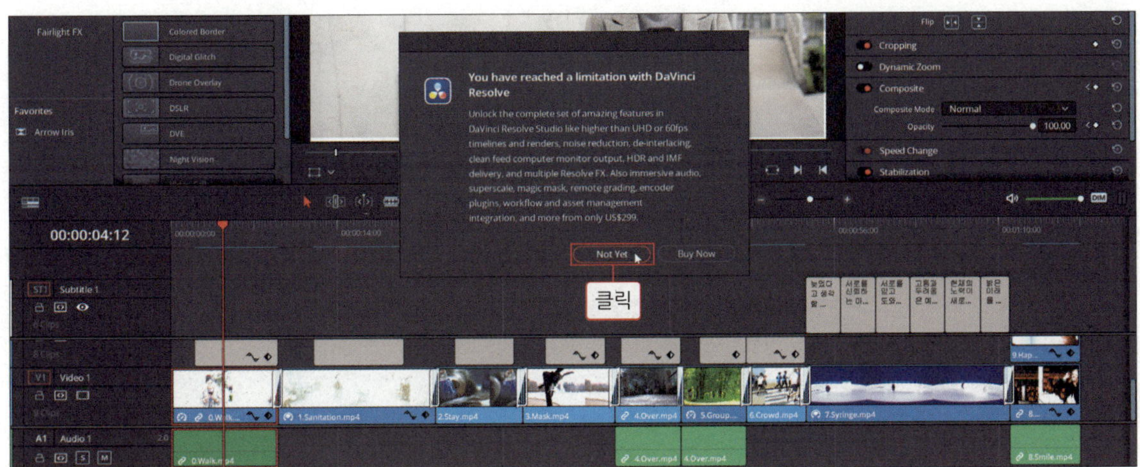

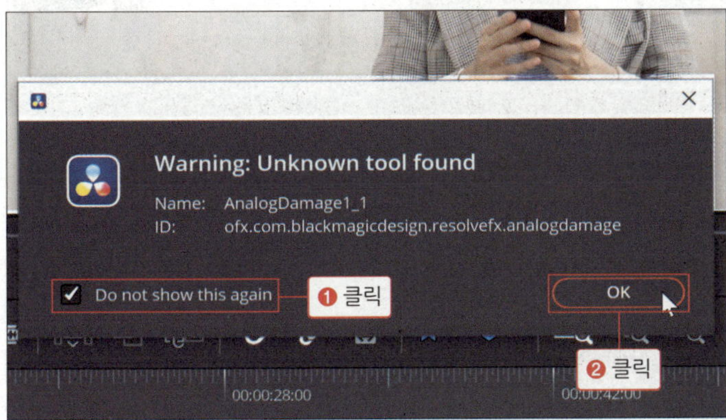

03 만약 안내창 뒤로 경고 메시지가 뜬다면 아래 Do not show again 옆 칸을 클릭하여 'V' 표시하고, [OK] 버튼을 눌러 닫습니다.

> **Tip** 다빈치 리졸브 17 버전 기준 10개의 Fusion Effects 중에서 무료로 사용할 수 없는 효과는 'CCTV'와 'Drone Overlay' 두 종류뿐입니다. Effects가 적용된 클립은 클립 이름 옆에 세 개의 별이 표시됩니다.

04 Effects 목록의 마지막에 있는 Video Camera 효과를 마우스로 클릭하고 타임라인의 첫 번째 영상 클립으로 끌어와 놓으면 적용됩니다.

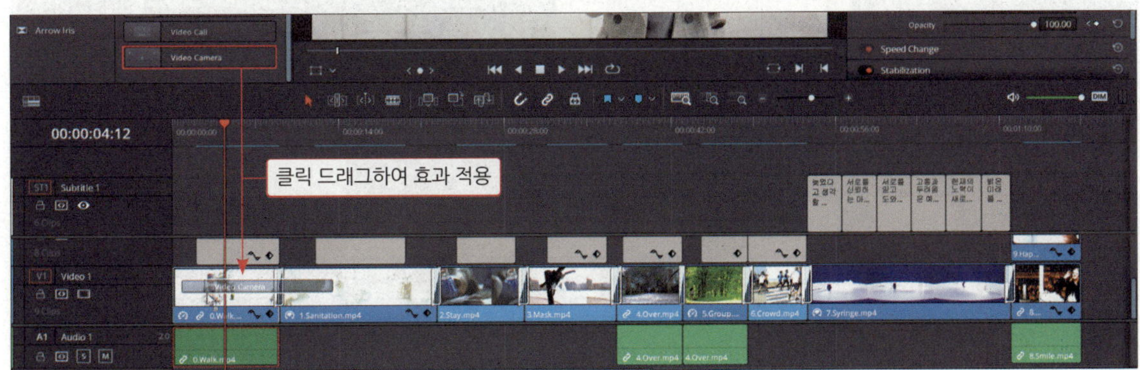

05 적용한 영상 클립을 선택하면 Inspector 영역의 [Effects] 탭에 Video Camera 속성이 나타납니다. 카메라 뷰파인더 형태의 효과에서 Battery Level(배터리 잔량)과 Overlay Color(표시 색상) 등을 변경하여 설정할 수 있습니다.

06 시간표시자를 두 번째 영상 클립 중간으로 옮기고, Fusion Effects 중에서 Night Vision(야간 투시경) 위에 마우스 커서를 올리고 좌우로 움직여 미리보기 합니다.

07 Night Vision 효과를 클릭한 상태로 타임라인의 두 번째 클립으로 드래그하여 적용합니다.

08 Night Vision이 적용된 영상 클립이 선택된 상태에서 Inspector의 [Effetcs] 탭에서 Night Vision 효과의 세부 속성을 변경해 봅니다. Pixel Frequency(픽셀 밀도) 값을 증가시키고, Gain(감도)을 낮춘 다음 Contrast(대비)도 살짝 높여 봅니다. 더 세밀하고 자연스러운 야간 투시경 효과로 바뀝니다.

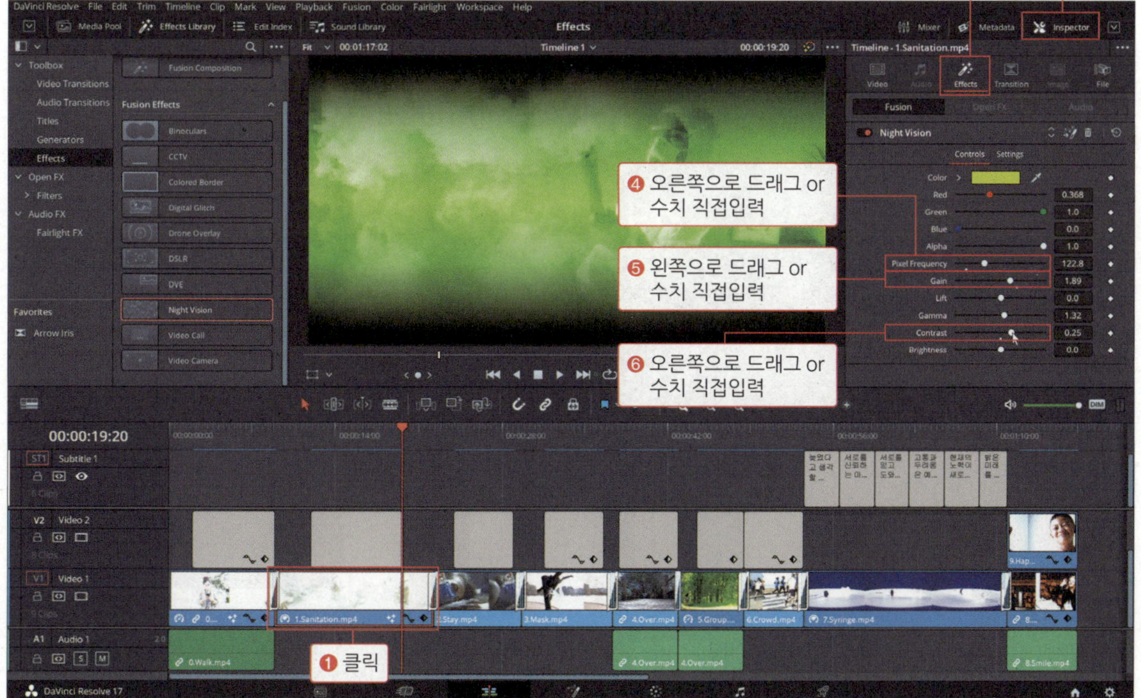

09 이번에는 시간표시자를 세 번째 영상 클립의 중간으로 이동하고, Fusion Effects에서 Digital Glitch 효과를 적용해 봅니다.

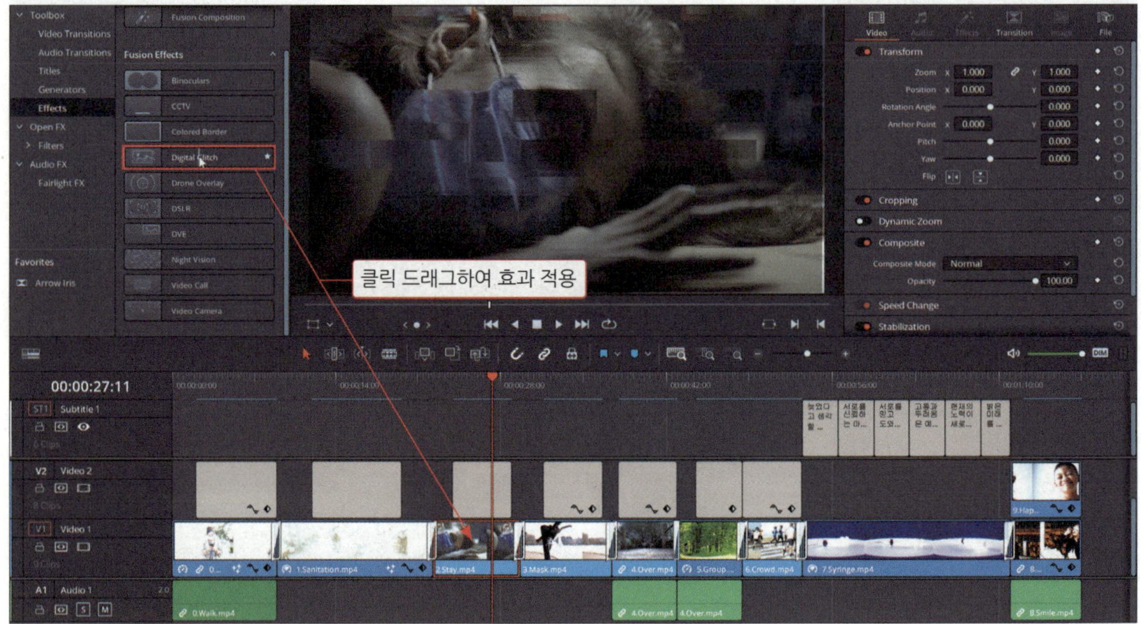

10 Digital Glitch 효과를 적용한 클립을 선택한 상태에서 Inspector의 [Effects] 탭에서 세부 설정을 변경할 수 있습니다.

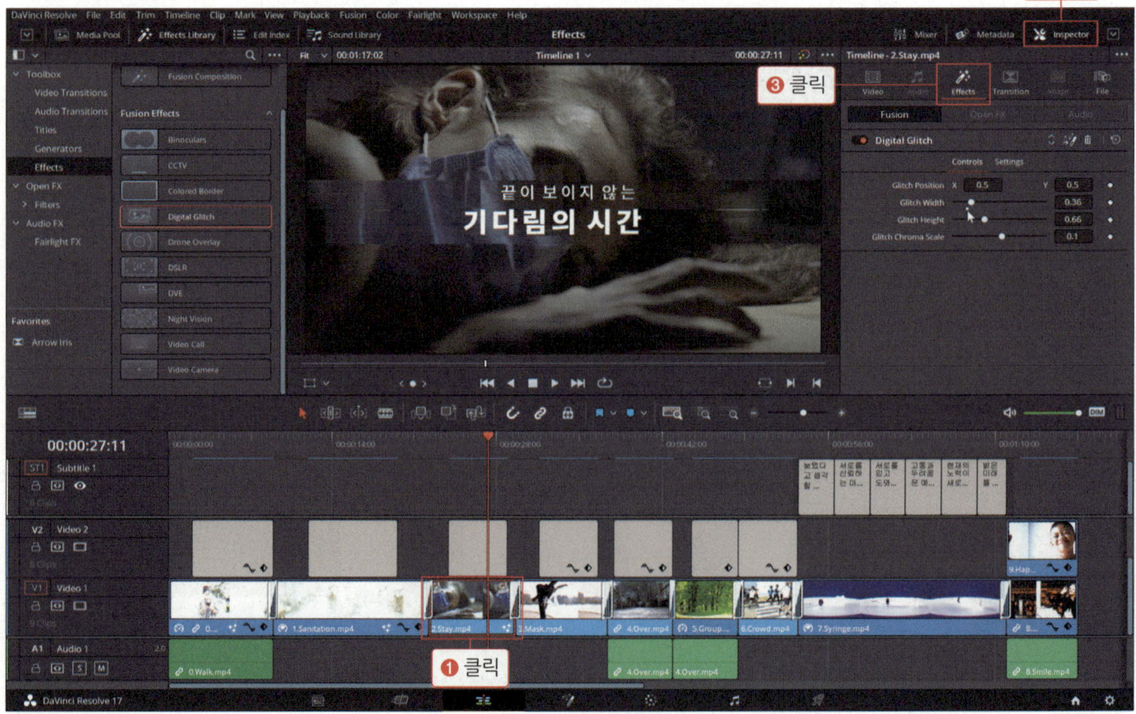

11 이번에는 Effects Library의 Opne FX 아래 Filters를 클릭합니다. 다양한 필터 목록이 나타납니다. 이 중에도 무료 버전에서 사용할 수 없는 필터가 섞여 있는데, 유료 버전용 필터를 선택하면 뷰어 화면에 'Studio' 버전용이라는 문구가 표시됩니다.

12 Filters의 첫 번째 그룹 Resolve FX Blur에서 Radial Blur(회전형 흐리기) 위에 마우스 커서를 올리고 좌우로 움직여 미리보기 합니다.

13 Radial Blur 필터를 타임라인의 네 번째 영상 클립으로 끌어와 적용하고, Inspector에 생성된 [Effects] 탭을 클릭하면 Radial Blur의 세부 속성을 설정할 수 있습니다.

14 효과의 강도에 키 프레임 변화를 적용해보겠습니다. 시간표시자를 적용한 클립의 시작 위치로 옮기고, Radial Blur 속성에서 Smooth Strength(흐리기 강도) 옆의 마름모를 클릭하여 키 프레임 설정을 활성화합니다. 슬라이더를 조절하여 강도 값을 높게 설정합니다.

15 시간표시자를 해당 클립의 뒤쪽으로 옮기고, Smooth Strength 값을 낮게 조절합니다. 자동으로 키 프레임이 설정됩니다.

16 시간표시자를 클립의 앞으로 옮긴 후 재생해보면, 해당 클립의 Radial Blur 효과가 강하게 시작해서 약하게 끝나는 것을 확인할 수 있습니다. 이처럼 필터 효과도 세부 속성에 키 프레임 설정을 적용하여 다채롭게 변화시킬 수 있습니다.

17 Filters 목록의 두 번째 그룹인 Resolve FX Color는 영상 클립의 색상을 조절하거나 변경하는 필터들입니다. 대부분 전문적인 컬러 설정을 필요로 하지만, 그 중에서 'Invert Color'는 쉽게 네거티브 필름처럼 역상으로 바꾸는 필터입니다.

18 Filters의 세 번째 그룹인 'Resolve FX Generate'는 화면에 패턴을 생성하는 기능입니다.

19 Filters에서 Resolve FX Light는 영상에 빛 효과를 적용하는 필터입니다. 그 중에서 'Light Rays(빛줄기)'를 영상 클립에 적용하고, Inspector에서 Appearance(외형)의 Length(길이) 값을 줄여 자연스러워 보이도록 설정합니다.

20 시간표시자를 다음 영상 클립으로 옮긴 다음 Filters 목록에서 Resolve FX Stylize의 'Abstraction(추상화)'를 선택하여 해당 영상 클립에 적용하고, Inspector의 [Effects] 탭에서 세부 설정을 변경해 봅니다. Quantization Controls 항목에서 Quantization을 'V' 표시하여 설정하면 수채화 같은 효과가 더 강하게 나타납니다.

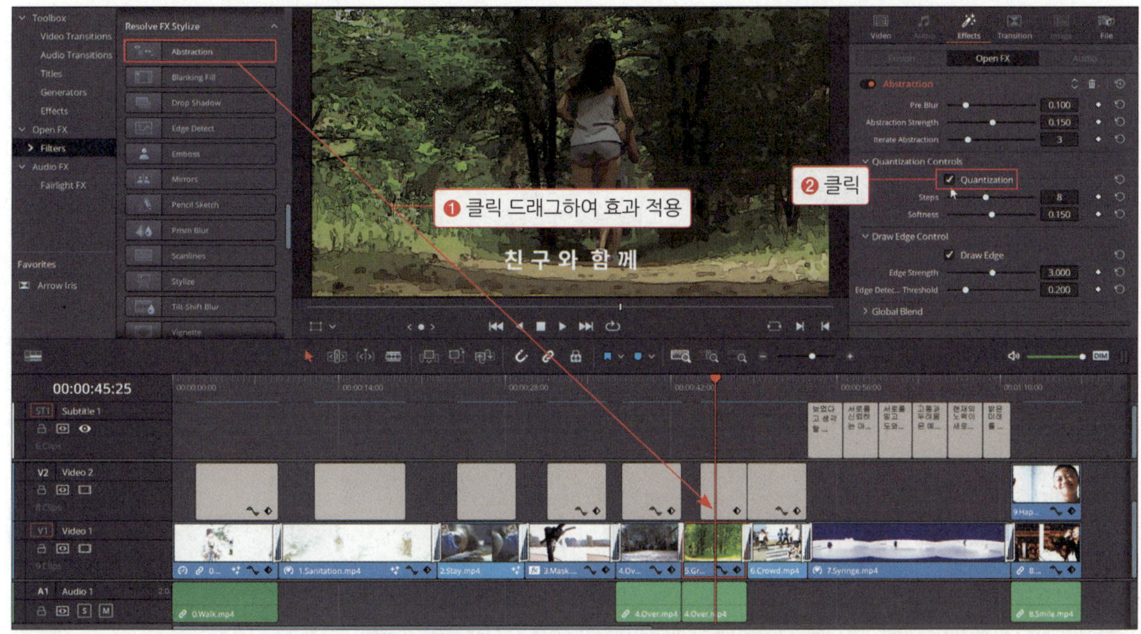

21 시간표시자를 다음 영상 클립으로 옮기고, Filters의 Resolve FX Stylize 목록에서 'Prism Blur(프리즘 흐리기)'를 선택하여 해당 클립에 적용하고, 세부 속성을 조절해 봅니다.

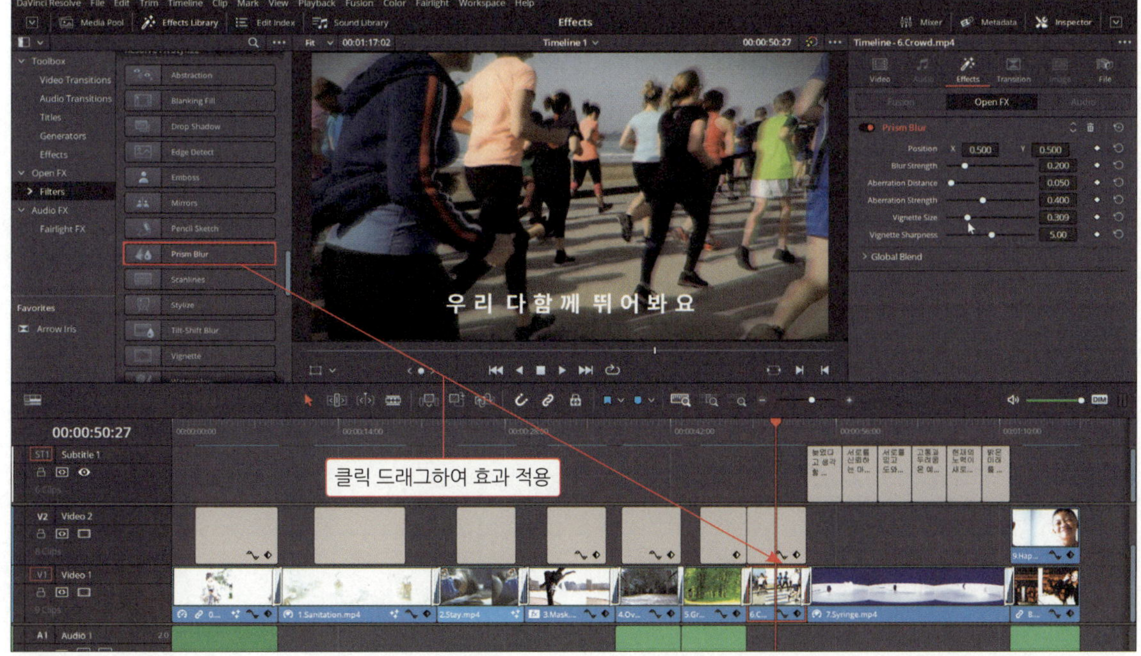

22 나머지 클립에도 적절한 필터 효과를 적용하면서 각 필터의 특성과 세부 설정 항목 등을 살펴 보시기 바랍니다. 필요에 따라 세부 설정 항목에 키 프레임 변화를 적용하여 더 세련된 효과로 발전시켜 보면 영상 편집 기법의 숙련에 도움이 됩니다.

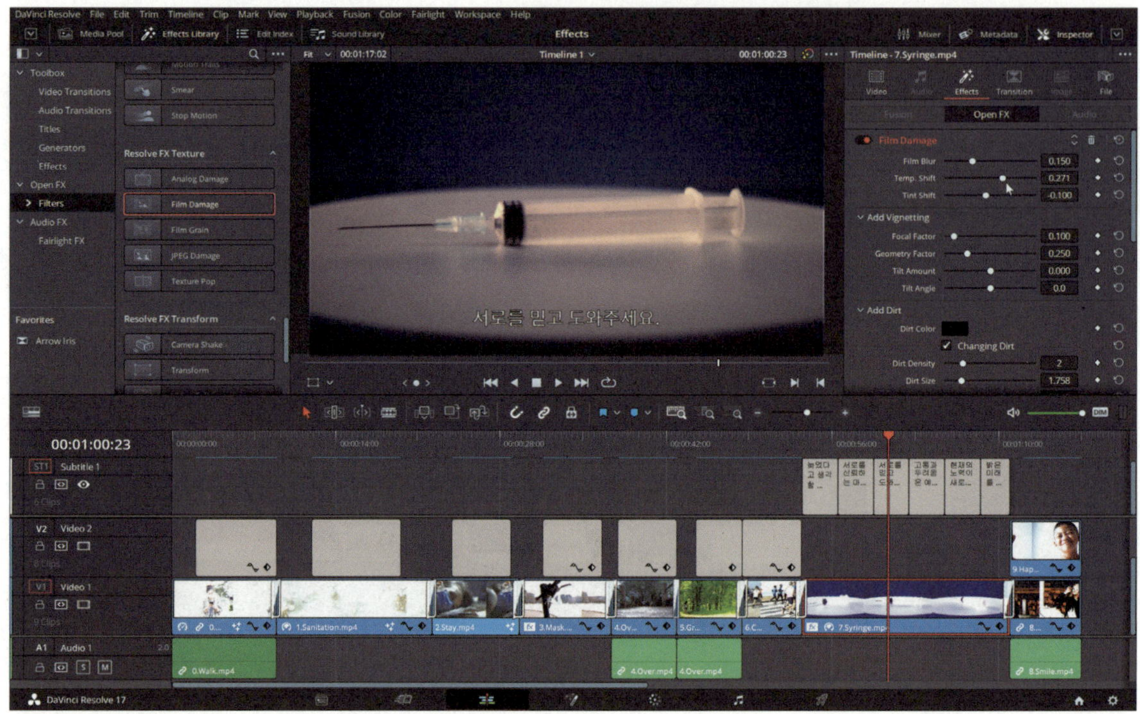

Tip Open FX 카테고리의 Filters 목록에 있는 필터를 영상 클립에 적용하면 타임라인의 클립 이름 앞에 [fx] 표시가 나타납니다. 효과 기능 학습을 위해 다양한 필터와 효과를 적용해보는 것도 도움이 됩니다. 그러나 하나의 작품 영상에 지나치게 다양한 필터를 적용하면 자칫 산만해 보이면서 완성도를 떨어뜨리는 요인으로 작용할 수도 있습니다. 영상 효과는 종류를 제한하거나 꼭 필요한 부분에만 선택적으로 적용하는 태도가 필요합니다.

영상 합성의 마술, 크로마키 연출하기

Chroma Key(크로마키) 합성은 파란색이나 녹색의 배경에 인물을 두고 촬영한 영상과 다른 영상을 겹치면서 배경의 파란색 또는 녹색을 지워서 다른 영상이 드러나 보이도록 합성하는 기법입니다. 보통 방송 뉴스의 일기예보나 영화의 가상 스튜디오 연출에 자주 사용됩니다. 유튜브 창작자들도 크로마 배경 앞에서 주제를 설명하면서 배경을 지우고 자료 영상을 합성하는 사례가 늘고 있습니다. 온라인 강의에서도 크로마키 합성은 정보를 효과적으로 전달하는 기법으로 활용되고 있습니다.

BEFORE

AFTER

예제 파일 03/3/Christmas.mp4, Love.mp4, Rose.mp4, Snowfall.mp4

완성 파일 03/3/Chroma_완성.mp4

01 새로운 프로젝트를 시작하고, 프로젝트 설정 창에서 Timeline Format에서 Timeline frame rate를 '29.97'로 설정하고, Video Monitoring 영역의 Video bit depth를 '8 bit'로 설정합니다. Optimized Media and Render Cache의 Resolution을 'One–Sixteenth'로, media format을 'DNxHR LB'로 변경하여 컴퓨터 성능의 부담을 낮춰줍니다.

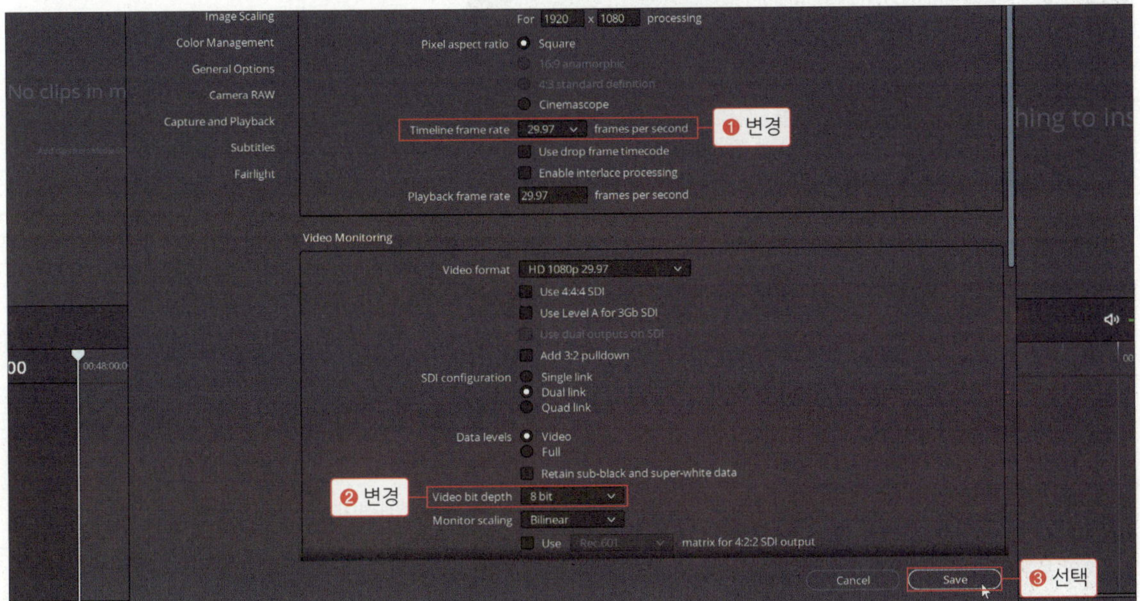

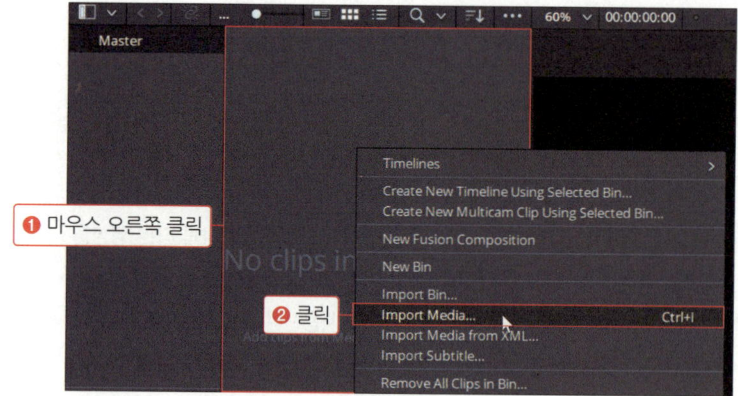

02 새 작업 창에서 Media Pool 영역에 마우스 오른쪽 버튼을 클릭하여 Import Media...를 선택합니다.

03 미리 준비한 크로마키 관련 영상 파일들을 선택하고 [Open] 버튼을 클릭하여 불러오기 합니다.

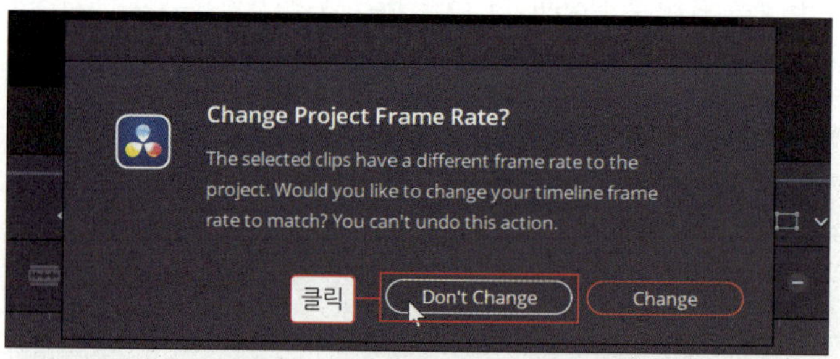

04 가져올 영상과 현재 프로젝트 설정이 일치하지 않는다는 경고 창이 뜨면 [Don't Change] 버튼을 클릭해서 프로젝트 설정을 유지합니다.

05 Media Pool에 가져온 영상 파일들을 살펴봅니다. 더블클릭하여 뷰어에 표시하고 재생해 봅니다. 녹색 배경이 지워지고 그 뒤에 다른 영상이 나타나도록 크로마키 기능을 적용할 예정입니다. 따라서 녹색 배경의 영상과 다른 영상중 어떤 것이 합성될지 미리 짝을지어 생각해두어야 합니다.

06 Media Pool 영역에 마우스 오른쪽 버튼을 클릭하여 'Timeline 〉 Create New Timeline...'을 선택합니다.

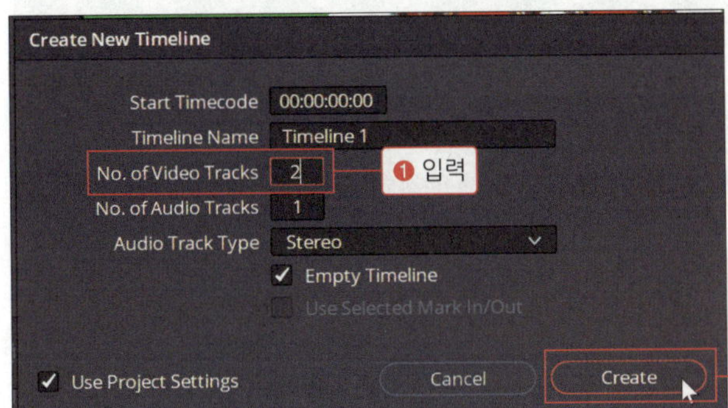

07 Create New Timeline 설정 창이 표시되면 중간 부분 No. of Video Tracks 항목에 '2'를 입력하고 아래 [Create] 버튼을 클릭합니다.

08 가져온 영상 클립 중에서 눈 내리는 배경 영상을 타임라인의 Video 1번 트랙에 배치합니다.

09 눈 내리는 배경 앞에서 움직일 산타 클로스 영상을 타임라인 Video 2번 트랙에 배치합니다.

10 Video 1번 트랙의 배경 영상보다 2번 트랙의 산타 클로스 영상의 분량이 더 깁니다. Video 1번 트랙의 눈 영상 클립 오른쪽 끝부분에 마우스 커서를 올려서 Ripple Trimming 모드로 바뀌면 클릭한 채 왼쪽으로 끌어와 아래 클립의 길이와 일치하도록 맞춥니다.

11 Love 네온사인 영상을 타임라인으로 끌고 와서 Video 1번 트랙의 눈 내리는 풍경 영상 클립 뒤에 붙여 배치합니다.

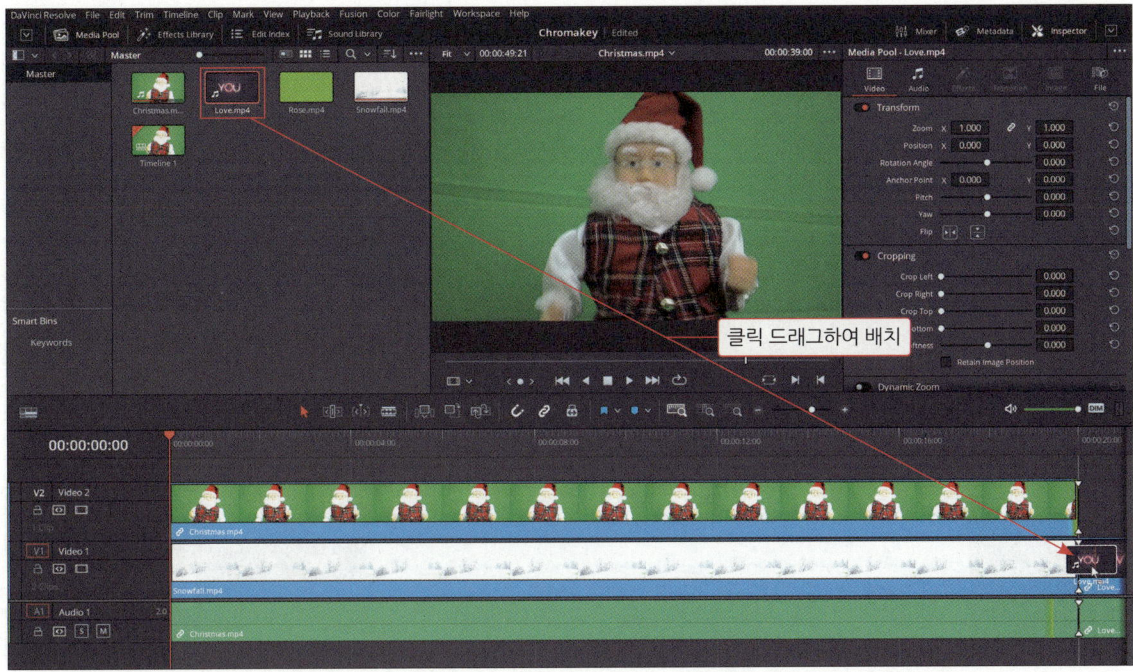

12 꽃잎이 날리는 영상 클립을 타임라인의 Video 2번 트랙으로 끌고 와서 배치합니다.

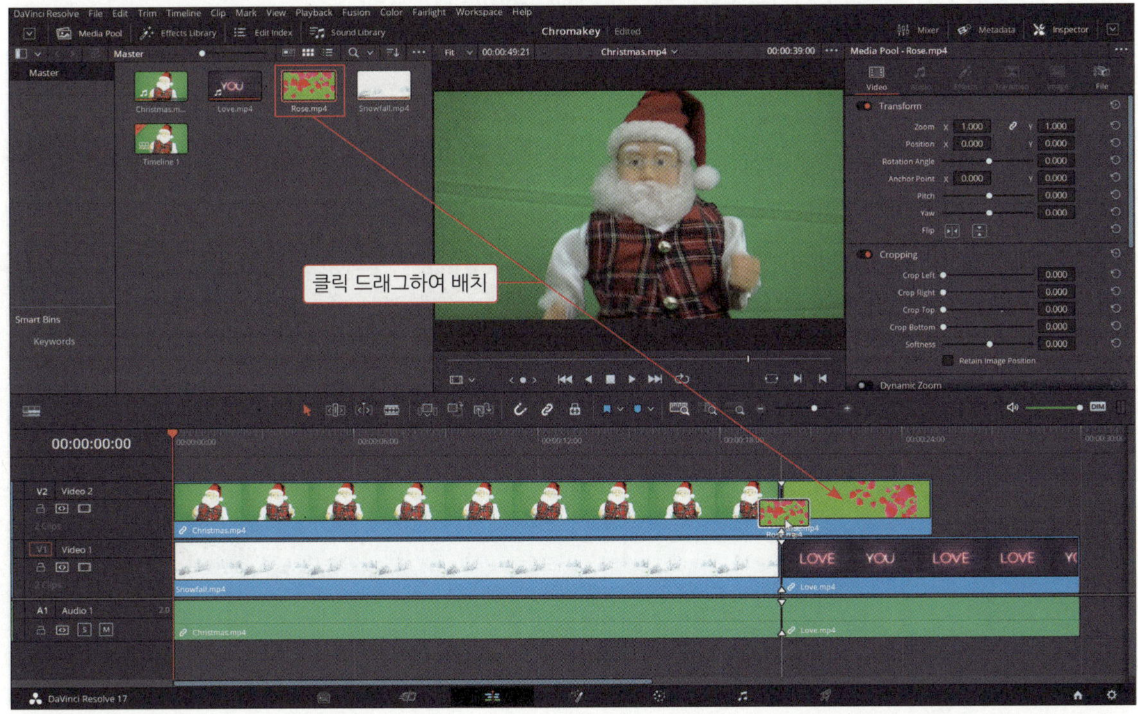

13 이번에는 Love 네온사인 영상이 더 깁니다. 클립 오른쪽 경계에 마우스 커서를 올리고 Ripple Trim 모드로 바뀌면 클릭하여 왼쪽으로 끌어와 2번 트랙의 클립 길이와 일치하도록 맞춥니다.

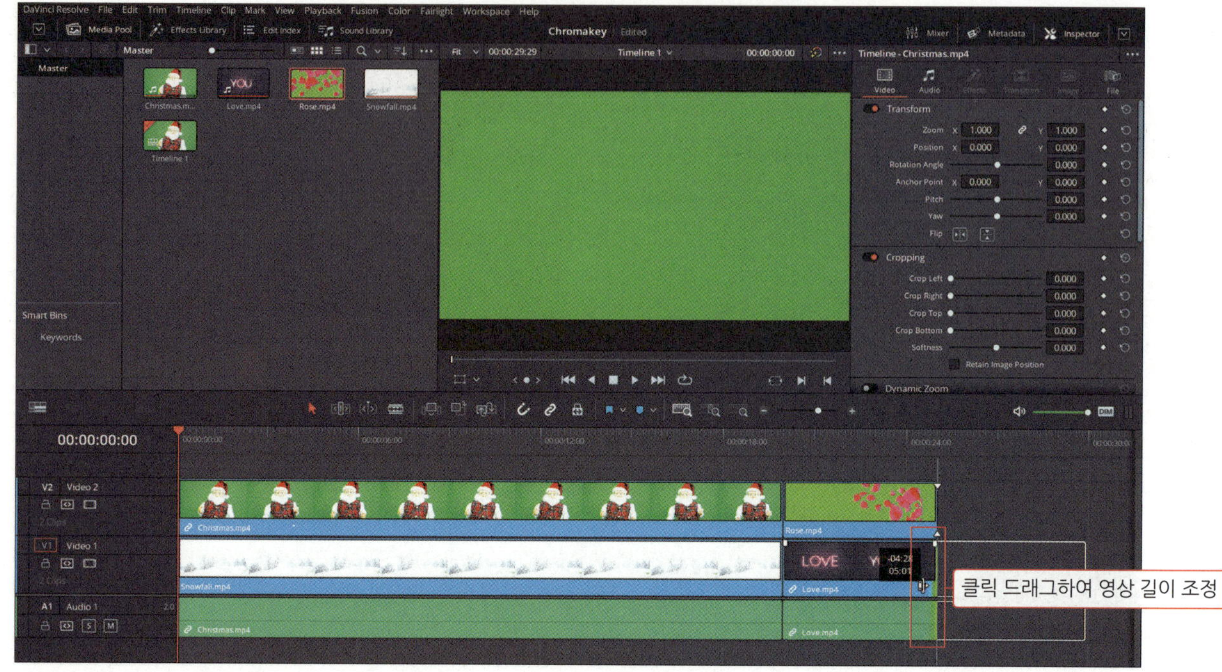

14 Video 2번 트랙의 클립에서 녹색을 지우고 Video 1번 트랙의 영상이 배경에 나타나도록 설정해야 됩니다. 산타클로스 영상 클립을 선택하고 'Color 페이지' 아이콘( )을 클릭합니다.

15 Color 페이지로 전환되면 화면 인터페이스가 Edit 페이지와 다르게 펼쳐집니다. 가운데 뷰어를 중심으로 오른쪽에 방금 선택한 산타클로스 클립이 노드 박스 형태로 나타나 있습니다. 그 여백에 마우스 오른쪽 버튼을 누르고 'Add Alpha Output'을 선택합니다.

16 오른쪽 끝에 파란 원형 점이 생성되면 산타클로스 영상 노드 박스의 오른쪽 파란 사각형 점을 클릭한 상태로 점선을 끌어와서 오른쪽 끝의 원형 점 위에서 클릭을 해제하여 연결합니다.

17 점선이 연결되었으면, 화면 가운데 일렬로 나열된 컬러 도구 버튼 중에서 가운데 'Qualifier(스포이트)' 아이콘을 클릭합니다.

18 Qualifier(스포이트) 모드로 아래 구성이 바뀌면 Qualifier 이름 옆 4개의 점 중에서 가장 오른쪽 3D 점을 클릭합니다.

19 위쪽 뷰어 화면으로 마우스 커서를 가져가면 스포이트에 '+' 표시된 모양으로 커서가 바뀝니다. 지워야 하는 녹색 배경을 한번 클릭합니다.

Tip 만약 녹색 배경에 주름이나 얼룩이 있을 경우 스포이드로 얼룩 부분을 한 번 더 클릭하면 모두 함께 깨끗하게 지워집니다.

20 녹색 배경은 그대로 남고, 녹색이 아닌 산타클로스만 지워질 것입니다. Selection Range에서 [Invert] 버튼( )을 클릭합니다.

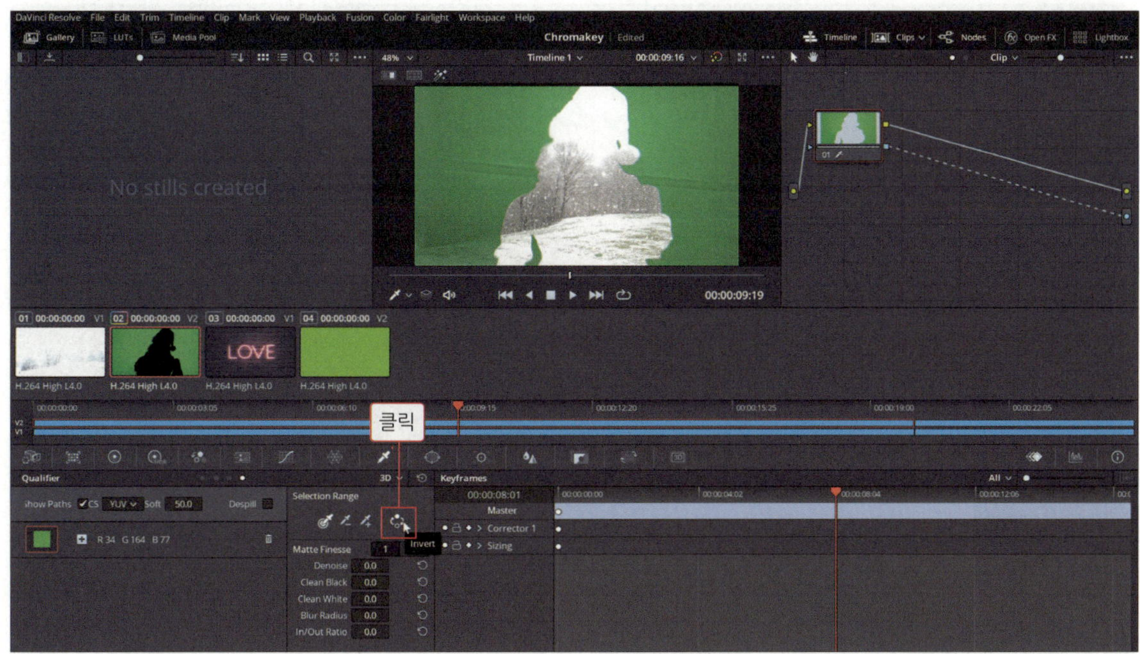

21 지워질 영역이 반대로 바뀌면서 배경이 깨끗하게 지워집니다. 그런데 윤곽선에 약간의 녹색이 남아 있어서 보기에 거슬립니다. Selection Range 왼쪽 Despill 옆 사각형을 클릭하여 'V' 표시하면 화면에 남아 있던 녹색의 경계선이 깨끗하게 지워집니다.

22 'Edit 페이지' 아이콘을 클릭하고 다시 Edit 페이지로 돌아와서 재생해보면 산타클로스 배경이 지워진 상태로 Video 1번 트랙의 눈 내리는 배경 영상이 합성된 결과를 확인할 수 있습니다.

23 이번에는 타임라인에서 두 번째 녹색 배경의 꽃잎 영상을 선택하고, 아래 'Color 페이지' 아이콘을 눌러 다시 Color 페이지로 이동합니다.

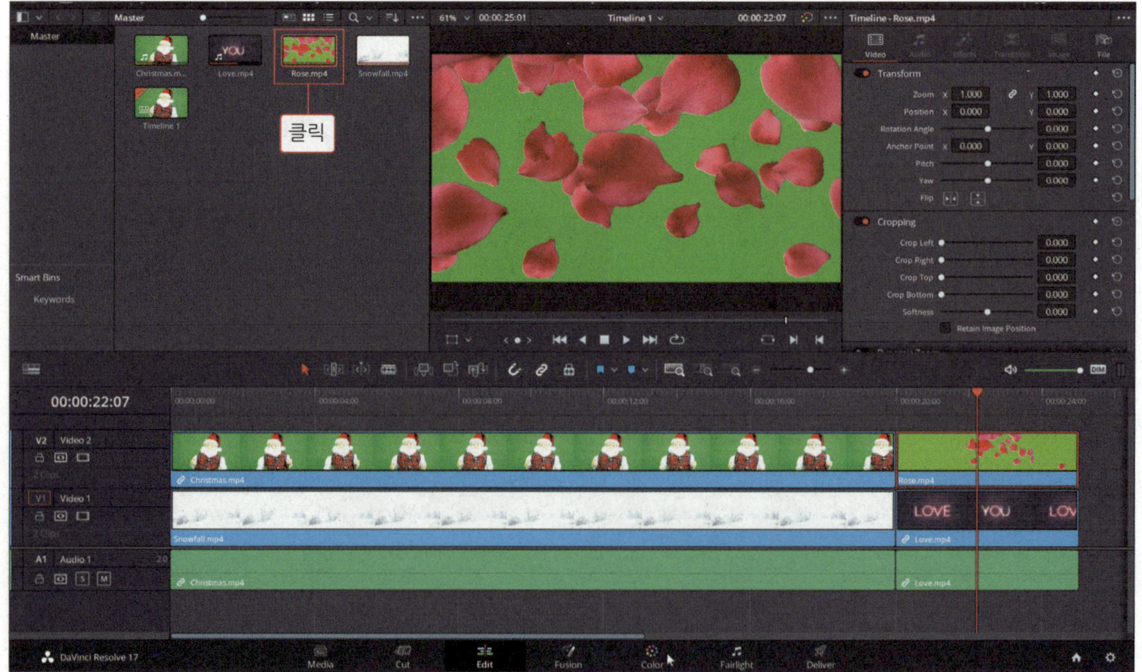

24 Color 페이지에서 오른쪽 여백에 Add Alpha Output을 먼저 설정하고, 앞에서 실습한 과정을 반복하여 녹색 배경을 지웁니다.

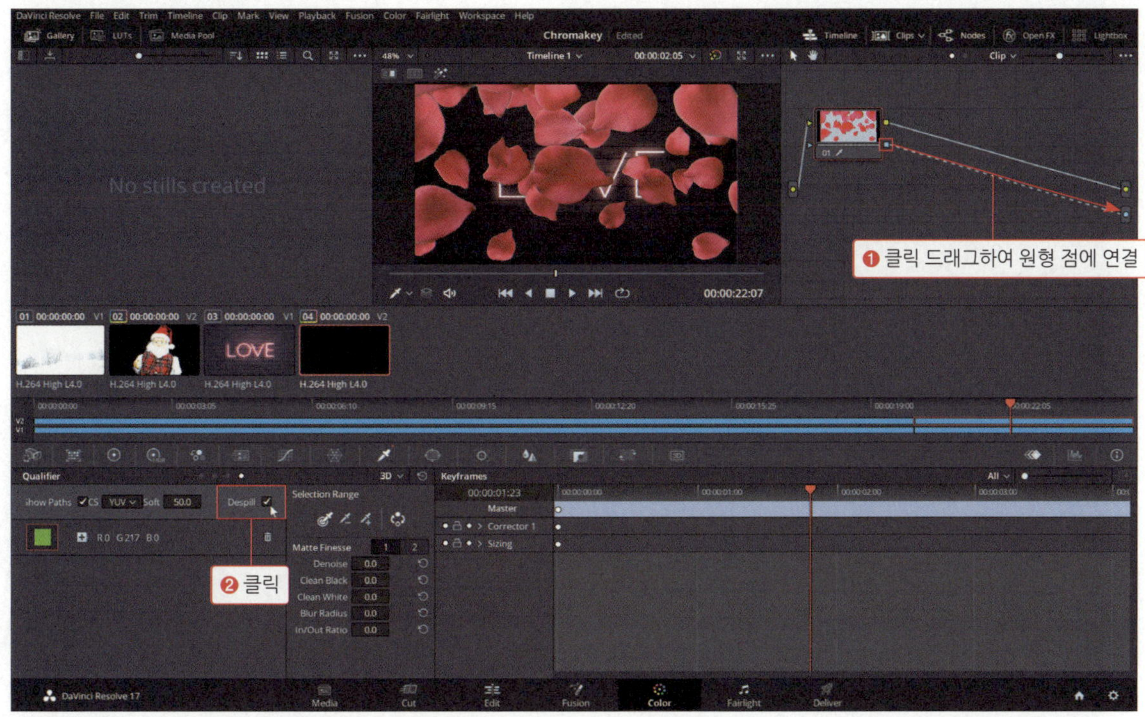

25 다시 Edit 페이지로 돌아와 재생해보면 Love 네온사인 영상 위로 장미 꽃잎이 떨어지는 영상이 자연스럽게 합성된 결과를 확인할 수 있습니다.

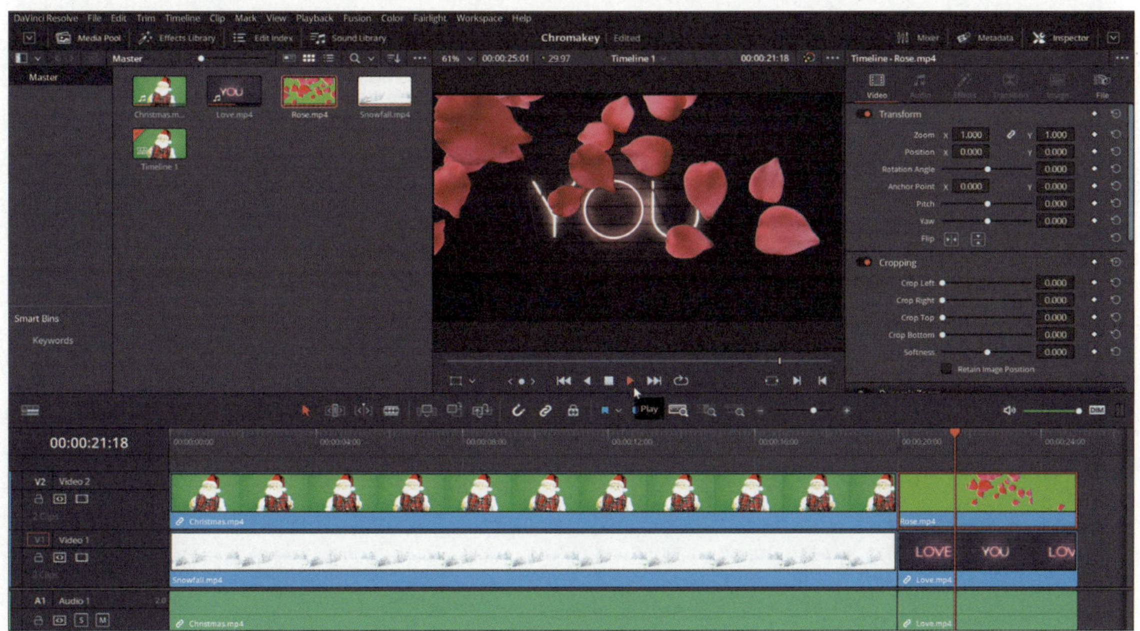

오디오 추가하고 완성한 결과 출력하기

영상 클립들을 타임라인에서 편집하고 필요한 화면 전환 효과와 필터를 적용했다면 마지막으로 배경 음악과 효과음, 음성 등의 오디오 요소를 추가할 차례입니다. 뮤직비디오 편집에서는 음악을 중심으로 영상을 편집하기 때문에 오디오가 우선일 것입니다. 음악을 추가할 때는 저작권에 주의해야 됩니다. 가급적 공개 음원이나 타인의 저작권이 없는 무료 음악과 효과음을 사용하는 것이 좋습니다. 최종 편집 결과를 출력할 때는 Deliver 페이지에서 포맷과 코덱의 압축률 등을 설정하여 영상 파일로 내보내면 됩니다. 설정에 따라 파일의 용량에 큰 차이가 발생하므로 목적과 용도에 맞게 효율적으로 조절할 필요가 있습니다.

타임라인에 오디오 추가하기

영상 파일에는 이미 오디오 요소가 들어가 있는 경우가 많습니다. 촬영할 때의 주변 소음이라든가 주인공의 목소리, 배경 음악 등이 미리 들어간 경우도 있고, 편집 과정에서 추가한 경우도 있습니다. 필요한 음원은 무료 공유 사이트에서 받을 수도 있는데, 항상 저작권 문제에 주의가 필요합니다. 상업적으로도 무료로 이용할 수 있는 저작권 프리 음원이 필요합니다. 다행히 다빈치 리졸브에서는 무료로 사용할 수 있는 효과음이 포함된 사운드 라이브러리를 제공합니다.

BEFORE

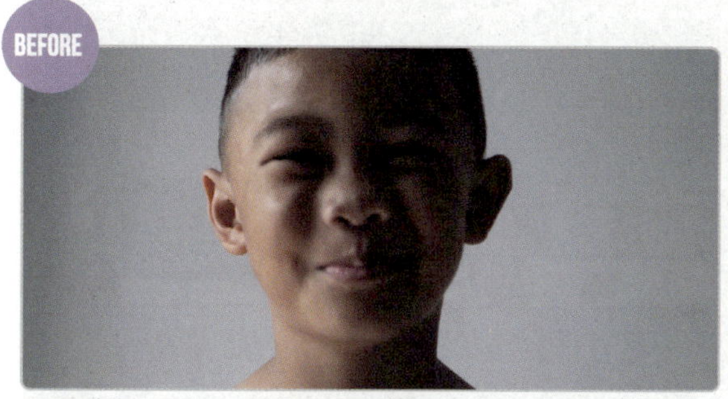

AFTER

예제 파일 03/ 1/ 0.Walk.mp4, 1.Sanitation.mp4, 2.Stay.mp4, 3.Mask.mp4, 4.Over.mp4, 5.Group.mp4, 6.Crowd.mp4, 7.Syringe.mp4, 8.Smile.mp4, 9.Happy.mp4, tomorrow.mp3

완성 파일 03/ 4/ Audio_완성.mp4

01 다빈치 리졸브의 프로젝트 매니저에서 기존에 편집한 프로젝트를 선택해서 엽니다. 왼쪽 상단 Sound Library를 클릭합니다.

02 화면 왼쪽으로 Sound Library 영역이 길게 펼쳐집니다. 다빈치 리졸브에서 제공하는 무료 사운드 라이브러리를 내려받으라는 메시지가 회색으로 보입니다. [Download] 버튼을 클릭합니다.

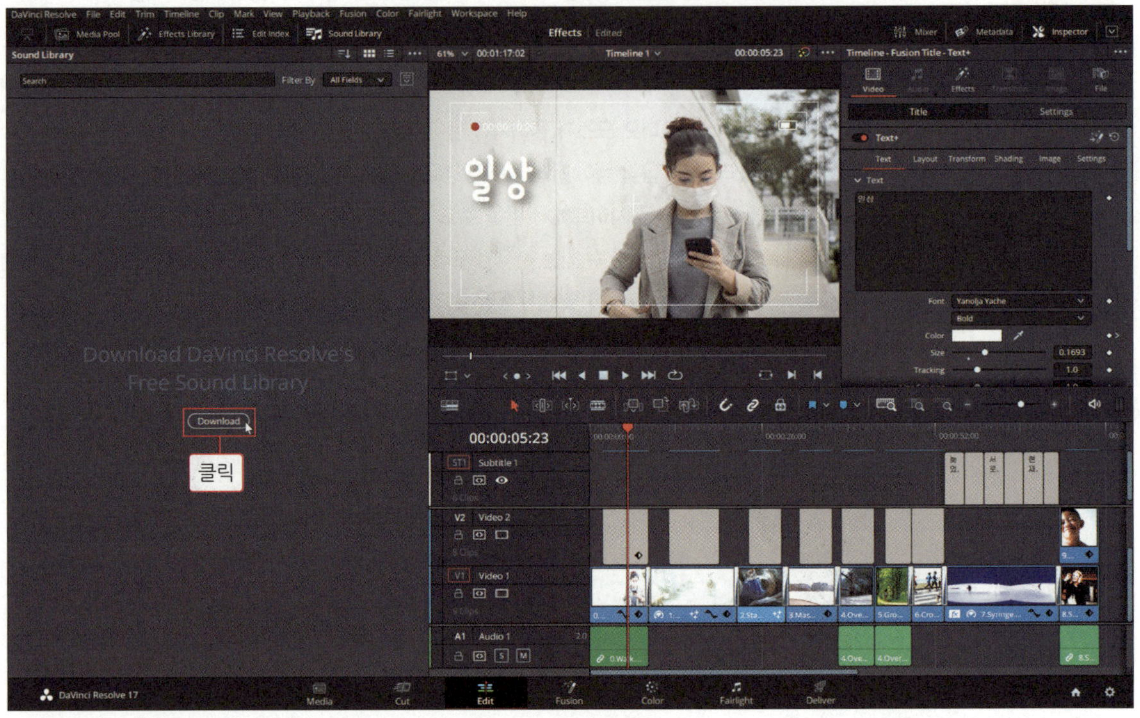

Blackmagic Fairlight Sound Library 1.0 Register & Dow...

Step 1: Your Details

Step 2: License Agreement

Your Details:

First Name*

Last Name*

Company

Email*

Phone*

Country* South Korea

State

City* Seoul

Tell us how you use this Blackmagic Product?

Which features should we add?

Your details will be registered on the Blackmagic Design database to receive occasional news of important software updates, new products and services. Please view our

클릭 Next

03 웹 브라우저가 실행되면서 블랙매직 사이트에서 사운드 라이브러리를 받기 위한 등록 페이지가 뜹니다. 이름과 이메일 주소, 전화번호, 국가 등을 입력하고 [Next] 버튼을 클릭합니다.

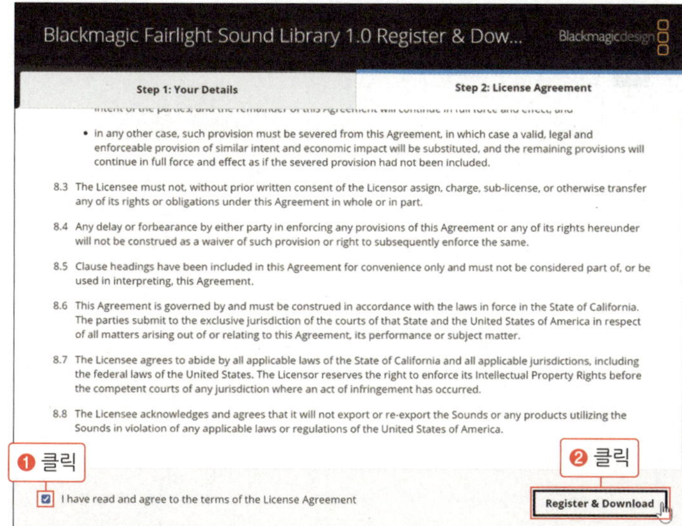

04 라이선스 동의 칸을 클릭하여 v 표시하면 오른쪽에 [Register & Download] 버튼이 활성화되면, 버튼을 클릭합니다.

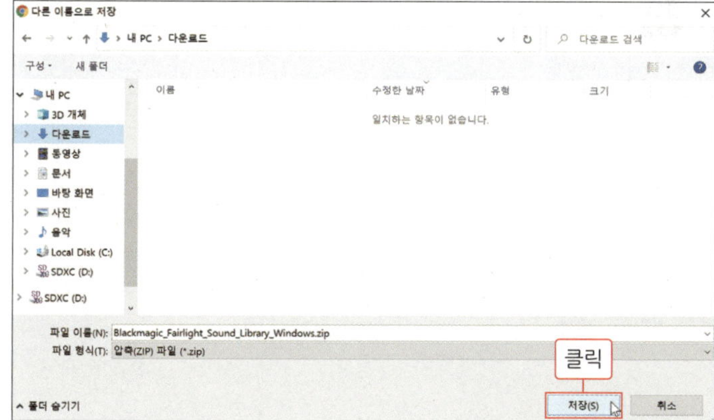

05 다른 이름으로 저장 창이 뜨면 내려받을 경로를 찾은 후 [저장] 버튼을 클릭합니다.

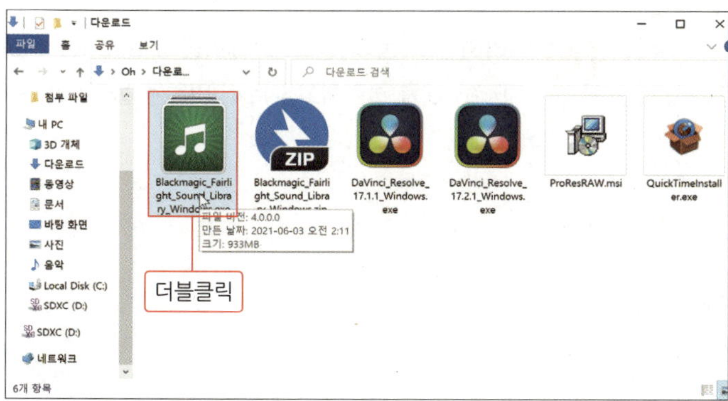

06 내려받은 ZIP 파일의 압축을 풀면 설치 파일이 나타납니다. Blackmagic _Fairlight... 파일을 더블클릭하여 설치를 시작합니다.

07 Fairlight Sound Library 설치 창이 뜨면 아래 [Next] 버튼을 클릭합니다.

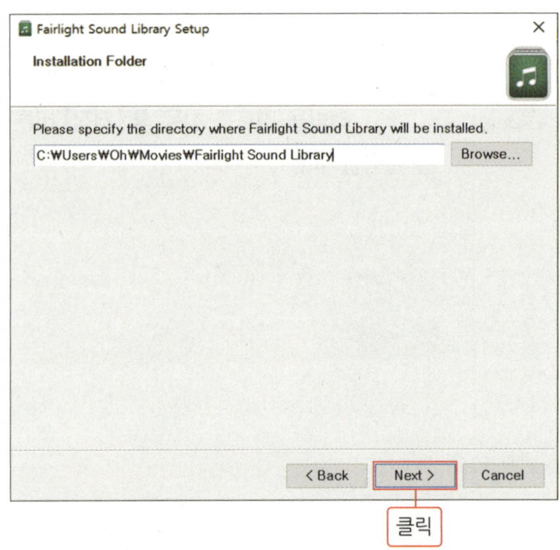

08 Installation Folder(설치 폴더) 단계에서 [Next] 버튼을 클릭합니다.

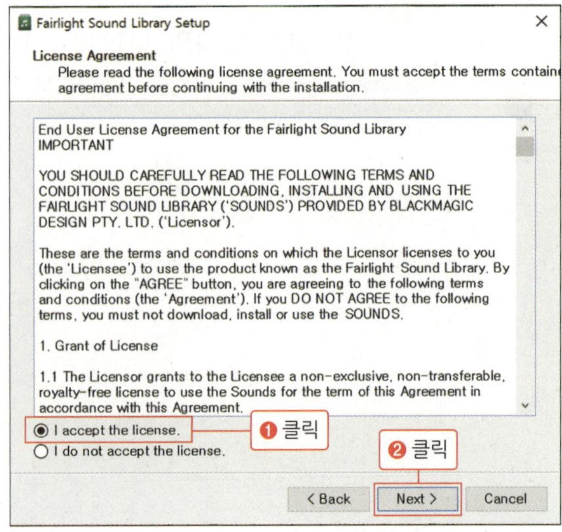

09 라이선스 동의 창으로 바뀌면 'I accept the licence'를 클릭하고 [Next] 버튼을 눌러 다음으로 넘어갑니다.

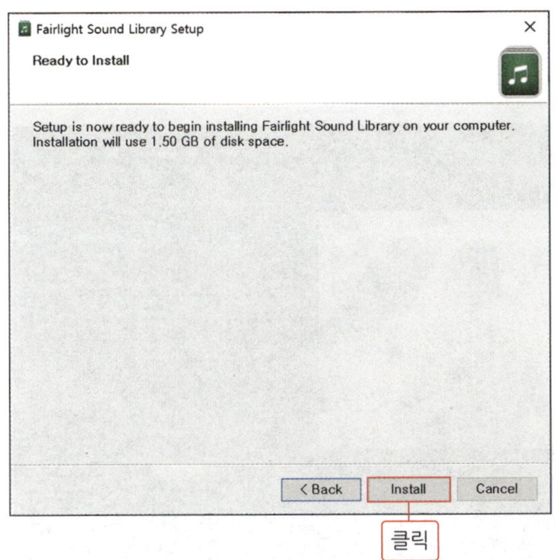

10 설치 준비 상태로 바뀌면 아래 [Install] 버튼을 클릭하여 설치를 시작합니다.

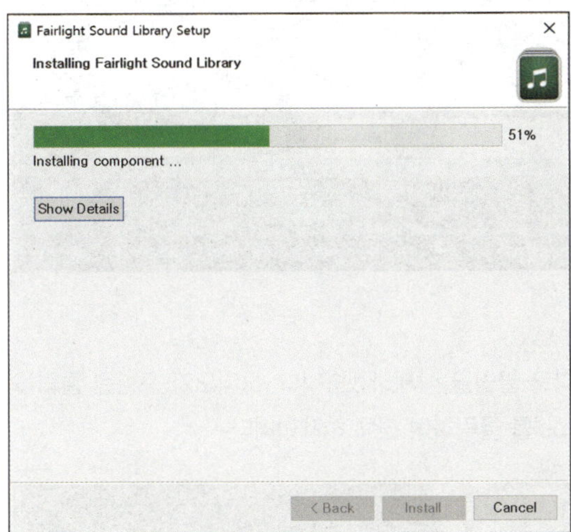

11 설치 과정에 약간의 시간이 소요됩니다.

12 설치가 완료되었다는 내용이 표시되면 [Finish] 버튼을 클릭하여 설치 과정을 완료합니다.

13 다빈치 리졸브를 다시 실행하면 Edit 페이지의 Sound Library가 변한 것을 볼 수 있습니다. 상단에 Search(찾기) 칸이 생기고 그 아래 음원 플레이어가 보입니다.

14 음향을 추가하기 전에 먼저 타임라인에서 불필요한 오디오 클립을 삭제하겠습니다. 오디오가 포함된 클립을 오른쪽 마우스 버튼으로 클릭하고 메뉴 아래의 'Link Clips'를 클릭하여 선택 해제합니다.

15 영상과 분리된 오디오 클립을 선택하고 키보드의 Backspace를 눌러 지웁니다. 또는 오디오 클립을 마우스 오른쪽 버튼으로 클릭하고 'Delete Selected'를 선택해도 삭제됩니다.

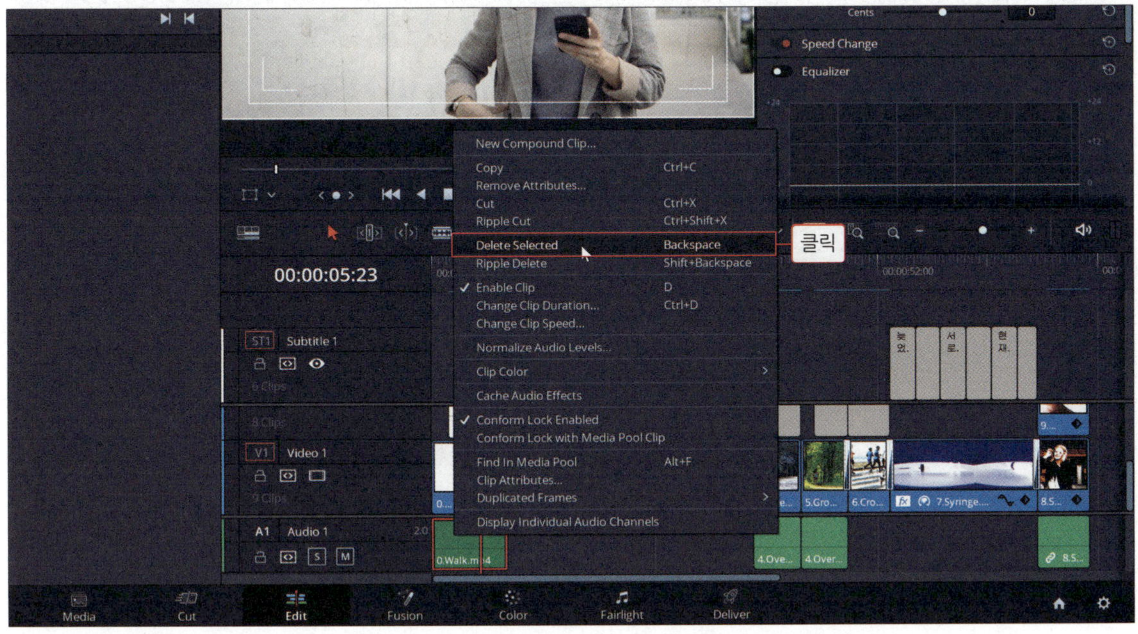

16 왼쪽 Sound Library의 Search 칸에 키워드를 입력합니다. 예를 들어 "ambience"를 입력해보겠습니다. 그러면 아래에 키워드에 해당하는 효과음 목록이 나타납니다.

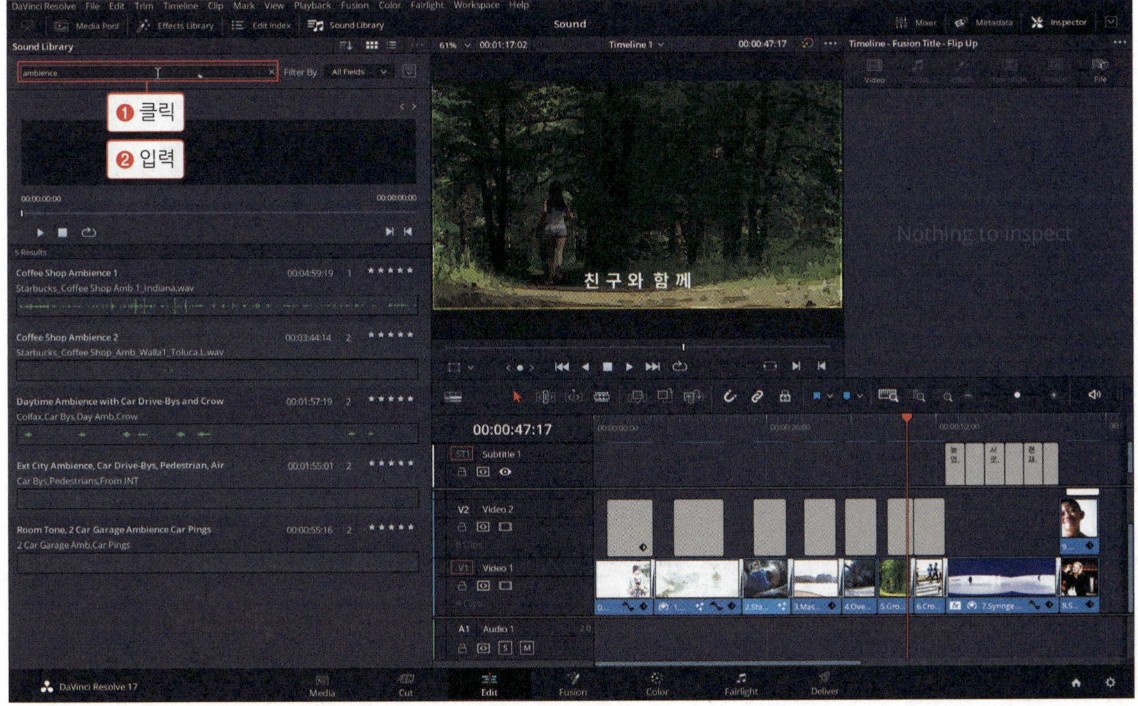

17 Sound Library에서 음원 플레이어의 재생 버튼을 클릭하여 선택한 소리를 들어봅니다.

18 음원 소리의 길이가 타임라인에 배치된 영상 클립보다 더 길 경우 [Mark In], [Mark Out] 버튼을 이용하여 사용할 시간만큼만 트리밍합니다.

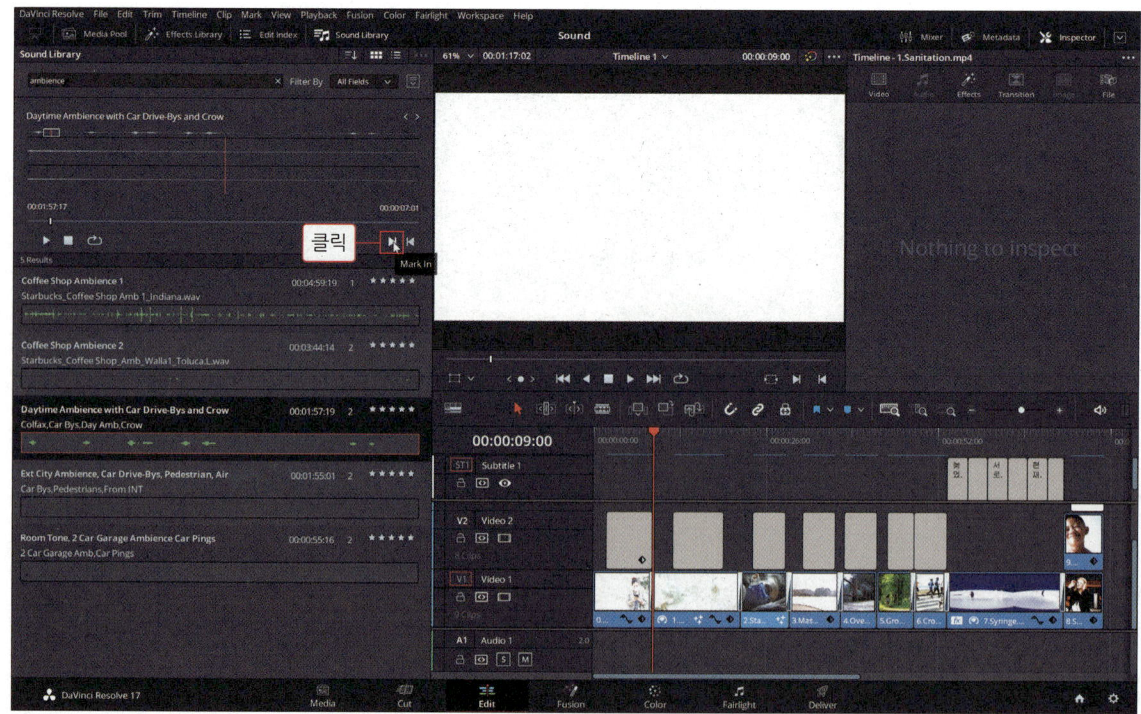

19 트리밍한 음원을 플레이어에서 클릭하고 타임라인의 Audio 1번 트랙으로 끌어와 배치합니다.

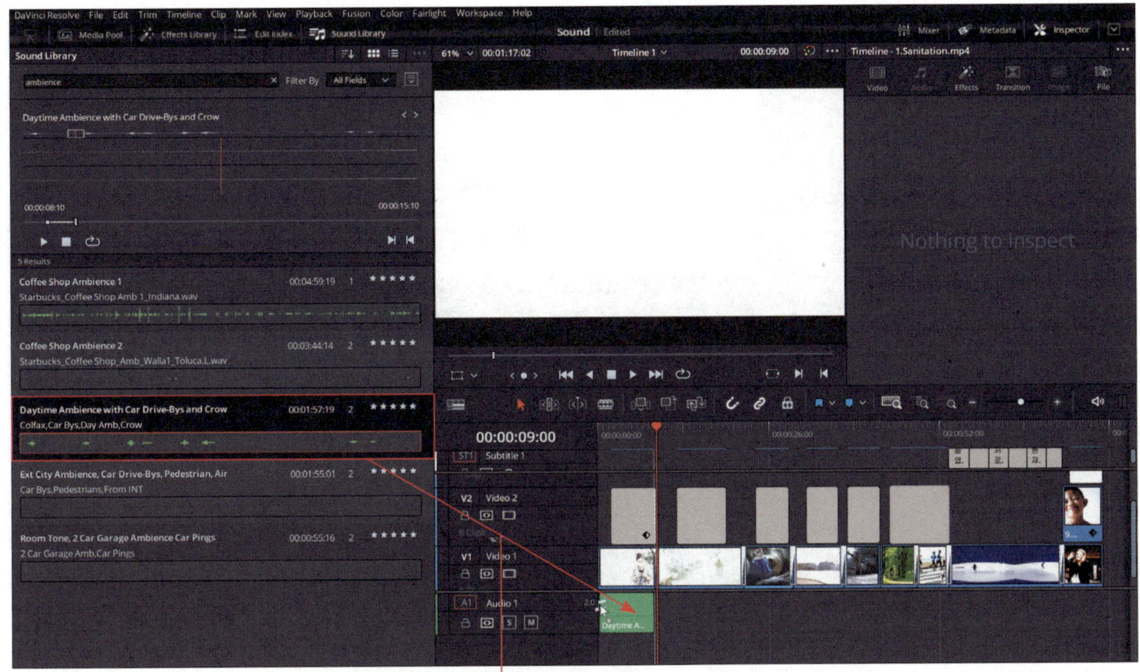

20 오디오 클립과 영상 클립의 길이가 서로 맞지 않으면 오디오 클립의 경계에 마우스 커서를 올리고 Ripple Trim 모드로 바뀌면 클릭한 상태로 끌어서 길이를 맞춥니다. 타임라인 보기 배율을 확대하면 더 정확하게 맞출 수 있습니다.

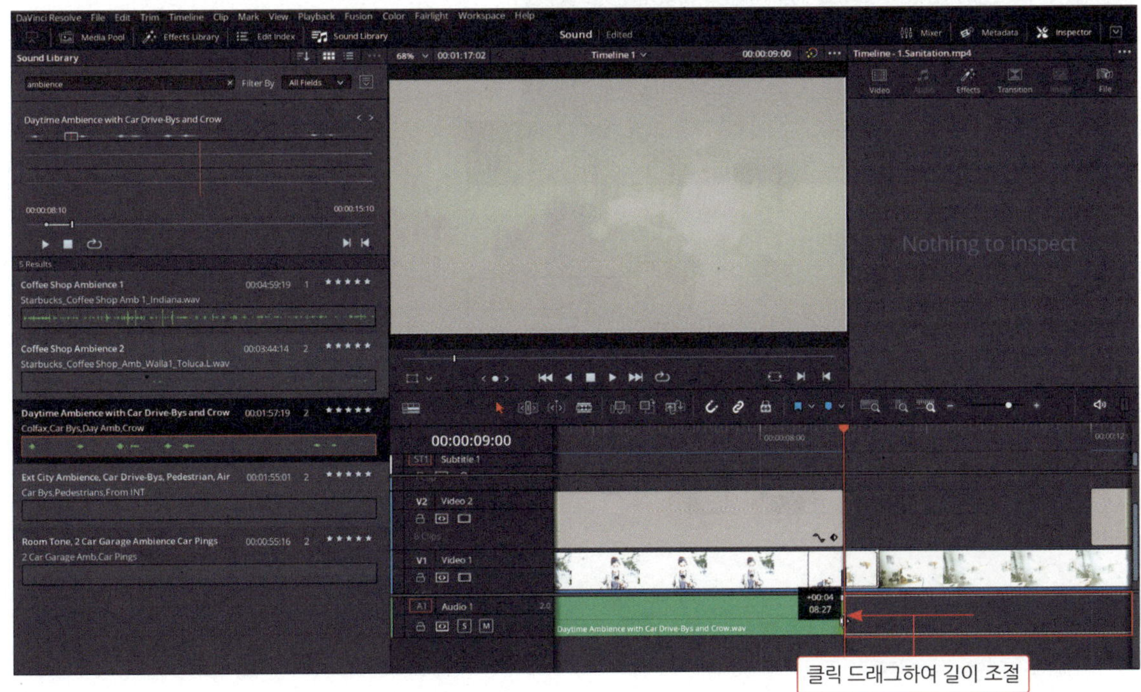

21 | 시간표시자를 클립 앞으로 옮기고 재생해보면 영상에 어울리는 소리가 나오는 것을 확인할 수 있습니다.

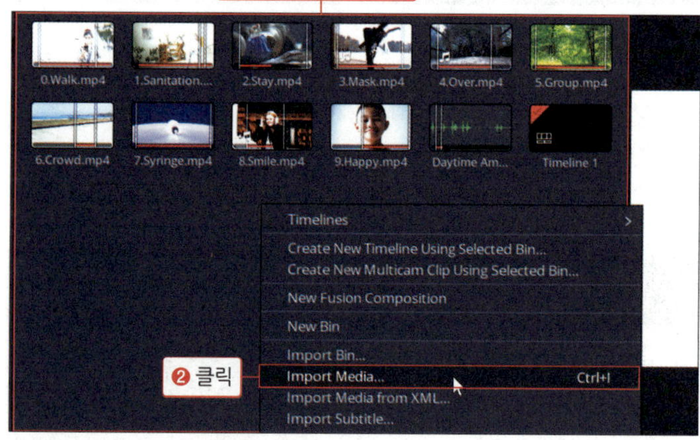

22 | 이번에는 Media Pool에 음악 파일을 가져오겠습니다. Media Pool 영역에 마우스 오른쪽 버튼을 클릭하고 'Import Media...'를 선택합니다.

23 | Import Media 창에서 가져올 음악 파일을 찾아 선택하고 [Open] 버튼을 클릭합니다.

24 가져온 음악 파일을 더블클릭하여 Source Viewer에 표시하고 재생해 봅니다. 필요한 영역만큼 Mark In, Mark Out 도구로 미리 트리밍하면 편리합니다.

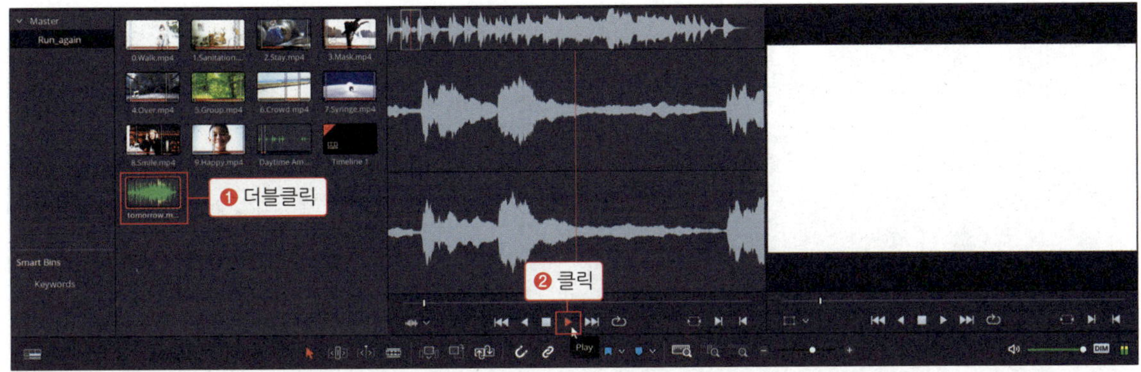

25 음악 클립은 타임라인에서 효과음과의 간섭을 피하기 위해 새로운 오디오 트랙을 만들어 배치하겠습니다. Audio 1번 트랙 이름 옆에 마우스 오른쪽 버튼을 클릭하여 'Add Track 〉 Stereo'를 선택합니다.

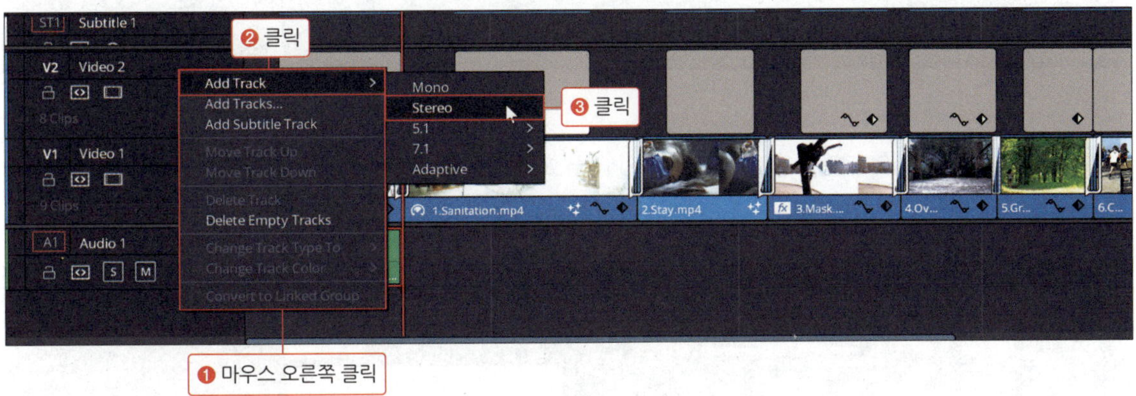

26 Source Viewer에서 음악 클립을 클릭하고 타임라인의 Audio 2번 트랙으로 드래그하여 배치합니다.

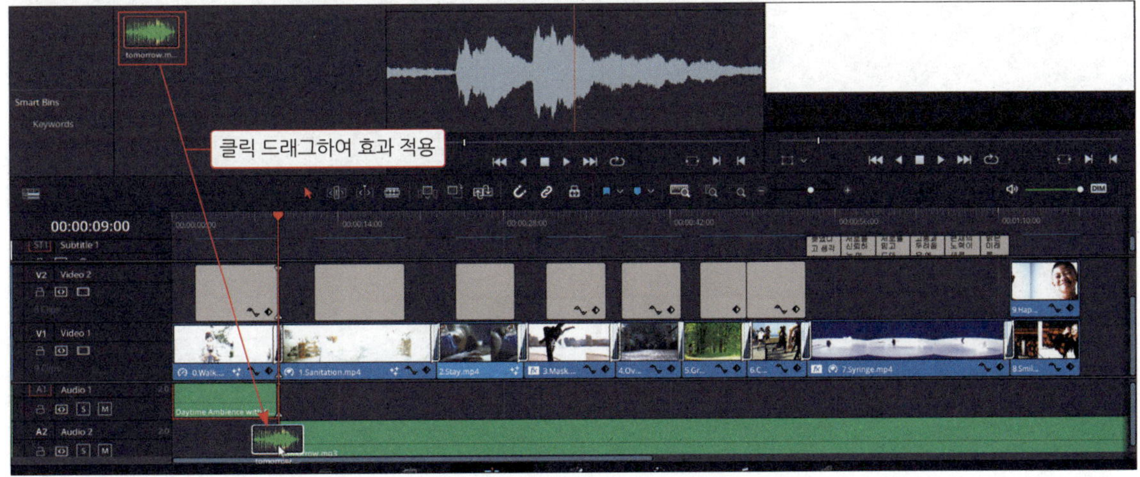

27 배경 음악의 길이와 영상 클립의 길이가 맞지 않으면 음악 클립을 트리밍하여 맞춥니다. 결과를 재생해보면서 영상과 배경 음악의 조화를 검토하고 소리의 크기나 품질을 점검합니다.

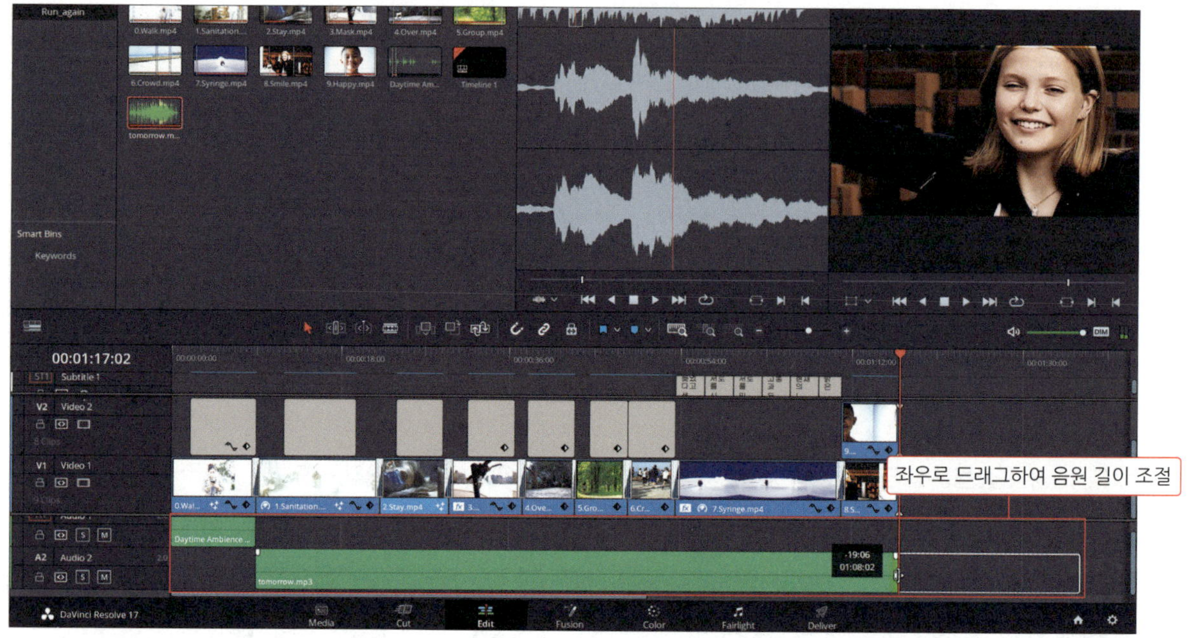

28 타임라인에서 음악 클립을 선택하고 오른쪽 Inspector의 [Audio] 탭에서 Volume(소리 크기) 수치 등을 조절합니다.

29 Inspector 아래쪽 Equalizer를 클릭하여 활성화하고, 그래프의 숫자를 클릭한 상태로 위아래로 미세하게 조절하여 저음과 고음의 강도를 설정합니다.

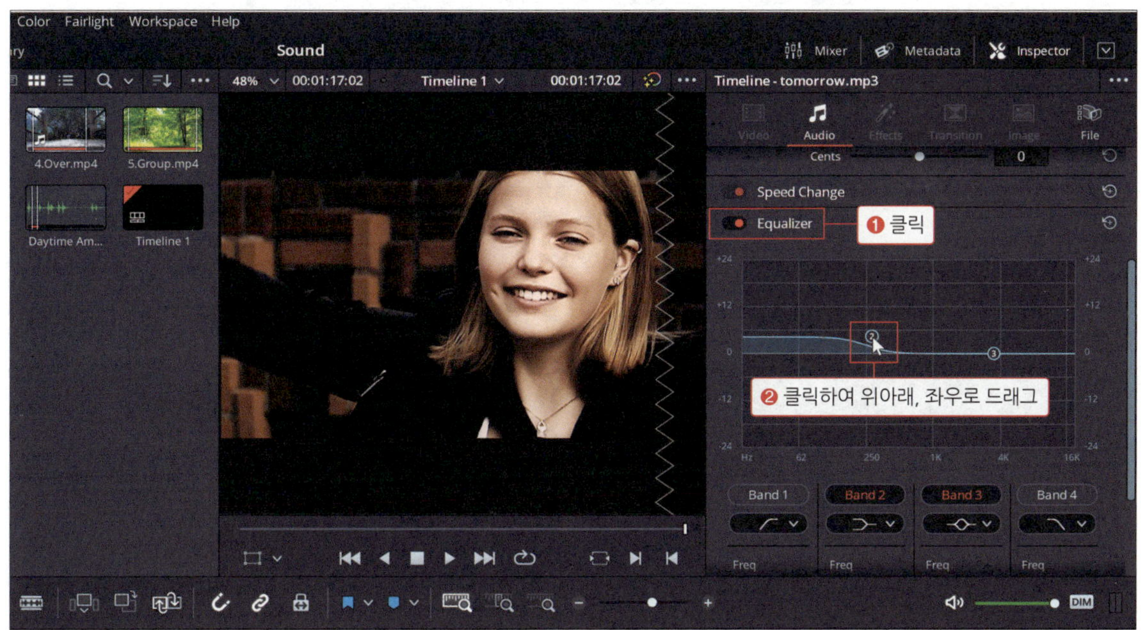

30 Sound Library에서 필요한 효과음을 검색하고 선택하여 타임라인에 추가합니다. Inspector의 속성에서 Volume, Pan, Equalizer 등의 값을 조절하여 적절한 상태로 설정합니다. Sound Library에 없는 음원은 다른 경로로 준비하여 Media Pool에서 Import Media 방식으로 가져와서 타임라인에 배치하고 편집하면 됩니다.

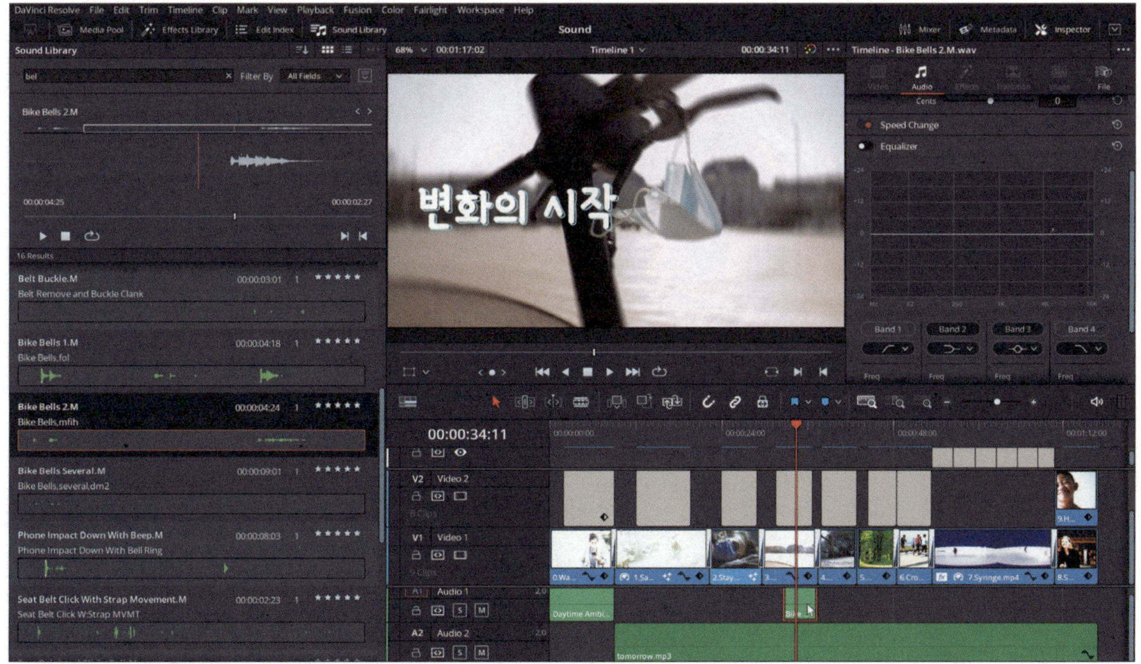

음성 녹음하고 추가하기

영상에 음악과 효과음 외에 음성 내레이션이 필요한 경우도 많습니다. 음성은 별도의 녹음기나 녹음용 앱을 통해 깨끗한 음질로 녹음할 수 있습니다. 다빈치 리졸브에서는 Fairlight 페이지에서 영상에 맞춰 실시간 음성 녹음 기능을 제공합니다. 녹음된 음성은 Volume 등의 속성 조절을 통해 더 선명하게 들리도록 설정할 수 있습니다.

예제 파일 03/ 1/ 0.Walk.mp4, 1.Sanitation.mp4, 2.Stay.mp4, 3.Mask.mp4, 4.Over.mp4, 5.Group.mp4, 6.Crowd.mp4, 7.Syringe.mp4, 8.Smile.mp4, 9.Happy.mp4, tomorrow.mp3

완성 파일 03/ 4/ Dubbing_완성.mp4

01 음성 녹음할 트랙을 추가합니다. 타임라인의 Audio 2 트랙 이름 옆에 마우스 오른쪽 버튼을 클릭하고 'Add Track 〉 Stereo'를 선택합니다.

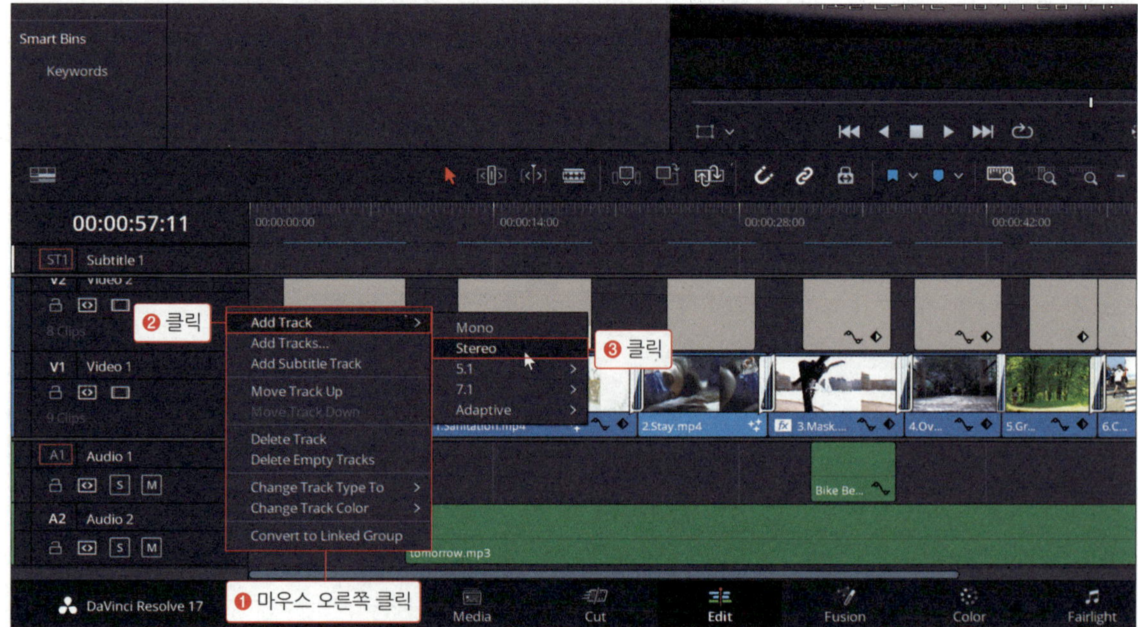

02 새로운 오디오 트랙이 Audio 3번으로 추가되었습니다. 'Fairlight 페이지' 아이콘(Fairlight)을 눌러 Fairalight 오디오 편집 페이지로 전환합니다.

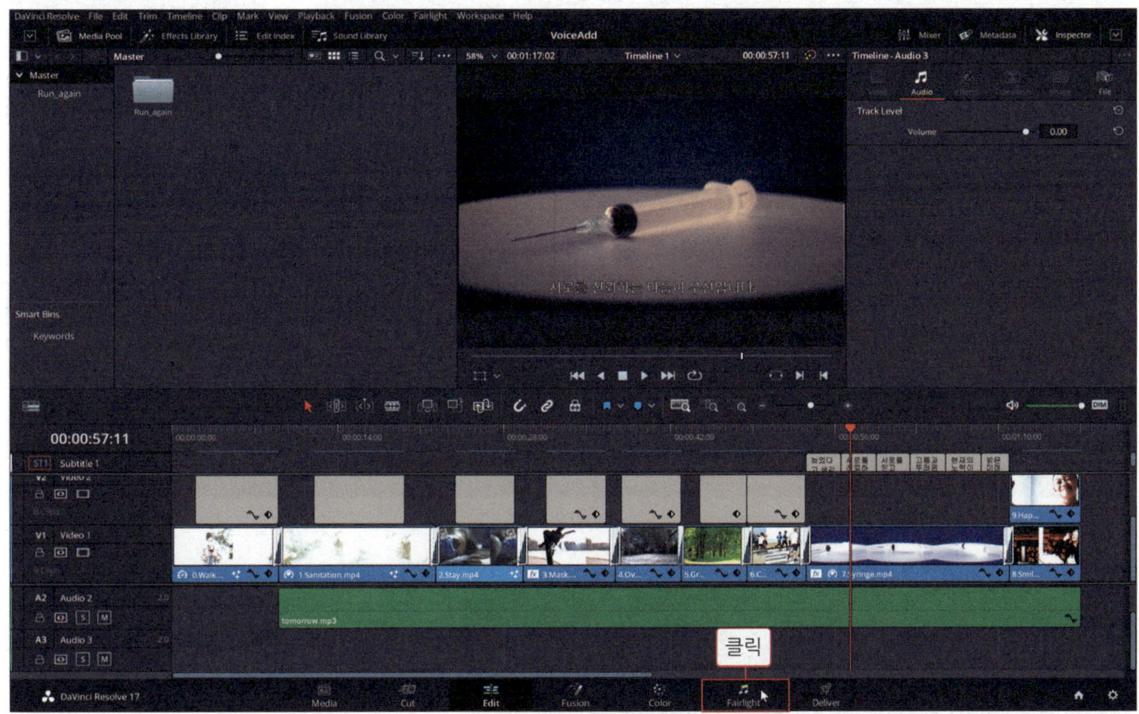

03 Fairlight 페이지의 오른쪽 Mixer(믹서) 영역에서 A3을 찾아 'No Input'을 클릭합니다.

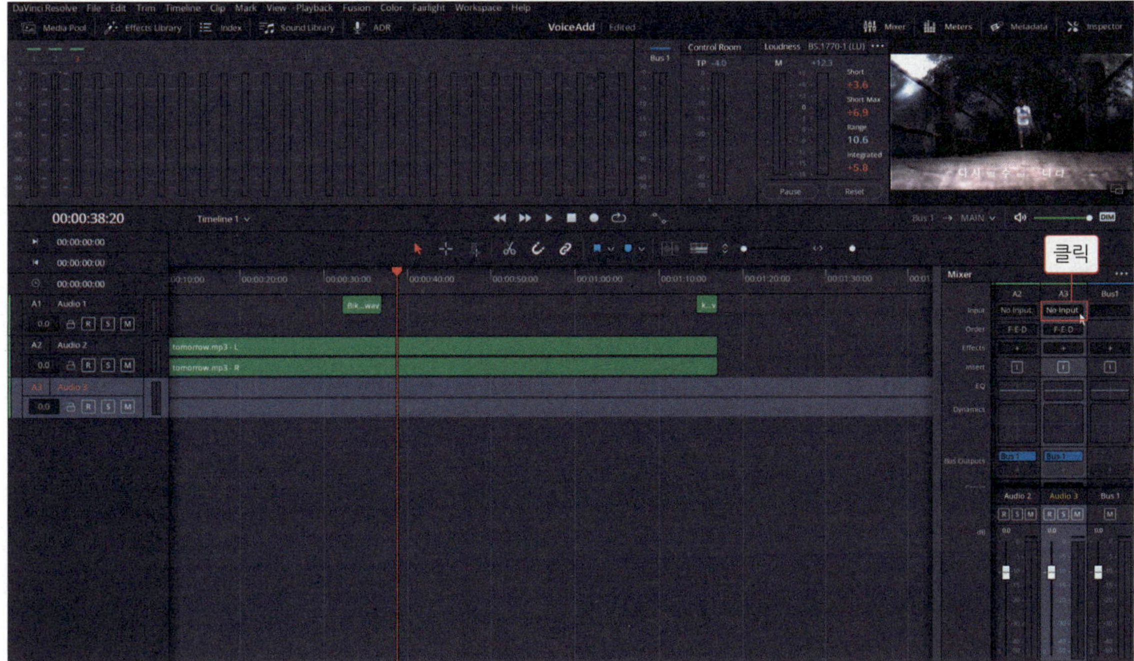

04 No Input 메뉴에서 'Input...'을 선택합니다.

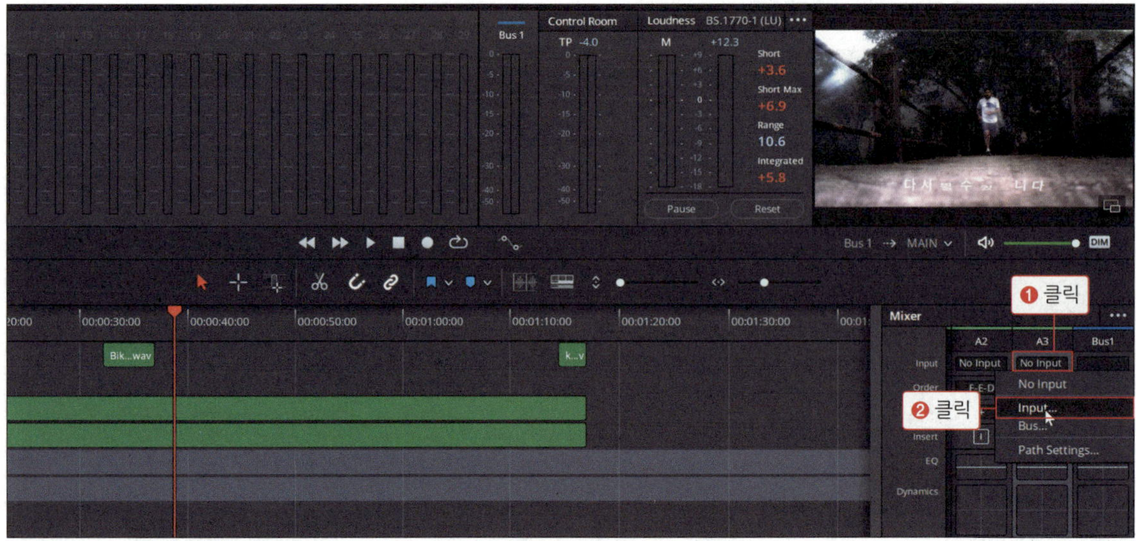

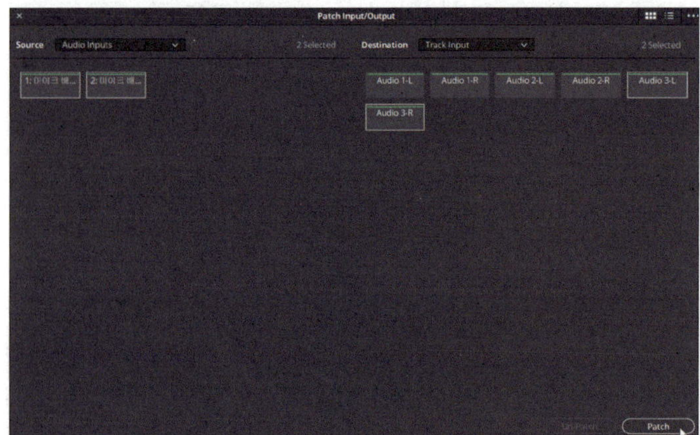

05 Patch Input/Output 창이 표시됩니다. 현재 컴퓨터 오디오의 소스 입력과 트랙을 서로 연결하는 것입니다. 음성을 실시간으로 깨끗하게 녹음하기 위해서는 별도의 마이크 또는 헤드셋이나 이어셋을 연결하여 소리의 간섭을 줄일 필요가 있습니다.

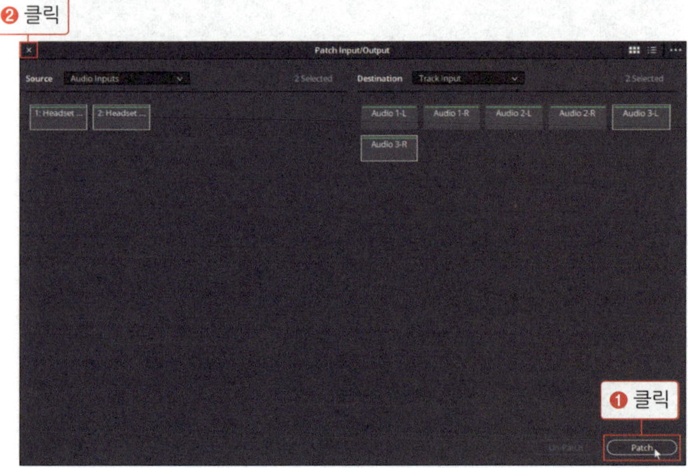

06 이어셋이나 헤드셋을 컴퓨터에 연결하면 Fatch Input/Output 구성이 달라집니다. Source Input에 새로 연결한 Headset이 나타납니다. 입력과 트랙을 선택한 다음 [Patch] 버튼을 클릭하고 왼쪽 상단의 [x] 버튼을 눌러 패치 설정 창을 닫습니다.

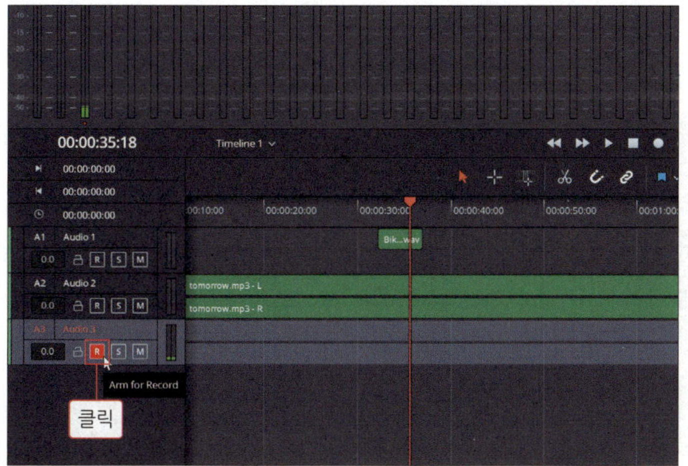

07 시간표시자를 음성 녹음할 위치보다 약간 앞으로 이동하고, 왼쪽 Audio 3번 트랙에 [R] 버튼을 클릭하여 Arm for Record(녹음 대기) 상태로 설정합니다.

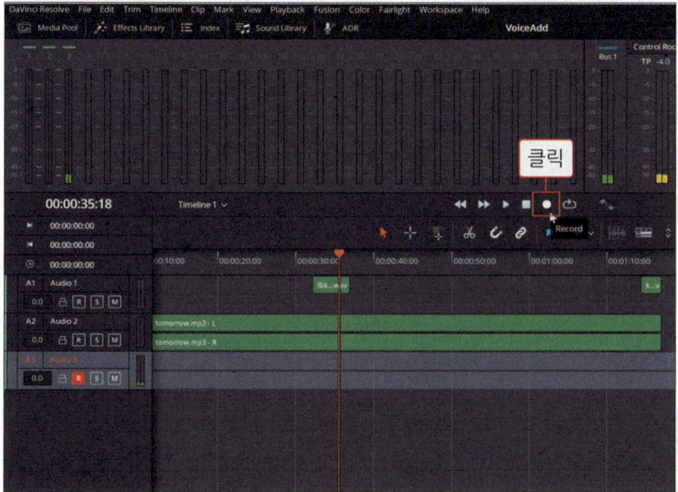

08 녹음 준비가 되었으면 가운데 원형 [Record] 버튼을 클릭하여 녹음을 시작합니다.

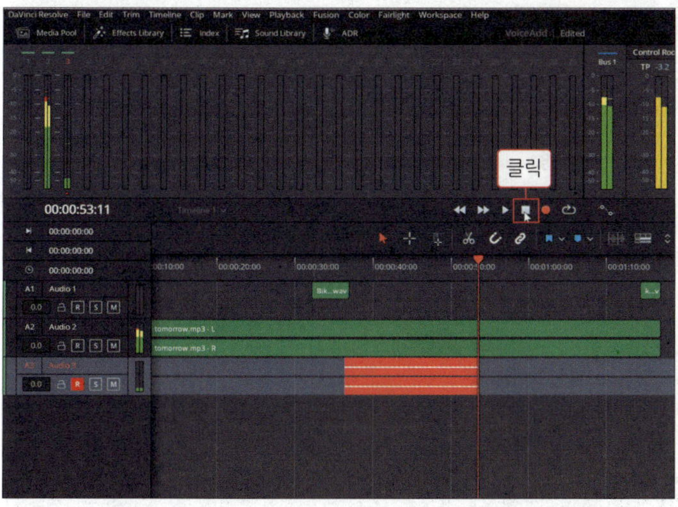

09 음성 녹음이 시작되면 Audio 3번 트랙에 빨간색 클립이 생성되면서 녹음이 계속됩니다. 녹음을 완료하면 사각형 [Stop] 버튼을 클릭합니다.

10 시간표시자를 앞으로 옮기고 재생 버튼을 클릭하여 녹음 상태를 살핍니다. 별다른 문제가 없으면 'Edit 페이지' 아이콘( )을 클릭하여 영상 편집 화면으로 되돌아옵니다.

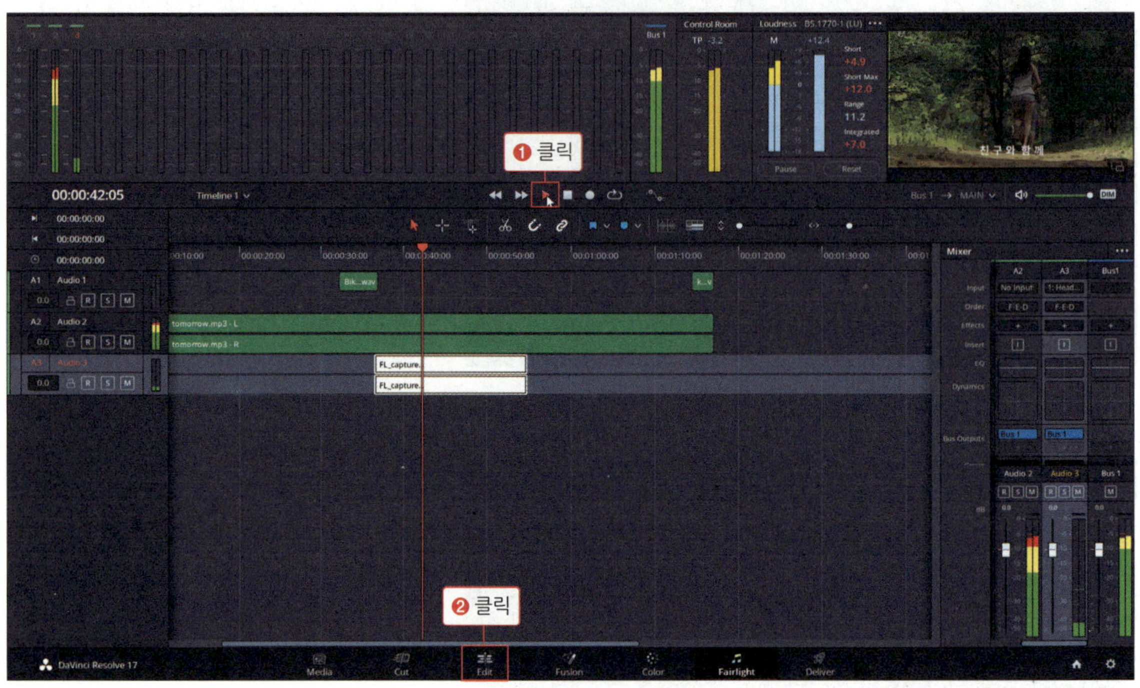

11 Edit 페이지의 Audio 3번 트랙에 녹음한 음성 클립이 보입니다. 음성 클립을 선택하고 오른쪽 Inspector의 [Audio] 탭에서 Volume, Pan, Equalizer 등을 조절하여 듣기 좋은 상태로 설정합니다.

12 Effects Library를 열고 Fairlight FX를 클릭하면 오디오 관련 효과가 오른쪽에 나열됩니다. 'Dialogue Processor'를 클릭한 상태에서 타임라인의 음성 클립으로 드래그하여 적용합니다.

13 Dialogue Processor 콘솔 창이 표시되면 De-Pop과 De-Ess 다이얼을 오른쪽으로 약간 돌려 음성과 함께 녹음된 마이크 노이즈를 줄입니다. 왼쪽 상단 [X] 버튼을 클릭하여 설정 창을 닫습니다. 오른쪽 Inspector의 [Effects] 탭에서 Dialogue Processor의 다양한 속성을 조절할 수도 있습니다.

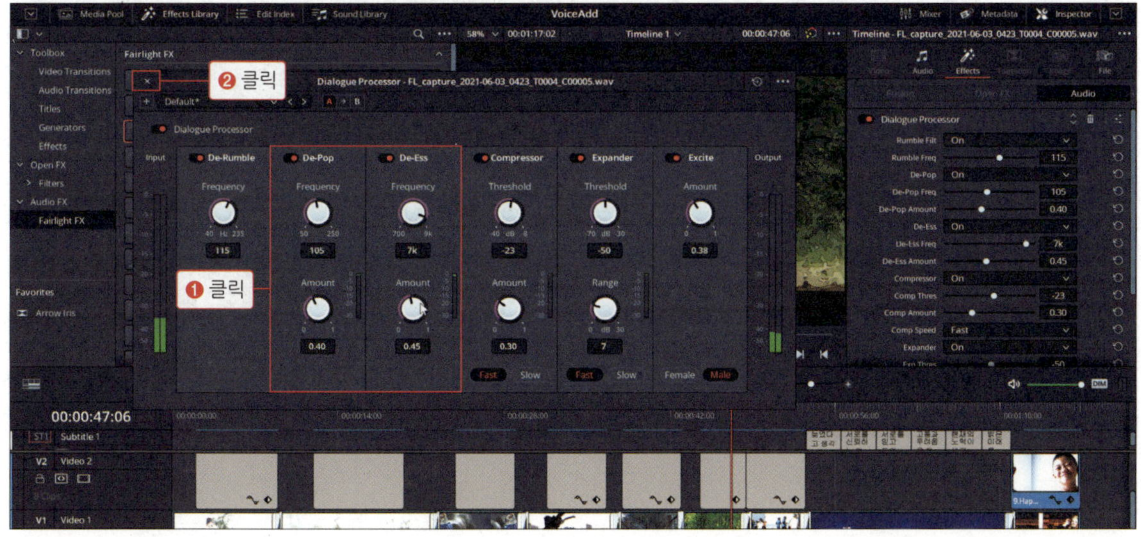

Tip 시간표시자를 앞으로 옮긴 후 재생해보면서 음성과 배경 음악의 조화를 검토합니다. 음성의 Volume을 증가시키거나 음악 클립의 Volume 수치를 줄여서 녹음된 목소리가 잘 들리도록 설정합니다.

편집 영상물 출력하기

영상과 음향을 편집한 결과는 Deliver 페이지에서 설정하고 내보낼 수 있습니다. Deliver 페이지에서는 사용자의 의도대로 파일로 출력할 수 있을 뿐만 아니라 Youtube, Vimeo, Twitter 등의 소셜 네트워크 플랫폼과 Final Cut Pro, Premiere, Avid, Pro Tools 등 다른 편집 프로그램에서 작업할 수 있는 포맷으로도 내보낼 수 있습니다. 편집 결과를 출력할 때는 에너지 소모가 크기 때문에 노트북 컴퓨터의 경우 전원을 연결해두는 것이 좋습니다.

01 현재까지 편집한 결과를 재생해보며 디테일을 보완합니다. 문제가 없으면 아래 'Deliver 페이지' 아이콘을 클릭하여 Deliver 페이지로 전환합니다. Deliver 페이지의 왼쪽에는 [Render Settings] 탭이 펼쳐져 있습니다. 화면 오른쪽에는 뷰어와 소스 클립, 타임라인이 배열되어 있습니다. Render Settings의 [Custom] 탭에서 Filename 등을 입력하고 설정할 수 있습니다.

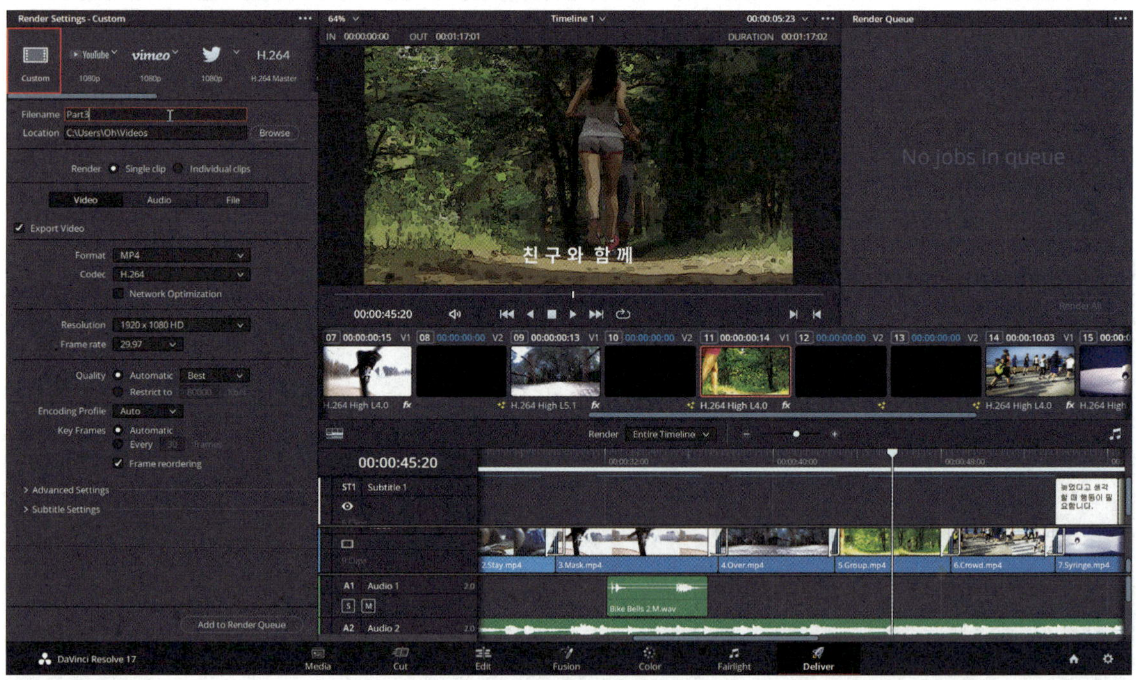

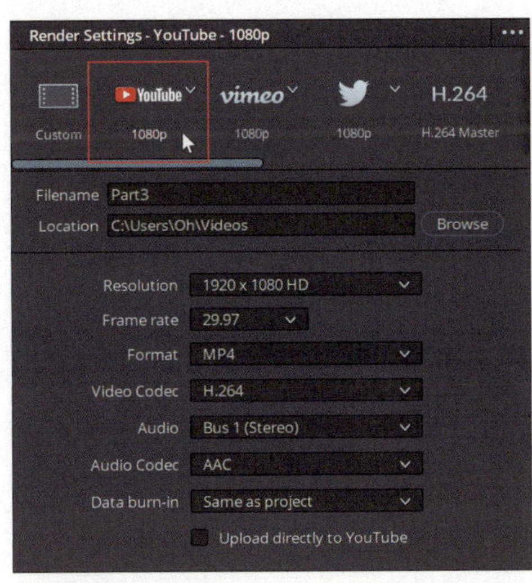

02 [YouTube] 탭에서는 유튜브에 최적화된 설정으로 파일을 출력할 수 있습니다.

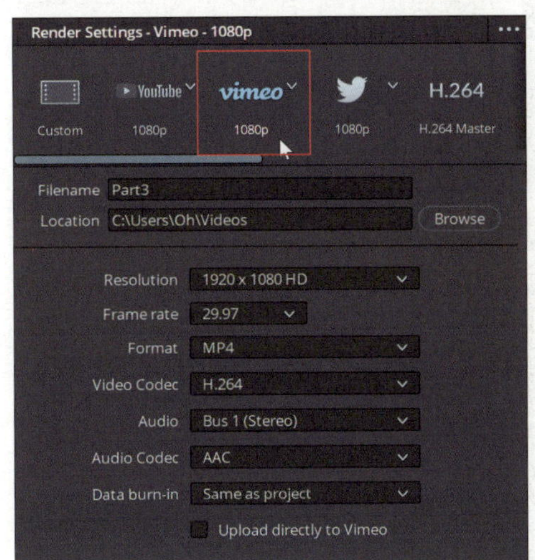

03 [Vimeo] 탭에서는 비메오에 최적화된 설정으로 파일을 출력할 수 있습니다.

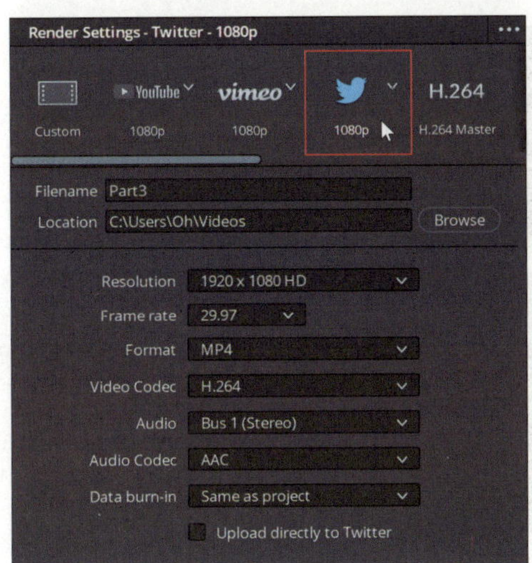

04 파랑새 모양의 [Twitter] 탭에서는 트위터에 최적화된 설정으로 파일을 출력할 수 있습니다.

> **Tip** 3개의 플랫폼 탭 모두 맨 아래에 Upload directly to...라는 옵션을 가지고 있습니다. 이것을 체크하면 각 계정에 직접 출력 결과를 올릴 수 있습니다. 유튜브 등은 세부 설정 항목이 많아 직접 올리기보다는 해당 사이트에서 내용을 검토하고 올리는 것이 좋습니다.

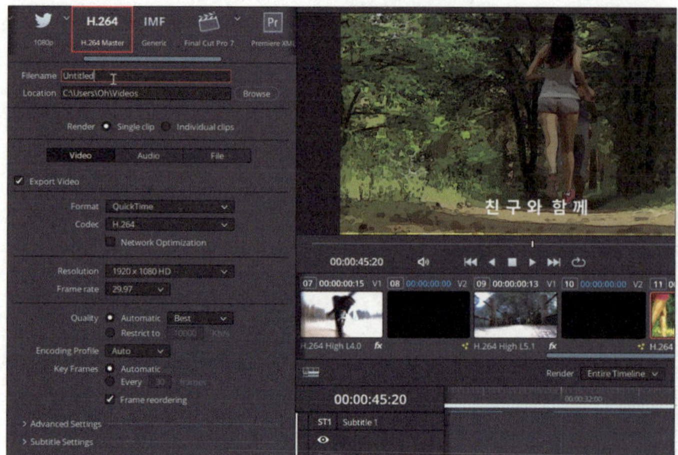

05 [H.264 Master] 탭에서는 편집 내용과 결과를 고품질 소스로 보존하는 설정을 통해 추후 다시 편집할 경우를 대비할 수 있습니다.

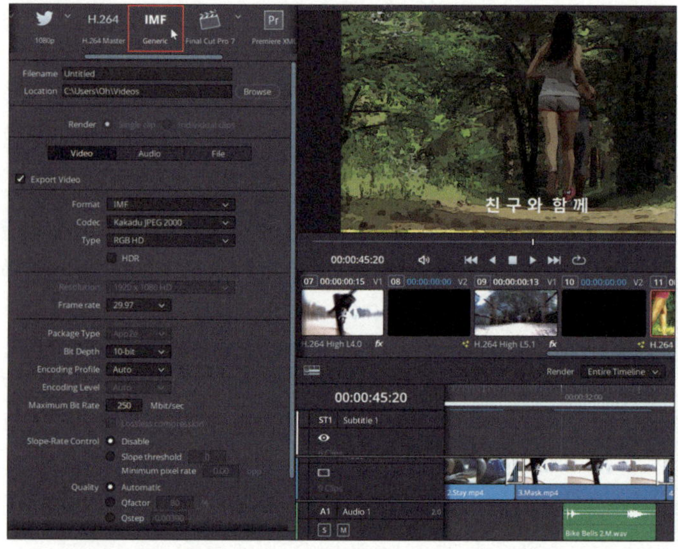

06 [Generic IMF] 탭에서는 방송용 규격으로 호환성을 가진 소스와 결과물로 내보낼 수 있습니다.

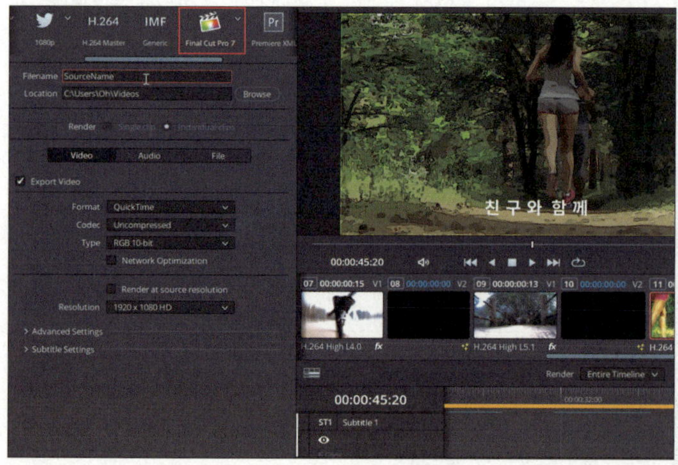

07 [Final Cut Pro 7] 탭에서는 애플 파이널 컷 프로와 호환 가능한 소스와 결과물로 출력할 수 있습니다.

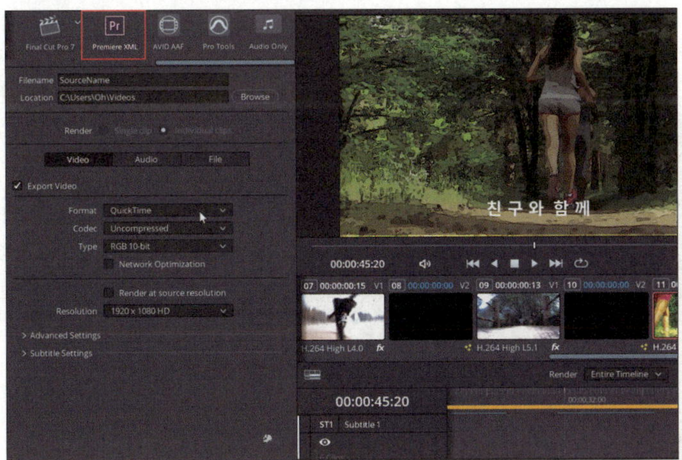

08 [Premiere XML] 탭에서는 어도비 프리미어 프로와 호환 가능한 소스와 결과물로 출력할 수 있습니다.

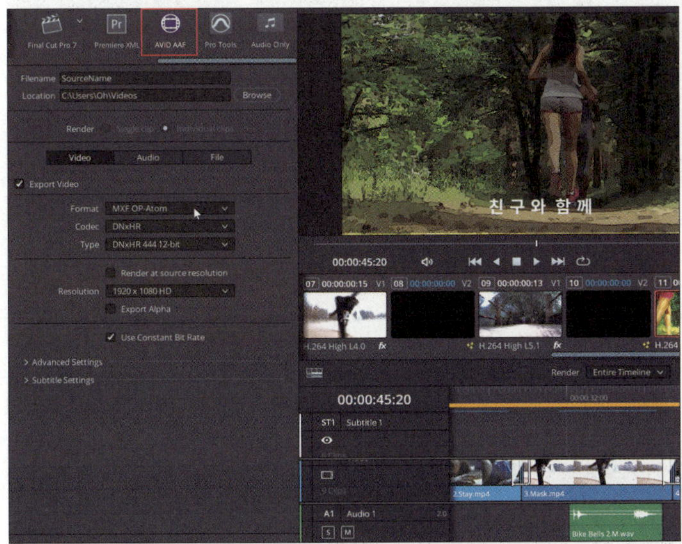

09 [Avid AAF] 탭에서는 Avid Media Composer에서 편집할 수 있는 소스 규격과 결과물로 출력할 수 있습니다.

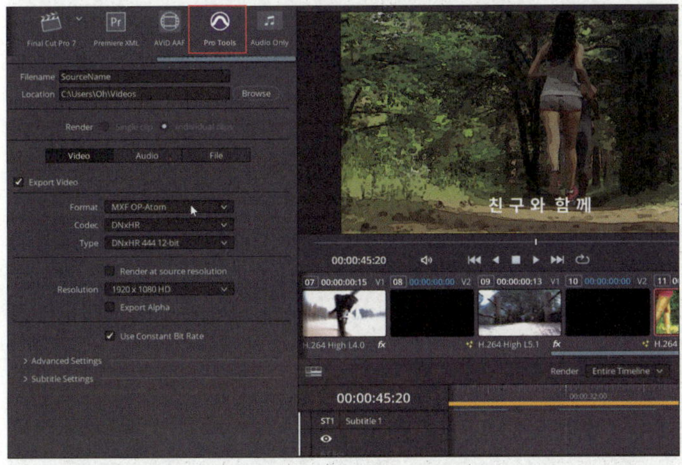

10 [Pro Tools] 탭에서는 오디오 편집 환경인 Pro Tools에 최적화된 규격으로 오디오 소스와 영상을 내보낼 수 있습니다.

11 [Audio Only] 탭에서는 영상을 제외한 오디오만 출력할 수 있습니다. Audio Format을 호환 가능한 규격(예: wav)으로 설정하고 내보내면 됩니다.

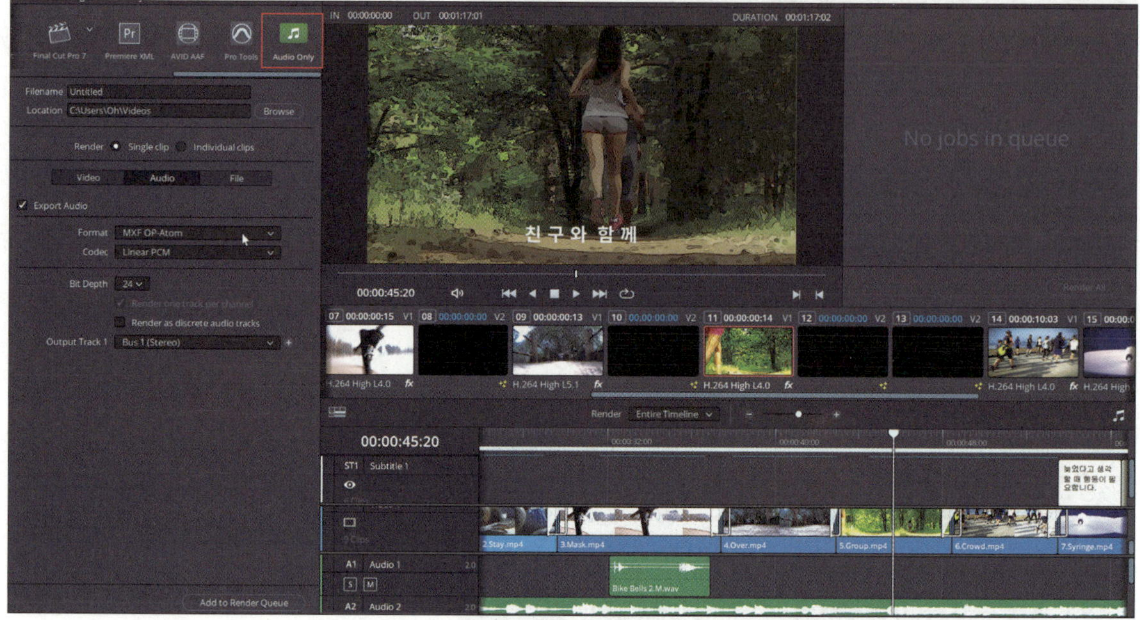

12 다시 Custom으로 돌아와서 Filename을 입력하고, 설정에서 Video Format을 'MP4'로 선택하고 Codec은 'H.264'로 설정합니다. 밑에 Quality 항목은 영상의 품질, 즉 전송률을 지정하는 것입니다. 적은 용량으로 내보내려면 'Restrict to...'를 선택하고 수치를 지정하면 됩니다. Full HD 영상의 경우 '10000Kbps' 정도면 무난합니다. 설정을 마치면 [Add to Render Queue] 버튼을 클릭합니다.

13 오른쪽 Render Queue 영역에 job 1이 생성됩니다. [Render All] 버튼을 클릭해서 파일로 출력하는 렌더링을 시작합니다.

14 Render Queue 영역의 job 1에 출력 진행 상태가 녹색 선으로 나타납니다.

Tip 다빈치 리졸브는 파일 출력 시 컴퓨터의 모든 자원을 최대로 활용합니다. 따라서 불필요한 프로그램과 작업을 멈추고 영상 출력에만 에너지를 모아주는 것이 여러 면에서 유리합니다.

15 지정한 경로에 출력된 영상 파일을 재생해보면서 품질의 문제나 오류가 없는지 검토합니다.

PART 04

고급 기능으로 스킬업! 다빈치 리졸브 최대로 활용하기

다빈치 리졸브의 편집과 효과 기능은 무궁무진합니다. 멀티 앵글 카메라 영상 편집도 어렵지 않게 완성할 수 있고, 세계 최고 수준의 색 보정(Color Correction)도 가능하며, 복잡한 효과도 Fusion 페이지의 노드(Node) 편집 기능을 활용하면 무한대로 확장할 수 있습니다.

강의 영상 편집하기

최근 온라인 비대면 수업이 증가하면서 영상을 활용하는 수업 방식이 자리를 잡고 있습니다. 유치원부터 대학원 수업에 이르기까지 연령과 대상을 가리지 않고 영상은 모든 교육의 중심 매체로 확장되는 추세에 있습니다. 정보 설명 중심의 유튜브 콘텐츠도 이와 같은 영상 활용 수업과 진행 방식이 유사합니다. 수업 콘텐츠를 위한 영상 편집에서는 설명 대상을 다각도로 보여주기 위해 멀티 카메라 촬영으로 영상 소스를 준비하고, 설명에 필요한 다양한 영상 기법을 활용하는 능력이 필요합니다. 더 나아가 모션 그래픽 요소도 적용한다면 완벽한 수업 콘텐츠로 보일 수 있을 것입니다.

멀티 카메라 앵글 연속동작 편집하기

설명 대상이 움직이거나 변화하는 종류라면 다양한 각도의 영상으로 제시할 필요가 있습니다. 고정된 카메라 하나로는 사각(死角) 영역이 발생할 수 있으므로 동작이나 변화의 진행 상황을 제시하는 데에 불편이 따르게 됩니다. 2대 이상의 카메라로 동시에 대상을 촬영한 영상 클립을 준비할 수 있다면 다빈치 리졸브의 Clip Sync(클립 싱크)와 Sync Bin(싱크 빈) 기능을 활용하여 편리하게 다각도의 영상을 편집할 수 있습니다. 이렇게 편집한 다각도의 영상 장면은 지루하기 쉬운 설명 콘텐츠에 흥미를 더해 시청자의 몰입감도 높일 수 있습니다.

BEFORE

예제 파일 04/ 1/ 1.mov, 2.mov, 3.mov, 4.mov

AFTER

완성 파일 04/ 4/ Dubbing_완성.mp4

01 하나의 대상을 다각도로 동시에 촬영한 영상 소스를 미리 준비합니다. 삼각대나 거치대만 있다면 디지털카메라와 스마트폰, 웹캠으로도 혼자서 동시에 촬영할 수 있습니다. 다빈치 리졸브를 실행하고 새 프로젝트를 생성한 다음 Project Settings(프로젝트 설정)을 적절하게 조정합니다.

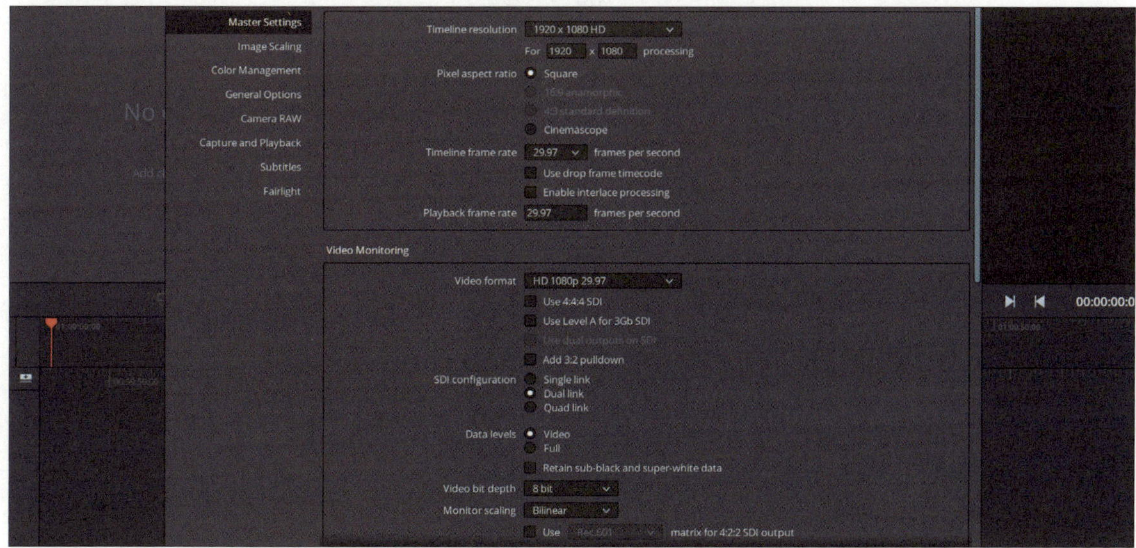

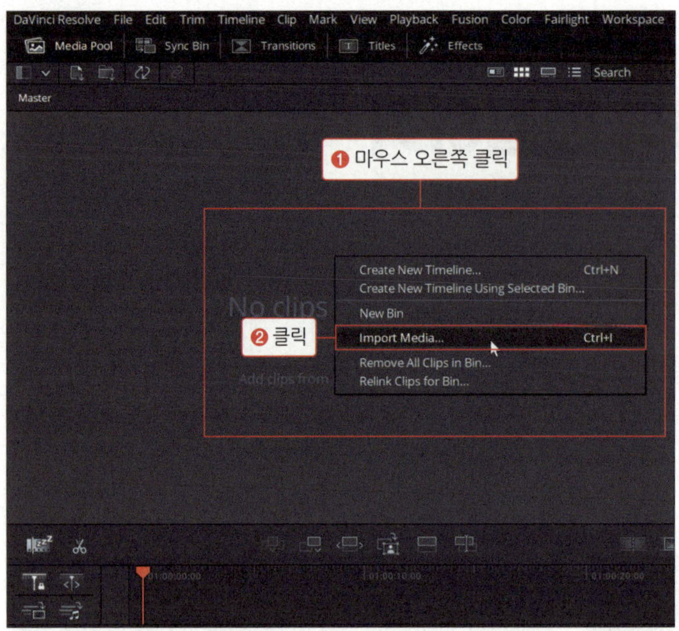

02 Cut 페이지의 Media Pool 영역에 마우스 오른쪽 버튼을 클릭한 다음 'Import Media...'를 선택하여 멀티 카메라 앵글 영상 클립들을 불러옵니다.

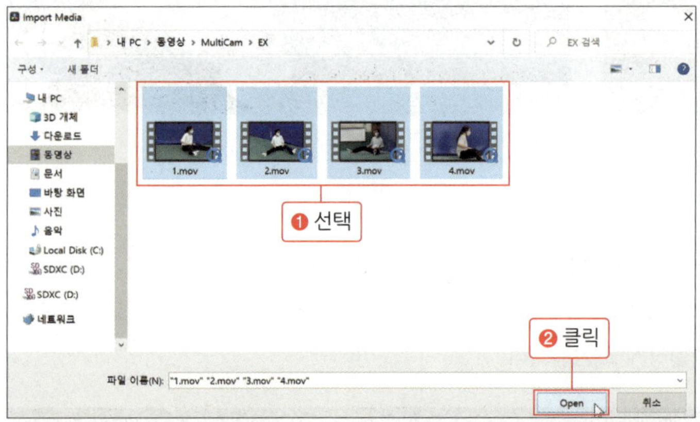

03 Import Media 창이 표시되면 다각도로 동시에 촬영한 영상 클립 전체를 선택하고 [Open] 버튼을 클릭합니다. 여러 개의 영상 파일은 주 카메라부터 1번으로 시작하여 나머지 파일들을 순서대로 파일 이름에 번호를 붙여 미리 준비해두면 편리합니다.

Tip 동시에 여러 카메라로 대상을 다각도에서 촬영할 때 싱크를 맞추기 위해 플레이트나 손뼉 소리로 촬영을 시작하면 나중에 시작점을 맞추기 편리합니다. 전문적인 촬영 현장에서는 여러 스태프들이 각 카메라의 Timecode(타임코드)를 동기화해서 촬영하는 경우도 많지만, 1인 콘텐츠 크리에이터에게는 신호 소리를 기준으로 싱크를 맞추는 방법이 자주 이용됩니다.

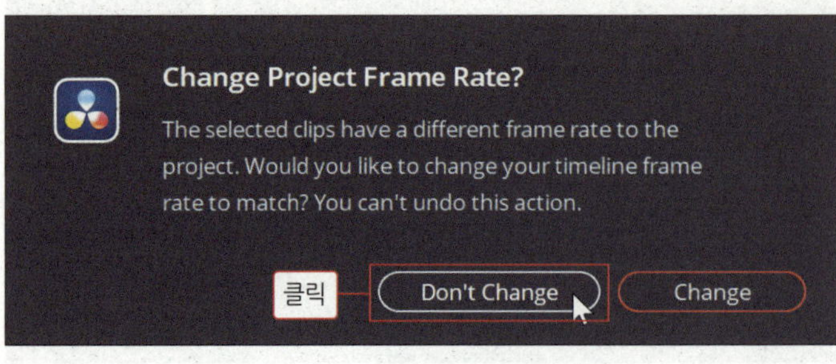

04 촬영한 영상 소스와 프로젝트의 프레임 레이트가 다르다는 경고창이 뜨면 [Don't Change] 버튼을 클릭하여 설정을 유지한 채 창을 닫습니다.

05 불러온 영상 클립을 하나씩 시작점을 찾아 트리밍합니다. 클립을 선택하고 트리밍 슬라이더에서 손뼉 소리의 웨이브 폼을 관찰하며 소리의 시작점을 In 포인트로 지정하면 됩니다.

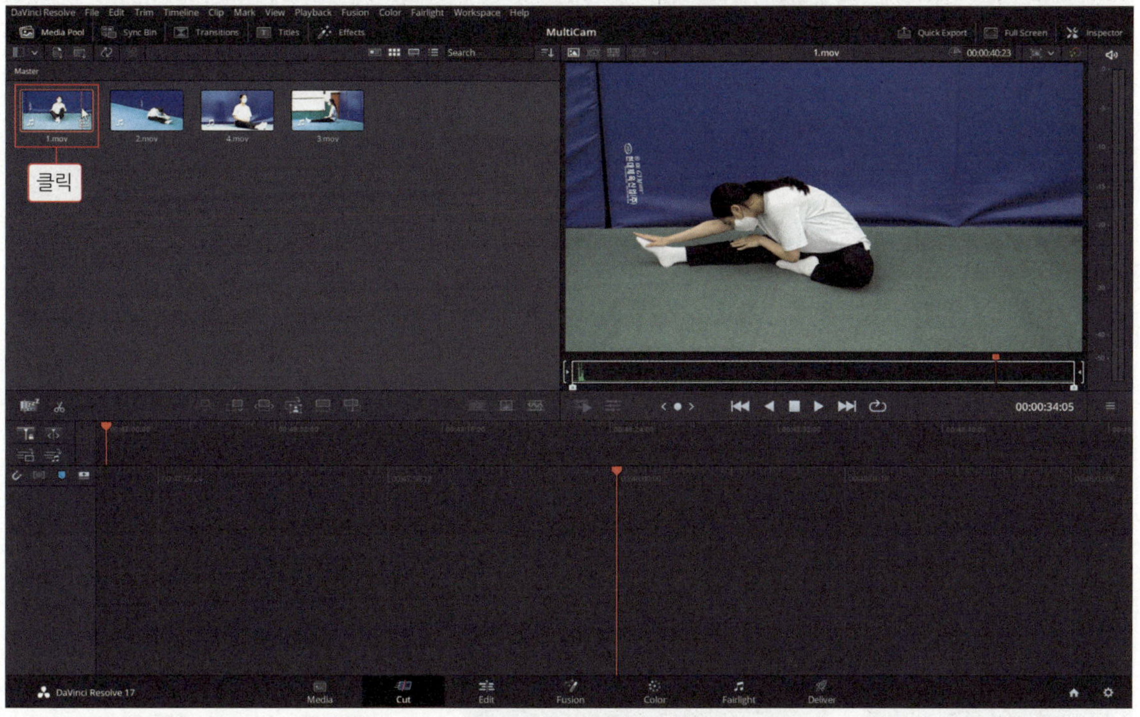

06 트리밍을 시작하면 바로 위에 상세 보기가 프레임 단위로 숫자와 함께 나열됩니다. 이때 '[' 모양의 시작점을 클릭하여 좌우로 움직이면 정밀하게 In 포인트를 지정할 수 있습니다.

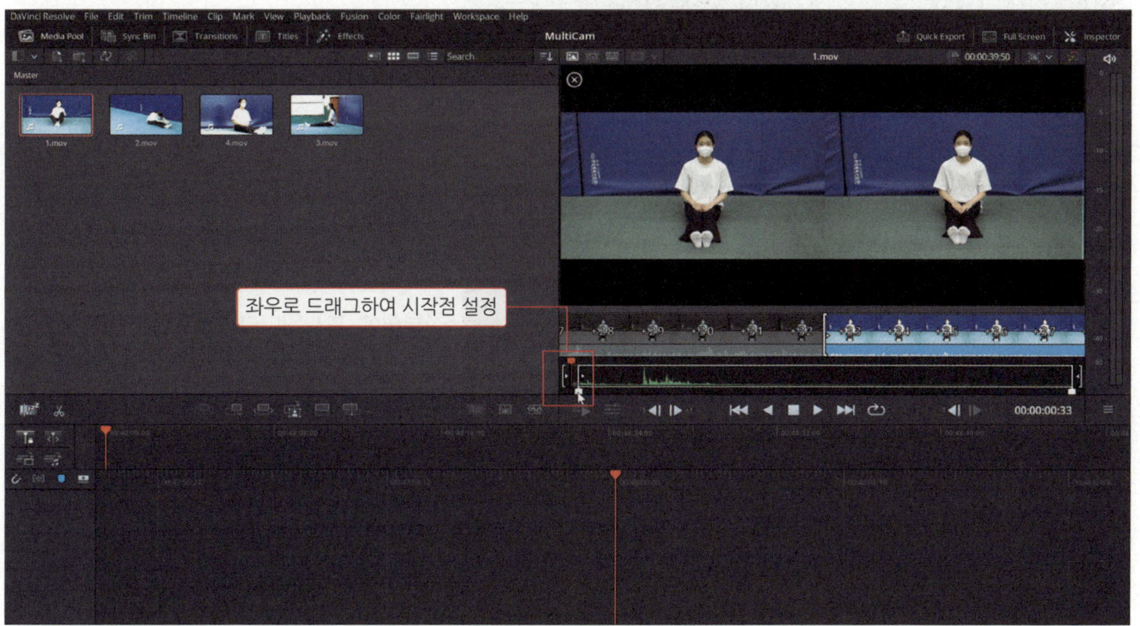

07 나머지 클립도 트리밍하여 모든 클립의 시작점이 똑같이 나타나도록 설정합니다.

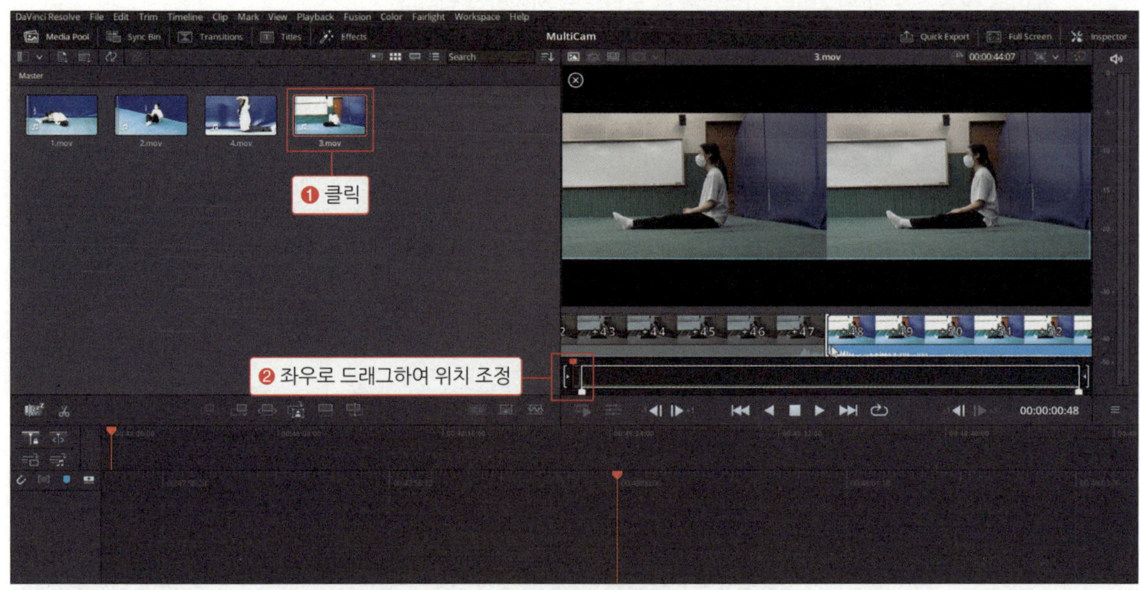

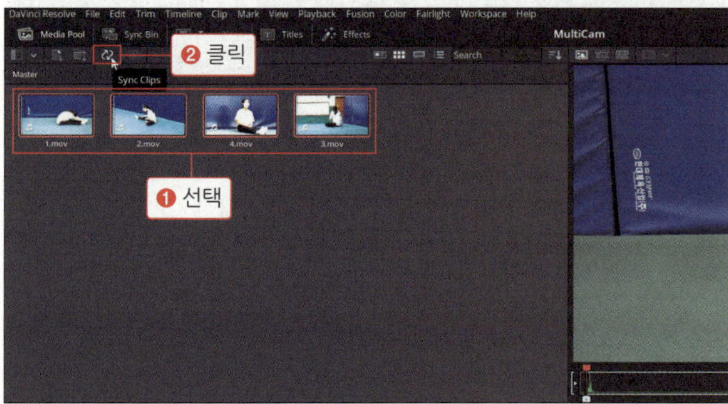

08 시작점을 기준으로 트리밍한 클립을 모두 선택한 상태에서 [Sync Clips(클립 동기화)] 버튼( )을 클릭합니다.

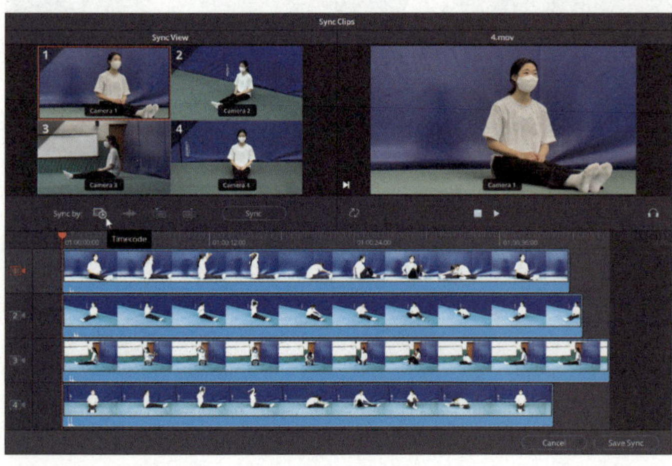

09 Sync Clips 창이 표시되면 상단 왼쪽에 4개의 클립이 번호 순서대로 배치되어 있고, 오른쪽에는 선택된 클립이 뷰어에 표시됩니다. 아래에는 마치 타임라인처럼 4개의 카메라 앵글이 위로부터 순서대로 섬네일 뷰 스트립으로 나열되어 있습니다.

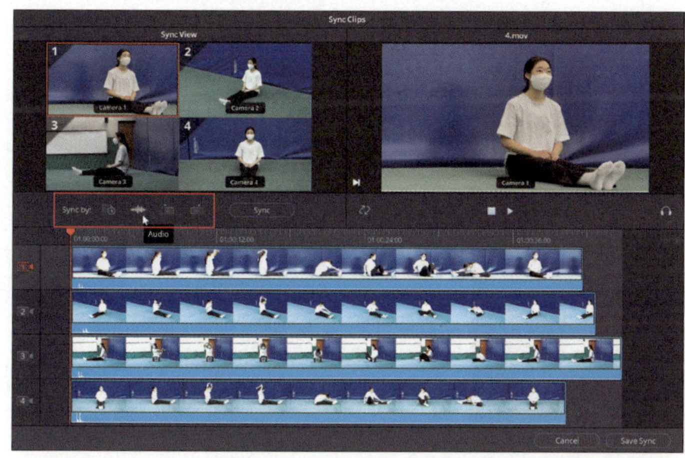

10 | 중간에서 싱크의 기준이 되는 Sync by는 기본 Timecode로 설정된 상태입니다. 이어서 Audio(오디오 레벨), In(트리밍 시작점), Out(트리밍 끝점) 순서로 버튼이 나열되어 있습니다.

11 | 영상 시작 부분의 손뼉 소리로 전체 싱크를 맞출 것이므로 Sync by는 두 번째 Audio를 클릭하여 선택하고, 오른쪽 [Sync] 버튼을 클릭합니다.

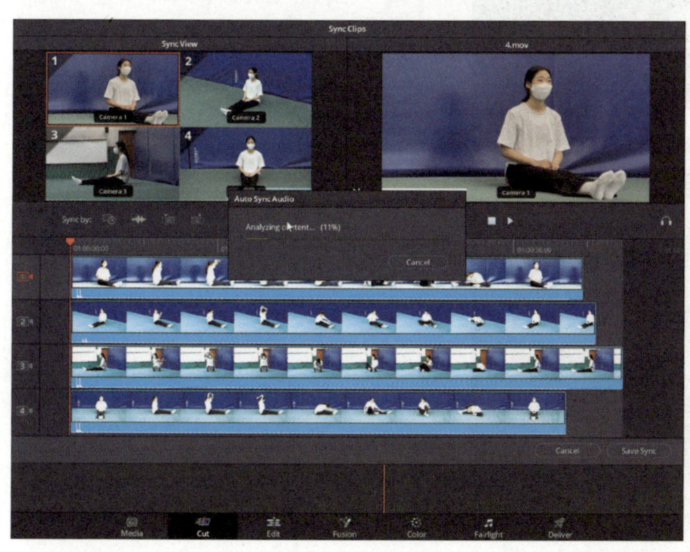

12 | Auto Sync Audio 분석 창이 잠시 나타났다가 사라집니다.

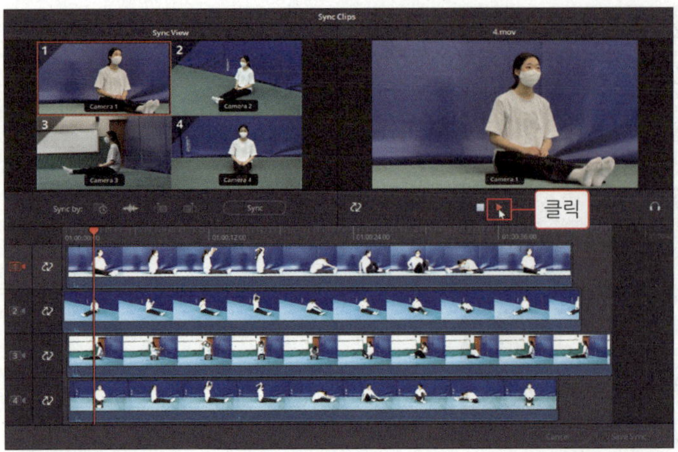

13 자동 정렬되어 재배치된 클립들을 확인하기 위해 위쪽 재생 버튼을 클릭하여 영상과 음향을 관찰합니다.

> **Tip** 만약 싱크가 전혀 맞지 않는다면 [In] 버튼을 클릭하고 다시 'Sync' 아이콘을 클릭하면 미리 트리밍한대로 어느 정도 맞출 수 있습니다. 그중에서 하나의 클립이 맞지 않는다면 해당 클립을 클릭한 상태로 좌우로 움직여서 싱크를 맞출 수도 있습니다.

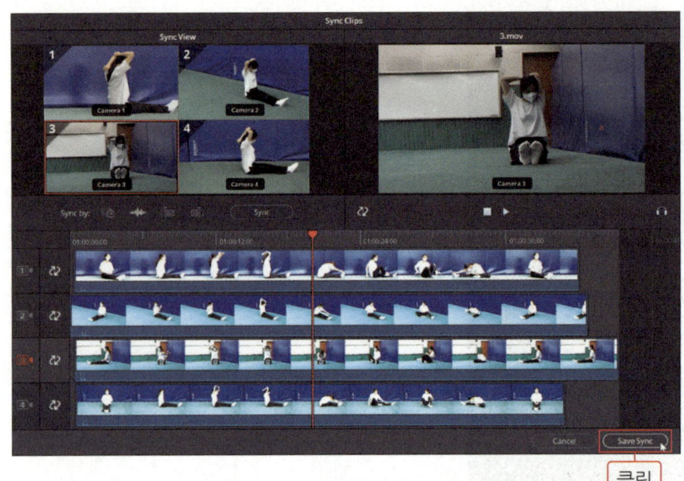

14 클립들의 싱크가 맞는다면 아래 [Save Sync] 버튼을 눌러 저장합니다.

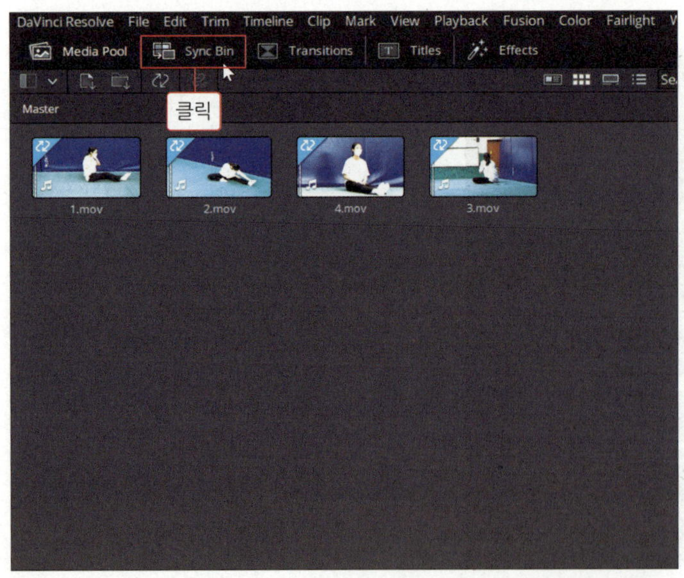

15 Sync Clips 창이 닫히면 Media Pool의 클립 섬네일에 회전하는 화살표의 싱크 표시가 왼쪽 위에 나타납니다. 위쪽 메뉴 중에서 'Sync Bin'을 클릭합니다.

16 Media Pool 영역이 Sync Bin으로 바뀌면서 4개의 카메라 앵글 클립이 싱크 포인트에 맞춰 나열됩니다. 빨간 Playhead를 움직여서 손뼉 소리 포인트 부분이 모두 일치하는지 확인합니다. 만약 싱크가 일치하지 않는다면 위 12번부터 15번의 과정을 한 번 더 반복합니다.

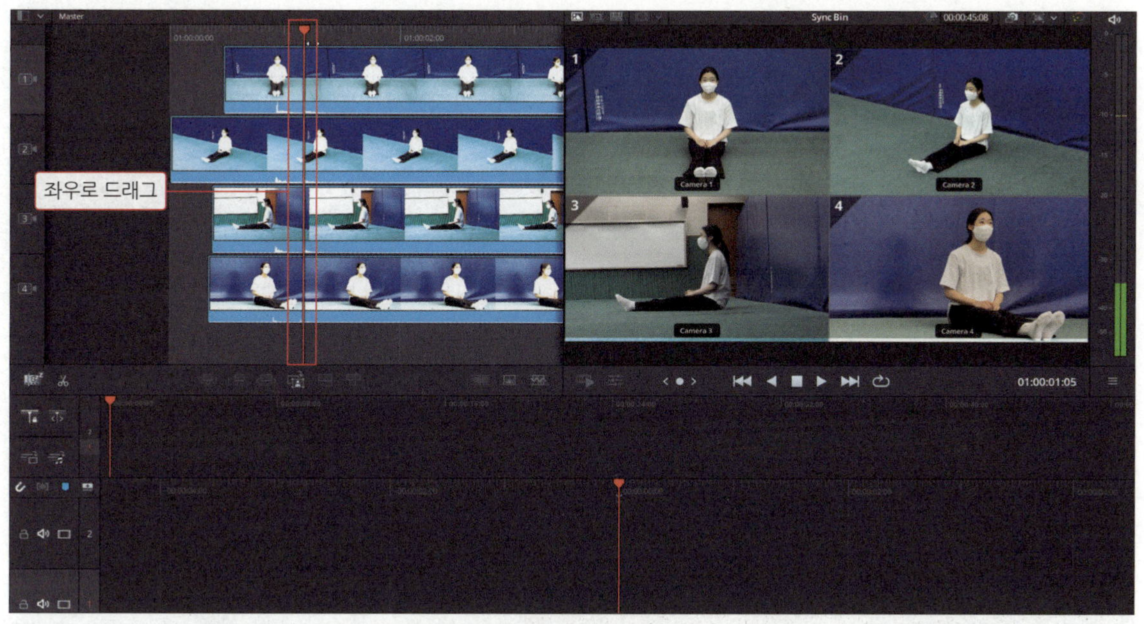

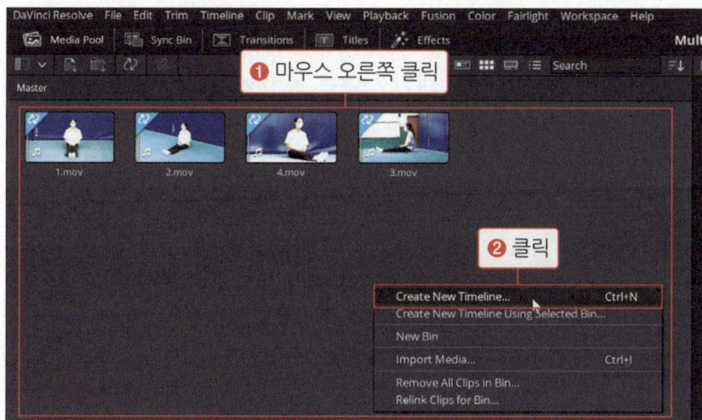

17 멀티 카메라 앵글의 편집을 위해 새 타임라인을 생성합니다. [Media Pool] 탭에서 마우스 오른쪽 버튼을 클릭한 다음 'Create New Timeline...'을 선택합니다.

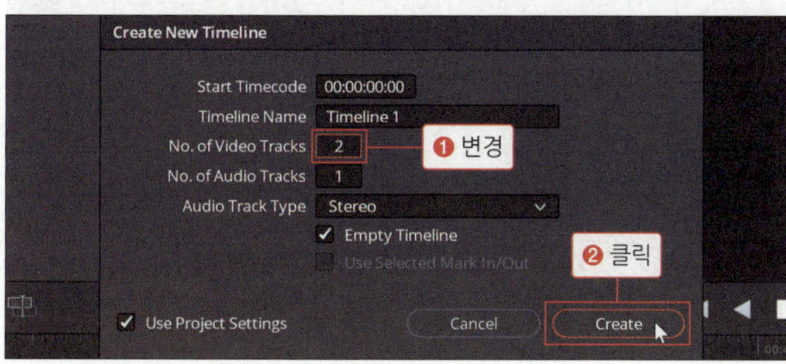

18 Create New Timeline 설정 창에서 No. of Video Tracks를 2로 증가시킨 후 아래 [Create] 버튼을 클릭합니다. 멀티 카메라 앵글 편집에서는 바탕 영상(Video 1)과 삽입 영상(Video 2)의 2개 트랙을 사용하는 것이 일반적입니다.

19 다시 [Sync Bin] 탭으로 돌아온 다음 왼쪽 Sync Bin의 Playhead를 움직여 편집의 시작점에 위치시킵니다. 뷰어에 4개로 분할된 영상 클립 중에서 정면 방향의 1번 카메라 앵글 클립을 클릭한 상태로 타임라인의 1번 트랙으로 끌어와 배치합니다.

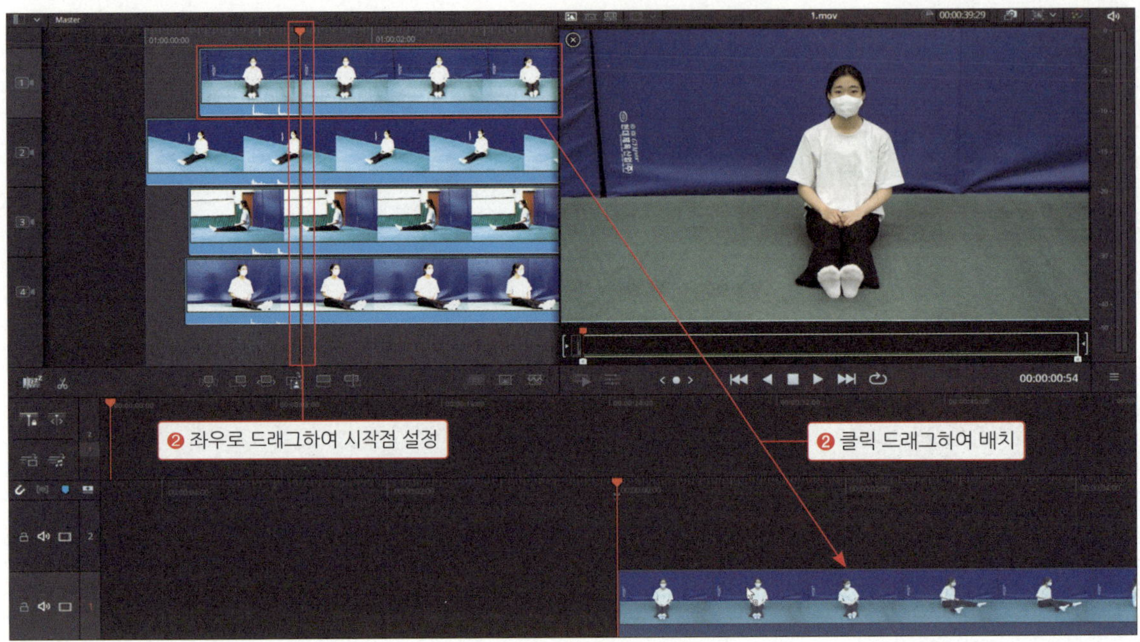

20 타임라인의 Playhead를 움직이거나 뷰어의 재생 버튼을 클릭하여 영상을 재생하다가 2번 클립이 삽입될 지점에 멈추고, 키보드의 숫자 2를 누르면 2번 앵글의 클립이 삽입 대기 상태로 뷰어에 뜹니다. 타임라인 위의 편집 도구에서 [Souce Overwrite] 버튼을 클릭합니다. 기본 설정된 삽입 시간은 5초입니다.

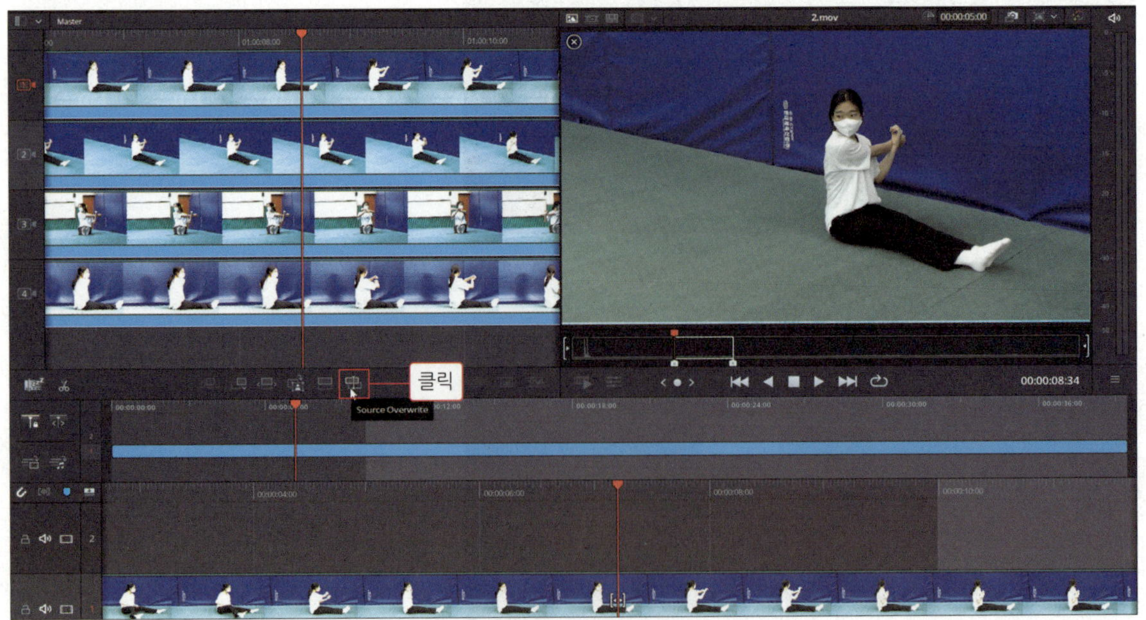

21 타임라인의 Playhead를 앞으로 옮기고 재생해보면, 2번 클립이 삽입된 위치에서는 뷰어에 2번 클립이 5초간 빨간색으로 활성화되는 것을 확인할 수 있습니다.

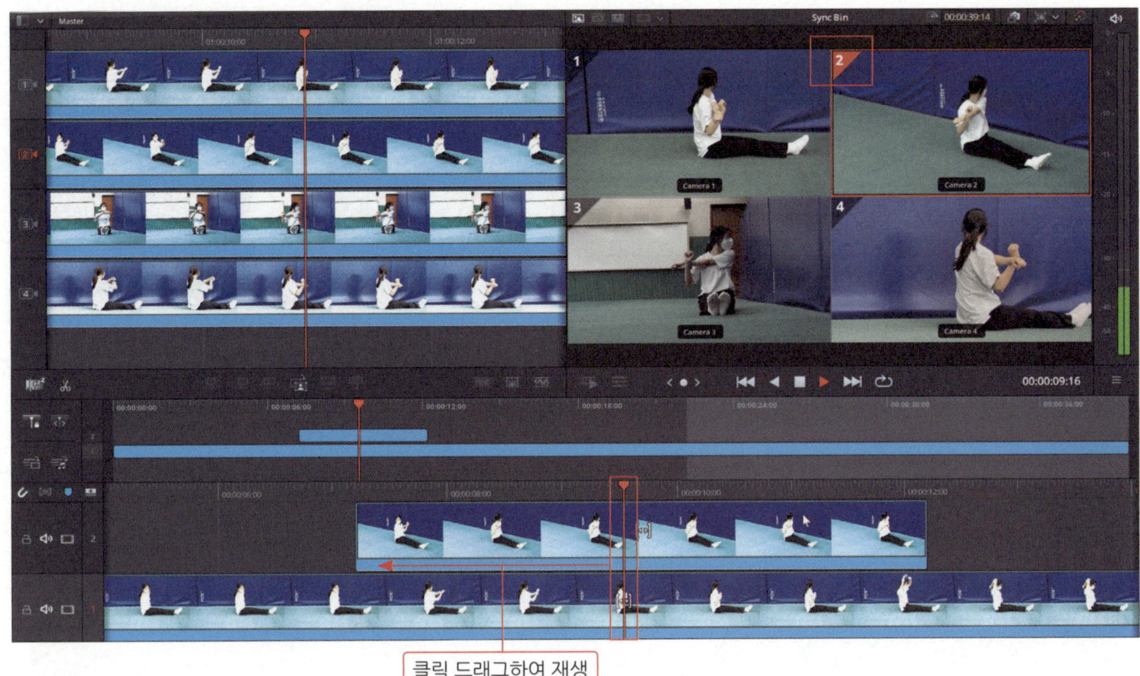

22 같은 방법으로 2번 앵글의 클립 이후에 3번 앵글의 클립을 삽입(Source Overwrite)합니다. 만약 2번 트랙에 삽입된 2번 앵글과 3번 앵글 사이에 공백이 생겨서 1번 앵글이 뷰어에 표시된다면, 2번 트랙의 클립 경계를 Ripple Trimming 방식으로 좌우로 드래그하여 맞춥니다.

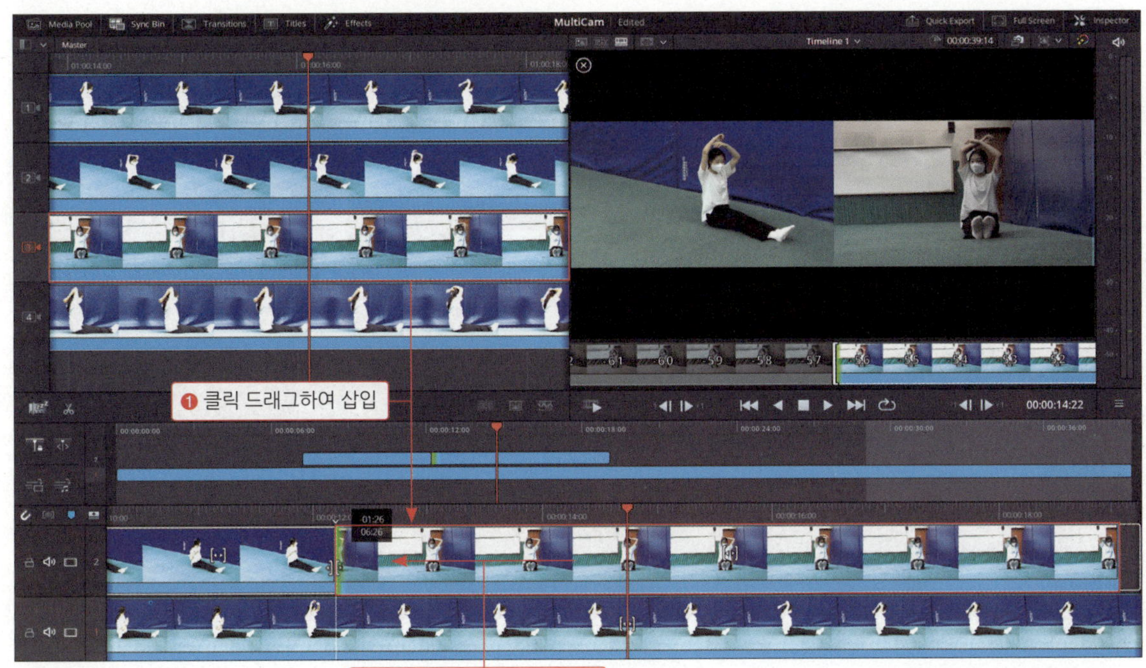

23 2번 트랙에 이와 같은 공백이 생기지 않도록 Playhead를 클립의 경계에 맞춘 다음 이번에는 [Sync Bin] 탭에서 4번 앵글의 클립을 클릭하고 [Source Overwrite] 버튼( )을 클릭합니다.

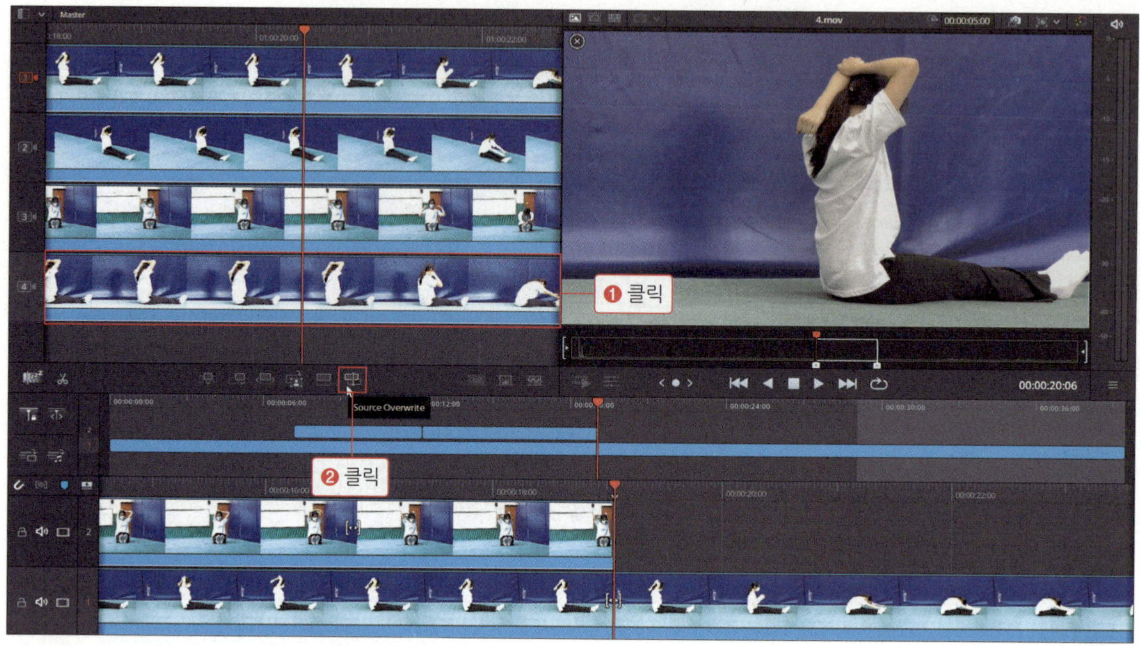

24 1번 트랙의 1번 앵글 클립도 때때로 보여줄 필요가 있습니다. Playhead를 2번 트랙의 클립에서 멀리 떨어뜨린 후, 뷰어에서 3번 앵글의 클립을 선택하고 [Source Overwrite] 버튼( )을 클릭하여 삽입합니다. 그러면 4번–1번–3번 앵글의 순서로 보이게 됩니다.

25 2번 트랙의 마지막 클립 뒤에 맞춰서 Playhead를 이동하고자 할 때는 [Go To Next Edit] 버튼(⏭)을 클릭하면 편리합니다.

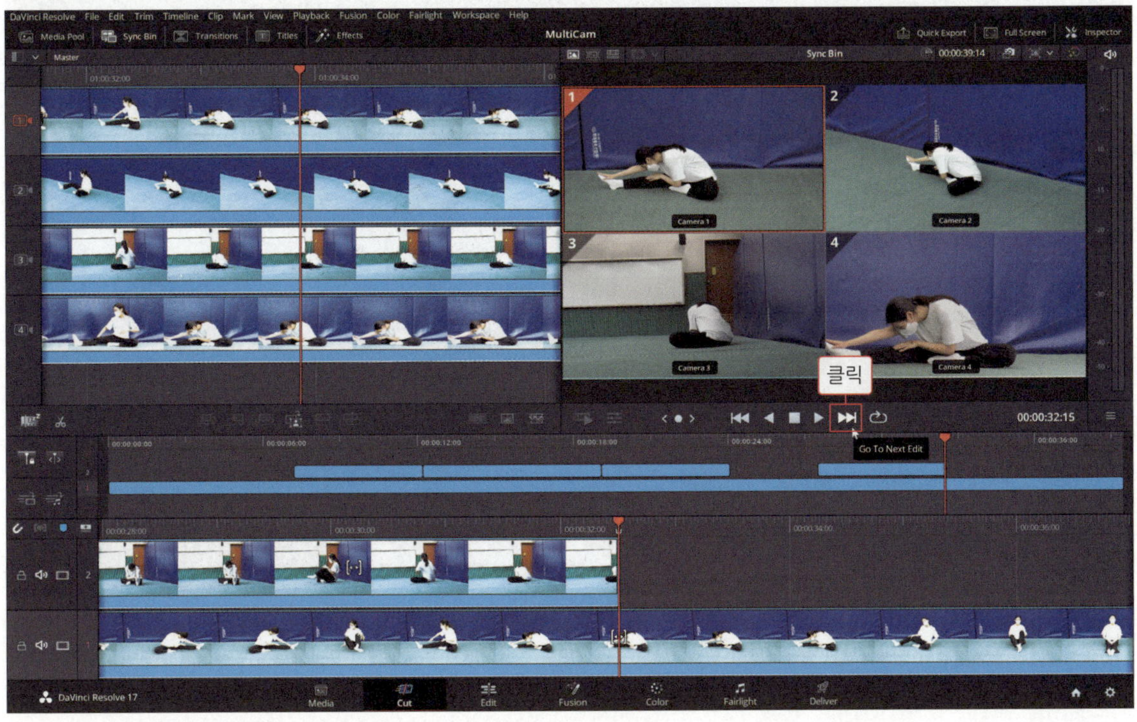

26 다른 앵글의 영상 클립을 선택하여 2번 트랙에 삽입합니다.

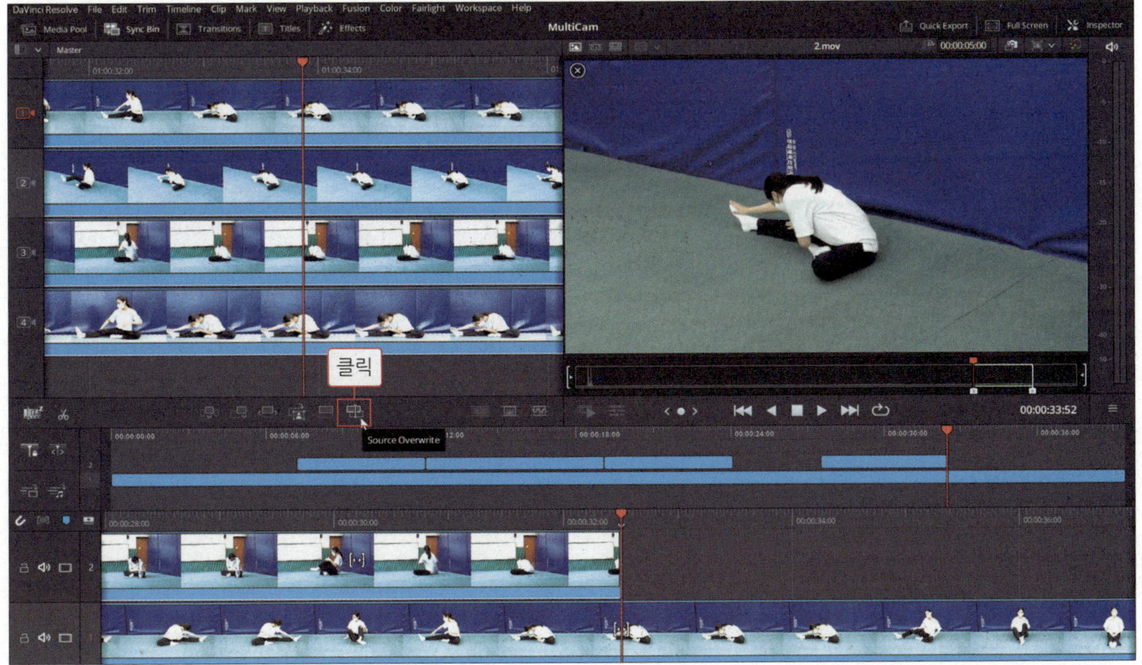

27 멀티 카메라 앵글 편집의 마지막에는 가장 먼저 보여주었던 1번 트랙의 클립으로 돌아오는 것이 좋습니다.

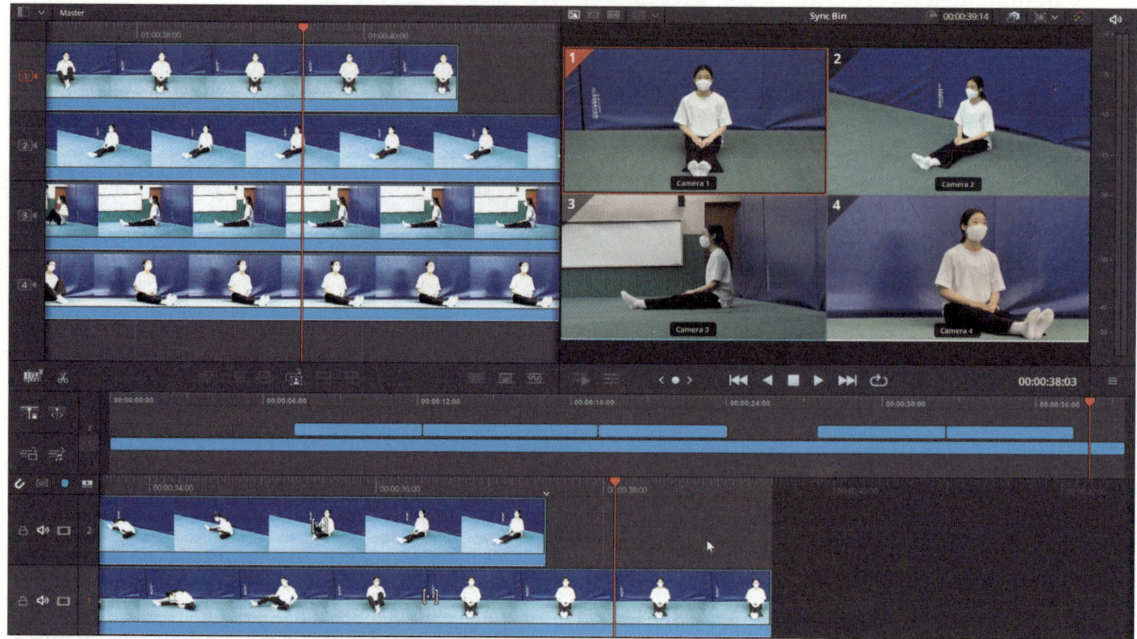

Tip Cut 페이지에서 [Sync Bin] 탭과 함께 진행한 멀티 카메라 앵글 편집 작업은 뷰어에 여러 개의 클립이 동시에 보이기 때문에 결과를 확인하거나 이후 효과 작업에는 다소 불편이 따릅니다. 다시 [Media Pool] 탭을 클릭하면 타임라인 결과만 뷰어에 표시됩니다.

28 Edit 페이지로 전환해보면 Cut 페이지의 다각도 편집이 그대로 보이면서 뷰어에는 편집 결과만 보입니다. 타임라인에서 각 앵글 클립의 길이를 조절하고 효과도 적용할 수 있습니다.

29 지금까지 편집한 결과를 타임라인 파일로 출력할 수 있습니다. 만약 다른 프로젝트에서 현재 편집 상태를 사용하려면 별도 파일로 타임라인을 저장해야 됩니다. Media Pool의 Timeline 1 썸네일에 마우스 오른쪽 버튼을 클릭하고 'Timelines 〉 Export 〉 AAF/XML/EDL/DRT...'를 선택합니다.

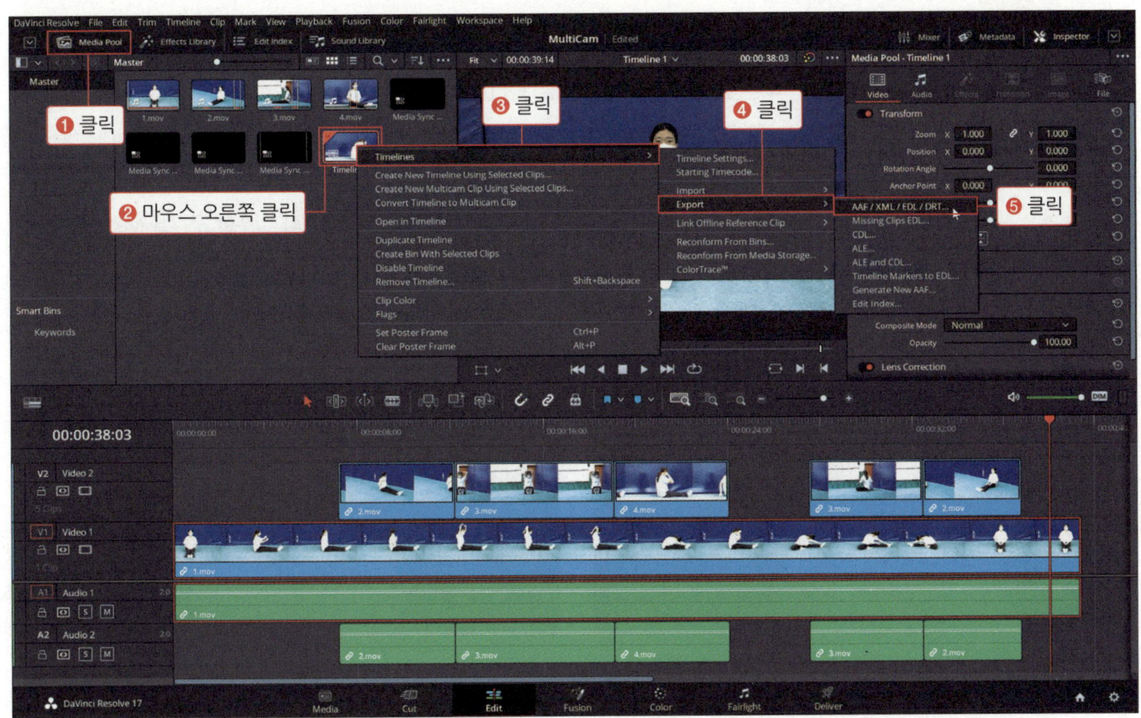

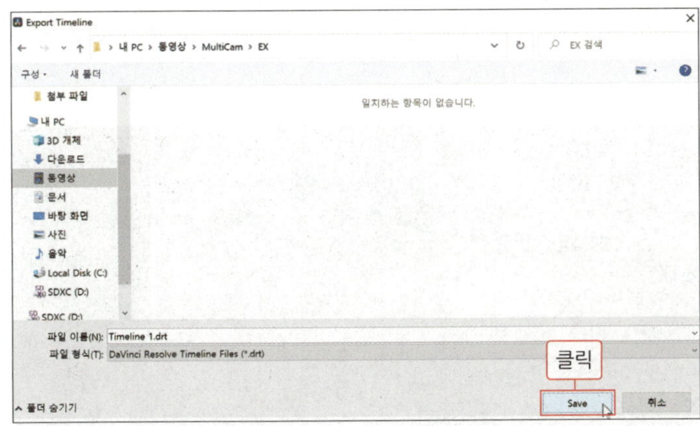

30 편집한 소스 영상 파일과 같은 경로를 열고 [Save] 버튼을 클릭하여 타임라인 파일을 별도 저장합니다. 이름을 적절히 변경하면 나중에 식별하기 편합니다. 참고로 DRT 파일은 DaVinci Resolve Timeline 파일의 약자입니다.

효과적인 강의 영상 편집하기

유튜브 콘텐츠의 확산과 함께 학교에서의 대면 수업 대신 비대면 온라인 수업의 정착은 강의 영상의 수요를 폭발적으로 증가시켰습니다. 어린이부터 전문가에 이르기까지 어떤 주제와 대상을 설명하고 결과를 강조하는 영상 형식은 이제 일상적으로 소비되고 있습니다. 정보 전달의 수단이면서 설명과 이해의 콘텐츠이기도 한 강의 영상에서 불필요한 부분이나 실수한 구간을 Marker(마커)로 표시하고 Blade(면도날) 도구로 잘라내면서 매끄럽게 만들어 보겠습니다.

BEFORE

예제 파일 04/ 2/ lecture1.mp4, lecture2.mp4

AFTER

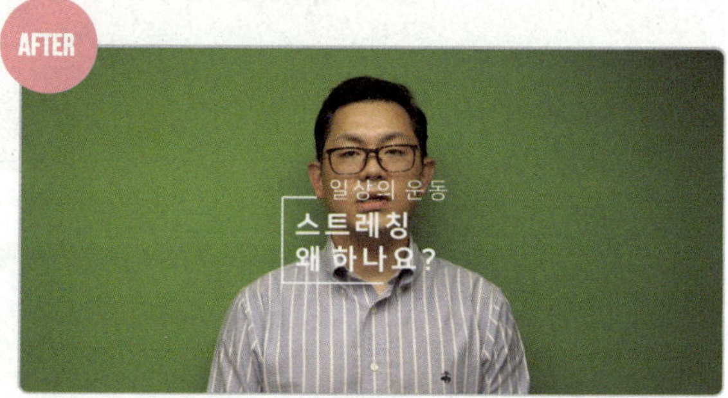

완성 파일 04/ 2/ Lecture_완성.mp4

01 다빈치 리졸브를 실행하고 새 프로젝트를 생성한 다음 Project Settings(프로젝트 설정)에서 Timeline frame rate를 '29.97' frames per second로 선택합니다. Video bit depth를 '8 bit'로 설정하고 [Save] 버튼을 클릭하여 저장합니다.

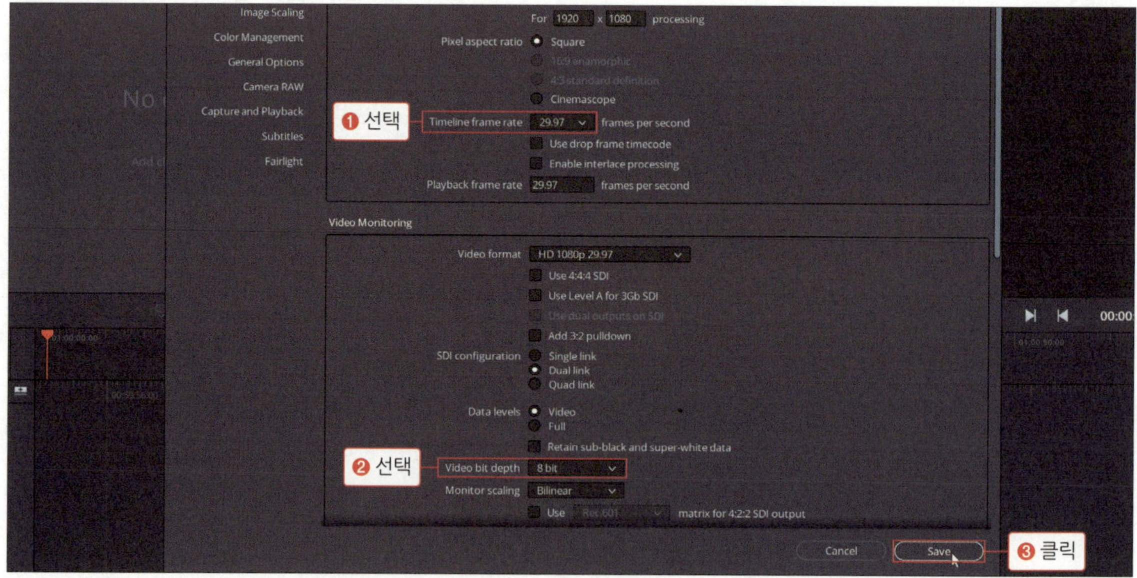

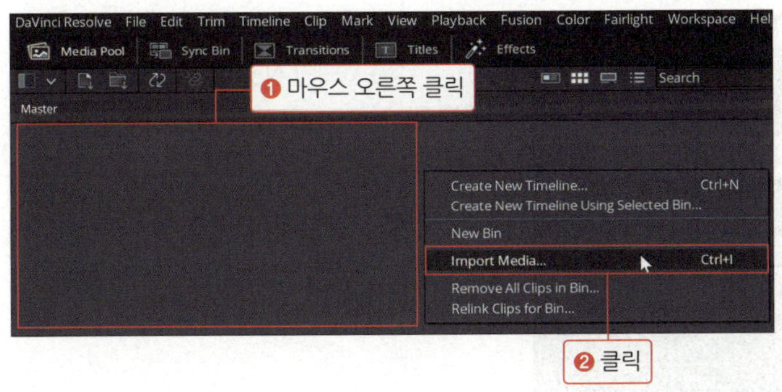

02 Cut 페이지로 돌아가서 Media Pool 영역에 마우스 오른쪽 버튼을 클릭하고, 'Import Media...'를 선택하여 강의 영상 파일을 불러옵니다.

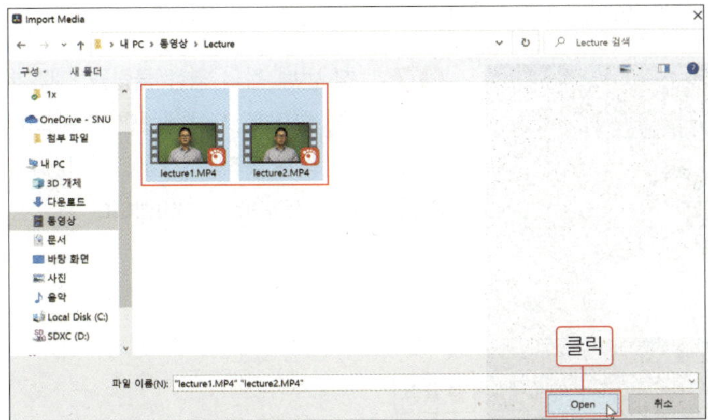

03 강의 영상은 정면 카메라를 바라보고 설명하는 장면으로 구성되어 있습니다. 영상 파일의 경로를 열고 [Open] 버튼을 클릭합니다.

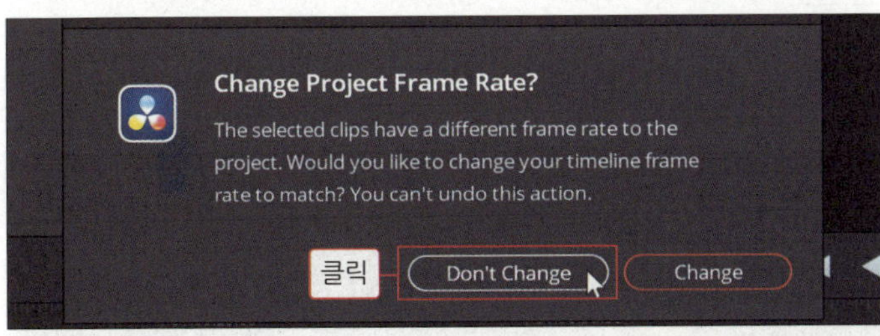

04 가져올 영상과 프로젝트의 프레임 레이트가 다르다는 경고창이 뜨면 [Don't Change] 버튼을 클릭하여 프로젝트 설정을 유지합니다.

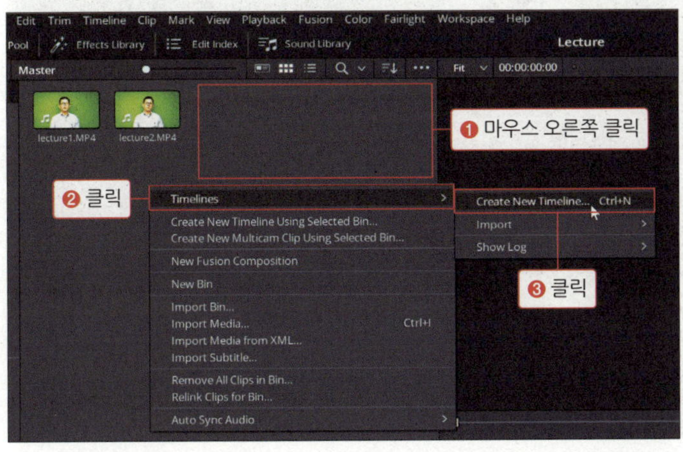

05 강의 영상을 불어온 다음, Edit 페이지로 전환합니다. Media Pool 영역에 마우스 오른쪽 버튼을 클릭하고 'Create New Timeline...'을 클릭하여 새 타임라인을 생성합니다.

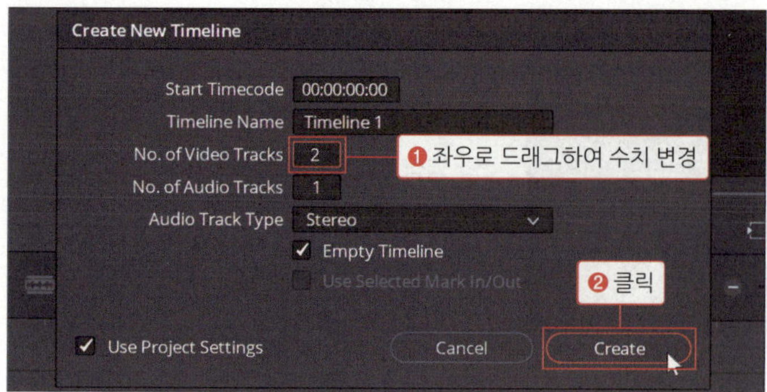

06 Create New Timeline 설정 창이 표시되면 No. of Video Tracks를 2로 설정하고 아래 [Create] 버튼을 클릭합니다.

07 첫 번째 강의 영상 클립을 선택한 후, 뷰어로 재생해보면서 편집에 사용할 시작점과 끝점을 [Mark In], [Mark Out] 버튼을 이용하여 트리밍합니다.

08 트리밍한 영상을 뷰어에서 클릭한 채 타임라인 1번 트랙으로 끌어와 배치합니다.

09 뷰어에서 재생 버튼을 클릭하여 영상을 재생해보면서 어색한 표정이나 불필요한 추임새 등 실수가 드러난 부분을 마커로 표시합니다. 시간표시자로 위치를 미리 찾아 마커 버튼을 누르거나 또는 재생 중에 키보드의 M를 누르면 해당 위치에 파란색 마커가 표시됩니다.

10 시간표시자를 앞으로 옮긴 다음 정밀한 편집을 위해 도구에서 [Zoom In] 버튼을 클릭하여 타임라인 보기를 확대합니다.

11 첫 번째 마커 위치에서 영상을 반복 재생해보며 제거할 영역을 설정합니다. 시간표시자를 잘라낼 영역의 뒤쪽 경계에 두고 편집 도구에서 [Blade Edit Mode] 버튼(▣)을 클릭합니다.

12 Blade Edit Mode 상태에서는 마우스 커서가 면도날로 바뀝니다. 잘라낼 클립의 위치에 면도날을 두고 클릭하면 영상이 잘리며 나뉩니다.

13 이번에는 시간표시자를 잘라낼 부분의 앞쪽 경계로 옮겨둡니다. 면도날을 경계선에 두고 한번 클릭하면 해당 위치에서 클립이 잘리면서 나뉩니다.

14 잘라낼 클립을 선택한 다음 마우스 오른쪽 버튼을 클릭하고 Ripple Cut을 선택하면 해당 클립이 삭제됩니다. 또는 Selection Mode에서 잘릴 클립을 선택하고 키보드의 Delete를 누르면 쉽게 삭제할 수 있습니다. 뒤쪽 클립은 앞으로 당겨져서 붙게 됩니다.

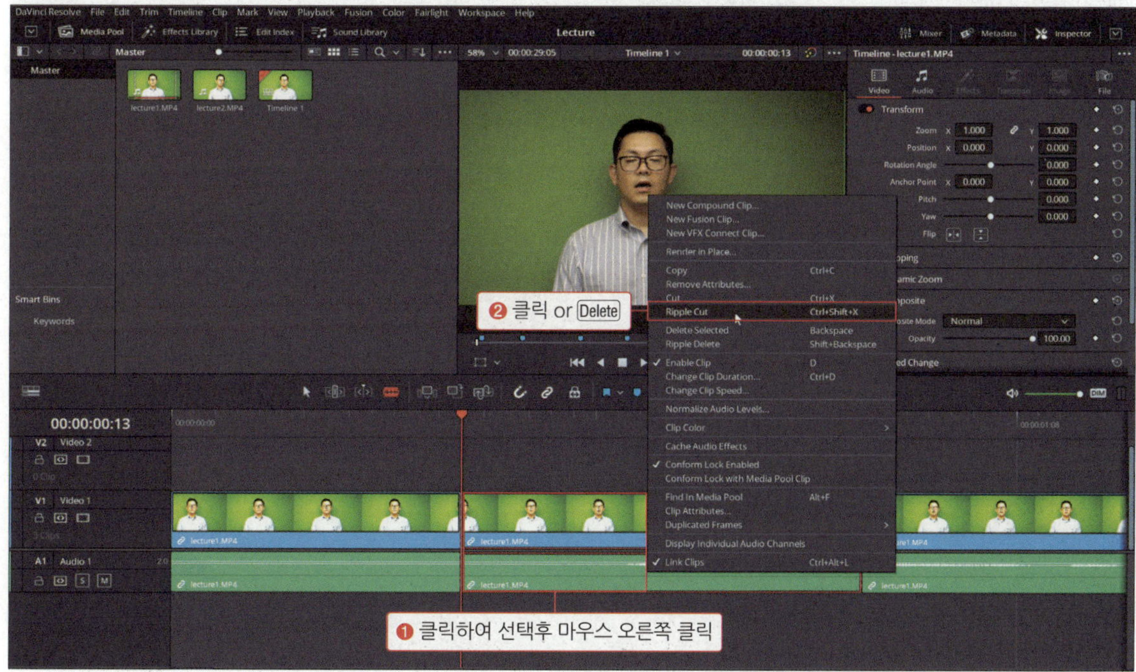

SPECIAL TIP : Ripple Delete

Mac OS 사용자의 경우 키보드에 Delete가 없으므로 터임라인의 클립을 삭제할 때 Backspace를 자주 누르게 됩니다. 그러면 해당 영역이 지워지면서 이후 클립이 앞으로 다가와 붙지 않고 공백이 생기게 됩니다. 만약 공백 부분을 선택하고 마우스 오른쪽 버튼을 누르면 나타나는 옵션에서 'Ripple Delete'를 선택하면 뒤 클립이 앞으로 당겨져 붙게 됩니다. 단축키는 Shift + Backspace입니다.

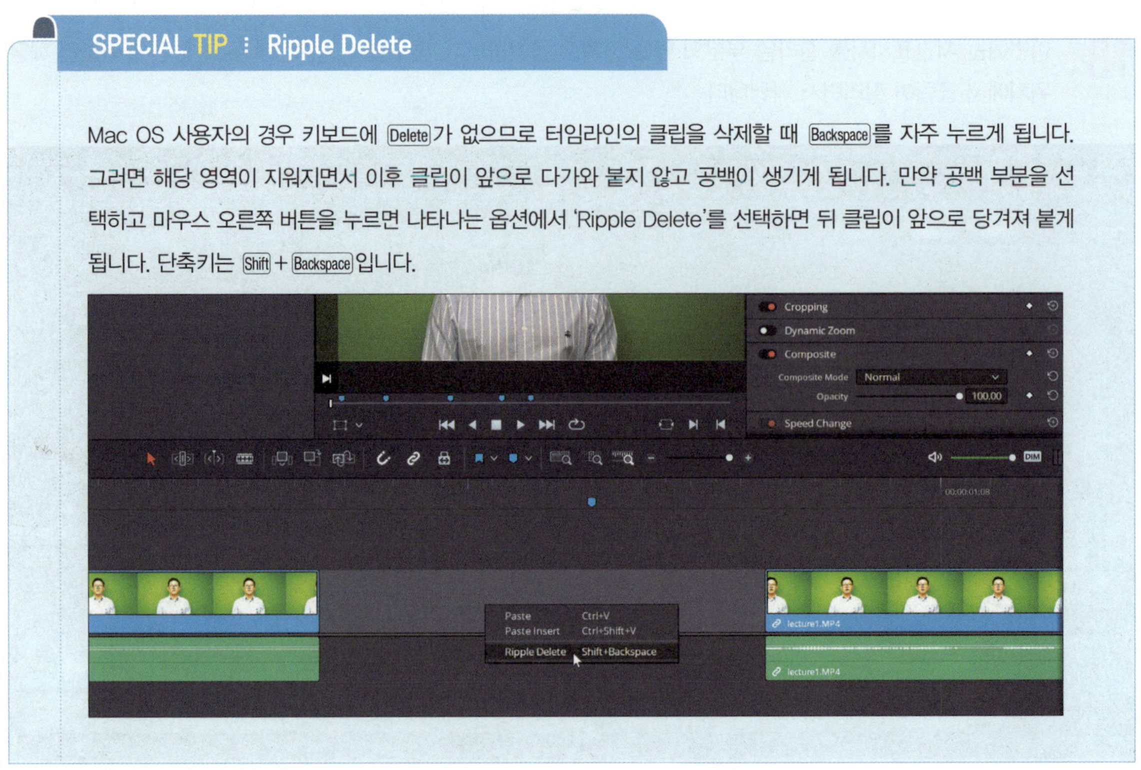

15 불필요한 부분에 삭제되고 이후 클립과 잘 연결되었다면 시간표시자를 앞으로 옮기고, 재생 버튼을 클릭하여 재생해보면서 이음매 부분이 어색하지 않은지 주의 깊게 살펴봅니다.

16 첫 번째 실수 부분이 잘 제거되었다면, 타임라인의 첫 번째 마커를 선택하고, 키보드의 Delete 또는 Backspace를 눌러 마커를 삭제합니다.

17 다음 마커 위치로 시간표시자를 이동하여 앞뒤로 재생해보고, 앞에서 본 방법과 같이 삭제할 부분을 Blade(면도날)로 잘라냅니다. 해당 위치의 마커도 삭제합니다.

18 이와 같은 방법으로 어색하거나 실수한 부분을 찾아 모두 삭제하여 전체 진행을 매끄럽게 정돈합니다. Blade로 삭제할 때는 오디오 트랙의 waveform(음향 파장)을 관찰하며 음성 크기가 작은 부분에서 잘라내면 튀는 소리를 억제할 수 있습니다.

19 불필요한 부분을 모두 삭제한 다음 시간표시자를 타임라인의 맨 앞으로 이동하고 전체를 재생해보면서 어색하거나 튀는 부분이 없는지 확인합니다.

20 클립 앞쪽에 자막을 넣기 위해 시간표시자를 앞으로 옮긴 다음 Effects Library를 열어 Titles 유형에서 Fusion Titles의 'Clean and Simple'을 타임라인의 2번 트랙으로 드래그하여 배치합니다.

21 타임라인에서 방금 배치한 Clean and Simple 자막 클립을 선택하고, Inspector의 속성에서 Small Text와 Big Text 필드에 제목을 입력합니다. 필요에 따라 적절한 Font(글꼴), Size(크기), Line Spacing(줄간격) 등을 설정합니다.

22 시간표시자를 다시 앞으로 옮기고 재생해보면서 적용한 자막이 자연스럽게 움직이며 등장하고 사라지는지 확인합니다.

23 편집을 완료하면 Deliver 페이지로 넘어가서 왼쪽 [Render Settings] 탭에서 파일 경로와 이름을 입력하고 [Add to Render Queue] 버튼을 클릭합니다. 이후 Render Queue 영역에서 [Render All]을 클릭하면 편집 결과가 지정한 영상 파일로 출력됩니다.

24 다른 프로젝트에서 현재 프로젝트를 활용하기 위해서는 타임라인 파일을 별도 저장할 필요가 있습니다. Media Pool의 Timeline 1 섬네일에 마우스 오른쪽 버튼을 클릭하고 'Timelines 〉 Export 〉 AAF/XML/EDL/DRT...'를 선택합니다.

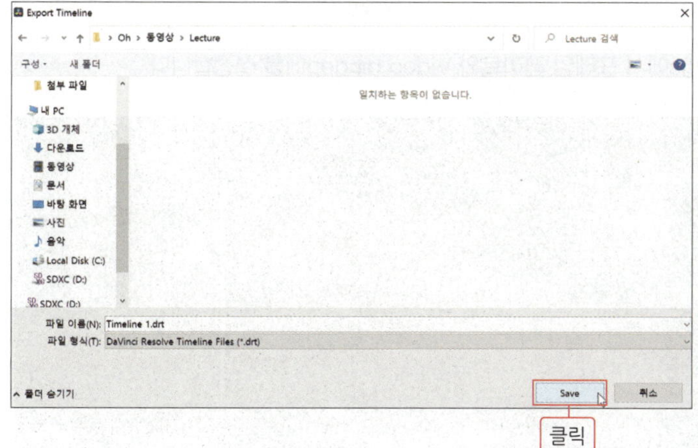

25 소스 영상 파일과 같은 경로에 현재 타임라인을 별도 저장합니다.

영상 속의 영상! 영상 창(PIP) 표시하기

별도로 저장한 다른 프로젝트의 타임라인을 불러와서 새로운 프로젝트의 편집에 활용하고 모션 그래픽 요소를 함께 적용하는 방법을 살펴보겠습니다. 출력한 영상 파일을 사용하거나 원래 프로젝트를 변경하는 대신 타임라인을 불러와서 사용하면 원본의 손상 없이 세부 속성들을 변경하며 적용할 수 있습니다. 이렇게 타임라인들을 한데 모아서 편집한 영상에 적절한 그래픽 요소가 추가된다면 더 다채로운 표현이 가능합니다. 움직이는 모션그래픽 요소는 자칫 지루할 수 있는 영상에 생동감을 부여하고 시청자의 시선을 끌 수 있습니다. 뉴스와 같은 프로그램에서는 영상 속에 별도의 영상을 창처럼 표시하는 PIP(Picture In Picture) 기법도 자주 사용됩니다.

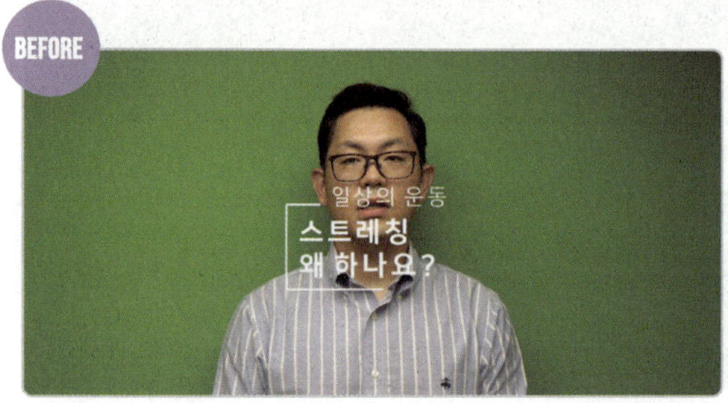

예제 파일 04/ 3/ Timeline_MultiCam.drt, TimelineLecture.drt

완성 파일 04/ 3/ Nest_완성.mp4

01 새 프로젝트를 생성하고 Project Settings에서 프레임 레이트와 Video bit depth를 설정합니다.

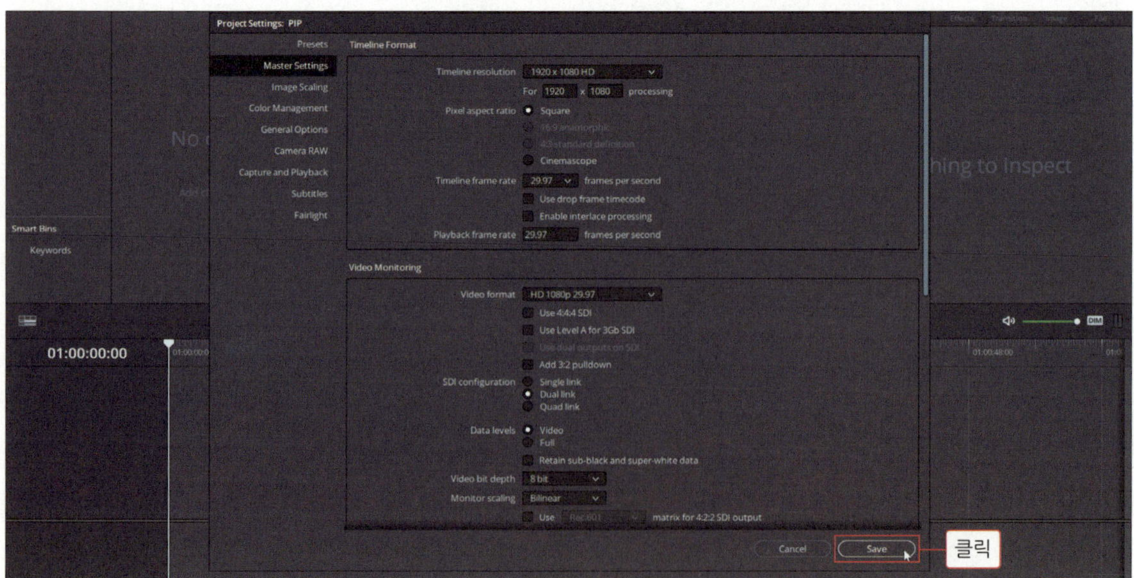

02 Media Pool에서 마우스 오른쪽 버튼을 클릭하여 'Create New Timeline...'을 실행합니다.

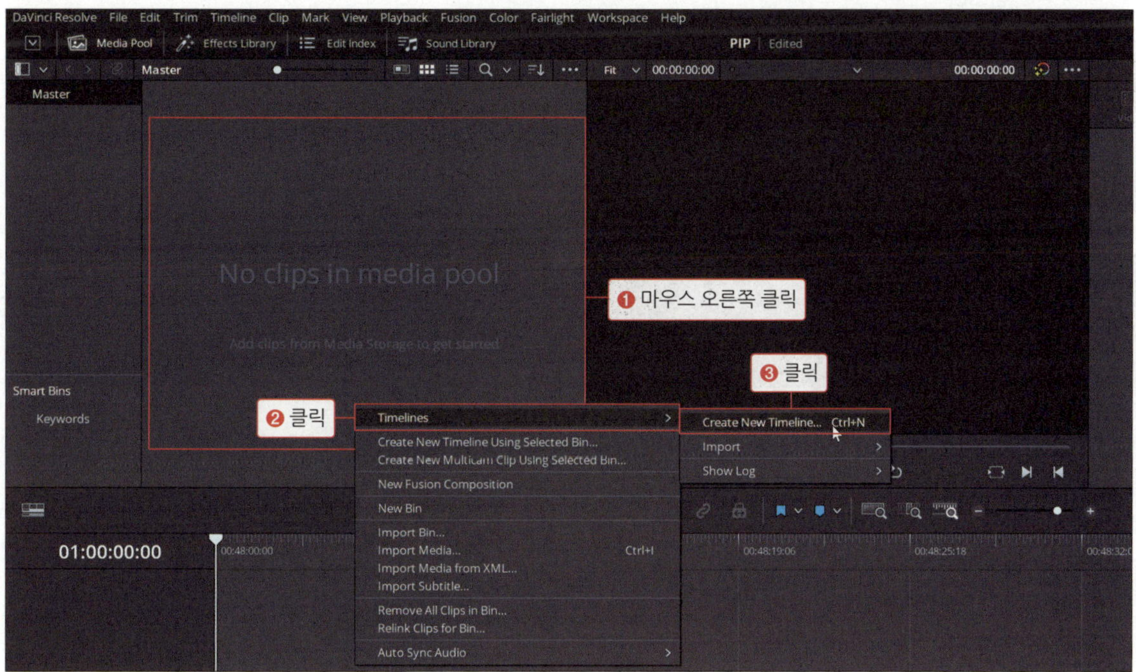

03 New Project Settings 창에서 No. of Video Tracks를 '3'으로 설정합니다.

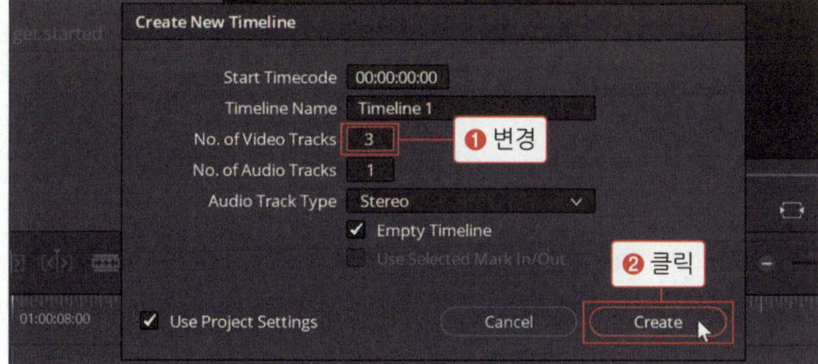

04 타임라인 창의 트랙 경계를 조절하여 Video 트랙 3개가 잘 보이도록 설정합니다.

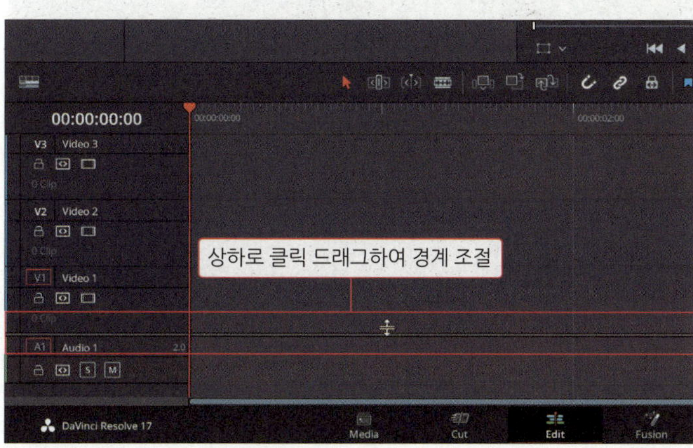

05 Media Pool 영역에 마우스 오른쪽 버튼을 클릭하고, 'Timelines 〉 Import 〉 AAF/EDL/XML/DRT/ADL...'을 선택합니다.

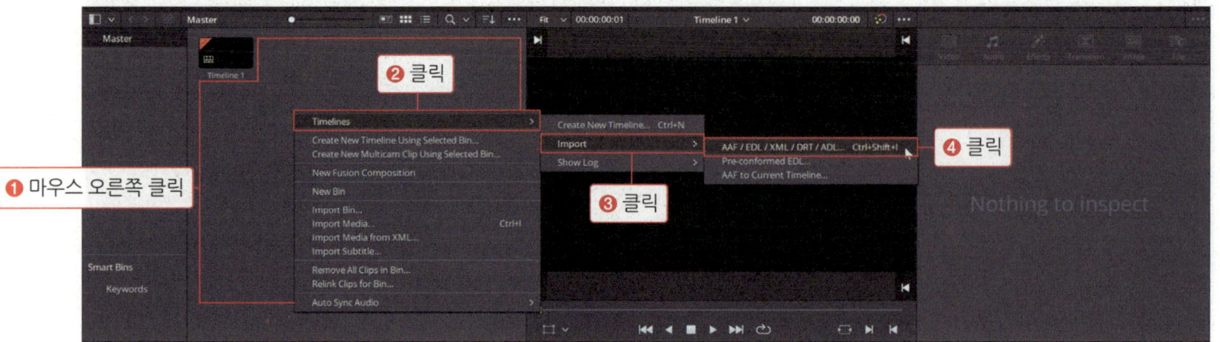

06 Select a file to import(파일 불러오기 창)이 표시되면 강의 영상 타임라인 파일을 선택하고 [Open] 버튼을 클릭합니다.

07 강의 영상 편집 타임라인이 복원되어 펼쳐집니다. Media Pool 영역에 다시 한번 마우스 오른쪽 버튼을 클릭하고, 'Timelines 〉 Import 〉 AAF/EDL/XML/DRT/ADL...'을 선택합니다.

08 이번에는 멀티 카메라 앵글 영상을 편집한 타임라인 파일을 선택하고 [Open] 버튼을 클릭하여 불러옵니다.

09 Media Pool에 멀티 카메라 앵글 편집 타임라인이 나타나면서 타임라인이 복원됩니다.

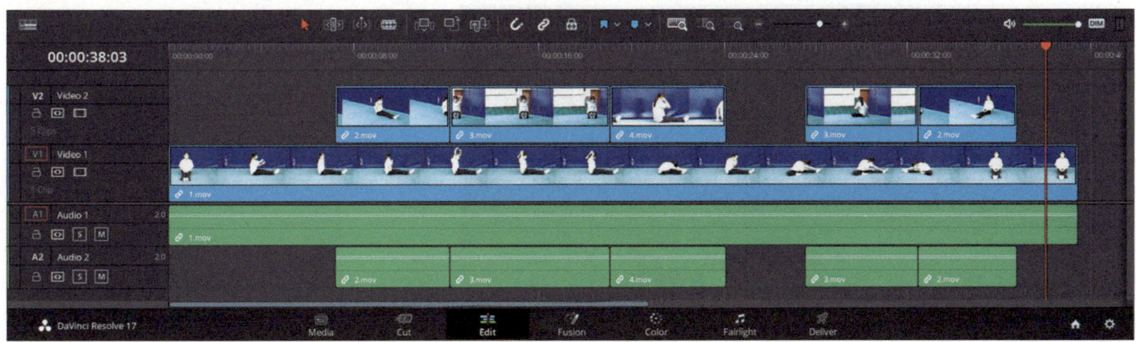

10 Media Pool에서 불러온 강의 영상 타임라인 섬네일을 더블클릭하면 타임라인에 편집했던 상태 그대로 나타납니다.

11 강의 영상 타임라인의 자막 클립을 선택하면 Inspector에 속성이 원본처럼 그대로 표시됩니다. Small Text 필드에서 자막 글자를 수정해보면 문제없이 반영됩니다.

12 이 같은 변경에 따라 원본 프로젝트의 타임라인도 변경되는지 확인하기 위해 [File] 메뉴의 'Project Manager...'를 선택합니다.

13 Project Manager 창이 표시되면 강의 영상 프로젝트 섬네일을 더블클릭합니다.

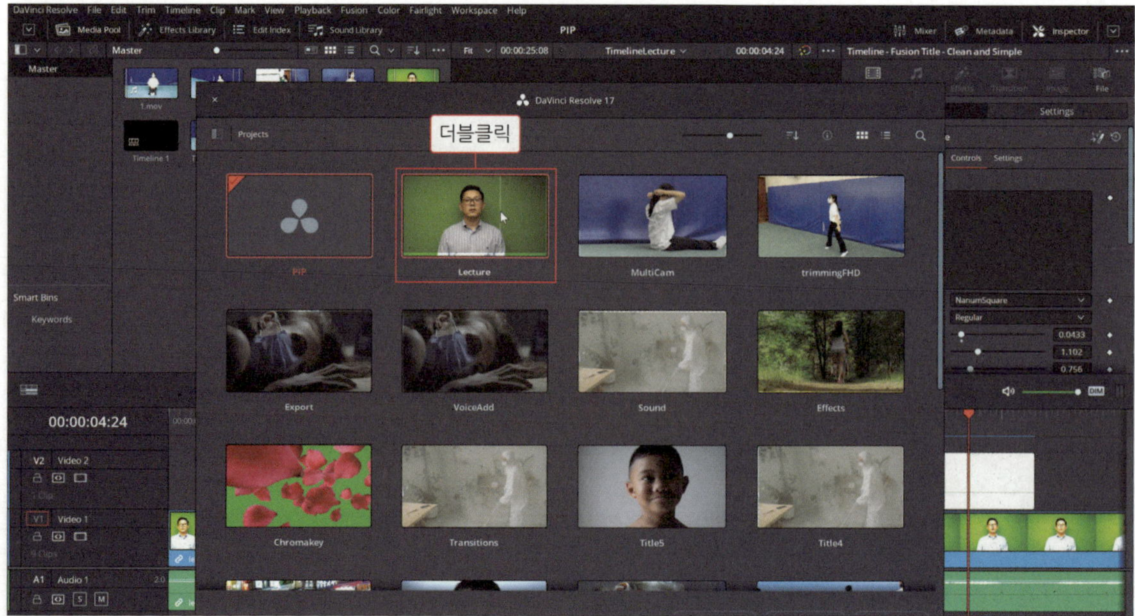

14 원래 프로젝트의 타임라인에서 자막 클립을 선택하고 Inspector를 살펴보면 원본 그대로 남아있는 것을 확인할 수 있습니다.

Tip 별도 저장한 타임라인을 불러와서 새롭게 편집한 내용은 원본 프로젝트에 영향을 미치지 않습니다.

15 다시 Project Manager 창을 열어서 새로 만들었던 프로젝트로 돌아옵니다. Media Pool에서 새 프로젝트의 Timeline 1을 더블클릭합니다. 처음에 만든 상태 그대로 타임라인이 보입니다. 아직 편집한 내용이 없으므로 타임라인은 비어 있습니다.

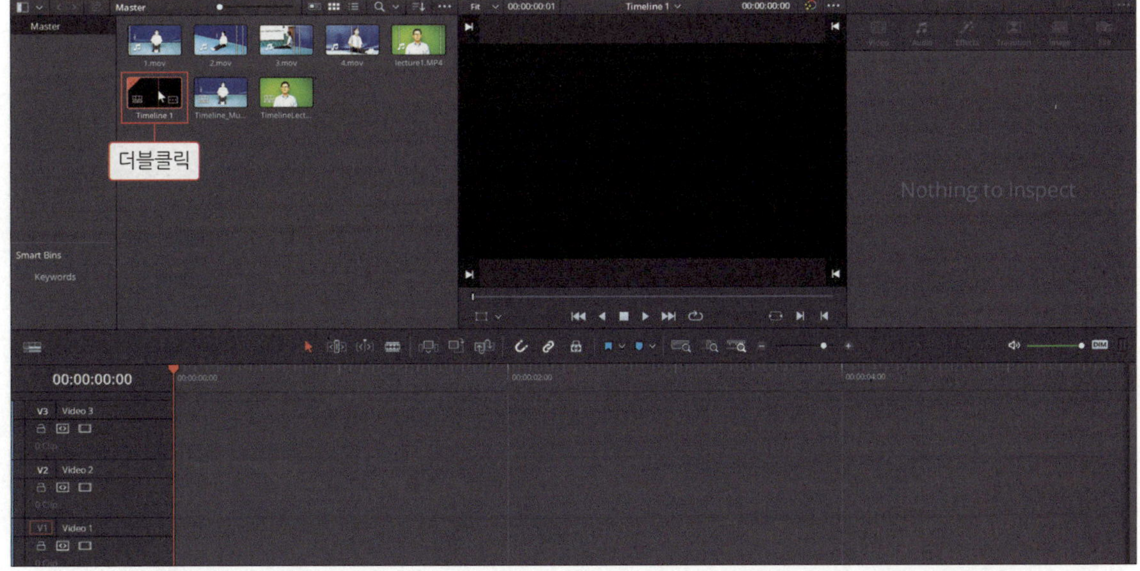

16 Media Pool에서 멀티 카메라 앵글을 편집했던 타임라인 섬네일을 클릭한 상태로 타임라인의 Video 1번 트랙으로 드래그하여 배치합니다.

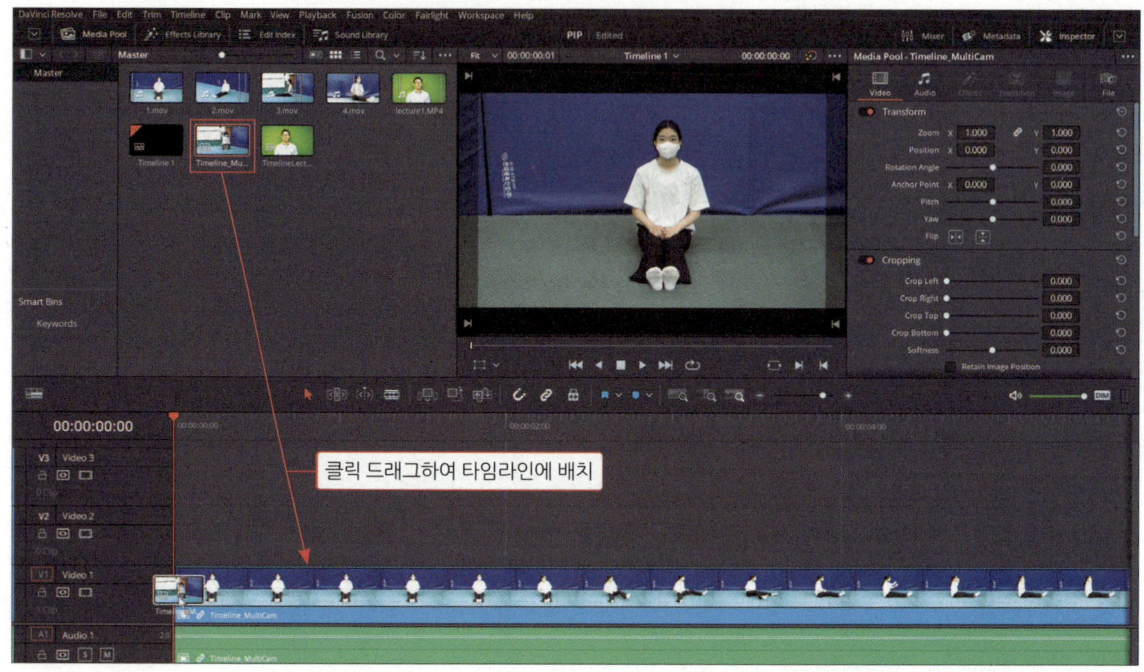

17 불러온 외부 타임라인은 마치 하나의 영상 클립처럼 현재 타임라인에 배치되고 속성을 변경할 수 있습니다. 시간표시자를 앞으로 이동시킨 다음 재생해보면 복잡했던 멀티 카메라 앵글 편집 내용이 간편하게 하나의 클립처럼 보이는 것을 확인할 수 있습니다.

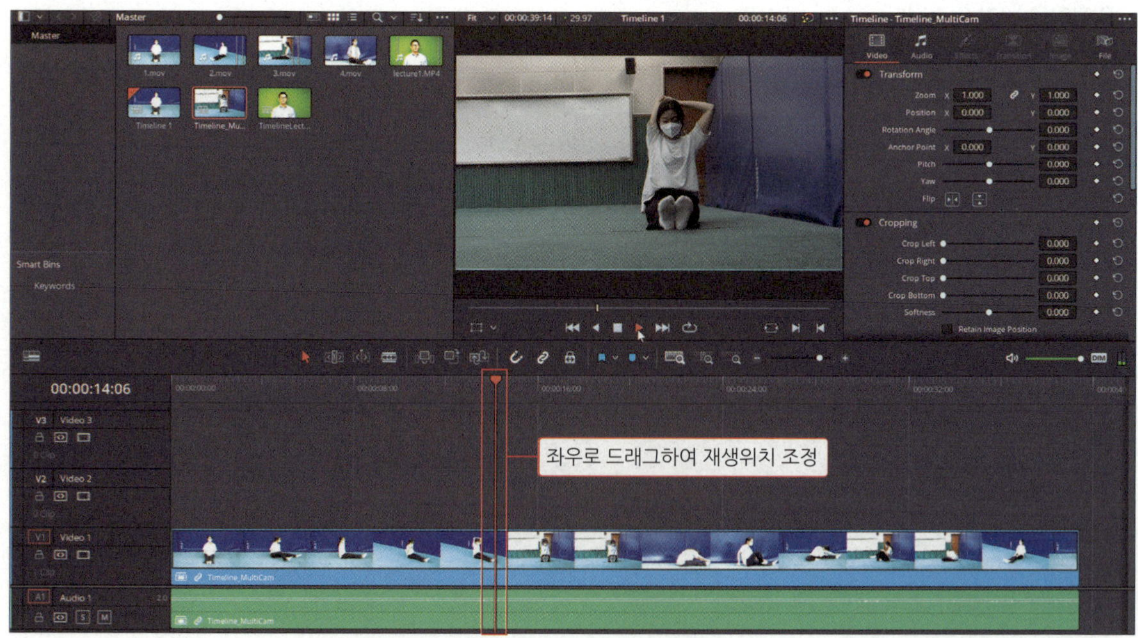

18 Media Pool에서 멀티 카메라 앵글 편집 타임라인을 더블클릭하여 열고, Video 2번 트랙의 클립 하나를 선택한 다음 Inspector에서 Transform의 Zoom과 Position을 조정합니다.

19 Media Pool에서 다시 현재 프로젝트의 Timeline 1을 더블클릭하여 열어보면 타임라인에 배치되었던 멀티 카메라 앵글 타임라인 클립에도 방금 변경한 상태 그대로 반영된 것을 알 수 있습니다. 불러온 타임라인 클립은 새로운 타임라인에서 자유롭게 편집될 수 있습니다.

20 영상 안에 영상이 보이는 PIP 기능을 만들기 위해 타임라인 Video 1번 트랙에 배치했던 멀티 카메라 앵글 타임라인 클립을 클릭하여 Video 2번 트랙으로 끌어 올립니다.

21 빈 Video 1번 트랙에 강의 영상 타임라인 클립을 끌어옵니다. 2번 트랙의 클립의 중간에서 1번 트랙의 강의 영상 터임라인 클립이 시작하도록 배치합니다.

22 Video 2번 트랙의 클립을 선택하고, Inspector의 Transform 항목에서 Zoom과 Position 옆의 키 프레임 버튼을 클릭하여 빨간색으로 현재 상태를 설정합니다.

23 시간표시자를 약 2초 정도 뒤로 이동한 다음 Inspector의 Zoom과 Position 값을 작게 조절하여 2번 트랙의 영상이 교수자의 화면 오른쪽 위에 위치하도록 설정합니다. 키 프레임 버튼이 빨간색으로 변하면서 현재 설정이 저장됩니다.

24 시간표시자를 앞으로 옮긴 다음 재생해보면 2번 트랙의 영상이 점차 작아지면서 1번 트랙의 영상 위로 이동하는데, 1번 트랙의 자막이 잠시 가려지는 문제가 발생합니다. 자막이 나타나는 시간 위치를 뒤로 옮길 필요가 있습니다.

25 Media Pool에서 강의 영상 타임라인을 더블클릭하여 열고, 타임라인의 자막 클립을 선택해서 오른쪽으로 약 7초 정도 이동합니다.

26 다시 현재의 타임라인을 열어보면 PIP 영상에 가려지지 않도록 자막의 등장 시간이 변경된 것을 확인할 수 있습니다.

27 Video 2번 트랙의 클립을 선택하고 Inspector의 Transform 항목에 키 프레임을 지정했던 시간 위치로 이동합니다. PIP 영상이 고정되기 시작하는 위치입니다.

28 Video 2번 트랙의 클립을 클릭한 상태로 끌어 올려 Video 3번 트랙으로 옮깁니다. 이번에는 PIP 영상 주변에 흰색 윤곽선이 나타나 서로 분리되어 보이도록 만들겠습니다.

29 왼쪽 [Effects Library] 탭을 열고, Toolbox의 Generators에서 Solid Color를 클릭한 상태로 타임라인의 Video 2번 트랙으로 끌어옵니다.

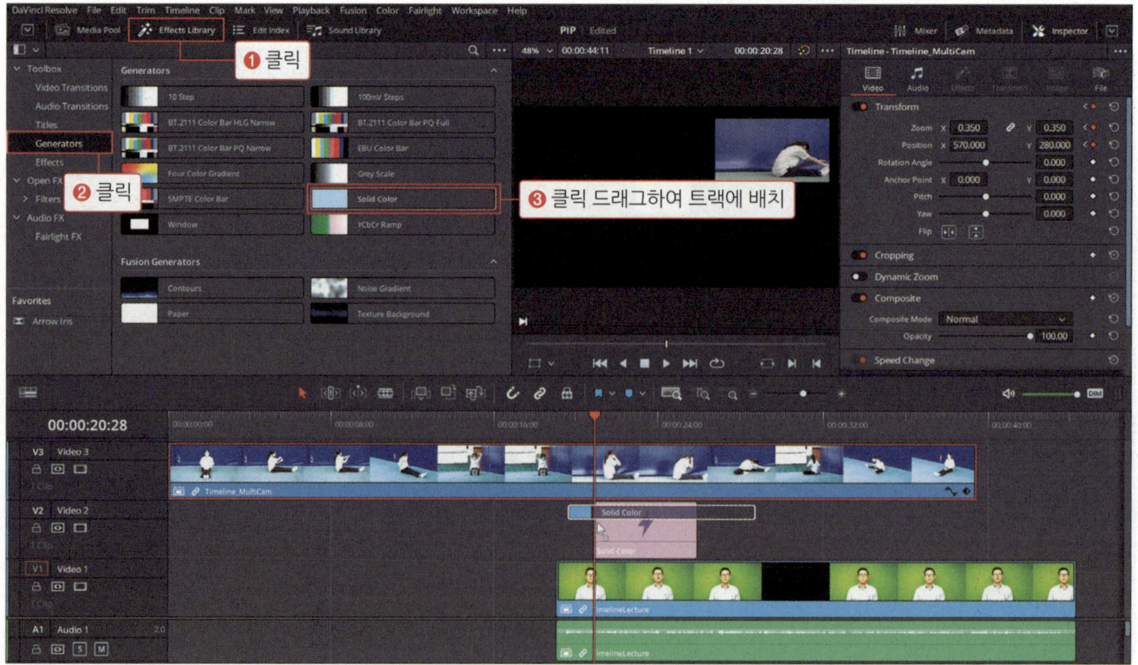

30 Video 2번 트랙에 배치한 Solid Color의 길이를 조절하여 3번 트랙의 클립과 동시에 끝나도록 설정합니다.

31 Solid Color의 Inspector 항목에서 [Video] 탭의 Color를 클릭한 다음 색상 팔레트에서 흰색을 선택하고 [OK] 버튼을 클릭하여 적용합니다.

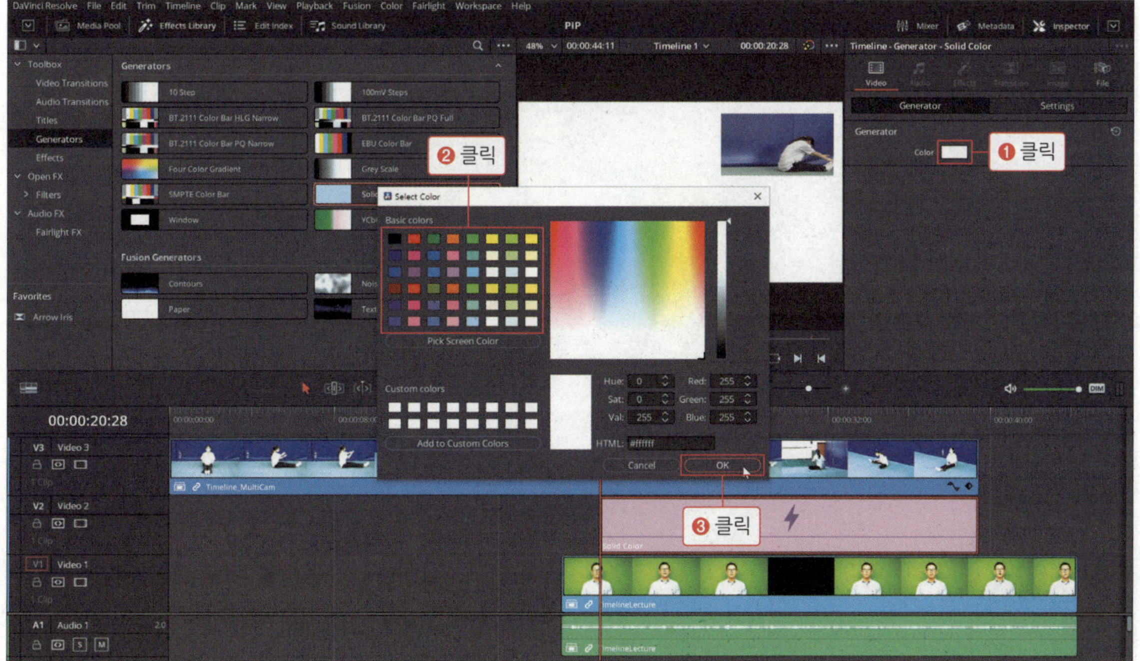

32 Solid Color 클립 Inspector의 [Settings] 탭 아래 Transform 항목에서 Zoom과 Position 수치를 조절하여 PIP 영상 주변에 흰색 윤곽선처럼 보이도록 설정합니다.

33 시간표시자를 앞으로 옮기고 재생해보면 PIP 영상에 윤곽선이 나타나면서 배경과 분리되는 효과를 확인할 수 있습니다.

나만의 컬러 영상 스타일 만들기

영상은 명암과 색상으로 이미지의 연속을 구성한 것입니다. 영상의 형태와 느낌 모두 색상의 조합으로 만들어냅니다. 촬영할 때 색온도나 화이트 밸런스(White Balance)와 같은 컬러 균형이 틀어진 영상의 색상을 보정하여 자연스럽게 재현하는 것을 색 보정(Color Correction)이라고 합니다. 색상과 명암 정보를 풍부히 기록하기 위해 로그(Log) 프로파일이나 로우(Raw) 포맷으로 촬영하면 화면이 뿌옇게 보이는데, 이 상태를 원하는 색감에 맞춰 만들어내는 것을 컬러 그레이딩(Color Grading)이라고 합니다. 이 둘을 구분하지 않고 색 보정이라고 하는 경우도 많습니다. 최근에는 유튜브 콘텐츠에서도 감성 영상, 감성 색감을 강조하는 경우가 많습니다. 시청자의 감성을 자극하는 색감도 편집 과정에서 컬러 파라미터를 조정하여 독특한 룩(Look)을 만들어내는 과정을 거칩니다. 고유한 룩을 표현하는 컬러 설정을 활용할 때는 LUT(Look-up Table)을 만들어 씁니다. 다빈치 리졸브는 원래 색 보정을 위한 환경으로 유명했기 때문에 다른 어떤 영상 편집 프로그램에 비해서도 가장 뛰어나고 풍부한 컬러 작업 기능을 제공하고 있습니다.

컬러를 되살리는 영상 색 보정하기

영상을 촬영하고 편집하려다 보면 색감이 마음에 들지 않는 경우가 많습니다. 기본적인 화이트 밸런스가 맞지 않아서 전체가 노랗거나 푸르스름하게 촬영된 경우도 있고, 반대로 영상의 색감이 너무 사실적이거나 탁해서 분위기가 어색하게 보이는 경우도 있습니다. 전문가용 카메라나 시네마 카메라로 촬영한 경우, Log 프로파일이 적용되거나 Raw 포맷으로 촬영된 영상은 약간 뿌옇게 보이기 때문에 원래 색상을 되살리는 과정이 필요합니다. 저녁노을처럼 노랗게 촬영된 풍경 영상과 약간 뿌옇게 촬영된 RAW 파일의 영상에서 색감을 바꾸고 되살리는 과정을 Color 페이지에서 진행해보겠습니다.

예제 파일 04/ 4/ Fog.mp4, Swing.braw

완성 파일 04/ 4/ Color_완성.mp4

01 다빈치 리졸브를 실행하고 새 프로젝트를 생성합니다. Project Settings에서 Timeline frame rate를 '29.97' frames per second로, Video bit depth를 '10 bit'로 설정합니다.

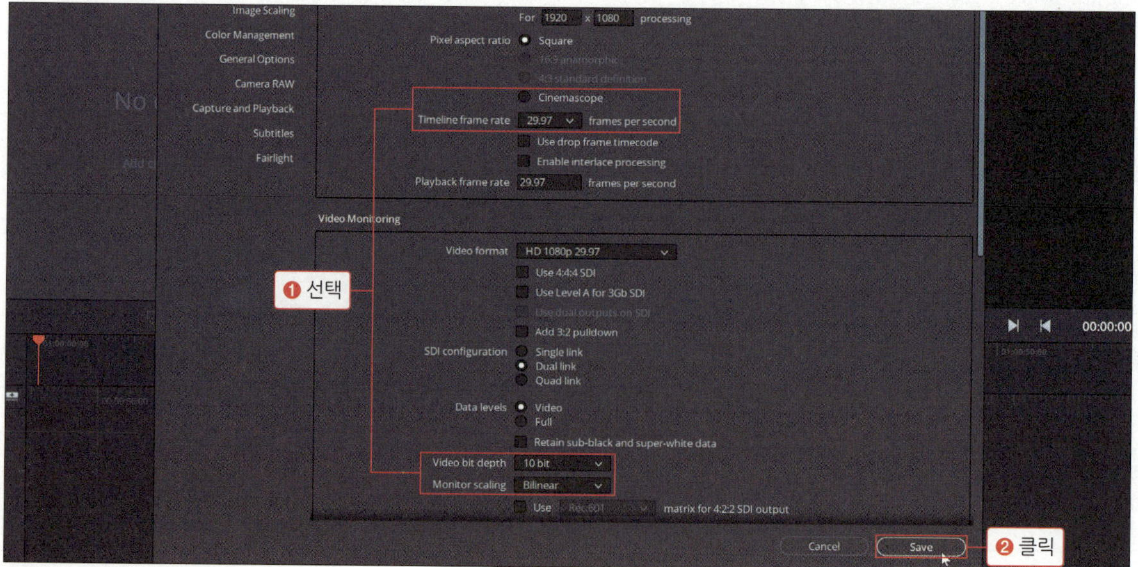

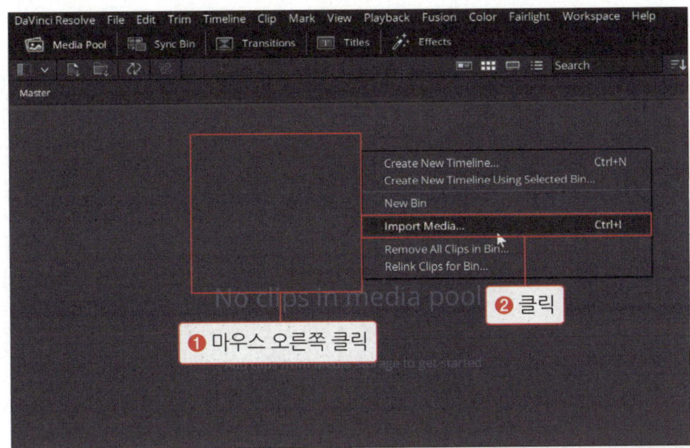

02 Cut 페이지의 Media Pool에서 마우스 오른쪽 버튼을 클릭하고 'Import Media...'를 선택합니다.

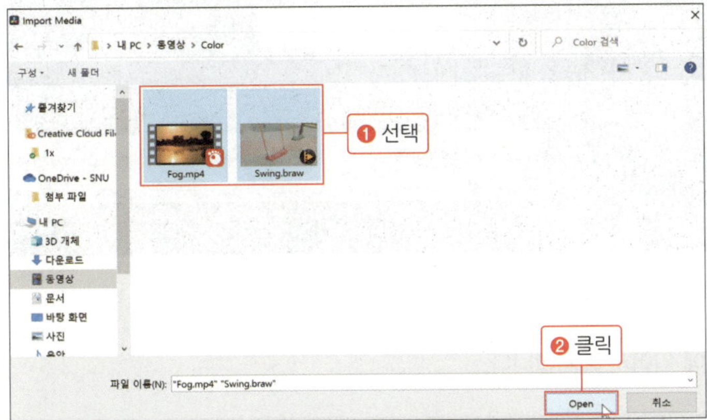

03 색감이 틀어진 풍경 영상 파일과 RAW 영상 파일을 불러옵니다.

04 Media Pool에 불러온 풍경 영상 클립을 더블클릭하여 뷰어에 표시하고 필요한 부분만 트리밍합니다.

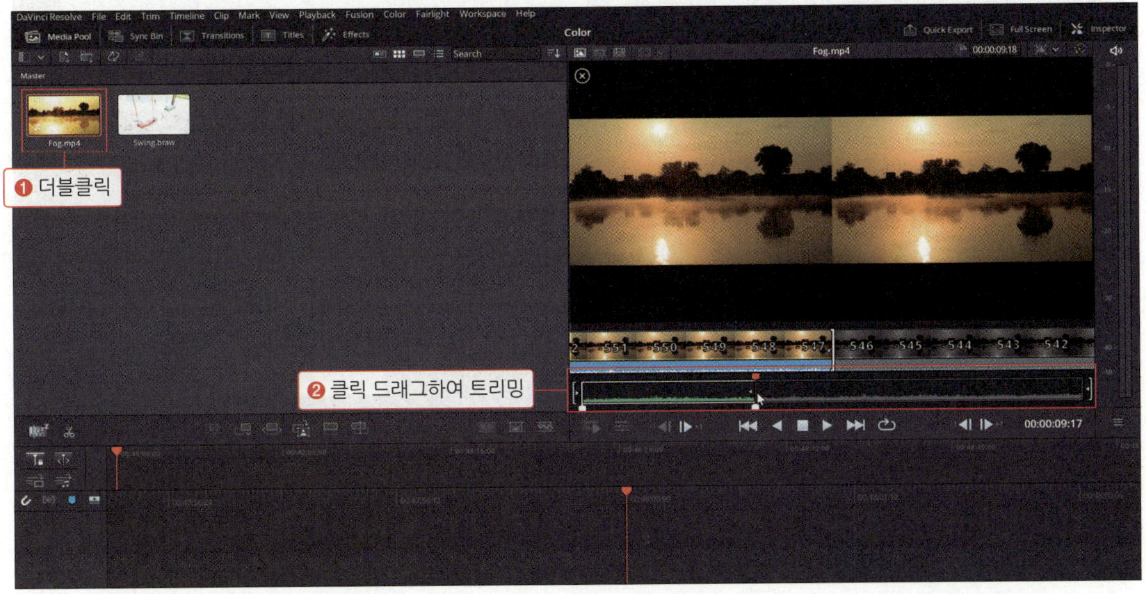

05 트리밍한 풍경 영상 클립을 타임라인으로 드래그해 배치합니다.

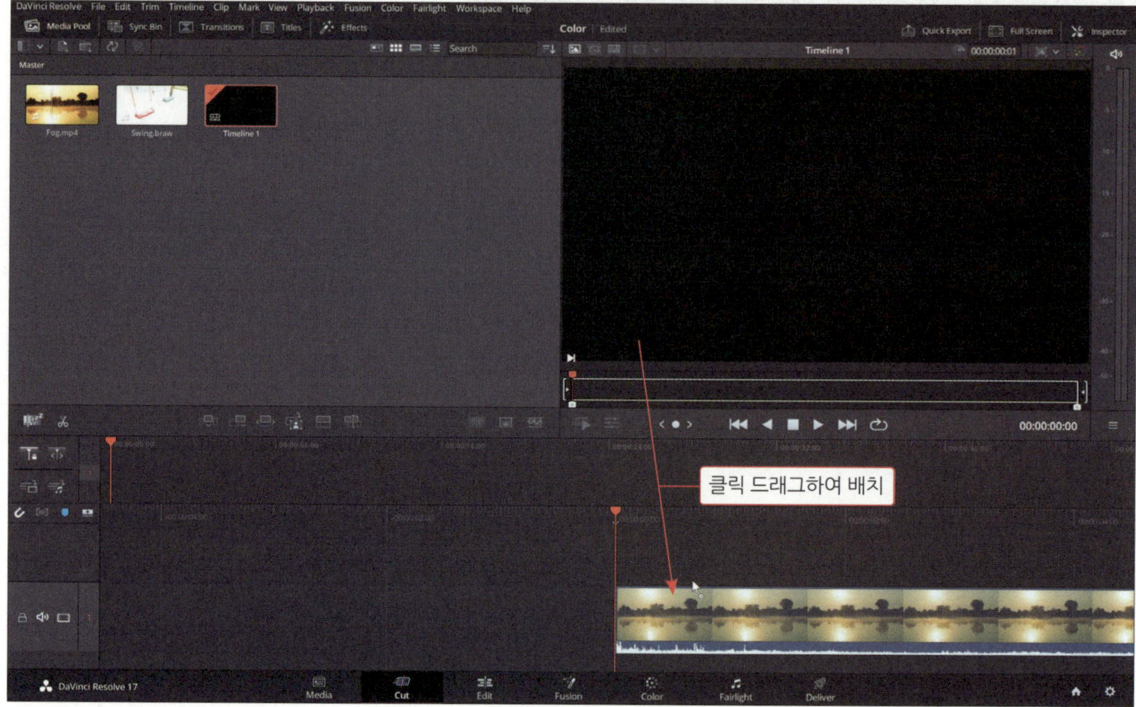

06 Raw 영상 클립도 트리밍하여 타임라인에 이어서 배치합니다.

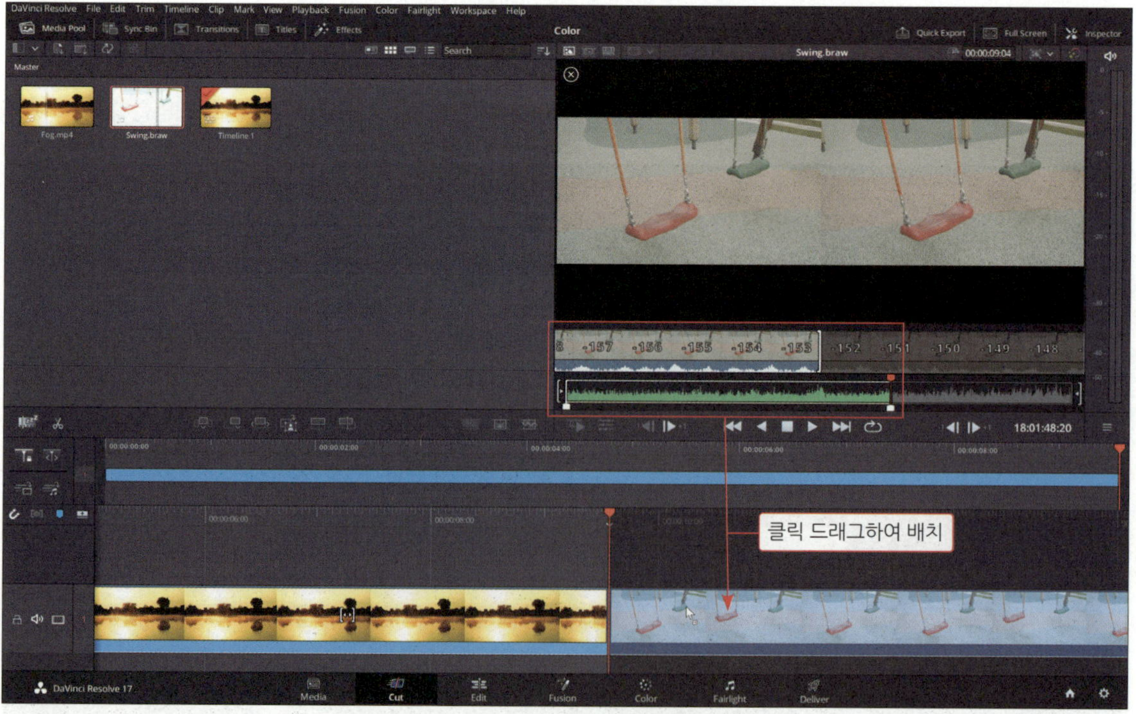

07 'Color 페이지' 아이콘을 클릭하여 Color 페이지로 전환합니다.

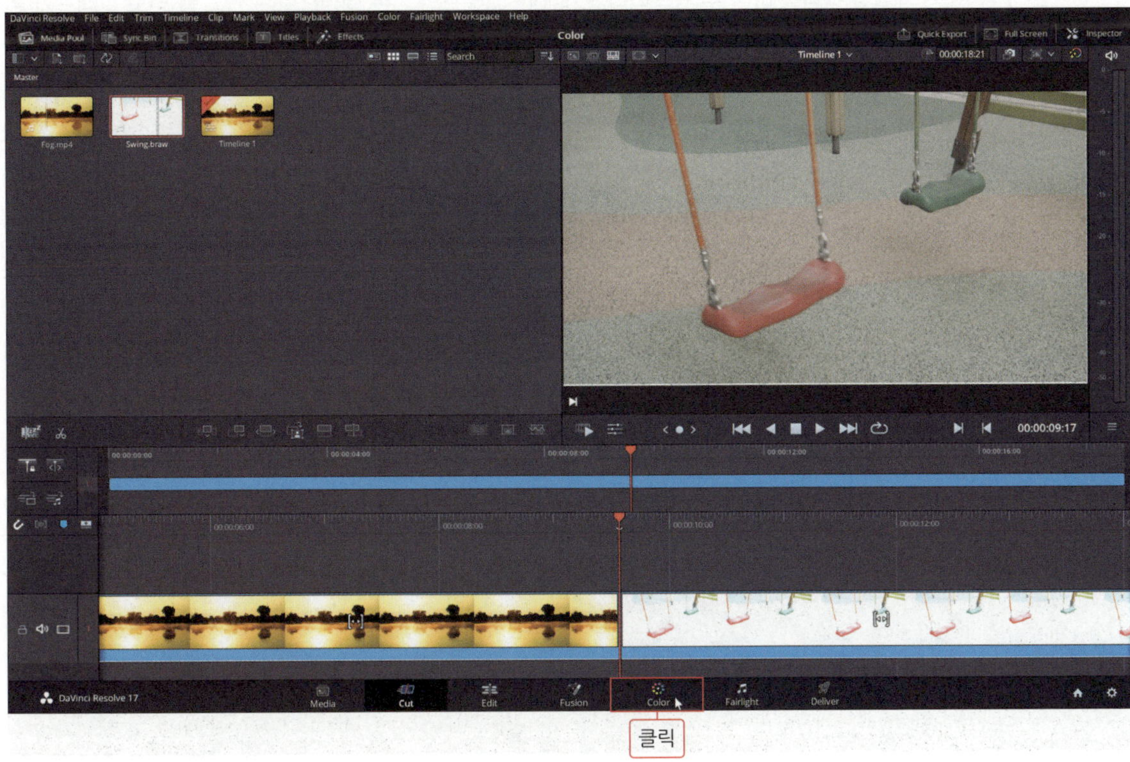

08 Color 페이지는 이전에 사용한 상태로 화면이 표시되면 중간 부분의 컬러 Toolbar(도구상자)에서 [Curves(커브)] 버튼을 클릭하여 커브 설정을 엽니다.

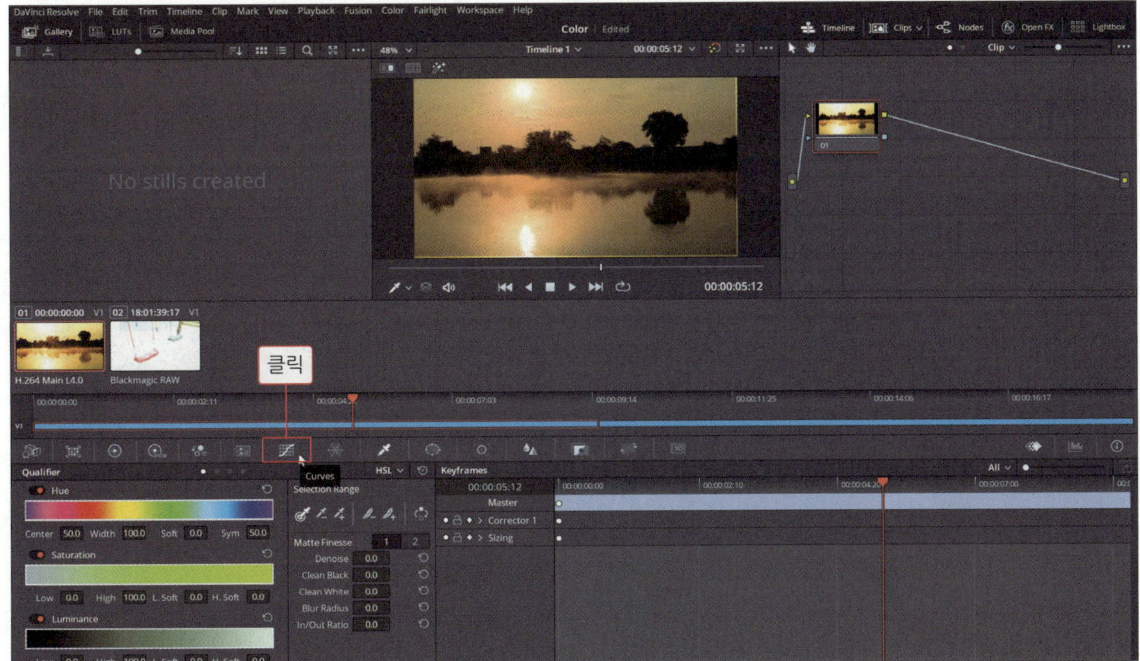

09 [Curves] 탭에서는 포토샵과 같은 이미지 편집 프로그램과 유사한 방식으로 커브 그래프를 조절하여 전체 명도 또는 RGB 채널별 색감을 바꿀 수 있습니다. Custom 그래프의 기본 설정으로는 Y값, 즉 명도 그래프가 흰색 사선으로 표시되어 있습니다.

10 커브 그래프의 사선에 마우스를 클릭하면 조절 포인트가 생성되면서 왼쪽 위 해당 클립의 번호에 컬러 테두리가 나타나고, 오른쪽 위의 노드에도 'S' 모양의 표시가 나타납니다.

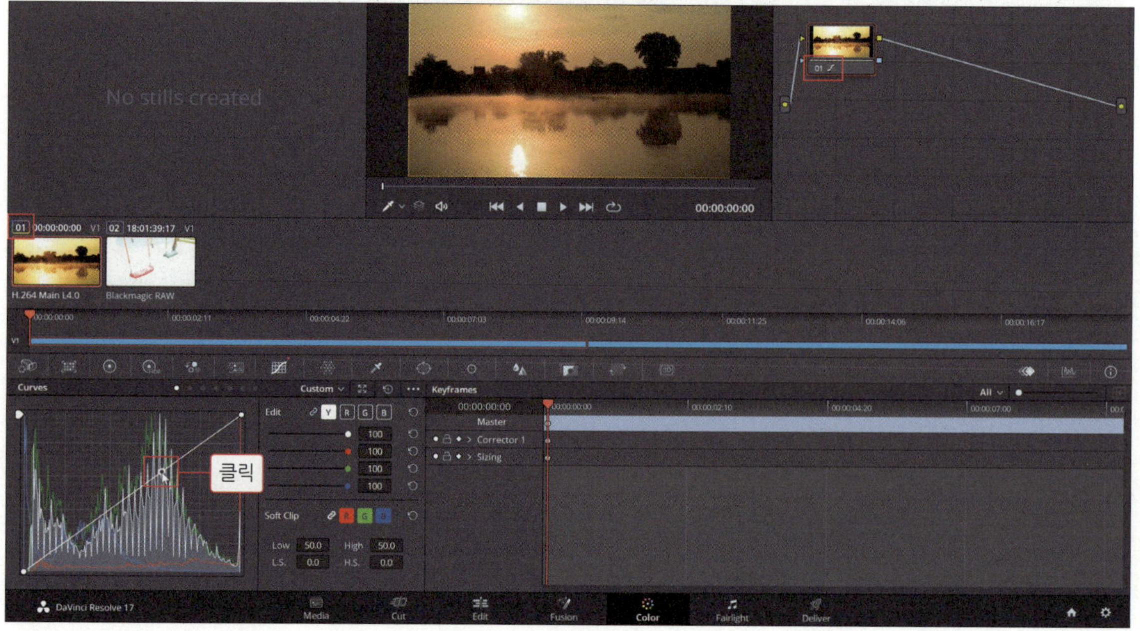

11 조절 포인트를 클릭한 상태로 아래로 내리면 영상이 어둡게 변합니다. 위로 올리면 밝게 변하며, 영상 상태를 보고 더 밝게 또는 어둡게 조절할지 미리 생각하고 조절하면 됩니다.

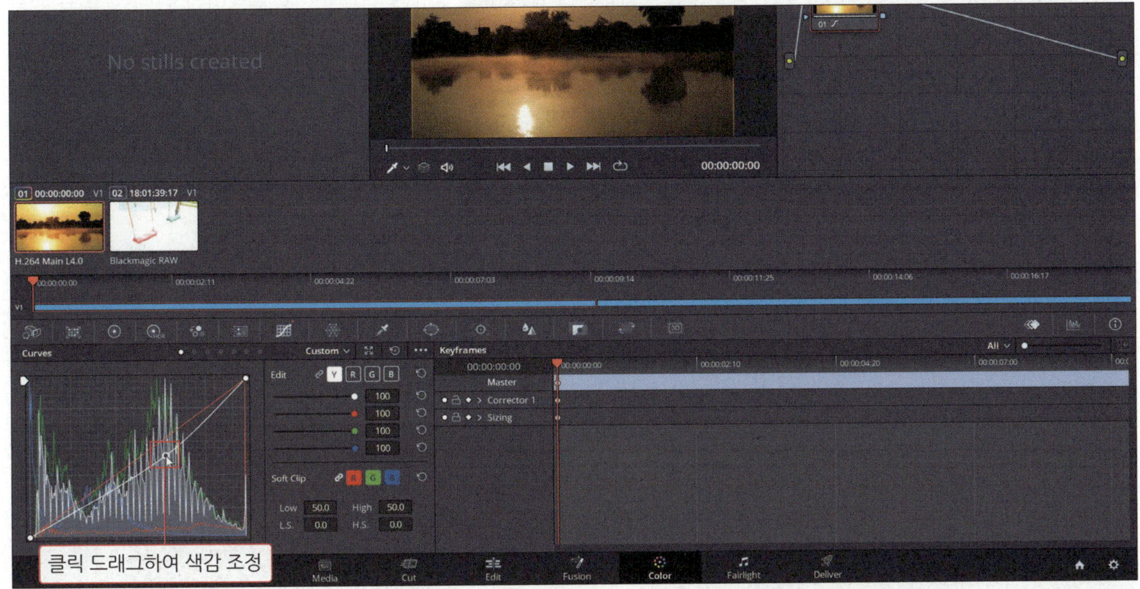

12 조절 포인트를 여러 개 만들어 적용할 수도 있습니다. 그래프의 왼쪽이 블랙 포인트이고, 오른쪽이 화이트 포인트입니다. 사선의 왼쪽 부분을 클릭하여 조절 포인트를 생성하고 위로 올리면 영상의 어두운 톤이 약간 밝게 변합니다.

13 커브 설정을 잘못했거나 마음에 들지 않을 때는 Edit 채널 옆의 [Reset] 버튼을 클릭하면 원래 값으로 되돌아갑니다.

14 잘못해서 [Reset] 버튼을 클릭해서 설정이 모두 사라졌을 경우, 단축키 Ctrl + Z (Mac OS는 Cmd + Z)를 눌러 리셋 이전으로 되돌아가면 됩니다.

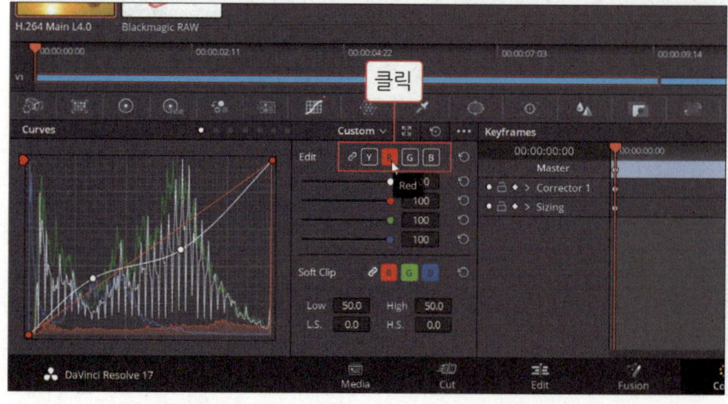

15 커브 그래프는 RGB 컬러 채널별로 조절할 수도 있습니다. Edit 옆에 조절하려는 컬러 버튼을 클릭하면 해당 색상의 사선 그래프가 왼쪽에 표시됩니다.

16 Y, R, G, B 각 그래프의 모양을 조절하여 원하는 색감으로 변화시킵니다. 화면 전체가 노랗던 영상에서 일부 푸른 색조를 복원했습니다.

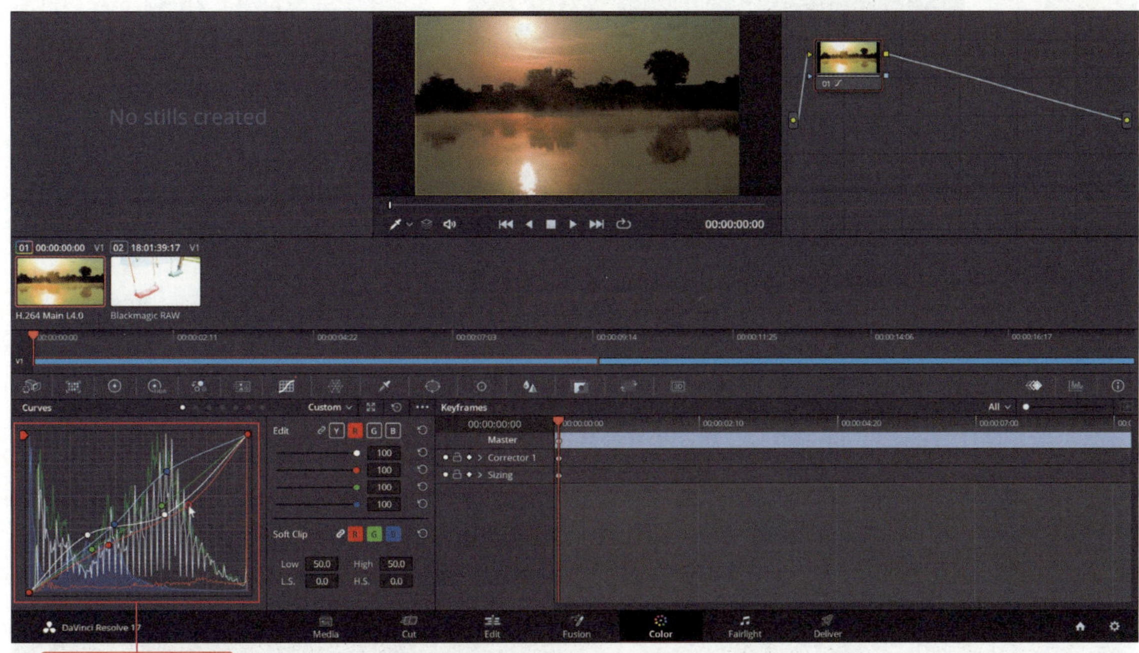

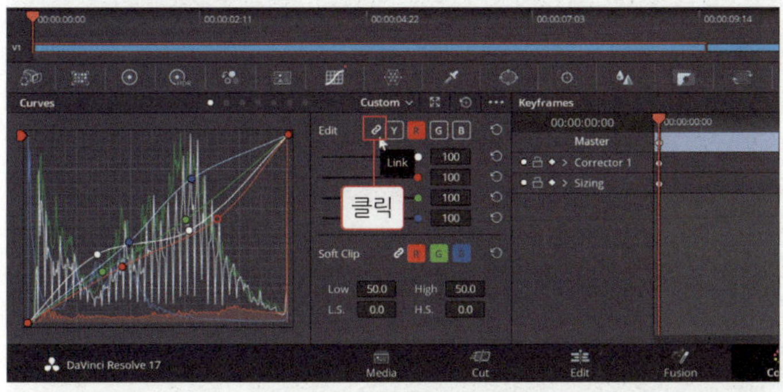

17 특정 컬러 채널을 활성화한 다음 다시 모든 채널로 돌아갈 때는 Edit 옆 사슬 모양의 [Link] 버튼을 클릭하면 됩니다.

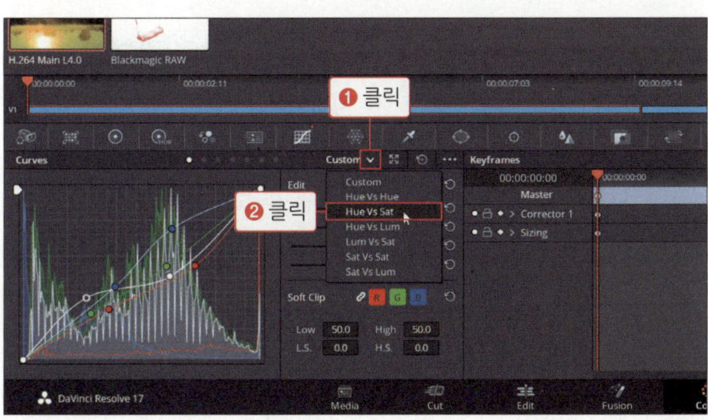

18 [Curves] 탭에도 여러 설정 모드가 있습니다. 현재 Custom 글자 옆의 아래 화살표를 클릭하면 다양한 커브 설정 모드가 나열됩니다. 색상환 순서에 따른 채도의 강약을 조절할 수 있는 'Hue(색상) vs Sat(채도)'를 선택해 봅니다.

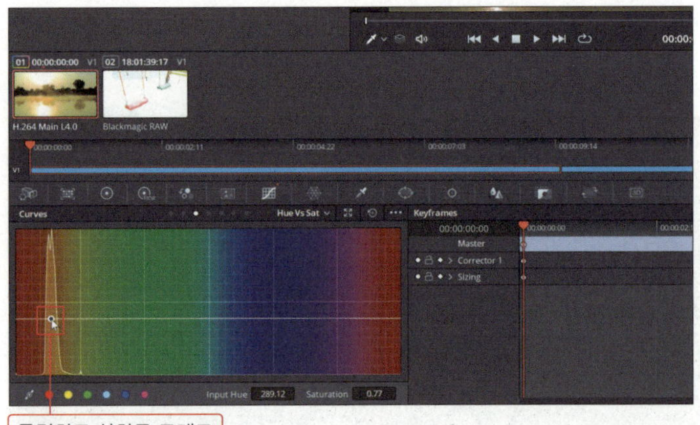

19 커브 배경이 색상환의 배열처럼 가로 방향으로 펼쳐지고 커브 선은 가로 직선으로 보입니다. 가운데 선을 한번 클릭하면 조절 포인트가 생성됩니다. 클릭한 상태로 선을 아래로 끌어 내리면 전체 채도가 옅게 바뀌고, 위로 올리면 채도가 강해집니다.

20 Hue(색상) 위치에 따라 조절 포인트를 생성하고 커브를 만들어가며 영상의 노란 톤을 줄여봅니다. 전체적으로 커브가 중심선 아래로 내려가면 영상이 흑백 느낌으로 변합니다.

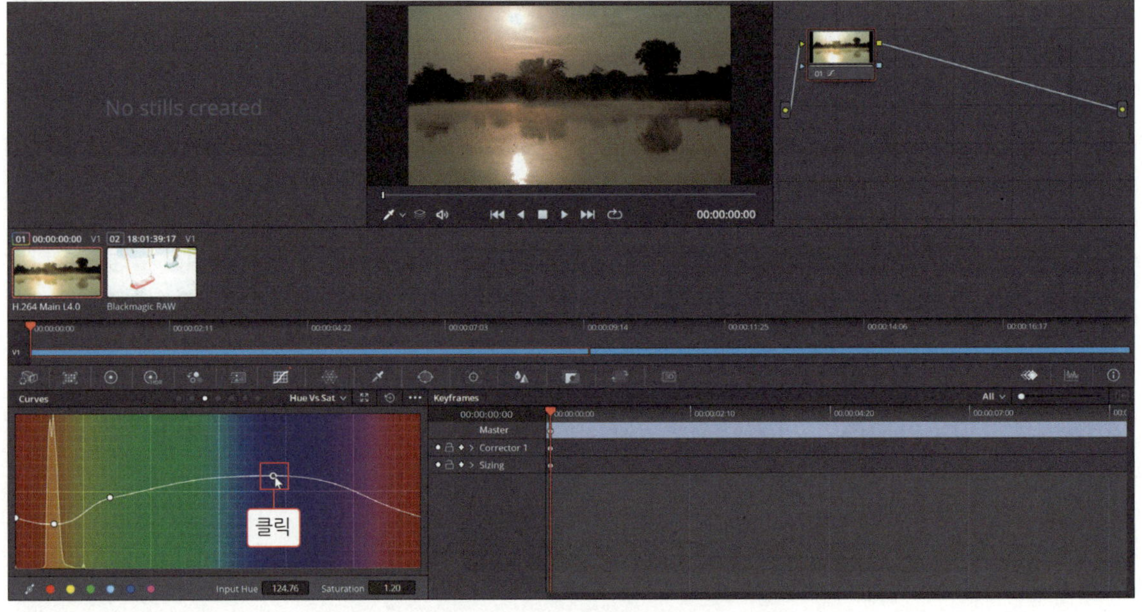

21 컬러 Curves(커브)를 이용하여 명암과 색상 조절을 마쳤다면, 이번에는 컬러 Toolbar에서 Color Wheel을 클릭하여 컬러 휠 조정 탭으로 이동합니다.

22 컬러 휠 조정 탭에는 4개의 컬러 휠이 배열되어 있는데, Gain은 영상의 밝은 톤을 조절하는 휠입니다. 중심점을 마우스로 클릭한 채 파란색 방향으로 끌고 가면 화면의 밝은 영역에 파란색이 강화됩니다.

23 이번에는 Lift 휠의 중심점을 클릭한 채 미세하게 청록색 방향으로 끌고 갑니다. 그러면 불그스름했던 어두운 톤이 약간 푸르스름하게 변합니다.

24 나머지 Gamma와 Offset 휠의 중심점도 미세하게 푸른색 방향으로 이동시킵니다. 그러면 영상의 전체 톤이 푸르스름하게 바뀌면서 원본의 저녁노을처럼 노랗던 색감이 이른 아침의 푸른 톤으로 변화된 결과를 확인할 수 있습니다.

25 이번에는 두 번째 영상 클립 즉, RAW 파일을 선택합니다. 이 영상은 모든 명암과 색상 값을 원래 그대로 보유하고 있으므로 전체적으로 약간 뿌옇게 보입니다.

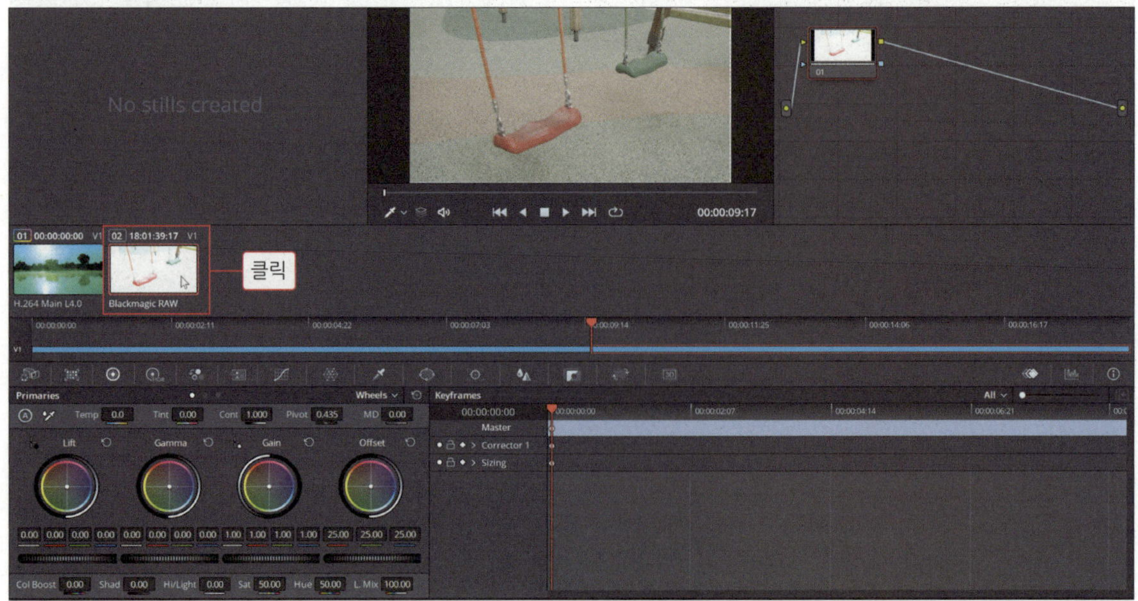

26 Gamma 휠 아래 조그 다이얼을 마우스로 클릭하고 왼쪽으로 밀어서 감마 값을 '-0.1' 정도로 설정합니다. 이전과 비교하여 영상의 명암과 색감이 진하게 변합니다. 감마 값을 너무 감소시키면 영상이 전체적으로 어둡고 탁하게 바뀌므로 주의가 필요합니다.

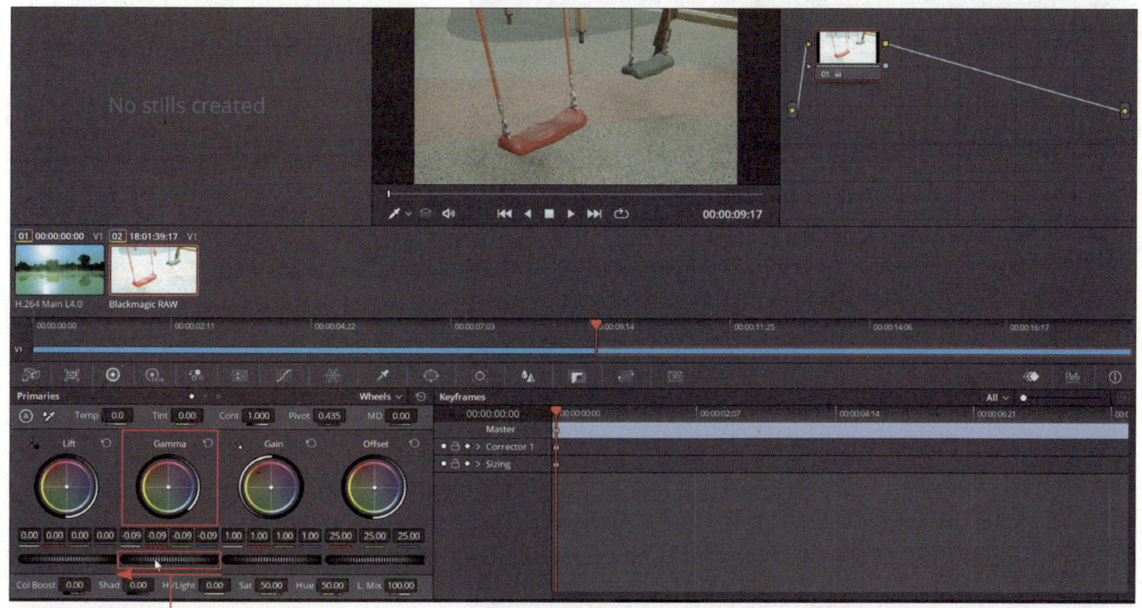

27 이번에는 Gain 휠 아래 조그 다이얼을 돌려서 게인 값을 '1.0' 보다 약간 더 큰 값으로 증가시킵니다. 영상의 명암 대비가 약간 강조되면서 밝고 어두운 구분이 명확해집니다.

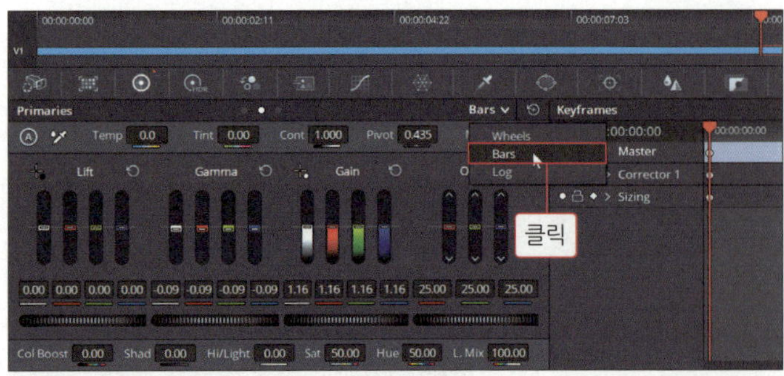

28 Color Wheels 모드의 오른쪽 옵션에서 Wheels를 Bars로 바꿉니다. 원형의 휠 대신 세로 슬라이더 형태로 인터페이스가 바뀝니다. Bars 모드에서는 Y, R, G, B 채널별로 값을 조절할 수 있습니다.

29 이전에 휠로 설정한 값은 그대로 두고, 이번에는 왼쪽 Lift 슬라이더의 밝기(Y)와 파란색(B)를 아래로 미세하게 내려서 영상의 명암과 색감을 조금 더 진득해 보이도록 설정합니다.

30 다시 Cut 페이지로 돌아와서 영상을 재생해보면 색 보정이 완료된 결과를 확인할 수 있습니다.

감성 영상 컬러 룩 표현하기

변화하는 트렌드에 민감한 TV 드라마, 영화, 광고, 브이로그(V-log) 영상은 자신만의 색감을 만들어 적용하는 경우가 많습니다. 긴장감이 높은 드라마의 경우 채도와 명암 대비가 강한 컬러 룩을 보여주는 스타일이 많고, 반면에 감성 영상이라고 하는 유형을 보면 채도는 다소 낮고 명암의 대비가 강하지 않은 설정을 즐겨 사용하고 있습니다. 어느 쪽이든 자신만의 색감과 컬러 룩을 표현할 수 있다면 차별화된 개성뿐만 아니라 콘텐츠의 일관성을 제시할 수 있습니다. Color 페이지에서 감성적인 색감을 표현하기 위해 채도를 낮추고 부드러워 보이는 룩을 표현해 보겠습니다.

BEFORE

AFTER

예제 파일 04/ 4/ Lotus.mp4, MusicBox.mp4, Popit.mp4, Porch.mp4

완성 파일 04/ 4/ Look_완성.mp4

01 새 프로젝트를 만들고 Project Settings에서 프레임 레이트를 설정합니다.

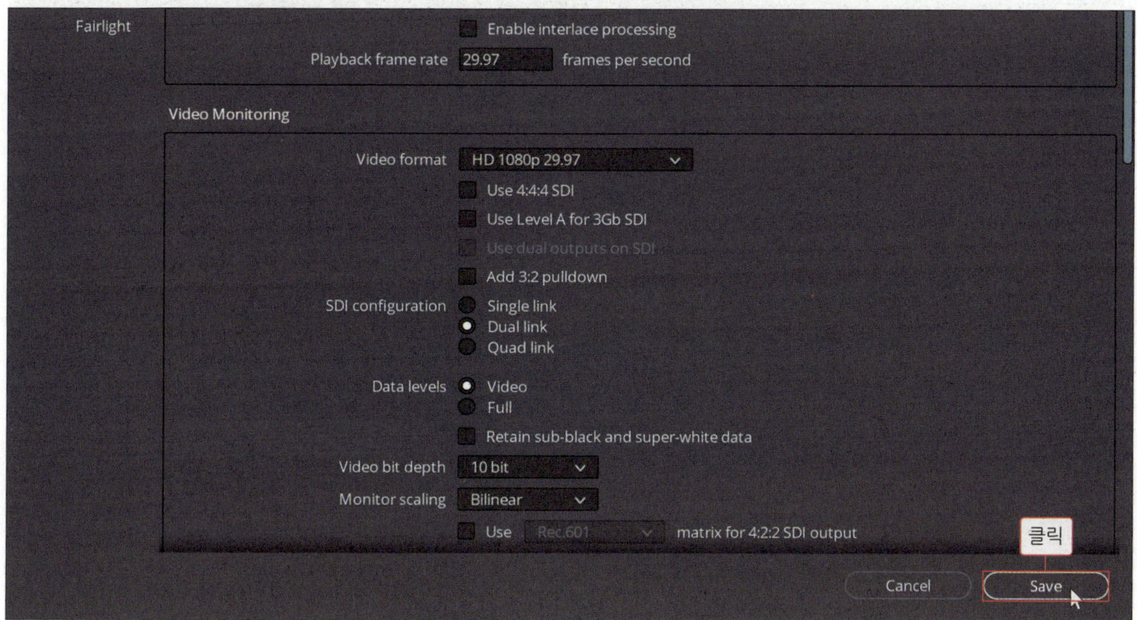

02 Media Pool에서 색감 표현에 사용할 영상 파일을 불러옵니다.

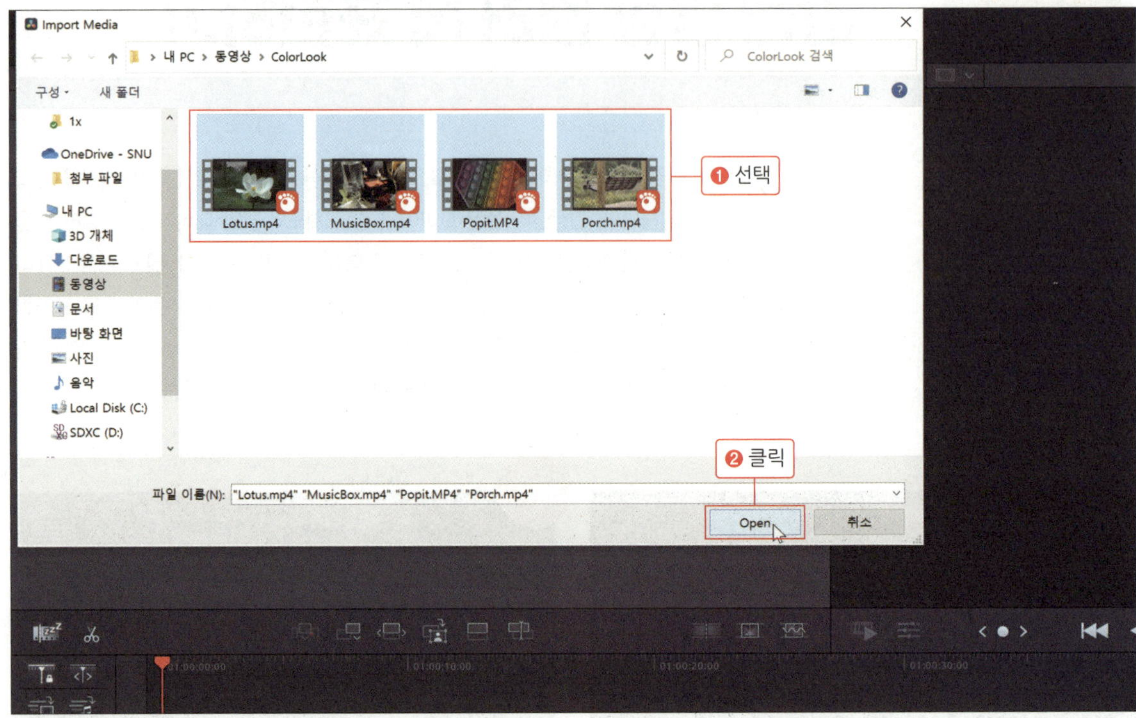

03 불러온 영상 클립을 필요한 만큼 트리밍하고 타임라인에 배치합니다.

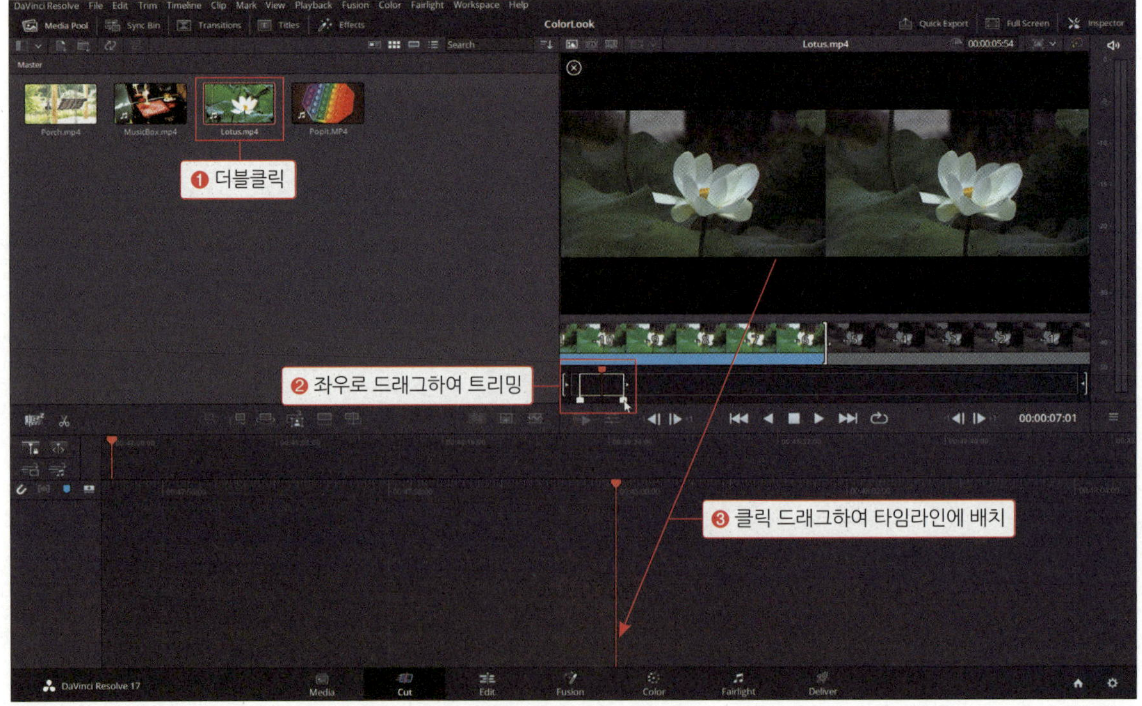

04 나머지 영상 클립도 트리밍하여 타임라인에 배치합니다.

05 불러온 영상 클립 모두 타임라인에 배치했습니다.

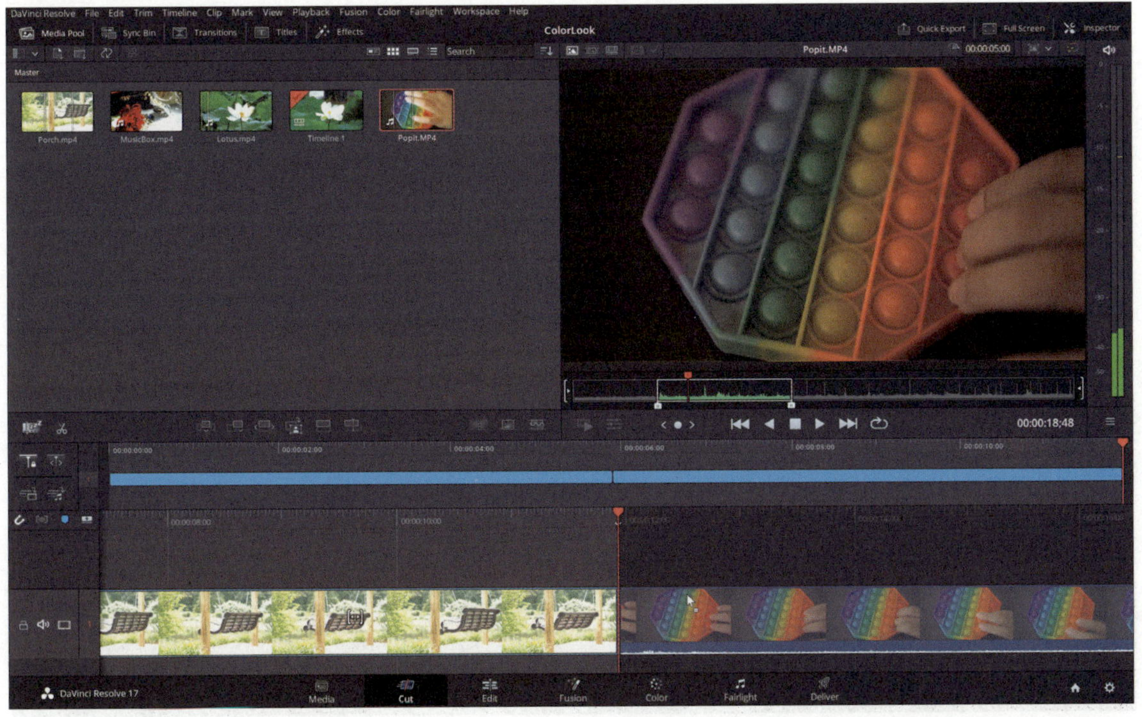

06 타임라인 배치가 끝나면 아래 'Color 페이지' 아이콘을 눌러 Color 페이지로 전환합니다.

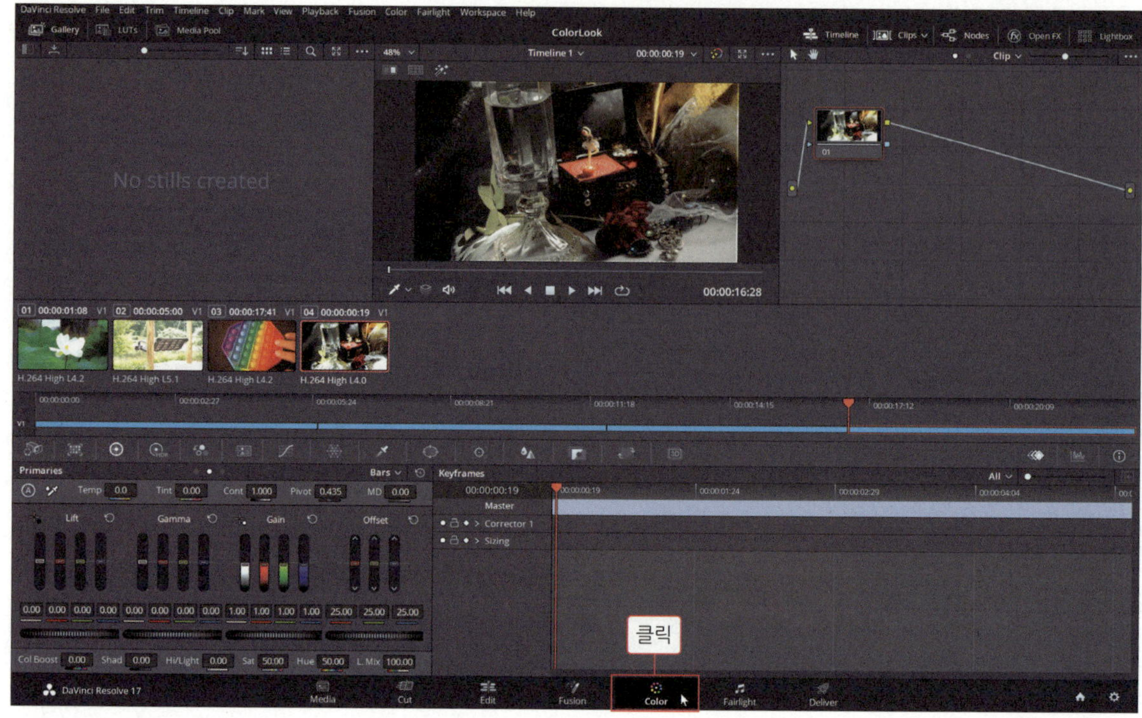

07 Color 페이지에서 첫 번째 연꽃 영상 클립을 선택한 다음 [Color Wheels] 탭을 열어 Primaries를 Log로 선택합니다.

08 첫 번째 Shadow(그림자) 휠 아래 조그 다이얼을 오른쪽으로 돌려서 어두운 톤을 약간 밝게 변화시킵니다.

09 Highlights 값은 감소시키고, Offset은 증가시킵니다. 그러면 영상의 색감이 옅어지면서 약간 감성적인 느낌으로 바뀌게 됩니다. 필요에 따라 위쪽 Tint(색농도)와 Contrast(대비) 수치도 낮추면 더 부드러운 색감으로 변합니다.

10 두 번째 클립을 선택하고 Log 파라미터의 설정을 바꾸어서 앞의 영상과 유사하도록 부드러운 컬러 룩을 표현합니다.

11 세 번째 영상 클립을 선택하고 앞의 영상 클립과 마찬가지로 Shadow, Midtone, Offset 값을 약간 증가시키고, Highlights와 Contrast 값은 감소시켜서 부드러운 색감을 표현합니다. 필요에 따라 하단 Shad(어두운 톤), Hi/Light(밝은 톤) 값을 증가시키면 더 감성적인 룩으로 바뀝니다.

12 마지막 영상 클립은 선택하고, 컬러 Log 파라미터를 조정하여 어두운 색감을 연하게 바꿉니다. 필요에 따라 하단의 Sat(채도)와 Hi/Light(밝은 톤) 값을 감소시킵니다.

13 Cut 페이지로 돌아와서 재생해보면 서로 제각각이었던 소스 클립의 색감이 전체적으로 부드럽고 온화하게 바뀐 것을 확인할 수 있습니다.

14 다시 Color 페이지로 돌아가서 가장 마음에 드는 컬러 설정이 적용된 클립을 선택하고 마우스 오른쪽 버튼을 클릭해서 'Generate LUT 〉 17 Point Cube'를 선택합니다.

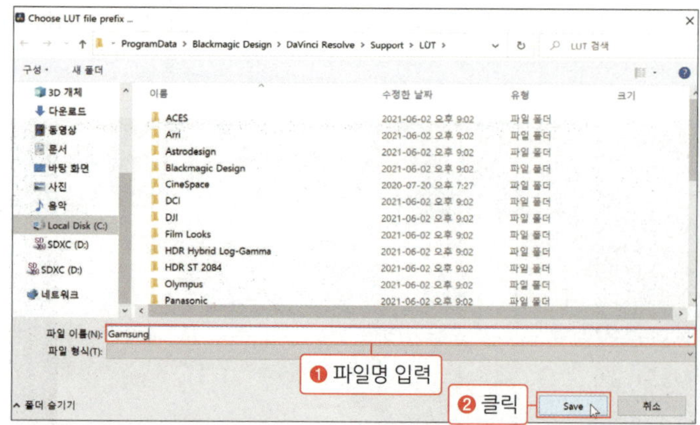

15 Choose LUT file prefix... 창이 표시되면 적절한 이름을 입력한 다음 [Save] 버튼을 클릭합니다.

16 왼쪽 상단의 [LUTs] 탭을 열면 저장한 이름의 LUT 설정이 추가된 것을 확인할 수 있습니다. 이후 저장한 LUT 설정을 다른 영상 클립에 적용하면 번거로운 컬러 파라미터 조정 없이도 한 번에 원하는 색감을 표현할 수 있습니다.

Tip 촬영 당시의 조명이나 화이트 밸런스 상태에 따라 영상의 색감이 달라질 수 있지만, 이와 같은 LUT 설정값을 적용하면 어렵지 않게 자신만의 색감을 모든 영상 클립에 일관적으로 표현할 수 있습니다.

다양한 컬러 LUT 적용하기

색 보정과 컬러 그레이딩을 매번 클립마다 세부적으로 적용하려면 많은 시간과 노력이 필요합니다. 다양한 컬러 룩 설정 값을 LUT로 저장해놓고 필요할 때마다 적용하면 편리할 것입니다. 다빈치 리졸브는 전통적으로 컬러 작업에 특화된 환경이므로, 필터 효과처럼 많은 LUT 설정을 제공합니다. 준비된 영상 클립에 적합한 LUT를 적용하는 방법을 살펴보겠습니다.

BEFORE

AFTER

예제 파일 04/ 4/ Fog.mp4, Popit.mp4, Porch.mp4, Swing.braw

완성 파일 04/ 4/ Look_완성.mp4

01 다빈치 리졸브의 새 프로젝트를 생성하고 Project Settings에서 Timeline frame rate를 '29.97'로 설정합니다.

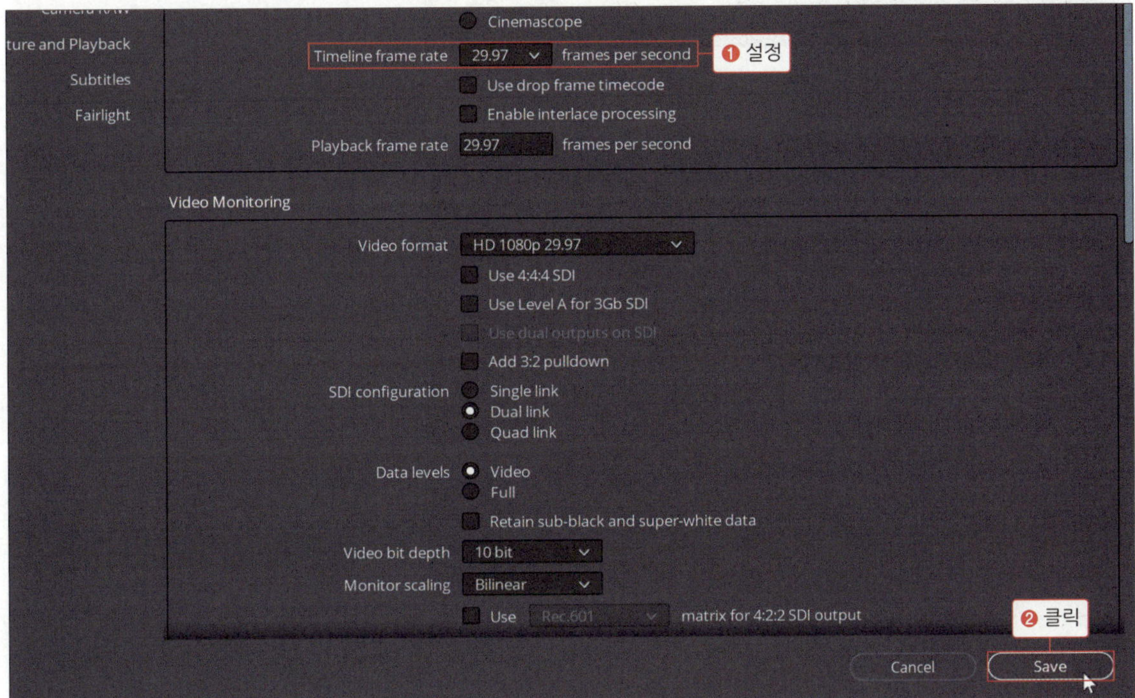

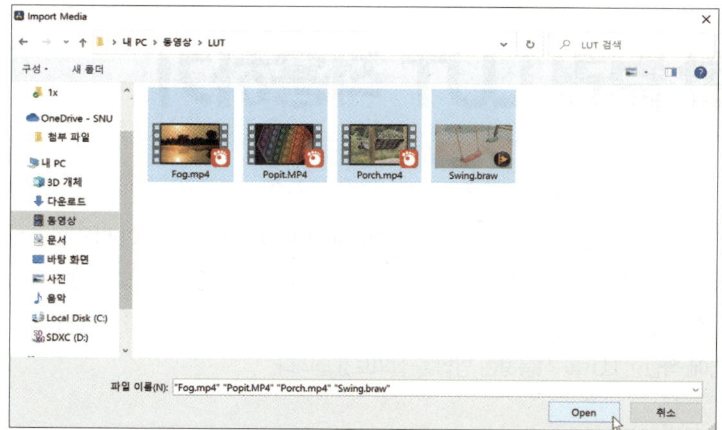

02 Media Pool에 컬러 LUT를 적용할 영상 파일을 불러옵니다.

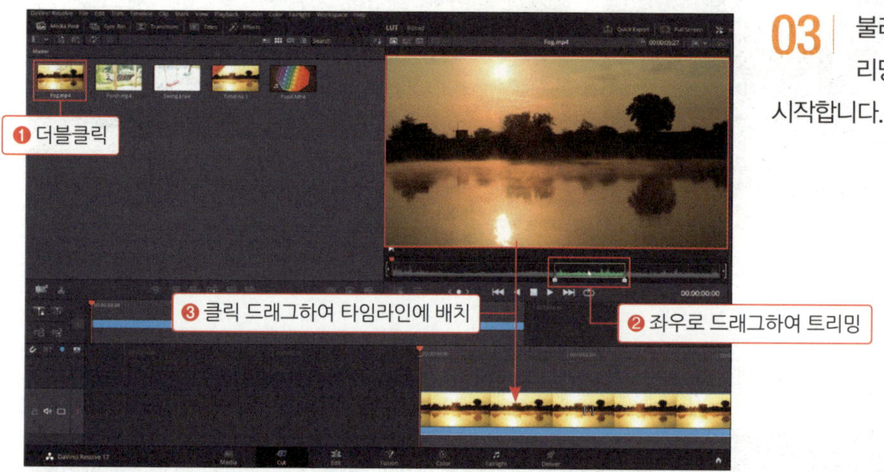

03 불러온 영상 클립을 적절히 트리밍하여 타임라인에 배치하기 시작합니다.

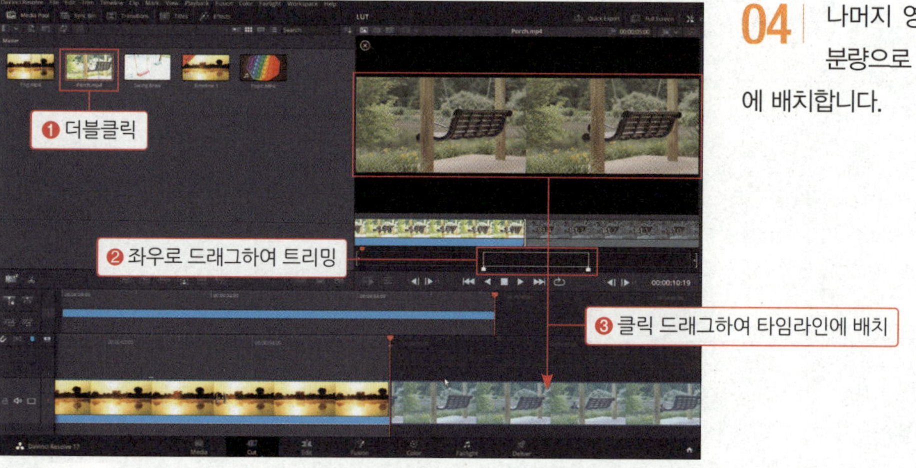

04 나머지 영상 클립도 5초 정도 분량으로 트리밍하여 타임라인에 배치합니다.

05 불러온 모든 클립을 타임라인에 배치한 후 'Color 페이지' 아이콘을 클릭하여 Color 페이지로 전환합니다.

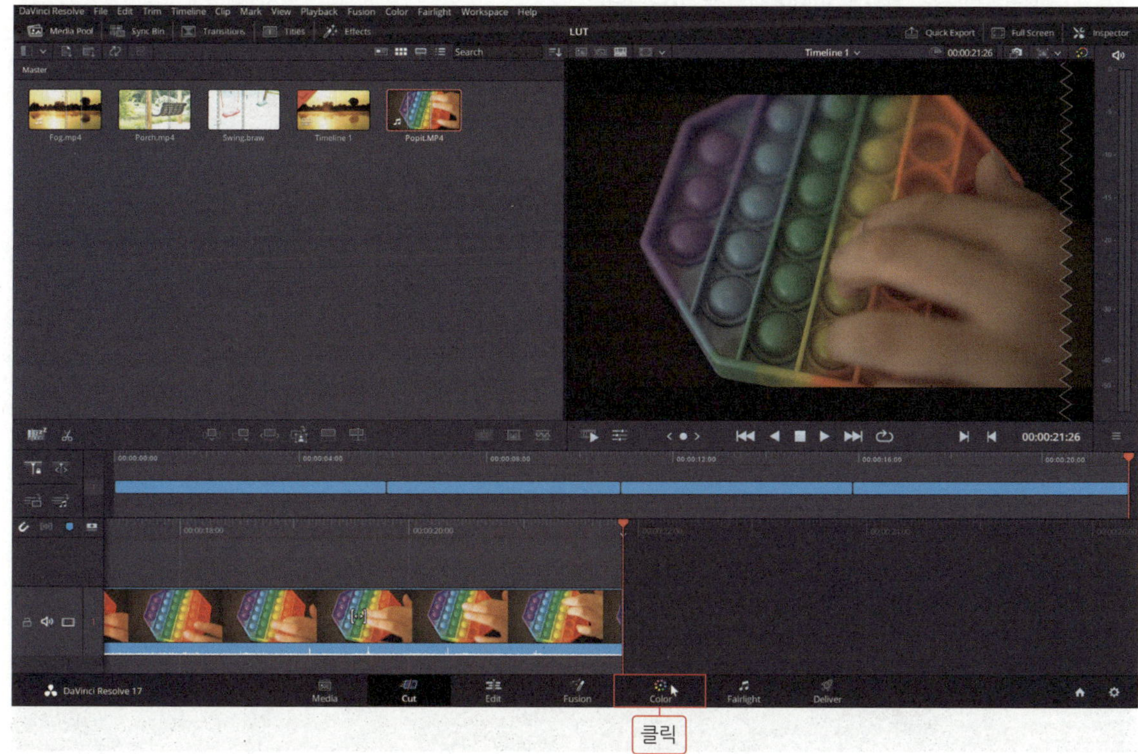

06 Color 페이지 왼쪽 상단에서 [LUTs] 탭을 엽니다.

07 첫 번째 클립을 선택한 후, LUT 목록의 섬네일 위에 마우스 커서를 위치시키고 좌우로 움직여보면 해당 LUT가 적용된 영상 클립을 미리보기할 수 있습니다.

08 마음에 드는 LUT를 마우스로 클릭한 채 뷰어로 드래그하면 해당 LUT 컬러 설정이 적용됩니다.

09 LUT가 적용되면 중간 왼쪽의 클립 썸네일 번호에 컬러 테두리가 표시되고, 오른쪽 위 노드 상자 아래에는 도표 같은 아이콘이 생성됩니다. 해당 클립에 LUT가 적용되었다는 뜻입니다.

10 두 번째 영상 클립을 선택하고, LUTs 목록에서 Film Looks 안에 있는 'Rec709Fu...531DI D65' 섬네일에 마우스를 올려 미리보기 합니다. 색상과 콘트라스트가 강해서 쨍한 색감으로 변합니다.

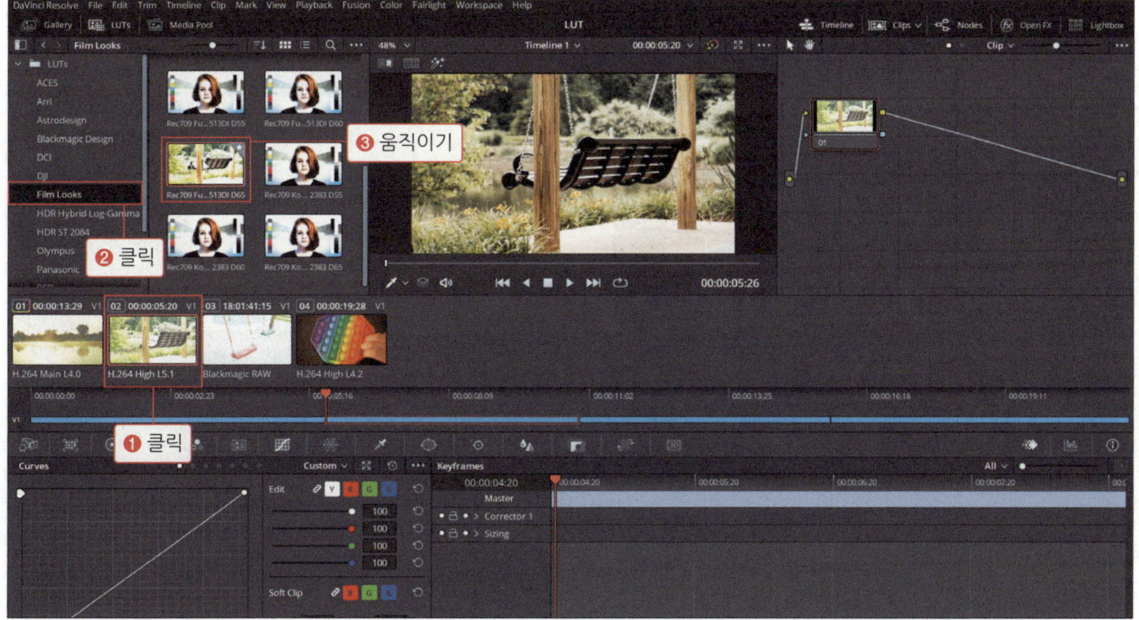

11 미리보기한 LUT를 마우스로 클릭한 채 뷰어로 드래그하여 적용합니다. LUT 적용 결과를 재생해보면 선명하고 쨍한 느낌의 영상으로 변한 것을 확인할 수 있습니다.

12 세 번째 영상 클립을 선택한 다음 이번에는 Blackmagic Design 안에 있는 'Blackmagic...Video v4' 섬네일 위에 마우스 커서를 위치시켜 미리보기하고 적용합니다.

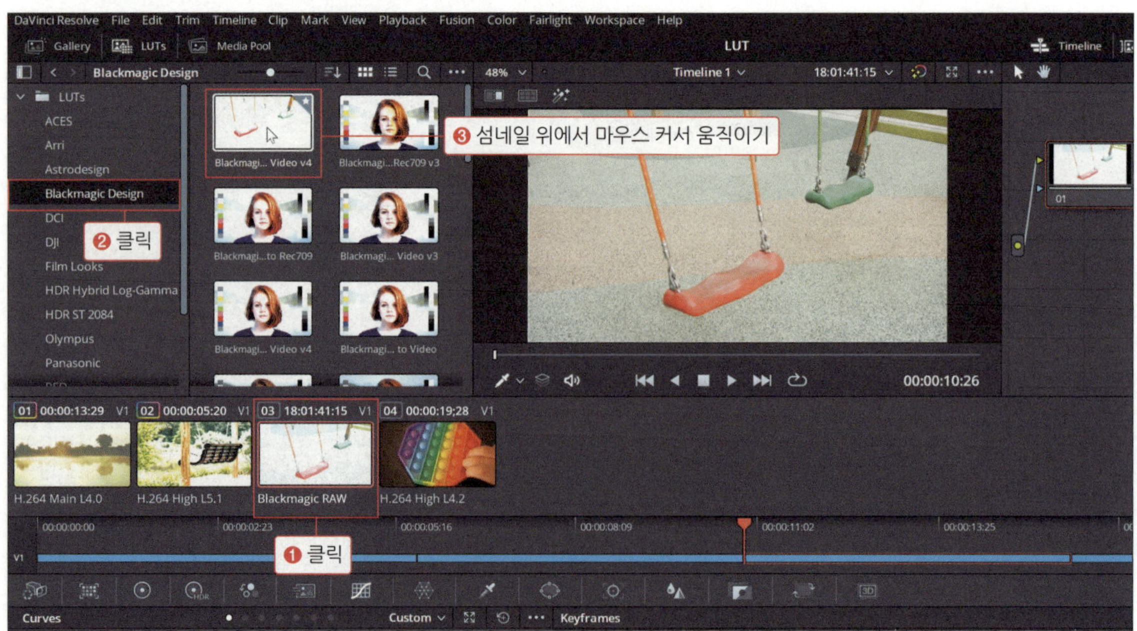

13 만약 적용한 LUT가 마음에 들지 않거나 다른 LUT로 교체하기 위해 적용을 취소하려면, 오른쪽 노드 박스에 마우스 오른쪽 버튼을 클릭한 다음 'LUT 〉 No LUT Selected'를 선택합니다.

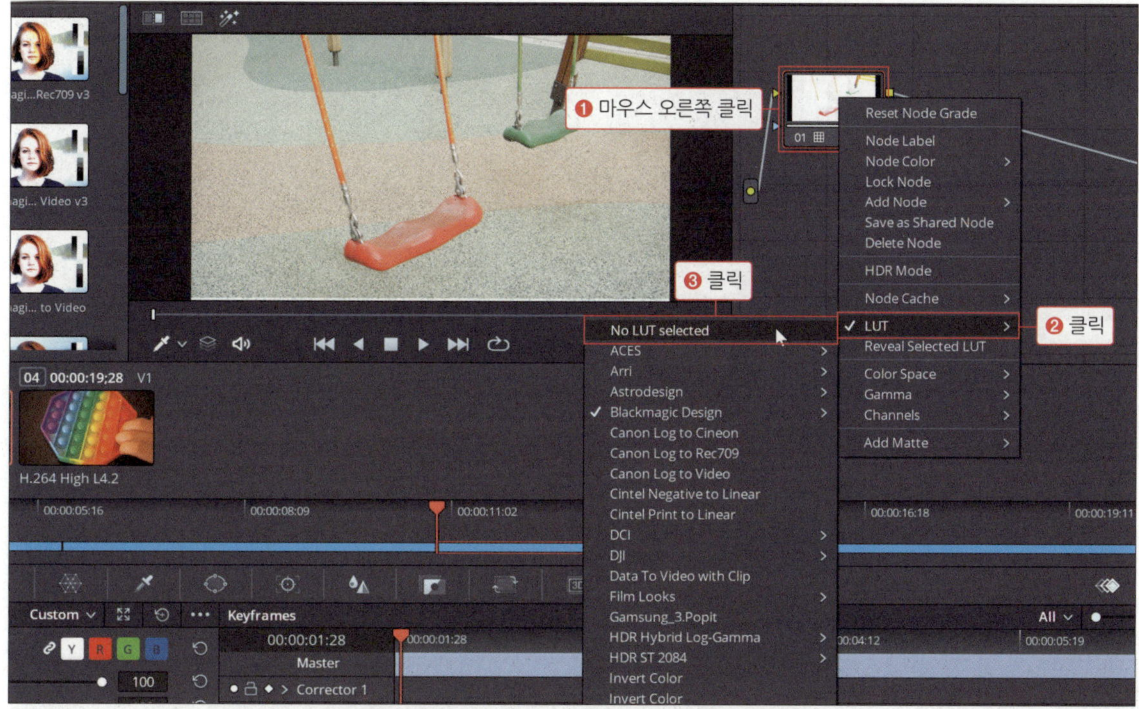

14 적용했던 LUT가 삭제되고, 노드 박스에는 아무런 표시가 나타나지 않게 됩니다.

15 세 번째 영상 클립에도 적절한 LUT를 찾아 적용하고, 이번에는 네 번째 영상 클립을 선택한 다음 Sony LUT 안에서 'SLog35Gamut...Log2-709'를 적용해 봅니다. 이 LUT를 적용하면 채도가 상당히 강하게 바뀝니다.

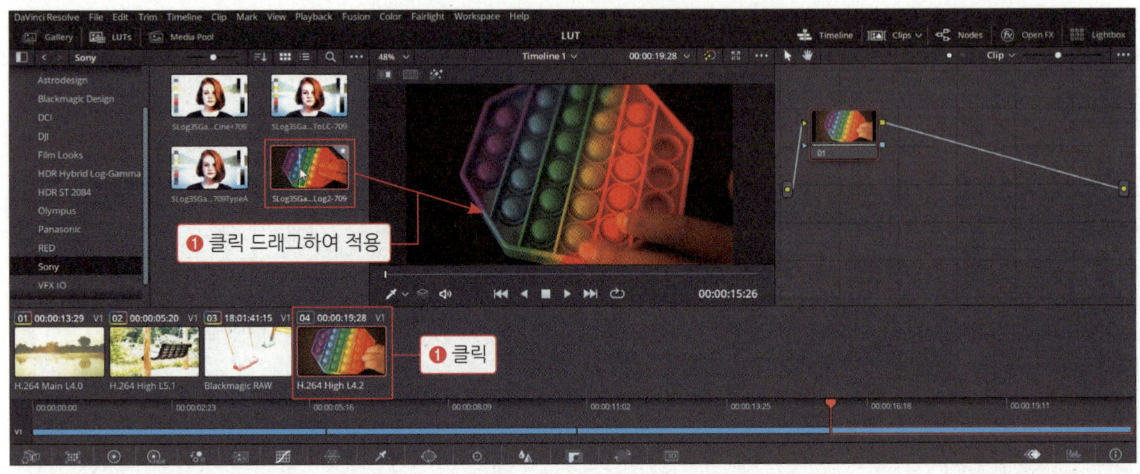

16 강한 채도와 붉은 색감을 줄이기 위해 [Color Wheels] 탭을 열고, Wheels 모드에서 Lift 값과 Offset 값을 미세하게 푸른색 방향으로 조절하여 색감의 균형을 맞춥니다.

Tip 다빈치 리졸브의 기본 제공 LUT는 목록 이름에서 보듯이 촬영용 카메라 브랜드에 따라 분류되어 있습니다. 전문 촬영용 카메라의 색감이나 Log 프로파일에 맞게 LUT 설정 값을 만들어 둔 것입니다. 따라서 해당 브랜드의 카메라가 아니라면 의도하지 않은 색상 결과가 적용될 수도 있습니다. 이때 Color Wheels 또는 Custom 그래프를 이용해 과장된 색감을 완화하는 방향으로 정리해주면 더 세련된 컬러 룩을 표현할 수 있습니다.

영상에 그래픽 요소 활용하기

영상 콘텐츠는 촬영된 영상 장면만으로 완성되지 않습니다. 자막이나 오디오뿐만 아니라, 모션그래픽 요소도 콘텐츠에 담긴 메시지를 명확히 하고 영상의 완성도를 높이는 역할을 담당합니다. 포토샵과 같은 외부 그래픽 이미지 편집 프로그램에서 만든 파일을 다빈치 리졸브로 불러와서 애니메이션 기법으로 적용하는 방법을 살펴보겠습니다. 아울러 3D 구성 요소에 모션을 적용하여 입체적인 효과를 만드는 방법도 알아보겠습니다.

그래픽 이미지에 애니메이션 적용하기

TV 프로그램이나 유튜브 영상 콘텐츠를 보면 채널 아이디를 모션 로고 형태로 만들어 계속 움직이도록 적용한 사례를 흔히 볼 수 있습니다. 포토샵에서 여러 레이어로 만든 로고 이미지를 다빈치 리졸브로 불러와서 키 프레임 모션을 적용하여 애니메이션처럼 움직이도록 설정해보겠습니다. 포토샵의 레이어 단위로 애니메이션을 적용하는 방법은 Fusion 페이지에서의 편집 작업을 필요로 합니다.

BEFORE

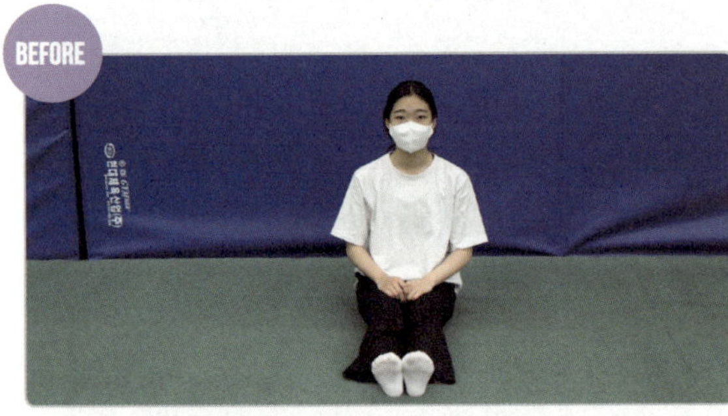

예제 파일 04/ 5/ MultiCam.mov, Online.psd

AFTER

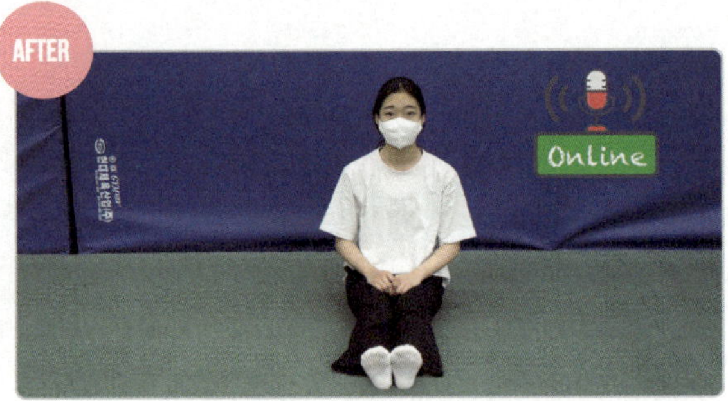

완성 파일 04/ 5/ Photoshop_완성.mp4

01 새 프로젝트를 생성하고 Project Settings에서 필요한 설정을 적용합니다.

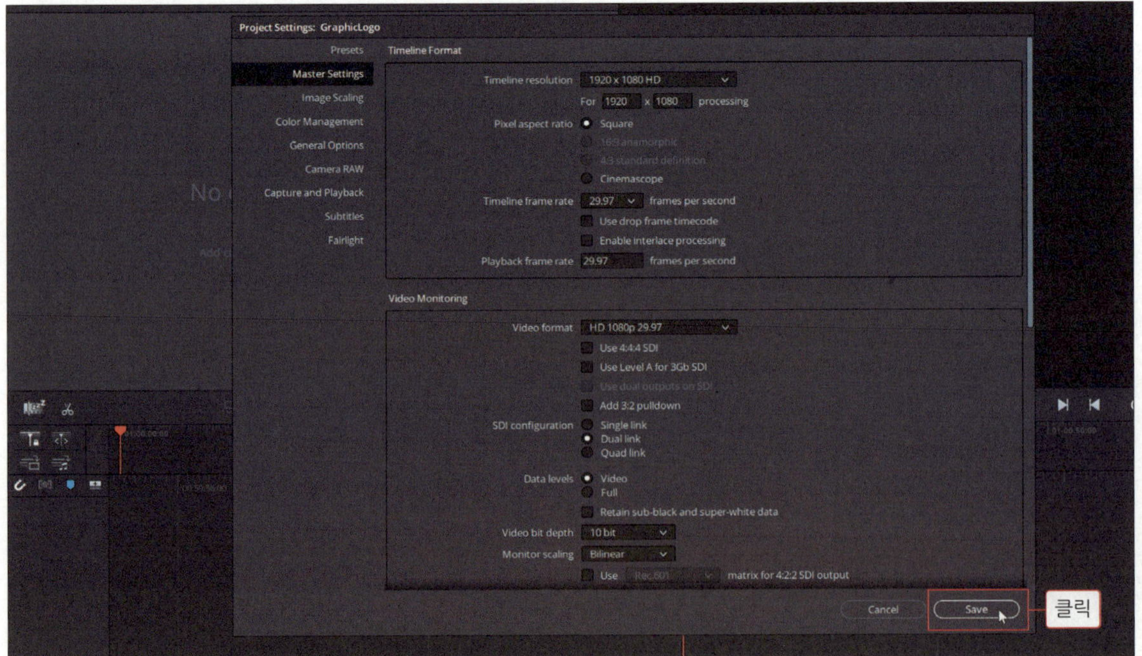

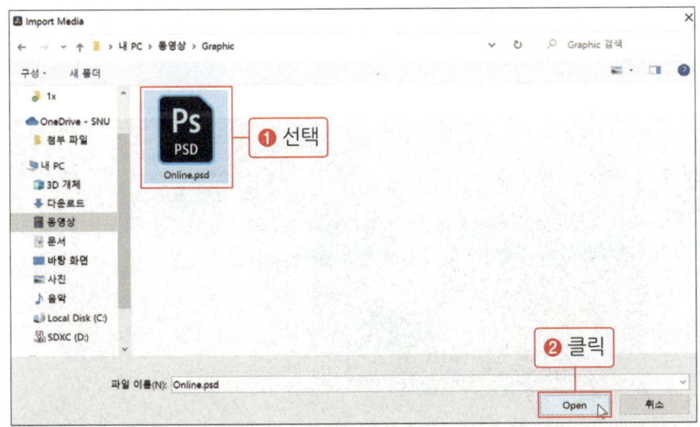

02 Media Pool에서 포토샵 PSD 파일을 불러와서 키 프레임 애니메이션을 적용해보겠습니다. 레이어 여러 개로 그래픽 로고를 만든 포토샵 파일이 있는 경로를 열고 [Open] 버튼을 클릭하여 불러옵니다.

03 Media Pool에 불러온 포토샵 파일은 마치 하나의 이미지처럼 인식됩니다. 각각의 레이어에 접근할 수 없습니다. Media Pool에 불러온 포토샵 이미지 클립을 선택하고 Delete나 Backspace를 눌러 삭제합니다.

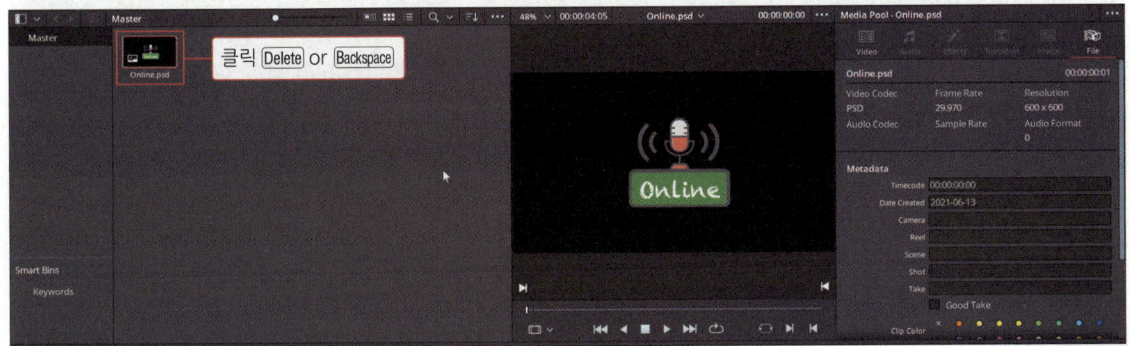

04 포토샵 레이어에 접근해서 키 프레임 모션을 적용하기 위해서는 Fusion Composition이 필요합니다. [Effects Library] 탭의 Effects에서 'Fusion Composition'을 선택하고 타임라인으로 끌어옵니다.

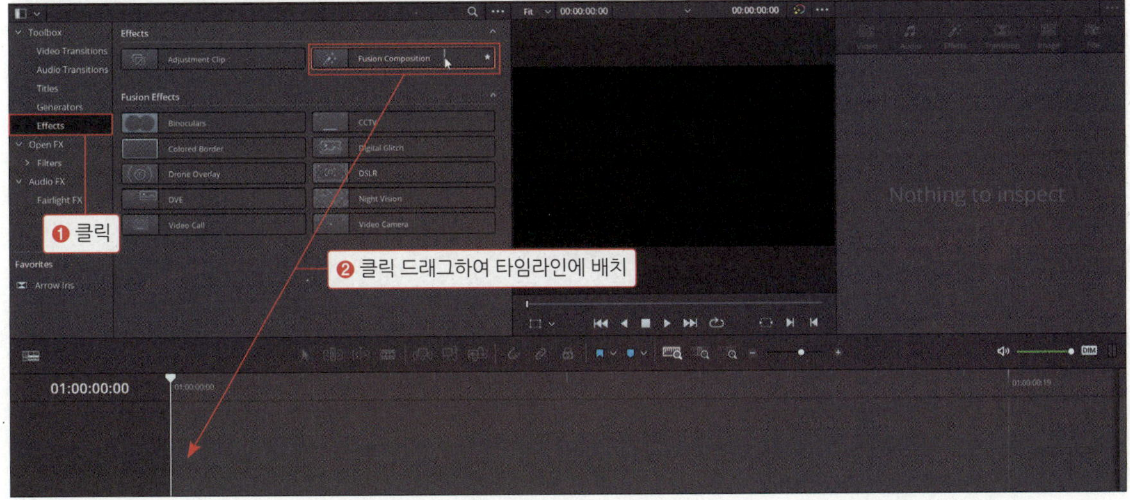

05 타임라인에 배치된 Fusion Composition 클립의 시간 길이를 5초에서 3초로 줄입니다. 아무런 내용이 없으므로 뷰어에는 검은색 빈 화면으로 표시됩니다.

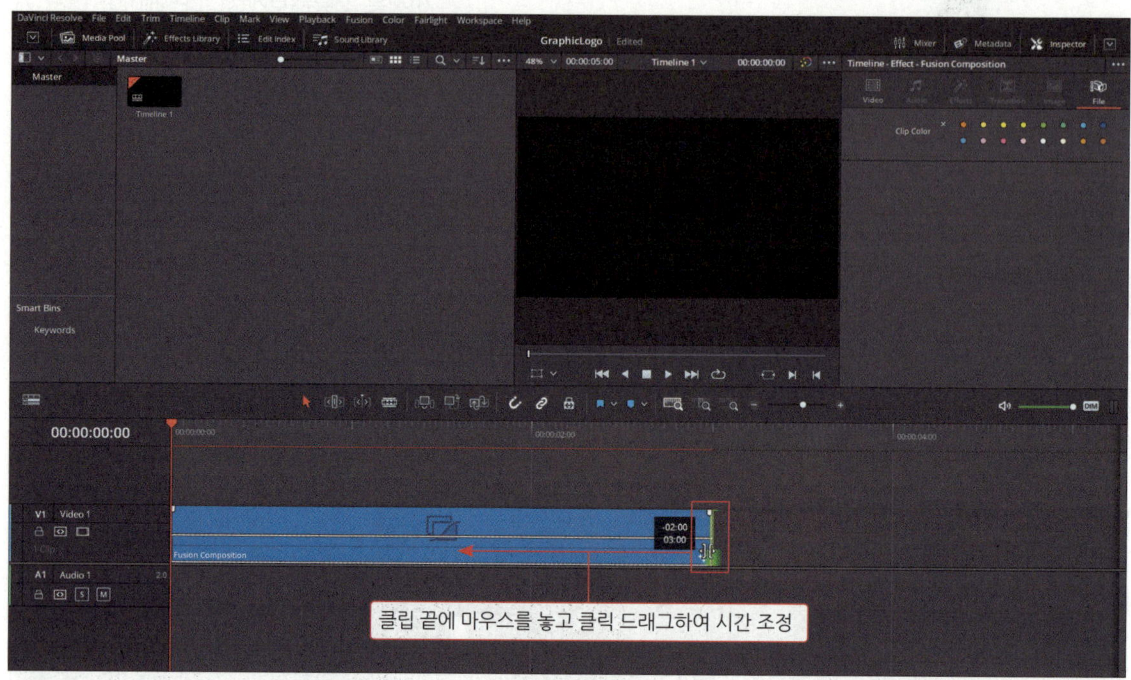

06 'Fusion 페이지' 아이콘을 눌러 Fusion 페이지로 전환해보면, 노드 편집 창에 [MediaOut1]만 놓여 있습니다.

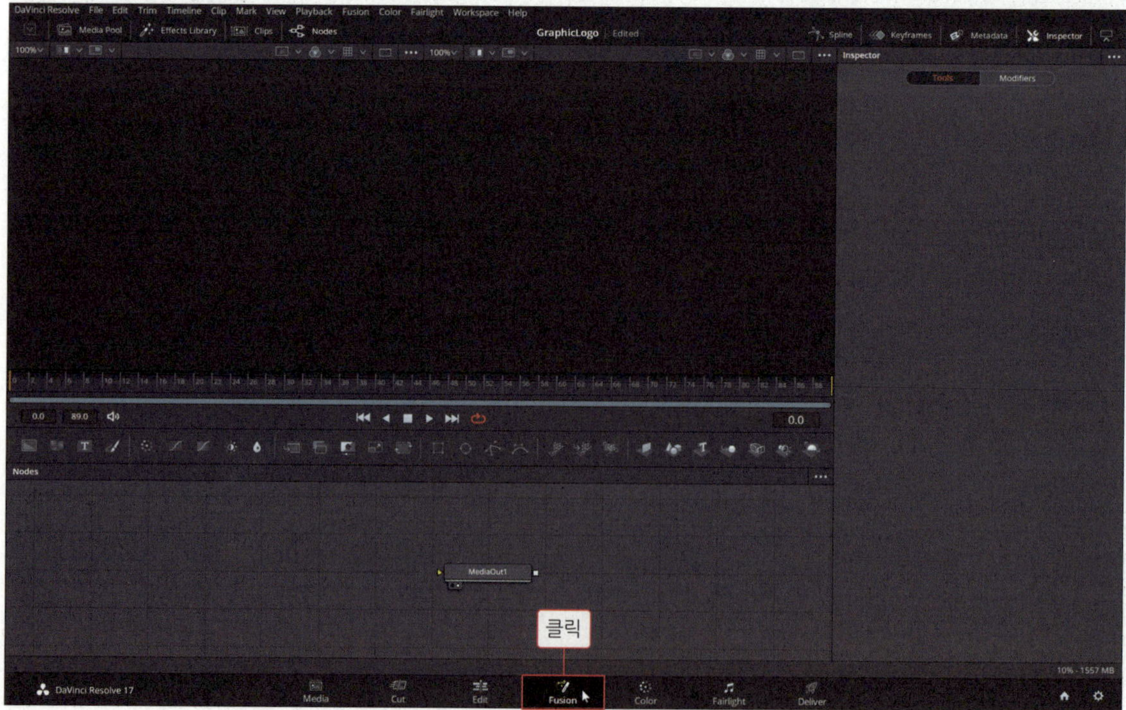

07 포토샵 PSD 파일을 불러오기 위해 상단 Fusion 메뉴의 'Import 〉 PSD...'를 선택합니다.

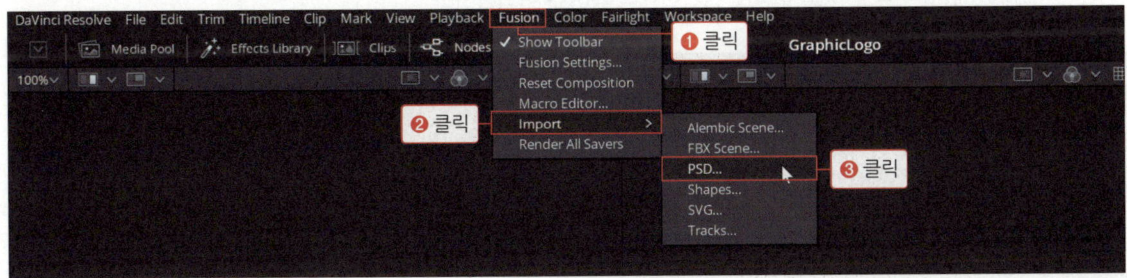

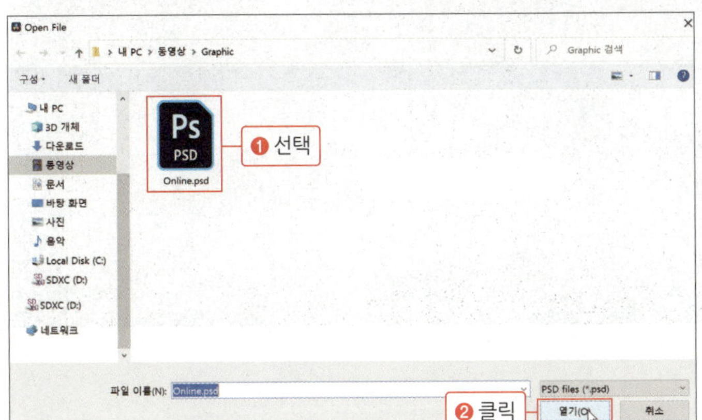

08 Open files 경로 창이 표시되면 포토샵 PSD 파일이 있는 경로를 찾아 [열기] 버튼을 클릭합니다. Fusion에서 처음 파일을 가져오는 경우에는 검은색 창에 영문으로만 경로가 보일 수도 있습니다. 가져올 파일을 바탕화면이나 문서 폴더와 같은 찾기 쉬운 경로에 두면 편리합니다.

09 노드 편집창이 작게 보이면 뷰어 경계선을 밀어 올려서 영역을 확보하고, 마우스 휠을 눌러 움직여 보면서 전체 노드를 한눈에 볼 수 있도록 준비합니다.

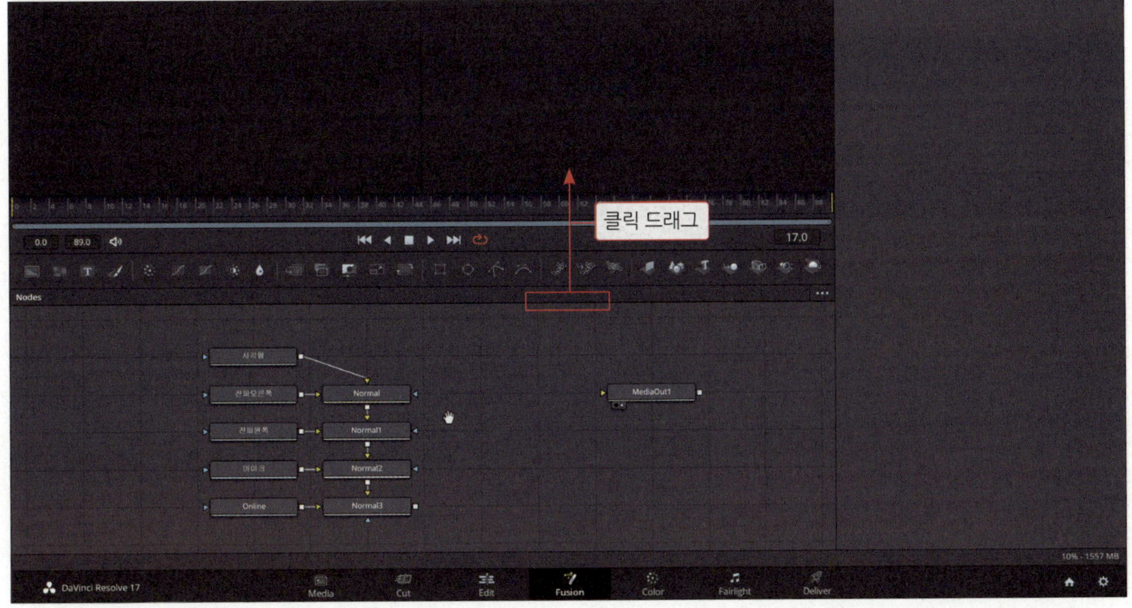

10 불러온 레이어의 맨 아래 [Normal3] 노드 상자의 오른쪽 회색 사각점에 마우스를 클릭한 상태로 선을 뽑아 [MediaOut1] 노드의 왼쪽 노란색 삼각형으로 끌어와 연결합니다.

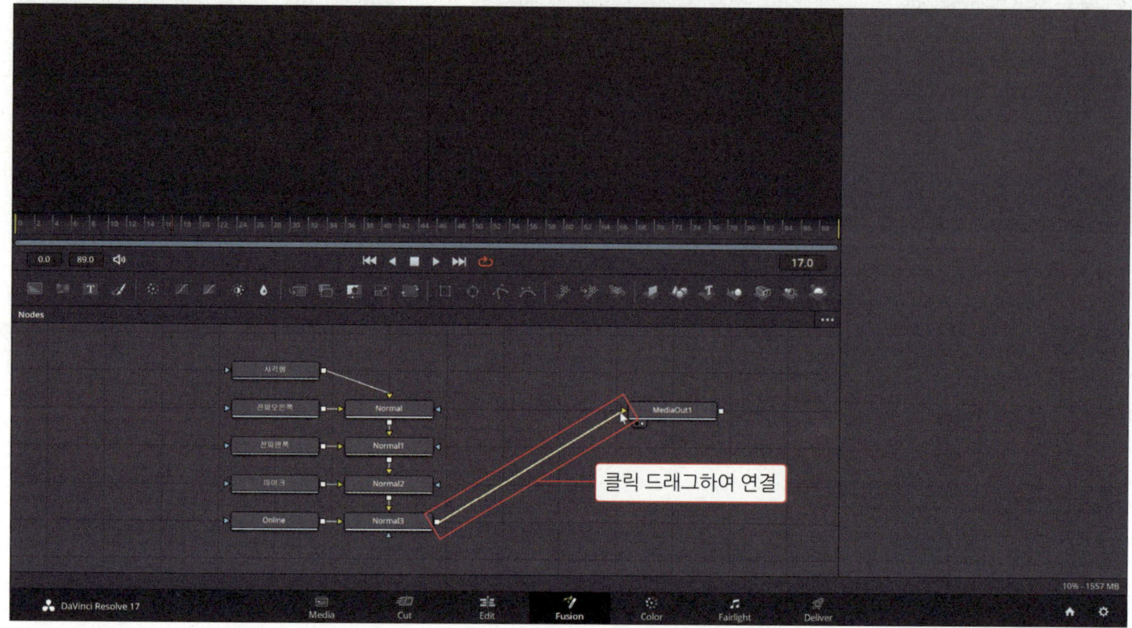

11 위쪽 뷰어에 포토샵 이미지가 나타납니다. 중간 프레임 눈금의 빨간 시간표시자를 마우스로 클릭한 채 좌우로 움직여봐도 이미지는 그대로 멈춰 있습니다.

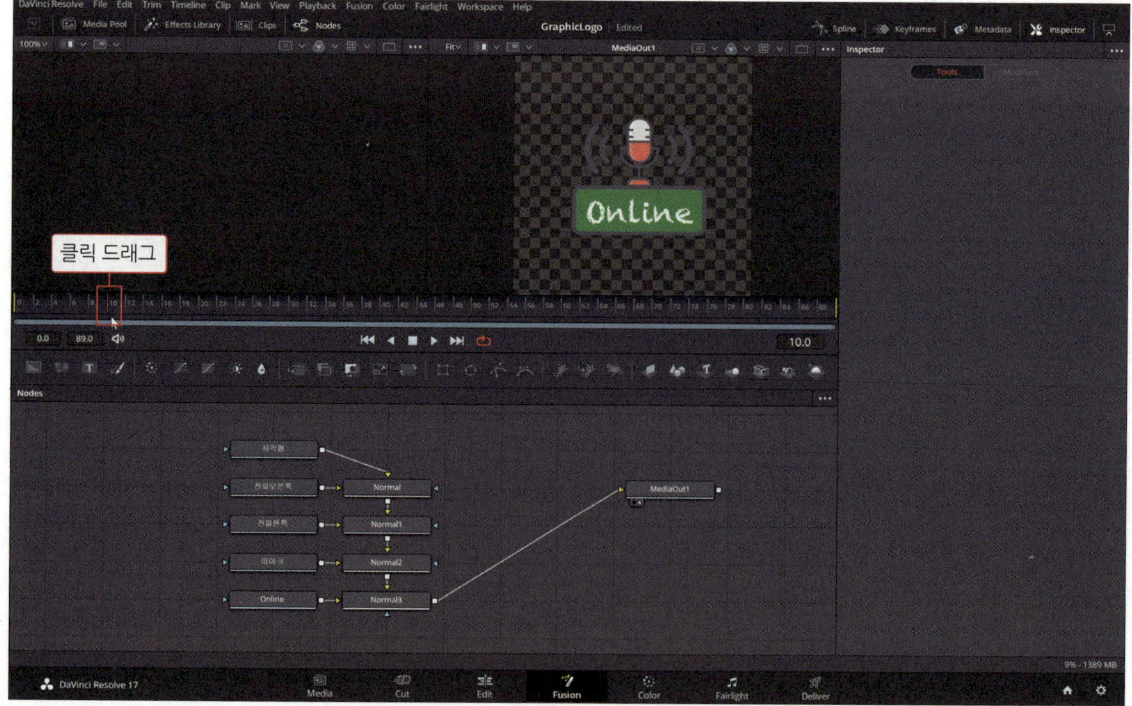

12 노드 편집 창에 불러온 포토샵 레이어가 순서대로 나열되어 있습니다. 그중 하나를 선택하고 오른쪽 Inspector를 보면 몇 가지 속성이 표시됩니다. 그러나 Transform이나 Opacity 키 프레임을 적용할 수 있는 속성은 들어있지 않습니다.

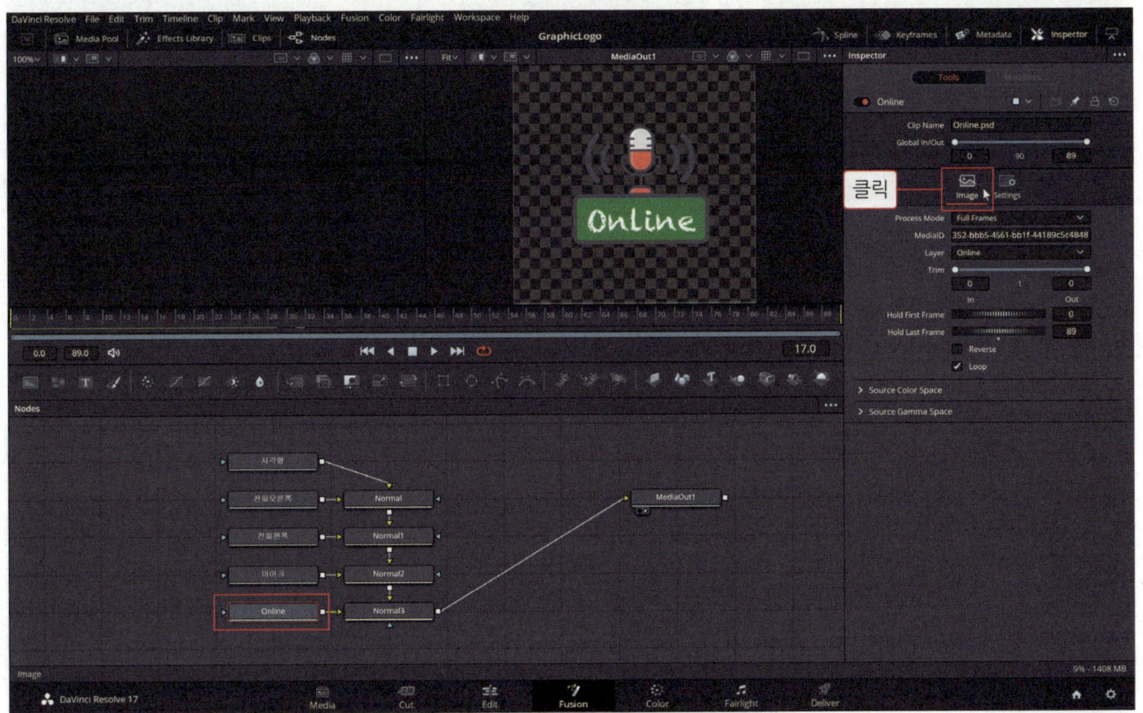

13 [마이크] 레이어 노드를 왼쪽으로 옮기고 [Normal2]와 연결된 선을 한번 클릭하여 끊습니다.

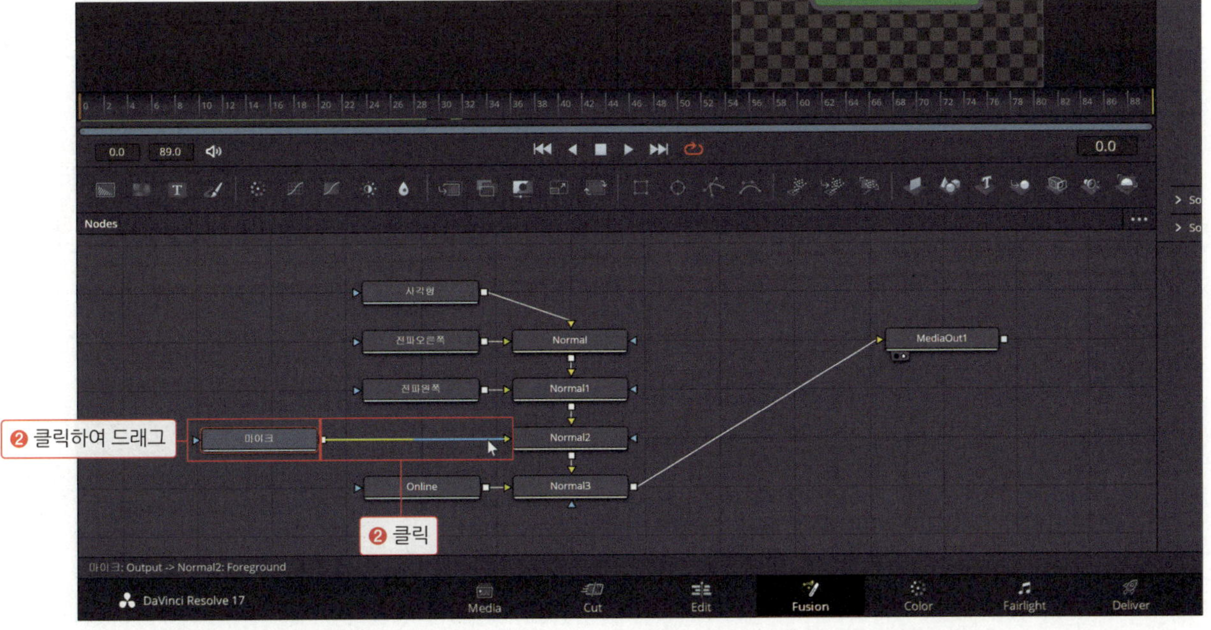

14 중간에 나열된 노드 Toolbar(툴바)에서 Transform(변형)을 클릭해서 추가합니다.

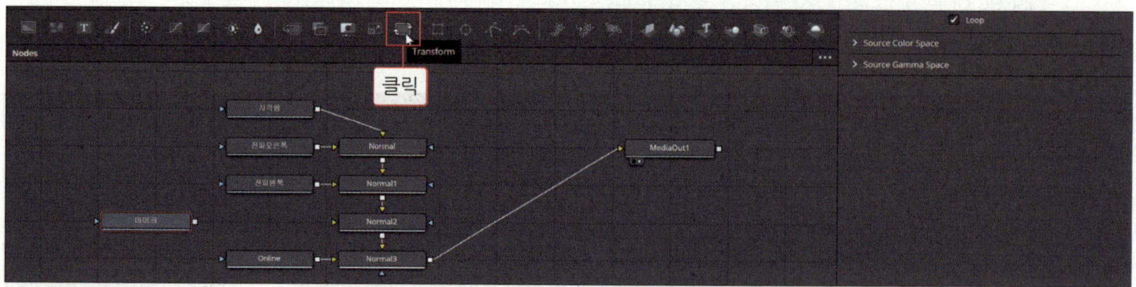

15 새로 등장한 [Transform1] 노드를 중심으로 양옆의 [마이크] 레이어 노드와 [Normal2] 노드를 선으로 연결합니다. [Transform1] 노드를 선택한 상태에서 오른쪽 Inspector를 살펴봅니다.

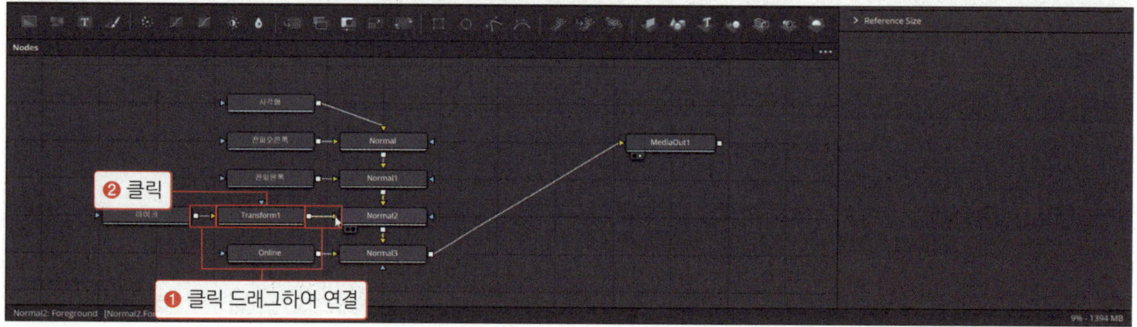

16 시간표시자를 가장 왼쪽으로 이동하고 Transform 노드의 Inspector에서 Controls 항목에서 Size(크기) 옆의 키 프레임 버튼을 클릭하여 빨간색으로 활성화합니다.

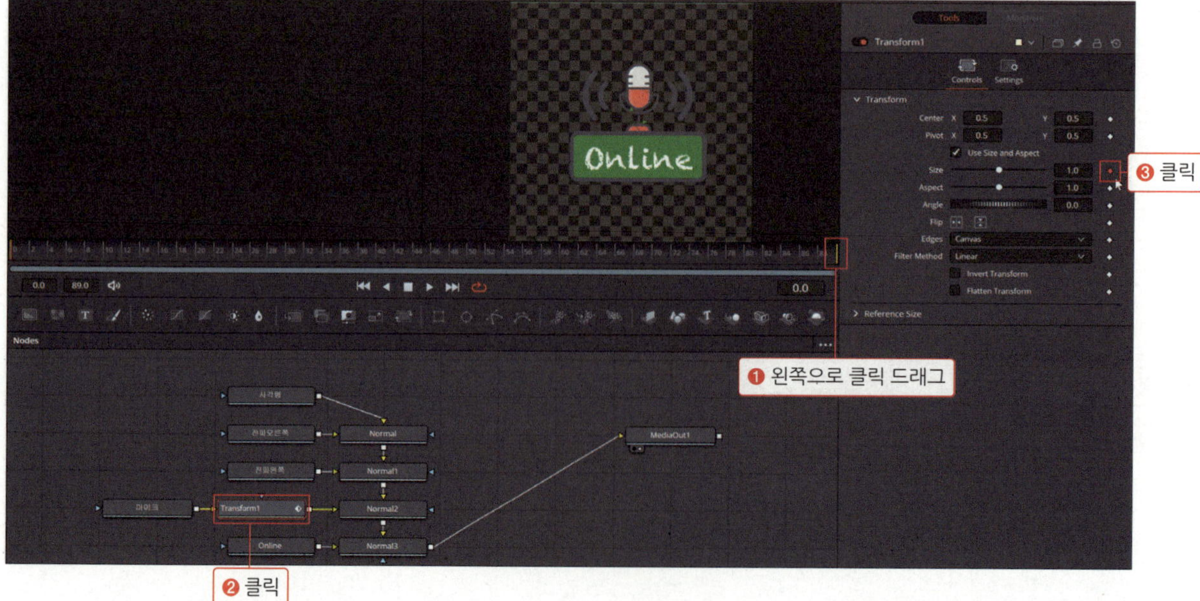

17 마이크 레이어 노드의 Size 수치를 '0.7' 정도로 줄입니다.

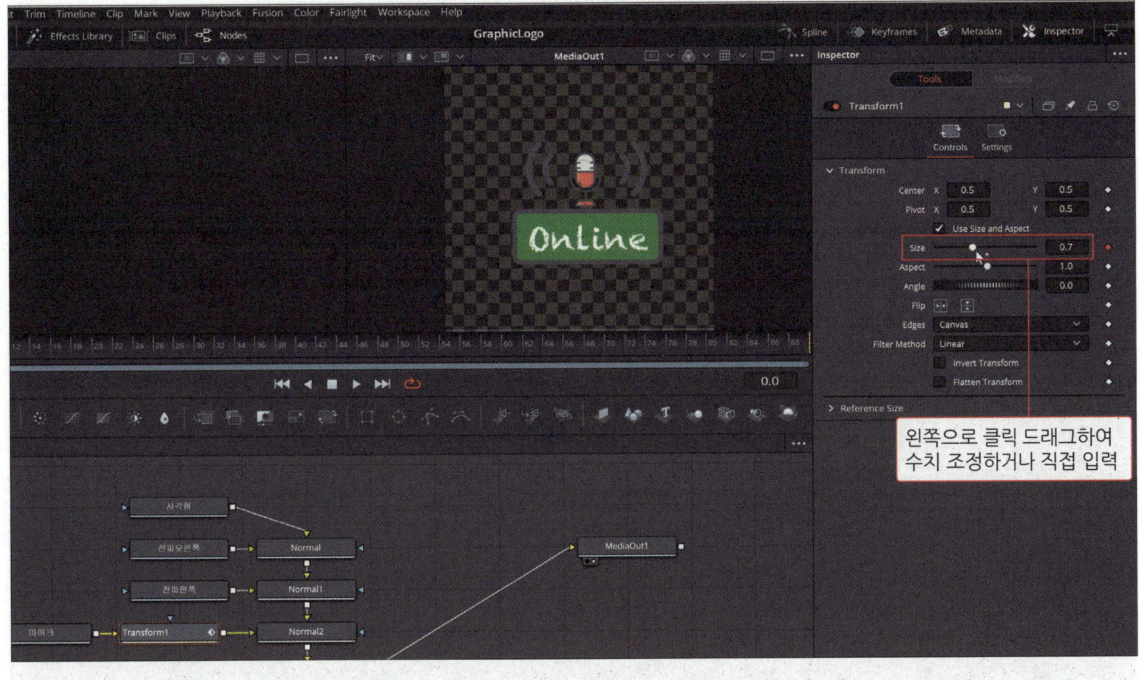

18 시간표시자를 10프레임 정도 오른쪽으로 이동하고 Size 값을 '1.2'로 증가시킵니다. 새로운 키 프레임이 설정됩니다.

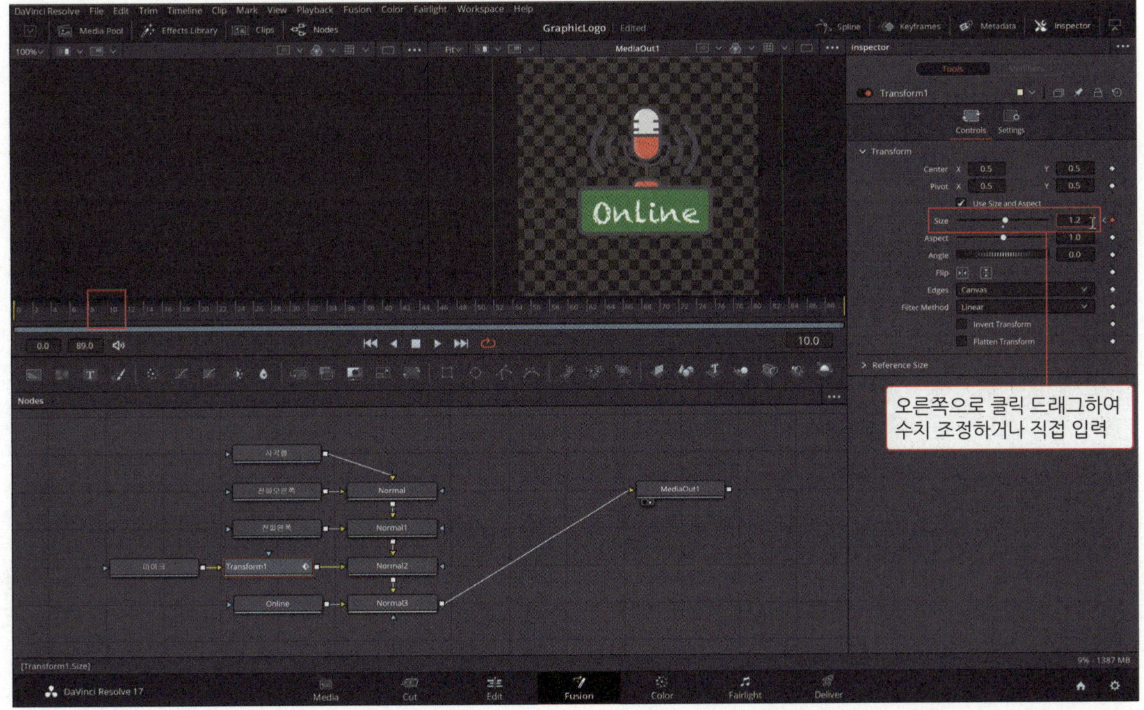

19 시간표시자를 다시 오른쪽으로 10프레임 이동하고 Size 값을 다시 '0.8'로 줄입니다.

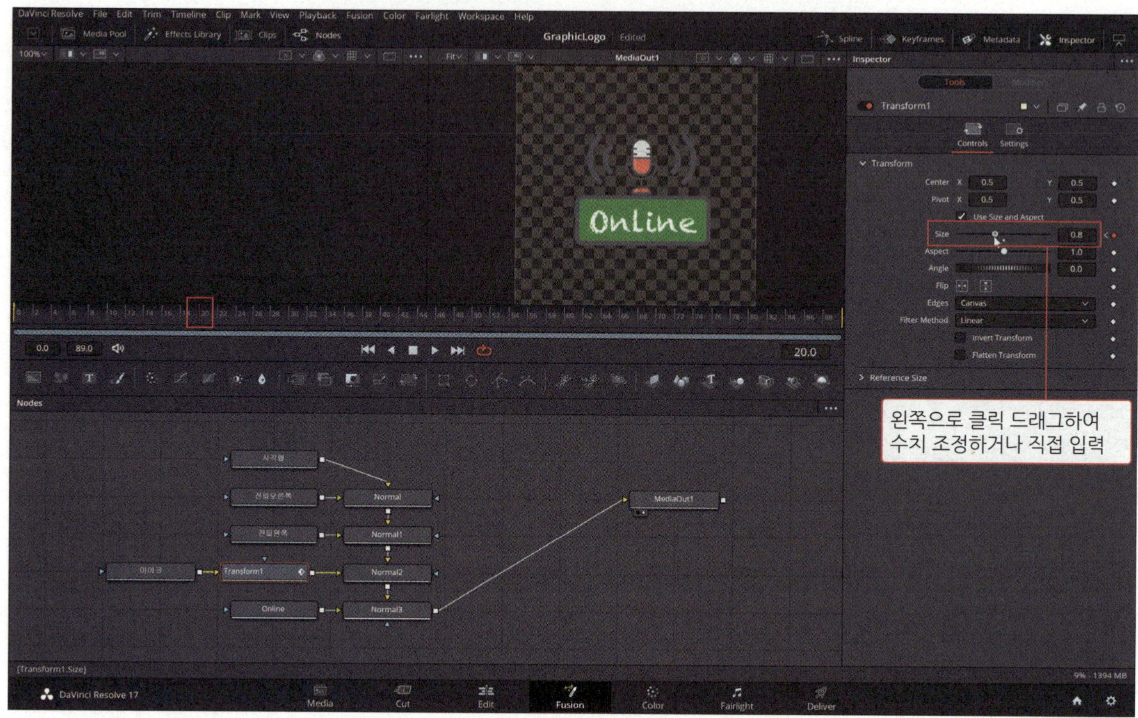

20 시간표시자를 다시 오른쪽으로 10프레임 이동하고 Size 값을 다시 '1.25'로 늘립니다.

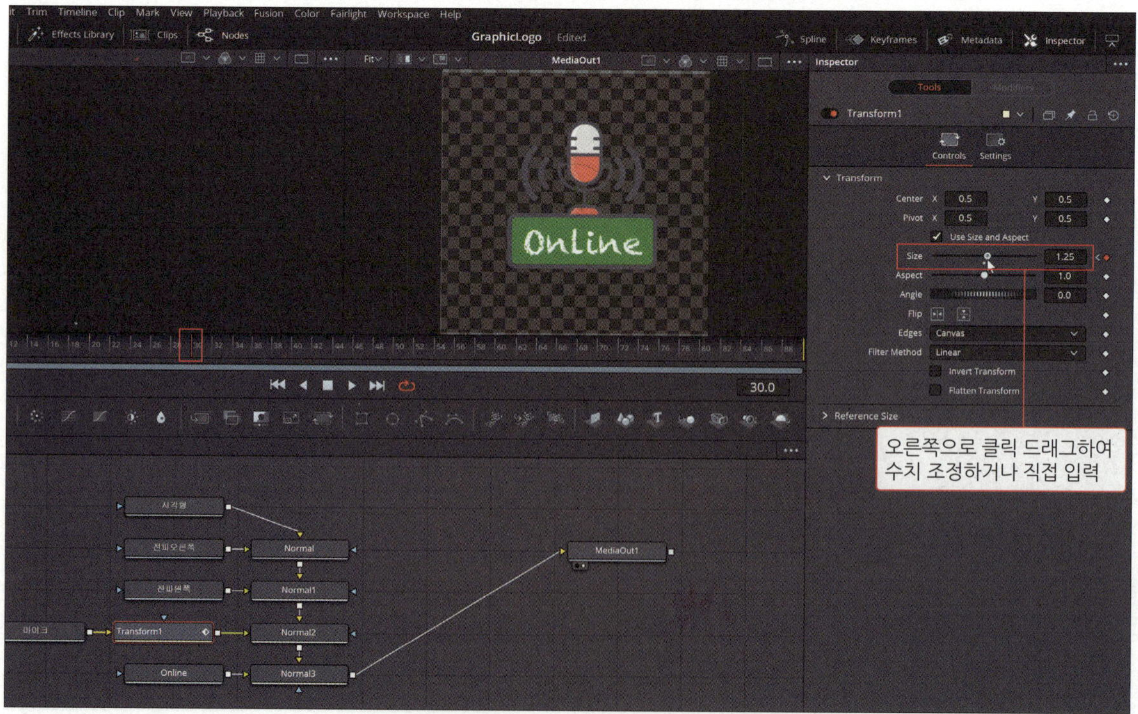

21 | 시간표시자를 다시 오른쪽으로 10프레임 이동하고 Size 값을 다시 '1.0'으로 정합니다.

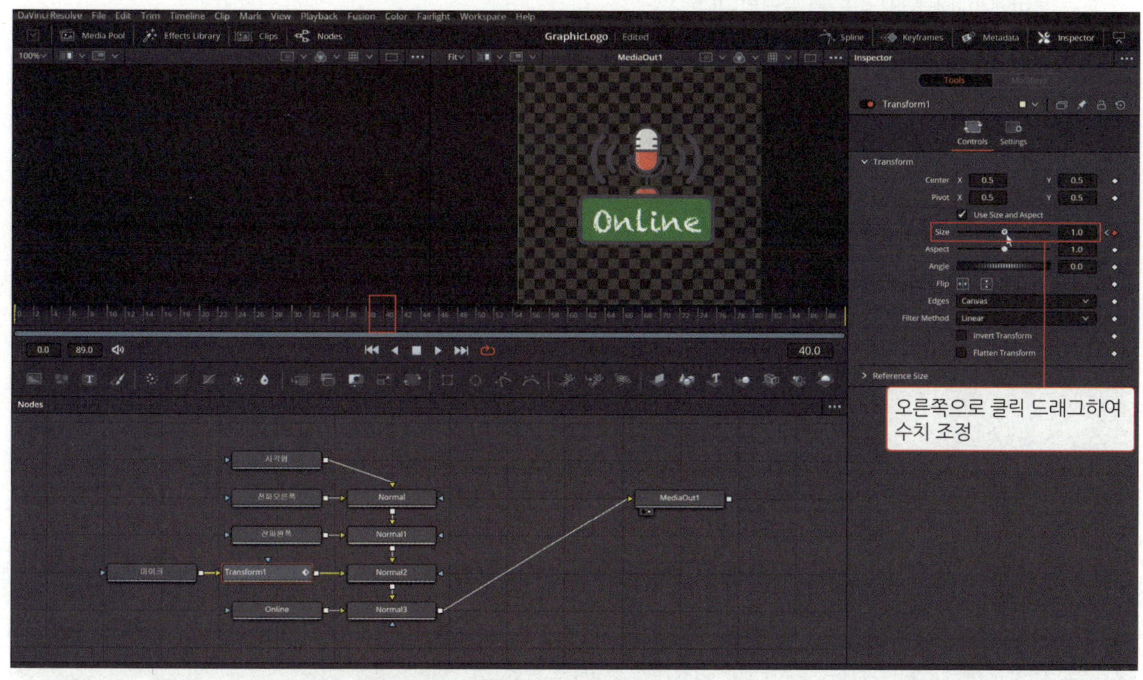

22 | 시간표시자를 맨 앞으로 이동하고 재생해보면 이미지의 마이크가 커졌다 작아졌다를 반복하다가 원래 크기로 돌아가 멈춥니다. 이어서 전파 모양에도 키 프레임 모션을 적용해보겠습니다.

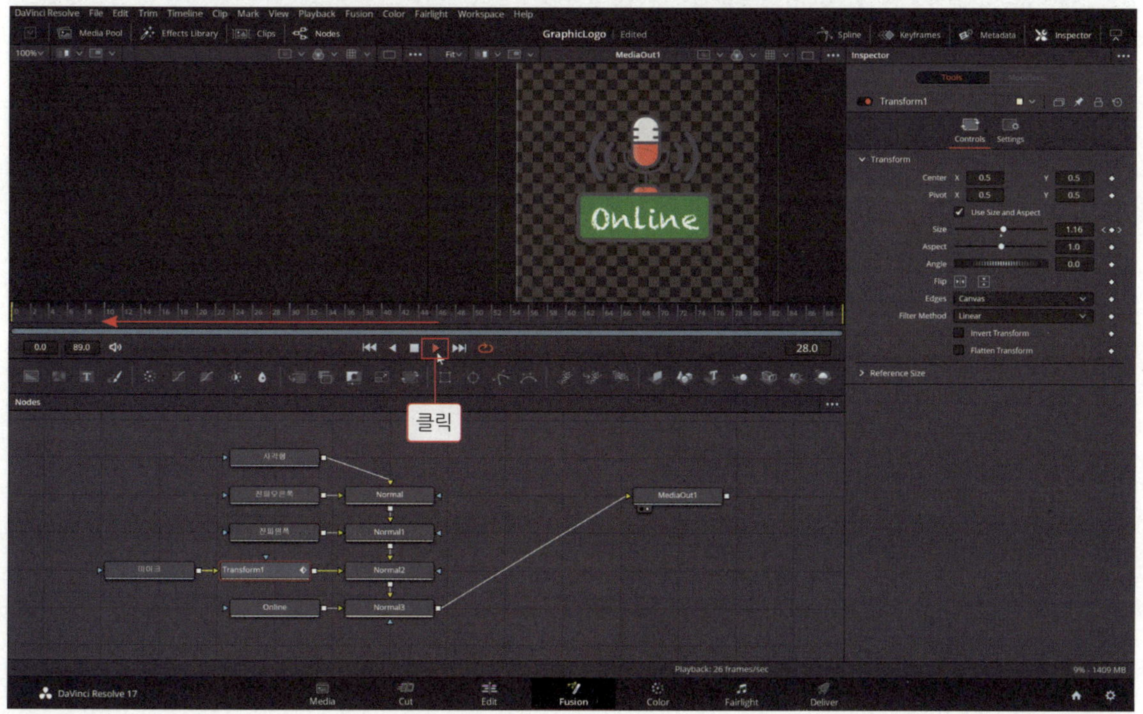

23 이번에는 [전파왼쪽]과 [전파오른쪽] 레이어 노드가 [Normal1]에 연결되었던 선을 클릭해서 끊고, 위쪽 노드 툴바에서 [Merge] 버튼을 클릭합니다.

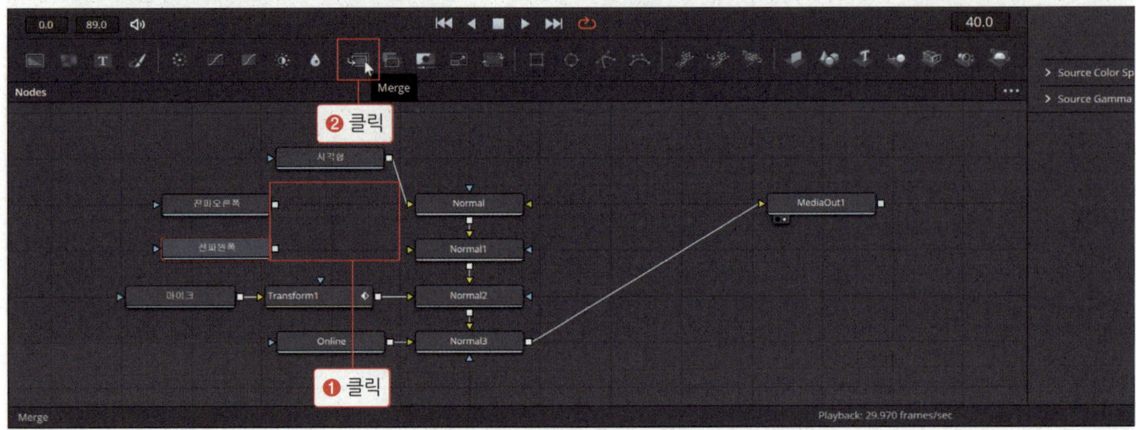

24 새로 생성된 [Merge1] 노드의 왼쪽과 위쪽 입력단으로 [전파왼쪽]과 [전파오른쪽] 노드를 선으로 연결합니다.

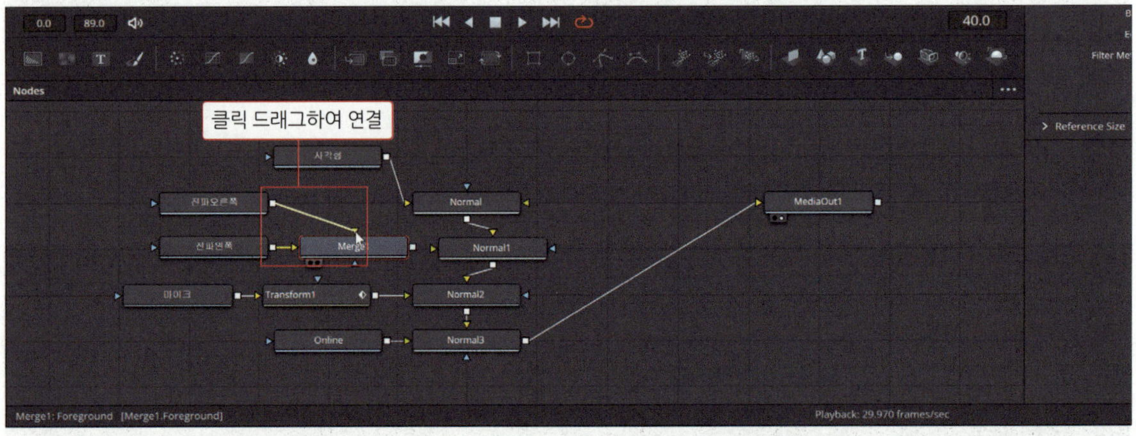

25 이 세 개의 노드를 왼쪽으로 더 밀어 놓은 다음 위쪽 노드 툴바에서 [Transform] 버튼을 클릭합니다.

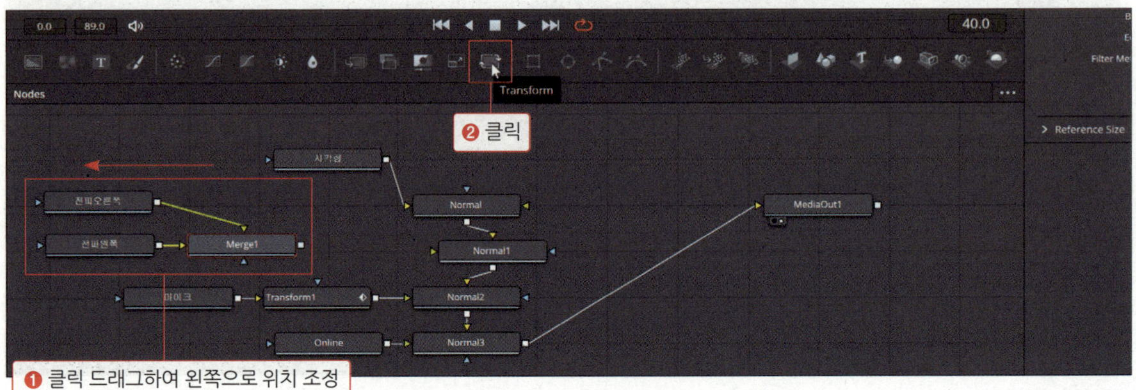

26 새로 생성된 [Transform2] 노드를 [Normal1] 노드와 연결합니다. 시간표시자는 [마이크] 레이어 노드에서 설정했던 마지막 키 프레임 위치에 옮겨둡니다.

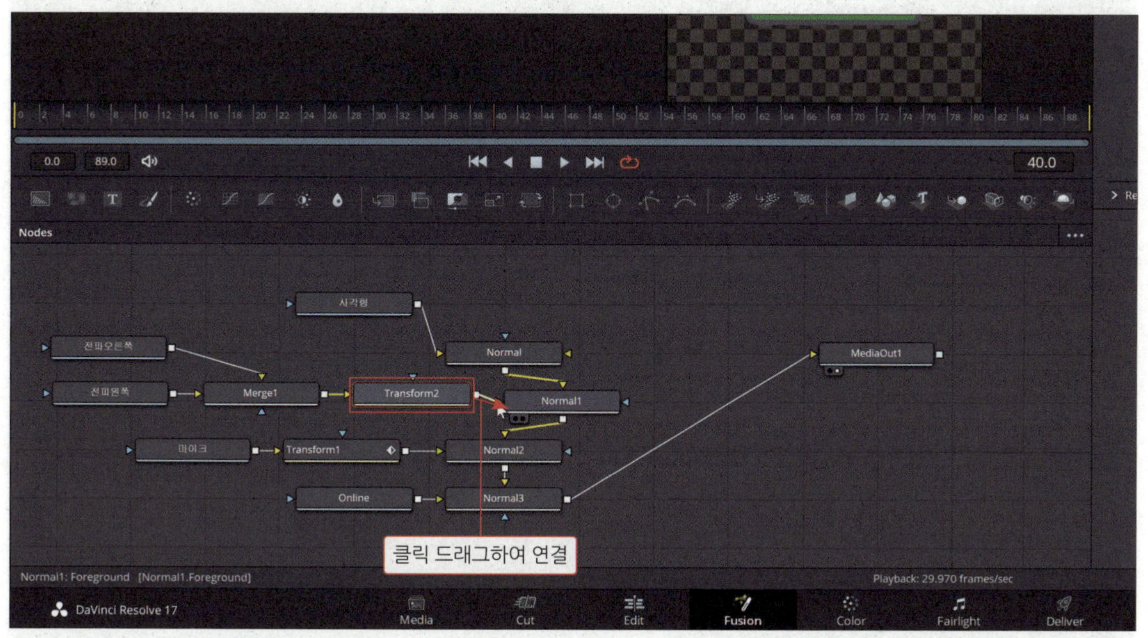

27 [Transform2] 노드가 선택된 상태에서 오른쪽 Inspector의 Size 값 옆에 있는 키 프레임 버튼을 클릭하여 빨간색으로 활성화합니다.

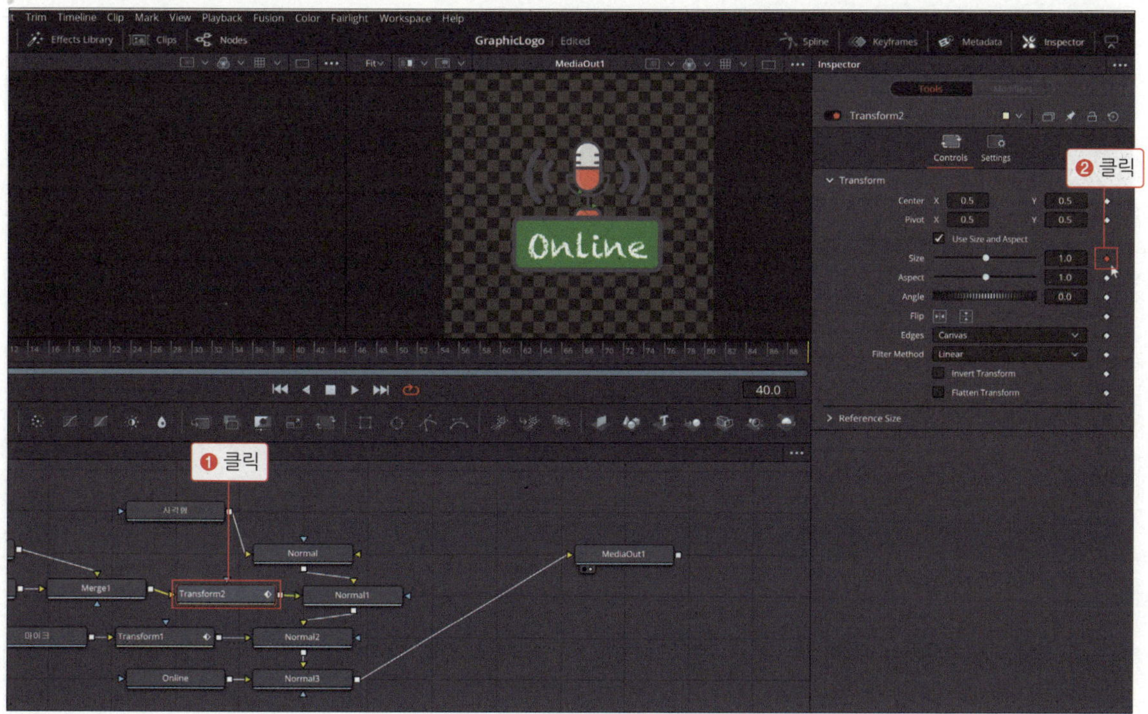

28 시간표시자를 오른쪽으로 10프레임 이동하고 Size 값을 '1.25'로 늘입니다.

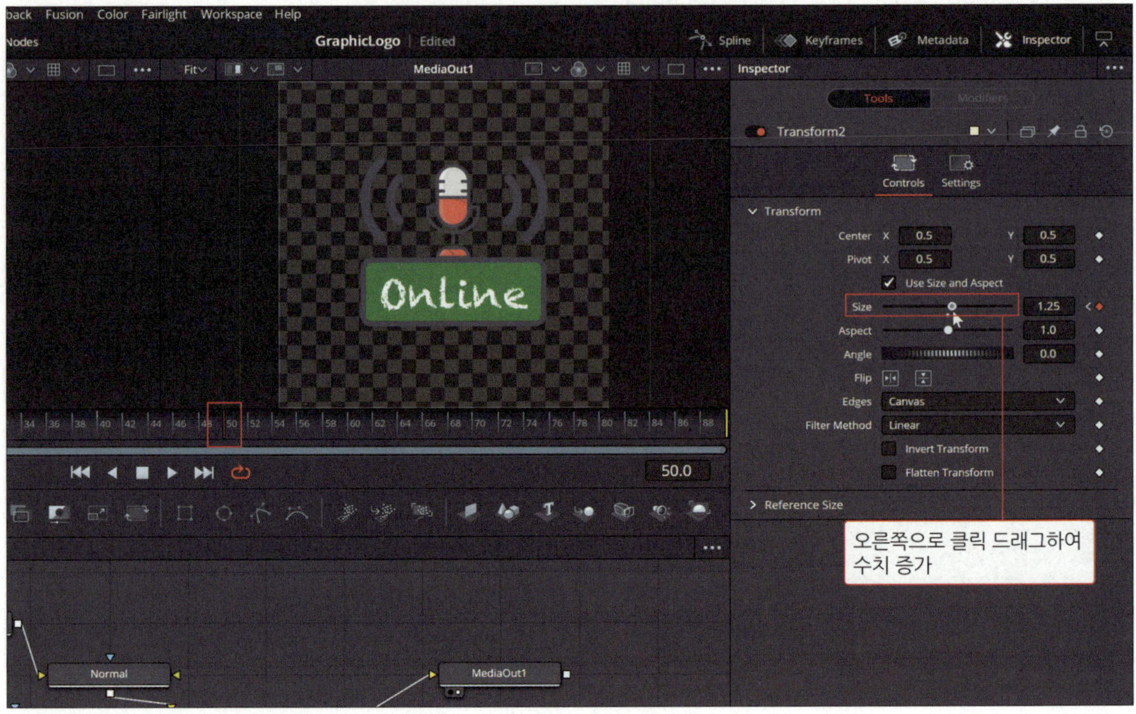

29 시간표시자를 다시 오른쪽으로 10프레임 이동하고 Size 값을 다시 '0.9'로 줄입니다.

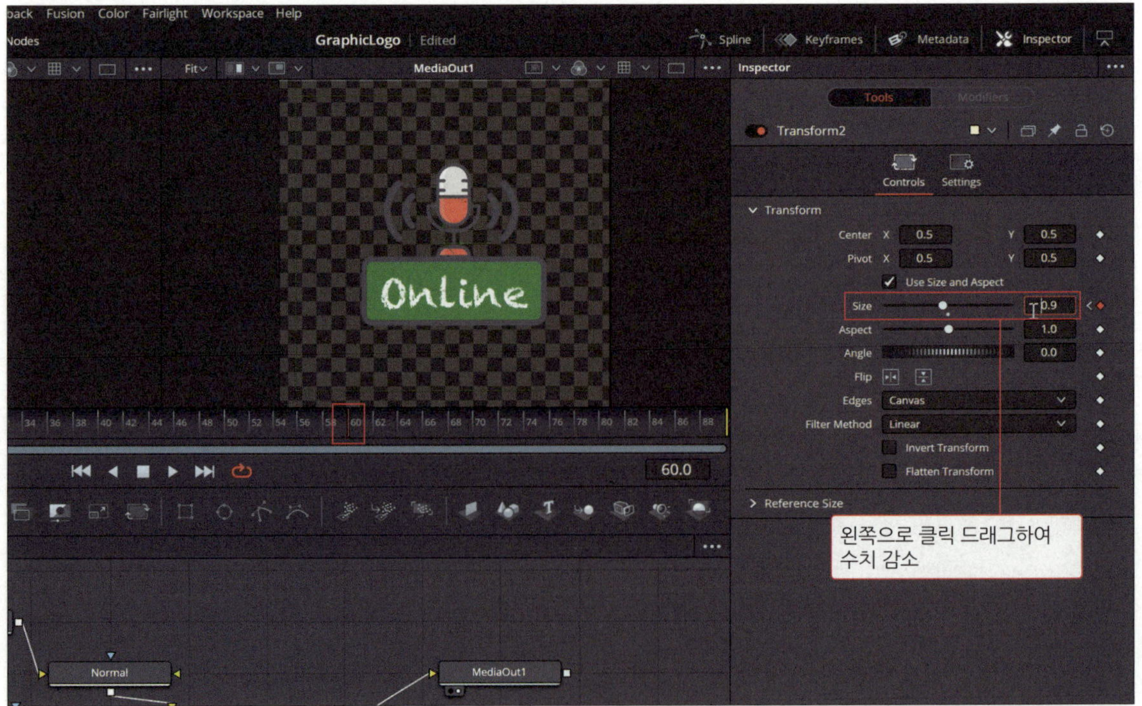

30 시간표시자를 다시 오른쪽으로 10프레임 이동하고 Size 값을 다시 '1.25'로 늘입니다.

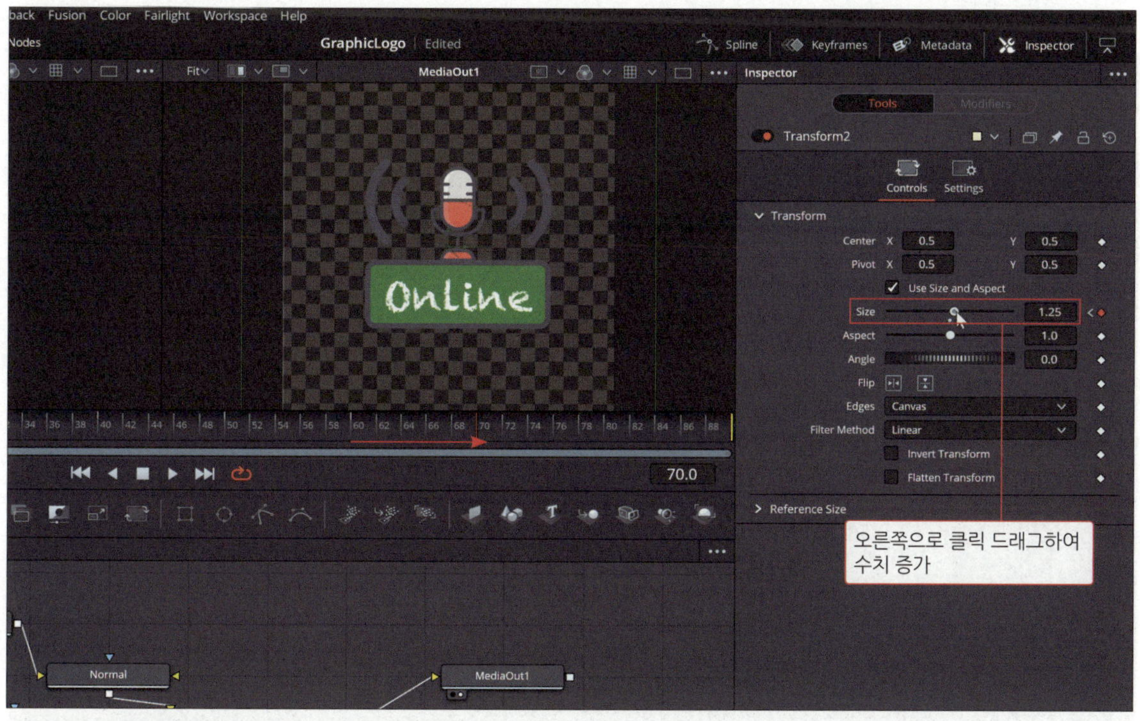

31 시간표시자를 다시 오른쪽으로 10프레임 이동하고 Size 값을 다시 '1.0'으로 정합니다.

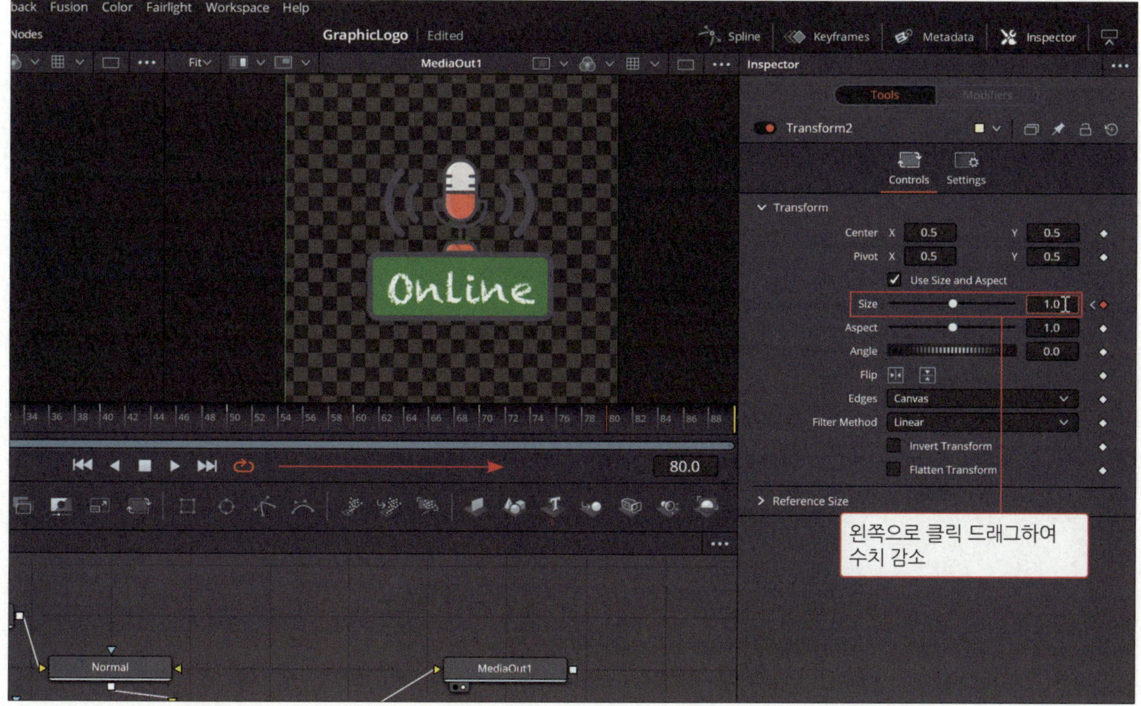

32 시간표시자를 맨 앞으로 이동하고 재생해보면 포토샵 레이어의 크기가 변하는 애니메이션 효과를 확인할 수 있습니다.

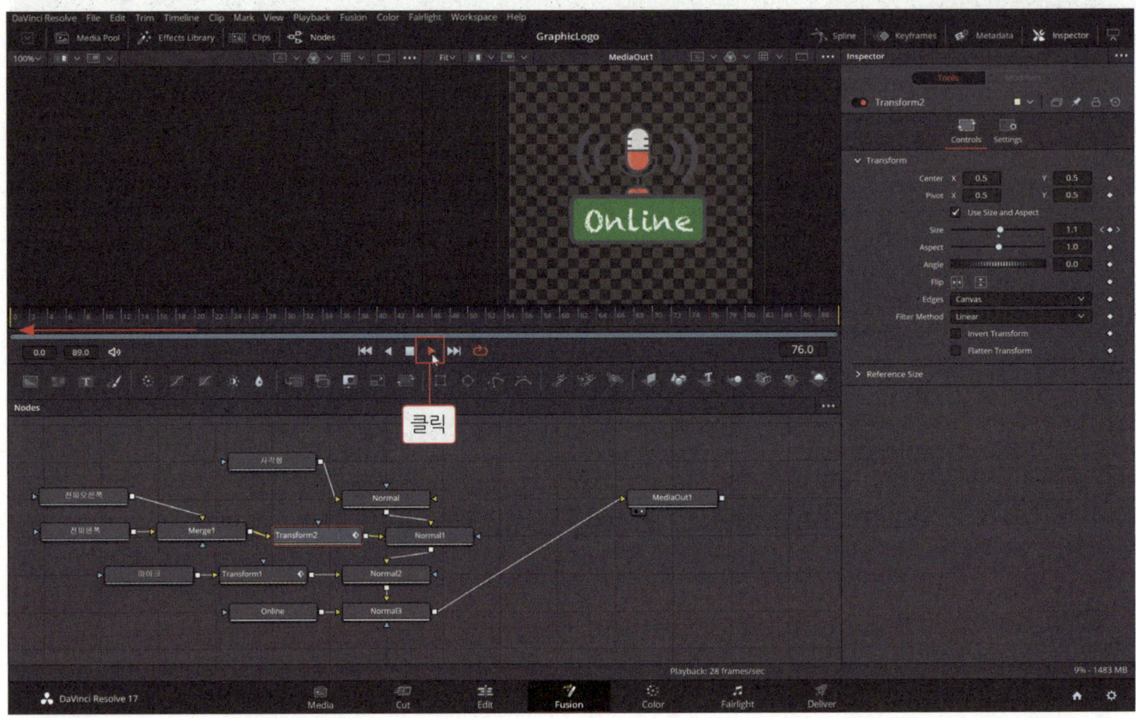

33 다시 Edit 페이지로 돌아와서 타임라인에 Video Track을 하나 추가합니다.

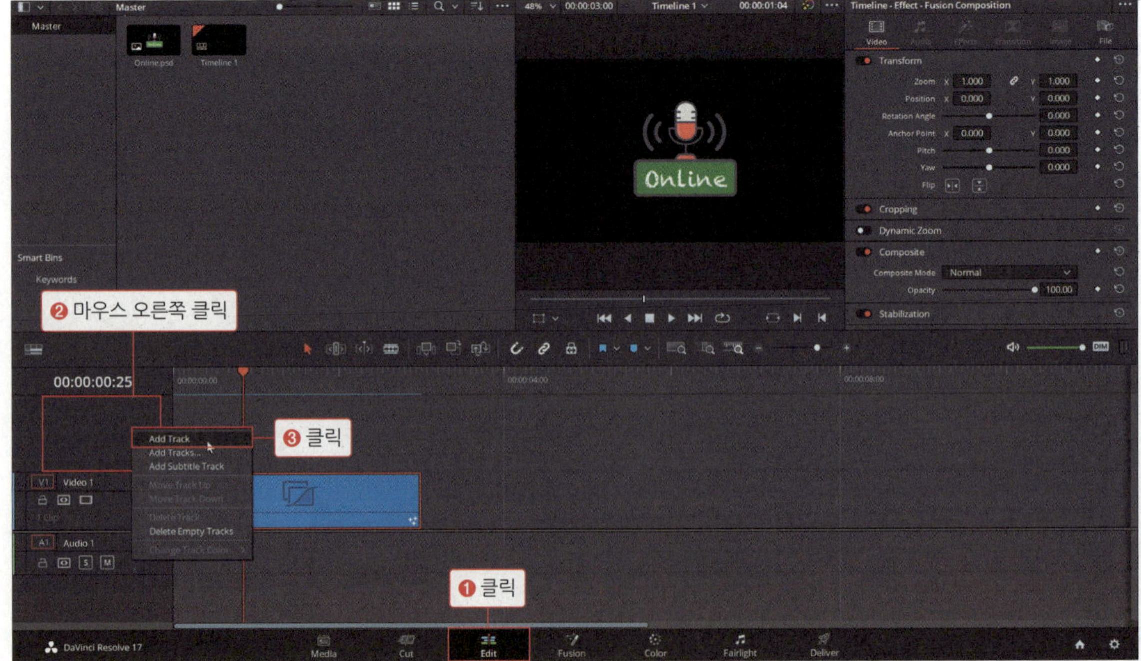

34 Video 1번 트랙에 있던 Fusion Composition을 Video 2번 트랙으로 끌어 올립니다.

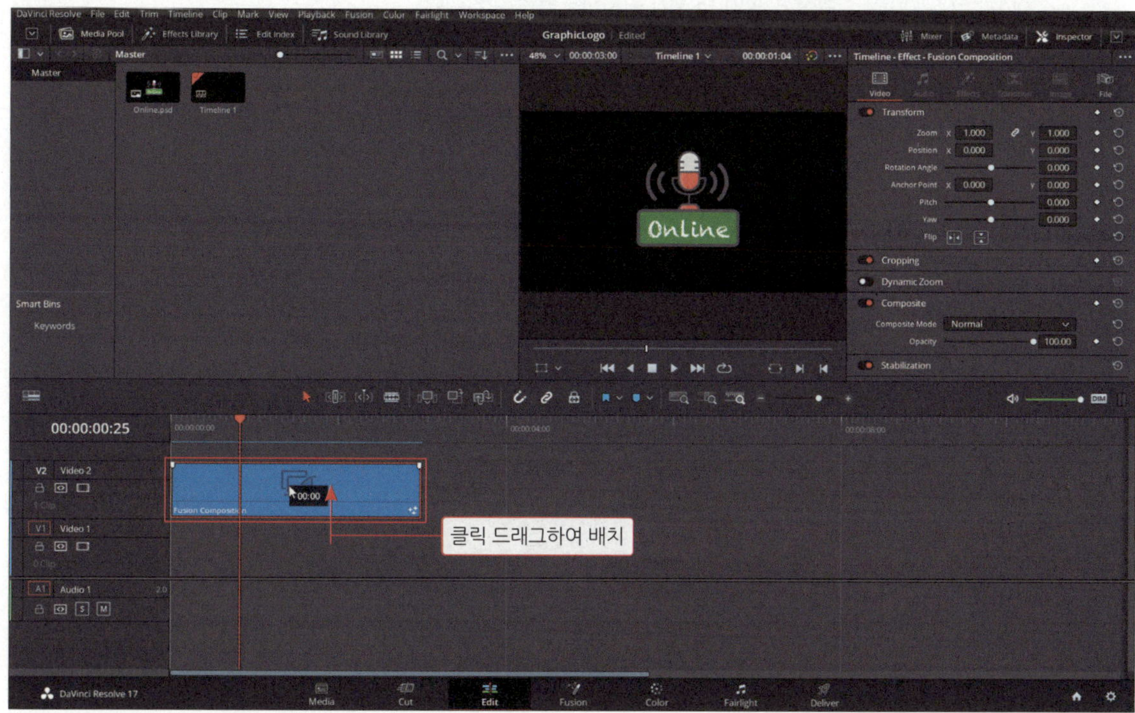

35 로고 애니메이션을 삽입할 영상을 불러와서 타임라인 Video 1번 트랙에 배치합니다.

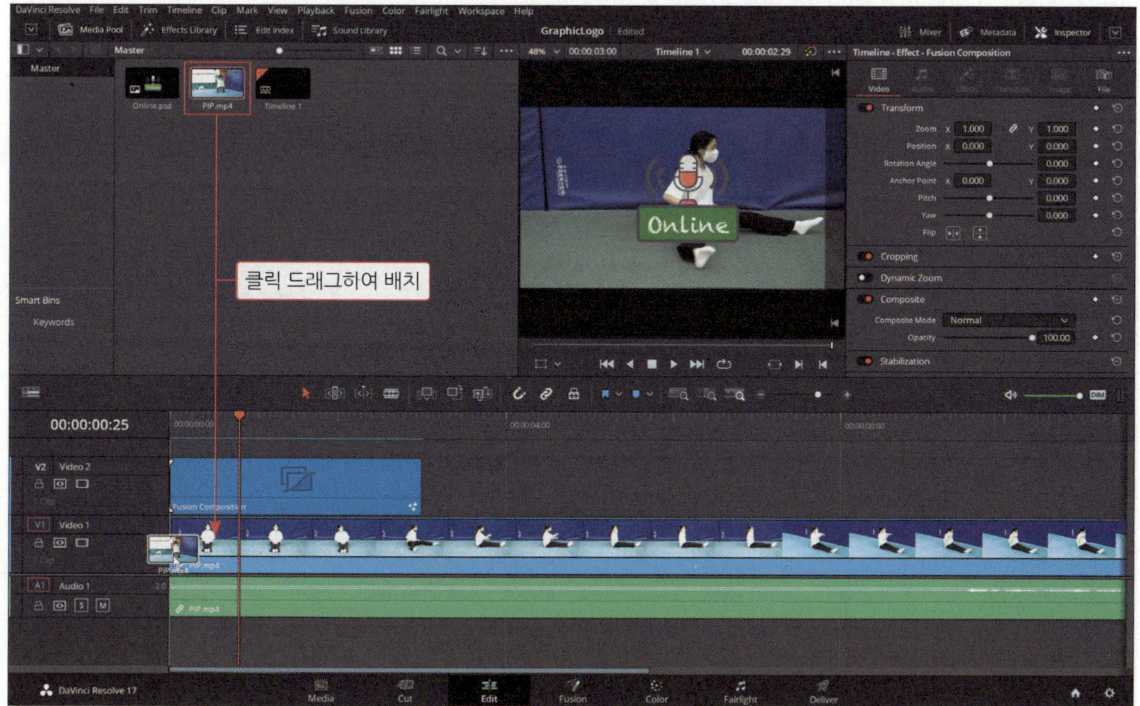

36 Video 2번 트랙의 Fusion Composition 클립을 선택한 상태에서 오른쪽 Inspector의 Transform 항목에서 Zoom과 Position을 조정하여 화면 한쪽에 위치하도록 설정합니다.

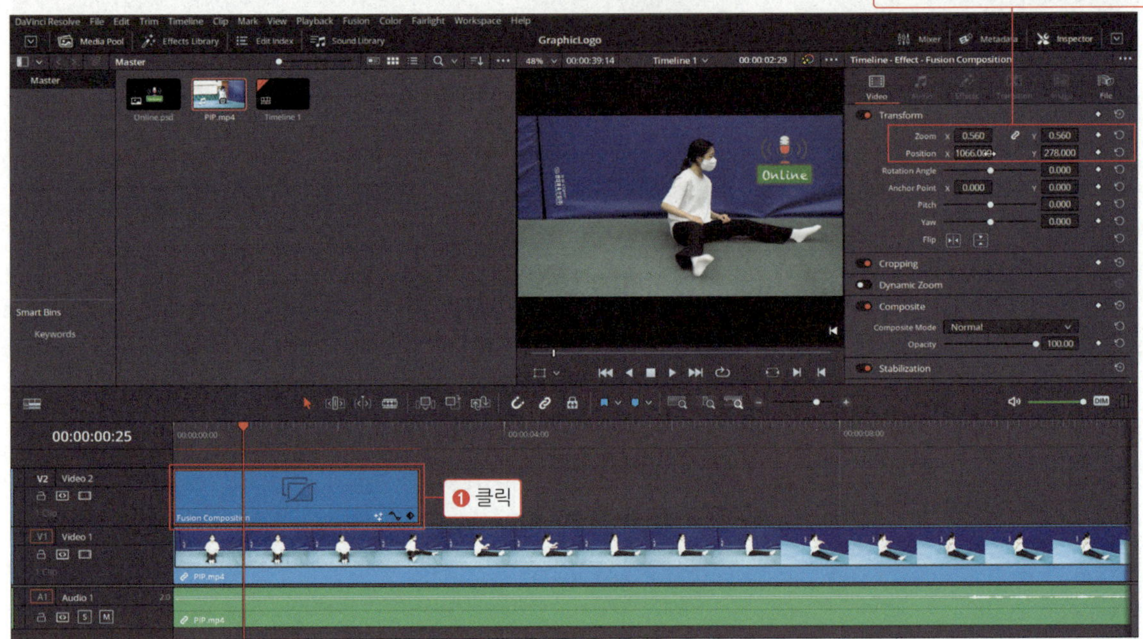

37 타임라인의 앞쪽으로 시간표시자를 이동하고 재생해보면 로고 애니메이션이 작동하는 것을 확인할 수 있습니다. 포토샵의 레이어를 불러와서 그래픽 애니메이션을 구현한 프로젝트를 저장해두고, 필요할 때마다 영상 클립을 불러와 아래 트랙에 배치하면 계속 활용할 수 있습니다.

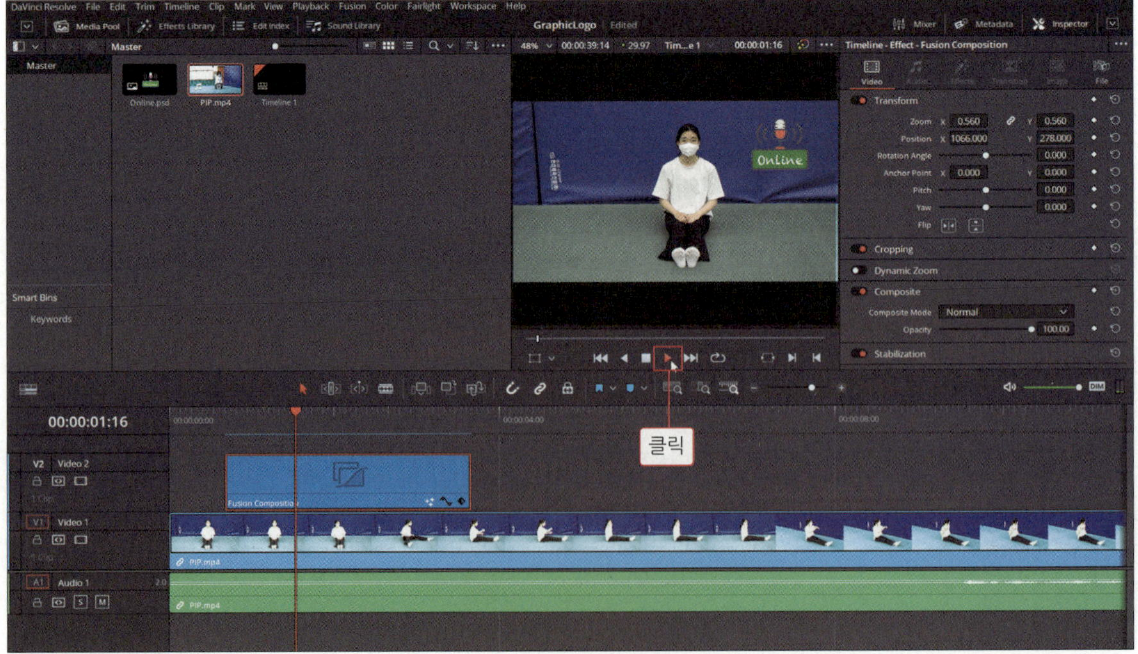

퓨전(Fusion) 이펙트 내 마음대로 활용하기

다빈치 리졸브의 컷 편집과 자막, 필터 효과 등은 Cut 페이지와 Edit 페이지에서 충분히 작업할 수 있습니다. 그러나 Effects(효과)를 사용자화한다거나 복잡한 기능을 구현하려면 Fusion 페이지를 거쳐야 합니다. 앞에서 보셨던 Fusion 페이지의 Node(노드) 편집 기능을 더 살펴보고, 3D 글자가 키프레임 애니메이션으로 움직이는 효과를 만들어 보겠습니다. 움직이는 글자에 Fusion Effects를 추가하여 자연스럽게 번져 보이는 효과를 적용하겠습니다.

BEFORE

예제 파일 04/ 6/ Dresden.mp4

AFTER

완성 파일 04/ 6/ Fusion_완성.mp4

01 새 프로젝트를 시작하고 Project Settings에서 Timeline frame rate를 29.97 frames per second로 설정합니다.

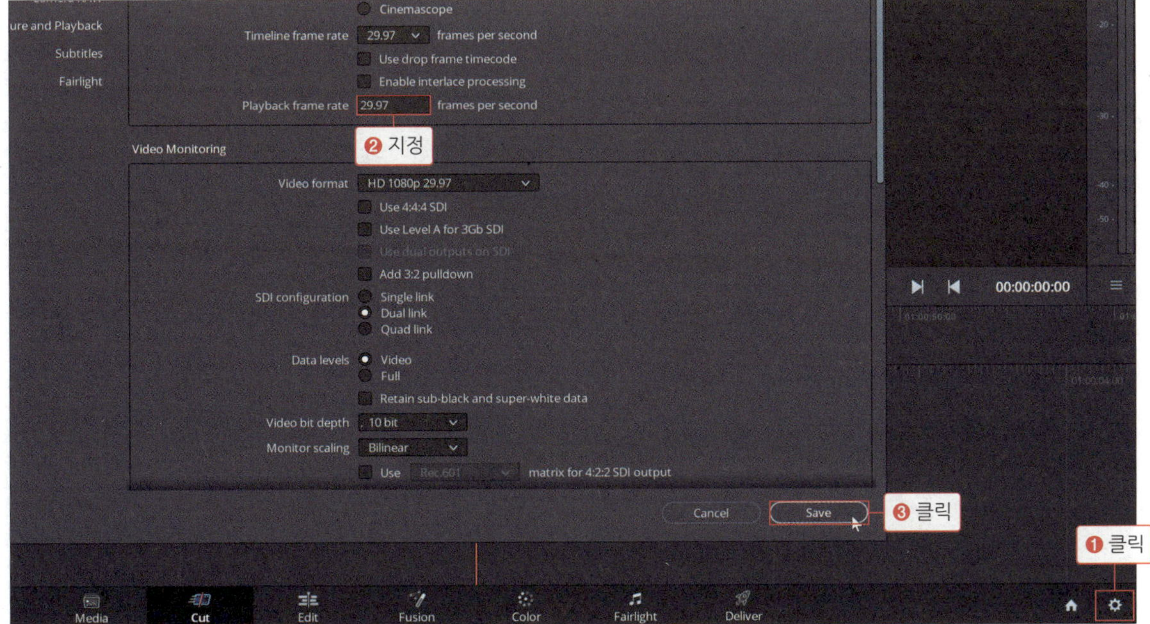

02 Cut 페이지의 Media Pool 영역에서 마우스 오른쪽 버튼을 클릭하고 Import Media... 메뉴를 선택한 다음, 예제 영상인 Dresden.mp4 파일을 불러옵니다.

03 불러온 영상 클립의 가운데 10초 정도 분량만 사용하도록 뷰어에서 트리밍합니다.

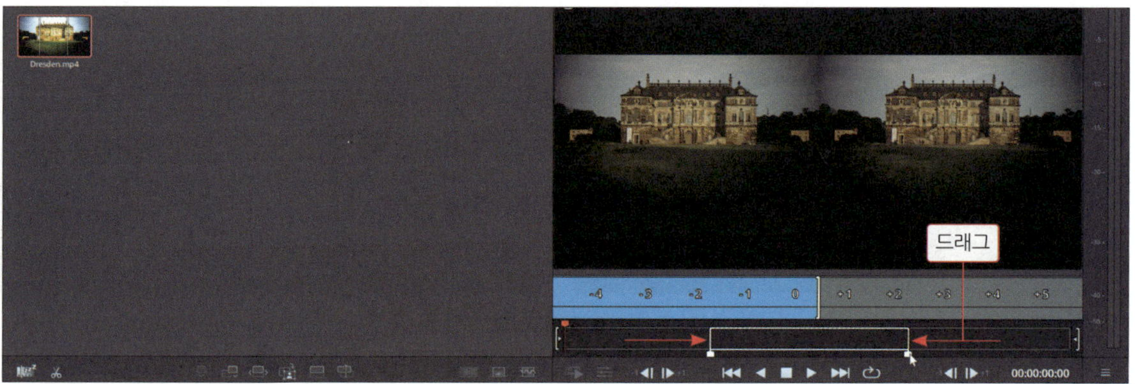

04 트리밍한 영상 클립을 뷰어에서 타임라인으로 드래그하여 배치합니다. 'Fusion 페이지' 아이콘을 클릭하여 Fusion 페이지로 이동합니다.

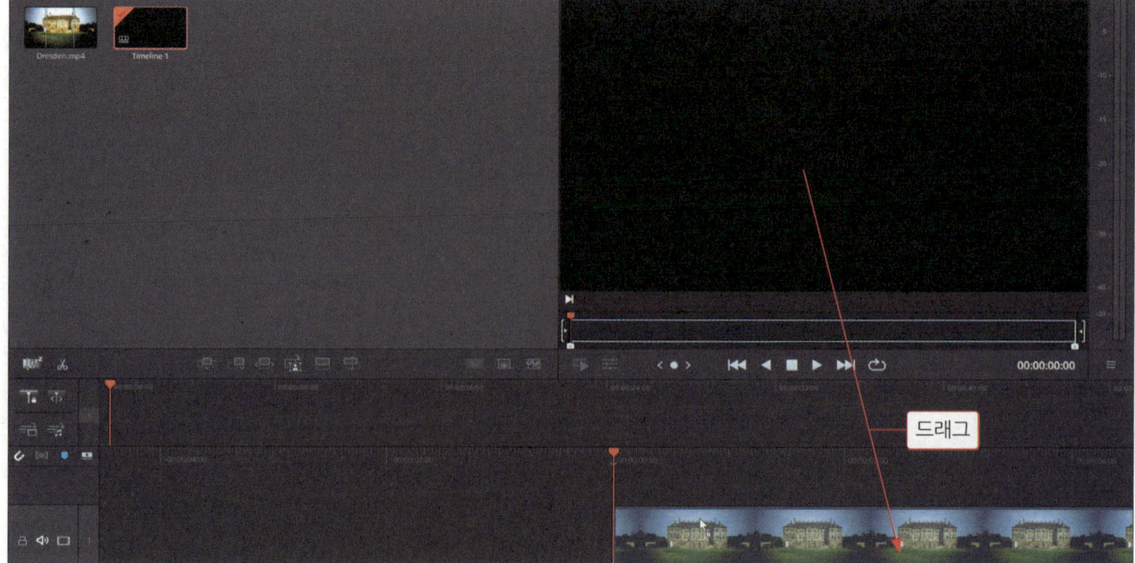

05 Fusion 페이지의 하단 Node Editor(노드 편집기) 영역을 넓히기 위해 뷰어와의 경계선을 클릭하고 약간 위로 밀어서 올립니다.

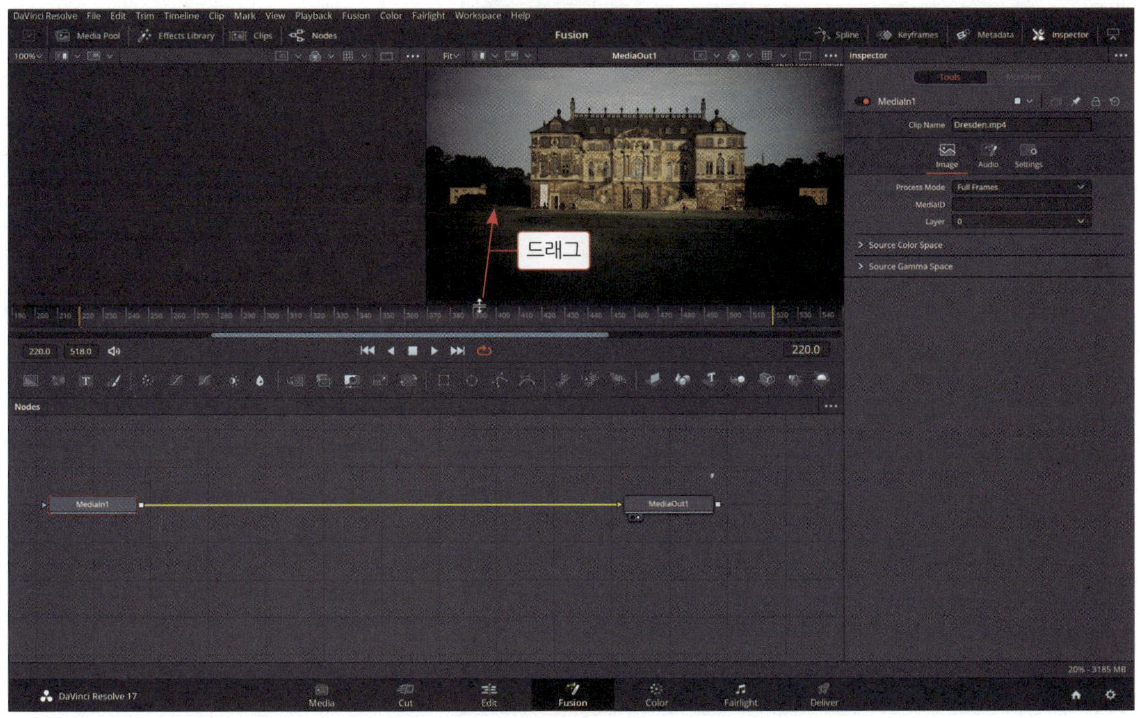

06 노드 편집기 왼쪽에 배치된 [MediaIn1] 노드를 선택한 상태에서 키보드 F2를 눌러 나오는 Renaming Tool(이름 변경 툴) 창에서 이름을 'Palace'로 변경하고 [OK] 버튼을 클릭합니다.

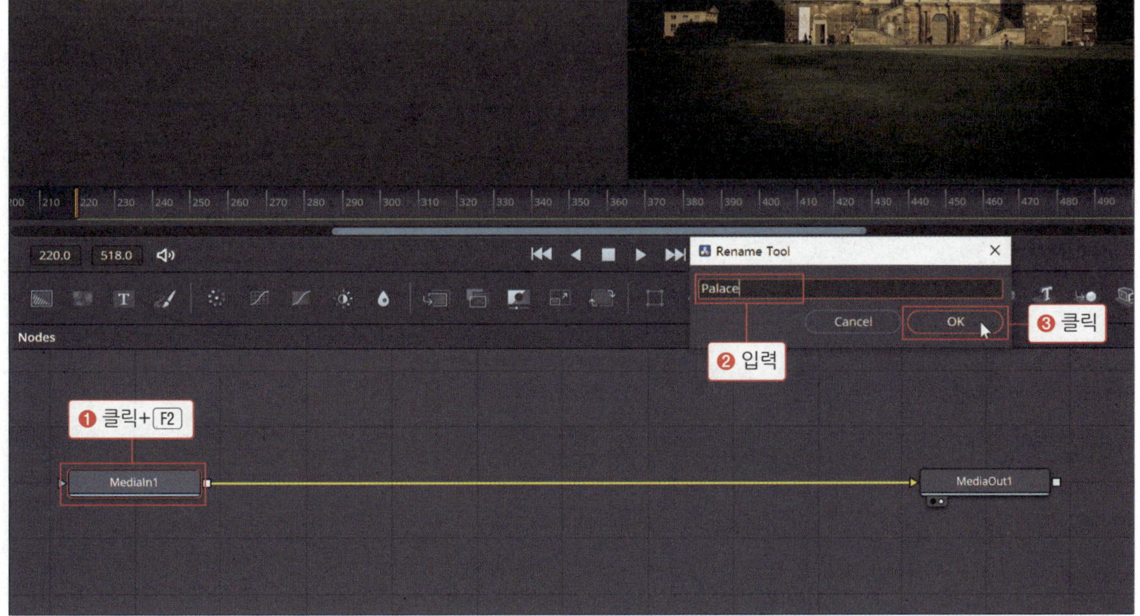

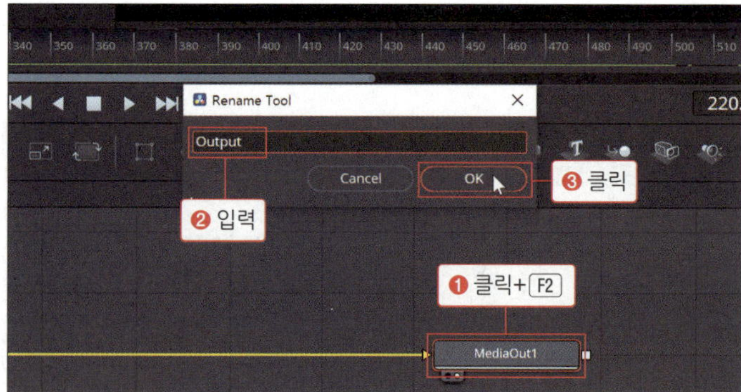

07 노드 편집기 오른쪽에 배치된 [MediaOut1] 노드를 선택한 상태에서 키보드 F2를 눌러 이름을 'Output'으로 변경하고 [OK] 버튼을 클릭합니다.

> Tip 이처럼 노드 이름은 자동 생성된 것 대신에 사용자의 편의대로 변경할 수 있습니다.

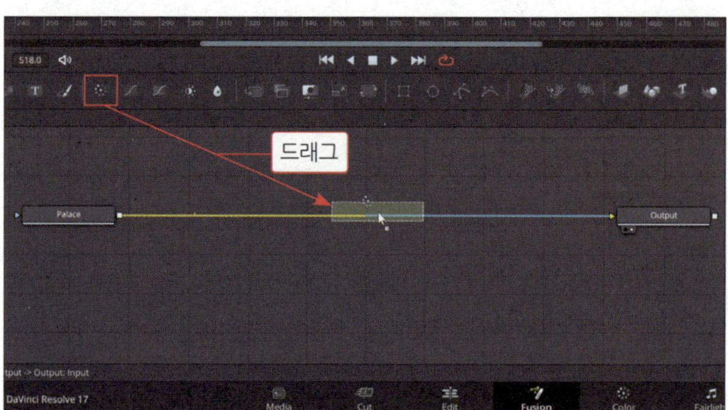

08 가운데 노드 Toolbar에서 Color Corrector를 클릭하고 노드 편집 창 안으로 드래그하여 [Palace] 노드와 [Output] 노드 사이의 연결선 중간에 놓습니다.

> Tip 노드 툴바에는 자주 쓰는 노드들이 나열되어 있습니다.

09 새로운 [ColorCorrector1] 노드가 연결선 중간에 생성됩니다. Inspector에서 Brightness 값을 '0.14'로 증가시키고, Gain 값은 '0.94'로 감소시켜서 드레스덴 성 영상의 밝기를 적절히 조절합니다. 이렇게 추가된 효과는 Edit 페이지에도 동일하게 적용됩니다.

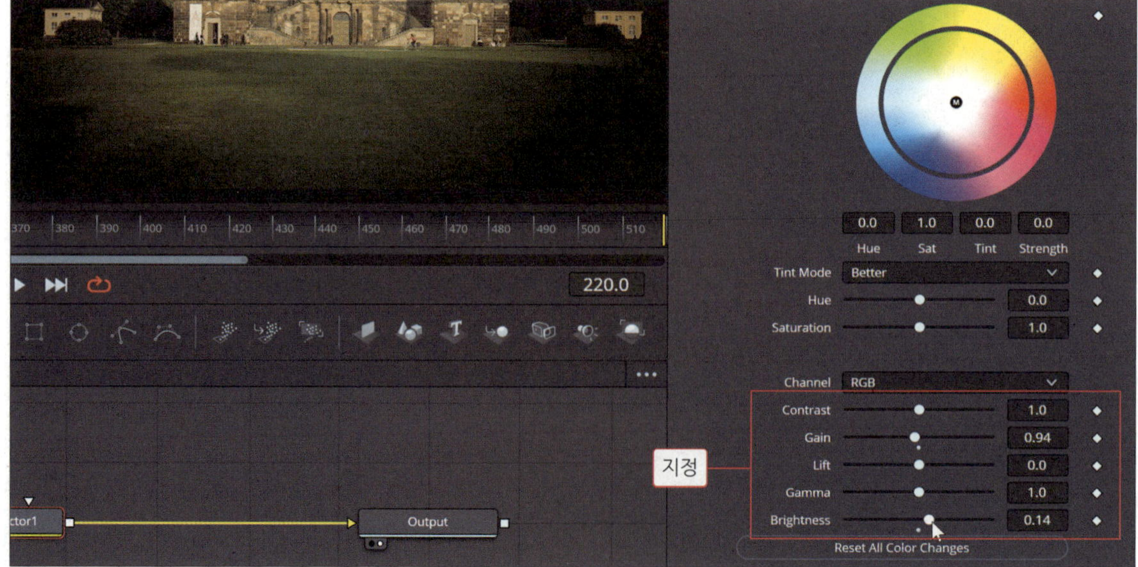

10 [ColorCorrector1] 노드와 [Output] 노드 연결선 사이에 노드 Toolbar의 [Merge] 노드를 드래그하여 끼워 넣습니다.

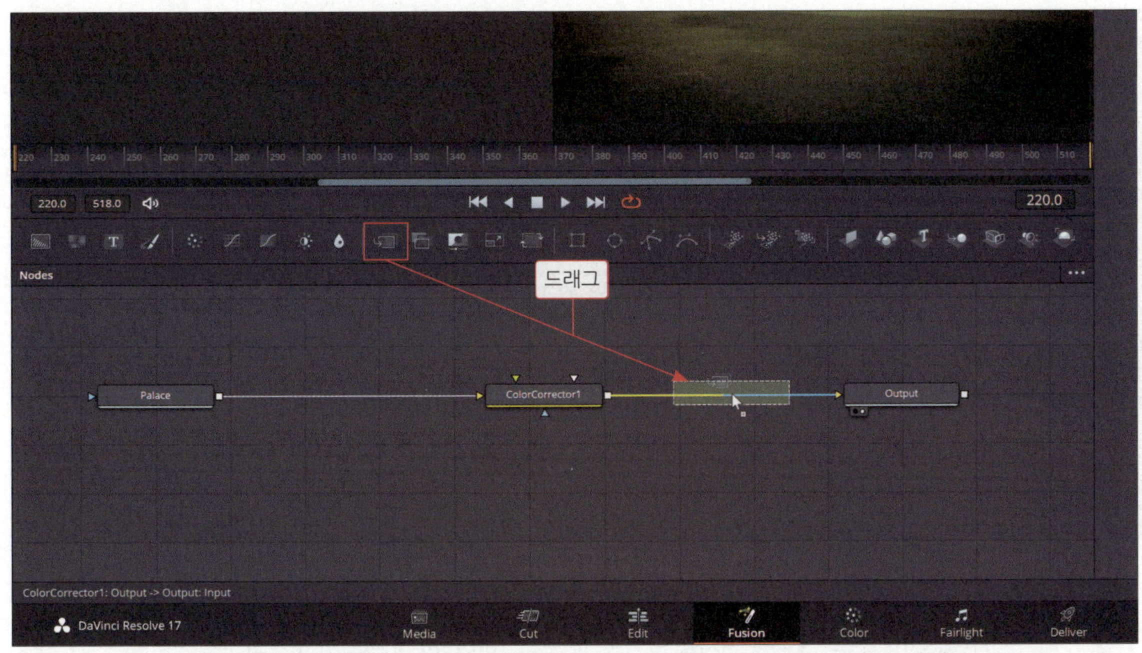

11 노드 Toolbar의 오른쪽에 나열된 3D 노드에서 [3D Text] 노드를 드래그하여 노드 편집 창 위편에 배치합니다.

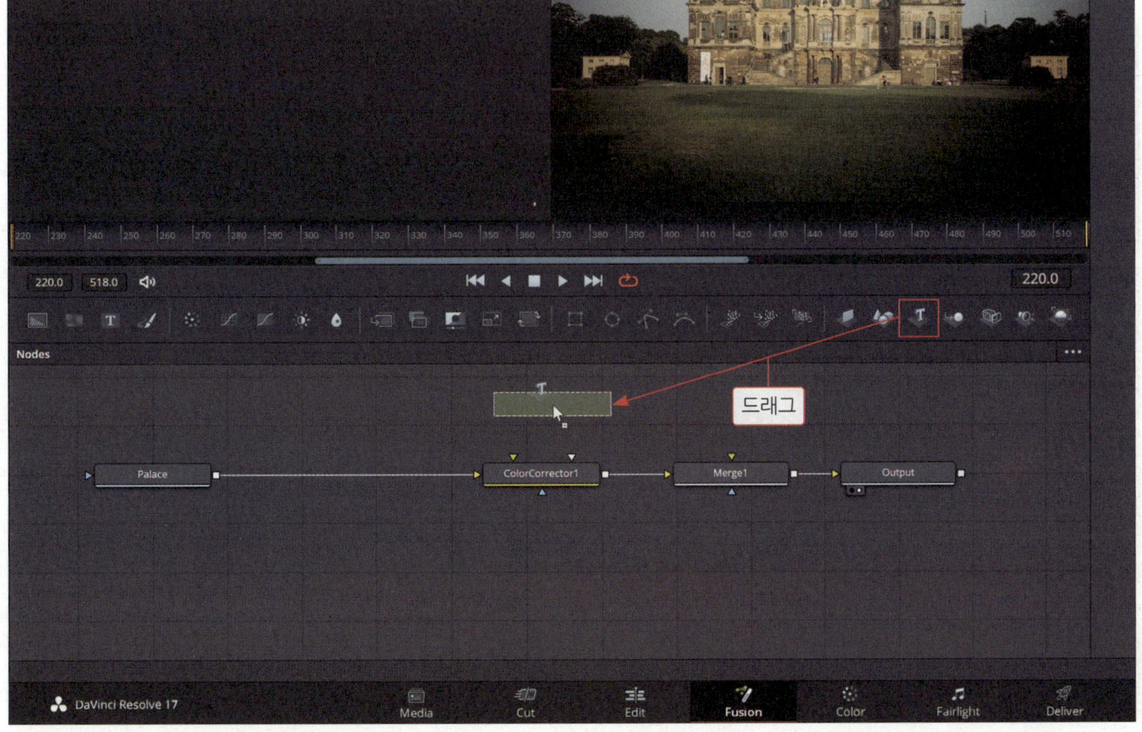

12 노드 Toolbar의 오른쪽에 나열된 3D 노드에서 [Renderer 3D] 노드를 드래그하여 [Text3D1] 노드 오른쪽에 배치합니다.

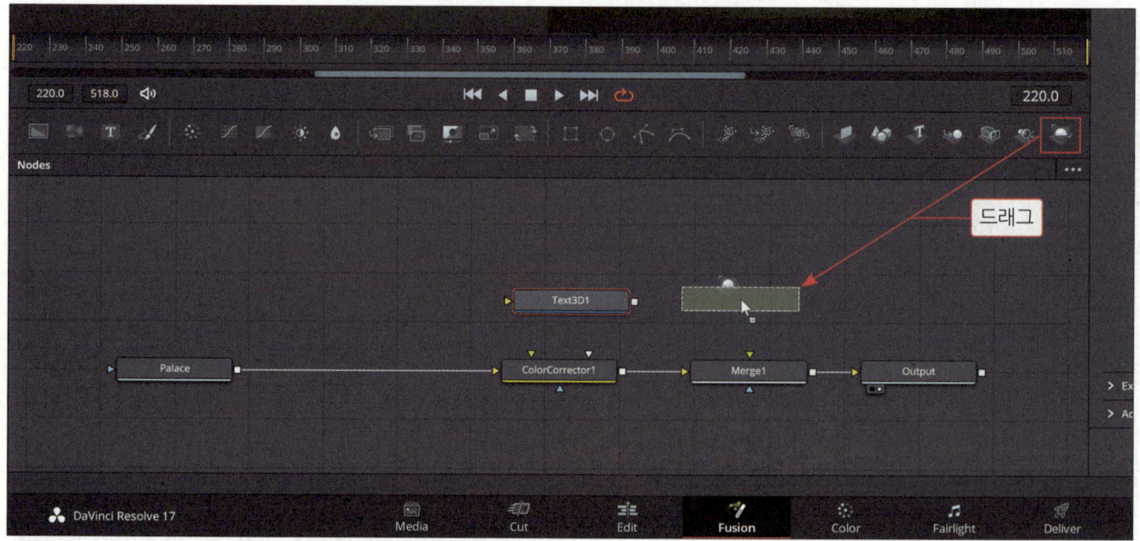

13 배치한 [Text3D1] 노드의 오른쪽 단자를 클릭한 채 드래그하여 [Render3D1] 노드의 왼쪽 단자로 선을 연결하고, [Renderer3D1] 노드의 오른쪽 단자를 클릭하고 드래그하여 [Merge1] 노드의 위쪽 단자에 선을 연결합니다. 자동적으로 출력 단자가 아래쪽으로 변경됩니다. [Text3D1] 노드를 선택하고 오른쪽 [Inspector의 Text] 탭 아래 Text 필드에 'Dresden' 영문자를 입력합니다.

14 [Text3D1] 노드의 Inspector에서 [Transform] 탭 아래 Translation X 값을 '-0.4' 정도로 조절해서 글자가 화면 속 잔디 마당 가운데 배치되도록 설정합니다.

15 [Transform] 탭 아래 Scale 항목의 값을 '0.83' 정도로 조절해서 글자 크기를 약간 줄입니다.

16 [Transform] 탭 항목 중에서 Rotation Y 값을 '-50.0'으로 조절하고, Translation X 값을 '-0.15'로 설정해 Dresden 글자가 잔디 마당에 비스듬하게 회전되도록 조정합니다.

17 [Text] 탭을 클릭하고, Extrusion 항목을 열어 Extrusion Depth 값을 '0.08' 정도로 설정합니다. 평면적이였던 글자에 입체적인 두께가 생깁니다.

18 [Shading] 탭을 열고 Shading Elements 아래 Use One Material 옆에 'V' 표시된 칸을 클릭하여 체크 해제합니다. 아래에 Bevel Material 속성이 추가됩니다.

19 Bevel Material 속성에서 Color 사각형을 클릭하여 색상을 옅은 회색으로 설정합니다. 그 밑에 Specular Color도 같은 색으로 설정합니다.

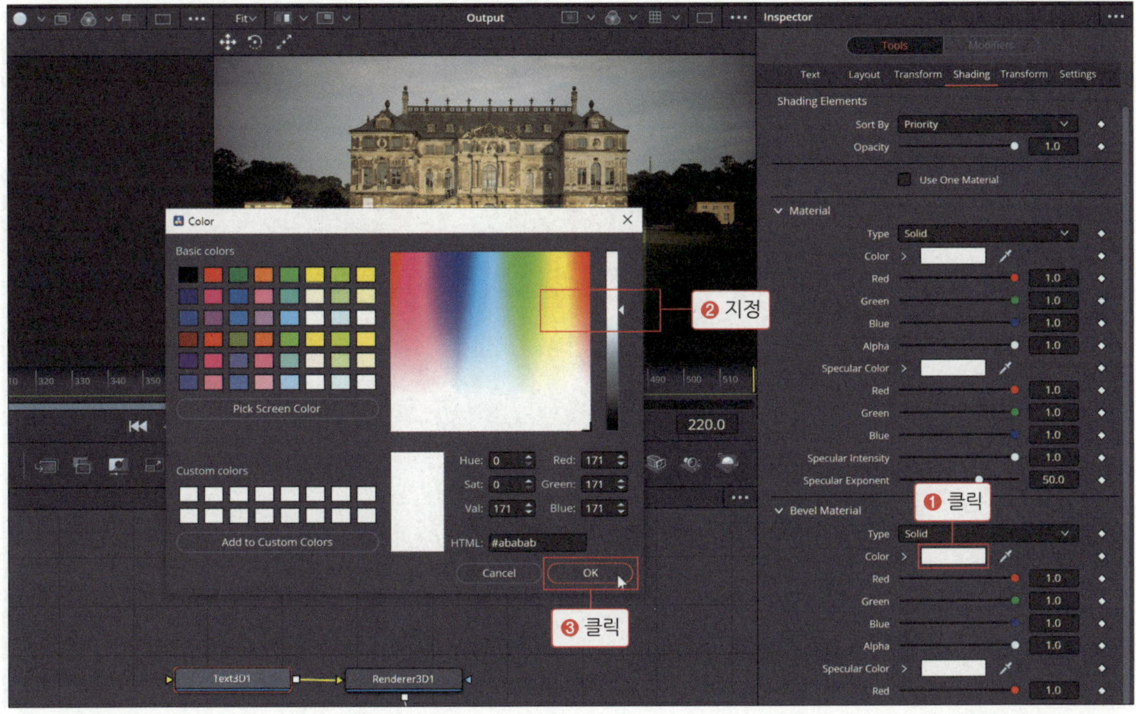

20 이제부터는 키 프레임 애니메이션을 추가하겠습니다. 시간표시자를 400프레임 눈금으로 이동시키고, 오른쪽 3차원 [Transform] 탭을 열어서 Translation X 옆의 마름모 버튼을 클릭하여 키 프레임을 빨간색으로 활성화합니다.

21 시간표시자를 트리밍한 가장 앞부분(200프레임)으로 이동하고, Translation X 값을 '−2.0' 정도로 감소시켜서 글자가 화면 왼쪽으로 빠져나가게 설정합니다.

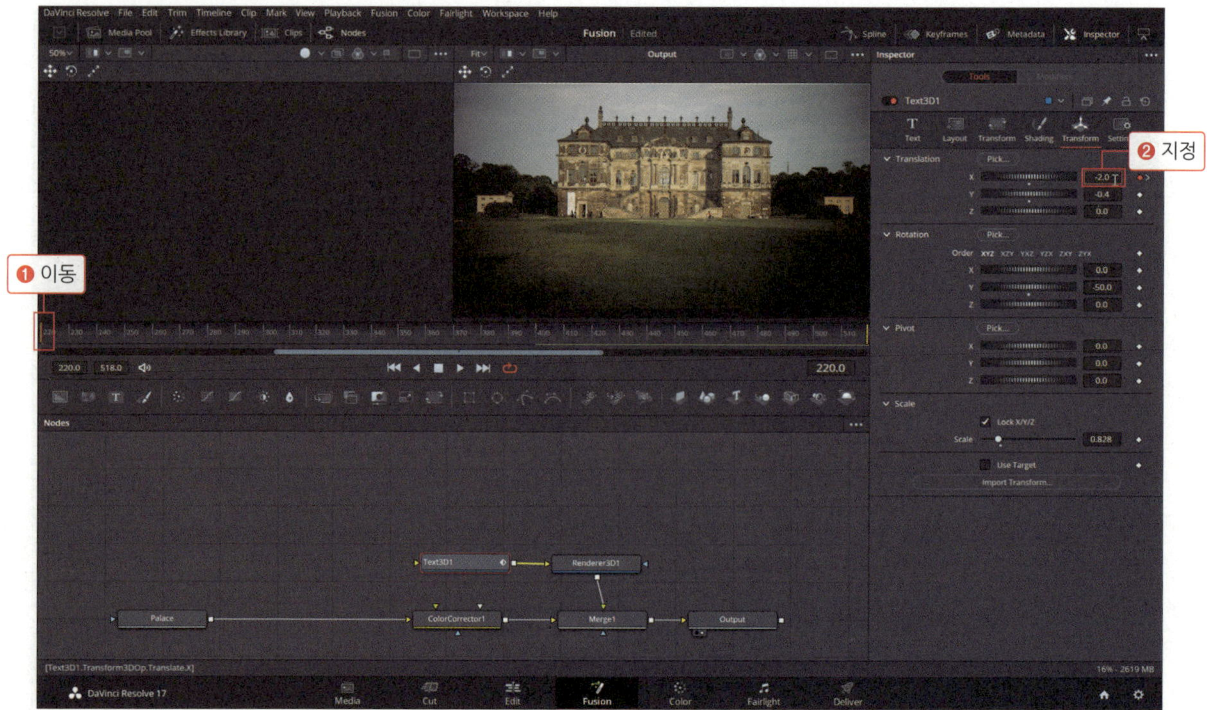

22 시간표시자를 다시 앞으로 옮기고 재생 버튼을 클릭하면, 글자가 화면 밖 왼쪽에서 가운데로 이동하는 것을 확인할 수 있습니다. 여러 번 반복 재생할수록 실제 시간과 유사한 속도로 재생됩니다.

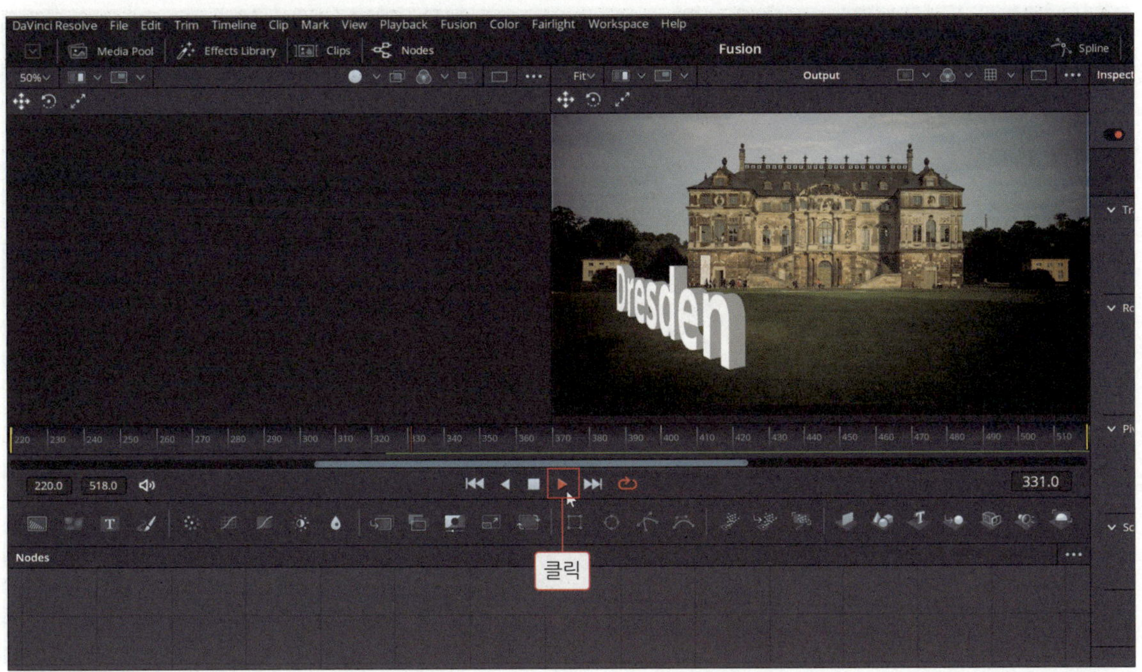

23 시간표시자를 마지막 키 프레임 위치인 400프레임으로 이동하고, 이번에는 Rotation Y 옆의 마름모를 클릭해서 키 프레임을 활성화합니다.

24 시간표시자를 480프레임 위치로 이동하고, Rotation Y 값을 '−2.0'으로 설정하고, 위쪽 Translation X 옆의 마름모도 클릭하여 키 프레임을 활성화합니다.

25 시간표시자를 가장 오른쪽 끝으로 이동하고, Translation X 값을 '0.0'으로 설정합니다. 자동으로 키 프레임이 추가됩니다.

26 시간표시자를 가장 왼쪽으로 이동하고, 재생해보면 글자가 왼쪽에서 들어와서 회전하며 정면을 향한 후 약간 오른쪽으로 이동하는 것을 확인할 수 있습니다.

27 이번에는 움직이는 글자에 Directional Blur 효과를 추가해보겠습니다. 왼쪽 상단의 [Effects Library] 탭을 열고, Tools 중에서 Blur 그룹의 Directional Blur를 클릭하고 드래그하여 노드 편집 창에 배치합니다. Fusion 페이지의 Effects Library에는 효과를 담당하는 노드 목록이 구성되어 있습니다.

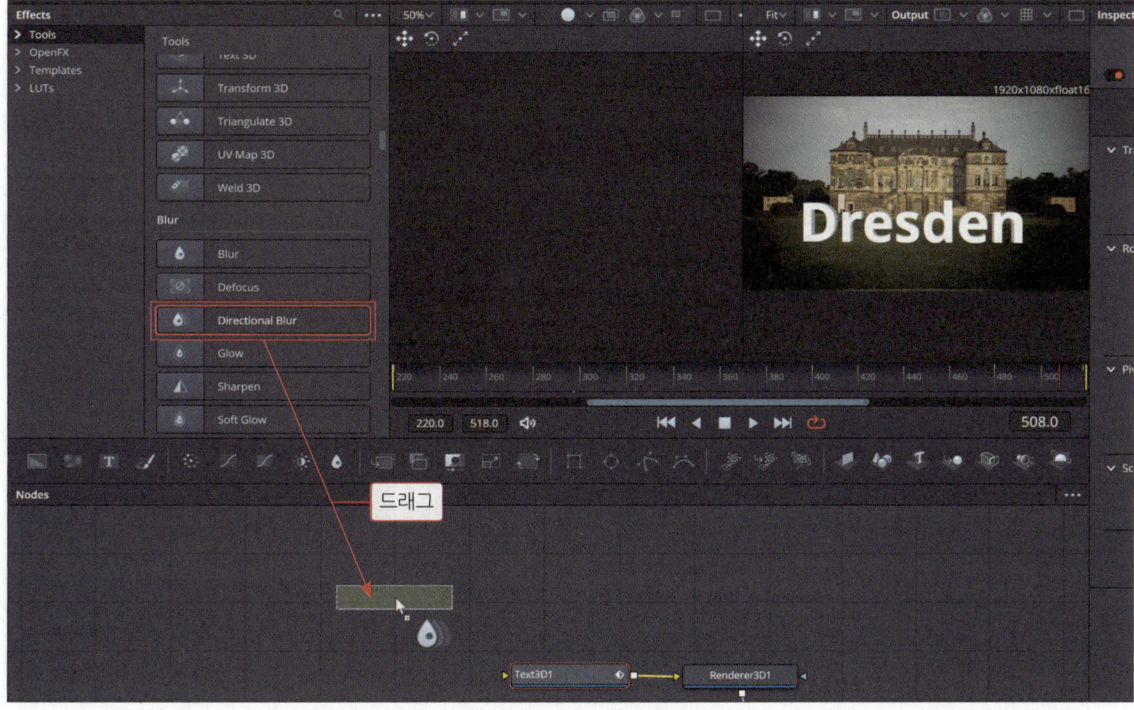

28 노드 편집 창에서 [Renderer3D1] 노드와 [Merge1] 노드 사이의 연결선을 클릭하여 끊고, 둘 사이에 [DirectionalBlur1]을 배치하여 양쪽의 선을 연결합니다.

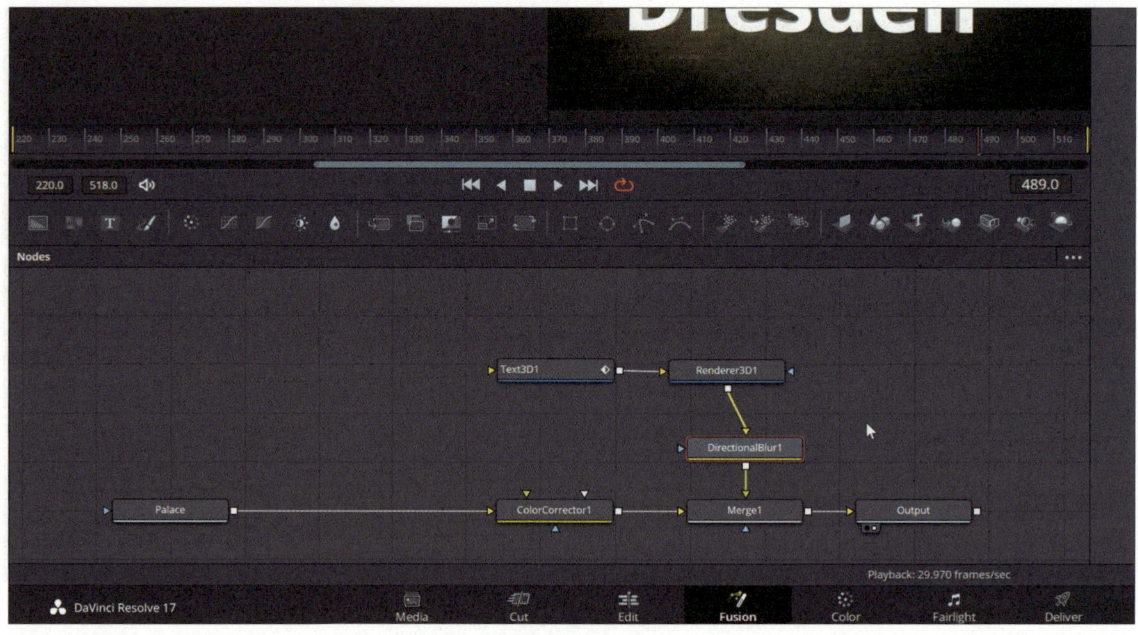

29 [Text3D1] 노드를 선택하고 Inspector에서 Translation X 값 옆의 [〈] 버튼을 눌러 키 프레임을 설정했던 위치인 400프레임으로 이동합니다.

30 [DirectionalBlur1] 노드를 선택하고 Inspector의 Length 옆 마름모를 클릭하여 키 프레임을 활성화합니다. 이어서 Length 값을 '-0.03' 정도로 낮춰 글자가 가로 방향으로 번져 보이도록 설정합니다.

31 다시 [Text3D1] 노드를 선택하고, Inspector의 Rotation Y 옆의 [〉] 버튼을 눌러 다음 키 프레임 위치인 480 프레임으로 이동합니다.

32 480프레임 위치에서 [DirectionalBlur1] 노드를 선택하고 Inspector의 Length 값을 '0.0'으로 입력해 글자가 번지지 않도록 설정합니다.

33 시간표시자를 가장 왼쪽으로 이동하고 재생 버튼을 클릭해보면 글자가 번지면서 화면에 등장하고 회전하면서 번지는 효과가 사라지는 것을 확인할 수 있습니다.

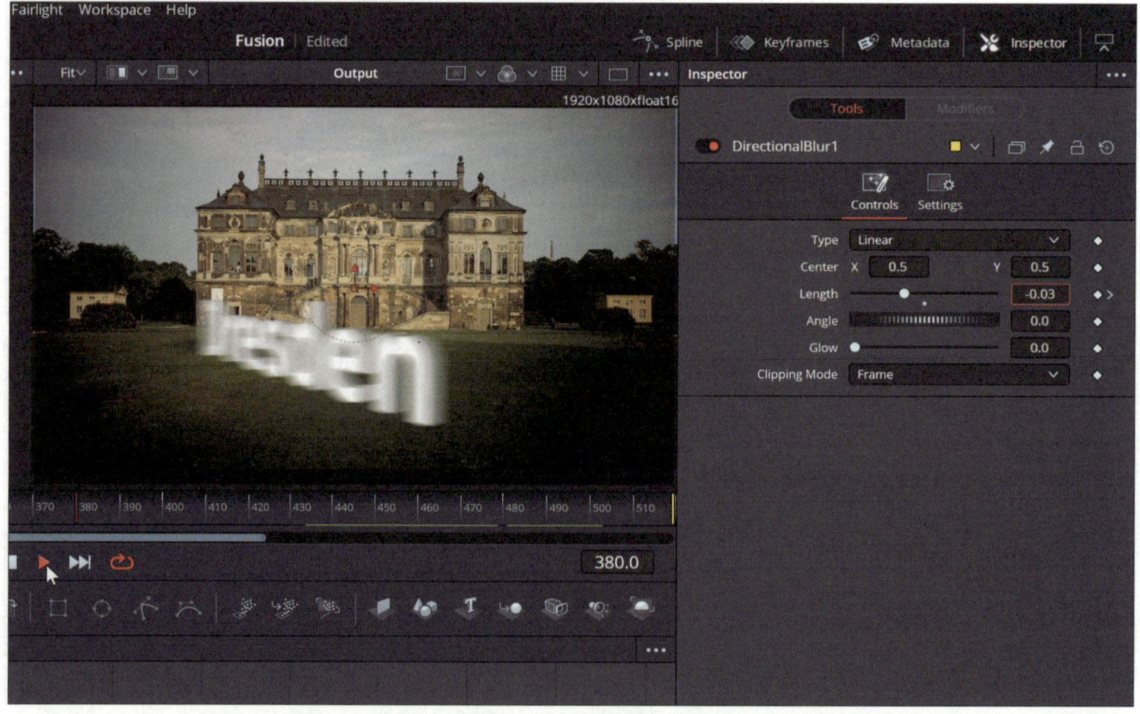

SPECIAL TIP : 노드 검색하고 추가하기

노드 편집 창에서 새로운 노드를 추가하고자 할 때는 화면 중간 Toolbar 또는 Effects Library에서 찾는 방법 외에도 윈도우의 경우 단축키 Ctrl + Spacebar(MacOS의 경우 단축키 Shift + Spacebar)를 눌러 노드 Select Tool 창을 띄우고 ABC 순으로 정렬된 목록에서 찾거나 검색하는 방법도 가능합니다. 검색 단어를 입력하면 관련된 노드 전체가 표시되므로 유용하게 활용할 수 있습니다.

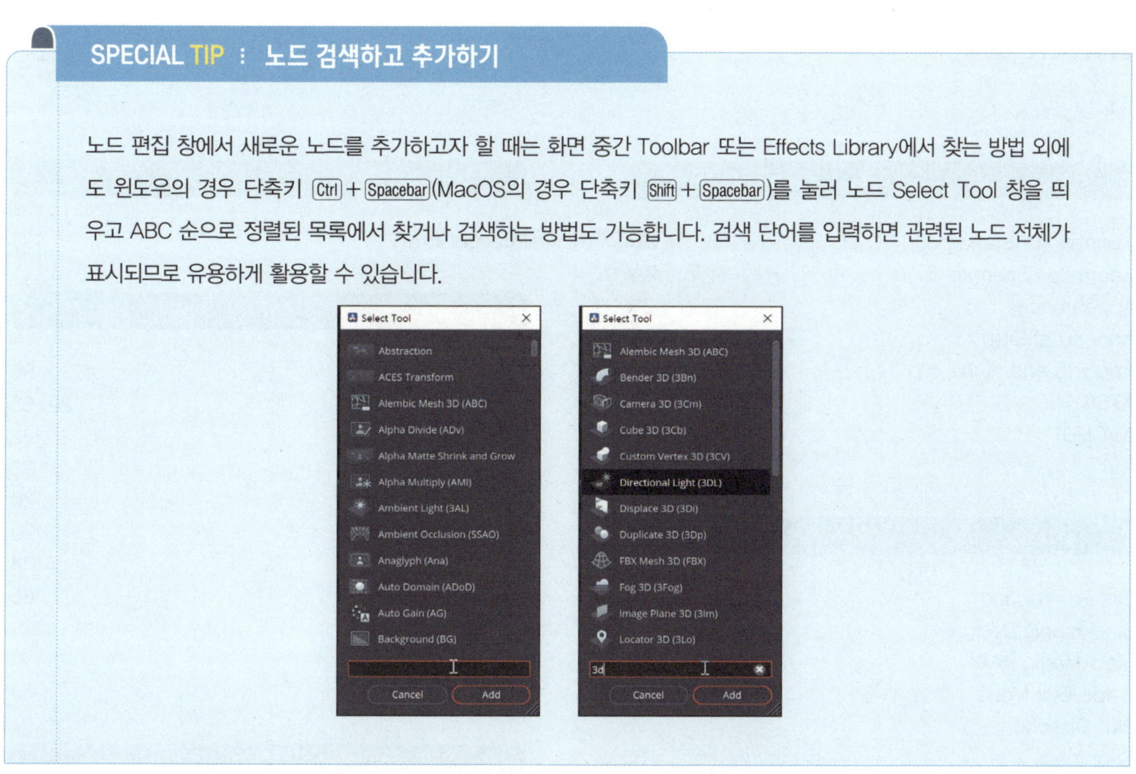

34 | Edit 페이지로 전환해도 Fusion 페이지에서 만든 효과는 그대로 적용되어 있음을 확인할 수 있습니다.

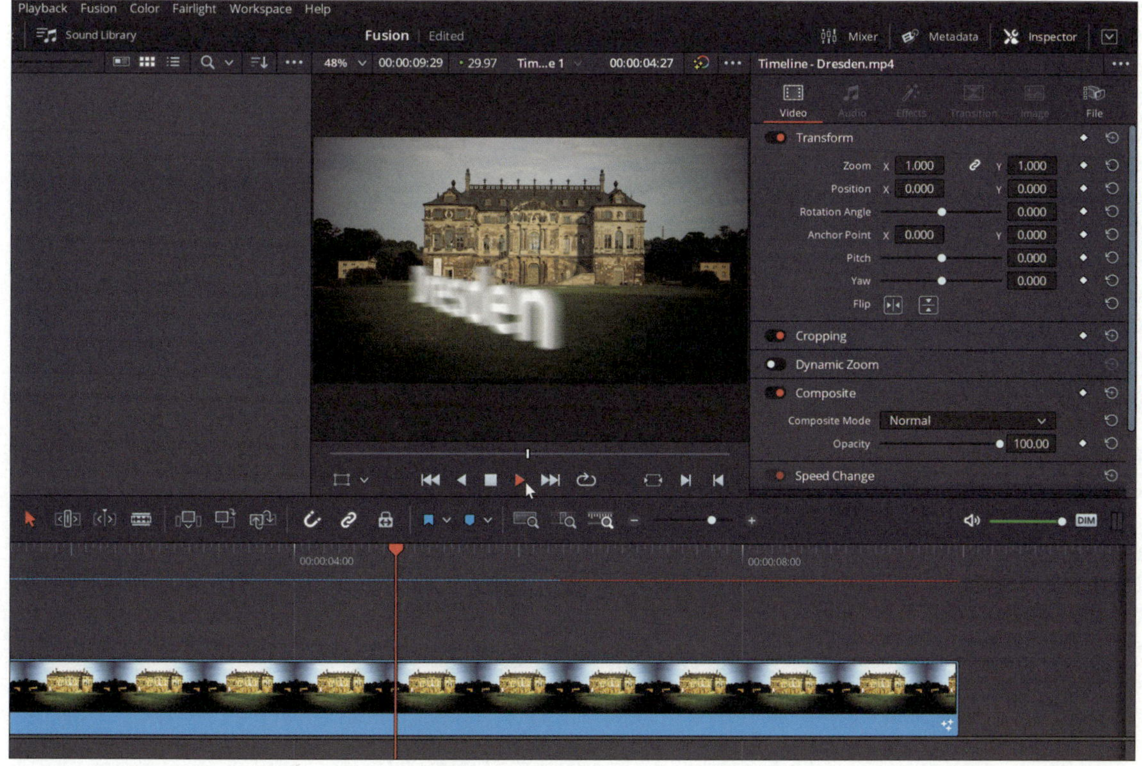

Index _찾아보기

A

B

C

D

E

F

G

H

I

J

L